Die Reihe „Wettbewerb und Regulierung von Märkten und Unternehmen“ wird herausgegeben von

Prof. Dr. Justus Haucap,
Heinrich-Heine-Universität, Düsseldorf

Prof. Dr. Gregor Krämer,
Alanus Hochschule für Kunst und Gesellschaft, Alfter

Prof. Dr. Jürgen Kühling,
Universität Regensburg

Prof. Dr. Gerd Waschbusch,
Universität des Saarlandes, Saarbrücken

Band 56

Dirk Holtmannspötter | Ulrich Heimeshoff
Justus Haucap | Ina Loebert | Christoph Busch
Andreas Hoffknecht

Soziale Marktwirtschaft in der digitalen Zukunft

Foresight-Bericht –
Strategischer Vorausschauprozess
des BMWi

Nomos

Onlineversion
Nomos eLibrary

Die Deutsche Nationalbibliothek verzeichnet diese Publikation in der Deutschen Nationalbibliografie; detaillierte bibliografische Daten sind im Internet über http://dnb.d-nb.de abrufbar.

1. Auflage 2023

Publiziert von
Nomos Verlagsgesellschaft mbH & Co. KG
Waldseestraße 3–5 | 76530 Baden-Baden
www.nomos.de

Gesamtherstellung:
Nomos Verlagsgesellschaft mbH & Co. KG
Waldseestraße 3–5 | 76530 Baden-Baden

ISBN 978-3-8487-8799-9 (Print)
ISBN 978-3-7489-3440-0 (ePDF)

DOI https://doi.org/10.5771/9783748934400

Inhaltsverzeichnis

1 Einleitung

Die Dynamik der Digitalisierung wird bereits seit langer Zeit durch exponentielle Wachstumsraten bei der Leistungsfähigkeit der Basistechnologien wie Prozessoren, Speicher, Displays, Datenleitungen und Funkverbindungen geprägt. Schon immer war dabei entscheidend, dass dieses Leistungswachstum aufgrund einer wirtschaftlich erfolgreichen Massenproduktion für die Breite an Endkunden verfügbar wurde. Erst dadurch wurde die massenhafte Verbreitung von Produkten der Informationstechnologie (IT) möglich und erst dadurch ist eine Breite der Anwendungsfelder entstanden, die heute zu der Einschätzung führt, dass die Digitalisierung alle Lebens- und Wirtschaftsbereiche wandelt und eine digitale Transformation bevorsteht bzw. bereits stattfindet.

Strategische Vorausschau ist in diesen Zeiten schnellen technischen wie gesellschaftlichen Wandels ein geeignetes Instrument zur Orientierung. Sie dient auch dazu, systematisch zu überprüfen, inwieweit bestimmte Grundannahmen für die Zukunft gerechtfertigt sind, welche Grundannahmen aufgegeben werden sollten und wie sich eine Entwicklungsdynamik entfalten oder verändern könnte. Manches – wie das Internet und Smartphones – halten wir heute für selbstverständlich. Es lohnt aber, sich anhand einiger technischer Meilensteine der IT vor Augen zu führen, wie jung einige dieser „Selbstverständlichkeiten“ sind:

- Erfindung integrierter Schaltkreise 1958
- Formulierung des Mooreschen Gesetzes 1965
- World Wide Web 1989, Gründung Facebook 2004
- beginnende Marktdurchdringung von Smartphones durch die Einführung des iPhones 2007

Es sei in dieser kurzen historischen Einordnung aber auch an das Platzen der Dotcom-Blase im Jahr 2000 als wirtschaftlichem „Meilenstein“ erinnert, als übersteigerte Erwartungen korrigiert wurden. Dadurch soll belegt werden, dass die Implikationen der Digitalisierung nicht immer nur unterschätzt, sondern mitunter auch überschätzt werden.

Dies kann prinzipiell auch auf die technologische Dimension der Digitalisierung zutreffen: Mit Blick auf absehbare Entwicklungen bei den Basistechnologien mehren sich die Stimmen, die von einem Ende des Mooreschen Gesetzes um das Jahr 2025 ausgehen, was innerhalb des Betrachtungszeitraums dieses Vorausschauprozesses läge. Es wird erwartet, dass danach neue Paradigmen für die Weiterentwicklung von elektronischen Komponenten und Systemen zum Tragen kommen werden, von denen noch offen ist, ob sie die wirtschaftlichen Erfolgsgeschichten fortsetzen können. Bekannt ist zudem, dass insbesondere Rechenzentren zu einem Wirtschaftssegment gehören, dessen Anteil am gesamten Stromverbrauch am schnellsten steigt. Bemerkenswert ist auch, dass bei der Diskussion um Blockchain-Anwendungen, z. B. für die massenhafte Abwicklung im Zahlungsverkehr, bestimmte technische Entwicklungsformen ausscheiden, weil ihr Energieverbrauch prohibitiv hoch wäre. Es gibt wie in jedem Feld also auch in der Digitalisierung erkennbare Grenzen.

Die gegenwärtige Wahrnehmung wird jedoch von der Wucht der Digitalisierung, ihrer Breite, ihrer Dynamik und daher auch ihrer Unüberschaubarkeit geprägt. Dies liegt zum einen an der Vielzahl neuer Technologien wie: Internet der Dinge, autonome Systeme – insbesondere autonome Drohnen und das autonome Fahren – Big Data, Künstliche Intelligenz, Blockchain-Technologien, Cloud Computing, Quantenrechner, 5G-Netze, erweiterte und virtuelle Realitäten und 3D-Druck aber auch Sprachsteuerung, künstliche Sprach- und Bildgenerierung, Audio-, Bild- und Videosuche sowie Wearables als neue Formen von Endgeräten. Diese Technologien und die damit verfügbar werdenden Daten lassen für sich genommen, aber auch in der Kombination untereinander, schier unendliche Anwendungswelten möglich erscheinen. Dies spiegelt sich auch darin wider, dass in fast sämtlichen Branchen und Industrien die Digitalisierung als mögliche Disruption gesehen wird und jeweils eigene Diskussionen über deren Herausforderungen angelaufen sind: Digitalisierung in der produzierenden Industrie in der Form von Industrie 4.0, Digitalisierung in der Energiewirtschaft, im Bausektor und in der Immobilienwirtschaft, im Finanzsektor, in der Gesundheitswirtschaft, im Handel und im Mobilitätssektor. Das Entstehen eigener Start-up-Segmente beginnend mit dem Bereich „FinTech“ und „InsurTech“ über „LegalTech“ und „RegTech“ bis zu „FoodTech“, „EdTech“, „PropTech“ und „HealthTech“ signalisiert eine breite Aufbruchsstimmung.

In dem Maße, wie das Internet zum Marktplatz und zum Ort der Leistungserbringung wird, verlangt auch das Internet selbst und seine Veränderung zunehmende Aufmerksamkeit. Dies betrifft die politische Dimension der nationalen und supranationalen Regulierung des Internets und Fragen der zukünftigen Ausgestaltung der Internet-Governance, gerade auch vor dem Hintergrund der Finanzkraft einzelner Unternehmen und deren Möglichkeiten zur Beeinflussung der politischen Willensbildung. Aber auch die technische und wirtschaftliche Dimension spielen eine

Rolle, wenn bspw. einzelne Wirtschaftsakteure durch den Aufbau digitaler Infrastrukturen im E-Commerce oder bei Streaming-Diensten Wettbewerbsvorteile erlangen und als „Gatekeeper“ den Marktzugang steuern. Auch die Diskussion um die Zukunft der Netzneutralität sowie Fragen der Echtzeitfähigkeit des Internets sind von zentraler Bedeutung. So wird in diesem Kontext erwogen, dass das Internet in verschiedene Blöcke (China, USA, EU usw.) zerfallen könnte und so aus dem Internet ein „Splinternet“ würde. Die Digitalisierung als Ganzes wirft eine Reihe von Fragen im Zusammenhang mit dem Eigentumsbegriff auf. Aus wirtschaftshistorischen Betrachtungen ist bekannt, dass die geeignete Ausgestaltung von Eigentumsrechten eine wesentliche Grundlage für Wirtschaftswachstum darstellt. Eine Facette, die in diesem Zusammenhang eine Rolle spielt, ist die Sharing Economy, die durch entsprechende Plattformen gefördert werden könnte und neue Geschäftsmodelle des Nutzens statt des Besitzens ermöglicht. Es geht aber auch um die Frage, wem die Daten im Internet der Dinge, in vernetzten Maschinen, autonomen Fahrzeugen aber auch entlang komplexer Wertschöpfungsketten gehören, und in welcher Weise Zugangsrechte zu Daten ausgestaltet werden sollen, um faire Wettbewerbsbedingungen in der Datenökonomie zu gewährleisten. Die Anwendung Künstlicher Intelligenz zur Marktbeobachtung und zur dynamischen Preisfestsetzung könnte dazu führen, dass es indirekt zu einer neuen Form von Preisabsprachen kommt, ohne dass Personen explizit involviert sind. Gleichzeitig bietet die mit der Digitalisierung einhergehende technologische Dynamik das Potenzial für neue Regulierungsinstrumente („smart regulation“). Neue Angebote wie die „E-Residency“ in Estland werfen zudem neue grundsätzliche Fragen auf, was ein Unternehmen ist und welche Jurisdiktion auf digitale Unternehmen zutrifft.

Eine zentrale Herausforderung des Strategischen Vorausschauprozesses zu den wirtschaftlichen Perspektiven der Digitalisierung bestand darin, aus der angerissenen Fülle an Entwicklungen und Faktoren diejenigen herauszufiltern, welche die höchste Relevanz im Blick auf die Wirtschafts- und Ordnungspolitik haben könnten. So wird aufgezeigt, wo neue wirtschaftspolitische Leitlinien und regulatorische Rahmenbedingungen nötig sind, um eine zukünftige digital geprägte Form des Wirtschaftens in der Sozialen Marktwirtschaft ausgestalten zu können. Dafür wurde die Komplexität der Digitalisierung auf eine überschaubare Zahl qualitativer Zukunftsszenarien zu wirtschaftlichen Entwicklungen und Strukturveränderungen reduziert. Diese Szenarien weisen zugleich prinzipiellen Charakter auf und zeigen eine große Bandbreite von Entwicklungsmöglichkeiten auf, um damit Orientierungswissen für eine robuste Strategieentwicklung für die Ordnungspolitik bereitzustellen.

Dieser Abschlussbericht beginnt in Kapitel 2 mit einer Analyse der Entwicklung der Sozialen Marktwirtschaft und belegt dabei, dass die Soziale Marktwirtschaft kontinuierlich entlang der jeweiligen Herausforderungen weiterentwickelt wurde. Kapitel 2 schließt mit einer Untersuchung von Forschungstrends der VWL. Kapitel 3 enthält Anwendungsroadmaps zu acht Schlüsseltechnologien der Digitalisierung: Digitale Plattformen, Big Data, Künstliche Intelligenz, Internet der Dinge, Industrie 4.0, Autonome Systeme, Blockchain und Quantencomputer. Kapitel 4 enthält die Ergebnisse einer Betrachtung allgemeiner Entwicklungen der Digitalisierung in der Form von Schlüsselfaktoren. Auf Basis dieser Schlüsselfaktoren zusammen mit den erwarteten Entwicklungen aus den Roadmaps zu den Schlüsseltechnologien wurden sechs qualitative Zukunftsszenarien entworfen. Die nachfolgenden Kapitel 5 bis 10 stellen jeweils eines der Zukunftsszenarien vor sowie die Ergebnisse einer Multi-Kriterien-Analyse und Szenario-spezifischer Handlungsoptionen. Kapitel 11 untersucht die Implikationen der identifizierten Szenario-Wirkungen auf die Prinzipien und Ziele der Sozialen Marktwirtschaft und leitet daraus Querschnittsaspekte und zugehörige Handlungsoptionen ab. Mögliche Auswirkungen der Covid-19-Pandemie werden in Abschnitt 11.4 andiskutiert. Die Vorgehensweise und eingesetzten Methoden werden im nachfolgenden Abschnitt vorgestellt, einzelne Zwischenergebnisse zur Verbesserung der Nachvollziehbarkeit finden sich in sechs Anhängen.

Der Bericht schließt mit einem Fazit in Kapitel 12, das auch im Sinne einer „Executive Summary“ zu verstehen ist.

1.1 Übersicht Vorgehensweise und Methoden

Abgeleitet aus der Aufgabenstellung und Zielsetzung wurde eine Vorgehensweise in zwei Schritten entworfen. Der erste Schritt dient dazu, Zukunftsszenarien zu entwerfen, aus denen im zweiten Schritt Rahmenbedingungen, Herausforderungen und Handlungsoptionen abgeleitet werden.

Der Prozess wird entlang von Schlüsseltechnologien der Digitalisierung organisiert. Durch das Prozessdesign wird zugleich sichergestellt, dass die Auswahl der betrachteten Schlüsseltechnologien den Blick auf die

Implikationen der Digitalisierung für die Soziale Marktwirtschaft nicht einschränkt.

Abbildung 1.1 Schritt 1 Zukunftsszenarien entwerfen.

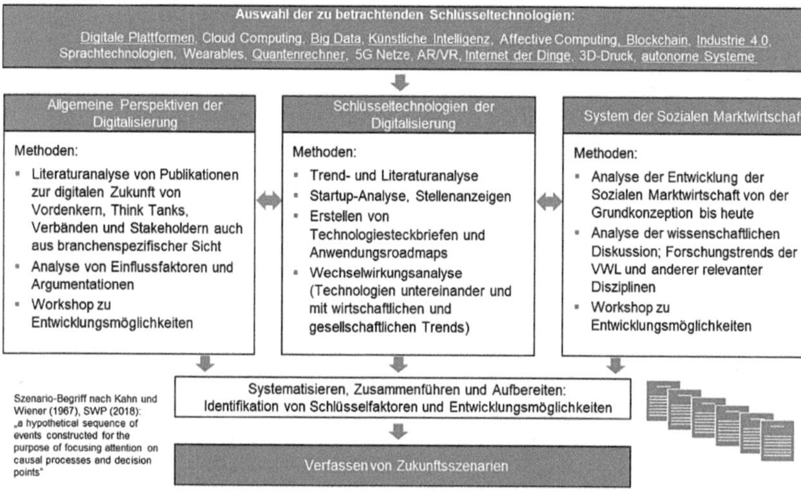

Quelle: Eigene Darstellung.

Nach einer Auswahl von acht näher zu betrachtenden Schlüsseltechnologien der Digitalisierung, wurden – wie in der mittleren Säule in Abbildung 1.1 dargestellt – Technologiesteckbriefe und Anwendungsroadmaps (vgl. Kapitel 3) erarbeitet sowie eine Wechselwirkungsanalyse durchgeführt (vgl. Anhang III). Flankierend wurden in einer Umfeldanalyse allgemeine Zukunftsperspektiven der Digitalisierung erhoben (linke Säule)[1] und eine zukunftsorientierte Analyse der Entwicklung der Sozialen Marktwirtschaft (rechte Säule) durchgeführt (vgl. Kapitel 2).

Aus diesen Ergebnissen wurden Schlüsselfaktoren (vgl. Kapitel 4) abgeleitet, die in der Summe den Rahmen für die zukünftige Entwicklung der Schlüsseltechnologien bestimmen. Die Anwendungsroadmaps bildeten dann das Grundgerüst, das mit den Informationen zu den Schlüsselfaktoren zu den Zukunftsszenarien verwoben wurde. Die Querbeziehungen zwischen den Schlüsseltechnologien und Schlüsselfaktoren sowie beider untereinander wurden dazu genutzt, um die Themenbereiche der

1 Die Ergebnisse der Umfeldanalyse sind direkt in Kapitel 4 eingeflossen.

Szenarien als diejenigen Bereiche festzulegen, die besonders ausgeprägte gegenseitige Wechselbeziehungen aufweisen. Bei der Auswahl der Szenarien sollten Überschneidungen und Parallelverläufe so weit wie möglich vermieden werden. Insofern können inhaltliche Schlüssigkeit und breite Abdeckung des betrachteten Zukunftsraums als Auswahlkriterien für die Szenarien gelten. Dabei ergaben sich schließlich ausgehend von den acht Schlüsseltechnologien sechs Themenbereiche für die Zukunftsszenarien. Bei der Ausarbeitung der Szenarien wurde der Szenario-Begriff von Kahn und Wiener (1967) zugrunde gelegt, wonach ein Szenario

> *„eine hypothetische Folge von Ereignissen ist, die konstruiert wird mit dem Zweck, die Aufmerksamkeit auf kausale Prozesse und Entscheidungspunkte zu lenken."*

Im ersten Teilschritt wurden Rohszenarien als Sammlung von Schlüsselfaktoren und Ausprägungen (vgl. Anhang IV) erstellt. Dazu wurden zunächst Schlüsselfaktoren ausgewählt, die eine hohe Relevanz in Bezug auf die betrachteten Themen aufweisen. Auf Basis zuvor identifizierter begründeter Entwicklungsmöglichkeiten der Schlüsselfaktoren – die alternativ als Ausprägungen bezeichnet werden – wurden bevorzugt solche Ausprägungen ausgewählt, die einen hohen Impact in Bezug auf mögliche Veränderungen der Sozialen Marktwirtschaft aufweisen.

Die für die Rohszenarien ausgewählten Kombinationen der Ausprägungen wurde zudem argumentativ auf innere Konsistenz geprüft. Davon ausgehend erfolgte die sprachliche Ausformulierung, bei der fortlaufend eine weitere argumentative Konsistenzprüfung vorgenommen wird, damit das Szenario eine plausible und überzeugende Geschichte vermittelt. Schritt 1 wurde mit der Ausarbeitung von sechs Zukunftsszenarien abgeschlossen (vgl. Kapitel 5 bis 10).

Aus den Zukunftsszenarien wurden Wirkungen abgeleitet und einer qualitativen Multi-Kriterien-Analyse unterzogen mit Blick auf für den Vorausschauprozess relevanten Kriterien (vgl. Anhang VI). Dazu wurden die erforderlichen Einschätzungen zunächst projektintern erarbeitet und zusammengeführt. Die Ergebnisse wurden in einem externen Expertenworkshop gespiegelt und validiert, siehe Abbildung 1.2.

Abbildung 1.2 Schritt 2 Zukunftsszenarien entwerfen.

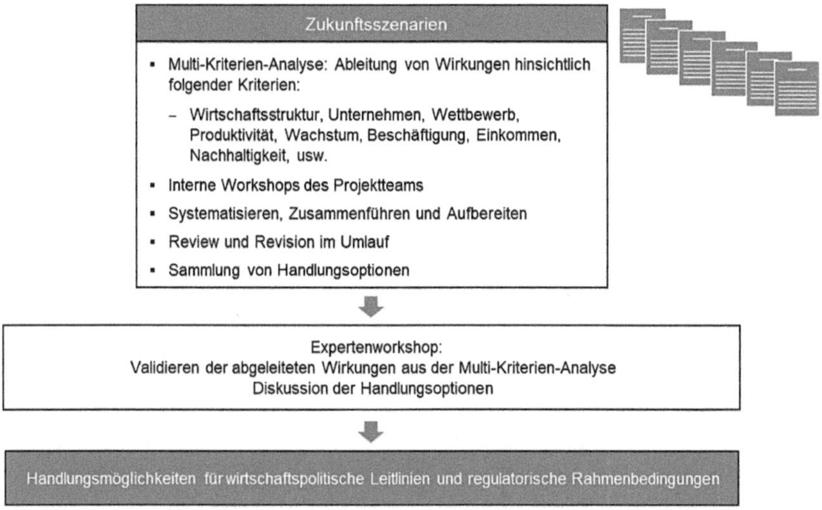

Quelle: Eigene Darstellung.

Auf Basis der Ergebnisse dieses Expertenworkshops wurden abschließend Querschnittsaspekte, Herausforderungen, Chancen und Risiken für die Wirtschafts- und Ordnungspolitik sowie Handlungsoptionen abgeleitet.

2 Soziale Marktwirtschaft im Wandel der Zeit

2.1 Einleitung

Seit Mitte des 20. Jahrhunderts orientiert sich die deutsche Wirtschafts- und Gesellschaftspolitik am Konzept der Sozialen Marktwirtschaft (vgl. Thieme, 1994, S. 35 f.). Dabei handelt es sich nicht um ein eindeutig definiertes theoretisch fundiertes Konzept. In Deutschland wird darunter im allgemeinen Sprachgebrauch die mit Beginn der Währungsreform am 20. Juni 1948 begonnene Wirtschaftspolitik und die sie tragende Wirtschaftsordnung verstanden, die mit der Aufhebung der Zwangsbewirtschaftung und Preisbindung durch Ludwig Erhard begonnen hatte (vgl. Lachmann, 2004, S. 29).

Zu den Oberzielen der Soziale Marktwirtschaft gehören Freiheit, Gerechtigkeit und Wohlstand (vgl. Thieme, 1994, S. 35 f.).[2] Dieses „klassische Zieldreieck“ wird häufig um die Ziele (sozialer) Friede und (soziale) Sicherheit ergänzt (vgl. Bickenbach und Soltwedel, 1994, S. 3). Damit dient die Soziale Marktwirtschaft der Maximierung der gesellschaftlichen Wohlfahrt.

Da die Ziele Freiheit, Gerechtigkeit und Wohlstand zweckdienlich unpräzise und damit relativ schwer zu operationalisieren sind, stellen sie sich als weniger geeignet als unmittelbares Orientierungsmaß für die wirtschaftspolitischen Entscheidungen dar. Daraus wurden die ungleich stärker operationalisierbaren gesamtwirtschaftlichen Ziele wie Preisniveaustabilität, hoher Beschäftigungsstand, Wirtschaftswachstum und Zahlungsbilanzausgleich abgeleitet (vgl. Thieme, 1994, S. 37). Diese Ziele wurden im Rahmen des am 8. Juni 1967 erlassenen Gesetzes zur Förderung der Stabilität und des Wachstums der Wirtschaft (Stabilitätsgesetz) fixiert.

Eine wesentliche Voraussetzung für die Verwirklichung der Ziele der Sozialen Marktwirtschaft ist die Organisation der Märkte im Sinne eines funktionsfähigen Wettbewerbs (vgl. Thieme, 1994, S. 57 f.). Dieser übernimmt verschiedene Funktionen und sorgt dafür, dass Preise die richtigen Informationen bereitstellen, um das Wirtschaftsgeschehen effizient zu steuern. Die Sicherung des funktionsfähigen Wettbewerbs verantwortet

2 Die Reihenfolge der Aufzählung der Ziele ist nicht als Rangordnung oder Prioritätenliste zu interpretieren.

in der Sozialen Marktwirtschaft der Staat; er stellt rechtliche Ordnungsnormen auf, die für das Wirtschaftsgeschehen bedeutungsvoll sind, und setzt diese durch.

Die Digitalisierung wandelt die Wirtschaft und Gesellschaft zum Teil fundamental. Damit birgt sie Chancen für die Soziale Marktwirtschaft, stellt sie jedoch auch vor neue Herausforderungen: Die Digitalisierung forciert Produkt- und Prozessinnovationen und kann die wirtschaftliche Effizienz erhöhen, weshalb sie das Potenzial hat, das Wirtschaftswachstum bedeutend voranzutreiben. Dies ist von großer Bedeutung für die Verwirklichung der Ziele der Sozialen Marktwirtschaft. Gleichzeitig steht sie jedoch im Verdacht, Arbeitsplätze zu vernichten und durch die Ermöglichung neuer Geschäftsmodelle, deren Erfolg durch signifikante Skalen- und Netzwerkeffekte determiniert wird, die Konzentration von Märkten und Anhäufung von Marktmacht zu begünstigen. Die von Algorithmen gestützte Preisgestaltung droht den Wettbewerb zusätzlich durch Kollusionen zu beschränken. Die Verbreitung der algorithmisch personalisierten Nachrichtenkanäle steht im Verdacht, die Polarisierung der Gesellschaft voranzutreiben und die Demokratie zu gefährden.

In diesem Kapitel wird die Entwicklung der Sozialen Marktwirtschaft von der Grundkonzeption bis heute in den zentralen Handlungsfedern der Sozialen Marktwirtschaft nachvollzogen, wozu insbesondere die Wettbewerbspolitik, Arbeitsmarktpolitik, Bildungspolitik und Sozialpolitik zählen. Dieses Kapitel dient somit der Charakterisierung der Sozialen Marktwirtschaft in Deutschland.

2.2 Soziale Marktwirtschaft – Wirtschaftsordnung der Bundesrepublik Deutschland

Die Soziale Marktwirtschaft ist mehr als eine Wirtschafts- und Gesellschaftsordnung. Viele sehen darin eine Ordnung, die untrennbar mit dem deutschen Wirtschaftswunder in Verbindung gebracht wird. Andere wiederum sehen darin eine politische Projektionsfläche für unterschiedliche Wünsche. Tatsächlich ist die Soziale Marktwirtschaft kein fest definiertes Konzept. Wie im nachfolgenden Kapitel gezeigt wird, hatten bereits die Gründungsväter der Sozialen Marktwirtschaft ihre eigenen Vorstellungen von der Nachkriegsordnung. So erlebte die Soziale Marktwirtschaft in ihrer 70-jährigen Geschichte hinsichtlich der wirtschaftspolitischen Auslegung und Umsetzung immer wieder Umdeutungen und Neudefinitionen. Während es in der Nachkriegsphase vor allem darum ging, die Menschen mit lebensnotwendigen Gütern wie Lebensmitteln und Wohnraum zu versorgen, ging es mit zunehmendem Wohlstand darum, die Teilhabe aller Bevölkerungsgruppen zu ermöglichen und das zentrale Versprechen der Sozialen Marktwirtschaft „Wohlstand für Alle“ einzulösen.

Entstehungsgeschichte: Als zentrale Wegbereiter der Sozialen Marktwirtschaft gelten Walter Eucken (1891-1950), Wilhelm Röpke (1899-1966), Ludwig Erhard (1897-1977) und Alfred Müller-Armack (1901-1978). Ihr Ziel war es, eine menschenwürdige, privilegienfreie, stabile und marktwirtschaftliche Nachkriegsordnung zu schaffen (vgl. z. B. Thieme, 1994 oder Wilgerodt, 2001).

Bereits im Jahre 1940 entwickelte Walter Eucken in den *Grundlagen der Nationalökonomie*[3] die Grundprinzipien einer staatlich gesicherten Wettbewerbsordnung, welche die Bürger bestmöglich mit Gütern versorgen und vor willkürlicher privater und staatlicher Macht schützen soll. Im November 1941 beschrieb er in seiner Studie *Wettbewerb als Grundprinzip der Wirtschaftsverfassung*[4] den schwierigen Weg in eine Marktwirtschaft nach dem Krieg. Dieser Weg sollte ein dritter Weg sein, zwischen Laissez-faire und Planwirtschaft. In den nach seinem Tod veröffentlichten *Grundsätzen der Wirtschaftspolitik*[5] formulierte Eucken dann die konstituierenden und regulierenden Prinzipien, die noch heute als theoretischer Kern der Sozialen Marktwirtschaft gelten. Damit beschreibt er eine Wirtschafts- und Gesellschaftsordnung, die Freiheit auf dem Markt mit sozialem Ausgleich verbindet.

Auch Alexander Rüstow und Wilhelm Röpke arbeiteten an einem staats- und gesellschaftspolitischen Konzept, das dem Markt eine rein dienende Funktion zuschreibt und die Wirtschaft in den Dienst von *„Familie, Gemeinde, Staat, alle sozialen Integrationsformen überhaupt bis hinauf zur Menschheit, ferner das Religiöse, das Ethische, das Ästhetische, kurz gesagt, das Menschliche, das Kulturelle überhaupt“* stellt (vgl. Rüstow, 1963, S. 77). Gemeinsam mit Wilhelm Röpke erarbeitete Rüstow ein Konzept der „Vitalpolitik”. Grundgedanke ist, dass der Staat die Marktkräfte in lebensdienliche Bahnen lenken muss. In den Worten Rüstows ist Vitalpolitik eine Politik *„die nicht nur wirtschaftliche Werte, in Ziffern messbare, in Geldsummen ausdrückbare Werte berücksichtigt, sondern die sich bewusst ist, dass viel wichtiger ist, wie der Mensch sich in seiner Situation fühlt. Dieses Sichfühlen*

3 Eucken, W. (1950), *Grundlagen der Nationalökonomie*, 6. Aufl., Springer: Berlin.
4 Eucken, W. (1942), *Wettbewerb als Grundprinzip der Wirtschaftsverfassung*, Duncker & Humblot: Berlin.
5 Eucken, W. (1959), *Grundsätze der Wirtschaftspolitik*, Rowohlt: Hamburg.

des Menschen in seiner Lebenslage hängt zwar als Grundlage ebenfalls von ökonomischen Dingen ab, aber in weit höherem Maße von überökonomischen Dingen" (Rüstow, 1963, S. 82).

Bereits während des zweiten Weltkriegs veröffentlichte Alfred Müller-Armack Studien, die 1946 als erster Teil von *Wirtschaftslenkung und Marktwirtschaft* erschienen (vgl. Müller-Armack, 1990). Darin wird erstmals der Begriff „Soziale Marktwirtschaft" verwendet. Müller-Armack begriff die Marktwirtschaft als ein *„überaus zweckmäßiges Organisationsmittel"*, welchem aber nicht die Aufgabe zuzumuten sei, *„eine letztgültige soziale Ordnung zu schaffen und die Notwendigkeiten des staatlichen und kulturellen Lebens von sich aus zu berücksichtigen."* Er bezeichnete die Soziale Marktwirtschaft als eine *„irenische" Versöhnungsformel, die darauf abzielte, ideologische Differenzen zwischen den damaligen politischen Lagern zu mildern"* (vgl. Müller-Armack, 1959). Für ihn war sein Konzept kein Mittelweg zwischen Kapitalismus und Sozialismus. Vielmehr verstand er die Soziale Marktwirtschaft als Brücke zwischen einer zeitgemäßen Wirtschaftsordnung auf der einen Seite und dem Bedürfnis der Bevölkerung, soziale Ungleichheiten abzubauen, auf der anderen Seite.

Während Eucken, Rüstow und Röpke somit die Rolle der geistigen Vaterschaft der Sozialen Marktwirtschaft zugeschrieben werden kann, brachte Ludwig Erhard als erster Wirtschaftsminister Deutschlands das bisher theoretische Konzept der Sozialen Marktwirtschaft zur praktischen Anwendung. Am 24. Juni 1948 hob er gegen den Widerstand der Alliierten die bis dato geltenden Preiskontrollen in vielen Bereichen auf, was gleichzeitig als Geburtsstunde der Sozialen Marktwirtschaft in Deutschland angesehen wird. Sein Versprechen „Wohlstand für Alle" gilt bis heute als Kern der Sozialen Marktwirtschaft, wonach alle Regierungen der Bundesrepublik ihr wirtschaftspolitisches Handeln ausgerichtet haben.

Für Erhard war das Versprechen „Wohlstand für Alle" untrennbar mit der Sicherung des Wettbewerbs verbunden. Nach Erhard führt allein Wettbewerb dazu, den wirtschaftlichen Fortschritt allen Menschen, im Besonderen in ihrer Funktion als Verbraucher, zugutekommen zu lassen und Armut zu überwinden (vgl. Erhard, 2009, S. 7 f.). Das Kartellgesetz (Gesetz gegen Wettbewerbsbeschränkungen („GWB")) stand dabei im Zentrum der Erhardschen Maxime und kam für ihn dem wirtschaftlichen Grundgesetz gleich (vgl. Erhard, 2009, S. 9). Am GWB und seinen bis heute neun Novellen lässt sich zudem gut ablesen, wie sich in dieser Hinsicht die Soziale Marktwirtschaft weiterentwickelt hat.

Wie in den nachfolgenden Abschnitten gezeigt wird, haben sowohl wissenschaftliche Erkenntnisse, konjunkturelle Entwicklungen als auch gesellschaftliche und politische Strömungen dazu geführt, dass die Soziale Marktwirtschaft stetig modernisiert wurde, um den jeweiligen zeitgemäßen Anforderungen gerecht zu werden und das zentrale Versprechen „Wohlstand für Alle“ zu erfüllen.

2.2.1 Phase 1: 1948 bis 1967: Vom Wiederaufbau zum Wirtschaftswunder

Die 50er Jahre werden mit dem Wiedererstarken der deutschen Wirtschaft nach dem Zweiten Weltkrieg und dem damaligen Vater des Wirtschafwunders Ludwig Erhard verbunden. Und in der Tat haben sowohl Ludwig Erhard als auch das Konzept der Sozialen Marktwirtschaft die marktwirtschaftliche Ordnung der Bundesrepublik nach dem Zweiten Weltkrieg entscheidend geprägt. Als Leiter der Sonderstelle Geld und Kredit war Erhard maßgeblich an den Vorbereitungen für eine Währungsreform und die Errichtung einer selbständigen Zentralbank („Bank Deutscher Länder“) verantwortlich. Die Bank Deutscher Länder nahm am 1. März 1948 ihre Arbeit auf. Am 2. März 1948 wurde Erhard zum Direktor der Wirtschaftsverwaltung „des vereinigten Wirtschaftsgebietes“, wie der Zusammenschluss der englischen und amerikanischen Besatzungszone bezeichnet wurde, gewählt. In dieser Rolle verkündete Erhard am 19. Juni die Währungsreform und die Einführung der D-Mark für den darauffolgenden Tag. Am 21. Juni 1948 war die Deutsche Mark alleiniges Zahlungsmittel in den westlichen Besatzungszonen. Die bis dahin gültigen Zahlungsmittel Reichsmark und Renten Mark wurden zwangsumgetauscht. Gleichzeitig nutzte Erhard die Verkündigung der Währungsreform, um weitere Wirtschaftsreformen, gegen die Vorschriften der Westalliierten, durchzuführen. Mit dem sog. „Leitsätzegesetz“ vom 18. Juni 1948 wurde es Erhard ermöglicht, die Zwangsbewirtschaftung und die Preisbindung aufzuheben.[6] Diese Befugnisse nutzte Erhard nur zwei Tage später, um in vielen Bereichen, wie z. B. der Konsumgüterindustrie, der Zwangsbewirt-

---

6 Durch die Zwangsbewirtschaftung sollte die Versorgung der Bevölkerung nach Kriegsende sichergestellt werden. Dazu wurden die Produktion und Verteilung von lebensnotwendigen Gütern staatlich organisiert. Die Zuteilung von Lebensmitteln sowie die Vermittlung von Arbeitskräften und Wohnraum blieb reglementiert. Zudem blieben die Preise für Lebensmittel und andere Güter sowie Mieten und Löhne gebunden. Unternehmen mussten ihren Bedarf an Rohstoffen und Energie nachweisen und erhielten von der Militärregierung im Gegenzug eine Zuteilung (vgl. https://www.ludwig-erhard-zentrum.de/ludwig-erhard/politician.html; abgerufen am: 6. Januar 2020).

schaftung und Preisbindung ein Ende zu setzen (vgl. Zohlnhöfer, 2006, S. 287). Die Währungsunion und die Freigabe der Preise gelten als die Geburtsstunde der Sozialen Marktwirtschaft. Die formale Einführung der Sozialen Marktwirtschaft in Deutschland ging mit der Verabschiedung des Grundgesetzes einher. Zwar fand der Begriff „Soziale Marktwirtschaft" selbst dort keinen Eingang, allerdings werden deren Prinzipien darin klar beschrieben und abgegrenzt (vgl. Hamel, 1994, S. 114): So garantiert Artikel 14 GG persönliches Eigentum. Das Recht auf freie Entfaltung der Persönlichkeit (Artikel 2 Abs. (1)) und Berufsfreiheit (Artikel 12) schützen den Einzelnen vor Übergriffen des Staates und Zwangsbewirtschaftung. Einer völligen Liberalisierung des Sozialstaates stehen das Sozialstaatsprinzip nach Artikel 20 „sozialer Bundesstaat" und Artikel 28 „sozialer Rechtsstaat" entgegen. Dabei bleibt offen, wie der Sozialstaat im Detail geregelt werden soll (vgl. Lampert, 1965, S. 63). Der Schutz der Menschenwürde (Artikel 1 GG), Koalitionsfreiheit (Artikel 9 GG) sowie das Recht auf freie Entfaltung der Persönlichkeit (Artikel 2 GG) geben hierfür allerdings die Leitplanken vor.

Gesellschaftlich stand die Soziale Marktwirtschaft nach der Freigabe der Preise 1948 allerdings unter großem Druck. Erhard selbst bezeichnete das zweite Halbjahr 1948 als *„eines der dramatischsten in der deutschen Wirtschaftsgeschichte"* (vgl. Erhard, 2009, S. 24). Nach der Preisfreigabe verteuerten sich die Lebenshaltungskosten deutlich. Die Inflation in der zweiten Jahreshälfte betrug 14 Prozent. Gleichzeitig unterlagen die Löhne einem „Lohnstopp" und konnten nicht der Inflation entsprechend steigen. Die Arbeitslosigkeit stieg ebenfalls an und das Wirtschaftswachstum verlangsamte sich (vgl. Bundesministerium für Arbeit, 1950, S. 3). So kam es deutschlandweit zu Protesten, die im Grunde eine sozialistisch geprägte Wirtschaftspolitik forderten. Der Deutsche Gewerkschaftsbund rief zu einem Generalstreik auf, der aber wegen des massiven Einschreitens der Alliierten nicht stattgefunden hat. Allerdings erhöhten die Proteste den Druck auf die Regierung, die Inflation zu bekämpfen.

Im November 1948 wurde die Aufhebung des Lohnstopps erlassen (vgl. Erhard, 2009, S. 31 f.). Zugleich erhöhte die Zentralbank die Mindesteinlagereserve, wodurch die Liquidität der Banken eingeschränkt wurde und Kredite sich verteuerten (vgl. Zinn, 1992, S. 59). Zeitgleich schlug die öffentliche Hand einen restriktiven Ausgabekurs ein und bildete Budgetüberschüsse (vgl. Zinn, 1992, S. 59). Im Ergebnis konnte der Anstieg der Preise gestoppt werden. Allerdings führte die restriktive Geld- und Fiskalpolitik zu einem weiteren Anstieg der Arbeitslosenquote von 5,4 Prozent im zweiten Halbjahr 1948 auf 10,3 Prozent im Jahr 1950. Erst der Korea-

Boom[7] gepaart mit der investitionsfördernden Wirtschaftspolitik[8] lösten einen etwa ein Jahrzehnt dauernden Aufschwung aus, der als deutsches Wirtschaftswunder in die Geschichte einging.

Im Zeitraum 1950 bis 1960 stieg das BIP durchschnittlich um 8,2 Prozent pro Jahr, von 1960 bis 1970 um durchschnittlich 4,4 Prozent (vgl. Statistisches Bundesamt, 2018). Die Arbeitslosenquote sank von 11 Prozent 1950 auf 0,7 Prozent 1965 (vgl. Bundesagentur für Arbeit, 2022). 17 Jahre nach Einführung der Sozialen Marktwirtschaft hatte sich die Wirtschaftsleistung des Landes etwa verdreifacht und es herrschte Vollbeschäftigung.

Außenwirtschaftlich verfolgte Erhard sein Ziel, Deutschland zurück zum Weltmarkt zu führen, indem er den Beitritt zu internationalen Handelsabkommen einleitete (vgl. Hamel, 1994, S. 115). Im Jahr 1951 trat Deutschland dem „Allgemeinen Zoll- und Handelsabkommen" („GATT")[9] bei. Im Jahr 1952 folgte der Beitritt zum „Internationalen Währungsfonds" („IWF"). 1957 trat Deutschland der „Europäischen Währungsgemeinschaft" („EWG") bei. Das Außenwirtschaftsgesetz von 1961 schuf schließlich die Basis für eine Konvertibilität der D-Mark und regelt den freien Wirtschaftsverkehr mit dem Ausland (vgl. Außenwirtschaftsgesetz, 1961).

Geldpolitisch wurde der 1948 eingeschlagene Weg zu einer unabhängigen Notenbank weiterverfolgt. Mit der Gründung der Deutschen Bundesbank 1957 kam die Regierung Artikel 88 GG nach, wonach der Bund verpflichtet wurde, eine Währungs- und Notenbank zu errichten. Das Bundesbankgesetz legte die Sicherung der Währung durch eine unabhängige Notenbank fest, was die Bundesbank als Sicherung der Preisstabilität verstand (vgl. Deutsche Bundesbank, 2016, S. 32). In dieser Hinsicht folgte das Bundesbankgesetz den Arbeiten Euckens, die Preisstabilität als ein elementares Prinzip einer Wirtschaftsordnung hervorhob. Allerdings kann nach § 12 BbankG die Bundesbank *„die allgemeine Wirtschaftspolitik der*

---

7 Durch den Koreakrieg stieg die ausländische Nachfrage nach Eisen- und Stahlprodukten stark an. Deutschland verfügte nach Kriegsende über große Produktionskapazitäten, die durch den Krieg in Korea nachgefragt und ausgelastet wurden (vgl. Abelshauser, 2005, S. 154 ff.).

8 Die Investitionspolitik bestand u. a. darin, dass die Konsumgüterindustrie zu einer zweckgebundenen Investitionsabgabe zugunsten des Montansektors, der Energie- und Wasserwirtschaft und der Bundesbahn verpflichtet wurde (vgl. Zinn, 1992, S. 61).

9 Das GATT ist ein völkerrechtlicher Vertrag und stellt eine internationale Vereinbarung zwischen den Vertragsparteien über den Welthandel dar.

Bundesregierung (...) unterstützen, wenn die Aufgabe der Sicherung der Währung dadurch nicht beeinträchtigt wird."

Für politische Diskussionen sorgten die Verhandlungen über das Montan-Mitbestimmungsgesetz. Die Gewerkschaften forderten eine stärkere Mitbestimmung der Arbeitnehmer bei Aufsichtsrats- und Vorstandsentscheidungen. Die Arbeitgeberverbände und Ludwig Erhard lehnten dies ab. Dennoch wurde das Montan-Mitbestimmungsgesetz 1951 beschlossen, wodurch Aufsichtsräte und Vorstände von Unternehmen des Bergbaus und der eisen- und stahlerzeugenden Industrie paritätisch von Vertretern der Anteilseigner und Arbeitnehmer besetzt werden mussten (vgl. Lauschke, 2005)[10].

Ebenfalls gegen den Widerstand Erhards wurde das soziale Sicherungssystem mit zunehmender Wirtschaftskraft ausgeweitet. Von großer Bedeutung in diesem Zusammenhang war die Rentenreform von 1957. Anstelle der bis dahin kapitalgedeckten Rentenversicherung, wurde eine umlagefinanzierte und dynamische Altersrente eingeführt (vgl. Erhard, 2009, S. 261). Grundlage dafür bildete das Prinzip des Generationenvertrags. Dies hatte die Abkehr des Versicherungsprinzips in der Rentenversicherung zur Folge. Fortan wurden die Rentenzahlungen nicht mehr aus einem angesparten Kapitalstock finanziert („kapitalgedeckte Finanzierung"), sondern durch die laufenden Beiträge der Arbeitnehmerinnen und Arbeitnehmer („Umlagefinanzierung"). Auch hinsichtlich der Rentenhöhe bedeutete die Rentenreform eine umfassende Neuausrichtung. Die Rente wurde nicht mehr nur als Zuschuss zum Lebensunterhalt verstanden, sondern als Lohnersatzleistung, die ausreichend sein sollte, den vollen Lebensunterhalt zu finanzieren. Zudem sollte sie in ihrer Entwicklung der allgemeinen Einkommens- und Lohnentwicklung folgen.[11] Durch die Dynamisierung wurden die Renten somit erstmals an die Entwicklung der Löhne und Gehälter gekoppelt.

Beispielhaft für den Auf- und Ausbau des Sozialstaates ist das Sozialhilfegesetz, das 1961 verabschiedet wurde. Es soll Menschen in besonderen Lebenslagen Hilfe für die Führung eines würdigen Lebens leisten (vgl. § 1 BSHG). Maßgeblich für das Gesetz ist das Subsidiaritätsprinzip. Dieser Grundsatz besagt, dass Sozialhilfe nur dann gewährt wird, wenn die Hilfesuchenden nicht in der Lage sind, sich selbst zu helfen oder wenn sie keine

---

10 Verfügbar unter: https://www.1000dokumente.de/index.html?c=dokument_de&dokument=0011_mon&object=context&l=de; abgerufen am: 6. Januar 2020.

11 Vgl. https://www.bundestag.de/dokumente/textarchiv/2017/kw03-kalenderblatt-rentenreform-488538; aufgerufen am: 1. Juli 2019.

Hilfe von anderen Personen oder Stellen erhalten (vgl. DB-Drucks. 1799, S. 32).

Die konzeptionellen Vorstellungen Walter Euckens (vgl. Abschnitt 2) hinsichtlich der Wettbewerbsordnung fanden Ausdruck in der Einführung des Gesetzes gegen Wettbewerbsbeschränkungen („GWB")[12] von 1957. Mit Inkrafttreten des GWB zum 1. Januar 1958 nahm das Bundeskartellamt seine Arbeit auf. Seine Aufgabe besteht darin, die Regelungen des GWB durchzusetzen. Nach § 1 GWB blieben Kartelle, bis auf einige, Ausnahmen verboten.[13] Erhard selbst bezeichnete das Kartellverbot als das „wirtschaftliche Grundgesetz". *„Versagt der Staat auf diesem Felde, dann ist es auch bald um die „Soziale Marktwirtschaft" geschehen"*, schrieb Erhard in seinem Buch *Wohlstand für Alle* (vgl. Erhard, 2009, S. 9). § 22 GWB regelt zudem eine Missbrauchsaufsicht über marktbeherrschende Unternehmen. Die Wettbewerbsbehörde kann nach § 22 Abs. 4 GWB missbräuchliches Verhalten untersagen und Verträge für unwirksam erklären.

Im Bereich der Bildungspolitik wurde auf Druck der Alliierten das tradierte Bildungssystem der Weimarer Republik grundlegend erneuert. Eine möglichst lange gemeinsame Beschulung aller Kinder nach dem Vorbild der amerikanischem „Comprehensive School" sollte zur Demokratisierung der Gesellschaft beitragen (vgl. Edelstein und Veith, 2017). Mit der "Kontrollratsdirektive Nr. 54: Grundprinzipien für die Demokratisierung des Bildungswesens in Deutschland" von 1947 legten die westlichen Alliierten 10 Grundprinzipien vor, die u. a. gleiche Bildungsmöglichkeiten für alle, eine volle Schulpflicht bis zum 15 Lebensjahr und die unentgeltliche Bereitstellung von Unterricht und Lehrmittel vorsahen sowie die Abschaffung des in getrennte Bildungsgänge gegliederten Schulsystems forderte (vgl. Edelstein und Veith, 2017). Mit dem Grundgesetz wurde die Zuständigkeit für Bildung den Bundesländern zugeteilt (vgl. Artikel 7 Abs. 1 GG).[14] Die Regelung der Schul- und Berufsschulpflicht wird durch die jeweiligen Landesverfassungen bestimmt. Die Schulpflicht beginnt mit dem 6. Lebensjahr und endet nach der Sekundarstufe 1. Nach der Schulpflicht beginnt die Pflicht zum Besuch einer Berufsschule oder

12 Vgl. https://www.bgbl.de/xaver/bgbl/start.xav#__bgbl__%2F%2F*%5B%40attr_id%3D%27bgbl157s1081.pdf%27%5D__1569504528112; abgerufen am: 10. Juli 2019. Das GWB trat 1958 in Kraft.

13 Zu den ausgenommenen Wirtschaftszweigen zählen Landwirtschaft, Kredit- und Versicherungswirtschaft, Urheberverwertungsgesellschaften und der Sportbereich (vgl. §§ 28-31 GWB).

14 Die Zuständigkeit der Länder für die Schulpolitik ergibt sich aus Artikel 30, Artikel 74 Abs. 1 Nr. 13; 91 a Abs. 1 Nr. 1 GG.

einer anderen Schule der Sekundarstufe 2 (z. B. Gymnasium). Im Düsseldorfer Abkommen von 1955 schufen die Kultusminister der Bundesrepublik einen gemeinsamen Rahmen für das allgemeinbildende Schulwesen. Nicht einbezogen waren allerdings die Volksschulen (Grund- und Hauptschulen). Neben Regelungen zur Dauer und zum Zeitpunkt von Schulferien enthielt das Abkommen Bestimmungen über Organisationsformen und Schultypen der Mittelschule und der Gymnasien (mit Regelung der Sprachenfolge), Anerkennung der Prüfungen und Bezeichnung der Notenstufen und darüber hinaus auch eine besondere Härtefallklausel für den Schulwechsel von Land zu Land bei Oberstufenschülern. Das Düsseldorfer Abkommen war eine Reaktion auf Kritik, die dem deutschen Schulsystem durch die föderale Bildungsverantwortung ein bundesweites Schulwirrwarr zum Vorwurf machte (vgl. Schulz-Hardt und Fränz, 1998)[15].

2.2.2 Phase 2: 1968 bis 1989: Normalisierung des Wachstums und Abkehr von der Angebotspolitik

Nach dem Wirtschaftswunder der 50er Jahre mit hohen Wachstumsraten kündigte sich im Jahr 1967 eine Normalisierung der Wachstumsdynamik an. Das BIP verringerte sich im Vergleich zum Vorjahr um 0,3 Prozent (vgl. Statistisches Bundesamt, 2018) und die Arbeitslosenquote stieg von 0,7 Prozent auf 2,1 Prozent (vgl. Bundesagentur für Arbeit, 2022). Die Regierung unter Bundeskanzler Ludwig Erhard wurde daraufhin am 20. November1966 gestürzt.[16] Die Nachfolgeregierung unter Kurt Georg Kiesinger wendete sich von der ordoliberalen Politik Erhards ab und versuchte der wirtschaftlich instabilen Lage mit aktiver, antizyklischer Konjunkturpolitik entgegenzusteuern (vgl. Schanetzky, 2007, S. 35-40). Während in den 50er Jahren der Fokus insbesondere darauf ausgerichtet war, durch eine Verbesserung der volkswirtschaftlichen Rahmenbedingen Anreize für Investitionen zu setzen und so für Wachstum und einen Anstieg der Beschäftigung zu sorgen („Angebotspolitik“), versuchte die damalige große Koalition der Wachstumsschwäche und der steigenden Arbeitslosigkeit zu begegnen, indem der Staat durch die Steigerung der Investitions- und Konsumausgaben die Nachfrage erhöhte. Bei dieser Politik

15 Verfügbar unter: https://www.kmk.org/kmk/aufgaben/geschichte-der-kmk.html; abgerufen am: 10. Juli 2019.

16 Ludwig Erhard wurde 1963 zum Kanzler gewählt und löste den damaligen Bundeskanzler Konrad Adenauer ab.

handelte es sich im Kern um eine „Nachfragepolitik“, benannt nach John Maynard Keynes, wonach Beschäftigung und Produktion stark von der gesamtwirtschaftlichen Nachfrage abhängen, sodass sich Arbeitslosigkeit und Wachstumsprobleme am effektivsten bewältigen lassen, in dem der Staat die Nachfrage erhöht.[17] Zudem führe ein Sparüberhang, also ein Zustand, unter welchem Ersparnisse nicht investiert werden und sich folglich in einem niedrigeren Produktions- und Beschäftigungsniveau äußert, zu einem Gleichgewicht bei Unterbeschäftigung.[18]

Wirtschaftspolitisch mündete dies in Deutschland im Konzept der „Globalsteuerung“, welches im Stabilitäts- und Wachstumsgesetz („StabG“) 1967 verankert wurde und die rechtliche Grundlage für eine Fiskalpolitik und die Globalsteuerung geschaffen hat (vgl. Cassel und Thieme, 1988, S. 307). Danach sind neben konkreten Wachstumszielen und Vollbeschäftigung, Geldwertstabilität und ein außenwirtschaftliches Gleichgewicht zur Herstellung eines gesamtwirtschaftlichen Gleichgewichts (vgl. § 1 StabG) miteinander in Einklang zu bringen („magisches Viereck“). Der damalige Wirtschaftsminister Karl Schiller konkretisierte die Ziele im Jahr 1968 als eine reale Zuwachsrate des Sozialprodukts von 4,0 Prozent, eine Arbeitslosenquote von unter 0,8 Prozent und eine Inflationsrate von weniger als 1 Prozent (vgl. Cassel und Thieme, 1988, S. 308). Für die Soziale Marktwirtschaft war das Stabilitätsgesetz richtungsweisend. Fortan war der sogenannte Keynesianismus nicht nur Bestandteil der Sozialen Marktwirtschaft, sondern galt vielmehr als Notwendigkeit für deren Modernisierung (vgl. Zinn, 1992, S. 69). Die richtungsweisende Bedeutung belegt auch eine Rede des Wirtschaftsministers Karl Schiller anlässlich der Verabschiedung des Stabilitätsgesetzes: Mit dem Gesetz wurde der Über-

---

17 Der sogenannte Keynesianismus geht zurück auf die Theorien des Wirtschaftswissenschaftlers John Maynard Keynes. Der Keynesianismus geht zurück auf dessen Hauptwerk „Allgemeine Theorie der Beschäftigung, des Zinses und des Geldes“ von 1936.

18 Gemäß Keynes ist der Abbau von Arbeitslosigkeit ohne staatliche Maßnahmen nicht zu bewerkstelligen. So fordert Keynes eine aktive staatliche Konjunkturpolitik, welche bei wirtschaftlicher Instabilität und pessimistischen Erwartungen Investitionen ankurbeln und so Unterbeschäftigung vermeiden soll. Die Konjunkturpolitik soll antizyklisch erfolgen, d. h. bei einem Abschwung soll die gesamtwirtschaftliche Nachfrage durch staatliche Investitionen und gegebenenfalls durch eine Defizitfinanzierung belebt werden, wohingegen zu Zeiten eines Aufschwungs die entstandenen Schulden wieder abgebaut werden sollen, um so konjunkturelle Schwankungen möglichst ausgleichen zu können (vgl. Keynes, 1936).

gang von einer konventionellen Marktwirtschaft zu einer aufgeklärten Marktwirtschaft vollzogen.[19]

Um die Lage am Arbeitsmarkt zu verbessern, wurde das Stabilitätsgesetz durch das Arbeitsförderungsgesetz flankiert. Es sah zur Schaffung einer hohen Beschäftigung vor, dass der Bundesanstalt für Arbeit neue Aufgaben zukommen sollten. Dazu zählen die Arbeitsvermittlung (§§ 13 f. AFG), Berufsberatung (§ 15 AFG), Maßnahmen zur Fort- und Weiterbildung (§§ 33 f. AFG) oder die Zahlung von Kurzarbeitergeld (§§ 63 ff. AFG).

Die Globalsteuerung konnte zunächst Erfolge verbuchen: Auf zwei Konjunkturprogramme mit einem Volumen von insgesamt 7,8 Milliarden Deutsche Mark (vgl. Gaul, 2008, S. 11) folgte ein konjunktureller Aufschwung.[20] Die Investitionstätigkeit erhöhte sich und die Arbeitslosigkeit sank (vgl. Zinn, 1992, S. 70). Das BIP stieg um 5,5 Prozent (vgl. DESTATIS, 2018, Tabelle 1925 bis 1991). Gleichzeitig erhöhte sich der Exportüberschuss von 7,4 Milliarden Deutsche Mark 1966 auf 19,8 Milliarden Deutsche Mark im Jahr 1968 (vgl. Zinn, 1992, S. 70). Die Arbeitslosenquote verringerte sich von 2,1 Prozent (1967) auf 0,7 Prozent (1970) (vgl. Bundesagentur für Arbeit, 2022).

Dennoch wurde das Stabilitätsgesetz in den darauffolgenden Jahren praktisch nicht mehr angewandt (vgl. Zinn, 1992, S. 70). Es symbolisiert jedoch den Richtungswechsel von der Erhard'schen Wirtschaftspolitik, die durch einen zurückhaltenden Staat charakterisiert ist, hin zu einer Sozialen Marktwirtschaft, in der der Staat eine aktivere Rolle als bisher einnimmt.

Das starke Wachstum führte allerdings zu neuen Problemen. Aufgrund langfristig geltender Tarifverträge waren die Löhne fixiert und vom Aufschwung abgeschnitten, während die Unternehmen ihre Gewinne ausbauen konnten. In der Folge kam es zu einem Nachholprozess bei der Lohnentwicklung, der in eine Phase fiel, in der sich die Inflation weltweit beschleunigte und die Preisentwicklung in Deutschland zusätzlich anheizte. So stieg von 1970 bis 1974 der Preisindex der Lebenshaltung in der Bundesrepublik um 27 Punkte, was einem Geldwertverlust von mehr als 25 Prozent entsprach (vgl. Zinn, 1992, S. 72).

---

19 Vgl. https://www.bundestag.de/dokumente/textarchiv/2017/kw19-kalenderblatt-stabilitaetsgesetz-505290; abgerufen am: 10. Juli 2019.

20 Der kausale Zusammenhang zwischen dem Konjunkturpaket und dem Wirtschaftswachstum in den darauffolgenden Jahren wird in dieser Studie nicht untersucht.

Viel problematischer erwies sich jedoch, dass der Ölpreis in Folge des Jom-Kippur-Krieges[21] und der Drosselung der Rohölförderung durch die erdölexportierenden Staaten („OAPEC“) deutlich anstieg. Am 17. Oktober 1973 verteuerte sich ein Barrel Rohöl um etwa 70 Prozent von drei auf fünf US-Dollar. Der plötzliche Anstieg der Energiepreise führte zu einem abrupten Rückgang des Weltwirtschaftswachstums. Die Arbeitslosenquote in Deutschland stieg im Jahr 1975 auf 4,7 Prozent (vgl. Bundesagentur für Arbeit, 2022). Erstmals seit Anfang der 50er Jahre waren damit über eine Million Menschen in Deutschland arbeitslos (vgl. Bundesagentur für Arbeit, 2022). Ende des Jahrzehnts verteuerte sich der Ölpreis in Folge eines Angriffs des Iraks auf den Iran erneut. 1980 kostete ein Barrel Rohöl im Durchschnitt knapp 37 US-Dollar.[22] In der Folge verlangsamte sich das Wirtschaftswachstum von 1979 auf 1980 von über 4 Prozent auf 1,4 Prozent (vgl. Statistisches Bundesamt, 2018).

Bildungspolitisch kündigte der 1969 gewählte Bundeskanzler Willy Brandt in seiner Regierungserklärung weitreichende Reformen an.[23] Zum einen sollten die staatlichen Ausgaben für Bildung aufgestockt werden und der Ausbau der Hochschulen vorangetrieben werden. 1970 trat das Bundesausbildungsförderungsgesetz („BAföG“) in Kraft, wodurch die Durchlässigkeit des Bildungssystems erhöht werden sollte und Kinder aus sozial schwachem Umfeld die gleichen Chancen auf einen guten Bildungsabschluss erhalten. So konnten ab 1971 bedürftige Studenten einen finanziellen Zuschuss zur Deckung der Lebenshaltungskosten während des Studiums beantragen. Die Zahl der Studenten verdoppelte sich zwischen 1965 und 1975. Hinsichtlich der Schulbildung markierte die Oberstufenreform von 1972 ein Umdenken: Leistungskurse und Grundkurse, die von den Schülern in der Oberstufe je nach Interesse selbst ausgewählt werden konnten, lösten das bisher vorherrschende Verständnis von Schulbildung, wonach Schulbildung einer breiten Allgemeinbildung gleichkommt, ab. Stattdessen wurde mit der Reform der Ansatz verfolgt, dass Schulbildung

21 Vom 6. bis zum 25. Oktober 1973 führten Ägypten und Syrien einen Krieg gegen Israel. Daraufhin drosselten die ölexportierenden Staaten OPEC die Fördermenge, um westliche Staaten hinsichtlich der Unterstützung Israels unter Druck zu setzen. In der Folge verteuerte sich der Ölpreis in kurzer Zeit um 70 Prozent (vgl. Painter, 2014, S. 190).

22 Vgl. https://de.statista.com/statistik/daten/studie/1123/umfrage/rohoelpreisentwicklung-uk-brent-seit-1976/; abgerufen am: 6. Januar 2020.

23 Vgl. https://www.willy-brandt-biografie.de/wp-content/uploads/2017/08/Regierungserklaerung_Willy_Brandt_1969.pdf, S. 17; abgerufen am: 6. Januar 2020.

den jungen Menschen die Grundlagen für ein lebenslanges Lernen vermitteln sollte (vgl. Borowsky, 2002).

Sozialpolitisch ist die Regierungszeit durch einen Ausbau des Sozialstaates und der Demokratisierung der Wirtschaft charakterisiert, was der damalige Bundeskanzler Willy Brand mit „Mehr Demokratie wagen“ in seiner Regierungserklärung vom 28. Oktober 1969 zum Ausdruck brachte.[24] Das Betriebsverfassungsgesetz („BetrVG“) legte die Rahmenbedingungen für die Wahl von Betriebsräten fest, sowie deren Rechte und Pflichten. Danach werden den Betriebsräten Mitbestimmungsrechte bei der Regelung sozialer Angelegenheiten wie der Festlegung von Arbeitszeiten, Pausen, Überstunden, Einstellungen und Kündigungen eingeräumt (vgl. BetrVG vom 15. Januar 1972).[25] Zudem stärkte das Mitbestimmungsgesetz („MitbestG“) von 1976 die Rechte der Arbeitnehmer hinsichtlich der Einflussnahme auf die Leitung und Planungen eines Unternehmens.[26] Das Soziale Sicherungssystem wurde ausgebaut, indem die Leistungen der Renten- und Krankenversicherung ausgeweitet wurden. Zum 1. Januar 1970 wurde mit dem „Gesetz über die Fortzahlung des Arbeiterentgeltes im Krankheitsfall und die Änderungen des Rechts in der Krankenversicherung“[27] einen Anspruch auf Lohnfortzahlung im Krankheitsfall für eine Dauer von sechs Wochen eingeführt. Die Rentenversicherung wurde 1972 für Hausfrauen und Selbständige geöffnet. Zudem wurde die bis dahin starre Altersgrenze von 65 Jahren durch eine flexible Altersgrenze von 63 Jahren ersetzt.[28] Kleine Renten wurden darüber hinaus durch die Einführung einer Rente nach Mindesteinkommen aufgestockt (vgl. Borowsky, 2002).

Auch hinsichtlich der Fiskalpolitik markierten die 70er Jahre einen Wendepunkt. Während die Staatsverschuldung im Verhältnis zum BIP bis 1974 etwa konstant um 20 Prozent schwankte, wurde die Neuverschul-

---

24 Vgl. https://www.willy-brandt-biografie.de/wp-content/uploads/2017/08/Regierungserklaerung_Willy_Brandt_1969.pdf; abgerufen am: 6. Januar 2020.

25 Verfügbar unter: https://www.bgbl.de/xaver/bgbl/start.xav?start=%2F%2F*%5B%40attr_id%3D%27bgbl172s0013.pdf%27%5D; abgerufen am: 25. November 2022.

26 Erfasst werden Unternehmen, die „in der Regel“ mehr als 2.000 Arbeitnehmer beschäftigen (vgl. § 1 MitbestG).

27 Verfügbar unter: https://www.gesetze-im-internet.de/lfz_kvr_ndg/LFZ_KVR%C3%84ndG.pdf; abgerufen am: 30. September 2019.

28 Vgl. https://www.bmas.de/DE/Themen/Rente/Gesetzliche-Rentenversicherung/Geschichte-GUV/geschichte-der-gesetzlichen-rentenversicherung.html; abgerufen am: 26. September 2019.

dung durch die aktivere Rolle des Staates in der Sozial- und Konjunkturpolitik ausgeweitet und die Staatsschulden erreichten Ende des Jahrzehnts 30 Prozent des Bruttoinlandproduktes.

In wirtschaftspolitischer Hinsicht führten die anhaltend hohe Arbeitslosigkeit, die steigende Neuverschuldung und die hohen Inflationsraten zur deutlichen Kritik an der keynesianisch ausgerichteten Wirtschaftspolitik. Gleichzeitig erlangten die Konzepte von Milton Friedman immer größere Bedeutung (vgl. Friedman, 1973). Als ein Verfechter eines freien Marktes hob Friedman in seinen Arbeiten die Nachteile staatlicher Eingriffe hervor. Anders als für Keynes erachtet Friedman nicht die privaten Akteure als Ursache für konjunkturelle Schwankungen, sondern den Staat. Er selbst sei durch diskretionäre Eingriffe für Fehlentwicklungen verantwortlich (vgl. Baßeler et al., 1995, S. 387). Aus diesem Grund lehnt die von Friedman begründete Theorie, ähnlich zu den ordoliberalen Ansichten Walter Euckens, jegliche direkte Wachstums-, Beschäftigungs-, Struktur- und Entwicklungspolitik, wie sie in der Konjunkturpolitik von fundamentaler Bedeutung ist, ab. Ziel ist es jedoch nicht die Fiskalpolitik vollkommen stillzulegen, sondern mittels neuer fiskalpolitischer Strategien den Fokus anders auszurichten, um so die Marktkräfte stärken zu können. Dabei standen Angebotspolitik und Deregulierung auf dem Programm. Eine angebotsorientierte Wirtschaftspolitik zielt darauf ab, die Bedingungen für Unternehmen und Investoren z. B. durch Steuersenkungen zu verbessern und so wirtschaftliches Wachstum zu fördern. Durch die Deregulierung von Unternehmen oder Branchen werden Unternehmen von staatlichen Auflagen und Normen befreit, wodurch Kosten eingespart werden können. Eine zentrale Rolle zur Steuerung der Wirtschaftspolitik kommt nach Friedmans Theorie der Geldpolitik zu. Um ein Maximum an Geldwertstabilität zu erreichen, soll sich nach Friedmans Auffassung die Geldmenge an der langfristigen Wachstumsrate des realen Sozialproduktes orientieren.[29] Aufgrund der zentralen Bedeutung der Geldpolitik wurde das Konzept gemeinhin als Monetarismus bezeichnet.

1974 griff die Deutsche Bundesbank die Arbeiten Friedmans auf und machte es sich zur Aufgabe, die Entwicklung der Inflation durch Geldmengensteuerung zu beeinflussen (vgl. Deutsche Bundesbank, 2016, S. 36). Das Geldmengenziel für das Jahr 1975 wurde bestimmt vom Wachstum des Produktionspotenzials, der Änderung des Auslastungsgrads des Produktionspotenzials, dem sog. unvermeidlichen Preisanstieg und der

---

29 Vgl. https://www.bpb.de/nachschlagen/lexika/lexikon-der-wirtschaft/20136/monetarismus; abgerufen am: 10. Juli 2019.

Änderung der Umlaufgeschwindigkeit der Geldmenge (vgl. Deutsche Bundesbank, 2016, S. 37).

In wettbewerbspolitischer Hinsicht wurde das von Erhard 1965 eingeführte GWB im Jahre 1973 umfassend reformiert. Kern der 2. Novelle des GWB war die Einführung einer echten Fusionskontrolle, wodurch die bisher geltende Anzeigepflicht für Fusionen ergänzt wurde (vgl. Bundeskartellamt, 2018, S. 12). Demnach müssen Zusammenschlüsse ab einer bestimmten Umsatzschwelle beim Bundeskartellamt gemeldet und genehmigt werden und können untersagt werden, sollte durch den Zusammenschluss eine marktbeherrschende Stellung eintreten. Parallel wurde mit der Monopolkommission ein unabhängiges Gremium eingeführt, das die Bundesregierung in Fragen auf dem Gebiet der Wettbewerbspolitik berät.[30]

2.2.3 Phase 3: Die Wiederentdeckung der Ordnungspolitik zu Beginn der 1980er

Anfang der 1980er sah sich Deutschland mit zahlreichen Problemen konfrontiert. Die Wirtschaft wuchs nur noch vergleichsweise schwach und die Arbeitslosigkeit stieg. Die Arbeitslosenquote hat sich innerhalb von zwei Jahren von 3,8 Prozent im Jahr 1980 auf 7,5 Prozent im Jahr 1982 beinahe verdoppelt (vgl. Bundesagentur für Arbeit, 2022). Das Wirtschaftswachstum nahm ab und mündete 1982 in einem Rückgang des BIP von 0,4 Prozent (vgl. Statistisches Bundesamt, 2018). Schließlich stieg die öffentliche Verschuldung auf 38,7 Prozent des BIP (1982).[31] Nachdem die 1970er hinsichtlich der wirtschaftspolitischen Steuerung und der Ausgestaltung des Sozialstaates eine Zäsur zwischen den Konzepten der 1950er und 1960er markierten, orientierte man sich in dieser Phase der Sozialen Marktwirtschaft wieder stärker am ursprünglichen Gedanken der Erhardschen Ordnungspolitik, wonach der Staat die Rahmenbedingungen für die Wirtschaft schafft, sich selbst aber aus wirtschaftlichen Aktivitäten heraushält.

Dies fand Ausdruck im sog. Lambsdorff-Papier (vgl. Lambsdorff, 1982, S. 5). Das „Konzept für eine Politik zur Überwindung der Wachstums-

---

30 Vgl. https://www.monopolkommission.de/de/monopolkommission/aufgaben.html; abgerufen am: 30. September 2019.

31 Zum Vergleich: 1969 lag die öffentliche Verschuldung bei 19,7 Prozent des BIP (vgl. Zohlnhöfer und Zohlnhöfer, 2010, S. 154).

schwäche und zur Bekämpfung der Arbeitslosigkeit" vom damaligen Wirtschaftsminister Otto Graf Lambsdorff sah u. a. eine Konsolidierung des Staatshaushaltes und der Ausgabenpolitik vor, indem Sozialausgaben gesenkt und Investitionen in Infrastrukturprojekte gestärkt werden. Darüber hinaus sollten Unternehmen durch Senkungen der Gewerbe- und Vermögensteuer entlastet werden. Maßnahmen zur Deregulierung und Wettbewerbsförderung sollten zudem Unternehmensgründungen erleichtern und bürokratische Belastungen von Unternehmen vermindern (vgl. Lambsdorff, 1982, S. 3). Das Lambsdorff-Papier läutete im Oktober 1982 das Ende der Sozial-Liberalen Koalition unter Bundeskanzler Helmut Schmidt ein, der nach dem Rücktritt Willy Brandts 1974 zum Kanzler gewählt wurde.

Das Regierungsprogramm der Nachfolgerregierung aus CDU/CSU und FDP unter der Kanzlerschaft von Helmut Kohl folgte in Teilen den Leitlinien des Lambsdorff-Papiers und wendete sich konzeptionell von den keynesianischen Rezepten der 70er Jahre ab. In seiner Regierungserklärung kündigte der neue Bundeskanzler Helmut Kohl eine wirtschaftspolitische Wende an, wonach der Staat auf seine wirklichen und ursprünglichen Aufgaben zurückgeführt werden soll.[32]

Hinsichtlich der Konsolidierung des Staatshaushaltes legte die neue Bundesregierung im ersten Amtsjahr zwei Sparpakete vor und die Mehrwertsteuer wurde erhöht (vgl. Zohlnhöfer, 2006, S. 299). In der Steuerpolitik wurden zwischen 1986 und 1990 in drei Schritten Steuersenkungen durchgeführt, deren wesentliche Bestandteile die Einführung eines neuen Einkommensteuertarifs verbunden mit einer Senkung der Steuertarife war, sowie eine Senkung der Körperschaftsteuer, wodurch die privaten Haushalte jährlich um bis zu 45 Milliarden Deutsche Mark entlastet wurden.[33] Im Jahr 1985 wurde der Arbeitsmarkt mit dem Beschäftigungsförderungsgesetz dereguliert, womit der Einsatz befristeter Arbeitsverhältnisse und der Arbeitnehmerüberlassung erleichtert werden sollten mit dem Ziel, die andauernde schwierige Beschäftigungslage zu verbessern.[34]

---

32 Vgl. https://www.helmut-kohl.de/index.php?menu_sel=17&menu_sel2=&menu_sel3=&menu_sel4=&msg=1934; abgerufen am: 10. Juli 2019.

33 Vgl. https://www.bundesregierung.de/breg-de/service/bulletin/sonderausgabe-steuerreform-1986-1988-1990--784588; abgerufen am: 4. Januar 2020.

34 Vgl. https://www.bgbl.de/xaver/bgbl/start.xav?start=//*%5B@attr_id=%27bgbl185s0710.pdf%27%5D#__bgbl__%2F%2F*%5B%40attr_id%3D%27bgbl185s0710.pdf%27%5D__1578303492635 und http://dipbt.bundestag.de/doc/btd/10/021/1002102.pdf; abgerufen am: 6. Januar 2020.

Im Jahr 1987 setzte die schwarz-gelbe Bundesregierung eine Deregulierungskommission ein, deren Auftrag es war, Vorschläge zum Abbau marktwidriger Regulierungen zu erarbeiten, deren zwei Abschlussberichte in den Jahren 1990 und 1991 erschienen (vgl. Basedow et al., 1991). So wurde u. a. gefordert, die Monopole im Energiemarkt, bei der Deutschen Bundespost sowie bei der Bundesbahn und im Flugverkehr aufzuheben. Bereits vor dem Erscheinen der beiden Abschlussberichte, wurde 1989 mit der Postreform I die Organisation der Deutschen Bundespost reformiert mit der Absicht, ein bedarfsgerechtes, innovatives und preiswertes Angebot an Kommunikationsdienstleistungen zu entwickeln. Die Deutsche Bundespost, als staatliche Leistungsverwaltung mit Monopolrechten in den Bereichen Postversand und Telekommunikation, war nach der Auffassung der damaligen Bundesregierung dazu nicht in der Lage.[35] Durch die Postreform I von 1989 ergaben sich zahlreiche Veränderung in der Organisation der Bundespost. Sie legte fest, dass die Deutsche Bundespost in drei – allerdings immer noch öffentliche – Unternehmen aufgeteilt (Postdienst, Postbank und Telekom) und zur Eigenwirtschaftlichkeit verpflichtet wird (vgl. Boss et al., 1996, S. 183). Die Verantwortungsbereiche der Vorstände und Aufsichtsräte wurden aus dem Bundesministerium für Post und Telekommunikation herausgelöst, wodurch eine größere politische Unabhängigkeit geschaffen wurde.[36] Im Bereich der Post blieb zunächst noch das Briefmonopol erhalten.[37] Weitere Liberalisierungsschritte im Telekommunikationsbereich und der Deutschen Bundesbahn wurden Anfang und Mitte der 1990er unternommen (vgl. Abschnitt 2.4).

Im Bereich der Sozialversicherung blieb die Ausweitung der Leistungen in den Bereichen der Kranken- und Rentenversicherung nicht ohne Folgen. Die Ausgaben der Krankenversicherungen haben sich zwischen 1970

---

35 Vgl. Der Präsident des Bundesrechnungshofes als Bundesbeauftragter für Wirtschaftlichkeit in der Verwaltung (Hrsg.) (2009), Die Postreform in Deutschland: Eine Rückschau, W. Kohlhammer GmbH: Stuttgart, S. 5, verfügbar unter: https://www.post-und-telekommunikation.de/PuT/1Fundus/Dokumente/Bundesrechnungshof/2009_05-bericht-postreform.pdf; abgerufen am: 30. September 2019.

36 Der Präsident des Bundesrechnungshofes als Bundesbeauftragter für Wirtschaftlichkeit in der Verwaltung (Hrsg.) (2009), Die Postreform in Deutschland: Eine Rückschau, W. Kohlhammer GmbH, Stuttgart, S. 45, verfügbar unter: https://www.post-und-telekommunikation.de/PuT/1Fundus/Dokumente/Bundesrechnungshof/2009_05-bericht-postreform.pdf; abgerufen am: 30. September 2019.

37 Im Jahr 1994 wurden mit der Postreform II deutlich weitreichendere Deregulierungsschritte in diesem Bereich vorgenommen.

und 1980 von rund 12 Milliarden Deutsche Mark auf 45 Milliarden Euro erhöht.[38] Ähnlich entwickelten sich die Ausgaben der gesetzlichen Rentenversicherung, die von 1970 bis 1980 von rund 22 Milliarden Euro auf 61 Milliarden Euro anstiegen.[39] Im Jahr 1989 wurde mit dem Gesundheitsreformgesetz der Versuch unternommen, dem starken Kostenanstieg im Gesundheitswesen und dem daraus resultierenden Anstieg der Versicherungsbeiträge entgegenzuwirken, indem die Eigenverantwortung der Versicherten gestärkt, die Wirtschaftlichkeit der Leistungserbringung erhöht und die Strukturen der Krankenversicherung modernisiert werden (vgl. BT-Drucks. 11/2493). Zu den wichtigsten Neuerungen zählten bspw. eine Selbstbeteiligung beim Zahnersatz, eine Kürzung des Kassenzuschusses beim Kauf von Brillen oder die Einführung bzw. Erhöhung von Zuzahlungen bei Arzneimitteln.[40] Im Bereich der Rentenversicherung wurden die steigenden Ausgaben vor allem durch die Ausweitung des Bundeszuschusses aus Steuermitteln finanziert.

Wirtschaftlich erholte sich die Bundesrepublik in der zweiten Hälfte der 1980er Jahre. Von 1985 bis 1989 stieg das Bruttoinlandsprodukt um fast ein Fünftel (vgl. DESTATIS, 2018, Tabelle 1) und die Arbeitslosenquote verringerte sich von 9,3 Prozent auf 7,5 Prozent (vgl. BA, 2018, Tabelle 1). Auch die Wachstumsaussichten waren günstig: Die führenden fünf Forschungsinstitute sahen ein Wachstum von 3,75 Prozent bzw. 4 Prozent für die Jahre 1990 und 1991 vor (vgl. Görtemaker, 2009).

Parallel zum Aufschwung in der Bundesrepublik Deutschland spitzten sich Ende der 80er Jahre die Proteste der Bürger in der DDR gegen den Staat, das Regime und die Lebensbedingungen zu und es kam am 9. November 1989 zur Öffnung der deutsch-deutschen Grenze. Die Wiedervereinigung 1990 leitete eine neue Phase der Sozialen Marktwirtschaft ein und stellte sie vor ihre bisher wohl größte Herausforderung.

---

38 Vgl. http://www.gbe-bund.de/gbe10/abrechnung.prc_abr_test_logon?p_uid=gast&p_aid=0&p_knoten=FID&p_sprache=D&p_suchstring=4262; abgerufen am: 6. Januar 2020.

39 Vgl. https://www.bpb.de/system/files/dokument_pdf/10%20Einnahmen%20und%20Ausgaben.pdf; abgerufen am: 6. Januar 2020.

40 Vgl. https://www.aok-bv.de/hintergrund/gesetze/index_15086.html; abgerufen am: 30. September 2019.

2.2.4 Phase 4: 1990 bis 1998: Wiedervereinigung und Herausforderungen des Strukturwandels

Mit der Einführung des Staatsvertrags zur Wirtschafts-, Währungs- und Sozialunion am 1. Juli und der politischen Wiedervereinigung am 3. Oktober 1990 wurden der Beitritt der Deutsch Demokratischen Republik zur Bundesrepublik Deutschland und eine Angleichung des Wirtschaftssystems vollzogen. Damit wurde faktisch die Soziale Marktwirtschaft mit ihren Prinzipien Privateigentum, Wettbewerb bis hin zur Tarifautonomie und einer unabhängigen Zentralbank auf das Staatsgebiet der DDR übertragen (vgl. Vertrag über die Schaffung einer Währungs-, Wirtschafts- und Sozialunion zwischen der Bundesrepublik Deutschland und der Deutschen Demokratischen Republik).[41]

Für die wirtschaftliche Entwicklung von zentraler Bedeutung war der Umtauschkurs der Ostmark in die DM. Für Löhne wurde das im Verhältnis 1:1 festgelegt. Schulden und Sparguthaben wurden im Verhältnis 2:1 umgestellt.[42] Ein weiterer grundlegender Schritt war z. B. die Gründung der Treuhandanstalt und damit die Privatisierung von volkseigenen Betrieben der DDR (vgl. Pätzold, 1994).[43]

Hinsichtlich der weiteren wirtschaftlichen Entwicklung Deutschlands stellt die Wiedervereinigung eine Zäsur dar. Den Unternehmen der ehemaligen DDR mangelte es an Wettbewerbsfähigkeit. Die abrupte Öffnung und Angleichung des wirtschaftlichen und sozialen Systems wirkte wie eine abrupte Aufwertung der Währung und hatte deshalb einen fast völligen Zusammenbruch der ostdeutschen Industrie zur Folge (vgl. Pätzold, 1994). Auf dem Arbeitsmarkt und für den Staatshaushalt blieb dies nicht folgenlos: Die gesamtdeutsche Arbeitslosenquote stieg bis 1995 auf 10,5 Prozent und erreicht 1997 sogar 12,7 Prozent (vgl. Bundesagentur für Arbeit, 2022). In den neuen Bundesländern war 1998 bei einer Arbeitslo-

---

41 Verfügbar unter: https://www.gesetze-im-internet.de/wwsuvtr/WWSUVtr.pdf; abgerufen am: 6. Januar 2020.

42 Guthaben wurden des Weiteren differenziert nach Altersgruppen umgetauscht. Im Durchschnitt ergab sich dadurch ein Umtauschverhältnis von 1,8:1 (vgl. Pätzold, 1994).

43 Mit der Privatisierung musste die Treuhand bei vielen Betrieben erhebliche finanzielle als auch ökologische Altschulden begleichen, wodurch sie 1994 einen Verlust von 256 Milliarden Deutsche Mark hinterließ (vgl. DB-Drucks. 13/2280, S. 125).

senquote von 17,8 Prozent[44] mehr als jeder sechste im erwerbsfähigen Alter arbeitslos.

Der notwendige Wiederaufbau der Ostindustrie wurde vorwiegend über Steuersubventionen betrieben (vgl. Zohlnhöfer, 2006, S. 203). Hinzu kamen West-Ost-Nettotransfers in Höhe von 4 Prozent der westdeutschen Wirtschaftsleistung (vgl. Renzsch, 1998, S. 350). Dies und die hohe Arbeitslosigkeit hatten einen sprunghaften Anstieg der Staatsverschuldung zur Folge. In den ersten fünf Jahren nach der Wiedervereinigung hat sich der Schuldenstand der Bundesrepublik von 538 Milliarden Euro auf 1.018 Milliarden Euro fast verdoppelt (vgl. Bundeszentrale für politische Bildung, 2019)[45]. Zudem stiegen in Folge der hohen Arbeitslosigkeit die Sozialbeiträge, was die Arbeitskosten erhöhte und die Wettbewerbsfähigkeit verringerte. Im Jahr 1995 lagen die Arbeitskosten in Deutschland um 45 Prozent über dem Durchschnitt anderer Industrieländer (vgl. Schröder, 2016, S. 52).[46]

Um die Wettbewerbsfähigkeit wiederherzustellen, stand auch in der zweiten Hälfte der 1990er die Steuerpolitik im Fokus der Politik. Im Jahr 1996 wurde der Grundfreibetrag auf Verlangen des Bundesverfassungsgerichtes (vgl. BVervG 82, 60) ausgeweitet sowie eine Senkung der Unternehmenssteuern vorgenommen. Zur Finanzierung wurden Steuervorteile abgebaut (vgl. Zohlnhöfer, 2006, S. 302). Weitere steuerliche Entlastungen für private Haushalte und Unternehmen wurden durch die Steuerreform 1998/1999 vorgenommen, wonach der Spitzensteuersatz in der Einkommensteuer gesenkt wurde, genau wie der Steuersatz der Körperschaftsteuer.

Die Wende am Arbeitsmarkt blieb allerdings trotz dieser Erleichterungen aus und die Arbeitslosigkeit mit einer Quote von 12,3 Prozent im Jahr 1998 hoch (vgl. Bundesagentur für Arbeit, 2022), und das obwohl die Wirtschaft 1998 und 1999 mit jeweils 2 Prozent wuchs (vgl. Statistisches Bundesamt, 2018, Tabelle 1991-2018).

Mit der Unterzeichnung des Vertrags „Über die Europäische Union" (*Maastricht-Vertrag*) wurde am 7. Februar 1992 die Europäische Union

---

44 Vgl. https://de.statista.com/statistik/daten/studie/915315/umfrage/arbeitslosenquote-in-west-und-ostdeutschland/; abgerufen am: 6. Januar 2020.

45 Vgl. http://www.bpb.de/nachschlagen/zahlen-und-fakten/soziale-situation-in-deutschland/61867/oeffentliche-finanzen; abgerufen am: 4. Januar 2020.

46 Die Arbeitskosten gelten in der Ökonomie als Indikator für die Wettbewerbsfähigkeit einer Volkswirtschaft (vgl. Schröder, 2016, S. 39 f.). Hohe Arbeitskosten verteuern die im Inland produzierten Produkte und führen zu Steigerungen der Verkaufspreise. Steigende Preise wiederum reduzieren die Nachfrage.

(„EU") gegründet und der Grundstein für eine Einführung der europäischen Gemeinschaftswährung namens Euro gelegt. Der Vertrag definierte drei grundlegende Säulen[47] (vgl. Vertrag über die Europäische Union)[48]: *1. Die Europäische Gemeinschaft*, die bereits aus den Verträgen von 1957 hervorgegangen war. Kern der ersten Säule ist die Schaffung einer europäischen Zoll- und Wirtschaftsunion und damit eines europäischen Binnenmarktes. Wichtigste Neuerung durch den Vertrag von Maastricht in der ersten Säule war die Einführung einer europäischen Gemeinschaftswährung bis spätestens 1. Januar 1999[49] sowie die Einführung einer Unionsbürgerschaft. Damit können sich die Bürger der Mitgliedsstaaten innerhalb der EU nicht nur frei bewegen und arbeiten, sondern auch und mit einer gemeinsamen Währung bezahlen. Wettbewerbspolitisch ist der Maastricht Vertrag von ebenfalls großer Bedeutung. Mit ihm werden die Zuständigkeiten der EU geregelt. Dies gilt auch für den Bereich der Wettbewerbsaufsicht. Die Kompetenzen der deutschen Wettbewerbskontrolle und des Bundeskartellamts richten sich danach grundsätzlich nach dem Subsidiaritätsprinzip, welches seit dem Vertrag von Maastricht im EUV Artikel 5 Abs. 2 und 3 verankert ist. Das bedeutet, dass die EU immer dann tätig wird, wenn sie in der Lage ist, effizienter zu handeln als die EU-Länder.[50] Für den Bereich der Wettbewerbskontrolle bedeutet dies, dass nicht mehr das Kartellamt, sondern auch die EU-Kommission für die Kontrolle von Fusionen, Kartellen oder Monopolen zuständig ist. Die *2. Säule des Maastrichter Vertrags* war der Einstieg in eine gemeinsame Außen-

---

47 Vgl. https://www.bundesregierung.de/breg-de/service/vertrag-ueber-die-europaeische-union-maastricht-vertrag--407274; abgerufen am: 6. Januar 2020.

48 Vgl. https://eur-lex.europa.eu/resource.html?uri=cellar:2bf140bf-a3f8-4ab2-b506-fd71826e6da6.0020.02/DOC_1&format=PDF; abgerufen am: 6. Januar 2020.

49 Zur Teilnahme an der europäischen Gemeinschaftswährung wurden allerdings nur Länder zugelassen, die bestimmte Konvergenzkriterien (Maastricht-Kriterien) erfüllen. Dazu zählt die Begrenzung der jährlichen Neuverschuldung auf 3 Prozent des jeweiligen BIP sowie eine gesamtstaatliche Schuldenquote von höchstens 60 Prozent des jeweiligen BIP (vgl. https://www.bundesfinanzministerium.de/Web/DE/Themen/Oeffentliche_Finanzen/Stabilitaetspolitik/Fiskalregeln/fiskalregeln.html; abgerufen am: 6. Januar 2020).

50 Das Protokoll über die Anwendung der Grundsätze der Subsidiarität und der Verhältnismäßigkeit nennt drei Kriterien, wonach beurteilt werden soll, ob die EU oder ein EU-Land zuständig ist: Hat die Maßnahme grenzüberschreitende Aspekte, die nicht von den EU-Länder geregelt werden können? Würde eine nationale Maßnahme oder ein Nichtig werden im Widerspruch zu den Anforderungen des Vertrags stehen? Hat eine Maßnahme auf EU-Ebene offenkundige Vorteile? (vgl. https://eur-lex.europa.eu/legal-content/DE/TXT/?uri=LEGISSUM%3Aai0017; abgerufen am: 10. Oktober 2019).

und Sicherheitspolitik, wonach die Mitgliedsstaaten sich gegenseitig über jeweilige außenpolitische Maßnahmen unterrichten und ggf. abstimmen sollen.[51] Die 3. Säule sah eine *Zusammenarbeit der Justiz- und Innenminister* auf den Gebieten der Grenzkontrolle, Asylpolitik, Einwanderungspolitik, Drogenbekämpfung und internationale Kriminalität vor sowie die juristische Zusammenarbeit in Zivil- und Strafsachen, Terrorismusbekämpfung und Zollwesen.

Für Deutschland hatte das europäisch angestrebte Ziel eines gemeinsamen Binnenmarktes Deregulierungsschritte bei der Post, im Energie- und im Verkehrssektor zur Folge. Die Initiativen der Europäischen Kommission zur Deregulierung des Verkehrssektors zielten darauf ab, sowohl im Luftsektor als auch im Eisenbahnsektor mehr Wettbewerb und weniger Bürokratie zu schaffen (vgl. Verordnung (EWG) Nr. 1893/91 des Europäischen Rates vom 20. Juni 1991; Richtlinie 91/440/EWG des Europäischen Rates vom 29. Juli 1991).

Der Binnenluftsektor in Deutschland zählte nach § 99 GWB zu den wettbewerbspolitischen Ausnahmebereichen und wurde vom Bundesministerium für Verkehr reguliert. Luftverkehrsleistung im Inland mussten staatlich genehmigt werden und erlaubte ausländischen Unternehmen die gewerbliche Beförderung von Waren oder Passagieren nur dann, wenn das Unternehmen mehrheitlich in deutschem Besitz lag. Inländischen Fluggesellschaften wurden Streckenrechte nur dann gewährt, wenn sie nicht den Interessen der staatlichen Fluggesellschaft Lufthansa zuwiderliefen.[52] Diese Praxis führte dazu, dass die Lufthansa im innerdeutschen Luftverkehrsmarkt eine staatlich geschützte Monopolstellung innehatte (vgl. Boss et al., 1996, S. 143).

Auch im Bereich der Bahn hatte die Regulierungspraxis das Ziel, das staatliche Monopolunternehmen Deutsche Bundesbahn vor Wettbewerb zu schützen. Wettbewerber auf der Schiene wurden praktisch nicht zugelassen und die Tarife wurden reguliert. Dennoch verlor die Deutsche Bundesbahn im Bereich Personen- und Güterverkehr kontinuierlich Marktanteile. Im Güterverkehr sank der Marktanteil der Deutschen Bundesbahn von 56 Prozent (1950) auf 21 Prozent (1990). Ein ähnliches Bild ergibt sich

---

51 Vgl. https://www.bundesregierung.de/breg-de/service/vertrag-ueber-die-europaeische-union-maastricht-vertrag--407274; abgerufen am: 7. Oktober 2019.

52 Gleichzeitig schützte das Verkehrsministerium die Deutsche Bundesbahn vor Wettbewerb durch die Lufthansa. So wurden in der Regel nur Flugpreise genehmigt, die über dem Preis für einen 1. Klasse Fahrschein der Deutschen Bundesbahn lagen (vgl. Boss et al., 1996, S. 143 f.).

im Personenverkehr, wo sich der Marktanteil von 36 Prozent (1950) auf 6 Prozent (1990) verringerte (vgl. Laaser, 1994, Tabelle A1).[53] Folglich sind die Verluste der Bahn angestiegen und der Schuldenstand erreichte Ende der 1980 fast 50 Milliarden Deutsche Mark (vgl. Laaser, 1994, S. 3). Die finanzielle Situation der Bahn und die Vorgaben der EU führten zu einer umfassenden Reformierung des Bahnsektors in Deutschland.

Die Bahnstrukturreform („BGBl") trat zum 1. Januar 1994 in Kraft und fusionierte zunächst die Deutsche Bundesbahn und die Deutsche Reichsbahn. Die daraus entstandene Deutsche Bahn („DB AG") wurde in die privatrechtliche Rechtsform einer Aktiengesellschaft überführt und von den Schulden befreit. Die DBAG wurde organisatorisch in die Sparten Güterverkehr, Personenfernverkehr und Personennahverkehr unterteilt sowie in eine Sparte für den Fahrweg (vgl. Boss et al., 1996, S. 4 f.).[54] Zudem wurde Dritten das Recht eingeräumt, das vorhandene Schienennetz gegen Entgelt zu nutzen. Damit wurde der Grundstein für Wettbewerb im Bereich des Schienenverkehrs gelegt und die Voraussetzung für die Privatisierung der Betriebssparten geschaffen. Dennoch ist die Bundesrepublik Deutschland bis heute alleinige Anteilseignerin der DB AG.

Die Liberalisierung des Luftverkehrs wurde in drei Schritten vollzogen und begann im Jahr 1987, bis sie schließlich im Jahr 1997 vollendet wurde (vgl. Boss et al., 1996, S. 140 ff.). Eine der bedeutendsten Maßnahmen war die Schaffung eines europäisch einheitlichen Ordnungsrahmens für den innergemeinschaftlichen Luftverkehr. Damit einher gingen die Vereinheitlichung der Zulassungsbeschränkungen für Fluggesellschaften aus Mitgliedsstaaten, die Aufhebung der Kapazitätsbeschränkungen und die Freigabe der Flugticketpreise. Vollständig vollendet wurde die Liberalisierung des europäischen Luftverkehrsmarktes zum 1. April 1997 mit dem Wegfall sämtlicher Einschränkungen in Bezug auf Transportdienstleistungen innerhalb eines Landes (sog. „Binnenkabotage"). Seitdem haben Luft-

53 Im Bereich des Güterverkehrs gewann der Straßengüterverkehr (nah und fern) an Bedeutung. Im Bereich des Personenverkehrs war der Individualverkehr (Auto) mit einem Marktanteil von 82 Prozent (1990) Marktführer (vgl. Laaser, 1994, Tabelle A1).

54 Mit der Umwandlung in eine Rechtsform des privaten Rechts, wurde die Bahn zunächst nur formal privatisiert. Der Staat bzw. die Gebietskörperschaften blieben aber zu 100 Prozent Anteilseigner. Von einer wirklichen Privatisierung kann man dagegen erst sprechen, wenn eine materielle Privatisierung erfolgt ist und die Anteile mehrheitlich privat gehalten werden. Eine Änderung der Rechtsform in eine Form des privaten Rechts ist allerdings die Voraussetzung für eine materielle Privatisierung (vgl. Boss et al., 1996, S. 4, Fn. 2).

fahrtunternehmen mit Sitz in einem EU-Mitgliedstaat einen völlig freien Zugang zum Heimatmarkt eines anderen Mitgliedstaates.

Bei der Post wurden mit der Postreform II einerseits europarechtliche Vorgaben umgesetzt, die weitere Deregulierungsschritte verlangten.[55] Darüber hinaus bestand in Folge der Wiedervereinigung alleine in den neuen Bundesländern ein Investitionsbedarf, der auf 60 Milliarden Deutsche Mark geschätzt wurde.[56] Das benötigte Eigenkapital sollte über die Privatisierung sowie einen Börsengang beschafft werden. Hierfür wurde 1994 das Grundgesetz dahingehend geändert, dass der Bund zwar nach wie vor eine „flächendeckend angemessene und ausreichende“ Dienstleistung zu erbringen hat, diese aber, anders als bislang, auch privatwirtschaftlich erbracht werden kann (vgl. § 87 f., Abs. 1 und Abs. 2 GG). Die Deutsche Telekom ging 1996 an die Börse, vier Jahre später folgte die Börsenplatzierung der Deutschen Post AG. Mit Inkrafttreten des PostG am 1. Januar 1998 wurde der Postmarkt weiter liberalisiert. Zunächst wurde der Markt für Pakete und Päckchen geöffnet. Seitdem können auch andere Unternehmen den Versand von Paketen und Päckchen übernehmen.[57] Im Zuge der Liberalisierung des Post- und Telekommunikationsmarktes nahm am 1. Januar 1998 die „Regulierungsbehörde Telekommunikation und Post“ (seit 2005: „Bundesnetzagentur“) die Arbeit auf. Die wesentliche Aufgabe der Regulierungsbehörde besteht in der Sicherstellung des Wettbewerbs auf den Märkten für Elektrizität, Gas, Telekommunikation, Post und Eisenbahnverkehr.[58]

Mit der ersten EU-Richtlinie zur Elektrizitätsmarktliberalisierung wurden 1996 erstmals gemeinsame Vorschriften für den Stromsektor erlas-

---

55 Vgl. Verordnung (EWG) Nr. 1893/91 des Rates vom 20. Juni 1991 zur Änderung der Verordnung (EWG) Nr. 1191/69 über das Vorgehen der Mitgliedstaaten bei mit dem Begriff des öffentlichen Dienstes verbundenen Verpflichtungen auf dem Gebiet des Eisenbahn-, Straßen- und Binnenschiffsverkehrs.

56 Vgl. Der Präsident des Bundesrechnungshofes als Bundesbeauftragter für Wirtschaftlichkeit in der Verwaltung (Hrsg.) (2009), Die Postreform in Deutschland: Eine Rückschau, W. Kohlhammer GmbH, Stuttgart, S. 47, verfügbar unter: https://www.post-und-telekommunikation.de/PuT/1Fundus/Dokumente/Bundesrechnungshof/2009_05-bericht-postreform.pdf; abgerufen am: 4. Januar 2020.

57 Allerdings waren alternative Anbieter zunächst dazu verpflichtet, „höherwertige Dienstleistungen“ anzubieten. Darunter versteht sich etwa eine Zustellung am gleichen Tag (vgl. Haucap, 2018, S. 3).

58 Vgl. https://www.bundesnetzagentur.de/DE/Allgemeines/DieBundesnetzagentur/UeberdieAgentur/Aufgaben/aufgaben-node.html; abgerufen am: 7. Oktober 2019.

sen.[59] Mit dem novellierten Energiewirtschaftsgesetz („ENWG“) von 1998 folgte die Umsetzung dieser Richtlinie in nationales Recht. Die Richtlinie verpflichtete die Mitgliedsstaaten, Versorgungsmonopole abzuschaffen bzw. Wettbewerb auf der Ebene der Stromerzeugung und des Stromvertriebs zu ermöglichen (vgl. Schiffer, 2010, S. 235 ff.). Davor wurde die Stromversorgung von vertikal integrierten Elektrizitätsversorgungsunternehmen dominiert. Darunter sind Elektrizitätsversorgungsunternehmen zu verstehen, die Kraftwerke besaßen, das Übertragungs- und Verteilungsnetz betrieben und den Vertrieb des Stroms an den Endverbraucher abwickelten. Die vertikal integrierten Elektrizitätsversorgungsunternehmen waren Gebietsmonopolisten. Legitimiert wurde die Monopolstellung durch das Gesetz gegen Wettbewerbsbeschränkungen von 1957 (vgl. Eickhof, 1998, S. 18 f.).

2.2.5 Phase 5: 1999 bis 2013: Rückbesinnung durch Strukturreformen

Die wirtschaftliche Lage in Deutschland im Jahr 1999 war getrübt. In seinem Hauptgutachten des Jahres 1999/2000 identifizierte der Sachverständigenrat zur Begutachtung der gesamtwirtschaftlichen Entwicklung drei Kernprobleme der deutschen Volkswirtschaft: die hohe und verfestigte Arbeitslosigkeit, den prekären Zustand der öffentlichen Finanzen, die sich abzeichnende Krise in der deutschen Rentenversicherung (vgl. DB-Drucks., 14/2223 vom 26. November 1999). Die Arbeitslosigkeit lag bei 11,7 Prozent und die Staatsschulden überschritten erstmals 60 Prozent des BIP. Durch die Umstellung der Finanzierung der Rentenversicherung auf ein Verfahren, nach dem die Jungen die Renten der Alten bezahlen, ist das System abhängig von der demografischen Entwicklung der Versicherten. Eine niedrige Geburtenrate vermindert die Zahl der Beitragszahler. Gleichzeitig sorgt eine steigende Lebenserwartung dafür, dass sich die Phase des Rentenbezugs verlängert (vgl. DB-Drucks., 14/2223 vom 26. November 1999, Tz. 374). Dies mündet in höheren Rentenbeiträgen, was aufgrund der paritätischen Finanzierung der Beiträge zwischen Arbeitgebern und Arbeitnehmern zu steigenden Lohnnebenkosten führt.

Erschwert wurde die wirtschaftliche Lage in Deutschland in jener Zeit dadurch, dass die realen Zinsen im internationalen Vergleich hoch waren

59 Vgl. Richtlinie 96/92/EG des Europäischen Parlaments und des Rates vom 19. Dezember 1996 betreffend gemeinsame Vorschriften für den Elektrizitätsbinnenmarkt.

und die Investitionen verteuerten (vgl. Busch, 2005, S. 134). Mit der Einführung des Euro als Buchgeld zum 1. Januar 1999 war die Geldpolitik an die neu gegründete Europäische Zentralbank („EZB") übergegangen. Im Jahr 2002 wurde der Euro schließlich auch als Bargeld in 14 europäischen Mitgliedsstaaten eingeführt und löste die nationalen Währungen ab. In ihrer Ausrichtung verfolgt die EZB wie schon die deutsche Bundesbank dabei den Ansatz der Geldwertstabilität, die dann erreicht ist, wenn die Teuerungsrate nahe aber unter 2 Prozent gegenüber dem Vorjahr liegt.[60] Allerdings waren durch die Übergabe der geldpolitischen Befugnisse an die EZB nicht mehr ausschließlich die Bedürfnisse der Bundesrepublik Deutschland ausschlaggebend für die geldpolitische Ausrichtung der Zentralbank, sondern die der gesamten Eurozone.

Im Fokus der Wirtschaftspolitik galt es in dieser Zeit, den Anstieg der Staatsverschuldung zu bremsen und die Lage am Arbeitsmarkt zu verbessern. Steuerpolitisch wurden zudem weitere Senkungen der Steuersätze beschlossen. Der Spitzensteuersatz sank auf 42 Prozent (1998: 53 Prozent) und der Eingangssteuersatz lag nach der Steuerreform 2000 bei 15 Prozent (1998: 25,9 Prozent). Darüber hinaus wurden Unternehmenssteuern gesenkt, um die internationale Wettbewerbsfähigkeit der deutschen Unternehmen zu verbessern (vgl. Bundesministerium der Finanzen, 2000, S. 11 ff.).[61] Wesentlich weitreichendere Reformen wurden in der zweiten Amtszeit Gerhard Schröders angegangen. Im Zentrum der Politik stand die Senkung der Lohnnebenkosten und die Wiederherstellung der Wettbewerbsfähigkeit. Das Reformprogramm Agenda 2010, das der Bundeskanzler Gerhard Schröder im Jahr 2003 in einer Regierungserklärung vorgestellt hatte, baute den Sozialstaat tiefgreifend um und war mit tiefen Einschnitten bei den Sozialleistungen verbunden (vgl. Deutscher Bundestag, 2003). Die Arbeitslosen- und Sozialhilfe wurden zusammengelegt. Arbeitslose mussten künftig mit Sanktionen und Einschnitten beim Arbeitslosengeld rechnen, sollten sie den Auflagen der Arbeitsagenturen nicht nachkommen. Zudem wurde die geringfügige Beschäftigung liberalisiert, verbunden mit der Hoffnung, dass dadurch Geringqualifizierte der

60 Vgl. https://www.bundesbank.de/de/service/schule-und-bildung/schuelerbuch-geld-und-geldpolitik-digital/die-geldpolitische-strategie-des-eurosystems-614076; abgerufen am: 30. September 2019.

61 Vgl. https://www.bundesfinanzministerium.de/Content/DE/Standardartikel/Themen/Oeffentliche_Finanzen/Deutsches_Stabilitaetsprogramm/deutsche-stabilitaetsprogramme-anlage15.pdf?__blob=publicationFile&v=4; abgerufen am: 30. September 2019.

Einstieg in den Arbeitsmarkt gelingt (vgl. Eichhorst und Zimmermann, 2008, S. 11 ff.).

Die hohen Sozialbeiträge von inzwischen über 40 Prozent[62] sollten durch eine Konsolidierung der Ausgabenseite der Sozialkassen abgebaut werden (vgl. Eichhorst und Zimmermann, 2008, S. 15 f.). Die Bezugsdauer des Arbeitslosengeldes wurde reduziert. In der Rentenversicherung wurde der Nachhaltigkeitsfaktor eingeführt, wodurch Rentensteigerungen hinter der Entwicklung der Löhne und Gehälter zurückbleiben. Zum Ausgleich wurde die private Eigenvorsorge durch die Einführung der „Riester-Rente“ gestärkt. Wer im Rahmen eines Riestervertrags privat für die Rente vorsorgt, erhält einen staatlichen Zuschuss, der sich nach der Höhe des jährlichen Sparbetrags und der Zahl der Kinder bemisst. Darüber hinaus wurde 2007 eine schrittweise Anhebung des Renteneintrittsalters von 65 auf 67 Jahre beschlossen. Seit 2012 steigt das Renteneintrittsalter monatsweise in Abhängigkeit des Geburtsjahrgangs an. Die Anpassung wird 2029 abgeschlossen sein.

Teile der Agenda 2010 folgten den Vorschlägen aus dem Jahresgutachten des Sachverständigenrats zur Begutachtung der gesamtwirtschaftlichen Entwicklung. Im Hauptgutachten 2002/2003 forderte dieser ein 20 Punkteprogramm für Wachstum und Beschäftigung (vgl. Sachverständigenrat, 2002). Unter anderem wurden Steuersenkungen, eine Reform der Sozial- und Arbeitslosenhilfe, mehr Wettbewerb im Gesundheitswesen sowie eine Senkung der Abgaben und der Steuerlast gefordert. Zum einen sollten durch eine Senkung der Lohnnebenkosten Arbeitsanreize geschaffen werden (vgl. Sachverständigenrat, 2002, Tz. 441). Des Weiteren sollte der Übergang aus der Sozialhilfe in den Arbeitsmarkt durch eine Stärkung des Niedriglohnsektors durch Lohnsubventionen in diesem Bereich verbessert werden (vgl. Sachverständigenrat, 2002, Tz. 433 ff.).

Bildungspolitisch löste der sogenannte Pisa-Schock von 2001 zahlreiche Reformen aus. Die von der OECD durchgeführten Pisa-Studien testen und vergleichen die Leistungen von Schülern der OECD-Länder in Mathematik, Lesen und Naturwissenschaften.[63] Deutschland lag 2000 in allen drei Bereichen signifikant unter dem OECD-Durchschnitt (vgl. Stanat et al., 2002, S. 8). Vor allem die soziale Herkunft spielt nach dem Pisa-Test von

62 Vgl. http://www.sozialpolitik-aktuell.de/tl_files/sozialpolitik-aktuell/_Politikfelder/Finanzierung/Datensammlung/PDF-Dateien/tabII6.pdf; aufgerufen am: 10. Juli 2019.

63 Vgl. https://www.bmbf.de/de/pisa-programme-for-international-student-assessment-81.html; abgerufen am: 9. Oktober 2019.

2000 in Deutschland eine große Rolle für die schulischen Leistung, was angesichts des Grundversprechens der Sozialen Marktwirtschaft „Wohlstand für Alle" zu starker Kritik an der Bildungspolitik führte. Die Kultusministerkonferenz regte daraufhin Verbesserungen auf sieben Handlungsfeldern in den Bundesländern an. Dazu zählen u. a. eine Verbesserung der Sprachkompetenz im vorschulischen Bereich, Verbesserung der Grundschulbildung durch Verbesserung der Lesekompetenz und grundlegender Verständnisse von mathematischen und naturwissenschaftlichen Zusammenhängen, verbindliche Standards zur Verbesserung der Evaluation des Unterrichts, Verbesserung der Professionalität der Lehrtätigkeit oder der Ausbau von schulischen und außerschulischen Ganztagsangeboten (vgl. Kultusministerkonferenz, 2002)[64]. In den Pisa-Tests der folgenden Jahre verbesserte sich Deutschland kontinuierlich.[65] Dennoch liegt Deutschland laut des aktuellen Berichts, der 2016 veröffentlicht wurde, nur im Mittelfeld. Als problematisch erweist sich trotz Verbesserungen noch immer, dass der soziale Hintergrund in Deutschland von größerer Bedeutung ist als in anderen OECD-Staaten.[66]

Ab dem Jahr 2007 und in den Folgejahren rückte allerdings die Bewältigung der Banken- und Finanzkrise ins Zentrum der Wirtschaftspolitik. Der Insolvenz der Investmentbank Lehmann Brothers im Jahr 2008 folgte eine weltweite Wirtschaftskrise. Das deutsche Bruttoinlandsprodukt verringerte sich im Jahr 2010 um 5,6 Prozent (vgl. Statistisches Bundesamt, 2018, Tabelle 2.1) und die Staatsverschuldung wurde drastisch ausgeweitet. Die Staatsverschuldung relativ zum BIP stiegt auf 72,6 Prozent in 2009 und ein Jahr später auf 81 Prozent.[67] Um dem Anstieg der Staatsverschuldung zu begegnen, wurde im gleichen Jahr die Einführung einer Schuldenbremse im Grundgesetz vom Deutschen Bundestag beschlossen, womit die Nettokreditaufnahme des Bundes eines Jahres nur noch maximal 0,35 Prozent des nominellen Bruttoinlandsprodukts betragen darf. Die Bundes-

---

64 Verfügbar unter: https://www.kmk.org/fileadmin/Dateien/veroeffentlichungen_beschluesse/2002/2002_10_07-Pisa-2000-Zentrale-Handlungsfelder.pdf; abgerufen am: 9. Oktober 2019.

65 Vgl. https://www.bmbf.de/de/pisa-programme-for-international-student-assessment-81.html; abgerufen am: 9. Oktober 2019.

66 Vgl. https://www.oecd.org/berlin/themen/pisa-studie/; abgerufen am: 9. Oktober 2019.

67 Vgl. https://de.statista.com/statistik/daten/studie/154800/umfrage/deutsche-schuldenquote-seit-2003/; abgerufen am: 4. Januar 2020.

länder dürfen überhaupt keine neuen Schulden mehr aufnehmen (vgl. Artikel 109 Abs. 3 GG).[68]

Vergleichsweise glimpflich verlief die Finanzkrise auf dem Arbeitsmarkt. Zwar stieg die Arbeitslosenquote von 2008 auf 2009 leicht an, allerdings setzte am Arbeitsmarkt schnell eine Erholung ein. Bereits 2010 erreichte die Arbeitslosenquote mit 8,6 Prozent wieder das Vorkrisenniveau. Angesichts der schweren Wirtschaftskrise, die die Finanzkrise nach sich gezogen hat, scheint der nur leichte Anstieg der Arbeitslosigkeit verwunderlich. Als ein zentraler Faktor für diese Resilienz des Arbeitsmarktes wird die Ausweitung der Kurzarbeit angesehen.[69] Die damalige Bundesregierung verlängerte zunächst die maximale Bezugsdauer des Kurzarbeitergeldes auf 18 Monate und in einem zweiten Schritt um weitere sechs Monate. Da Betriebe unter Kurzarbeit nur für die tatsächlich geleisteten Arbeitsstunden aufkommen müssen, können sie ihre Arbeitskosten senken und Entlassungen können vermieden werden. Zum einen kann so betriebsspezifisches Know-how im Betrieb gehalten werden, zum anderen sparen Betriebe Kosten für Neueinstellungen, wenn sich die wirtschaftliche und konjunkturelle Lage wieder verbessert hat (vgl. Institut für Arbeitsmarkt- und Berufsforschung (IAB), 2009, S. 2). Zum Höhepunkt der Krise im Jahr 2008 bezogen 1,1 Millionen Menschen Kurzarbeitergeld. Nach 2009 sank die Arbeitslosenquote kontinuierlich weiter und erreichte 2013 einen Wert von 7,7 Prozent (vgl. Bundesagentur für Arbeit, 2022).

Zum vergleichsweisen geringen Anstieg der Arbeitslosenquote dürfte jedoch beigetragen haben, dass nach dem starken Rückgang der Wirtschaft 2010 um mehr als 5 Prozent, das Bruttoinlandsprodukt 2011 um 4,1 Prozent und 2013 um weitere 3,7 Prozent und somit bereits 3 Jahre nach der Lehmann-Pleite wieder über dem Vorkrisenniveau lag. Auch in den darauffolgenden Jahren setzte sich das Wirtschaftswachstum kontinuierlich

---

68 Für Naturkatastrophen und Wirtschaftskrisen sind Ausnahmen vorgesehen (vgl. Artikel 109 Abs. 3 GG).

69 Bei schwierigen wirtschaftlichen Entwicklungen können Unternehmen bei der Bundesagentur für Arbeit Kurzarbeitergeld beantragen. Dabei wird die Arbeitszeit der Angestellten reduziert, wobei ein Teil des Verdienstausfalls von der Arbeitslosenversicherung ausgeglichen wird. In der ökonomischen Literatur wird Kurzarbeit als ambivalentes Arbeitsmarktinstrument angesehen. Auf der einen Seite können Betriebe in schwierigen betrieblichen oder konjunkturellen Phasen Arbeitskosten senken, ohne den Beschäftigungsstand zu reduzieren. Auf der anderen Seite kann Kurzarbeit die optimale Allokation von Arbeitskräften behindern (vgl. https://www.arbeitsagentur.de/unternehmen/finanziell/kurzarbeitergeld; abgerufen am: 10. Juli 2019).

fort und die Arbeitslosigkeit verringerte sich (vgl. Statistisches Bundesamt 2018, Tabelle 1991 bis 2018).

Auch wenn die Finanzkrise am Arbeitsmarkt und beim Bruttoinlandsprodukt mit relativ geringen Verwerfungen bewältigt wurde, haben sich hinsichtlich der Ausrichtung von Fiskal- und Geldpolitik weitreichende Konsequenzen ergeben, die im nachfolgenden Abschnitt genauer erläutert werden.

2.2.5.1 Finanz- und Wirtschaftskrise 2008 – Ursachen der Krise

Die Wirtschafts- und Finanzkrise in Europa nach 2008 wurde durch eine Kombination aus Fehlentwicklungen des globalen Finanzsystems sowie Fehlentwicklungen im Rahmen der Staatsfinanzen einzelner Mitgliedstaaten ausgelöst. Als wesentlicher Auslöser der Finanzkrise in den USA kann zunächst die Preisblase am US-amerikanischen Immobilienmarkt gesehen werden. Im Zeitraum von 1997 bis 2006 kam es zu einem starken Anstieg der Immobilienpreise in den USA, der mit einem Anstieg der (ohnehin schon hohen) Quote der Hausbesitzer in den USA einherging. Zudem kam es in den Jahren vor der Krise zu einer zunehmenden Deregulierung der Finanzmärkte in den USA sowie einer expansiven Geldpolitik der FED infolge des Platzens der Dotcom-Blase und der Terroranschläge vom 11. September 2001, durch die die drohende Wirtschaftskrise abgewendet werden sollte. Durch die Niedrigzinspolitik der amerikanischen Zentralbank fiel die Federal Funds Rate, also der Zinssatz, zu dem sich amerikanische Finanzinstitute Geld untereinander leihen, zeitweise auf ein Niveau von 1 Prozent. Dieser niedrige Interbankenzins wurde an Verbraucher weitergegeben, die sich durch die Verlockung des billigen Geldes, ihren Konsum und ihr Eigenheim zunehmend via Darlehen finanzierten. Die steigende Nachfrage nach Immobilien trieb deren Preise in die Höhe und damit auch deren Wert als Kreditsicherheit. Dadurch erhöhte sich auf Seite der Banken wiederum die Bereitschaft, immer riskantere Kredite auch an Schuldner schlechter Bonität (sog. „Subprime-Kredite“) zu vergeben. Bei Zahlungsunfähigkeit eines Schuldners hätte die Immobilie bei steigenden Preisen immer noch zu einem höheren Marktwert verkauft werden können. Im Zuge der Deregulierung der Finanzmärkte wurden zudem immer komplexere Finanzprodukte entwickelt, mit denen Kreditrisiken einfach weitergegeben werden konnten. Die Kreditinstitute bündelten die schlecht abgesicherten Hauskredite mit besseren Produkten in komplexe Wertpapiere und verkauften diese weltweit. Die dadurch beförderte

Entkopplung von Kreditgebern und Kreditnehmern ermöglichte es den Kreditinstituten, das Kreditrisiko leicht weiterzugeben, was die Risikobereitschaft auf Seiten der Kreditinstitute zusätzlich erhöhte. Die niedrigen Zinsen und die Möglichkeit auf Seiten der Banken, die Hypothekenrisiken weiterzureichen, beförderten so einen regelrechten Immobilienboom. Mit dem Anziehen des US-Leitzinses zum Höhepunkt dieses Booms kamen viele Haushalte in Zahlungsschwierigkeiten, da ihre Kreditverträge regelmäßig flexible Zinssätze festsetzten, die sich am Leitzins der FED orientierten. Immer mehr Immobilien mussten zwangsversteigert werden und die Immobilien verloren massiv an Wert. Aus der Immobilienkrise wurde letztlich eine Bankenkrise, da die einzige Sicherheit dieser Banken Häuser waren, die keiner mehr haben wollte. Durch den Wertverlust der Häuser verursachte die Immobilienpreisblase riesige Löcher in den Bilanzen der Banken. Da die amerikanischen Hausbanken die ungesicherten Kredite in Form von gebündelten Wertpapieren an Banken weltweit verkauften, wurden Banken weltweit von dem Crash des U.S.-amerikanischen Immobilienmarktes erfasst. Der Höhepunkt der Finanzkrise war mit der Pleite der US-Investmentbank Lehman Brothers erreicht: Es kam zu einem weitgehenden Vertrauensverlust der Banken untereinander, da nicht klar war, wer möglicherweise noch in Zahlungsschwierigkeiten war bzw. kommen würde. Das Kreditgeschäft zwischen den Banken kam faktisch zum Erliegen. Weltweit drohten Kreditinstitute Pleite zu gehen und mussten mit Steuergeldern gerettet werden (vgl. Sinn, 2010; Sinn, 2012; Schrader und Laaser, 2010; Michler und Smeets, 2011).

Die Finanzkrise mündete im Euroraum in einer Krise der Staatsfinanzen. Die Euro-Krise ist vor allem eine Verschuldungskrise, da einige Mitgliedstaaten der Eurozone nicht mehr in der Lage waren, ihren Zahlungsverpflichtungen nachzukommen. Um die Stabilität der EU-Staatsfinanzen sicherzustellen, haben sich die Mitgliedstaaten der Europäischen Union bereits im Februar 1992 im Rahmen der sog. Maastricht-Kriterien (auch EU-Konvergenzkriterien genannt) erstmals zum Stabilitäts- und Wachstumspakt verpflichtet. Der Stabilitäts- und Wachstumspakt sieht Regelungen vor, wonach das Haushaltsdefizit nicht mehr als 3 Prozent des Bruttoinlandsprodukts betragen und die Gesamtverschuldung der einzelnen Staaten die Marke von 60 Prozent des Bruttoinlandsprodukts nicht überschreiten darf. Diese Kriterien wurden von vielen Mitgliedsstaaten jedoch weitgehend missachtet. Auf Seiten der EU blieb eine Sanktionierung bei Nichteinhalten der Kriterien aus, was dazu führte, dass die notwendige Haushaltskonsolidierung nicht erfolgte und sich die Staaten zunehmend verschuldeten. Einige Länder hatten schon bei ihrem Eintritt in die Euro-

Gemeinschaft einen Gesamtschuldenstand, der deutlich über 60 Prozent lag, andere Länder konnten ihren Eintritt mit geschönten Zahlen vorantreiben. Die Verschuldungskrise im Euroraum wurde durch die Finanz- und Wirtschaftskrise 2008/2009 verstärkt, da die Schulden der meisten Staaten durch weitreichende Konjunkturprogramme, die Unterstützung der Banken, die steigende Arbeitslosigkeit und sinkende Steuereinnahmen infolge der Krise immer weiter gestiegen sind. Ihren Höhepunkt erreichte die europäische Verschuldungskrise im Frühjahr 2010, als Griechenland seine Schulden nicht mehr selbst bezahlen konnte und eine Staatsinsolvenz nur durch weitreichende Finanzhilfen abgewendet werden konnte. Anleger verloren das Vertrauen in die Zahlungsfähigkeit des Landes und versuchten griechische Staatsanleihen möglichst schnell zu verkaufen, was dazu führte, dass diese massiv an Wert verloren. Griechenland folgten zunächst Irland und Portugal, aber auch Spanien und kleinere Länder, wie bspw. Zypern, waren von der Verschuldungskrise stark betroffen. Das verlorene Vertrauen in die Kreditwürdigkeit dieser Länder ließ die Zinsen stark steigen und führte sie an den Rand der Zahlungsunfähigkeit. Um diese Länder vor einer Staatspleite zu retten und die Stabilität des Euros zu sichern, mussten sie durch die Euro-Partner, die EZB und den IWF unterstützt werden. Verschiedene geld- und fiskalpolitische Maßnahmen wurden seither ergriffen, um die Schuldenkrise abzuwenden und die Gemeinschaftswährung nachhaltig zu stabilisieren (vgl. Sinn, 2010; Sinn, 2012; Schrader und Laaser, 2010; Michler und Smeets, 2011).

2.2.5.2 Geld- und Fiskalpolitische Maßnahmen während und nach der Krise

Um das verloren gegangene Vertrauen in die verschuldeten Länder zu stabilisieren, wurde zunächst ein temporärer Rettungsschirm eingerichtet, unter den sich diese Mitgliedstaaten begeben und im Rahmen dessen sie auf ein gemeinsames Kreditprogramm zurückgreifen konnten.[70] Ziel war es, die verschuldeten Staaten von den Kapitalmärkten unabhängig zu machen und die Zahlungsfähigkeit wiederherzustellen. Die Inanspruchnahme dieser Kredite bedingte strenge Konsolidierungsauflagen. Der temporäre Rettungsschirm wurde für drei Jahre eingerichtet. Das wesentli-

70 Vgl. https://www.bundesfinanzministerium.de/Content/DE/Standardartikel/Service/Einfach_erklaert/2011-08-12-einfach-erklaert-funktionsweise-esm-alternativtext.html; abgerufen am: 7. Mai 2019.

che Element dieses Rettungsschirms war die Europäische Finanzstabilisierungsfazilität, die Kreditermächtigungen von bis zu 440 Milliarden Euro ermöglichte. Daneben umfasste der durch den EU-Haushalt abgesicherte Europäische Finanzstabilisierungsmechanismus 60 Milliarden Euro. Der IWF stellte weitere 250 Milliarden Euro für den Rettungsschirm zur Verfügung. Damit diese Kredite von den Rating-Agenturen Bestnoten erhielten, verständigten sich die Regierungschefs auf eine deutliche „Übersicherung" des temporären Rettungsschirms.[71]

Im Jahr 2013 wurde der temporäre Rettungsschirm durch einen permanenten Schutzmechanismus, den Europäischen Stabilitätsmechanismus, abgelöst.[72] Durch den ESM soll ein dauerhafter Krisenbewältigungsmechanismus etabliert werden. Es handelt sich hierbei um eine „Internationale Finanzinstitution", die mit einem flexiblen Instrumentarium für Stabilität im Euroraum sorgen soll, indem sie Eurostaaten, die in finanzielle Schieflage geraten sind, gegen strikte wirtschaftspolitische Auflagen Unterstützung gewähren kann.[73] So können verschuldete Staaten Kredite im Umfang von bis zu 500 Milliarden Euro beantragen, um eine drohende Staatsinsolvenz abzuwenden.[74] Finanziert wird der ESM durch die Mitgliedstaaten, deren Finanzierungsanteile sich aus dem Anteil am Kapital der EZB ergeben. Auch die Kredite des ESM werden deutlich übersichert, um Bestnoten von den Rating-Agenturen zu erhalten. Eine Beteiligung des Privatsektors an den Kosten der Rettungsmaßnahmen ist zudem möglich.[75] Voraussetzung für die Inanspruchnahme der Hilfskredite des ESM

71 Vgl. https://www.bundesfinanzministerium.de/Content/DE/Standardartikel/Themen/Europa/Stabilisierung_des_Euro/Finanzhilfemechanismen/EU_Finanzstabilisierungsfazilitaet_EFSF/2012-05-21-europaeische-finanzstabilisierungsfazilitaet-efsf.html; https://www.bundesregierung.de/breg-de/themen/euro/was-sind-esm-efsf-und-efsm--476194; abgerufen am: 7. Januar 2020.

72 Vgl. https://www.bundesfinanzministerium.de/Content/DE/Standardartikel/Service/Einfach_erklaert/2011-08-12-einfach-erklaert-funktionsweise-esm-alternativtext.html; abgerufen am: 7. Mai 2019.

73 Vgl. http://www.ulrich-lange.info/fileadmin/medien/Sonderseite_Euro/FAQ_-_Fiskalvertrag__ESM.pdf; abgerufen am: 8. Mai 2019.

74 Darüber hinaus stehen dem ESM weitere Instrumente zur Verfügung, um für Finanzstabilität im Euroraum zu sorgen. Hierzu zählen als vorsorgliche Maßnahme die Bereitstellung einer Kreditlinie, Primärmarktkäufe (ESM als Käufer von Neuemissionen), Sekundärmarktkäufe (Kauf von Staatsanleihen auf dem Sekundärmarkt) sowie die Rekapitalisierung von Finanzinstituten.

75 Im Rahmen der Schuldentragfähigkeitsanalyse wird der private Sektor entweder auf freiwilliger Basis beteiligt, wenn die Schuldentragfähigkeit festgestellt wird oder die Beteiligung durch den Privatsektor wird verpflichtend auferlegt, wenn die Schuldentragfähigkeit nicht festgestellt wird.

ist, dass die Stabilität der Eurozone insgesamt gefährdet ist. Die Auflagen, die ein Staat erfüllen muss, um Kredite zu erhalten, werden auf die jeweiligen wirtschaftlichen und finanziellen Gegebenheiten des Landes abgestimmt.

Neben den Rettungsschirmen wurde zudem ein umfassender fiskal- und geldpolitischer Maßnahmenkatalog implementiert, mit den Zielen 1. die Haushalte, 2. den Finanzmarkt und 3. die Wirtschaft zu stabilisieren.[76] Gerade in einer Währungsunion stehen Geld- und Fiskalpolitik in einem engen Verhältnis zueinander.

Die geldpolitischen Instrumente der EZB entfalten ihre Wirkung über den Tageszins am Geldmarkt bzw. insbesondere über die Erwartungen zukünftiger Zinsen an den Kreditmärkten und damit verbundene Risikoprämien (vgl. hierzu Sachverständigenrat, 2014, Tz. 165). Durch die Beeinflussung der längerfristigen Zinsen bzw. der Zinsaufschläge kann die Geldpolitik Einfluss auf die reale Wirtschaftsaktivität und die Inflation nehmen.[77] Neben der Geldpolitik wirkt auch die Fiskalpolitik auf die mittel- und längerfristige Zinsentwicklung und wird wiederum durch sie beeinflusst (vgl. hierzu ebenda, Tz. 166 ff.). So dämpft fiskalische Konsolidierung die staatliche Kreditnachfrage und damit die Zinsentwicklung. Erwartete Zinssteigerungen sowie mögliche Aufschläge aufgrund von Inflations-, Abwertungs- oder Insolvenzrisiken erhöhen wiederum die Finanzierungskosten für Staaten. Diese Wechselwirkungen zwischen Geld- und Fiskalpolitik haben wiederum Einfluss auf die Entwicklung von Produktion und Preisen. Das wesentliche Ziel der Fiskalpolitik liegt darin, konjunkturelle Schwankungen zu dämpfen (vgl. ebenda, Tz. 167 f.). In einer Währungsunion nimmt die Fiskalpolitik eine besondere Rolle zur konjunkturellen Steuerung ein, da die Möglichkeit entfällt, mit geldpolitischen Maßnahmen auf konjunkturelle Schwankungen zu reagieren. Aus diesem Grund ist es in einer Währungsunion besonders wichtig, in Wachstumsphasen zu konsolidieren und die Nachhaltigkeit der Staatsfinanzen sicherzustellen, um in Rezessionen mit fiskalischen Maßnahmen angemessen reagieren zu können. Die Geldpolitik wirkt über den Zins- und Risikoprämienkanal jedoch wiederum auf die Staatsfinanzierung (vgl. ebenda, Tz. 169). So kön-

---

76 Vgl. hierzu http://www.ulrich-lange.info/fileadmin/medien/Sonderseite_Euro/FAQ_-_Fiskalvertrag__ESM.pdf; abgerufen am: 8. Mai 2019.

77 Wissenschaftlich besteht weitgehend Konsens darüber, dass Beschäftigung und Wachstum nur temporär beeinflusst, die Inflation hingegen dauerhaft durch geldpolitische Maßnahmen kontrolliert werden kann. Eine stabile Inflationsrate wiederum kann Wirtschaftswachstum in Rezessionen und Boom-Phasen stabilisieren.

nen sich auch Staaten bei niedrigen Zinsen günstig verschulden. Zudem kann die Zentralbank durch den Aufkauf von Staatsanleihen Einfluss auf die Zinsaufschläge von Staaten nehmen.[78] Ein Rückgang der Zinsaufschläge hat zudem den Effekt, dass Konsolidierungs- und Reformanstrengungen des Staates nachlassen, da mit niedrigen Zinsen der Druck seitens des Marktes nachlässt, unpopuläre Einschnitte vorzunehmen (vgl. ebenda, Tz. 171). Fiskalpolitische Maßnahmen sind jedoch im Gegensatz zu geldpolitischen Maßnahmen gerade in der Lage, das Potenzialwachstum zu steigern und die Wettbewerbsfähigkeit eines Landes wiederherzustellen. Allein durch gelpolitische Maßnahmen kann eine vollständige Gesundung der Eurostaaten nicht erreicht werden. Hierzu bedarf es insbesondere einer nachhaltigen Fiskalpolitik, die auf die Konsolidierung der Staatshaushalte fokussiert ist (vgl. ebenda, Tz. 162).

Vertrag über die Stabilität, Koordinierung und Steuerung in der Wirtschaft- und Währungsunion („Fiskalpakt" oder auch „Fiskalvertrag")

Um die Verschuldungsproblematik in Europa in den Griff zu bekommen, ist mit Wirkung zum 1. Januar 2013 der Fiskalvertrag[79] in Kraft getreten. Der Fiskalvertrag ergänzt und verschärft das bestehende EU-Regelwerk zur haushaltspolitischen Überwachung.[80] Mit der Unterzeichnung des Fiskalvertrags verpflichten sich die Mitgliedstaaten einheitliche und dauerhaft, verbindliche Haushaltsregeln in ihre nationalen Rechtsordnungen aufzunehmen. Konkret sieht der Fiskalvertrag die Einführung nationaler Schuldenbremsen vor, wobei das jährliche konjunkturbereinigte Defizit eines Mitgliedstaates maximal 0,5 Prozent des Bruttoinlandproduktes („BIP") betragen darf, wenn die Schuldenstandsquote nicht deutlich unter 60 Prozent liegt. Damit soll die hohe Staatsverschuldung schnellstmöglich zurückgeführt und die exzessive Staatsverschuldung in der Zukunft nachhaltig vermieden werden. Der Fiskalvertrag ist eng gekoppelt an den ESM: Alle Länder, die den Fiskalvertrag bis zum 1. Januar 2013 ratifiziert haben und spätestens ein Jahr nach seinem Inkrafttreten die Bestimmun-

78 Die historische Erfahrung zeigt jedoch, dass eine Geldpolitik, deren Ziel es ist, den Staat zu finanzieren, zu unkontrollierbarer Inflation führt.

79 Vgl. https://www.bundesfinanzministerium.de/Web/DE/Themen/Europa/Stabilisierung_des_Euroraums/Haushaltspolitische_Ueberwachung_der_EU/Fiskalvertrag/fiskalvertrag.html; abgerufen am: 8. Mai 2019.

80 Dazu gehören der Stabilitäts- und Wachstumspakt sowie die sechs EU-Rechtsakte zur Stärkung der haushalts- und wirtschaftspolitischen Überwachung („sixpack").

gen zur Schuldenbremse in nationale Rechtsordnung umgesetzt haben, sind berechtigt, Hilfen aus dem ESM in Anspruch zu nehmen. Der Fiskalvertrag beinhaltet zudem Regelungen bezüglich Sanktionen bei einer Überschreitung des Referenzwertes für die Neuverschuldung. Erreicht die Neuverschuldung 3 Prozent des BIP, erfolgt automatisch ein Defizitverfahren. Befindet sich ein Mitgliedstaat in einem Defizitverfahren, muss dieser Staat strenge Strukturreformen verfolgen, die von Rat und Europäischer Kommission genehmigt und überwacht werden. Zudem haben sich die Vertragsparteien mit dem Fiskalvertrag darauf verpflichtet, auf eine gemeinsame Wirtschaftspolitik sowie eine verstärkte wirtschaftspolitische Koordinierung hinzuarbeiten.[81]

Weitere von der Europäischen Union implementierte Maßnahmen betreffen den Finanzmarkt. Durch eine neue europäische Finanzmarktaufsicht, Stresstests für Banken und Versicherungsunternehmen sowie eine strengere Regulierung des Finanzsektors (u. a. neue Eigenkapitalvorschriften für Banken, weniger spekulative Finanzprodukte und neue Gesetze zur Bankenrestrukturierung) wird der Finanzmarkt weiter stabilisiert.[82]

Bankenunion

Als Reaktion auf die Finanz-, Staatsschulden- und Wirtschaftskrise in der Europäischen Union hat die Europäische Kommission eine Reihe von Maßnahmen zur Vorbeugung und Bewältigung von Bankenkrisen ergriffen, die unter dem Begriff „Bankenunion“ subsummiert werden. Ziel der Europäischen Bankenunion ist es, Mechanismen zu schaffen, die eine gemeinsame Einlagensicherung bilden und darüber hinaus die Restrukturierung und gegebenenfalls Abwicklung von Banken auf zentraler Ebene innerhalb der EU gewährleisten. Wesentliche Elemente der Bankenunion sind die für alle EU-Länder geltende Einlagensicherungsrichtlinie (Directive on Deposit Guarantee Schemes, „DGSD“) und die Sanierungs- und Abwicklungsrichtlinie (Bank Recovery and Resolution Directive, „BRRD“). Der Einheitliche Aufsichtsmechanismus (Single Su-

---

81 Vgl. https://www.bundesfinanzministerium.de/Web/DE/Themen/Europa/Stabilisierung_des_Euroraums/Haushaltspolitische_Ueberwachung_der_EU/Fiskalvertrag/fiskalvertrag.html; abgerufen am: 8. Mai 2019.

82 Vgl. https://www.bundesfinanzministerium.de/Web/DE/Themen/Europa/Stabilisierung_des_Euroraums/Haushaltspolitische_Ueberwachung_der_EU/Fiskalvertrag/fiskalvertrag.html; abgerufen am: 8. Mai 2019.

pervisory Mechanism, „SSM“) für den Euroraum ist das für die Bankenaufsicht zuständige Element der Europäischen Bankenunion. Der SSM ist organisatorisch bei der Europäischen Zentralbank („EZB“) mit Sitz in Frankfurt verortet. Ihm obliegt die Beaufsichtigung der Banken in der Eurozone, die das Kredit- und Einlagengeschäft betreiben. Die Teilnahme für EU-Mitgliedsstaaten außerhalb des Euroraumes am SSM ist fakultativ (Opt-in) (vgl. Deutsche Bundesbank, 2015). Daneben wurde der Einheitliche Abwicklungsmechanismus (Single Resolution Mechanism, „SRM“) implementiert, der für alle Banken bzw. Bankengruppen gilt, die der unmittelbaren Aufsicht durch den SSM bzw. der EZB unterliegen. Aufgrund ihrer Bedeutung für das Finanzsystem konnten systemrelevante Banken davon ausgehen, im Falle wirtschaftlicher Schwierigkeiten zu Lasten der Staatshaushalte gestützt zu werden, auch weil in vielen EU-Ländern keine speziellen Bankinsolvenzverfahren existierten, weshalb einige Banken zum Abschluss risikoreicherer Geschäfte neigten (vgl. Beck und Bremus, 2014, S. 2 f.; Kirchner, 2009, S. 7). Ein wesentliches Ziel der Implementierung des SRM ist es daher, eine effiziente Restrukturierung und Abwicklung auch von systemrelevanten Banken im Falle wirtschaftlicher Schwierigkeiten zu ermöglichen, ohne die Stabilität des europäischen Finanzbinnenmarktes zu gefährden und die systemrelevanten Banken in ihrem Verhalten zu disziplinieren. Korrespondierend zum SRM wurde ein Fonds („Single Resolution Fonds“, „SRF“) eingerichtet, der die erforderlichen Mittel enthält, um in Krisenzeiten Banken, welche in Schieflagen geraten sind, zu restrukturieren oder im Extremfall abzuwickeln.

Euro-Plus-Pakt und Europäisches Semester

Neben den bereits angesprochenen geld- und fiskalpolitischen Maßnahmen wurde die Wettbewerbsfähigkeit der Euroländer durch eine gemeinsame Wachstumsstrategie und konkrete Maßnahmen im Pakt für Wettbewerbsfähigkeit („Euro-Plus-Pakt“) ausgebaut. Die nationalen Wirtschaftspolitiken sollen zukünftig zudem durch ein neues Verfahren zur Überwachung und Korrektur makroökonomischer Ungleichgewichte und einen europäischen Planungs- und Berichtszyklus europäisch koordiniert werden („Europäisches Semester“).

2.2.6 Phase 6: 2014 bis 2020: Reformen, Klimawandel, Digitalisierung

Mit der Bundestagswahl 2013 wurde die Koalition von CDU/CSU und FDP von einer großen Koalition zwischen CDU/CSU und SPD abgelöst. Die lange Aufschwungsphase der Wirtschaft, die ab 2010 bis 2018 einsetzte, ging mit steigenden Steuer- und Sozialversicherungsbeitragseinnahmen einher. Diese komfortable Einnahmesituation wurde dazu genutzt, die in Folge der Bankenrettung angestiegene Staatsverschuldung abzubauen und auf die Maastricht-Kriterien zurückzuführen. Die Schuldenquote (Verhältnis der Staatsschulden zum BIP) sank von 81,8 Prozent im Jahr 2010 auf 60,9 Prozent im Jahr 2018. Gleichzeitig wurden aber die Forderungen nach sozialen Reformen, wie strengerer Arbeitsplatzregulierung und höheren Ausgaben für Soziales größer, was in konkreten Reformen am Arbeitsmarkt und im Bereich der Rentenversicherung mündete.[83] Als problematisch erachtet wurde vor allem der Niedriglohnsektor in Deutschland.[84] Laut Statistischem Bundesamt bezogen im Jahr 2014 rund 21 Prozent der Arbeitnehmerinnen und Arbeitnehmer Niedriglöhne.[85] Dem sollte durch die Einführung eines flächendeckenden Mindestlohns begegnet werden, der zum 1. Januar 2015 eingeführt wurde. Fortan sind Arbeitgeber dazu verpflichtet, ihren Angestellten einen Stundenlohn von mindestens 8,50 Euro zu bezahlen. Darüber hinaus wurde die Überlassungshöchstdauer in der Zeitarbeit wieder auf 18 Monate verkürzt (vgl. DB-Drucks. 18/9232, S. 2).

Auch im Bereich der Rentenversicherung wurden Reformen durchgeführt, die teilweise in die entgegengesetzte Richtung der Agenda 2010 Reformen gingen. Während mit der Agenda 2010 die Möglichkeiten für einen früheren Renteneintritt eingeschränkt worden sind, führte die Große Koalition unter Bundeskanzlerin Angela Merkel mit der abschlagsfreien Rente mit 63 eine Regelung ein, dernach unter bestimmten Vorrausetzungen ein Versicherter bereits mit 63 Jahren ohne Abschläge vorzeitig in Ruhestand gehen kann. Des Weiteren wurden Leistungen für Mütter

---

83 So forderte beispielsweise die SPD in ihrem Wahlprogramm der Bundestagswahl 2013 ein neues soziales Gleichgewicht (vgl. https://www.spd.de/fileadmin/Dokumente/Beschluesse/Bundesparteitag/20130415_regierungsprogramm_2013_2017.pdf; S. 4; abgerufen am: 5. Januar 2020.

84 Vgl. Zeit Online, 7. März 2017, Das Agenda-Trauma, verfügbar unter: https://www.zeit.de/wirtschaft/2017-02/agenda-2010-spd-martin-schulz-arbeit-niedriglohnsektor-effekte-deutschland/seite-5; abgerufen am: 10. Januar 2020.

85 Vgl. https://www.destatis.de/DE/Themen/Arbeit/Arbeitsmarkt/Qualitaet-Arbeit/Dimension-2/niedriglohnquote.html; abgerufen am: 9. Oktober 2019.

(Mütterrente) ausgeweitet und die Renten für Bezieher mit verminderter Erwerbsfähigkeit (Erwerbsminderungsrente) aufgestockt.

Bildungspolitisch hat der Deutsche Bundestag 2019 eine Lockerung des Kooperationsverbots zwischen dem Bund und den Ländern beschlossen.[86] Nach § 30 GG fällt Bildung in die Verantwortung der Bundesländer. Für den Bund war es daher bis dahin schwierig, Bundesmittel in Schulen zu investieren. Nach der Grundgesetzänderung wird dies möglich.[87] Die Grundgesetzänderung war notwendig geworden, weil im Rahmen des „DigitalPakt Schule" der Bund den Bundesländern für den Ausbau der digitalen Infrastruktur an Schulen etwa 5 Milliarden Euro zur Verfügung gestellt hat.

Auf der europäischen Ebene wurde die Debatte von den immer größer werdenden Handelsbilanzüberschüssen Deutschlands geprägt. Gleichzeitig zum Wirtschaftsaufschwung nach der Finanzkrise stiegen in Deutschland die Exportüberschüsse immer weiter an. Ein Überschuss in der Handelsbilanz entsteht immer dann, wenn ein Land mehr exportiert als importiert. In einem System frei konvertierbarer Wechselkurse hätte ein Exportüberschuss eine Aufwertung der inländischen Währung zur Folge, wodurch deutsche Produkte im Ausland teurer werden würden, was die Auslandsnachfrage bremsen würde. Durch den Euro ist dieser Mechanismus außer Kraft gesetzt, weil bei einer Gemeinschaftswährung naturgemäß nicht ein einzelnes Land seine Währung aufwerten kann. Neben der nicht mehr möglichen Aufwertung der Währung hätte eine Erhöhung der Löhne in Deutschland theoretisch die deutschen Handelsbilanzüberschüsse verringern können, weil dadurch einerseits die deutschen Produkte sich verteuert hätten und sich andererseits mit der durch die höheren Löhne einhergehende steigende Kaufkraft positiv auf die Importe nach Deutschland ausgewirkt hätte. Allerdings ist ein zentraler Baustein der Sozialen Marktwirtschaft die Tarifautonomie, die Arbeitgeber und Arbeitnehmer vor staatlicher Einflussnahme bei der Lohnfindung schützt.

Die Klimapolitik gewinnt zunehmend an Bedeutung. Im Jahr 2016 beschließt Deutschland den Klimaschutzplan 2050, der aufzeigt, wie Deutschland das Pariser Klimaschutzabkommen aus dem Jahr 2015 umzusetzen beabsichtigt. Im Jahr 2019 tritt das Bundes-Klimaschutzgesetz in

---

86 Vgl. https://www.deutschlandfunk.de/grundgesetzaenderung-bundestag-stimmt-fuer-lockerung-des.680.de.html?dram:article_id=434613; abgerufen am: 9. Oktober 2019.

87 Vgl. https://www.bmbf.de/de/wissenswertes-zum-digitalpakt-schule-6496.php; abgerufen am: 9. Oktober 2019.

Kraft, das die deutschen Klimaschutzziele bis 2030 erstmals verbindlich regelt. In seinem Beschluss vom 24. März 2021 stellt das Bundesverfassungsgericht jedoch fest, dass die

> *„Regelungen des Klimaschutzgesetzes vom 12. Dezember 2019 (Klimaschutzgesetz <KSG>) über die nationalen Klimaschutzziele und die bis zum Jahr 2030 zulässigen Jahresemissionsmengen insofern mit Grundrechten unvereinbar sind, als hinreichende Maßgaben für die weitere Emissionsreduktion ab dem Jahr 2031 fehlen.“*[88]

Das Bundesverfassungsgericht verpflichtete den Gesetzgeber, bis Ende 2022 die Minderungsziele der Treibhausgasemissionen ab 2031 zu präzisieren.[89] Dem kommt der Gesetzgeber mit dem „Entwurf eines Ersten Gesetzes zur Änderung des Bundes-Klimaschutzgesetzes“ im Mai 2021 nach.

Ferner bringt Deutschland das Klimaschutzprogramm 2030 auf den Weg, dass die Maßnahmen zur Erreichung der Klimaschutzziele 2030 spezifiziert.

Digitale Plattformen, Big Data, Industrie 4.0 etc. – die Geschwindigkeit der Digitalisierung in Deutschland hat zugenommen. In der Folge wurde der Wettbewerbsrahmen angepasst. Um den neuen Machtkonzentrationen in der digitalen Ökonomie zu begegnen, ist das deutsche Wettbewerbsrecht im Rahmen der 9. und 10. GWB-Novelle angepasst worden. Mit der 9. GWB-Reform wurde z. B. die erhebliche wirtschaftliche Bedeutung von Daten in der digitalen Welt und deren Implikationen für einen wirksamen Wettbewerb explizit anerkannt, da der Zugang zu wettbewerbsrelevanten Daten nun eine Rolle bei der Beurteilung der Marktmacht spielt. Die 10. GWB-Novelle beinhaltet einen Verbotstatbestand für Zugangsverweigerung zu Daten; Unternehmen wird hierdurch ein gesetzlich vorgegebener Datenzugangsanspruch zugesichert, sollte das Geschäftsmodell den Zugang zu Datensätzen marktbeherrschender Unternehmen oder Plattformen erfordern. Ferner wurde im Rahmen der 9. Und 10 GWB-Novelle die Fusionskontrolle verschärft, um sog. Killer-Acquisitions entgegenzuwirken und die Bestreitbarkeit der Märkte zu erhöhen. In der 10. GWB-Novelle wurde die kartellrechtlichen Missbrauchsaufsicht geradezu revolutioniert mit dem Ziel, die Missbrauchsaufsicht zu beschleunigen und wettbewerbsschädigendes Verhalten schneller und effektiver zu unterbinden.

---

88 Verfügbar unter: https://www.bundesverfassungsgericht.de/SharedDocs/Pressemitteilungen/DE/2021/bvg21-031.html; abgerufen am: 10. Mai 2021.

89 Vgl. https://www.bundesverfassungsgericht.de/SharedDocs/Pressemitteilungen/DE/2021/bvg21-031.html; abgerufen am: 10. Mai 2021.

Die fortschreitende Digitalisierung fordert nicht nur das Wettbewerbsrecht heraus, sondern auch die Novellierung des Datenschutzrechts. Um europaweit einheitliches Datenschutzniveau sicherzustellen und Gleichgewicht zwischen Wirtschafts- und Verbraucherinteressen zu gewährleisten, wurde die Europäische Datenschutzgrundverordnung („DSGVO") vom Europäische Parlament am 14. April 2016 angenommen und gilt seit 2018 in allen EU-Mitgliedsstaaten.

Soziale Netzwerke und ihre Geschäftsmodelle erleichtern die exponentielle Verbreitung demokratiegefährdender Inhalte sowie von Falschmeldungen (sog. Fake News), was nicht nur die Polarisierung der Gesellschaft begünstigen, sondern auch den Ausgang von Wahlen beeinflussen und zur Destabilisierung von Demokratien beitragen kann (vgl. House of Commons, 2018). Eine funktionierende Demokratie ist jedoch wesentliche Voraussetzung für die Soziale Marktwirtschaft.

2.2.7 Zwischenergebnis

In der Sozialen Marktwirtschaft geht es nicht um die Interessen und Privilegien einiger weniger Wirtschaftsakteure, sondern um die Lebensbedingungen und Entwicklungsmöglichkeiten aller Gesellschaftsmitglieder. Die Soziale Marktwirtschaft soll jedem die Möglichkeit eröffnen, an dem wirtschaftlichen und gesellschaftlichen Fortschritt teilzuhaben.

Die Soziale Marktwirtschaft ist kein in sich abgeschossenes Ordnungskonzept, sondern bedarf der kontinuierlichen Fortentwicklung, die den sich wandelnden Produktions-, Arbeits-, Handels- und Lebensbedingungen Rechnung trägt, um Wohlstand für alle zu garantieren und soziale Gerechtigkeit sicherzustellen.

Für die Sicherstellung des Wohlstands für alle unter Beachtung der Einkommensverteilung ist ein langfristiges Wirtschaftswachstum von zentraler Voraussetzung. Die Beibehaltung eines stabilen Wachstumspfades wird kontinuierlich vor verschiedene Herausforderungen gestellt. So muss Deutschland die nationale und internationale Wettbewerbsfähigkeit in einer zunehmend technisierten Welt erhalten sowie den ökologischen und bevölkerungsstrukturellen Herausforderungen gerecht werden. Das Konzept der Sozialen Marktwirtschaft muss stärker als zuvor vor dem Hintergrund einer globalisierten Welt betrachtet werden, in der Staaten und Volkswirtschaften – nicht nur innerhalb Europas, sondern weltweit – zunehmend verflochten sind und sich globale Gleichgewichte ändern. Eine der größten Herausforderung der heutigen Zeit stellt zweifelsohne die Bewältigung bzw. die möglichst weitgehende Verhinderung der Klimaerwärmung dar. Klimapolitik kann einen wesentlichen Einfluss auf die Grundprinzipien der Sozialen Marktwirtschaft wie Wohlstand und soziale Gerechtigkeit haben, wenn sie nicht an den Grundprinzipien des Marktes ausgestaltet wird und Wettbewerbsfähigkeit und Wachstum durch sie negativ beeinflusst werden. Die Gesellschaft und Wirtschaft werden zunehmend durch die Digitalisierung geprägt. Die Auswirkungen der Digitalisierung auf Wirtschaft und Gesellschaft werden nicht ohne Grund mit denen der industriellen Revolution verglichen (vgl. Brynjolfsson und McAfee, 2014). Digitalisierung, Globalisierung, Ökologie und Demografie sind die Schlagworte, mit denen sich das Konzept der Sozialen Marktwirtschaft heute auseinandersetzen muss und innerhalb derer es sich heute wiederfinden muss. Die gesellschaftlichen und wirtschaftlichen Herausforderungen, die die zunehmende Digitalisierung, die Globalisierung sowie die ökologischen und demografischen Entwicklungen an eine Soziale Marktwirtschaft von heute stellen, haben ganz wesentliche Implikationen für viele Handlungsfelder der Politik.

2.3 Literaturverzeichnis

Abelshauser, W. (2005), *Deutsche Wirtschaftsgeschichte seit 1945*, C. H. Beck: München.

Basedow, J., J. B. Donges, H. Markmann, H.-J. Ewers, H. Greiffenberger, K.-H. Schumacher, W. Sies, O. Sievert und W. Wimmer (1991), *Marktöffnung und Wettbewerb: Berichte der Deregulierungskommission 1990 und 1991*, C. E. Poeschel: Stuttgart.

Baßeler, U., J. Heinrich und W. A. S. Koch (1995), *Grundlagen und Probleme der Volkswirtschaft*, 17. Auflage, J. P. Bachem: Köln.

Beck, A. und F. Bremus (2014), Wie kann systemisches Risiko beschränkt werden?, DIW Roundup: Politik im Fokus No. 36, verfügbar unter: http://www.diw.de/documents/publikationen/73/diw_01.c.481461.de/diw_roundup_36_de.pdf; abgerufen am: 18. Mai 2022.

Bickenbach, F. und R. Soltwedel (1994), Das ethische Fundament der Sozialen Marktwirtschaft, Kiel Working Paper, No. 612, Institut für Weltwirtschaft (IfW), Kiel, verfügbar unter: https://www.researchgate.net/publication/45123339_Das_ethische_Fundament_der_Sozialen_Marktwirtschaft; abgerufen am: 20. Mai 2021.

Borowsky, P. (2002), Sozialliberale Koalition und innere Reformen, *Informationen zur politischen Bildung*, 258, verfügbar unter: http://www.bpb.de/izpb/10109/sozialliberale-koalition-und-innere-reformen?p=all; abgerufen am: 10. Januar 2020.

Boss, A., J. Stehn, C-F. Laaser, K.-W. Schatz, E. Bode, H. Böhme, E-J. Horn, A. Rosenschon, B. Sander und R. Schmidt (1996), Deregulierung in Deutschland: eine empirische Analyse, Kieler Studien No. 275, Mohr: Tübingen, verfügbar unter: https://www.econstor.eu/handle/10419/889; abgerufen am: 20. Mai 2021.

Bundesagentur für Arbeit (2022), Arbeitslosigkeit im Zeitverlauf: Entwicklung der Arbeitslosenquote, Arbeitsmarkt in Zahlen, verfügbar unter: https://statistik.arbeitsagentur.de/Statistikdaten/Detail/Aktuell/iiia4/alo-zeitreihe-dwo/alo-zeitreihe-dwo-b-0-xlsx.xlsx; abgerufen am: 18. Mai 2022.

Brynjolfsson, E. und A. McAfee (2014), *The Second Machine Age: Wie die nächste digitale Revolution unser aller Leben verändern wird*, 6. Auflage, Plassen Verlag: Kulmbach.

Bundeskartellamt (2018), 60. Jahre Bundeskartellamt 1956-2018, Bonn, verfügbar unter: https://www.bundeskartellamt.de/SharedDocs/Publikation/DE/Broschueren/60_Jahre_Jubilaeumsbroschuere.pdf?__blob=publicationFile&v=3; abgerufen am: 10. Januar 2020.

Bundesministerium für Arbeit (1950), Entwicklung und Ursache der Arbeitslosigkeit in der Bundesrepublik Deutschland (1946-1950), Bonn, verfügbar unter: https://statistik.arbeitsagentur.de/Statistikdaten/Detail/194612/anba/arbeitsstatistik/arbeitsstatistik-d-0-pdf.pdf; abgerufen am: 10. Januar 2020.

Bundesministerium der Finanzen (2000), Deutsches Stabilitätsprogramm, Volks- und Finanzwirtschaftliche Berichte, verfügbar unter: https://www.bundesfinanzministerium.de/Content/DE/Standardartikel/Themen/Oeffentliche_Finanzen/Deutsches_Stabilitaetsprogramm/deutsche-stabilitaetsprogramme-anlage15.pdf?__blob=publicationFile&v=4; abgerufen am: 6. Januar 2020.

Busch, A. (2005), Globalisation and National Varieties of Capitalism, The Contested Viability of the "German Model", *German Politics*, 14(2), S. 125-139.

Cassel, D. und H. J. Thieme (1988), Stabilitätspolitik, in: Franz Vahlen (Hrsg.): *Vahlens Kompendium der Wirtschaftstheorie und Wirtschaftspolitik*, Band 2, 3. Auflage, Vahlen: München, S. 363-442.

DESTATIS – Statistisches Bundesamt (2018), *Volkswirtschaftliche Gesamtrechnungen. Bruttoinlandsprodukt, Bruttonationaleinkommen, Volkseinkommen. Lange Reihen ab 1925*, Fortlaufende Reihe, Wiesbaden.

Deutsche Bundesbank (2016), Die Deutsche Bundesbank: Notenbank für Deutschland, verfügbar unter: https://www.bundesbank.de/resource/blob/597802/5647f3eb237a10b674f6c0564ecb2af7/mL/die-deutsche-bundesbank-data.pdf; abgerufen am: 5. Juli 2022.

Deutsche Bundesbank (2015), Glossareintrag, Frankfurt am Main, verfügbar unter: https://www.bundesbank.de/action/de/723820/bbksearch?firstLetter=A; abgerufen am: 18. Mai 2022.

Deutscher Bundestag (2003), Plenarprotokoll 15/32, 32. Sitzung, verfügbar unter: https://dip21.bundestag.de/dip21/btp/15/15032.pdf; abgerufen am: 10. Januar 2020.

Gaul, C-M. (2008), Wissenschaftliche Dienste des deutschen Bundestages, Konjunkturprogramme in der Geschichte der Bundesrepublik Deutschland: Einordnung und Bewertung der Globalsteuerung von 1967 bis 1982, Infobrief, verfügbar unter: https://www.bundestag.de/resource/blob/190470/cdd58467a0b827c c6cd3d366fe96383f/konjunkturprogramme-data.pdf; abgerufen am: 10. Januar 2020.

Edelstein, B. und H. Veith (2017), Schulgeschichte nach 1945: Von der Nachkriegszeit bis zur Gegenwart, Bundeszentrale für politische Bildung, verfügbar unter: https://www.bpb.de/gesellschaft/bildung/zukunft-bildung/229702/schulgeschich te-nach-1945; abgerufen am: 10. Januar 2020.

Eichhorst, W. und K. Zimmermann (2008), Die Agenda 2010 als Teil der rot-grünen Regierungspolitik, *Vierteljahrshefte zur Wirtschaftsforschung*, 77(1), S. 8-19.

Eickhoff, N. (1998), Die Neuregelung des Energiewirtschaftsrechts, *Wirtschaftsdienst*, 78(1), S. 18-25.

Erhard, L. (2009), *Wohlstand für Alle*, Anaconda: Köln.

Eucken, W. (1950), *Grundlagen der Nationalökonomie*, 6. Auflage, Springer: Berlin.

Eucken, W. (1942), Wettbewerb als Grundprinzip der Wirtschaftsverfassung, in: G. Schmölders (Hrsg.), *Der Wettbewerb als Mittel volkswirtschaftlicher Leistungssteigerung und Leistungsauslese*, Duncker & Humblot: Berlin, S. 1-29.

Eucken, W. (1959), *Grundsätze der Wirtschaftspolitik*, Rowohlt: Hamburg.

Friedman, M. (1973), Die Gegenrevolution in der Geldtheorie, in: P. Kalmbach (Hrsg.), *Der neue Monetarismus: 12 Aufsätze*, Nymphenburger Verlag: München, S. 47-69.

Görtemaker, M. (2009), Probleme der inneren Einigung, Bundeszentrale für politische Bildung, verfügbar unter: http://www.bpb.de/geschichte/deutsche-einheit/ deutsche-teilung-deutsche-einheit/43787/probleme-der-inneren-einigung?p=all; abgerufen am: 4. Januar 2020.

Hamel, H. (1994), Soziale Marktwirtschaft: Anspruch und Realität eines ordnungspolitischen Konzepts, in: W. Klein, S. Paraskewopoulos und H. Winter (Hrsg.), *Soziale Marktwirtschaft, Ein Modell für Europa,* Duncker & Humblot: Berlin.

Haucap, J. (2018), Liberalisierung und Regulierung des Postmarktes: Gestern, heute und morgen, Ordnungspolitische Perspektiven Nr. 95, Düsseldorfer Institut für Wettbewerbsökonomie, verfügbar unter: https://www.dice.hhu.de/fileadmin /redaktion/Fakultaeten/Wirtschaftswissenschaftliche_Fakultaet/DICE/Ordnungs politische_Perspektiven/095_OP_Haucap_neu.pdf; abgerufen am: 21. Mai 2021.

House of Commons (2018), Disinformation and ‘fake news’: Interim Report, Fifth Report of Session 2017-19, verfügbar unter: https://publications.parliament.uk/p a/cm201719/cmselect/cmcumeds/363/363.pdf; abgerufen am: 20. Mai 2021.

Keynes, J. M. (1936), *Allgemeine Theorie der Beschäftigung, des Zinses und des Geldes*, Duncker & Humblot: Berlin.

Kirchner, C. (2009), Wege aus der internationalen Finanzkrise, in: *Wirtschaftsdienst,* 89(7), S. 459-465.

Kultusministerkonferenz (2002), PISA 2000 – Zentrale Handlungsfelder: Zusammenfassende Darstellung der laufenden und geplanten Maßnahmen in den Ländern, verfügbar unter: https://www.kmk.org/fileadmin/Dateien/veroeffentlichungen_beschluesse/2002/2002_10_07-Pisa-2000-Zentrale-Handlungsfelder.pdf; abgerufen am: 10. Januar 2020.

Laaser, C. F. (1994), Die Bahnstrukturreform: Richtige Weichenstellung oder Fahrt aufs Abstellgleis?, Kiel Discussion Papers No. 239, Institut für Weltwirtschaft (IfW); Kiel, verfügbar unter: https://www.econstor.eu/bitstream/10419/821/1/166112445.PDF; abgerufen am: 21. Mai 2021.

Lachmann, W. (2004), *Volkswirtschaftslehre 2: Anwendungen*, 2. Auflage, Springer: Berlin, Heidelberg.

Lambsdorff, O. (1982), Konzept für eine Politik zur Überwindung der Wachstumsschwäche und zur Bekämpfung der Arbeitslosigkeit, Programmschrift, Bundeswirtschaftsministerium, verfügbar unter: https://www.1000dokumente.de/pdf/dok_0079_lam_de.pdf; abgerufen am: 10. Januar 2020.

Lampert, H. (1965), *Die Wirtschafts- und Sozialordnung der Bundesrepublik Deutschland*, 11. Auflage, Olzog Verlag: München.

Lauschke, K. (2005), *Hans Böckler, Band 2: Gewerkschaftlicher Neubeginn 1945-1951*, Klartext Verlag: Essen.

Michler, A. und H. Smeets (2011), Die Finanzkrise: Ursachen, Wirkungen und Maßnahmen, in: A. F. Michler, H-D. Smeets (Hrsg.), *Die aktuelle Finanzkrise: Bestandsaufnahme und Lehren für die Zukunft, Schriften zu Ordnungsfragen der Wirtschaft*, Band 93, Lucius und Lucius: Stuttgart, S. 3-32.

Müller-Armack, A. (1990), *Wirtschaftslenkung und Marktwirtschaft*, München, Kastell.

Müller-Armack, A. (1959), Soziale Irenik, in: A. Müller-Armack (Hrsg.), *Religion und Wirtschaft. Geistesgeschichtliche Hintergründe unserer europäischen Lebensform*, Kohlhammer Verlag: Stuttgart, S. 559-578.

Pätzold, J. (1994), *Soziale Marktwirtschaft, Konzeption – Entwicklung – Zukunftsaufgaben*, 6. Auflage, Verlag Wissenschaft & Praxis: Ludwigsburg, Berlin.

Painter, D. S. (2014), Oil and geopolitics: the oil crises of the 1970s and the Cold War. *Historical Social Research*, 39(4), S. 186-208.

Renzsch, W. (1998), Die Finanzierung der deutschen Einheit und der finanzpolitische Reformstau, *Wirtschaftsdienst*, 8(6), S. 348-356.

Rüstow, A. (1963), Wirtschaft als Dienerin der Menschlichkeit, in: A. Rüstow (Hrsg.), *Rede und Antwort*, M. Hoch Verlag: Ludwigsburg, S. 76-91.

Sachverständigenrat (2002), Jahresgutachten 2002/2003: Zwanzig Punkte für Beschäftigung und Wachstum, Wiesbaden, verfügbar unter: https://www.sachverstaendigenrat-wirtschaft.de/publikationen/jahresgutachten.html; abgerufen am: 18. Mai 2022.

Sachverständigenrat (2014), Jahresgutachten 2014/15: Mehr vertrauen in Marktprozesse, verfügbar unter: https://www.sachverstaendigenrat-wirtschaft.de/fileadmin/dateiablage/gutachten/jg201415/JG14_ges.pdf; abgerufen am: 20. Mai 2021.

Schanetzky, T. (2007), *Die große Ernüchterung. Wirtschaftspolitik, Expertise und Gesellschaft in der Bundesrepublik 1966 bis 1982*, Akademie Verlag: Berlin.

Schiffer, H.-W. (2010), *Energiemarkt Deutschland, Praxiswissen Energie und Umwelt*, 11. Auflage, TÜV Media: Köln.

Schrader, K. und C-F. Laaser (2010), Den Anschluss nie gefunden: Die Ursache der griechischen Tragödie, *Wirtschaftsdienst*, 90(8), S. 540-547.

Schröder, C. (2016), Industrielle Arbeitskosten im internationalen Vergleich, IW Trends 3/2016, Institut der deutschen Wirtschaft Köln, verfügbar unter: https://www.iwkoeln.de/fileadmin/publikationen/2016/296545/IW-Trends_2016-03-03_industrielle_Arbeitskosten.pdf; abgerufen am: 20. Mai 2021.

Sinn, H-W. (2010), *Kasino Kapitalismus: Wie es zur Finanzkrise kam und was jetzt zu tun ist*, Econ Verlag: Berlin.

Sinn, H-W. (2012), *Die Target-Falle: Gefahren für unser Geld und unsere Kinder*, Carls Hanser Verlag: München.

Stanat, P., C. Artelt, J. Baumert, J. Klieme, E. und G. Schümer (2002), Pisa 2000 – Die Studie im Überblick. Grundlagen, Methoden und Ergebnisse. Max-Planck-Institut für Bildungsforschung, Berlin.

Thieme, J. (1994), *Soziale Marktwirtschaft: Ordnungskonzeption und wirtschaftspolitische Gestaltung*, 2. Auflage, dtv: München.

Wilgerodt, H. (2001), Alfred Müller-Armack – der Schöpfer des Begriffs "Soziale Marktwirtschaft, *Zeitschrift für Wirtschaftspolitik*, 50(3), S. 253-277.

Zinn, K. G. (1992), *Soziale Marktwirtschaft, Idee, Entwicklung und Politik der bundesdeutschen Wirtschaftsordnung*, BI-Verlag: Mannheim.

Zohlnhöfer, R. (2006), Vom Wirtschaftswunder zum kranken Mann Europas? Wirtschaftspolitik seit 1945, in: M. G. Schmidt, R. Zohlnhöfer (Hrsg.): *Regieren in der Bundesrepublik Deutschland*, VS Verlag für Sozialwissenschaften: Wiesbaden, S. 285-313.

Zohlnhöfer, R. und W. Zohlnhöfer (2010), Die Wirtschaftspolitik der Ära Kohl 1982–1989/90. Eine Wende im Zeichen der Sozialen Marktwirtschaft?, in: G. v. Buchstab, H.-O. Kleimann, H. J. Küsters (Hrsg.): *Die Ära Kohl im Gespräch – Eine Zwischenbilanz*, de Gruyter: Berlin, S. 23-44.

2.4 Forschungstrends der VWL

Zum methodischen Konzept dieses Vorausschauprozesses gehört es, die gegebene Aufgabenstellung zukunftsorientiert aus unterschiedlichen Perspektiven zu betrachten. Zentral ist dabei die Sicht der Schlüsseltechnologien der Digitalisierung, die durch die Perspektive der „Digitalisierung im Allgemeinen“ flankiert wurde. Zur Perspektive der Volkswirtschaftslehre („VWL“) gehört neben der obigen historischen Einordnung auch eine zukunftsorientierte Sichtweise, die Forschungstrends der VWL in den Blick nimmt. Diese Betrachtung erfüllte zwei Funktionen: erstens wurde überprüft, welchen Raum die Aufgabenstellung (Wirkungen der Digitalisierung) in der Forschungsliteratur bereits einnimmt, und zweitens, ob es prominente, eigenständige Forschungstrends gibt, die ein übergreifendes Forschungsinteresse belegen und bei denen kursorisch geprüft wurde, ob sie für die Aufgabenstellung neue Facetten aufzeigen können.

Zur Identifikation von Trends bei den Forschungsthemen in den Wirtschaftswissenschaften und angrenzenden Forschungsgebieten, wurde eine systematische Stichwort-Auswertung von Abstracts bei Scopus[90] durchgeführt, die auf einer Stichprobe bestehend aus 147 relevanten internationalen Fachzeitschriften in englischer Sprache beruht.[91] Wissenschaftler aus der ganzen Welt – somit auch aus Deutschland – publizieren in diesen internationalen Fachzeitschriften. In deutschsprachigen Fachzeitschriften werden üblicherweise Themen behandelt, die auf die nationale Wirtschaftspolitik bzw. Jurisdiktion fokussieren. Deutschsprachige Fachzeitschriften werden bei Scopus nicht geführt.

Grundidee der Analyse ist es, anhand einer Zählung der Häufigkeit von Begriffen und Begriffsfolgen pro Jahr, den zeitlichen Verlauf von Forschungsinteressen zu beobachten und daraus Trendverläufe und neue Trends abzulesen. Es wurden Abstracts der vergangenen 30 Jahre zur Auswertung herangezogen, wobei Frühjahr 2020 das Ende der Auswertungsperiode darstellt (siehe Abbildung 2.1). Insgesamt beruht die Analyse, nachdem identische, doppelt aufgeführte Abstracts entfernt wurden, auf 196.358 verfügbaren Abstracts, sodass bei durchschnittlicher Wortanzahl von circa 72 Wörtern pro Abstract mehr als 16 Mio. einzelne Begriffe Eingang in die Analyse fanden.

---

90 Bei Scopus handelt es sich um die größte Abstrakt- und Zitationsdatenbank für peer-reviewte Literatur: wissenschaftliche Zeitschriften, Bücher und Tagungsberichte.

91 Die vollständige Liste der ausgewerteten Zeitschriften findet sich in Anhang I.

Abbildung 2.1 Anzahl verfügbarer Abstracts über die Zeit

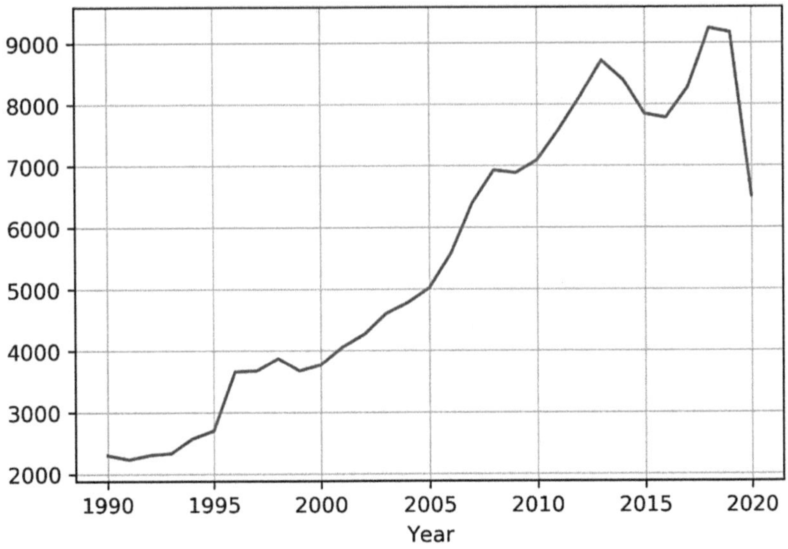

Quelle: Scopus und eigene Berechnungen.

Die methodische Herangehensweise der Textauswertung beruht auf sog. N-Grammen. N-Gramme sind N aufeinander folgende Bestandteile eines Texts. Bspw. ist „global financial crisis“ ein auf Worten basierendes 3-Gramm. Als Textbestandteile können z. B. Buchstaben, Sätze oder Wörter dienen. Dabei bieten sich N-Gramme von Wörtern als Betrachtungsgegenstand an als pragmatische Operationalisierung eines Forschungsthemas. Eine größere Häufigkeit eines N-Gramms pro Jahr wird dabei als größeres Interesse für den zugehörigen Forschungsinhalt des N-Gramms ausgelegt.

Dabei werden Füllwörter, sogenannte Stoppwörter entfernt, sodass auf fachinhaltlich relevante Worte abgestellt werden kann. Stoppwörter sind bspw. „and“, „or“, „while“ und viele mehr. Nach Bereinigung um Füllwörter verbleiben circa 11,4 Mio. einzelne Begriffe in der Auswertung. Damit auch grammatikalisch sinnvolle Variationen ein und desselben Phänomens nicht zu einer fälschlichen getrennten Zählung desselben Phänomens führen, werden alle Wörter, bevor sie gezählt werden, auf ihren Wortstamm reduziert (sog. „stemming“). So kann verhindert werden, dass zwischen dem 3-Gramm-Beispiel „global financial crisis“ und eines Plurals desselben Phänomens „global financial crises“ bei der Zählung unterschieden wird. Das 3-Gramm dieses Beispiels in Wortstämmen ist „global financi crisi". Bei der Wahl der Länge N der betrachteten N-Grammeergab sich, dass 3-Gramme einen guten Kompromiss darstellen zwischen inhaltlicher Spezifität und ausreichend großer Häufigkeiten. Da die Soziale Marktwirtschaft kein starres System darstellt, sondern ein System, welches sich dynamisch an neue Gegebenheiten anpasst, sollten aus der ökonomischen Forschung, Themen des Zeitgeschehens abzulesen sein.

Abbildungen 2.2 und 2.3 stellen diesen Sachverhalt an einem typischen Beispiel für Forschungsthemen mit Bezug zu Nachhaltigkeit und Klimaschutz dar: Das 1-Gramm „sustain" ist recht häufig und kommt in fast 10 Prozent aller Abstracts vor. Zugleich ist es inhaltlich recht unspezifisch, weil es keinen weiteren Kontext vermittelt. Das 3-Gramm „greenhous, gas, emiss" dagegen lässt sich inhaltlich eindeutig dem Thema Klimaschutz zuordnen, kommt aber immer noch ausreichend häufig vor, wenn auch etwa um einen Faktor zehn seltener als das 1-Gramm „sustain".

Abbildung 2.2 Absolute Häufigkeit des Worts „Nachhaltigkeit" im eng. Wortstamm „sustain" über die Zeit

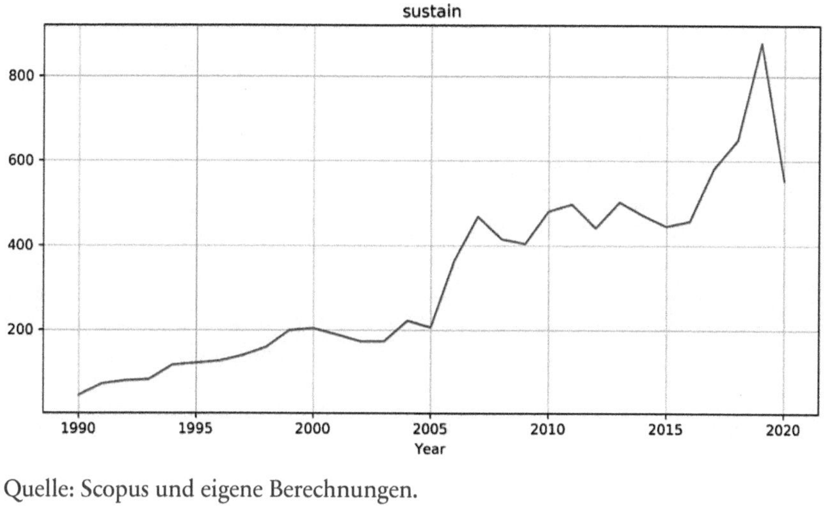

Quelle: Scopus und eigene Berechnungen.

Abbildung 2.3 Absolute Häufigkeit des Worts „Treibhausgas-Emissionen" im eng. Wortstamm „greenhous, gas, emiss" über die Zeit

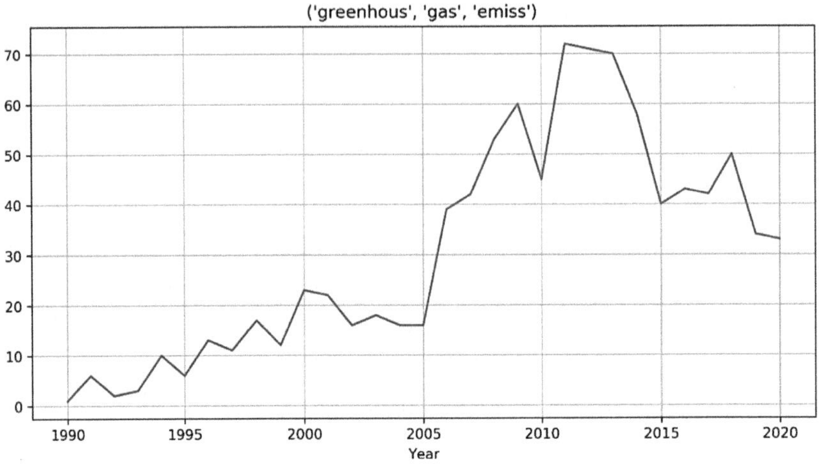

Quelle: Scopus und eigene Berechnungen.

Abbildung 2.10 (im Anhang I) zeigt die absoluten Häufigkeiten der 30 häufigsten 3-Gramme für das jeweilige ausgewiesene Jahr. Dabei lassen sich häufige ökonomische 3-Gramme wie „(econom, polici, uncertainti)" und „(total, factor, product)" finden, zu Deutsch „Unsicherheit wirtschaftspolitischer Maßnahmen" und „totale Faktorproduktivität". Inhaltlich interessanter sind 3-Gramme wie „(sustain, develop, goal)" und „(greenhous, gas, emiss)", zu Deutsch „Ziele für nachhaltige Entwicklung" und „Treibhausgas-Emissionen", die Rückschlüsse auf aufkommende neue Themen in den Wirtschaftswissenschaften geben. Im Jahr 2020 befindet sich „(sustain, develop, goal)" an zweiter Stelle mit über 40 Nennungen. Der Begriff „Nachhaltigkeit" lässt sich als Kandidat für einen aufkommenden Trend in der Forschung auch aufgrund des zunehmenden Interesses für Umweltthemen bei 3-Grammen wie „(greenhous, gas, emiss)" und „(climat, chang, mitig)" bestätigen.

Betrachtet man die Entwicklung des Interesses für Themen, die mit „Nachhaltigkeit" bezeichnet werden (engl. Wortstamm „sustain"), so zeigt sich eine deutliche Zunahme über die Zeit, wie auf Abbildung 2.2 ersichtlich wird. Die Abnahme am Ende der Zeitperiode ist der Tatsache geschuldet, dass die jüngsten Beobachtungen im Datensatz im ersten Quartal 2020 liegen. Die Zunahme des Interesses für Themen, die mit den Begriffen der Nachhaltigkeit zusammenhängen, lässt sich auch bei einschlägigen 3-

Grammen wie bspw. „greenhous, gas, emiss“ sowie „climat, chang, mitig“ in Abbildung 2.3 und Abbildung 2.4 beobachten, zu Deutsch „Treibhausgas-Emissionen“ und „Abmildern der Folgen des Klimawandels“.

Abbildung 2.4 Absolute Häufigkeit des Worts „Klimawandel-Eindämmung“ im eng. Wortstamm „climat, chang, mitig“ über die Zeit

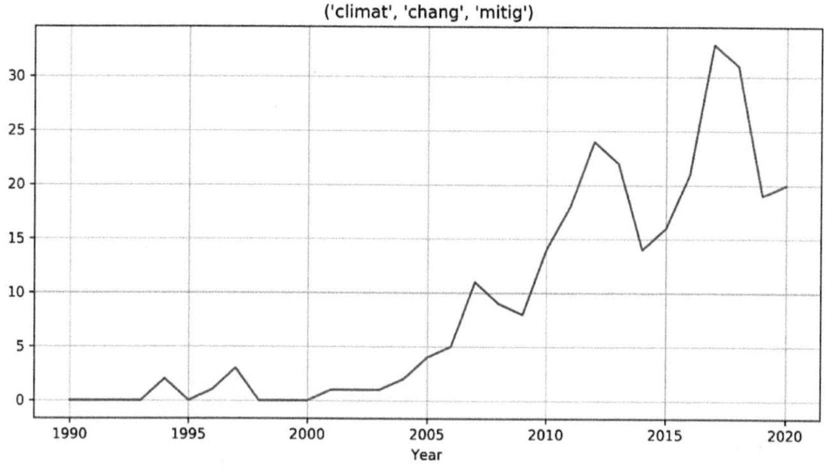

Quelle: Scopus und eigene Berechnungen.

Bei anderen Themen, die unmittelbar mit äußeren Ereignissen zusammenhängen ist die Zunahme des Forschungsinteresses besonders deutlich erkennbar, was für die Validität der verwendeten Daten und Methode spricht. Beispielsweise zeigt Abbildung 2.5 die absolute Häufigkeit des 3-Grammes für „Weltfinanzkrise“, wobei vor 2008 kein signifikantes Anzeichen für Interesse an diesem Phänomen zu beobachten ist. Andererseits wird an dem Beispiel auch ein beträchtlicher zeitlicher Verzug zwischen dem Zeitpunkt des Ereignisses und der wissenschaftlichen Reaktion (in Form publizierter Artikel) von ca. 3 bis 5 Jahren deutlich.

Abbildung 2.5 Absolute Häufigkeit des Worts „Weltfinanzkrise" im eng. Wortstamm „global, financi, crisi" über die Zeit

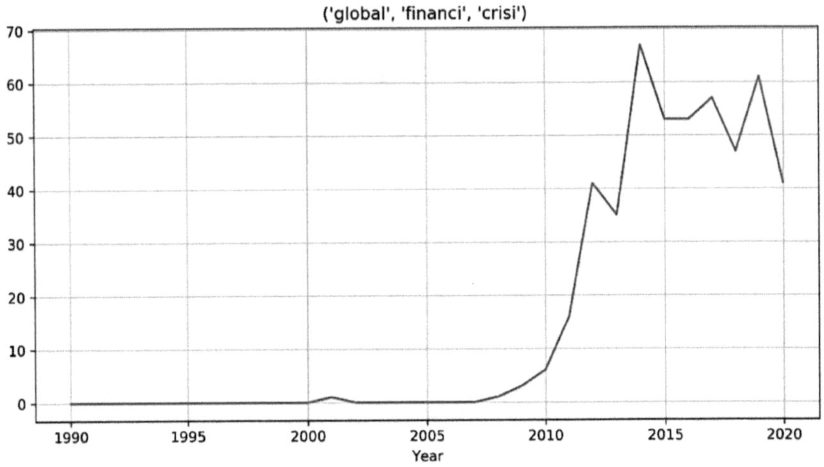

Quelle: Scopus und eigene Berechnungen.

Die Wechselwirkung zwischen wirtschaftlichem Geschehen auf der einen Seite, dem wissenschaftlichen Interesse auf der anderen Seite und schließlich der wirtschaftspolitischen Implementierung von Maßnahmen als Reaktion darauf lässt sich in diesem Zusammenhang gut anhand des Forschungsinteresses für die „unkonventionelle Geldpolitik" erkennen, wie in Abbildung 2.6 dargestellt.

Abbildung 2.6 Absolute Häufigkeit des Worts „unkonventionelle Geldpolitik" im eng. Wortstamm „unconvent, monetari, polic" über die Zeit

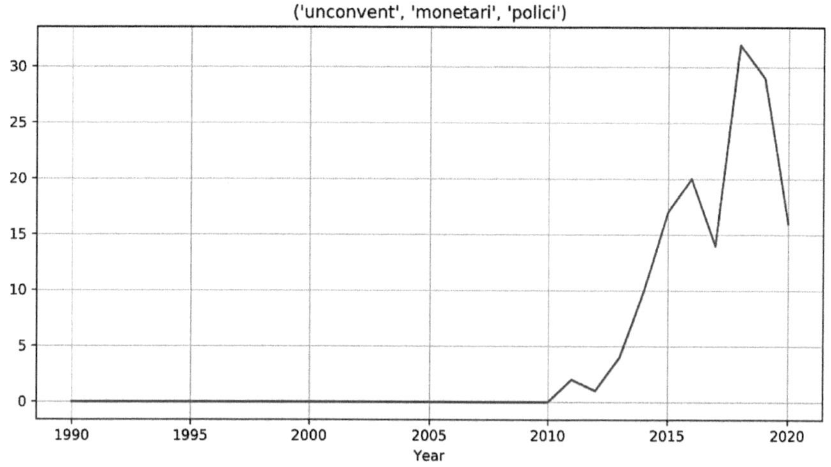

Quelle: Scopus und eigene Berechnungen.

Auch das aufkommende Interesse für Methoden kann anhand der 3-Gramme dargestellt werden. So erfährt in der empirischen Wirtschaftsforschung bspw. das „Regression-Discontinuity-Design" zur Identifikation von kausalen Einflüssen erst nach dem bedeutenden wissenschaftlichen Beitrag von Angrist und Lavy (1999) zunehmende Beliebtheit, obwohl die Methode seit den 1960er Jahren bereits in anderen Disziplinen bekannt war.

Abbildung 2.7 Absolute Häufigkeit des Worts „Regression-Discontinuity-Design" im eng. Wortstamm „regress, discontinu, design" über die Zeit

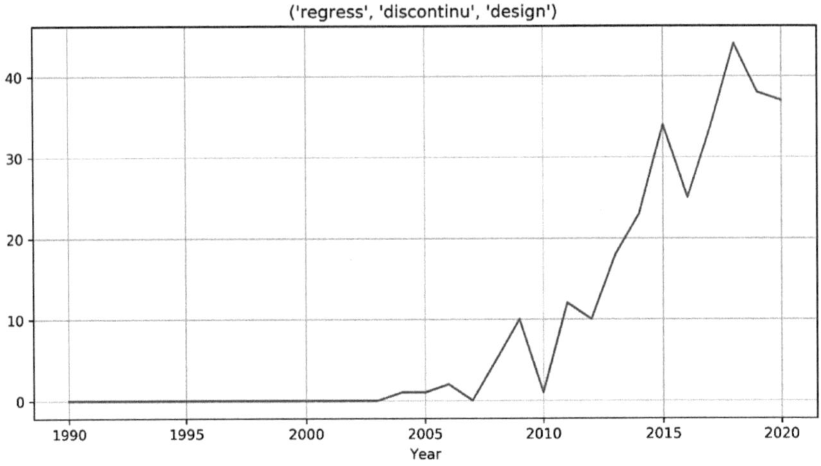

Quelle: Scopus und eigene Berechnungen.

Allgemeine Methoden der empirischen Wirtschaftsforschung verzeichnen allerdings eher einen linearen Trend über die Zeit, wie anhand des Worts „Regression" aus Abbildung 2.8 ersichtlich wird. Dies wird mit der zunehmenden Bedeutung der Ökonometrie in Forschung und Lehre zusammenhängen, welche nicht zuletzt auf die enorme Zunahme der Leistungsfähigkeit von Rechnern zurückzuführen ist.

Abbildung 2.8 Absolute Häufigkeit des Worts „Regression" im eng. Wortstamm „regres" über die Zeit

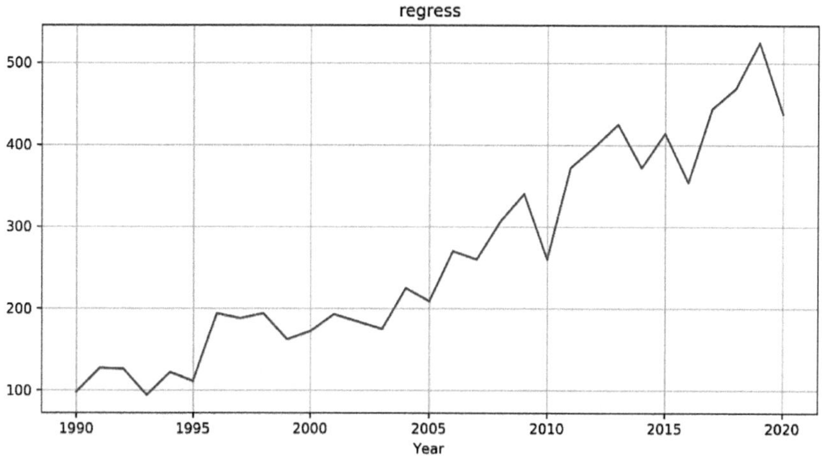

Quelle: Scopus und eigene Berechnungen.

Eine weitere Zunahme des Interesses ist beim Forschungsthema geschlechtsspezifischer Einkommensunterschiede zu erkennen. Abbildung 2.9 zeigt die absolute Häufigkeit des 3-Grammes zum Thema geschlechterspezifischer Lohnlücke. Das Interesse für dieses Thema stieg mit einigen Schwankungen erst in den letzten 20 Jahren.

Abbildung 2.9 Absolute Häufigkeit des Worts „Geschlechts-Lohnlücke" im eng. Wortstamm „gender, wage, gap" über die Zeit

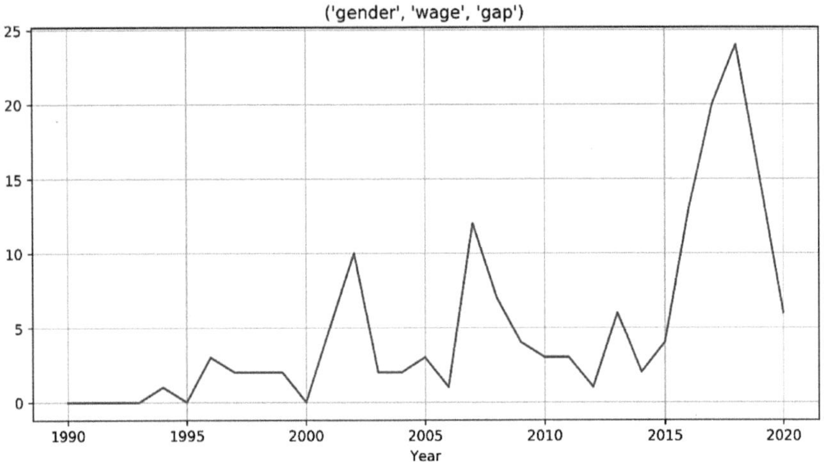

Quelle: Scopus und eigene Berechnungen.

Um einen stärkeren Bezug zur Sozialen Marktwirtschaft Deutschlands herzustellen, wurde eine Auswertung von Fachbeiträgen durchgeführt, bei denen mindestens ein Autor mit einer deutschen Institution angehört („deutscher Datensatz"). Dabei reduziert sich der Datensatz auf 14.139 verfügbare Abstracts und somit auf rund 7 Prozent des Gesamtdatensatzes. Das Ergebnis der N-Gramm-Analyse der Gesamtstichprobe kann auch für diesen Datensatz weitestgehend bestätigt werden, wobei im deutschen Datensatz das steigende Interesse für Themen, die mit Nachhaltigkeit verbunden sind, sogar noch stärker ausgeprägt ist (siehe Abbildung 2.11 im Anhang I). Dabei fällt auf, dass im Vergleich zur Gesamtstichprobe, Nachhaltigkeitsthemen in der deutschen Stichprobe in relativ größerer Variation prominent vertreten sind.

Zusammenfassend bleibt festzuhalten, dass - zumindest bei Scopus -wissenschaftliche Forschungsthemen in den Wirtschaftswissenschaften, die unmittelbare Erkenntnisse hinsichtlich der Auswirkungen der Digitalisierung bzw. der Schlüsseltechnologien auf die Wirtschaft im Allgemeinen und die Soziale Marktwirtschaft im Besonderen erlauben würden, nicht zu den prominentesten Forschungsfeldern der internationalen Forschungsgemeinde gehören. Dies wird sehr deutlich an Abbildung 2.10 (im Anhang I): Keines der dort aufgeführten 3-Gramme lässt sich eindeutig dem

Themenbereich Digitalisierung zuordnen,[92] was nicht heißen soll, dass die Auswirkungen des technologischen Wandels von den Wissenschaftlern ignoriert werden. Dies zeigt nicht zuletzt die im Rahmen der Szenario-Analyse zitierte Literatur.

Vor dem Hintergrund dieser Beobachtungen bestehen gleichwohl vermutlich einige offene Forschungsfragen:

- Identifizierung des durch die Digitalisierung bzw. der Schlüsseltechnologien induzierten Strukturwandels und seiner möglichen Implikationen für den Wirtschaftsstandort Deutschland.
- Auswirkungen der Digitalisierung bzw. der Schlüsseltechnologien wie Quantenrechner, Blockchain, KI, Big Data etc. auf die Marktstruktur und die Preisbildungsprozesse. Eruierung von Maßnahmen zur Bewältigung möglicher Wettbewerbsbeschränkungen.
- Auswirkungen der Digitalisierung bzw. der Schlüsseltechnologien wie Quantenrechner, Blockchain, KI, Big Data etc. auf die Stabilität des Preisniveaus bzw. Inflation.
- Auswirkungen der fortschreitenden Digitalisierung bzw. der Schlüsseltechnologien auf Produktivität und Wirtschaftswachstum sowie Lösungen zur Überwindung eines möglichen Produktivitätsparadoxons.
- Auswirkungen der fortschreitenden Digitalisierung bzw. der jeweiligen Schlüsseltechnologien auf den Arbeitsmarkt, die Arbeitsformen und das Einkommensniveau.
- Auswirkungen der fortschreitenden Digitalisierung auf die Stabilität der Demokratie. Regulierungsmöglichkeiten zur Wahrung der Demokratie unter Wahrung der Meinungsfreiheit.
- Auswirkungen der Digitalisierung auf nationale Sicherheit.
- Nutzung der Schlüsseltechnologien zur Aufdeckung von Wettbewerbsverstößen z. B. in Form von Kartellen, Wahrung der Demokratie, Durchsetzung des Urheberrechts, Verhinderung des Handels mit Plagiaten via Internet.

Literaturverzeichnis

Angrist, J. D. und V. Lavy (1999), Using Maimonides' Rule to Estimate the Effect of Class Size on Scholastic Achievement, in: *Quarterly Journal of Economics*, 114(2), S. 533–575.

92 Lediglich einmal im Jahr 2016 taucht das 3-Gramm „inform communic technolog“ unter den häufigsten 3-Grammen auf.

3 Schlüsseltechnologien – Roadmaps

In einem projektinternen Prozess wurden zunächst ca. 30 Kandidaten für Schlüsseltechnologien der Digitalisierung gesammelt und nachfolgend priorisiert.[93] Für die acht ausgewählten Technologien (Digitale Plattformen, Big Data, Künstliche Intelligenz, Internet der Dinge, Industrie 4.0, Autonome Systeme, Blockchain und Quantencomputer) wurden die folgenden Technologiesteckbriefe und Anwendungsroadmaps ausgearbeitet.[94]

3.1 Autonome Systeme

3.1.1 Technologiesteckbrief

Kurzbeschreibung

Für die Begriffe Automatisierung und Autonomie gelten keine allgemeingültigen Definitionen.[95] Ursprünglich bedeutet Automatisierung die Über-

---

93 Teilschritte zur Auswahl der Schlüsseltechnologien der Digitalisierung:
1. Um als Schlüsseltechnologie gewertet zu werden, sollte eine Technologie zunächst zwei Kriterien erfüllen: i) Alleinstellungsmerkmal und ii) Breitenwirkung.
2. Auf Grundlage dieser Definition wurden ca. 15 Personen des erweiterten Projektteams befragt, welches aus ihrer Sicht zukünftige Schlüsseltechnologien der Digitalisierung sein werden.
3. Auf Basis der Rückmeldungen wurde eine geclusterte Liste von potenziellen Technologien inklusive einer Kurzbeschreibung erstellt.
4. Diese Liste wurde wieder an die ca. 15 Personen zurückgespielt, um eine Einschätzung zu der wirtschaftlichen Bedeutung und zum Einfluss auf die soziale Marktwirtschaft zu erhalten.
5. Die Ergebnisse wurden in einem internen Workshop rückgekoppelt.
6. Die finale, priorisierte Liste wurde mit dem Auftraggeber diskutiert und abgestimmt.

94 Stand der Informationen in diesem Kapitel ist Dezember 2019.

95 Als autonome Systeme werden teilweise auch verteilte, überwiegend ortsfeste Systeme definiert, wie z. B. das „Smart Home“, bei dem ein System aus verteilten, vernetzten Geräten mit einer intelligenten Steuerung autonom zur Optimierung bestimmter Zielgrößen eingesetzt wird (vgl. etwa Fachforum Autonome Systeme, 2017). Anwendungen dieser Art werden hier unter „Internet of Things“ ge-

tragung von (menschlichen) Aufgaben auf technische Systeme, die diese Aufgaben zunächst unter menschlicher Steuerung und dann im Rahmen der weiteren Entwicklungsschritte zunehmend eigenständig durchführen. Diese Entwicklungsschritte lassen sich in Automatisierungs- und Autonomiegraden genauer differenzieren. Im Bereich des automatisierten Fahrens hat sich dazu ein 5-Stufenmodell etabliert: 0 keine Automatisierung, 1 assistiert, 2 teilautomatisiert, 3 hochautomatisiert, 4 vollautomatisiert, 5 autonom. Mit jeder Stufe steigt die Übernahme der Steuerung durch das System. Gleichzeitig sinkt die Notwendigkeit für menschliches Überwachen oder Eingreifen, (vgl. Bundesanstalt für Straßenwesen, 2012; Society of Automotive Engineers, 2016; Fachforum Autonome Systeme, 2017, S. 7).

Autonome Systeme werden für vielen Anwendungsbereiche in Betracht gezogen. Die größte Aufmerksamkeit zieht dabei wohl das autonome Fahren auf sich; aber auch autonome Drohnen könnten eine Fülle von Anwendungsszenarien ermöglichen. Daneben stehen besonders die Bereiche Haushalt sowie Gesundheit und Pflege im Blickpunkt.

Lösungsversprechen / Erwartungen

- Entlastung des Menschen
- Freiheit von Ermüdung
- Geringere Fehler-, Ausfall- und Unfallquote
- Steigerung der Produktivität und Effizienz
- Steigerung der operationalen Flexibilität

Anwendungsbranchen
- Sämtliche Branchen

Akteure, Konsortien bzw. Aktivitäten
- Waymo
- Tesla

fasst. Anwendungen autonomer Systeme in der Produktion und der Intralogistik werden hier unter Industrie 4.0 eingeordnet.

- Uber
- Audi, VW
- Daimler-BMW-Allianz
- Mitglieder EuRobotics
- SPARC – The Partnership for Robotics in Europe
- Mitglieder VDMA Robotik + Automation
- International Federation of Robotics („IFR")
- Robotic Industries Association, USA („RIA")
- Japan Robot Association („JARA")
- China Robot Industry Alliance („CRIA")

Verwandte Technologien
- Automatisierungstechnik
- Künstliche Intelligenz
- Big Data
- Internet of Things; Sensorik und Aktorik
- Fernsteuerung, Fernwartung
- Exoskelette
- Mikro- und Nanoroboter
- Roboterschwärme
- Mobile Energieversorgung

Einschätzung

Automatisierung und Robotik sind heute und bereits seit längerem Schlüsseltechnologien in der Produktion. Vor diesem Hintergrund erscheint eine Ausweitung der Fähigkeiten solcher Systeme in Richtung zunehmender Autonomie, viele zusätzliche Potentiale auch über die Produktion hinaus zu eröffnen. In dieser Hinsicht gibt es eine große Nähe zum Thema der Künstlichen Intelligenz, das in vielen Publikationen dementsprechend gemeinsam mit den autonomen Systemen behandelt wird. So wird etwa die Fähigkeit eines technischen Systems, ein Fahrzeug autonom zu steuern, als ein Grenzfall – im Sinne einer unteren Schranke – von künstlicher allgemeiner Intelligenz bezeichnet: denn eine KI, die sich dem Niveau menschenähnlicher Fähigkeiten angenähert hätte, sollte sicherlich wenigstens in der Lage sein, ein Fahrzeug ähnlich gut oder besser als ein Mensch zu steuern. Durch diese Überlegung wird zweierlei deutlich: Erstens, dass künstliche, technische Autonomie eine ebenso extrem große Anwendungsbreite in Aussicht stellt wie Künstliche Intelligenz. Es ist dabei jedoch zu berücksichtigen, dass der Begriff „autonomes System“ sehr viele Assoziationen zulässt wie auch die verwandten Begriffe „intelligentes System“ oder „kognitives System“. Neben dem tatsächlichen, hohen Anwendungspotenzial bestehen auch viele unausgesprochene – teils überzogene – Erwartungen.

Zweitens wird deutlich, dass mit der Zielvorgabe Autonomie ein sehr hoher technischer Anspruch verbunden ist. Ähnlich wie bei Künstlicher Intelligenz wird hier davon ausgegangen, dass sich bei einem Zeithorizont von bis zu 15 Jahren Autonomie stets nur in jeweils eng umgrenzten Anwendungsfällen wird realisieren lassen. Dabei werden die Erfolgschancen möglicherweise von der Komplexität bzw. Kontrollierbarkeit der jeweiligen Umgebung abhängen. Dementsprechend gibt es die Erwartungen, dass Anwendungen auf der Schiene, in lebensfeindlichen Umgebungen, in der Luft, auf dem Wasser oder in einer Industriehalle aussichtsreicher sind, während Anwendungen in einem dynamischen urbanen Umfeld mit unbeteiligten Personen möglicherweise auch auf lange Sicht nicht realisierbar sein könnten.[96]

Aufgrund des Teilthemas der autonomen Waffensysteme gibt es eine ausgeprägte geopolitische Dimension sowie Dual-Use-Fragestellungen.

Stärken und Schwächen sowie Chancen und Risiken für Deutschland

Stärken

- Deutsche Hersteller führend in Teilgebieten wie Robotik und automatisiertes Fahren
- Deutsche Wissenschaft stark im Gebiet der Künstlichen Intelligenz
- Exzellente Forschungslandschaft
- Hohe wirtschaftliche Expertise bei Industrieautomatisierung, Sensorsystemen und Mechatronik
- Starker Mittelstand mit relevanten Anbietern von Komponenten

---

96 Es sei angemerkt, dass zumindest einzelne Beobachter die Frage der technischen Machbarkeit (im Blick auf das autonome Fahren) als nachgeordnet betrachten: “*For years, Silicon Valley giants and Detroit automakers alike have sold the public visions of a utopia featuring autonomous vehicles. That reality is still far off, but that hasn't stopped companies from cashing in on repeated promises that suggest otherwise.*” sowie „*If Silicon Valley has established anything in the past decade, it's that a bold promise, not profits, is the true path to success in the modern economy.*” (Luckerson, 2019).

Chancen
- Unterstützung der Mobilität von Menschen mit Einschränkungen
- Selbstbestimmte Lebensführung zuhause unterstützen, inklusive Gesellschaft ermöglichen
- Mobilität und Logistik sicherer, leistungsfähiger und nachhaltiger machen
- Effizientere Nutzung von Energie in Gebäuden
- Arbeit in lebensfeindlichen Umgebungen unterstützen oder ersetzen
- Große Wachstumspotenziale im Zusammenhang mit dem demographischen Wandel
- Deutschland als möglicher Leitanbieter autonomer Systeme

Schwächen
- Noch kein ordnender Rechtsrahmen in Bezug auf echte Autonomie
- *Privacy-by-design* noch nicht stark genug einbezogen
- Nutzung von anonymisierten und pseudonymisierten Daten noch nicht einfach genug

Risiken / Herausforderungen
- Mangelnde Akzeptanz autonomer Systeme
- Effizienz autonomer Systeme könnte Rebound-Effekte auslösen
- Interoperabilität verschiedener Systemwelten
- Gefahr von Cyberangriffen
- Autonomie des Menschen mit der Autonomie von Systemen in Einklang bringen
- Umgang mit möglicherweise fehlender Nachvollziehbarkeit komplexer technischer Prozesse
- Weiterbildung zur Beschäftigungssicherung nutzen.

Indikator für Dynamik

Abbildung 3.1.1 Anzahl von Publikationen zu autonomen Systemen über die Zeit

Quelle: Google Scholar – Trefferzahl zu „autonomous systems", eigene Darstellung.

3.1.2 Anwendungsroadmap

Der Breite möglicher Anwendungen entspricht die Breite von Formen und Ausprägungen autonomer Systeme beginnend mit dem autonomen Fahren im Straßenverkehr sowie weiteren autonomen Fahrzeugen im Schienenverkehr, Drohnen in der Luft sowie autonomer Wasserfahrzeuge. Autonome Systeme, bei denen nicht die Mobilität im Vordergrund steht, werden ansonsten oft nach dem jeweiligen Anwendungsfeld eingeordnet. Häufig angesprochen werden die Bereiche: Haushalt, Gesundheit und Pflege sowie gefährliche und menschenfeindliche Umgebungen.

Autonomes Fahren

Zum Bereich der autonomen Navigation werden in „A Roadmap for US Robotics: From Internet to Robotics“ (vgl. Computing Community Consortium, 2016), ausgehend von möglichen Anwendungen in der Logistik, folgende Meilensteine benannt, siehe Tabelle 3.1.1.

Tabelle 3.1.1 Anwendungsroadmap Autonome Navigation

Autonome Navigation	2020	2021	2022	2023	2024	2025	2026	2027	2028	2029	2030	2031	2032	2033	2034	2035+
Logistik		TM1														
Logistik							TM2									
Logistik												TM3				

Quelle: vgl. Computing Community Consortium, 2016, *eigene Darstellung*

TM1: Auf gut beleuchteten und markierten Straßen in beliebigen modernen Städten erreichen autonome Fahrzeuge eine sichere Fahrweise vergleichbar mit einem menschlichen Fahrer. Bei der Navigation auf einem Bergbau- oder Baugelände, beim Zurücksetzen an eine Verladestation, beim parallelen Einparken und bei Notbremsungen werden autonome Fahrzeuge menschlichen Fahrern überlegen sein (vgl. ebenda).

TM2: Autonome Fahrzeuge können in jeder Stadt und auf ungeteerten Straßen fahren und verfügen über begrenzten Fähigkeiten, Flächen abseits von Straßen zu befahren, die menschliche Fahrer befahren können. Sie werden dabei so sicher sein, wie ein durchschnittliches von Menschen gefahrenes Fahrzeug. Die autonomen Fahrzeuge können mit unvorhergesehenem Verhalten (z. B. Liegenbleiben, Fehlfunktion) anderer Fahrzeuge umgehen (vgl. ebenda).

TM3: Autonome Fahrzeuge können in jeder Umgebung fahren, in der auch Menschen fahren können. Fahrzeuge können eigenständig lernen, mit zuvor unbekannten Szenarien (z. B. Extremwetter, Sensordegeneration) umzugehen (vgl. ebenda).

Die Studie „Neue autoMobilität II - Kooperativer Straßenverkehr und intelligente Verkehrssteuerung für die Mobilität der Zukunft“ (vgl. Acatech, 2019), entwirft Zukunftsbilder der Mobilität, die mögliche Entwicklungen hin zu einem integrierten Mobilitätskonzept der Zukunft und deren Bezügen zu einem Zielbild automatisierter und vernetzter Mobilität 2030+ aufzeigen sollen. Einige dieser Zukunftsbilder werden im Folgenden knapp zusammengefasst wiedergegeben, vgl. Tabelle 3.1.2.

Tabelle 3.1.2 Anwendungsroadmap Autonome Mobilität

Autonome Mobilität	2020	2021	2022	2023	2024	2025	2026	2027	2028	2029	2030	2031	2032	2033	2034	2035+
Mobilität											Acatech1					
Mobilität											Acatech2					
Mobilität											Acatech3					
Mobilität											Acatech4					
Mobilität											Acatech5					
Mobilität											Acatech6					

Quelle: vgl. Acatech, 2019, *eigene Darstellung*

Acatech1: Kooperativer Mischverkehr – in ein altes, zuvor nicht vernetztes Auto wird ein kleines Gerät eingebaut, das Signale von anderen Fahrzeugen empfangen kann, die automatisiert und vernetzt sind. Dadurch wird das Fahrverhalten des alten Fahrzeugs optimal mit den anderen Fahrzeugen abgestimmt. Verkehrsleitdienste berücksichtigen Verkehrsstörungen und geben Empfehlungen für Ausweichrouten. Auch beim Einfädeln auf der Stadtautobahn kommunizieren die Fahrzeuge untereinander und ermöglichen ein kooperatives Einfädeln auch bei hoher Geschwindigkeit, bei dem jederzeit bekannt ist, welches Fahrmanöver momentan vereinbart ist und umgesetzt wird (vgl. ebenda).

Acatech2: Als Teil einer neuen ländlichen Mobilität gibt es eine reaktivierte Gleisstrecke, die für automatisierte Züge genutzt wird. Es stehen Leihfahrräder und E-Scooter zur Anbindung an den Bahnhof zur Verfügung. Zudem wurde ein autonom fahrender Bürgerbus eingerichtet (vgl. ebenda).

Acatech3: Die Fernverkehrsflotte eines Transportdienstleisters ist mit der neusten herstellerübergreifenden Platooning-Technologie ausgerüstet, womit die Lkw die Strecke auf der Autobahn in hochautomatisierten Konvois zurücklegen können. Die Bildung erfolgt über einen Plattformdienst. Die Fahrerinnen und Fahrer können sich während der Fahrt im Konvoi um Dispositions- und Verwaltungsaufgaben kümmern (vgl. ebenda).

Acatech4: Ein Stadtviertel wurde als Pilotquartier für automatisierte Mobilität ausgewählt. Die Tiefgaragen des Viertels dürfen von automatisierten Fahrzeugen genutzt werden – auch von den Fahrzeugen eines Carsharing-Anbieters. Die automatisierten Fahrzeuge können besonders eng geparkt werden, denn es wird vor der Garage ein- und ausgestiegen (vgl. ebenda).

Acatech5: Zu Stoßzeiten zahlt sich besonders aus, dass beim automatisierten Fahren die Fahrzeuge im ständigen Austausch mit ihrem Umfeld befinden. Die vernetzten Fahrzeuge optimierten ihren Routen unter Verwendung einer prognosebasierten Steuerung des Verkehrs sowie durch eine intelligente Vernetzung der Ampeln (vgl. ebenda).

Acatech6: Ein Mann kommt ins Straucheln und stürzt auf die Straße. Weil die Sicht verdeckt ist, können die Sensoren des auf der gleichen Straßenseite heranfahrenden Fahrzeugs den gestürzten Mann nicht rechtzeitig wahrnehmen. Ein entgegenkommendes vernetztes Fahrzeug warnt jedoch rechtzeitig (vgl. ebenda).

Autonome Systeme in der Pflege

Im Hinblick auf eine verbesserte Pflege zuhause werden die verschiedene Einsatzmöglichkeiten von Robotern in Betracht gezogen: zur Unterstützung im Haushalt, zur Überprüfung der Einhaltung ärztlicher Anweisungen sowie als sozialer Mediator oder zur Telepräsenz um zwischenmenschliche Interaktionen zu steigern. In diesem Zusammenhang werden die folgenden Meilensteine benannt (vgl. Computing Community Consortium, 2016), siehe Tabelle 3.1.3.

Tabelle 3.1.3 Anwendungsroadmap Autonome Systeme in der Pflege

Autonome Systeme	2020	2021	2022	2023	2024	2025	2026	2027	2028	2029	2030	2031	2032	2033	2034	2035+
Pflege		TM1														
Pflege							TM2									
Pflege												TM3				

Quelle: vgl. Computing Community Consortium, 2016, *eigene Darstellung*

TM1: Roboter können spezifische einmalige Aufgaben übernehmen (z. B. Gesundheitsinterviews) und dabei Normen menschlichen Verhaltens berücksichtigen einschließlich sozialer Distanz und dabei Gesten und nicht-verbale Hinweise sowie einfache sprachliche Inhalte verstehen (vgl. ebenda).

TM2: In kontrollierten Umgebungen können Roboter autonom längere wiederholte Interaktionen aufrechterhalten auf Basis eines offenen Dialogs einschließlich Sprache, Gesten und Blicke in begrenzten Bereichen. Sie können verschriebene Therapien/Interventionen in präzise definierten Domänen verabreichen (vgl. ebenda).

TM3: Roboter können über Wochen und Monate autonom verschiedene Interaktionen unterhalten in einer breiten Menge von Domänen (vgl. ebenda).

Autonome Roboter in der Chirurgie

Mit Blick auf die chirurgische Entfernung eines Tumors besteht die folgende Vision. Auf Basis der diagnostischen Bildgebung schlägt ein automatisches Planungssystem den besten Operationsansatz vor. Am Tag vor der Operation übt der Operateur den Eingriff mehrmals anhand einer patientenspezifischen Simulation. Ein System zur Bildgebung und Navigation unterstützt die Probedurchläufe und gibt haptisches Feedback. Während der OP verfolgt das Navigationssystem den Fortschritt und vermittelt einen optimalen Blick auf die Anatomie des Patienten in der Art eines digitalen Assistenten. Für diese Vision werden u. a. die folgenden Meilensteine erwartet (vgl. ebenda), siehe Tabelle 3.1.4.

Tabelle 3.1.4 Anwendungsroadmap Autonome Roboter in der Chirurgie

Autonome Systeme	2020	2021	2022	2023	2024	2025	2026	2027	2028	2029	2030	2031	2032	2033	2034	2035+
Chirurgie							TM1									
Chirurgie												TM2				

Quelle: vgl. Computing Community Consortium, 2016, *eigene Darstellung*

TM1: Intuitive Interaktion zwischen Mensch und Roboter. Die Mensch-Roboter-Schnittstelle schätzt die Absichten den Menschen ein, statt lediglich Kommandos auszuführen (vgl. ebenda).

TM2: Dem Kontext angemessenes haptisches Feedback an den menschlichen Operateur (vgl. ebenda).

Anwendungsbeispiele autonomer Systeme in der Rettung und in lebensfeindlicher Umgebung

In den Anwendungsszenarien der Plattform Lernende Systeme (vgl. Plattform Lernende Systeme, 2019a; Plattform Lernende Systeme, 2019b), finden sich auch zwei Beispiele für autonome Systeme, die nachfolgend knapp zusammengefasst werden, vgl. Tabelle 3.1.5.

Tabelle 3.1.5 Anwendungsroadmap Autonome Systeme in der Rettung und in lebensfeindlicher Umgebung

Autonome Systeme	2020	2021	2022	2023	2024	2025	2026	2027	2028	2029	2030	2031	2032	2033	2034	2035+
Energie				Wasser												
Öffentlicher Sektor				Rettung												

Quelle: vgl. Plattform Lernende Systeme, 2019a; 2019b, *eigene Darstellung*

Erläuterung: Die angegebenen Zeitfenster stellen dar, wann die betreffende Anwendung realisiert sein könnte.

Wasser: In einer Offshore-Windkraftanlage wird ein Unterwasserroboter zu Wartungsaufgaben genutzt. Der Roboter kann eigenständig zum Einsatzort navigieren und eine planmäßige Inspektion ausführen. Kleiner Reparaturen können ggf. sofort erledigt werden. Nach der ebenfalls eigenständigen Rückkehr werden die gewonnenen Daten ausgewertet (vgl. Plattform Lernende Systeme, 2019b).

Rettung: Bei einem Großfeuer in einer Chemiefabrik ist die Lage unübersichtlich für die Werksfeuerwehr. Es werden selbstlernende Flug- und Bodenroboter eingesetzt, die die Lage erkunden, indem sie einsturzgefährdete Bereiche, die Präsenz von Gefahrstoffen und die Position von Opfern möglichst schnell erkennen und diese Lageinformationen in Echtzeit an die Einsatzkräfte und andere eingesetzte Roboter weitergeben (vgl. Plattform Lernende Systeme, 2019a).

Quellen und weiterführende Informationen

Acatech (2019), Neue autoMobilität II – Kooperativer Straßenverkehr und intelligente Verkehrssteuerung für die Mobilität der Zukunft, Projektstudie, verfügbar unter: https://www.acatech.de/wp-content/uploads/2019/09/acatech_Studie_NA2_Web.pdf; abgerufen am: 22. Juni 2022.

BDVA und euRobotics (2019), Strategic Research, Innovation and Deployment Agenda for an AI PPP: A focal point for collaboration on Artificial Intelligence, Data and Robotics, Second Consultation Release September 2019, verfügbar unter: http://www.bdva.eu/sites/default/files/AI%20PPP%20SRIDA-Second%20Consultation%20Release-September%202019%20-%20Online%20version.pdf; abgerufen am: 22. Juni 2022.

Bundesanstalt für Straßenwesen (2012), Rechtsfolgen zunehmender Fahrzeugautomatisierung, *Forschung Kompakt*, 11/12(83), verfügbar unter: http://www.bast.de/DE/Publikationen/Foko/2013-2012/2012-11.html; abgerufen am: 22. Juni 2022.

Computing Community Consortium (2016), A Roadmap for US Robotics: From Internet to Robotics – 2016 Edition, verfügbar unter: https://www.cccblog.org/2017/01/03/2016-robotics-roadmap-and-the-national-robotics-initiative-2-0/; abgerufen am: 22. Juni 2022.

Fachforum Autonome Systeme (2017), Autonome Systeme – Chancen und Risiken für Wirtschaft, Wissenschaft und Gesellschaft. Langversion Abschlussbericht, verfügbar unter: https://www.acatech.de/wp-content/uploads/2018/03/HTF_FF_Autonome_Systeme_Langversion_web_niedrig.pdf; abgerufen am: 22. Juni 2022.

Luckerson, V. (2019), The Long and Lucrative Mirage of the Driverless Car, verfügbar unter: https://www.theringer.com/tech/2019/5/16/18625127/driverless-cars-mirage-uber-lyft-tesla-timeline-profitability; abgerufen am: 22. Juni 2022.

Plattform Lernende Systeme (2019a), Schnelle Hilfe beim Rettungseinsatz. Anwendungsszenarien für KI, verfügbar unter: https://www.plattform-lernende-systeme.de/files/Downloads/Anwendungsszenarien/TwoPager_Rettung.pdf; abgerufen am: 22. Juni 2022.

Plattform Lernende Systeme (2019b), Unter Wasser autonom unterwegs: Anwendungsszenarien für KI, verfügbar unter: https://www.plattform-lernende-systeme.de/files/Downloads/Anwendungsszenarien/TwoPager_Unterwasser.pdf; abgerufen am: 22. Juni 2022.

SAE International (2016), Taxonomy and Definitions for Terms Related to Driving Automation Systems for On-Road Motor Vehicles, verfügbar unter: https://www.sae.org/standards/content/j3016_201609/; abgerufen am: 22. Juni 2022.

3.2 *Big Data*

3.2.1 Technologiesteckbrief

Kurzbeschreibung

Der Begriff „Big Data" wird in Deutschland oft als Sammelbegriff für moderne digitale Technologien verwendet. Erscheinungsformen wie Open Data, Cloud Computing oder Smart Data werden mit Big Data synonym verwendet oder doch zumindest in direkten Bezug gesetzt. Ebenso werden Analysekonzepte oder Felder wie Data Analytics, maschinelles Lernen oder sogar Künstliche Intelligenz mit Big Data in einem Atemzug genannt und auch Business Analytics/Intelligence („BA/BI"), statistische Methoden, Data Mining und „Predictive Analytics" sind in der Wahrnehmung „Big Data". Irrtümlicherweise werden unter Big Data zuweilen auch Technologien, Instrumente, Infrastrukturen oder Plattformen großer IT-Anbieter wie IBM, Oracle Cloud, SAP HANA oder Apache Hadoop oder Googles MapReduce verstanden. Big Data wird inzwischen sogar generischer als „vollkommen neue Ära digitaler Kommunikation und entsprechender Verarbeitungspraktiken" (vgl. Radkte und Litzel, 2016) bezeichnet, deren technologiegetriebene Wechselwirkungen auf eine große gesellschaftliche Reichweite mit hoher Dynamik hinweisen. Eine Begriffsbestimmung und -eingrenzung scheint daher voraussetzungsreich, doch eine eindeutige Definition des Begriffs „Big Data" liegt bislang nicht vor. Verschiedenen Begriffsklärungen gemein sind Aussagen in Bezug auf das Volumen, die Strukturiertheit und die angewendeten Technologien zur Auswertung von (Massen-)Daten. So bezeichnet der Bundesverband Informationswirtschaft, Telekommunikation und neue Medien (Bitkom) Big Data als „die Analyse großer Datenmengen aus vielfältigen Quellen in hoher Geschwindigkeit mit dem Ziel, wirtschaftlichen Nutzen zu erzeugen" (vgl. Bitkom, 2012a). Der Ethikrat legt in einer 2017 veröffentlichten Stellungnahme zu Big Data im Gesundheitswesen folgende Arbeitsdefinition zugrunde:

„Big Data ist der Umgang mit großen Datenmengen, der darauf abzielt, Muster zu erkennen und daraus neue Einsichten zu gewinnen, und der hierzu angesichts der Fülle und Vielfalt der Daten sowie der Geschwindigkeit, mit der sie erfasst, analysiert und neu verknüpft werden, innovative, kontinuierlich weiterentwickelte informationstechnologische Ansätze nutzt" (Deutscher Ethikrat, 2017). Das Fraunhofer-Institut für Sichere Informationstechnik („SIT") beschreibt in seinem Begleitpapier zum Bürgerdialog über „Chancen durch Big Data und die Frage des Privatsphärenschutzes" (2015): *„Big Data hat häufig zum Ziel, Zusammenhänge zu erkennen und so bei Entscheidungen zu helfen"*. Mit datengetriebenen Methoden der Erkenntnisgewinnung sollen Entscheidungsprozesse unterstützt werden, so dass nach Mayer-Schönberger (2015): *„Big Data weniger eine neue Technologie denn eine neue oder jedenfalls signifikant verbesserte Methode der Erkenntnisgewinnung ist"*. Isitor und Stanier (2016) verwenden das heute oft zitierte „3-V-Modell" von Doug Laney (2001), nach dem Big Data über drei englischsprachige „V" Begriffe charakterisiert werden kann:

- „Volume": die Menge an Daten, die nicht mehr mit konventionellen Datenbanksystemen verarbeitet werden können
- „Velocity": die Beschleunigung des Datenverkehrs und die Analyse der Daten in Echtzeit (wobei Echtzeit die ausreichende schnelle Verarbeitung je nach Anwendungsfall meint)
- „Variety": die unstrukturierte bzw. polystrukturierte Beschaffenheit der Daten z. B. Text-, Bild- Audio- und Videodaten, Metadaten usw.

Verschiedene Quellen wie auch das Fraunhofer-Institut für offene Kommunikationssysteme („FOKUS") erweitern die Definition auf fünf V-Begriffe (vgl. Eckert, Henckel und Hoepner, 2014) mit zusätzlich noch

- „Value": Der wirtschaftliche Wert von Big Data für ein Unternehmen (nicht der Daten), der durch geeignete Analysen gewonnen werden kann.
- „Veracity": Die Richtigkeit, Wahrhaftigkeit, Zuverlässigkeit und Sinnhaftigkeit von Daten und damit verbunden das Problem, dass das Ergebnis einer Big-Data-Analyse stark davon abhängt, welche Qualität die eingegebenen Daten haben und mit welcher Methode Daten verarbeitet und ausgewertet werden.

Weitere Begriffe wie z. B. „Visualization" (vgl. DeVan, 2016), wurden im Laufe der Zeit zur Charakterisierung von Big Data hinzugezogen und das IT-Unternehmen QSC führt sogar neun V-Begriffe zur Charakterisierung von Big Data auf, wie die zusätzlichen Begriffe wie „Validity, Visibility, Viability, Volatility" (vgl. qbeyond, 2016).

Die Begriffsbestimmung zeigt, dass Big Data als Sammelbegriff gesehen werden muss, für sowohl technische Lösungen und Anwendungen als auch für Anforderungen, Potenziale und Herausforderungen.

Lösungsversprechen / Erwartungen

- Daten als Instrument der Entscheidungsfindung
- Steigerung der Effizienz
- Aufdecken von verborgenen Korrelationen in komplexen Systemen
- Beherrschung der Komplexität
- Intelligent vernetzte Produktion
- Ressourceneffizientes Wirtschaften
- Individualisierung von Anwendungen, Dienstleistungen und Produkten
- Verbesserte Prognosen

Anwendungsbranchen
- Öffentliche Verwaltung
- Handel und Logistik
- Fahrzeugbau
- Produktion
- Dienstleistungen
- Finanzdienstleistungen und Versicherungen
- Maschinenbau
- Informationswirtschaft (Informationstechnik, Telekommunikation, Medien)
- Elektrotechnik und Elektronik
- Gesundheitswesen
- Energie
- Medizin

Akteure, Konsortien bzw. Aktivitäten
- Berlin Big Data Center („BBDC")
- Competence Center for Scalable Data Services and Solutions („ScaDS" Dresden/Leipzig)

- Fraunhofer Alliance Big Data
- Analysis, Access and Targeted Use of Large Data Quantities – Fraunhofer IAIS
- Intelligent Solutions for the Knowledge Society
- German Research Center for Artificial Intelligence
- FZI Research Center for Information Technology
- Supercomputing & Big Data – Forschungszentrum Jülich and Karlsruhe Institute of Technology
- Big Data Competence Centre – University of Applied Sciences Darmstadt
- Frankfurt Big Data Lab – Goethe University Frankfurt
- Big Data Innovation Center (SAP)
- Accenture
- Atos
- Capgemini
- Deutsche Telekom
- Fritz&Macziol
- LC Systems
- Robotron
- T-Systems
-]init[
- IBM
- SAP
- The unbelievable Machine Company
- Microsoft
- MHP
- Telefónica Deutschland
- Nugg.ad
- Fujitsu

Verwandte Technologien

- Machine Learning/Künstliche Intelligenz
- Internet of Things/Industrie 4.0
- Kommunikationstechnologien
- Soziale Netzwerke
- Cloud Computing
- Autonome Systeme
- Smart Homes, smart Meter usw.
- Wearables

Einschätzung

Aufgrund der Vielschichtigkeit – auch in der Definition – von Big Data und der zunehmenden Erhebung und Verfügbarkeit von Massendaten, steigt künftig die Notwendigkeit große Datenmengen wertstiftend zu analysieren. Daten können aus sehr unterschiedlichen Quellen stammen (Sensoren, Sozialen Medien, Telekommunikations-, Verbrauchs- oder Transaktionsdaten, Geschäftszahlen, Wartungs- oder Betriebsdaten in der Produktion etc.) und unterschiedliche Datentypen (Texte, Zahlen, Bilder, Video, Audio, Metadaten) umfassen und liegen daher in polystrukturierter Form vor. Zu den wichtigsten Treibern des Datenwachstums gehören die zunehmende (mobile) Internetnutzung, ubiquitäre Endgeräte wie z. B. Smartphones oder Wearables, die Integration von Informations- und Kommunikationstechnologien in Alltagsgegenstände, die steigende Nutzungsintensität von Sozialen Netzwerken, aber auch die fortschreitende Digitalisierung von Produktion, Haushalt, Energieversorgung und Mobilität (Internet of Things) und sowie Dienstleistungen (Internet of Services). Schätzungen gehen davon aus, dass das weltweit verfügbare Volumen elektronischer Daten von ca. 33 Zettabytes im Jahr 2018 auf mehr als 175 Zettabytes im Jahr 2025 ansteigen wird.[97] Fast 30 Prozent der weltweiten Daten werden sogar in Echtzeit verarbeitet. Häufig werden Daten aus unterschiedlichen Quellen miteinander in Korrelation gebracht, indem sie Disziplin- oder Anwendungsübergreifend fusioniert werden und so neue, verborgene Relationen zwischen Datenpunkten entstehen. Obwohl Massendaten eine wichtige Voraussetzung für Industrie 4.0, Künstliche Intelligenz, autonome Systeme oder das Internet of Things sind, stehen den Möglichkeiten Gefahren und Risiken gegenüber. Die Erhebung, die sich aus fusionierten Daten ergeben (insbesondere bei einer zunehmenden Fusionierung bei großen Internetplattformen), erfordert eine Sensibilisierung von Bürgern und Unternehmen (siehe z. B. Social Scoring) und zeigen den großen Einfluss den Big Data auf Gesellschaft und Wirtschaft und als politisches Querschnittsthema hat.

97 Vgl. Redgate, 8. September 2021, What's the real story behind the explosive growth of data?, verfügbar unter: https://www.red-gate.com/blog/database-development/whats-the-real-story-behind-the-explosive-growth-of-data; abgerufen am: 22. Juni 2022.

Chancen/Herausforderungen bzw. Stärken/Schwächen Deutschland

Stärken und Chancen
- nationale Allianzen und Kompetenzzentren
- DSGVO und andere strenge Instrumente zum Schutz der Bürger
- Schnellere und detaillierte Analysen ggf. sogar Echtzeit-Analysen
- Agilität
- Erzeugung von Transparenz in komplexen Systemen
- Entdecken unbekannter Zusammenhänge
- Vermehrt faktenbasierte Entscheide

Schwächen und Risiken
- International große Anbieter Google, Microsoft, Amazon, Facebook, IBM, Apple, Tencent, Baidu, Alibaba
- Bedrohung der Privatsphäre
- Überwachung
- Mangelnde Nachvollziehbarkeit bzw. intransparente Automatisierung von Entscheidungsprozessen
- Datenkapitalismus
- Zentralisierung von Datensilos bei einigen wenigen Anbietern/Plattformen, Datenmonopole
- Ungleichheiten und soziale Ungleichgewichte
- Datenschutz und Datensicherheit
- Unüberschaubarkeit/Komplexität
- Mangelnde Verhältnismäßigkeit
- Intransparenz durch Delokalisierung
- Erhöhte Manipulationsgefahr
- Risiko von Datenmissbrauch

Indikator für Dynamik

Abbildung 3.2.1 Interesse am Thema „Big Data" über die Zeit

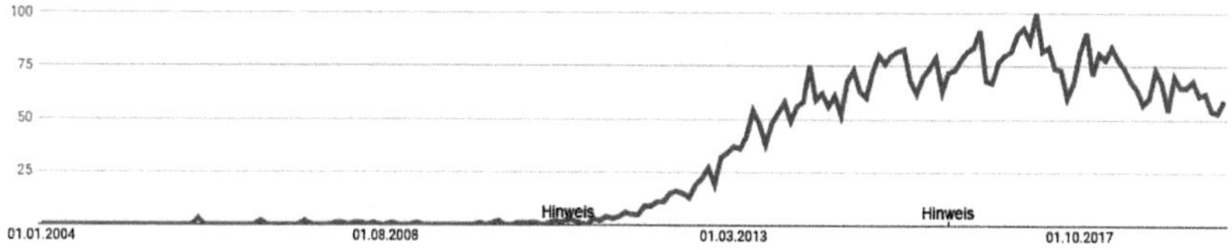

Quelle: Google Trends, eigene Darstellung.

3.2.2 Anwendungsroadmap

In der Big Data-Studie „The Human Project“ will die Non Profit-Wissenschaftsstiftung Kavli von ca. 10.000 Einwohnern News Yorks per Smartphone App alle erdenklichen Daten über einen Zeitraum von mindestens 20 Jahren erfassen.[98] Von den Teilnehmern aus allen Alters- und Gehaltsschichten sollen Kreditkartendaten, Gehaltsschecks, Ergebnisse von Intelligenztests, ärztliche Untersuchungsergebnisse und auch soziale Aspekte des Lebens wie die Anzahl der Freunde und Kontakte oder die Berufs- und Wohnortwechsel erhoben werden. Man rechnet mit ca. 250 Gigabyte Daten pro Jahr und Teilnehmer. Erste Ergebnisse der Studie sollen ab 2020 vorliegen. Die Forscher erhoffen sich z. B. Erkenntnisse, ob Armut die Hirnentwicklung kleiner Kinder beeinflusst oder welche Umwelteinflüsse zur Entstehung von schweren Krankheiten beitragen.

Im vom Bundesministerium für Wirtschaft und Energie („BMWi“) geförderten Smart-Data-Projekt „iTESA – Intelligent Traveller Early Situation Awareness“ sollen Potenziale erarbeiten werden, die es Unternehmen und Reisenden ermöglichen, im Ernstfall schneller auf Reiserisiken und Ereignisse wie Naturkatastrophen, Epidemien oder Terroranschlägen zu reagieren. Hierfür analysiert iTESA mithilfe spezieller Datenanalysen und selbstlernender Algorithmen weltweit Quellen wie Internetseiten, soziale Netzwerke, Agentur- und Pressemeldungen sowie Nachrichten und Informationen von Behörden hinsichtlich möglicher Reiserisiken. Mit der Leichtathletik-EM 2018 in Berlin, den Olympischen Sommerspielen in Tokio 2020 und Fußball WM Katar 2022 sollen nun ausgewählte Einsatzmöglichkeiten ausgelotet werden.

Unternehmen wie IDC, Intel oder Cisco prognostizieren für das Jahr 2020 bis zu 200 Milliarden mit dem Internet vernetzte Gegenstände. Verknüpft man dies mit dem Ausblick, dass eine typische IoT-Monitoring-Applikation mit einer Gruppe von ca. 100 Sensoren ca. vier Petabyte Daten pro Jahr produziert, wird deutlich, dass das Speichern von Massendaten zunächst als Herausforderung erscheint. Die Deutsche Welle (DW) produziert täglich eine Vielzahl an Web-Videos und -Formaten für seine digitalen Angebote und stellte 2012 an eine Big Data Lösung hohe Anforderungen in Bezug auf Datenmenge, Verarbeitungsgeschwindigkeit und unterschiedliche Datenformate. Für das realisierte System (Hadoop/Hbase) resü-

98 Vgl. IT Zoom, 10. Juli 2017, The Human Project: 10.000 New Yorker teilen alle Daten, verfügbar unter: https://www.it-zoom.de/it-director/e/the-human-project-10000-new-yorker-teilen-alle-daten-17240/; abgerufen am: 11. November 2022.

miert die Fernsehgesellschaft, dass die implementierte Big Data-Lösung auch über große Datenmengen exzellent skaliert und nicht zu erwarten sei, dass das Projekt in den nächsten Jahren an Grenzen stößt. Tatsächlich skaliert Big Data (im Gegensatz zu herkömmlichen Verfahren und Technologien) per Definition mit großen Datenmengen. In einer Studie der International Data Corporation („IDC"), heißt es, dass Big Data und Metadaten (also „Daten über Daten") künftig jeden Bereich des alltäglichen Lebens berühren werden. Im Jahr 2025 wird jeder Mensch auf der Erde mit vernetzten Geräten interagieren und dies bis zu fast 5.000-mal pro Tag – mit profunden Konsequenzen (vgl. IDC, 2017).

Verschiedene Untersuchungen weisen immer wieder auf die gesellschaftlichen Implikationen von Big Data hin und mahnen an, Maßnahmen und Regeln zum Schutz von Personendaten bzw. bei der Prävention von Daten-Missbrauch stärker in den Fokus zu nehmen (vgl. Jarchow und Estermann, 2015). Einzelne Stimmen warnen zudem vor einer unkontrollierten Eigendynamik der Systeme, insbesondere im Zusammenhang mit Künstlicher Intelligenz, wenn immer mehr Entscheidungen auf Daten und Algorithmen basieren, die niemand mehr richtig versteht oder beherrscht. In einer Untersuchung „Ten simple rules for responsible big data research" (vgl. Zook et al., 2017), weisen mehrere Forscher von US-amerikanischen Universitäten, wie Informatiker, Soziologen, Juristen aber auch Mitarbeiter des Microsoft Research Labs in ihrer Studie auf mögliche Gefahren im Umgang mit Big Data hin und schlagen elementare Regeln zum Umgang mit Big Data vor.

Quellen und weiterführende Informationen

Bitkom (2012a), Leitfaden Big Data im Praxiseinsatz – Szenarien, Beispiele, Effekte, verfügbar unter: https://www.bitkom.org/noindex/Publikationen/2012/Leitfaden/Leitfaden-Big-Data-im-Praxiseinsatz-Szenarien-Beispiele-Effekte/BITKOM-LF-big-data-2012-online1.pdf; abgerufen am: 22. Juni 2022.

Bitkom (2012b), Germany – Excellence in Big Data, verfügbar unter: https://www.bitkom.org/Bitkom/Publikationen/Germany-Excellence-in-Big-Data.html; abgerufen am: 22. Juni 2022.

Corporate Europe Observatory (2017), Big Data is watching you. The industry lobby battle against ePrivacy, verfügbar unter: https://corporateeurope.org/power-lobbies/2017/10/big-data-watching-you; abgerufen am: 22. Juni 2022.

Deutscher Ethikrat (2017), Big Data und Gesundheit – Datensouveränität als informationelle Freiheitsgestaltung, verfügbar unter: http://www.ethikrat.org/dateien/pdf/stellungnahme-big-data-und-gesundheit.pdf; abgerufen am: 22. Juni 2022.

DeVan, A. (2016), The 7 V's of Big Data, verfügbar unter: https://www.linkedin.com/pulse/7-vs-big-data-ashley-devan; abgerufen am: 22. Juni 2022.

Eckert, K.-P., L. Henckel und P. Hoepner (2014), Big Data – Ungehobene Schätze oder digitaler Albtraum, verfügbar unter: https://www.oeffentliche-it.de/documents/10181/14412/Big+Data+ungehobene+Sch%C3%A4tze+oder+digitaler+Albtraum; abgerufen am: 11. November 2022.

Fraunhofer-Institut für Sichere Informationstechnologie (SIT) (2015), Chancen durch Big Data und die Frage des Privatsphärenschutzes, verfügbar unter: https://www.sit.fraunhofer.de/fileadmin/dokumente/studien_und_technical_reports/Big-Data-Studie2015_FraunhoferSIT.pdf; abgerufen am: 22. Juni 2022.

IDC (2017), Data Age 2025, Whitepaper, Sponsored by Seagate, verfügbar unter: https://www.import.io/wp-content/uploads/2017/04/Seagate-WP-DataAge2025-March-2017.pdf; abgerufen am: 22. Juni 2022.

Isitor, E. und C. Stanier (2016), Defining Big Data, *Proceedings of the International Conference on Big Data and Advanced Wireless Technologies*, Aufsatznr. 5, S. 1-6

Jarchow, T. und B. Estermann (2015), Big Data: Chancen, Risiken und Handlungsbedarf des Bundes, Studie im Auftrag des Bundesamtes für Kommunikation, verfügbar unter: https://www.bakom.admin.ch/dam/bakom/de/dokumente/informationsgesellschaft/big_data_chancenrisikenundhandlungsbedarfdesbundes.pdf.download.pdf/big_data_chancenrisikenundhandlungsbedarfdesbundes.pdf; abgerufen am: 22. Juni 2022.

Laney, D. (2001), 3D Data Management: Controlling Data Volume, Velocity and Variety, verfügbar unter: https://web.archive.org/web/20120304154148/https://blogs.gartner.com/doug-laney/files/2012/01/ad949-3D-Data-Management-Controlling-Data-Volume-Velocity-and-Variety.pdf; abgerufen am: 22. Juni 2022.

Mayer-Schönberger, V. (2015), Was ist Big Data? Zur Beschleunigung des menschlichen Erkenntnisprozesses, Beitrag in Aus Politik und Zeitgeschichte (ApuZ), verfügbar unter: https://www.bpb.de/shop/zeitschriften/apuz/202242/was-ist-big-data/; abgerufen am: 22. Juni 2022.

Qbeyond (2016), Die 9 V von Big Data, verfügbar unter: https://blog.qbeyond.de/2016/08/die-9-v-von-big-data/; abgerufen am: 22. Juni 2022

Radtke, M. und N. Litzel (2016), Was ist Big Data?, verfügbar unter: https://www.bigdata-insider.de/was-ist-big-data-a-562440/; abgerufen am: 22. Juni 2022.

Zook, M., S. Barocas, D. Boyd, K. Crawford, E. Keller, S. Peña Gangadharan, A. Goodman, R. Hollander, B. A. Koenig, J. Metcalf, A. Narayanan, A. Nelson und F. Pasquale (2017), Ten simple rules for responsible big data research, *PLOS Computational Biology*, 13(3), verfügbar unter: https://doi.org/10.1371/journal.pcbi.1005399; abgerufen am: 22. Juni 2022.

3.3 Blockchain

3.3.1 Technologiesteckbrief

Kurzbeschreibung

Kaum ein IT-Thema hat in den vergangenen zwei Jahren für so viel Gesprächsstoff gesorgt wie die Blockchain[99] und das, obwohl die Blockchain auf Technologien und Konzepten basiert, die in der Informationstechnik schon seit vielen Jahrzehnten bekannt sind. Entwickelt wurde das technische Modell der Blockchain im Jahr 2008 im Rahmen der Kryptowährung Bitcoin (vgl. Nakamoto, 2008), mit dem Ziel, in einem Netzwerk mit unbekannter Teilnehmerzahl und bei Teilnehmern mit unbekannter Vertrauenswürdigkeit, ohne Intermediär (Vermittler) Vertrauen und Integrität aufrechtzuerhalten. Eine Blockchain ist dabei eine dezentrale Datenbank, die eine stetig wachsende Liste sämtlicher Transaktionen in Blöcken speichert, vergleichbar mit einer Kette, bei der am Ende ständig neue Elemente hinzugefügt werden (daher auch der Name „Blockchain“ also „Blockkette“). Ist ein Block vollständig, wird dieser unveränderlich an die Kette angehängt und der nächste erzeugt, wobei jeder Block eine Prüfsumme des vorhergehenden Blocks enthält. Neu ist die Art und Weise, wie eine Blockchain mehrere Konzepte und Technologien verknüpft, um Konsens und Vertrauen in einem verteilten System mit unbekannter Vertrauenswürdigkeit zu schaffen.

99 Der Begriff Blockchain wird in Anlehnung an die Blockchain-Strategie der Bundesregierung (vgl. BMWi und BMF, 2019) im vorliegenden Dokument synonym für Distributed-Ledger-Technologien verwendet. Unter Distributed-Ledger-Technologien werden allgemein dezentral verwaltete informationstechnische Systeme, wie Register oder Kontobücher verstanden, bei denen Werte ohne Intermediär zwischen den Teilnehmern ausgetauscht werden können.

Lösungsversprechen / Erwartungen

- Dezentrale Speicherung
- Konsens ohne Intermediäre
- Zensursicherheit
- Manipulationssicherheit
- Transparenz/Vertraulichkeit
- Nachverfolgbarkeit/Nichtabstreitbarkeit
- hohes Automatisierungspotenzial

Anwendungsbranchen
- Energie
- Handel
- Finanzsektor
- Medien
- Versicherungen
- Logistik
- Medizin
- E-Government
- Internet der Dinge
- Wissenschaft/Bildung

Akteure, Konsortien bzw. Aktivitäten
- Blockchain Bundesverband
- Blockchain Reallabor NRW
- IOTA Foundation
- IBM Food Trust
- Ripple
- Corda
- Hyperledger
- Enterprise Ethereum Alliance
- Enerchain
- Mobility Open Blockchain Initiative („MOBI“)

Verwandte Technologien

- Smart Contracts zur Automatisierung von Transaktionen
- Tokens als Instrument für ein neues Internet der Werte
- weitere Distributed Ledger Technologien wie Tangle, Hashgraph
- Künstliche Intelligenz bzw. autonome Systeme

Einschätzung

Obwohl bereits zahlreiche Unternehmen mit der Blockchain experimentieren und teilweise auch im Einsatz haben, befindet sich die Technologie in einer frühen Phase, in der die Erwartungen noch übersteigert sind. Das Versprechen, Werte manipulationssicher digital transferieren zu können, eröffnet jedoch viele neuartige Anwendungsperspektiven. Als Technologie hat Blockchain das Potenzial, zahlreiche etablierte Branchen und Geschäftsprozesse zu reformieren (vgl. Swan, 2015). Insbesondere das Internet der Dinge, Industrie 4.0, künstliche, vertrauenswürdige Intelligenz, sichere autonome Systeme und für jede andere Art autonom verknüpfter Dienste im Netz kann die Blockchain von hoher Relevanz sein. Die Blockchain kann vor allem dort ihren größten Nutzen ausspielen, wo es noch keine effizienten zentralen Systeme gibt, wo digitale Dienste ohne Intermediär automatisiert miteinander interagieren oder die Vertrauenswürdigkeit der Akteure hinterfragt werden muss. So ist bspw. Nicht zu erwarten, dass die Katasterämter der entwickelten Länder in den kommenden Jahren ersetzt werden, für das Katasterwesen in Entwicklungsländern könnte eine Blockchain-Lösung jedoch durchaus realistisch sein. Ebenso kann konstatiert werden, dass über zwei Milliarden Menschen weltweit ohne eigenes Bankkonto sind (vgl. Tapscott und Tapscott, 2016). Neben zahlreichen Kryptowährungen, die Internetseite Coinmarketcap listet derzeit über 2379 Kryptowährungen,[100] und Bestrebungen von Unternehmen wie Facebooks Libra denken auch Staaten über digitale (Krypto-)Währungen nach. die Blockchain hat das Potenzial auch den globalen geldverkehr sozial inklusiver zu gestalten.

---

100 Vgl. CoinMarketCap, List of all Cryptocurrencies, verfügbar unter: https://web.archive.org/web/20190615000000*/https://coinmarketcap.com/all/views/all/; abgerufen am: 22. Juni 2022.

Chancen/Herausforderungen (bzw. Stärken/Schwächen Deutschland)

Stärken und Chancen
- nationale Blockchain-Strategie
- aktive Start-up-Landschaft
- steigendes Engagement deutscher Unternehmen
- Magnet für Fachkräfte und Unternehmen
- Ausbau der digitalen Souveränität der Bürger
- Mögliche Basistechnologie des Internet of Things
- Contra-Technologie und Chance für Deutschland sich gegenüber den großen zentralisierten Digitalen Plattformen wie Amazon, Google, Facebook usw. zu behaupten

Schwächen und Risiken
- ungeklärte regulatorische und rechtliche Fragen
- geringe Verbreitung in Forschung und Lehre
- strenge gesetzliche Vorgaben (wie z. B. DSGVO)
- Abwanderung des Know-hows in innovationsfreundliche Länder
- abstrakte Technologie die Aufklärungsarbeit erfordert

Indikator für Dynamik

Abbildung 3.3.1 Anzahl von Publikationen zu Blockchain über die Zeit

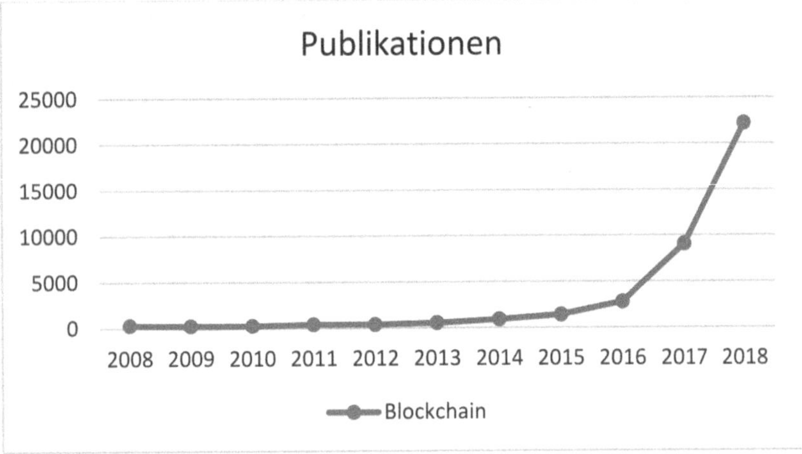

Quelle: Google Scholar – Trefferzahl zu „blockchain“, eigene Darstellung.

3.3.2 Anwendungsroadmap

Die bei der Blockchain verwendeten Basistechnologien sind in der Informatik bereits seit Jahrzehnten bekannt. Seit den 1980er Jahren werden verteilte Datenbanksysteme und manipulationssensitive Datenstrukturen wie der Merkle-Tree diskutiert. In den 1990er Jahren wurden digitale Währungen wie Digicash entwickelt, Echtheitsverifizierung per kryptografisch verketteter Blöcke bspw. Von Haber und Stornetta erforscht und die asymmetrische Kryptographie in Form von PGP vorgestellt. Die technische Basis einer Blockchain, die sog. Kryptographischen Hash-Funktionen wurden ebenfalls in den 1990er Jahren entdeckt, ebenso wie die Distributed-Ledger-Technologie (die sog. „Mutual Distributed Ledgers“ 1995) sowie dezentrale Architekturen und Peer-to-Peer-Systeme Ende der 1990er Jahre. Neu ist, dass alle diese Technologien vereint zu einem neuartigen System (der Blockchain) führten, das Integrität und Vertrauen in einem Netzwerk unbekannter Zuverlässigkeit, mit unbekannten Teilnehmern und unbekannter Vertrauenswürdigkeit schafft.

Der Economist[101] betitelte 2015 diesen Ansatz als „Vertrauensmaschine“, die Blockchain sei „eine fantastische Kette des Vertrauens“, die „die Wirtschaft auf den Kopf stellen könne“, und dem von Nakamoto (2008) vorgestellten Bitcoin wurde nachgesagt, eine Währung zu sein, die nur vom Vertrauen der Teilnehmer gedeckt sei. Dieses Vertrauen wurde vor allem durch die verwendeten Technologien und das zugrundeliegende Konzept geschaffen, das jede Transaktion unveränderlich, unfälschbar und öffentlich einsehbar macht. Inzwischen ist die Blockchain über die Bitcoin-Anwendung hinausgewachsen, da in den vergangenen Jahren deutlich wurde, dass im von Nakamoto beschriebenen verteilten Register nicht nur Transaktionen, sondern auch Eigentumsnachweise, Dokumente, Zeugnisse, medizinische Daten oder Verträge unveränderlich abgelegt werden könnten. Die Blockchain erfüllt somit nicht nur das Versprechen der drei klassischen Ziele der Informationssicherheit, der Schutz der Integrität, der Verfügbarkeit und der Vertraulichkeit, sondern sie verspricht auch höhere Prozessgeschwindigkeiten, stabilere Speicherung, bessere Methode für Analyse und Transparenz und den Verzicht eines Intermediärs (vgl. Camilleri et al., 2019). Laut einer Studie des Marktforschungsunternehmens Capgemini gelten Kosteneinsparungen, Nachverfolgbarkeit und Transpa-

101 Economist, 31. Oktober 2015, The Trust Machine, verfügbar unter: https://www.economist.com/leaders/2015/10/31/the-trust-machine; abgerufen am: 30. Juni 2022.

renz als die Top Treiber der Blockchain-Technologie (vgl. Capgemini Research Institut, 2018). Zu den Grundeigenschaften einer Blockchain-Anwendung zählen Eigenschaften einer verteilten, „add-only"-Datenbank mit mehreren schreibenden Parteien bei gleichzeitiger Abwesenheit von Vertrauen gegenüber den Parteien sowie der Notwendigkeit auf einen Intermediär zu verzichten und der konsensbasierten Validierung von Transaktionen (hierzu existieren zahlreiche Konsensverfahren, das bekannteste ist „Proof-of-Work") (vgl. Capgemini Research Institut, 2018). Diese Eigenschaften werden in Gänze vor allem von Kryptowährungen erfüllt, andere Blockchain-Anwendungen erfüllen diese Zieleigenschaften nur partiell, indem sie je nach Anwendungsfall zwischen Typ der Blockchain (public/private und/oder permissioned/permissionless) (vgl. Camilleri et al., 2019), Konsensverfahren oder verwendeter kryptographischer Hash-Funktion (vgl. ebenda) unterscheiden. Die Blockchain-Technologie wurde basierend auf der Idee eines dezentralen, verteilten Systems entworfen, das zentrale Instanzen ablösen und Transaktionen direkt zwischen den Teilnehmerinnen und Teilnehmern des Netzwerkes ermöglichen soll. Grundsätzliche Anwendungstypen der Blockchain sind der Nachweis einer Existenz, der Nachweis der Nichtexistenz, der Nachweis der Reihenfolge, der Nachweis des Zeitpunktes, der Nachweis der Identität, der Nachweis von Eigentum und/oder der Nachweis einer Urheberschaft.

Mit Blick auf zukünftige Anwendungen und Zeithorizonte bis zu deren Realisierung ist festzustellen, dass sich noch keine übergeordnete Fachcommunity gebildet hat, die mit einer Stimme Zielanwendungen und Zwischenschritte in einer Roadmap gebündelt hätte. Stattdessen ist eine Fülle von Pilotvorhaben mit teilweise auch langfristigen Anwendungsperspektiven zu beobachten, die im nachfolgenden exemplarisch zusammengefasst werden.

Zu den Anwendungsgebieten/-branchen zählen u. a. die Finanz- und Versicherungswirtschaft, E-Government, Handel und Logistik, die Energiewirtschaft, das Internet der Dinge/Industrie 4.0, die Entwicklungszusammenarbeit sowie Medien (vgl. Acatech, 2019, S. 11). Die Blockchain Strategie der Bundesregierung bezeichnet die Blockchain-Technologie als einen „Baustein für das Internet der Zukunft" (vgl. BMWi und BMF, 2019). Mit der Blockchain-Technologie können jedwede Werte, Rechte und Schuldverhältnisse sowohl an materiellen als auch immateriellen Gütern durch Token (vgl. BMWi und BMF, 2019) repräsentiert und deren Handel und Transfer potenziell vereinfacht werden. Welche Auswirkungen diese Entwicklung weltweit haben wird, ist noch offen. Dies wird auch von dem Energieverbrauch der Blockchain abhängen, der in Einzelfällen signifikant ist. Hier fehlt an verlässlichen Abschätzungen über die klimarelevanten Auswirkungen einer Hochskalierung der Blockchain, so dass diesbezüglich noch großer Forschungsbedarf besteht.

Die Bundesregierung wird bis Ende 2021 Maßnahmen in mehreren Handlungsfeldern ergreifen. Als Werkzeug der Blockchain im Finanzsektor soll das deutsche Recht für elektronische Wertpapiere geöffnet und ein Gesetzentwurf zur Regulierung des öffentlichen Angebotes bestimmter Krypto-Token veröffentlicht werden. Zudem sollen Projekte und Reallabore gefördert werden, z. B. die Pilotierung einer Blockchain-basierten Energieanlagenanbindung an eine öffentliche Datenbank. Es sollen Blockchain-basierte Verifikationen von Hochschulbildungszertifikaten erprobt werden (vgl. Camilleri et al., 2019; BMWi und BMF, 2019) und vor allem nachhaltigkeitsbezogene Anforderungen bei der Umsetzung staatlich geförderter oder initiierter Projekte im Bereich Blockchain-Technologie zu einem wichtigen Entscheidungskriterium gemacht werden. Ein weiteres Ziel ist die Schaffung verlässlicher Rahmenbedingungen. Bei digitalen Verwaltungsdienstleistungen pilotiert die Bundesregierung Blockchain-basierte digitale Identitäten und evaluiert weitere geeignete Anwendungen. Im Rahmen eines Blockchain-Ideenwettbewerbs der Bundesregierung wurden mögliche Anwendungen im Gesundheitswesen prämiert (vgl. BMWi und BMF, 2019, S. 11). So wurden Blockchain-basierte Lösungen vorgestellt, bei der Betäubungsmittelrezepte (bisher anfällig für Manipulation, Missbrauch und Diebstahl) in einer privaten Blockchain durch Arztpraxen, Apotheken und Aufsichtsbehörden gemeinsam digital verwaltet werden, um die Betäubungsmittelsicherheit in Deutschland zu erhöhen und Verwaltungsaufwand zu reduzieren. Ebenso sollen Patienteneinwilligungen und Arbeitsunfähigkeitsbescheinigungen nicht mehr umständlich und papierbasiert verwaltet werden, sondern verschlüsselt und fälschungssicher vom Arzt an Patienten, Arbeitgeber sowie Krankenkasse übermittelt werden. Mit diesen Gewinnern des Ideenwettbewerbes werden für die kommenden Jahre mögliche weitere Schritte eruiert.

Bei der Auswahl künftig zu fördernder Projekte durch die Bundesregierung werden maßgeblich die Prinzipien der Nachhaltigkeit, Zugänglichkeit und Transparenz der technologischen Lösungen in den Fokus rücken. Zudem sind Lösungen angestrebt, die die Vernetzung und den Wissenstransfer zwischen privatwirtschaftlichen, zivilgesellschaftlichen und öffentlichen Akteuren zulassen. Es wird untersucht, wie der Einsatz von Blockchain-Technologie zur Transparenz in Liefer- und Wertschöpfungsketten beitragen kann. Darüber hinaus sollen bis Ende 2020 Anwendungsmöglichkeiten der Blockchain-Technologie im Gesellschafts- und Genossenschaftsrecht untersucht werden. Die Bundesregierung wird sich mit den rechtlichen Rahmenbedingungen neuartiger Formen der Kooperation – auch zwischen Wettbewerbern – befassen. So stehen mit Smart-Contracts neuartige Formen der Zusammenarbeit bereit, die sich durch das Fehlen einer zentralen verantwortlichen Stelle und Smart-Contract-basierten Entscheidungsprozessen auszeichnen. („DAO“ – Dezentrale Autonome Organisationen).

Eine umfassende Studie der Deutschen Energieagentur („Dena“) (vgl. Dena, 2019a; Dena, 2019b) bescheinigt der Blockchain eine Eignung, die anstehende Transformationen von Energiesystem und Energierecht effektiv zu unterstützen. Basierend auf den Ergebnissen dieser Studie soll als Teil der Blockchain-Strategie in den kommenden Jahren gemeinsam mit der Dena und Vertretern aus Wissenschaft, Wirtschaft und Gesellschaft untersucht werden, welche Prozesse im Energiesektor in Smart Contracts (vgl. BMWi und BMF, 2019) überführt werden können, mit dem Ziel eine öffentliche Plattform aufzubauen, die Anwendern und Entwicklern bei der Ausgestaltung von Smart Contracts unterstützt. Das so entstehende Smart Contracts-Register in der Energiewirtschaft soll exemplarisch für andere Wirtschaftssektoren stehen und als Basis für die Ausgestaltung und den Aufbau weiterer Register dienen.

Ebenfalls in der Blockchain-Strategie festgelegt, sollen bis 2021 technische Verfahren zur digitalen Identifizierung, Authentisierung und Verifikation von Geräten untersucht werden um das volle Potenzial der Blockchain-Technologie im Kontext des Internets der Dinge, Consumer IoT und Industrie 4.0 zu entfalten und so eine Basis für eine Entwicklung von Standards auf nationaler (z. B. mit dem DIN) und auf internationaler Ebene (ISO/TC 307) zu schaffen und aktiv für die Verwendung von offenen Schnittstellen zu werben. Ebenso sollen Blockchain-basierte digitale Identitäten pilotiert und geeignete weitere Anwendungen evaluiert. Darüber hinaus wird in einem Förderprojekt die Interoperabilität von sicheren digitalen Identitäten für Personen erprobt. Leuchtturmprojekte, die die Blockchain-Technologien beispielhaft in der Verwaltung zum Einsatz bringen, sollen in den kommenden Jahren gefördert und öffentlichkeitswirksam unterstützt werden. Die Bundesregierung beteiligt sich im Rahmen ihrer Initiative „Sichere digitale Bildungsräume“ beim EU-Projekt Europass. Dies umfasst auch die pilothafte Erprobung von „Digitally Signed Credentials“ (vgl. Europäische Kommission, 2019) für durchgängig digital verifizierte Kompetenzzertifikate und Arbeitszeugnisse (2019-2020). Im Rahmen des e-Government-Engagements soll bis zum Jahr 2025 die Anwendung der Blockchain-Technologie in der Fahrzeughaltung geprüft werden. Es soll dabei der Frage nachgegangen werden, ob ein Blockchain-basiertes System dazu beitragen kann, Fahrzeugdaten beinhaltende Systeme miteinander zu verknüpfen, insbesondere im Hinblick auf die Administrierung von Verfügungsberechtigungen von Kraftfahrzeugen.

Schon jetzt werden verschiedene Reallabore gefördert wie bspw. Der Aufbau eines Blockchain-Reallabors im Rheinischen Revier.[102] Im Blockchain-Reallabor werden Wissenschaft, Unternehmen und Start-ups zunächst fokussiert auf die Bereiche Energie, Daseinsvorsorge, Logistik, Industrie 4.0 und Finanzwirtschaft zusammenarbeiten. Der Start der Praxisprojekte ist für 2020 vorgesehen. Weitere Aktivitäten können beim von der Deutschen Gesellschaft für Internationale Zusammenarbeit („GIZ") Februar 2018 gegründeten Blockchain Lab beobachtet werden.[103] Das Lab erschließt das transformative Potenzial der Blockchain und verwandten Technologien für eine Umsetzung der UN-2030 Agenda für nachhaltige Entwicklung. Mittlerweile wurden hierzu über 150 Anwendungsmöglichkeiten geprüft und vier Projekte identifiziert, in denen die Blockchain-Technologie eingesetzt werden soll. Zu den Anwendungsfeldern gehören Klimarisikoversicherungen, fälschungssichere Bildungszertifikate, intelligente Stromnetze sowie nachhaltige Lieferketten. Die Pilotprojekte werden nun geplant und umgesetzt. Zwanzig weitere Projekte werden aktuell vom Blockchain Lab beraten.

In einer Studie des Center of Social Innovation der Standford Graduate School of Business (vgl. Galen et al., 2018), wurden 193 Organisationen, Initiativen und Blockchain-Projekte untersucht mit dem Ergebnis, dass 34 Prozent der untersuchten Projekte zwar in oder nach 2017 gestartet sind, aber 74 Prozent der Projekte sich noch der in Pilot- oder sogar Ideenphase befinden. Dementsprechend befindet sich die Technologie noch in der Frühphase der Anwendung, aber erste Auswirkungen sind ab dem laufenden Jahr 2019 zu erwarten. Ebenfalls wurde ermittelt, dass 20 Prozent der Projekte blockchainbasierte Lösungen liefern, zu denen es davor keine vergleichbaren Lösungen gab. 86 Prozent der Projekte bieten Verbesserungen gegenüber bisherigen bestehenden Lösungen. Der größte Vorteil der

---

102 Vgl. Landesregierung NRW, 02.09.2019, Land fördert mit 1,2 Millionen Euro den Aufbau eines Blockchain-Reallabors, verfügbar unter: https://www.land.nrw/pressemitteilung/land-foerdert-mit-12-millionen-euro-den-aufbau-eines-blockchain-reallabors-im; abgerufen am: 22. Juni 2022.

103 Vgl. Gesellschaft für Internationale Zusammenarbeit, 14.08.2019, Blockchain-Technologie: Neue Lösungen für nachhaltige Entwicklung, verfügbar unter: https://www.giz.de/de/mediathek/78035.html; abgerufen am: 22. Juni 2022.

Blockchain besteht der Studie zur Folge in der Minimierung von Risiken und Betrug und der Verbesserung der Effizienz (vgl. Galen et al., 2018).

Das in Cleveland, USA ansässige Start-up Votem hat sich zum Ziel gesetzt, bis 2025 ein globales System für sichere, nachvollziehbare Fernwahlen zu entwickeln (vgl. Galen et al., 2018, S. 24). Das Start-up SOLshare (Bangladesch) will mit der Blockchain ein dezentrales System für den Energiehandel aufbauen, bei dem Mikro-Produzenten erneuerbare Energien handeln und abrechnen können. Ein funktionsfähiger Pilot ist derzeit in der Anwendung, langfristiges Ziel für 2030 sind 10000 Mikro-Grids mit über einer Millionen Anwender (vgl. Galen et al., 2018, S. 38).

Ähnliche Reifegrade sind bei Anwendungen in der Wirtschaft zu beobachten. Obwohl bereits zahlreiche Unternehmen und Konsortien mit der Blockchain experimentieren (vgl. Acatech, 2019, S. 42) und teilweise auch im Einsatz haben, befindet sich die Technologie in einer frühen Phase.

Die großen US-Investmentbanken setzen auf Kooperationen und hoffen auf geschätzte Einsparungen von rund einer Milliarde Dollar pro Jahr. IT-Branchenriesen wie IBM (Hyperledger) und Microsoft (Azure) testen und pilotieren gemeinsam mit Kunden ebenfalls die Blockchain-Technik. Der Supermarktriese Walmart überwacht bereits seine Lieferketten per Blockchain, um bspw. Weniger Paletten durch menschliche Fehler zu verlieren. Bis Ende Januar 2019 mussten sich alle direkten Lieferanten des US-Detailhandels-Riesen Walmart an der Food Trust Blockchain von IBM beteiligen. Unterlieferanten, wie Unternehmen und Bauern, die keine direkte Geschäftsbeziehung zu Walmart haben, müssen bis Ende September 2019 bei Food Trust partizipieren.[104] Anbieter IBM und Unternehmen wie bspw. Der weltgrößte Lebensmittelkonzerns Nestlé sehen in der Blockchain-Integration vor allem ein langfristiges Potenzial (vgl. Roy, 2019). Besonders mit Blick auf die Lieferketten-Initiative Chain of Origin sitze man bei Nestlé derzeit nicht so fest im Sattel, wie man dies gerne hätte. Ebenfalls Mitglied von IBMs Food Trust ist der Lebensmittel-Konzern Carrefour. Das in Frankreich ansässige Unternehmen betreibt mehr als 12.000 Filialen in 33 Ländern und will die Blockchain zunächst in den eigenen Läden testen. Im Jahr 2022 soll Carrefour die Technologie dann

---

104 Vgl. Wallstreet Journal, 24. September 2018, Walmart Requires Lettuce, Spinach Suppliers to Join Blockchain, verfügbar unter: https://blogs.wsj.com/cio/2018/09/24/walmart-requires-lettuce-spinach-suppliers-to-join-blockchain/; abgerufen am: 20. September 2019.

auf alle seine weltweiten Marken ausdehnen.[105] Für das Jahr 2025 sagt das Forschungs- und Beratungsunternehmen Gartner voraus, dass 20 Prozent der zehn weltweit führenden Lebensmittelhändler Blockchain für die Lebensmittelsicherheit und Rückverfolgbarkeit nutzen werden, um Transparenz in Bezug auf Produktion, Qualität und Frische zu schaffen.[106]

Betrachtet man die bisherigen Beispiele, Pilotinitiativen und geplanten Projekte, so findet man einem Reifegrad vor, wie er in einer Studie zu Blockchain-basierten Logistikketten der Unternehmensberatung Capgemini und der Swinburne University of Technology als „2. Welle" beschrieben wird (vgl. Capgemini Research Institut, 2018). Während der ersten Welle (2011-2018), der Sensibilierungsphase, versuchen Akteure die Blockchain-Technologie und deren Implikationen zu verstehen. In der zweiten Welle, der Experimentierphase (2017-2020) untersuchen Unternehmen und Organisationen die Eignung und die prinzipielle Durchführbarkeit und engagieren sich in Konsortien. Während der dritten Welle, der Transformationsphase (2019-2025) beginnen erste Unternehmen mit der Transformation und integrieren die Blockchain in ihre Arbeits- und Verwaltungsprozesse.

Quellen und weiterführende Informationen

Acatech (2019), Blockchain, *acatech horizonte*, Acatech: München, Berlin, verfügbar unter: https://www.acatech.de/wp-content/uploads/2018/10/acatech-HORIZONTE_Blockchain.pdf; abgerufen am: 22. Juni 2022.

BMWi und BMF (2019), Blockchain-Strategie der Bundesregierung, verfügbar unter: https://www.bmwi.de/Redaktion/DE/Publikationen/Digitale-Welt/blockchain-strategie.pdf; abgerufen am: 22. Juni 2022.

Camilleri, A., T. Werner, A. Hoffknecht und A. Sorge (2019), *Blockchain in der Hochschulbildung*, Edition Stifterverband: Essen.

105 Vgl. IBM Newsroom, 08.10.2018, IBM Food Trust Expands Blockchain Network to Foster a Safer, More Transparent and Efficient Global Food System, verfügbar unter: https://newsroom.ibm.com/2018-10-08-IBM-Food-Trust-Expands-Blockchain-Network-to-Foster-a-Safer-More-Transparent-and-Efficient-Global-Food-System-1; abgerufen am: 22. Juni 2022.

106 Vgl. Gartner, 30. April 2019, Gartner Predicts 20% of Top Global Grocers Will Use Blockchain for Food Safety and Traceability by 2025, verfügbar unter: https://www.gartner.com/en/newsroom/press-releases/2019-04-30-gartner-predicts-20-percent-of-top-global-grocers-wil; abgerufen am: 22. Juni 2022.

Capgemini Research Institut (2018), Does blockchain hold the key to a new age of supply chain transparency and trust?, verfügbar unter: https://www.capgemini.com/de-de/wp-content/uploads/sites/5/2018/10/Digital-Blockchain-in-Supply-Chain-Report-3.pdf; abgerufen am: 22. Juni 2022.

Dena – Deutsche Energieagentur (2019a), Blockchain in der integrierten Energiewende, verfügbar unter: https://www.dena.de/fileadmin/dena/Publikationen/PDFs/2019/dena-Studie_Blockchain_Integrierte_Energiewende_DE4.pdf; abgerufen am: 22. Juni 2022.

Dena – Deutsche Energieagentur (2019b), Blockchain in der Energiewende, verfügbar unter: https://www.dena.de/fileadmin/dena/Dokumente/Pdf/9165_Blockchain_in_der_Energiewende_deutsch.pdf; abgerufen am: 22. Juni 2022.

Europäische Kommission (2019), Supporting transparency of skills and qualifications, Digitally-signed credentials, Factssheet, verfügbar unter: https://ec.europa.eu/futurium/en/system/files/ged/dsc_factsheet_for_ministries.pdf; abgerufen am: 22. Juni 2022.

Galen, D. J., N. Brand, L. Boucherle, R. Davis, N. Do, B. El-Baz, I. Kimura, K. Wharton, J. Lee (2018), Blockchain for Social Impact: Moving Beyond the Hype, verfügbar unter: https://www.rippleworks.org/blockchain/; abgerufen am: 21. November 2022.

Nakamoto, S. (2008), Bitcoin: a peer-to-peer electronic cash system, verfügbar unter: https://bitcoin.org/bitcoin.pdf; abgerufen am: 22. Juni 2022.

Roy, S. (2019), Nestlé on propagating digital thinking & pioneering the use of blockchains, verfügbar unter: https://techwireasia.com/2019/09/nestle-on-propagating-digital-thinking-pioneering-the-use-of-blockchains/; abgerufen am: 22. Juni 2022.

Swan, M. (2015) *Blockchain: Blueprint for a new economy*, O'Reilly & Associates: Sebastopol.

Tapscott, D. und A. Tapscott (2016), *Die Blockchain-Revolution: Wie die Technologie hinter Bitcoin nicht nur das Finanzsystem, sondern die ganze Welt verändert*, Plassen Verlag: Kulmbach.

VDI Technologiezentrum (2018), Blockchain – eine Technologie mit disruptivem Charakter, verfügbar unter: https://www.vditz.de/service/publikationen/details/blockchain-eine-technologie-mit-disruptivem-charakter; abgerufen am: 22. Juni 2022.

3.4 Digitale Plattformen

3.4.1 Technologiesteckbrief

Kurzbeschreibung

Digitale Plattformen gehören zu den erfolgreichsten Geschäftsmodellen der 2010er Jahre – mit den Unternehmen Google, Amazon, Facebook oder Apple (GAFA) als hierzulande bekanntesten Unternehmen. Sieben der zehn weltweit wertvollsten Unternehmen gründen ihr Kerngeschäft an Produkten und Dienstleistungen auf Plattformen. Dabei fungieren sie als Intermediäre und bringen Angebot und Nachfrage effektiv zusammen. Die größten dieser Unternehmen haben ihren Unternehmenssitz in den USA oder in China, während es in Deutschland und Europa keine Plattformen mit ähnlich starker Marktmacht gibt.

Zwar können viele Unternehmen unter dem Begriff digitale Plattformen zusammengefasst werden, es gibt jedoch bedeutende Unterschiede. Digitale Plattformen können in die beiden Kategorien Innovationsplattform und Transaktionsplattform eingeteilt werden. Letztere stellen online Marktplätze bereit und ermöglichen die Interaktion zwischen den Nutzern (Beispiele sind: E-Commerce, Social Media oder Suchmaschinen). Innovationsplattformen hingegen ermöglichen die technologischen Grundbausteine für die Entwicklung komplementärer Produkte oder Services (bspw. Industrieplattformen (wie IBM Watson IoT) oder Smartphone Apps). Hybride Plattformen, wie Apple oder SAP kombinieren diese beiden Typen innerhalb eines Unternehmens.

Digitale Plattformen basieren heute auf der Anwendung von „Cloud Computing“. Diese Anwendungen unterscheiden sich in „Infrastructure as a Service“ (IaaS), „Platform as a Service“ (PaaS) und „Software as a Service“ (SaaS). Unternehmen haben die Möglichkeit, virtuelle Ressourcen, wie Speicher oder Rechenleistung zu nutzen (IaaS), eine Plattform als Entwicklungs- oder Laufzeitumgebung zu verwenden (PaaS) oder mittels SaaS-Anwendungen zeit- und ortsunabhängig auf Daten und Services zuzugreifen. Dabei ist der Anbieter für die Wartung und Konfiguration der Software verantwortlich.

Um eine Plattform erfolgreich und wertschöpfend zu etablieren, müssen Anbieter es schaffen, eine kritische Nutzerzahl zu erreichen, damit Netzwerkeffekte und selbstverstärkende Wachstumsdynamiken einsetzen können. Dadurch ist es Plattformen möglich, einen immensen Mehrwert für die Nutzer zu generieren, wie es traditionelle Unternehmen kaum vermögen. Dies kann dazu führen, dass sich ein marktdominierender Anbieter durchsetzt oder Monopole entstehen (winner-takes-it-all-or-most-Mechanismus). Bestehende Plattformen betten ihre Community (Kunden & Anbieter) nach Möglichkeit in ein Ökosystem ein, um durch Pfadabhängigkeiten einen Lock-in-Effekt zu erzielen und die Wechselkosten für Nutzer möglichst hoch zu halten (Single-Homing). In der Regel sind die Grenzkosten für das Größenwachstum einer Plattform sehr gering. Dieser Geschäftsansatz unterscheidet die GAFAs maßgeblich von traditionellen Unternehmen. Es handelt sich dabei nicht so sehr um die direkte Übertragung bestehender Produkte und Prozesse in eine digitale Form, vielmehr stellen Plattformen eine neue Form des Wirtschaftens in einer digitalen Umwelt dar.

Die Sammlung von umfassender Interaktionsdaten der immens großen Nutzergruppen ermöglicht es den Plattformen, sich Zugang zu angrenzenden Märkten zu verschaffen, in denen soweit möglich ebenfalls Plattform-Modelle aufgesetzt werden.

Lösungsversprechen / Erwartungen

- weiteres Wachstum der Marktführer
- globale Reichweite und damit Möglichkeit eines globalen Kundenkreises
- starkes Entwicklungspotential im B2B-Segment
- Marktführer stoßen in neue Geschäftsfelder vor
- technologischer Wettstreit fördert Innovationen, insb. Im Bereich KI
- deutlich gesteigerte Geschwindigkeit der Technologiediffusion
- Single-Homing: Ökosysteme einzelner Anbieter

Anwendungsbranchen
- Handel
- Finanzen
- Industrie/Industrie 4.0
- (Soziale) Medien
- Versicherungen
- Logistik und Transport
- Lebensmittel

- Immobilien und Unterkünfte
- Gesundheit
- E-Government

Akteure, Konsortien bzw. Aktivitäten
- Amazon
- Alibaba, Baidu, Tencent
- Apple
- Google-Alphabet
- Facebook
- IBM
- Microsoft

Verwandte Technologien
- Blockchain
- Künstliche Intelligenz
- Autonome Systeme
- Industrie 4.0
- Big Data
- Cloud Computing

Einschätzung

Digitale Plattformen haben existierende Märkte verändert (Amazon den Handel, Airbnb die Hotellerie uvm.) und haben das Potential, weitere Märkte grundlegend zu verändern. Es ist zu erwarten, dass sich dieser Trend auf mittelfristige Sicht fortsetzt und Märkte auf ein Plattform-Modell transformiert werden. Die meisten der digitalen Plattformen agieren derzeit im Business-to-Customer („B2C“) Bereich, es ist jedoch zu erwarten, dass durch technologische Fortschritte, beim Internet der Dinge und bei Industrie 4.0, die Bedeutung von digitalen Plattformen insbesondere im Business-to-Business („B2B“) Bereich stark wachsen wird.

Stärken und Schwächen in sowie Chancen und Risiken für Deutschland

Stärken
- aktive Start-up-Landschaft
- erfolgreiche Nischen-Plattformen[107]

Chancen
- Marktführer stellen teilw. Infrastruktur oder Technologie zur Verfügung
- B2B relativ junger Markt ohne etablierte Marktmächte
- bekannte deutsche B2B-Plattformen sind SAP und Siemens
- steigendes Engagement deutscher Unternehmen
- mögliche Besetzung neuer Marktnischen
- gesetzliche Vorgaben (wie z. B. DSGVO) in Europa

Schwächen
- langfristige politische Strategie zum Umgang mit Plattformen fehlt
- geringe Erkenntnisse zu B2B-Plattformen
- Zugang zu Wagniskapital

Risiken
- Netzwerkeffekte kommen First-Movern in den USA und Asien zugute
- größte Plattformen haben Ökosystem um sich herum entwickelt
- bisher kein vergleichbares Angebot europäischer B2C-Plattformen
- ungeklärte regulatorische und (steuer)rechtliche Fragen

107 Bspw. fahrrad.de, misterspex.de, zooplus.de.

Indikator für Dynamik

Abbildung 3.4.1 Marktkapitalisierung ausgewählter Unternehmen über die Zeit

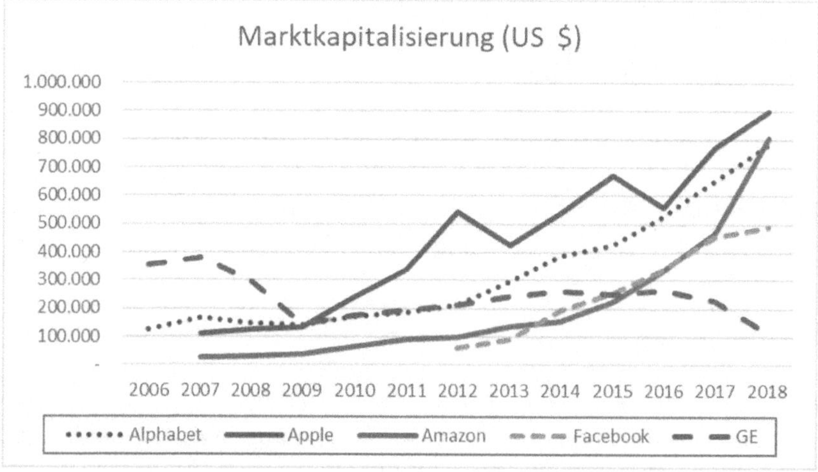

Quelle: Ariva, eigene Berechnung, eigene Darstellung

Zur Verdeutlichung der Dynamik der Entwicklung von digitalen Plattformen wird in Abbildung 3.4.1 die Entwicklung der Marktkapitalisierung der Unternehmen Alphabet (Google), Amazon, Amazon und Facebook dem Wert eines großen traditionellen Technologie-Unternehmens (General Electric) gegenübergestellt.

3.4.2 Anwendungsroadmap

Das Spektrum digitaler Plattformen zeichnet sich durch eine hohe Dynamik und schnelle Weiterentwicklung des Angebotes aus. Es wird erwartet, dass diese Trends auf mittlere Sicht anhalten werden (vgl. VDMA, 2018).

Aufgrund der vielfältigen Entwicklungsmöglichkeiten und Einflussfaktoren finden sich kaum konkrete, zeitliche Einschätzungen zu mittel- bis langfristigen Entwicklungen. Aus den Strategien einzelner Unternehmen lassen jedoch grundsätzliche Tendenzen ablesen.

Es scheint die Erwartung zu bestehen, dass digitale Plattformen auch in Zukunft neue Technologien hervorbringen und „anything as a service" ermöglichen werden (vgl. Cusumano, Gawer und Yoffie, 2019).

Forschung und Entwicklung zu Digitalen Plattformen wird zu einem Großteil durch die jeweiligen Unternehmen selbst getrieben. Übergeordnete politische Strategien zu Forschung und Entwicklung digitaler Plattformen sind es dementsprechend kaum vorzufinden.

Für Unternehmen, die bisher keine dezidierte Digitalstrategie verfolgen, stellt es die Herausforderung dar, mit dem möglicherweise aufkommenden Wettbewerb durch Plattformen umzugehen. Für solche Unternehmen bieten sich die Möglichkeiten, eine Plattform selbst aufzusetzen, eine Plattformlösung zu kaufen oder sich einer bestehenden Plattform anzuschließen (vgl. Cusumano, Gawer und Yoffie, 2019).

B2C-Plattformen

Existierende Plattformen verändern durch steigenden digitalen Wettbewerb ihr Geschäftsmodell zunehmend in Richtung hybrider Plattformen und investieren in den Ausbau eines Ökosystems, um die Nutzer zu binden (vgl. Cusumano, Gawer und Yoffie, 2019; Obermaier, 2019). Die Plattformlogik mit ihren Netzwerkeffekten und winner-takes-it-all-or-most-Mechanismen hat zu einer Konzentration der Marktmacht geführt, die auf wenige Unternehmen verteilt ist. Die erzielten Gewinne wiederum ermöglichen es ihnen, in neue Technologien, Innovationen und Märkte zu investieren sowie erfolgreiche Start-ups aufzukaufen und somit die Konkurrenz klein zu halten und Marktdominanz auszubauen. Es ist hierbei von einem anhaltenden Trend auszugehen (vgl. Obermaier, 2019). Plattformen der neueren Generation führen das Innovationsfeld an. Investitionen erfolgen vor allem in die Technologien KI, Big Data, Cloud Computing und IoT-Technologien. Fortschritte in diesen Bereichen werden jedoch auch Dritten zur Verfügung und Weiterentwicklung gestellt – dies je nach Geschäftsmodell teilweise entgeltfrei (vgl. Cusumano, Gawer und Yoffie, 2019). Hieraus ergeben sich für Start-ups und nicht-digitale Unternehmen Potentiale, ihr eigenes digitales Geschäftsmodell auszubauen.

Projekte, die von den meisten der Big Nine (Amazon, Alibaba, Apple, Baidu, Google-Alphabet, Facebook, IBM, Microsoft, Tencent) aktuell stark vorangetrieben werden, sind Spracherkennung und Autonomes Fahren – Technologien, die radikale Veränderungen in Plattformökosystemen mit sich bringen werden und hier beispielhaft für die Strategien dieser B2C-

Plattformen stehen. Besonders weit vorangeschritten ist die Entwicklung von Muster- und Spracherkennung durch die verschiedenen Plattformunternehmen. Diese nutzen die Sprach- und virtuellen Assistenten, um ihre Geschäftsfelder und ihren Einfluss auszubauen und mittels zugehöriger Geräte näher an die Kunden heranzutreten. Der Wettstreit wird auch als „voice war" bezeichnet.

Auf dem Gebiet des autonomen Fahrens ist die langfristige Strategie von bestehenden Plattformen, wie Uber oder Lyft die Veränderung des Geschäftsmodells hin zu dem Angebot von Transport als Service zusammen mit dem Angebot der Nutzung eigener Autos, Fahrräder und Scooter. Sowohl Technologie-Unternehmen als auch Automobilhersteller bewegen sich in eine ähnliche Richtung. Der Vorstandsvorsitzende des Unternehmens Lyft, Logan Green, formuliert den Anspruch: „*We are going to move the entire [car] industry from one based on ownership, to one based on subscription.*" (Cusumano, Gawer und Yoffie, 2019, S. 224). Während Lyft versucht, über eine Innovationsplattform Partnerschaften zu bilden, verfolgt Uber die Strategie, in die Entwicklung des autonomen Fahrens zu investieren. Ebenso hat Baidu die „open source self-driving platform" „Apollo" ins Leben gerufen, die zur Zusammenarbeit mit vielen Partnern der Automobilindustrie dient. Auch Alibaba stellt Cloud- und KI-Software im Bereich Mobilität zur Verfügung und kooperiert dabei u. a. mit Ford, Volvo und Bosch.[108] Die Alphabet-Tochter und Google-Schwester Waymo, die als ein Technologieführer im Bereich des autonomen Fahrens gilt,[109] plant, sich in Europa mit etablierten Automobilherstellern zusammenzuschließen. Anstatt selbst Autos zu bauen, will das Unternehmen die nötige Software und Hardware (wie Lidar, Radar und Kameras) für autonomes Fahren bereitstellen. In den USA kooperiert Waymo bereits mit Jaguar und Fiat Chrysler[110].

---

108 Vgl. Alizila, 21. September 2018, Alibaba Unveils Mobility Tie-Ups with Bosch, Volvo, Ford, verfügbar unter: https://www.alizila.com/alibaba-unveils-mobility-partnerships-with-bosch-volvo-ford/; abgerufen am: 16. November 2022.

109 Vgl. Handelsblatt, 04. September 2019, Neuer Angriff aus dem Silicon Valley: Der stille Riese Waymo entert die IAA, verfügbar unter: https://www.handelsblatt.com/unternehmen/industrie/auto-von-morgen/automesse-neuer-angriff-aus-dem-silicon-valley-der-stille-riese-waymo-entert-die-iaa/24974652.html?ticket=ST-8147609-waSdelzevfuND0Mo2yI5-ap6; abgerufen am: 16. November 2022.

110 Vgl. Handelsblatt, 28. Juni 2018, „Waymo ist nicht Google" – der Chef der Roboter-Autos distanziert sich von dem Internetkonzern, verfügbar unter: https://www.handelsblatt.com/unternehmen/it-medien/autonomes-fahren-waymo-ist-nicht-google-der-chef-der-roboter-autos-distanziert-sich-von-dem-internetkonzern/22738192.html; abgerufen am: 16. November 2022.

Neben dem Vorantreiben von neuen Sprachschnittstellen und dem autonomen Fahren kann die Einführung von Bezahldiensten als langfristige Strategie der digitalen Plattformen betrachtet werden. Ein Feld auf dem fast alle der führenden Plattformen aktiv sind mit Angeboten wie Alipay, WeChat Pay, Apple Pay, Google Pay oder Facebook mit der geplanten Währung Libra.

Das Beispiel Amazon zeigt ebenfalls, wie divers die Unternehmensstrategien der Plattformen sein können und dass eine Digitalisierung jedes Sektors möglich scheint. So könnte eines der nächsten Ziele von Amazon die Telekommunikationsbranche sein, wie der Kauf von Boost Mobile nahezulegen scheint.[111]

Diese verschiedenen Beispiele für Strategien und Kooperationen digitaler Plattformen belegen in ihrer Summe, wie radikal die Unternehmensstrategien digitaler Plattformen sein können, die so bestehende Märkte revolutionieren und sich über deren Grenzen hinwegsetzen. Auch können die so ausgelösten Disruptionen durch Plattformen die Dynamik ganzer Industrien verändern. Dabei macht es einen Unterschied, ob die Veränderung durch ein Produkt oder eine Plattform herbeigeführt wird. Produktbasierte Disruptionen verändern die Sektoren, während plattformbasierte Disruptionen über diese Grenzen hinausgehen und verschiedene Industrien beeinflussen. Die frühesten Beispiele der Werbeindustrie oder des Verlagswesens zeigen deutlich, wie existentiell und umwälzend diese Einflüsse ausfallen können (vgl. Vazquez Sampere, 2016).

Dem Gedanken der Vernetzung und der digitalen Plattformen scheinen keine Grenzen gesetzt zu sein. So wird bspw. Über die „Vernetzung von Wasser" in der Form einer Vernetzung von Wasserversorgungssystemen nachgedacht: dazu würden etwa Systeme gehören, die automatische Undichtigkeiten in Wasserleitung erkennen und beheben, um zu einem sparsamen Umgang mit Wasser beizutragen (vgl. Schallmo und Rusnjak, 2017, S. 53). Dass digitale Plattformen immer für große, langfristige Visionen gut sind, zeigt ein Beispiel von Amazon, das als eine langfristige Mission den Weg ins Weltall bekanntgegeben hat. Dazu zählen der Bau von Raumfahrzeugen oder der Ressourcenabbau vom Mond, gesteuert durch das Tochterunternehmen Blue Origin.[112]

---

111 Vgl. Businessinsider, 31. Mai 2019, Amazon steigt offenbar in eine überraschende Branche ein — es zeigt, wie visionär Jeff Bezos ist, verfügbar unter:https://www.businessinsider.de/tech/amazon-kauft-boost-mobile-jeff-bezos-2019-5/; abgerufen am: 16. November 2022.

112 Vgl. www.blueorigin.com; abgerufen am: 21. November 2022.

B2B-Plattformen

Im B2B Bereich agieren bestehende Plattformen durch Cloud Computing und Dienstleistungen.[113] Microsoft, Google und Amazon haben sich mit Cloud Lösungen bereits gut am Markt positioniert. Es wird aber erwartet, dass B2B-Plattformen nicht den Stellenwert, die Größe und die Marktmacht erlangen werden, wie dies im B2C-Bereich üblich ist, da die Unternehmen als Kundengruppe zu sehr heterogen sind. Dies wird insbesondere für den deutschen Markt so gesehen (vgl. VDMA, 2018). Hier plant bspw. Siemens, seine Position in der industriellen Dienstleistung mittelfristig auszubauen. Die Kerngeschäftsfelder sind dabei das Geschäft mit digitalen Industrieprozessen sowie Lösungen für künftige smarte Infrastruktur.[114] Bosch setzt auf eine eigene IoT-Suite als Plattform für das Gerätemanagement sowie für Cloud Services. Da laut eigenen Angaben Datenschutzstandards bereits integriert sind, stellt dies einen Vorteil für deutsche und europäische Nutzer dar.

Für die Zukunft der Plattformökonomie am Beispiel des Maschinenbaus sieht eine Publikation des VDMA (2018) vier Szenarien als besonders wahrscheinlich an:

Szenario 1: Dominanz der Infrastruktur-Anbieter (kein Bedarf für eine zusätzliche IoT-Plattformebene. Plattformkompetenz ist ausschlaggebend, nicht so sehr Industrie Ökosystem).

Szenario 2: Dominanz der endkundenspezifischen Plattformen (Konzerne mit hochintegrierten Wertschöpfungsketten prägen Plattformlandschaft, konzernspezifische Plattformen).

Szenario 3: Dominanz der industriellen Plattformen (mit eigenem Ökosystem, decken eine gewisse Anzahl an Branchensegmenten ab).

Szenario 4: Koexistenz einer Vielzahl vernetzter Plattformen (Industriesegment-spezifische Plattformen etablieren und vernetzen sich – Kompensation fehlender kritischer Masse – gewisses Ökosystem).

---

113 Vgl. CB Insights, 16.08.2018, Google Strategy Teardown, verfügbar unter: https://www.cbinsights.com/research/report/google-strategy-teardown/; abgerufen am: 16. November 2022.

114 Vgl. Siemens, Über uns, verfügbar unter: https://www.dc.siemens.com/vision2020plus/de; abgerufen am: 16. November 2022.

Es wird vermutet, dass es in naher Zukunft zunächst eine große Zahl von Anbietern mit verschiedenen, digitalen Geschäftsmodellen geben wird, es dann aber zu einer Konsolidierung der Plattformlandschaft kommen und sich in der ferneren Zukunft eine Misch-Konstellation mit eigenen Plattformen einiger Endkunden oder Segmente sowie einigen Infrastruktur-Anbietern für andere Branchensegmente etablieren wird (vgl. VDMA, 2018).

Die genaue Entwicklung digitaler Plattformen wird wohl wenig vorhersehbar bleiben. Beispielhaft angeführt sei eine Selbstsicht von Google in einem Brief der Gründer an die Investoren: „*After 20-plus years, Google remains a company where anything can happen.*"[115]

Quellen und weiterführende Information

Alphabet (2018), Founder's letter, verfügbar unter: https://abc.xyz/investor/founders-letters/2018/; abgerufen am: 22. Juni 2022.

Cusumano, M. A., A. Gawer und D. B. Yoffie (2019), *Business of Platforms*, Harper Business: New York.

CB Insights (2018), Google Strategy Teardown: Google Is Turning Itself Into An AI Company As It Seeks To Win New Markets Like Cloud And Transportation, Research Report, verfügbar unter: https://www.cbinsights.com/research/report/google-strategy-teardown/; abgerufen am: 22. Juni 2022.

Obermaier, R. (2019), *Handbuch Industrie 4.0 und Digitale Transformation*, Springer: Wiesbaden.

Schallmo, D., und A. Rusnjak (2017), *Digitale Transformation von Geschäftsmodellen*, Springer Gabler: Wiesbaden.

Vazquez Sampere, J. P. (2016), Why Platform Disruption Is So Much Bigger than Product Disruption, verfügbar unter: https://hbr.org/2016/04/why-platform-disruption-is-so-much-bigger-than-product-disruption; abgerufen am: 22. Juni 2022.

VDMA (2018), Plattformökonomie im Maschinenbau, Roland Berger (Hrsg.), verfügbar unter: https://www.rolandberger.com/publications/publication_pdf/roland_berger_plattformoekonomie_de.pdf; abgerufen am: 22. Juni 2022.

115 Vgl. Alphabet Investor Relations, ohne Datum, 2018 Founder's Letter, verfügbar unter: https://abc.xyz/investor/founders-letters/2018/; abgerufen am: 16. November 2022.

3.5 Industrie 4.0

3.5.1 Technologiesteckbrief

Kurzbeschreibung

Unter dem Begriff Industrie 4.0 werden Veränderungen in der industriellen Produktion beschrieben, die auf digital vernetzten und intelligenten Prozessabläufen entlang der gesamten Wertschöpfungskette basieren. Durch neue technologische Möglichkeiten – schnellere Computer, Internet der Dinge, Cloudlösungen, Maschine-zu-Maschine-Kommunikation, Künstliche Intelligenz – lassen sich Maschinen, Unternehmen, Prozessabläufe und Kundenbeziehungen global vernetzen. Industrielle Vorgänge lassen sich qualitativ besser, effizienter und ressourcenschonender gestalten, wodurch sich neue Marktchancen und auch neue Geschäftsmodelle eröffnen. Industrie 4.0 zielt darauf ab, eine neue Entwicklungsstufe industrieller Produktion zu erreichen. Beispielweise lässt sich zukünftig durch Vernetzung von Produktionsstätten erkennen, wo freie Kapazitäten zur Erfüllung eines Auftrags zur Verfügung stehen. Kundenaufträge lassen sich automatisch erfassen, werden freien Produktionsstätten zugeteilt und gleichzeitig gehen notwendige Bestellungen über eine Plattform an Lieferanten und Logistiker. Je nach Umfang des Auftrags werden weitere Unternehmen und Maschinenpools eingebunden. Eine umfassende Vernetzung kann sich auf die gesamte Lebensphase eines Produktes erstrecken, von der Idee über die Forschung, Entwicklung und Produktion, die nachfolgende Nutzung und auch Wartung, bis hin zum Recycling. In Industrie 4.0-Vorgängen wird versucht, möglichst frühzeitig alle Beteiligten der Wertschöpfungskette zu vernetzen. Um diese Entwicklung zu begleiten, zu unterstützen und von Anfang an damit eine strategische Allianz von Politik, Wissenschaft und Wirtschaft zu verbinden, wurde vom BMWi die vom VDMA, Bitkom und ZVEI 2013 gegründete Plattform Industrie 4.0 durch eine Geschäftsstelle ergänzt, welche die Aktivitäten und Zusammenarbeit der Mitglieder organisiert und koordiniert.

Lösungsversprechen / Erwartungen

- Stabilisierung der Arbeitsplatzsituation in der produzierenden Industrie
- Verbesserung der internationalen Wettbewerbsfähigkeit
- Konstruktiver Beitrag zum digitalen Strukturwandel in der Industrie
- Stärkere Vernetzung von Produkten und Produktionssystemen
- Effizienzsteigerung und Ressourceneinsparung
- Beschleunigung der industriellen Prozesse
- Verbesserung der industriellen Wandlungsfähigkeit für individuelle Kundenwünsche
- Erhöhung des Autonomiegrades und Entlastung der Arbeiter von monotonen Tätigkeiten
- Flexibilisierung der Abläufe
- Ermöglichung neuer Geschäftsmodelle und damit auch für KMU und Start-ups in Deutschland

Anwendungsbranchen
- IT
- Software
- Elektroindustrie
- Automatisierungsindustrie
- Logistik
- Maschinen- und Anlagenbau
- Produktion
- Handel

Akteure, Konsortien bzw. Aktivitäten
- Plattform Industrie 4.0: Hat die Aufgabe, die Interessen der verschiedenen Akteure in den Bereichen Technologie- und Anwendungsszenarien, Standardisierung und Normung, IT-Sicherheit, Rechtsfragen und Datenschutz, neue Geschäftsmodelle sowie Arbeitnehmerbelange und Arbeitsorganisation zusammenzuführen. Aktuell greift die Plattform die zunehmenden Bedarfe nach Nachhaltigkeit, Interoperabilität und Souveränität auf und bindet diese in ihr Leitbild 2030 für Industrie 4.0 ein.

- Mittelstand Digital Kompetenzzentren
- Labs Network Industrie 4.0 („LNI4.0“)
- Standardization Council Industrie 4.0 („SCI“)
- Bitkom
- VDMA
- ZVEI
- VDI
- VDE
- DKE
- Industrial Internet Consortium („IIC“)
- Robot Revolution Initiative („RRI“)

Verwandte Technologien
- Robotik
- Sensorik
- Kommunikationstechnologien
- IT-Sicherheitstechnologien
- Künstliche Intelligenz
- Produktionstechnologien
- Industrial Internet of Things

Einschätzung

Industrie 4.0 stellt die Wirtschaft vor große Herausforderungen. Althergebrachte Geschäftsmodelle laufen Gefahr überholt zu werden, wenn neue Geschäftsmodelle den Markt erobern. Nur wer bei dieser Entwicklung rechtzeitig mitgeht, hat die Chance, in Zukunft auch weiterhin seinen Anteil am Markt zu behaupten und vielleicht sogar auszubauen. Aber auch für die Mitarbeiterinnen und Mitarbeiter stellen sich Herausforderungen. Sie müssen sich an veränderte Abläufe gewöhnen, Maschinen möglicherweise auch als Kollegen auffassen und sich regelmäßig weiterbilden. Generell wird sich mittel- bis langfristig die Art und Weise ändern, wie Arbeit im produzierenden Sektor erbracht wird. Das betrifft nicht nur die Produktion selbst, sondern auch die Entwicklungsabteilungen, das Personalmanagement, die Rechtsabteilung, den IT-Service, die Logistik bis hin zum Marketing und zur Geschäftsentwicklung. Industrie 4.0 wird aber auch das Arbeitsumfeld betreffen, sei es bei der Rahmensetzung und Gesetzgebung, bei der Normung und Standardisierung, bei Fragen der

Qualifizierung in Aus- und Weiterbildung oder auch in Gewerkschaften und Verbänden.

Stärken und Schwächen in sowie Chancen und Risiken für Deutschland

Stärken
- wissenschaftliche und wirtschaftliche Ausgangsposition
- Vernetzung über Plattformen, Kompetenzzentren und Allianzen
- Vorgaben zur Standardisierung und Normung
- Umfangreiche internationale Kooperationen
- Ausdifferenzierte und vernetzte Forschungs- und Industrielandschaft
- Existenz eines nationalen Programms zur Forschungsförderung
- Existenz umfangreicher Förder- und Unterstützungsmaßnahmen des BMWi

Chancen
- Schaffung neuer Märkte, national und global
- Aktivierung wertschöpfungsorientierter Kooperationen
- Umbau der Industrielandschaft hin zu Nachhaltigkeit, sozialer Integration und Souveränität
- Entwicklung neuer Geschäftsmodelle mit globaler Konkurrenzfähigkeit
- Vorreiterschaft in einer neuen digitalen Industriekultur

Schwächen
- Erst beginnende Fachkräftequalifizierung
- Bisher noch geringer Transfer in die industrielle Breite/KMU
- Akzeptanzprobleme bei Arbeitsplatzverlusten
- Fachkräftepotential (z. B. für KI) zukünftig nicht abgedeckt

Risiken / Herausforderungen
- Langfristig Gefahr der Überführung von Unternehmen in menschenarme Fabriken und damit der Erhöhung der Arbeitslosenzahlen, speziell in geringqualifizierten Segmenten
- Datensouveränität, Datenhoheit; Nutzung von Daten mit fragwürdiger Herkunft
- Gefahr der teilweisen Arbeiterüberwachung im industriellen Bereich

Indikator für Dynamik

Abbildung 3.5.1 Anzahl von Publikationen zu Industrie 4.0 über die Zeit

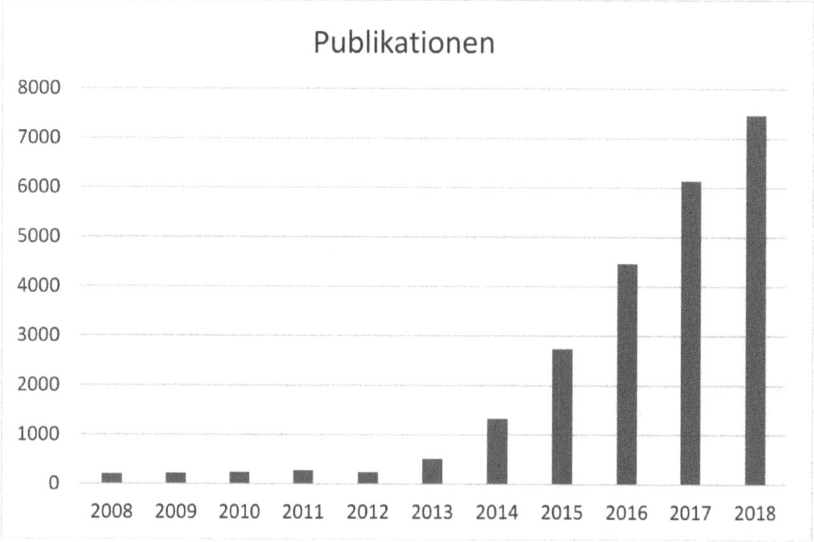

Quelle: Google Scholar – Trefferzahl zu „Industrie 4.0", eigene Darstellung.

3.5.2 Anwendungsroadmap

Die Plattform Industrie 4.0 hat in den vergangenen Jahren 10 Anwendungsszenarien vorgestellt, um neue Wege der Nutzung der Digitalisierung in der produzierenden Industrie aufzuzeigen (vgl. BMWi, 2016b). Diese Anwendungsszenarien für Industrie 4.0 beschreiben generell Abschnitte in der Wertschöpfung, die den Produktlebenszyklus, das Produktionssystem, das Auftragsmanagement und die Logistik, sowie Serviceangebote betreffen. Anhand dieser Anwendungsszenarien soll der Nutzen und die bestehenden Herausforderungen von Industrie 4.0 transparent gemacht werden. Die Szenarien beschreiben die zukünftigen Möglichkeiten in der Industrie 4.0 Welt, aber auch die Herausforderungen für die Wertschöpfung, das digitale Produzieren im Verlauf des Lebenszyklus einer Produktionsanlage oder auch bei der Umgestaltung der Arbeitsplatzsituationen. Neue Fragen der IT-Sicherheit, der Rechtslage bei Unternehmenskooperationen oder der Vertragsgestaltung, der nötigen technologischen

Entwicklungen oder bei der Kommunikation mit oder zwischen Maschinen werden mit diesen Szenarien ebenfalls angesprochen.

Die 10 Anwendungsszenarien der Plattform Industrie 4.0 sind im Einzelnen:

Innovative Produktentwicklung („IPE“)

„*Durch adäquate Einbindung aller relevanten Interessengruppen in den Engineering-Prozess und eine adäquate methodische Vorgehensweise wird das richtige Produkt richtig entwickelt.*“ (ebenda, S. 24)

- Einbeziehung in den Engineering-Prozess: Kunden, unterschiedliche Engineering Disziplinen, Engineering-Services einschließlich Technologie-Lieferanten, Communities (z. B. Open Source Software, Crowdsourcing), Engineering-Werkzeug-Lieferanten und Provider von Kollaborationsplattformen
- Alle erforderlichen Kompetenzen (auch außerhalb des Unternehmens) können ad hoc in die Produktentwicklung eingebunden werden
- Disruptive Marktveränderungen können früher erkannt werden
- Durchgängige Gestaltung von Engineering-Prozessen, Unterstützung durch eine geeignete Engineering-Werkzeuglandschaft

2. Smarte Produktentwicklung für die smarte Produktion („SP2“)

„*Virtuelle Produkte ermöglichen neue Formen der Zusammenarbeit in Engineering-Prozessen und die Automatisierung von Engineering-Tätigkeiten.*“ (ebenda, S. 22)

- Durchgängige digitalisierte Datenketten (Synonym: Virtuelles Produkt) ermöglichen die Kollaboration entlang aller Wertschöpfungsschritte vom Engineering bis hin zur Produktion (Datendurchgängigkeit)
- Bei der Produktentstehung entlang der Engineering-Kette gewonnene Daten werden durchgängig als Eingabe für die Produktionsplanung und den Produktionsprozess genutzt
- Für die Produktion notwendigen Anforderungen (z. B. Programmier- und Projektieraufgaben) sowie die Aufwände für die Nutzerführung werden automatisch generiert

3. Durchgängiges und dynamisches Engineering von Anlagen („DDA")

„Das Engineering einer Anlage – sowohl bei der Erstellung einer Anlage als auch während der Betriebsphase – ist immer stärker durch Änderungen, die dann entsprechende Engineering-Entscheidungen erfordern, geprägt." (ebenda, S. 26)

- Beim initialen Engineering-Prozess zur Errichtung einer Anlage entsteht ein integrierendes Anlagenmodell, das während der gesamten Lebensdauer der realisierten Anlage alle Vorgänge aus Engineering, Betrieb und Service der Anlage abbildet.
- Dieses Modell beinhaltet neben einem stets aktuellen Abbild der realen Anlage mit ihrem Entstehungs- und Lebensweg auch Randbedingungen, Kontextinformationen, mögliche Varianten, denkbare und getroffene Engineering-Entscheidungen sowie deren potenzielle und reale Auswirkungen
- Das Ziel ist es, ein dynamisches Anlagen-Engineering wird durch häufige und kurzfristige Änderungen von Anlagen mit Einbeziehung der erforderlichen Partner ermöglicht

4. Wandlungsfähige Fabrik („WFF")

„Plug & Produce – adaptierbare Fertigungskonfiguration innerhalb einer Fabrik zur kurzfristigen Veränderung der Fertigungskapazitäten und Fertigungsfähigkeiten." (ebenda, S. 11)

- Schneller und unter Umständen auch weitgehend automatisierter Umbau einer Fertigung, sowohl im Hinblick auf geänderte Fertigungskapazitäten als auch geänderte Fertigungsfähigkeiten.
- Modularer und somit wandlungsfähiger Aufbau der Fertigung innerhalb einer Fabrik
- Notwendig: Intelligente und interoperable Module, die sich selbstständig an eine veränderte Fertigungskonfiguration anpassen, und standardisierte Schnittstellen zwischen diesen Modulen
- Szenario „Auftragsgesteuerte Produktion" hat Schwerpunkt bei flexibler Nutzung existierender Fertigungseinrichtungen durch intelligente Vernetzung. Hier liegt der Schwerpunkt bei der Wandlungsfähigkeit einer einzelnen Fabrik durch den (physischen) Umbau

5. Mensch-Technik-Interaktion in der Produktion („MTI“)

„Zukünftige Formen der Interaktion zwischen Menschen und technischen Systemen in der Produktion.“ (ebenda, S. 10)
- Industrie 4.0 unterstützt den Menschen auf vielfältige Weise bei seinen verschiedenen Tätigkeiten in der Produktion
- Physische Assistenz durch Fähigkeitsverstärker
- Kontextbasierte, multimodale Assistenz bei der Diagnose von technischen Störungen und komplexen Arbeitsprozessen
- Ortsbezogene Wartungs- und Planungsassistenz
- Mobile, personalisierte und situationsadaptive Lernsysteme
- Interaktive Werkzeuge für die flexible Einsatzplanung

6. Auftragsgesteuerte Produktion („AGP“)

„Autonome und automatisierte Vernetzung von Produktionsfähigkeiten über die eigenen Fabrikgrenzen hinaus zur Optimierung der Produktion im Hinblick auf Kunden- und Marktanforderungen.“ (ebenda, S. 10)
- Flexible Fertigungskonfiguration, auftrags-spezifisch anpassbar an sich ändernde Markt- und Auftragsbedingungen durch Vernetzung über die eigenen Fabrikgrenzen hinweg
- Flexibilität und Dynamik bei der Einbindung von externen Produktionsstätten in den Produktionsablauf zur Optimierung von Produktionsketten
- Erfordert Standardisierung von Prozessschritten einerseits und Selbstbeschreibung von Fähigkeiten der Produktionsmittel andererseits
- Generelles Ziel ist die automatisierte Auftragsplanung, -vergabe und -steuerung zur Einbindung aller benötigten Fertigungsschritte und Produktionsmittel (auch von extern) in den Produktionsablauf

7 Selbstorganisierende adaptive Logistik („SAL“)

„Erhöhung der Flexibilität und Reaktionsgeschwindigkeit industrieller und logistischer Systeme in zunehmend volatilen und wandelungsfähigen Produktionsumfeldern.“ (ebenda, S. 14)
- Umfasst die gesamte Wertschöpfungskette der horizontalen Integration: Intralogistik, adaptive Distributionslogistik mit Zuliefer- und Aus-

lieferprozessen des Supply Chain Managements, Endkundenlogistik für das auszuliefernde Produkt
- Echtzeitorientierte Informationsverfügbarkeit ermöglicht das Zusammenspiel aller Akteure der inter- und extralogistischen Wertschöpfung und die Einbindung der Logistik in ein übergreifendes Ressourcenmanagement
- Als selbstorganisierendes System reagiert sie flexibel auf Produktionsanforderungen, Systemausfälle und Kundenprioritäten und bindet autonom agierende Transportfahrzeuge und Verladeeinrichtungen in die Prozessausführung ein

8. Value Based Services („VBS“)

„Prozess- und Zustandsdaten aus der Nutzung von Produktionsanlagen als Rohstoff für die Geschäftsmodelle und Services der Zukunft.“ (ebenda, S. 16)
- Service-Plattform (ggf. Intermediär) sammelt und analysiert Daten aus der Nutzung von Produkten oder Produktionseinheiten und bietet auf dieser Basis bedarfsgerechte individuelle Services an
- Im Fokus steht das Wertschöpfungsnetzwerk im Service, wenn Produkt- oder Produktionsdaten über eine IT-Plattform zur Verfügung gestellt werden
- Z. B. optimierte Wartung zum richtigen Zeitpunkt oder Bereitstellung der richtigen Prozessparameter für den aktuell geforderten Produktionsprozess
- Intermediär besetzt u.U. die Schnittstelle zwischen dem Maschinennutzer und dem Maschinenbauer

9. Transparenz und Wandlungsfähigkeit für ausgelieferte Produkte („TWP“)

„Automatische Erhebung nutzungsbezogener Daten über ausgelieferte Produkte zur Optimierung von Geschäftsprozessen, für neue Geschäftsmodelle und zur dynamischen Anpassung von Produkteigenschaften.“ (ebenda, S. 18)
- Kommunikationsmodule in Produkten liefern den Herstellern während des gesamten Produktlebenszyklus Informationen über Zustand und Nutzung ihrer Produkte
- Flexibilität und Konnektivität der Produkte erlaubt nachträgliches Umkonfigurieren und Aktualisieren, z. B. Betriebsdaten in Echtzeit erfas-

sen und Konfigurationen den aktuellen Einsatzbedingungen anpassen oder individualisierte After Sales Services, wie zustandsbasierte Wartung
- Produkteigenschaften stehen bei Auslieferung noch nicht endgültig fest und können sich sogar während der Lebenszeit des Produkts ändern, z. B. durch bedarfsgerechte und ggf. temporäre Freischaltung einzelner Funktionalitäten

10. Kreislaufwirtschaft („KRW“)

„Einem Produkt zugeordnete Herstellungs-, Montage-, Nutzungs- und Recycling-Informationen während des gesamten Lebenszyklus ermöglichen die effiziente Umsetzung und Etablierung einer Kreislaufwirtschaft.“ (ebenda, S. 29)
- Alle Materialien werden in geschlossenen Zyklen gehalten, mit dem Ziel Abfall grundsätzlich zu vermeiden
- Neue Geschäftsmodelle, z. B. „Product as a Service“ führen dazu, dass Hersteller im Besitz der Materialien/ Rohstoffe bleiben
- Kollaborative Design- und Engineering Prozesse, in denen Mitglieder der Supply Chain gemeinsam Produkte entwickeln und dabei schon an die einfache Zerlegung („Design for Disassembly“) und Wiederverwertung in weitere Lebenszyklen denken („What's next“)
- Product-Passports beinhalten Herstellungs-, Montage-, Nutzungs- und Recycling-Informationen des Produkts bzw. einzelner Komponenten und werden vom intelligenten Produkt verwaltet
- Adaptive Logistik ermöglicht eine effiziente Reverse Logistic, die dafür sorgt, dass Produkte wieder zum Hersteller/ Recycler zurückgeführt werden können

Anhand der Anwendungsszenarien wurden vom ZVEI, dem Forschungsbeirat der Plattform Industrie 4.0 und der Arbeitsgruppe „Technologie- und Anwendungsszenarien“ der Plattform FuE-Themen erarbeitet, welche es in Form einer Roadmap zu bearbeiten gilt, um die Voraussetzungen für die Realisierung einer Industrie 4.0 zu schaffen (vgl. BMWi, 2016b). Die Kernthemen dieser Forschungsroadmap sind:
- Horizontale Integration über Wertschöpfungsnetzwerke
- Durchgängigkeit des Engineerings über den gesamten Lebenszyklus
- Vertikale Integration und vernetzte Produktionssysteme
- Neue soziale Infrastrukturen der Arbeit
- Kontinuierliche Entwicklung von Querschnittstechnologien

Diese Kernthemen sind mit Detailthemen untersetzt, für die konkrete Ergebnisse und Realisierungszeiträume beschrieben und in der nachfolgenden Grafik (vgl. BMWi, 2016b) erkennbar sind. Eine ausführliche Darlegung zu diesen Kern- und Detailthemen findet sich in der Forschungsagenda der Plattform Industrie 4.0 (vgl. BMWi, 2016a). Ziel der Forschungsagenda ist es, durch gemeinsame Anstrengungen von Wirtschaft und Politik soll die gute Ausgangslage der deutschen Unternehmen bei Industrie 4.0 für die zukünftige Wettbewerbsfähigkeit genutzt und weiter ausgebaut werden.

Abbildung 3.5.2 Forschungsroadmap Industrie 4.0

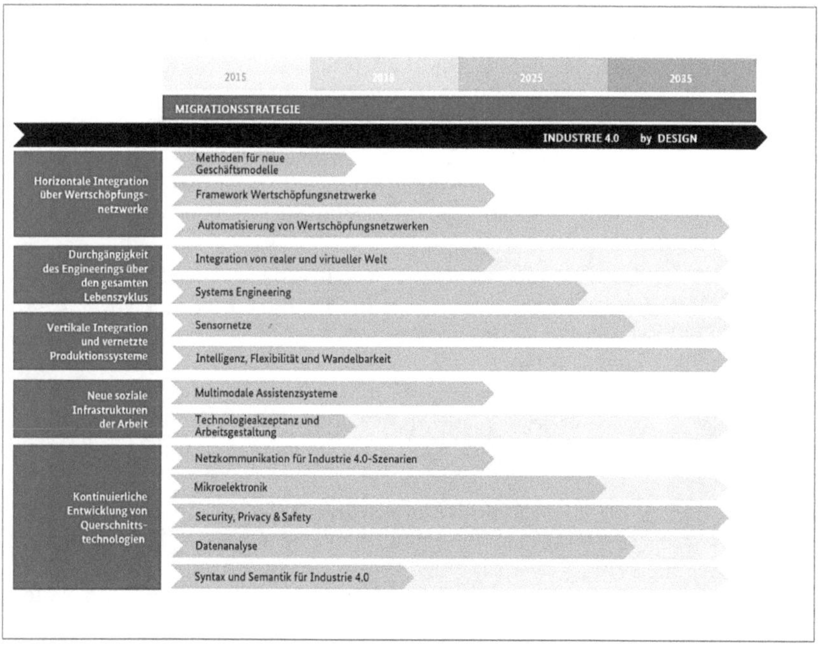

Quelle: Plattform Industrie 4.0

Quellen und weiterführende Informationen

Acatech (2017), Industrie 4.0 und das Recht: Drei zentrale Herausforderungen, verfügbar unter: https://www.acatech.de/publikation/industrie-4-0-und-das-recht-drei-zentrale-herausforderungen/; abgerufen am: 22. Juni 2022.

Anderl, R.,J. Fleischer, A. Picard und Y. Wang (2015),Guideline Industrie 4.0 – Guiding principles for the implementation of Industrie 4.0 in small and medium sized businesses, verfügbar unter: https://www.researchgate.net/publication/312040745_Guideline_Industrie_40_-_Guiding_principles_for_the_implementation_of_Industrie_40_in_small_and_medium_sized_businesses; abgerufen am: 22. Juni 2022.

BMWi (2014), Leitbild 2030 für Industrie 4.0. Digitale Ökosysteme global gestalten, verfügbar unter: https://www.plattform-i40.de/PI40/Redaktion/DE/Kurzmeldungen/2019/2019-04-01-leitbild2030.html; abgerufen am: 22. Juni 2022.

BMWi (2016a), Forschungsagenda Industrie 4.0 – Aktualisierung des Forschungsbedarfs. Ergebnispapier, verfügbar unter: https://www.plattform-i40.de/PI40/Redaktion/DE/Downloads/Publikation/forschungsagenda-i40.html; abgerufen am: 22. Juni 2022.

BMWi (2016b), Fortschreibung der Anwendungsszenarien der Plattform Industrie 4.0. Ergebnispapier, verfügbar unter: https://www.plattform-i40.de/PI40/Redaktion/DE/Downloads/Publikation/fortschreibung-anwendungsszenarien.html; abgerufen am: 22. Juni 2022.

BMWi (2017), Industrie 4.0 gemeinsam gestalten – Beitrag der Sozialpartner zu guter Arbeit, Aus- und Weiterbildung, verfügbar unter: https://www.plattform-i40.de/PI40/Redaktion/DE/Downloads/Publikation/sozialpartnerdialog.html; abgerufen am: 22. Juni 2022.

BMWi (2019a), Digitale Geschäftsmodelle für die Industrie 4.0. Ergebnispapier, verfügbar unter: https://www.plattform-i40.de/PI40/Redaktion/DE/Downloads/Publikation/digitale-geschaeftsmodelle-fuer-industrie-40.html; abgerufen am: 22. Juni 2022.

BMWi (2019b), Vorstudie zur Entwicklung einer bedarfs- und nutzergerechten Unterstützung von KMU bei der Einführung und Anwendung von Industrie 4.0. Forschungsbeirat, verfügbar unter: https://www.plattform-i40.de/PI40/Redaktion/DE/Downloads/Publikation/KMU-Vorstudie.html; abgerufen am: 22 Juni 2022.

DIN, Deutsches Institut für Normung (2018), Deutsche Normungsroadmap. Industrie 4.0. Version 3., verfügbar unter: https://www.din.de/de/forschung-und-innovation/themen/industrie4-0/roadmap-industrie40-62178; abgerufen am: 22. Juni 2022.

Vassiliadis, M. (2017), Digitalisierung und Industrie 4.0 – Technik allein reicht nicht. Industriegewerkschaft Bergbau, Chemie, Energie, verfügbar unter: https://epaper.bw-h.de/igbce/M-Vassiliadis_Digitalisierung_u_Industrie_4_0/; abgerufen am: 22. Juni 2022.

ZVEI (2014), Industrie 4.0 – Whitepaper FuE Themen, verfügbar unter: https://www.zvei.org/presse-medien/publikationen/industrie-40-whitepaper-zu-forschungs-und-entwicklungsthemen/; abgerufen am: 22. Juni 2022.

ZVEI (2017), Industrie 4.0: MES – Voraussetzung für das digitale Betriebs- und Produktionsmanagement, Positionspapier, verfügbar unter: https://www.zvei.org/presse-medien/publikationen/industrie-40-mes-voraussetzung-fuer-das-digitale-betriebs-und-produktionsmanagement/; abgerufen am: 22. Juni 2022.

ZVEI (2018), Software als Industrie 4.0-Komponente, Positionspapier, verfügbar unter: https://www.zvei.org/positionspapier-software-als-industrie-40-komponente; abgerufen am: 22. Juni 2022.

3.6 Internet der Dinge

3.6.1 Technologiesteckbrief

Kurzbeschreibung

Das „Internet der Dinge“ (Internet of Things, „IoT“) ist ein Sammelbegriff für verschiedene Technologien und keine eigene Technologie im strengen Sinne. Geprägt wurde der Begriff 1999 von Kevin Ashton am Massachusetts Institute of Technology („MIT“) (vgl. Zhang et al, 2020, S. 34). Die Internationale Fernmeldeunion der Vereinten Nationen bezeichnet das Internet der Dinge als weitreichende Vision mit technologischen und gesellschaftlichen Auswirkungen (vgl. International Telecommunication Union, 2012). Es besteht aus einem Netzwerk von Dingen bzw. Geräten, die eingebettete Technik enthalten. Diese kommunizieren via Funkschnittstellen über das Internet, speichern und verarbeiten Daten, vermessen und interagieren aufgrund ihres eigenen Zustandes oder der Umgebungsbedingungen, als Teil eines anwendungsorientierten Gesamtsystems (vgl. ebenda). Die „Cisco Internet Business Solutions Group“ des Netzwerkausrüsters Cisco vereinfacht die inhaltliche Breite des Sammelbegriffs IoT durch den Zeitpunkt, an dem mehr Dinge mit dem Internet verbunden waren als Menschen auf der Erde lebten. Das war mit 6,5 Milliarden Geräten bereits zwischen 2008 und 2009 der Fall (vgl. Evans, 2011). Die OECD bezieht sich in ihrer Definition darauf, dass zum IoT gerade diejenigen Geräte und Dinge („devices and objects“) gehören, die mit dem Internet verbunden sind und ihren Zustand ohne aktive Beteiligung von Personen ändern. Das schließt Endgeräte des „traditionellen Internets“, wie menschenbediente Computer, Smartphones und Tablets aus (vgl. OECD, 2018, S. 5; für weitere Definitionen vgl. ebenda S. 10 und S. 17-19).

Als Weiterentwicklung wird das „Internet von Allem“ (Internet of Everything, „IoE“) bezeichnet, das die „intelligenten Dinge“ mit Prozessen, Daten und Menschen verknüpft (vgl. Taylor, 2013). In diesem Technologiesteckbrief wird das IoT in der industriellen Fertigung („Industrial IoT“) und in Industrie 4.0-Anwendungen nicht thematisiert.

Die „Kommunikation über das Internet“ geschieht zu unterschiedlichen Plattformen verschiedener Unternehmen. Es gibt kein einzelnes „Internet der Dinge“, sondern verschiedenste Konzepte, die sich nur teilweise überlappen. Sichtbar wird das bei den Akteuren, neben den großen IT-Playern wie Microsoft und IBM spielen auch klassische Industriekonzerne wie Siemens, Bosch, ABB oder General Electric eine Rolle. Auch etablierte, aber technologiegetriebene Telekommunikationsanbieter sind beteiligt, dazu Start-ups, die unabhängig von einem Bestandsgeschäft agieren können. Nicht nur das Internet mit seinen Rechenzentren und seiner weltweiten Vernetzung spielt eine Rolle, auch das sog. „Edge Computing“ (auch „Fog Computing“ als Gegensatz zu „Cloud Computing“), bei dem die Vernetzung zeitweise durchaus lokal am „äußeren Rand“ eines Sub-Netzwerks endet. Für Mobilfunkbetreiber und Netzwerkausrüster ist bedeutend, dass im IoT durchaus nur gelegentliche, kleine Datenmengen mit batteriefreundlich geringer Sendeleistung anfallen, während Netze wie LTE und 5G auf hohe Datenraten optimiert sind. Dementsprechend werden zusätzlich spezielle, schmalbandige Übertragungsstandards eingeführt. Netzwerkausrüster wie Ericsson prognostizieren nicht die Menge der IoT-Geräte selbst, sondern die Anzahl der mit Mobilfunknetzen verbundenen Geräte (vgl. Ericsson, 2018). Hinzu kommen diejenigen Geräte, die über Funkschnittstellen mit kurzer Reichweite, wie WLAN und Bluetooth, mit lokalen Rechnern des Edge Computing verbunden sind.

Für die Europäische Kommission hat das Internet der Dinge eine strategische Dimension für den sog. Digitalen Binnenmarkt (Digital Single Market, „DSM“), vor allem in Hinsicht auf Interoperabilität und die derzeitige Fragmentierung von Standards (vgl. Rohen, 2017, S. 1). Das zeigt sich z. B. an der Frage, ob Automobile über den Mobilfunkstandard 5G oder ein spezielles Automotive-WLAN vernetzt werden sollen.[116]

Die Prognosen zur reinen Anzahl der weltweiten „Dinge im Internet“ sind eher kurzfristig und uneinheitlich: Im Jahr 2020 sollten es mit Stand 2013 50 Mrd. Geräte sein (vgl. Taylor, 2013), für das gleiche Prognosejahr

116 Vgl. Golem, 17. Mai 2019, Wer hat Recht im Streit ums Auto-WLAN?, https://www.golem.de/news/lte-v2x-vs-wlan-802-11p-wer-hat-recht-im-streit-ums-auto-wlan-1905-141306.html; abgerufen am: 22. Juni 2022.

wurden in späteren Schätzungen von 2017 und 2018 aber nur 20 Mrd. Geräte genannt.[117,118] Im Jahr 2016 wurden für das Jahr 2025 75 Mrd. Geräte prognostiziert.[119] In der Definition „über Mobilfunk verbundene Dinge" wurden 2018 lediglich 4,1 Mrd. Geräte für 2024 geschätzt (vgl. Ericsson, 2018).

Lösungsversprechen / Erwartungen

- Kontinuierliche Zustandsmeldungen („Condition Monitoring") von Geräten und Maschinen, etwa auch bei öffentlicher Beleuchtung in einer Smart City
- Reduzierte Stillstandszeiten durch bedarfsgemäße Wartung von Geräten und Maschinen
- Verbesserter Warenfluss in der Logistik durch Selbstorganisation der Ware anstelle zentraler Steuerung
- Effizienzsteigerungen beim Warenumschlag im Handel
- Im Einzelhandel Marketingmaßnahmen auf Ladenverkaufsflächen und kassenlose Geschäfte
- Stauvermeidung, Parkplatzverwaltung, intelligente Routenplanung im Straßenverkehr
- Verkehrsleitsysteme, die auf Echtzeitdaten der Luftverschmutzung beruhen
- Realisierung intelligenter Stromnetze („Smart Grid") durch dezentrale Vernetzung von Stromerzeugern (regenerative Kleineinspeiser), Netzkomponenten, Verbrauchern und Nutzern

117 Vgl. FAZ, 07. Februar 2017, 8,4 Milliarden vernetzte Geräte im Internet der Dinge, verfügbar unter: https://www.faz.net/aktuell/wirtschaft/netzwirtschaft/digitalisierung-8-4-milliarden-vernetzte-geraete-im-internet-der-dinge-14865654.html; abgerufen am: 22. Juni 2022.

118 Vgl. Gartner, 07. Februar 2017, Gartner Says 8.4 Billion Connected "Things" Will Be in Use in 2017, Up 31 Percent From 2016, verfügbar unter: https://www.gartner.com/en/newsroom/press-releases/2017-02-07-gartner-says-8-billion-connected-things-will-be-in-use-in-2017-up-31-percent-from-2016; abgerufen am: 22. Juni 2022.

119 Vgl. Cisco, 19. Juli 2019, The future of IoT miniguide: The burgeoning IoT market continues, verfügbar unter: https://web.archive.org/web/20190725000024/https://www.cisco.com/c/en/us/solutions/internet-of-things/future-of-iot.html; abgerufen am: 11. November 2022.

- Verbesserte Systemstabilität und Versorgungssicherheit in Stromnetzen
- Hausautomation in Wohn- und Bürogebäuden vereinfacht den Alltag und spart Energie bei Beleuchtung und Raumlufttemperierung
- Höhere Ernteerträge durch bedarfsgerechte Bewässerung und Düngerversorgung mit hyperlokalen Zustandsmessungen in der Landwirtschaft
- Kontinuierliches Gesundheitsmonitoring für lückenlose Vorsorge in Hinsicht auf Herzfunktion, Bewegung, Blutdruck, Blutzucker u. a.

Anwendungsbranchen
- Handel
- Versicherungen
- Logistik
- Telekommunikation
- Informationstechnologie
- Verteidigung
- Medizin
- Produktion
- Chemische Industrie
- Bergbau
- Energie
- Wissenschaft
- Luft- und Raumfahrt
- Bauwesen
- Technische Gebäudeausrüstung
- Elektronik/Lifestyle

Akteure, Konsortien bzw. Aktivitäten
- The Alliance for Internet of Things Innovation („AIOTI"), https://aioti.eu/
- Internet of Things Association („IOTA"), https://www.smartex.com/IOTA/
- IEEE[120] Internet of Things, https://iot.ieee.org/

120 Institute of Electrical and Electronics Engineers, USA.

- IoT European Research Cluster („IERC“), http://www.internet-of-things-research.eu/
- European Commission, The Directorate-General for Communications Networks, Content and Technology („DG CONNECT“), Unit E1 – Future Connectivity Systems
- Initiative für eine Verordnung „Forschung und Innovation – Europäische Partnerschaft für intelligente Netze und Dienste (Programm „Horizont Europa“)“, Annahme durch die Europäische Kommission geplant für Q1/2020 (vgl. Europäische Kommission, 2017).
- eco – Verband der Internetwirtschaft e.V., https://www.eco.de/themen/internet-of-things/

Verwandte Technologien
- Mikrocomputer, Mikroprozessoren, Mikrocontroller
- Mikroelektronik und Halbleitertechnik
- Sensoren und Aktoren, mikromechanische Systeme („MEMS“)
- Satellitennavigation (GPS/USA, Galileo/EU, GLONASS/RUS)
- Funktechnik, Hochfrequenztechnik, Kommunikationsprotokolle
- Energiespeicher, Mikrobatterien, Superkondensatoren, drahtlose Energieversorgung
- Entwicklung von Betriebssystemen, Firmware, Software und Apps
- Cloud-Computing, Datenspeicherung
- Datenanalyse, Big Data/Smart Data, Künstliche Intelligenz, Maschinenlernen
- Industrie 4.0, Ubiquitous Computing, cyber-physische Systeme

Einschätzung

Das „Internet der Dinge“ existiert seit über zehn Jahren. Es war und ist hauptsächlich technikgetrieben. Die Voraussetzung für die Entwicklung energieautarker, vernetzter Sensoren waren Batterien mit hoher Energiedichte und Mikroelektronik mit sehr geringem Stromverbrauch. Dieser Aspekt trifft für Anwendungen in der Heimautomation weniger und im Automobil nicht zu, hier kann die Stromversorgung relativ problemlos durch die „übergeordnete Hülle“ der Dinge sichergestellt werden: Der intelligente Stromzähler befindet sich selbst an einer Stromleitung und im Automobil steht eine ausreichend dimensionierte Bordnetzbatterie bereit, die bei Fahrten geladen wird.

Die Weiterentwicklung des IoT wird sich an den stetigen, technischen Fortschritten in Mikroelektronik, Sensorik, Aktorik und Rechenleistung orientieren, ebenso an der kommerziell verfügbaren Batterietechnik oder verbesserten Methoden des Energy Harvesting. Hier setzen Unternehmen mit ihren agilen Geschäftsmodellen an und werden Anwendungen in dem Pfad realisieren, der kurzfristig machbar ist. Mittelfristige Pläne werden nicht öffentlich kommuniziert, da sie das aktuelle Geschäftsmodell beeinträchtigen würden.

Die Infrastruktur ist von entscheidender Bedeutung für das Gelingen der Geschäftsmodelle in den äußerst verschiedenen Anwendungen. „Das Internet“ als solches ist ein etabliertes und zukunftssicheres Kommunikationsmedium, in das inzwischen andere Kommunikationsnetze wie Telefon und Fernsehen integriert sind. Das Internet der Dinge ist entweder auf den Internetzugang über Funkstrecken mit geringen Reichweiten angewiesen (WLAN, Bluetooth, ZigBee u. a.) oder auf den Internetzugang über Mobilfunknetze. Diese können kurzlebiger als die verbauten Sensoren sein, wie die in Deutschland geplante Abschaltung der 2004 kommerziell eingeführten UMTS-Mobilfunknetze in den nächsten Jahren zeigt. In den nicht einmal zwanzig Jahren des Standards wurde das Netz aufgebaut, Lücken beseitigt, vollständig verfügbar betrieben und wird wieder abgebaut werden. Die daraus folgende Dysfunktionalität einiger meist unsichtbarer, vernetzter Geräte wird das Vertrauen der Anwender schwächen.

Stärken und Schwächen in sowie Chancen und Risiken für Deutschland

Stärken
- Bewusstsein und Anwendung des IoT im Maschinen- und Anlagenbau vorhanden
- Konsumentenerfahrungen durchaus positiv, da bspw. Verkaufszahlen von Wearables und Smart Home-Equipment ohne Anlass zur Kritik

Chancen
- Datensicherheit und Privatheit können durch Politikgetriebene Gütesiegel gesteigert werden (vgl. Rohen, 2017, S. 3)
- Regulierung von Funkschnittstellen und Kommunikationsprotokollen ermöglicht breite, standardisierte Anwendungen
- Kostensenkung kann durch IoT-Anwendungen erreicht werden
- Nutzererfahrungen mit IT verbessern sich durch nahtlose Integration des Internets der Dinge

Schwächen

- Deutsche Unternehmen sind in der Entwicklung von IoT-Technologien im Rückstand. Unter den Top-50-Unternehmen mit der weltweit höchsten Patentaktivität befinden sich nur zwei deutsche Unternehmen, unter den Top-1.000 sind es 37 (vgl. Technologiestiftung Berlin, 2017, S. 39)
- KMU nutzen digitale Technologien wie IoT nur im geringen Maß (vgl. Rohen, 2017, S. 5)
- Standardisierung und Interoperabilität verbesserungswürdig (vgl. Rohen, 2017, S. 1)
- Geringe Bewusstheit für das Thema IoT, da dieses eher „unsichtbar" ist

Risiken

- Abhängigkeiten von der Verfügbarkeit anderer Informationstechnologien, wie 5G-Mobilfunknetzen, Künstlicher Intelligenz und Cloud-Computing
- Infrastruktur u. U. kurzlebiger als die Dinge im Internet[121]
- Energieverbrauch steigt insgesamt[122] (vgl. The Shift Project, 2019)
- Durch ihre Schnittstellen sind IoT-Geräte vielfältig angreifbar (Security-Aspekte)[123]
- Zersplitterte, inkompatible Plattformen selbst innerhalb von Einzelbranchen
- Integration von elektronischen IoT-Devices in Konsumentenprodukte wie Kleidung, Schuhe, non-Elektro führt zu Sondermüll, da die üblichen Entsorgungspfade nicht mehr genutzt werden können. Auch sind Hersteller und Konsumenten nicht sensibel für das Thema.

---

121 Vgl. Teltarif, 6. September 2019, Noch kein konkreter UMTS-Abschalttermin, verfügbar unter: https://www.teltarif.de/telekom-umts-3g-abschaltung/news/77894.html; abgerufen am: 22. Juni 2022.

122 Vgl. Heise, 07. Juli 2014, Studie: Internet of Things frisst zunehmend Energie, verfügbar unter: https://heise.de/-2250476; abgerufen am: 22. Juni 2022.

123 Vgl. Heise, 26. Dezember 2017, Botnetze können das Stromnetz sabotieren, verfügbar unter: https://heise.de/-3927886; abgerufen am: 22. Juni 2022.

Indikator für Dynamik

Abbildung 3.6.1 Anzahl von Publikationen zu Internet der Dinge über die Zeit

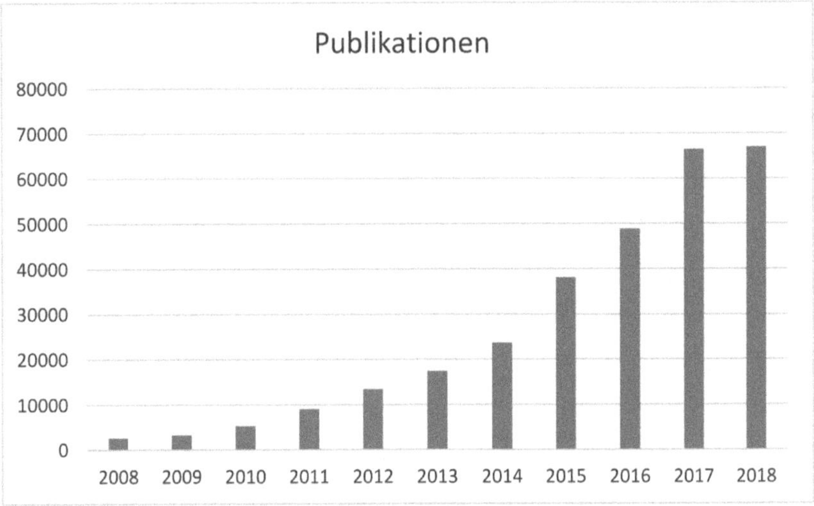

Quelle: Google Scholar – Trefferzahl zu „Internet of Things“, eigene Darstellung.

3.6.2 Anwendungsroadmap

Das Spektrum der Anwendungen des Internets der Dinge ist durch den Sammelbegriff-Charakter nicht wissenschaftlich einheitlich definiert, anhand der betrachteten Branchen gibt es jedoch nachvollziehbare Einteilungen mit geringen Überlappungen, wie etwa bei Persönlicher IoT am Menschen, die oft Gesundheitsanwendungen, aber auch Lifestyleanwendungen dient (vgl. George, 2018).

- Vernetzte Straßenfahrzeuge, vernetzt untereinander („V2V“, Vehicle to Vehicle), vernetzt mit der Infrastruktur wie Lichtsignalanlagen („V2I“, Vehicle to Infrastructure)
- Transportwesen (Schienenverkehr, Flugverkehr), sowohl für Personen- als auch Güterverkehr/Logistik
- Smart Cities
- Smart Buildings, Smart Living Environments
- Smart Energy Management
- Connected & Smart Home

- Persönliche IoT am Menschen: Wearables, wie Fitnessarmbänder, GPS-Tracker und Smart Watches sowie intelligenten Schmuck, Schuhe, Socken, Brillen und Helme
- Wearables für Gesundheits- und Lifestyleanwendungen
- Medizinanwendungen
- Smart Agriculture, Smart Farming and Food Security
- Stationärer Einzelhandel, Onlinehandel
- Produktion und Industrie 4.0 (siehe Abschnitt 3.5)

Die Prognosen der letzten Jahre werden für einen erstaunlich kurzfristigen Zeitraum bis maximal 2024 gegeben und beinhalten keine Roadmaps. Vermesan et al. Benennen im zentralen Kapitel 3.2 „IoT Strategic Research and Innovation Directions“ (vgl. 2017, S. 25-39) keinerlei Zeithorizonte. Die Liste der größten Herausforderungen in der „zukünftigen Forschung“ (vgl. ebenda, S. 38 f.) nennt recht allgemein und undatiert IoT-Architekturen entsprechend den Anforderungen; ein wissenszentriertes Netzwerk für IoT; das Antizipieren von menschlichem und maschinellem Verhalten zur sozialen Unterstützung durch IoT; IoT-Anwendungen mit Augmented und Virtual Reality; Autonomie für das IoT, um das Internet der autonomen Dinge zu entwerfen; Ende-zu-Ende-Verschlüsselung im IoT, auch, um Angriffe von außen abzuwehren; Lösungen zur Privatsphäre gemäß der Datenschutz-Grundverordnung; einige technische Konzepte wie Tolerierung von Signalverzögerungen und Software Defined Radios („SDR“) für die Funkschnittstellen.

Bacquet und Riemenschneider (vgl. 2018, S. 7-15) vermerken im nachfolgenden Band aus dem Jahr 2018 im Kapitel 2 „Future Trends in IoT“, dass IoT als disruptive Technologie zur Generierung neuer Ideen angesehen werden kann, die neue Services und Anwendungen erzeugen wird. Konkretisiert werden jedoch nur Schlüsseltechnologien als „Game Changer“ für IoT: Geräte der nächsten Generation, mit taktilen Sensoren und haptischem Feedback; Datenverarbeitung durch Edge-Computing; Datenzentrierte Architekturen; gemeinschaftsorientierte Geschäftsmodelle sowie eine resiliente und verlässliche Infrastruktur. Auch hier werden keine Jahresangaben zur möglichen Zielerreichung gemacht.

Die „The Alliance for Internet of Things Innovation“ („AIOTI“) veröffentlichte 2017 eine „AIOTI Strategy“, die von 2017 bis lediglich 2021 reicht und allein zum Thema Standardisierung Meilensteine „vor 2020“ und „nach 2020“ vorgibt. Weitergehende Angaben zu Jahren wie 2025 oder 2030 werden nicht gemacht (vgl. Alliance for Internet of Things Innovation, 2017).

Insgesamt sind Roadmaps, die langfristige Ziele in zeitgebundene Einzelschritte strukturieren, von den Akteuren nicht aufzufinden. Das mag auch daran liegen, dass es keine wesentlichen Meilensteine gibt, die zur Einführung des IoT-Konzepts und zur Umsetzung in Anwendungen zwingend nötig sind. Vielmehr wird bestehende Technologie inkrementell verbessert, was das Anwendungsspektrum für das Internet der Dinge technologiegetrieben erweitert. Dementsprechend stellen Cambride Consultants daher wider Erwartung fest, dass unabhängig vom Hype um IoT lediglich ein langsamer Fortschritt stattfindet. Es gibt bereits verschiedene Standalone-Services mit einem starken Geschäft, beispielhaft Smart Meters, also intelligente Stromzähler. Die meisten Anwendungen werden sich aber erst verbreiten, wenn eine geeignete Infrastruktur vorhanden ist (vgl. Cambridge Consultants, 2017, S. 3).

Gartner verortet IoT-Plattformen im Gartner Hype Cycle gerade noch im „Gipfel der überzogenen Erwartungen“, kurz vor dem im Übergang zum „Tal der Enttäuschungen“ und sieht das „Plateau der Produktivität“ in fünf bis zehn Jahren erreicht, ausgehend vom August 2018.[124]

Ebenfalls keine Roadmap, sondern eine Prognose aus dem Jahr 2017 für das Jahr 2024, geben Cambridge Consultants (vgl. ebenda) nicht für die Menge der IoT-Geräte selbst, sondern für die Anzahl der mit Mobilfunknetzen verbundenen Geräte, wie das bereits in der *Kurzbeschreibung* für Ericsson erwähnt wird. Während Ericsson für 2024 von weltweit 4,1 Milliarden verbundenen Geräten ausgeht (vgl. Ericsson, 2018), gehen Cambridge Consultants in ihrer Studie für das britische Office of Communications („Ofcom“; britische Medienaufsichtsbehörde) von etwas über 150 Millionen verbundenen Geräten in Großbritannien 2024 aus. Rund 85 Prozent davon entfallen auf die drei Bereiche Automotive, Konsumelektronik und schnelldrehende Produkte („Consumer electronics and FMCG“, Fast Moving Consumer Goods) sowie Versorgungsunternehmen (für Energie und Wasser). Im Bereich Automotive werden mehrere Anwendungen genannt: Automatischer Notruf, Connected Media, Assekuranz, Fahrzeug-Tracking und Flottenmanagement. Bei der Konsumelektronik und schnelldrehenden Produkte werden als Anwendung Wearables genannt, bei den Versorgungsunternehmen allein intelligente Stromzähler.

---

124 Vgl. Gartner, 20. August 2018, Gartner Identifies Five Emerging Technology Trends That Will Blur the Lines Between Human and Machine, verfügbar unter: https://www.gartner.com/en/newsroom/press-releases/2018-08-20-gartner-identifies-five-emerging-technology-trends-that-will-blur-the-lines-between-human-and-machine; abgerufen am: 15. November 2022.

Erst mit großem Abstand auf diese drei Bereiche folgen Smart Cities, Logistik, Produktion, Gesundheitswesen und Landwirtschaft (vgl. Cambridge Consultants, 2017, S. 28 f.). Dabei wird für den Zeitraum 2016 bis 2024 eine jährliche Wachstumsrate von 36 Prozent unterstellt, die mit 13,3 Millionen verbundenen Geräten im Jahr 2016 startet (vgl. Cambridge Consultants, 2017, S. 5). Aussagen über 2024 hinaus treffen Cambridge Consultants nicht.

In der Summe sind, abgesehen von Einzelprognosen bis ins Jahr 2024, keine dedizierten Roadmaps für IoT-Technologien als auch spezielle IoT-Anwendungen aufzufinden, siehe Tabelle 3.6.1.

Tabelle 3.6.1 Anwendungsroadmap Internet der Dinge

Internet der Dinge	2020	2021	2022	2023	2024	2025	2026	2027	2028	2029	2030	2031	2032	2033	2034	2035+
Techn. Meilenstein			TM													

Quelle: vgl. Vermesan et al., 2017, *eigene Darstellung*

TM: Für IoT geeignete Architekturen; Antizipieren von menschlichem und maschinellem Verhalten zur sozialen Unterstützung durch IoT; Ende-zu-Ende-Verschlüsselung im IoT, auch, um Angriffe von außen abzuwehren; Lösungen zur Privatsphäre gemäß der Datenschutz-Grundverordnung; Software Defined Radios („SDR“) für die Funkschnittstellen; Tolerierung von Signalverzögerungen (vgl. Vermesan et al., 2017, S. 38 f.).

Einen Sonderfall stellt ein Abschlussbericht von PwC für die Europäische Kommission dar, in dem u. a. durch neue IoT-Geschäftsmodelle induzierte Veränderungen im Arbeitsmarkt und resultierende gesellschaftliche Auswirkungen untersucht werden. (vgl. Europäische Kommission, 2017, S. 206 ff.). Die erwarteten Arbeitsmarkteffekte sind darin in den drei Zeitabschnitten Short-term effects (within five years), Medium-term effects (within a decade) und Long-term effects (10 years or more from now) gestaffelt, vgl. Tabelle 3.6.2 (vgl. Europäische Kommission, 2017, S. 214 ff.).

Tabelle 3.6.2 Roadmap Arbeitsmarkteffekte Internet der Dinge

Internet der Dinge	2020	2021	2022	2023	2024	2025	2026	2027	2028	2029	2030	2031	2032	2033	2034	2035+
Medizin																
Gig Economy																
Selbstbed.																
Arbeitsplatz																
Einf. Aufgaben																
Pkw-Hersteller																
Pkw-Aftersales																
Lkw-Fahrer																

Quelle: vgl. (Europäische Kommission, 2017), *eigene Darstellung)*

Medizin: IoT-Sensoren vermessen den Gesundheitszustand der Patienten außerhalb der Krankenhäuser und erlauben Ärzten eine vorbeugende Versorgung.

Gig Economy (aus dem Englischen „gig“ für Auftritt und „economy“ für Wirtschaft): Unternehmen wie Uber und Deliveroo nutzen Arbeitsnehmer „on-demand“, sie kennen ihren Aufenthaltsort und versorgen sie kurzfristig mit Aufträgen. Trotz Automation sind menschliche Arbeitsnehmer preiswerter, die Unternehmen haben weniger fixe und geringe variable Arbeitskosten.

Selbstbedienung: Obwohl schon heute Selbstbedienung Standard ist, wird in Selbstbedienungs-Ladengeschäften die Ware mit IoT-Technologien automatisch identifiziert und ohne Kassenpersonal bezahlt. Vorbild sind erste Amazon Go-Geschäfte in den USA.

Arbeitsplatz: Sensoren in und an den Arbeitsplätzen können durch das Tracking der Mitarbeiter in den Räumen bis zu 25 Prozent Energie sparen, weil Beleuchtung und Raumwärme bedarfsgerecht gesteuert werden. Durch Informationen über das Verhalten der Arbeitnehmer können Büroräume umgestaltet werden, um eine effiziente Kommunikation zu ermöglichen.

Einfache Aufgaben: durch IoT-Technologien können 90 Prozent der wiederkehrenden Aufgaben in öffentlicher Verwaltung und deren Kundendienst entfallen.

Pkw-Hersteller: Autohersteller werden ihre Geschäftsmodelle ändern und mehr auf Carsharing setzen, der private Autobesitz wird überflüssig. Durch IoT-Sensoren wissen die Autohersteller mehr über die Fahrer und ihr Risikoverhalten als die Versicherungsgesellschaften.

Pkw-Aftersales: Das Zusammenspiel aus effizienten, mit IoT ausgestatteten Pkw-Fabriken, geringerem Fahrzeugbedarf und autonomen Fahrzeugen, die weniger Unfälle haben, wird den Bedarf an Aftersales wie Reparaturen und Wartung deutlich reduzieren.

Lkw-Fahrer: Durch selbstfahrende Fahrzeuge wird Fahrpersonal in der Logistikbranche und im öffentlichen Verkehr arbeitslos werden.

Quellen und weiterführende Informationen

AIOTI, Alliance for Internet of Things Innovation (2017), Strategy 2017-2021, verfügbar unter: https://aioti.eu/wp-content/uploads/2017/11/AIOTI_Stategy_2017-2021_V1.0_FINAL_WEB.pdf; abgerufen am: 22. Juni 2022.

Bacquet, J. und R. Riemenschneider (2018), Next Generation IoT Platforms, in: Vermesan, O. und J. Bacquet (Hrsg.), Next Generation Internet of Things – Distributed Intelligence at the Edge and Human Machine-to-Machine Cooperation. River Publishers Series of Communication, River Publishers: Gistrup, Delft, S. 7-15, verfügbar unter: http://www.internet-of-things-research.eu/pdf/Next_Generation_Internet_of_Things_Distributed_Intelligence_at_the_Edge_IERC_2018_Cluster_eBook_978-87-7022-007-1_P_Web.pdf; abgerufen am: 22. Juni 2022.

Cambridge Consultants (2017), Review of latest developments in the Internet of Things, verfügbar unter: https://www.ofcom.org.uk/__data/assets/pdf_file/0007/102004/Review-of-latest-developments-in-the-Internet-of-Things.pdf; abgerufen am: 22. Juni 2022.

Ericsson (2018), IoT connections outlook, verfügbar unter: https://web.archive.org/web/20190428200330/https://www.ericsson.com/en/mobility-report/reports/november-2018/iot-connections-outlook; abgerufen am: 22. Juni 2022.

Europäische Kommission (2017), Cross-Cutting Business Models for IoT, Report, verfügbar unter: https://publications.europa.eu/en/publication-detail/-/publication/5e6cd2bb-113c-11e8-9253-01aa75ed71a1; abgerufen am: 22. Juni 2022.

Europäische Kommission (2019), Forschung und Innovation – Europäische Partnerschaft für intelligente Netze und Dienste (2019), verfügbar unter: https://ec.europa.eu/info/law/better-regulation/initiatives/ares-2019-4972300_de; abgerufen am: 22. Juni 2022.

Evans, D. (2011), The Internet of Things, Cisco Internet Business Solutions Group (2011), verfügbar unter: https://www.cisco.com/c/dam/en_us/about/ac79/docs/innov/IoT_IBSG_0411FINAL.pdf; abgerufen am: 22. Juni 2022.

George, S., G. Hunt und R. Malaviarachchi (2018), Vortrag: Microsoft IoT Overview, Vision and Roadmap. 7. Mai 2018, Microsoft Build 2018, verfügbar unter: https://channel9.msdn.com/Events/Build/2018/BRK2154; abgerufen am: 22. Juni 2022.

IAM (2019), Patent litigation trends in the Internet of Things, verfügbar unter: https://www.iam-media.com/patent-litigation-trends-internet-things; abgerufen am: 22. Juni 2022.

International Telecommunication Union (2012), Overview of the Internet of things, verfügbar unter: https://www.itu.int/rec/dologin_pub.asp?lang=e&id=T-REC-Y.2060-201206-I!!PDF-E&type=items; abgerufen am: 22. Juni 2022.

Li, S, L. D. Xu und S. Zhao (2018), 5G Internet of Things: A Survey, *Journal of Industrial Information Integration*, 10, 2018, S. 1-9, verfügbar unter: https://doi.org/10.1016/j.jii.2018.01.005; abgerufen am: 22. Juni 2022.

OECD (2018), IoT measurement and applications, OECD Digital Economy Papers, No. 271, OECD Publishing: Paris, verfügbar unter: https://doi.org/10.1787/35209dbf-en; abgerufen am: 22. Juni 2022.

Park, E., A. P. Del Pobil, und S. J. Kwon (2018) The Role of Internet of Things (IoT) in Smart Cities: Technology Roadmap-oriented Approaches, *Sustainability*, 10(59), verfügbar unter: https://www.mdpi.com/2071-1050/10/5/1388; abgerufen am: 22. Juni 2022.

Rohen, M (2017), IoT Driving Digital Transformation – Impact on Economy and Society, in: Vermesan, O. und J. Bacquet (Hrsg), Cognitive Hyperconnected Digital Transformation – Internet of Things Intelligence Evolution, River Publishers Series in Communication, River Publishers: Gistrup, Delft, S. 1-5, verfügbar unter: http://www.internet-of-things-research.eu/pdf/Cognitive_Hyperconnected_Digital_Transformation_IERC_2017_Cluster_eBook_978-87-93609-10-5_P_Web.pdf; abgerufen am: 22. Juni 2022.

The Shift Project (2019), Lean ICT - Towards digital Sobriety, verfügbar unter: https://theshiftproject.org/wp-content/uploads/2019/03/Lean-ICT-Report_The-Shift-Project_2019.pdf; abgerufen am: 22. Juni 2022.

Taylor, S. (2013), The Next Generation of the Internet, Cisco Internet Business Solutions Group, verfügbar unter: https://www.cisco.com/c/dam/en_us/about/ac79/docs/sp/Next-Generation-of-the-Internet.pdf; abgerufen am: 22. Juni 2022.

Technologiestiftung Berlin (2017), IoT in Berlin, verfügbar unter: https://www.technologiestiftung-berlin.de/fileadmin/Redaktion/PDFs/Bibliothek/Studien/2017/170504_IoT-Report_Web.pdf; abgerufen am: 22. Juni 2022.

Vermesan, O. et al. (2017), Internet of Things Cognitive Transformation Technology Research Trends and Applications, in: Vermesan, O. und J. Bacquet (Hrsg), Cognitive Hyperconnected Digital Transformation – Internet of Things Intelligence Evolution, River Publishers Series in Communication, River Publishers: Gistrup, Delft, S. 17-95, verfügbar unter: http://www.internet-of-things-research.eu/pdf/Cognitive_Hyperconnected_Digital_Transformation_IERC_2017_Cluster_eBook_978-87-93609-10-5_P_Web.pdf; abgerufen am: 22. Juni 2022.

Vermesan, O et al. (2018), Internet of Things Cognitive Transformation Technology Research Trends and Applications, in: Vermesan, O. und J. Bacquet (Hrsg.), Next Generation Internet of Things – Distributed Intelligence at the Edge and Human Machine-to-Machine Cooperation. River Publishers Series of Communication, River Publishers; Gistrup, Delft, S. 17-95, verfügbar unter: http://www.internet-of-things-research.eu/pdf/Next_Generation_Internet_of_Things_Distributed_Intelligence_at_the_Edge_IERC_2018_Cluster_eBook_978-87-7022-007-1_P_Web.pdf; abgerufen am: 22. Juni 2022.

Zhang, E. et al. (2020) The 10 Research Topics in the Internet of Things, 2020 IEEE 6th International Conference on Collaboration and Internet Computing (CIC) Atlanta, GA, USA, S. 34–43, verfügbar unter: https://doi.org/10.1109/CIC50333.2020.00015; abgerufen am: 11. November 2022.

3.7 *Künstliche Intelligenz*

3.7.1 Technologiesteckbrief

Kurzbeschreibung

Die hochrangige Expertengruppe zu Künstlicher Intelligenz (KI) der Europäischen Kommission definiert KI als Systeme, die intelligentes Verhalten zeigen, indem sie ihre Umgebung analysieren und – mit einem gewissen Grad an Autonomie – Maßnahmen ergreifen, um bestimmte Ziele zu erreichen. KI-basierte Systeme können rein softwarebasiert sein, in der virtuellen Welt agierend (z. B. Sprachassistenten, Bildanalysesoftware, Suchmaschinen, Sprach- und Gesichtserkennungssysteme) oder KI kann in Hardware eingebettet sein (z. B. hochentwickelte Roboter, autonome Autos, Drohnen oder Anwendungen im Internet der Dinge) (vgl. Europäische Kommission, 2019, S. 1).

Nach Bitkom (vgl. 2018), ist dieser und vielen anderen Definitionen der KI gemein, dass sie auf Begriffe wie Intelligenz oder Kognition zurückgreifen, die ihrerseits unscharf definiert und in ihrer Fülle nur schwer zu fassen sind. Daher wird (vgl. ebenda) ein pragmatisches „Periodensystem der KI" verwendet, das eine Zusammenstellung allgemeiner Fähigkeiten von KI bietet in den drei Kategorien: Bewerten, Folgern und Reagieren.

Bewerten: Spracherkennung, Stimmidentifizierung, Geräuscherkennung, Geräuschidentifizierung, Gesichtserkennung, Gesichtsidentifizierung, Objekterkennung in Bildern, Objektidentifizierung in Bildern, Extraktion von Informationen aus Texten, Objekt- und Situationserkennung aus Sensordaten, Erkennung von Tatsachen und Ereignissen aus der Analyse von Daten und Sensordaten.

Folgern: Vorhersagende Folgerungen, erklärende Folgerungen, synthetische Argumentationen zur Vorhersage oder Erklärung, Erstellung von Aktionsplänen, Problemlösung als Abfolge von Aktionen zur Erreichung eines Zielzustandes, Entscheidungsfindung als Auswählen eines Plans oder eines Lösungsweges, Sprachverstehen, Sprachgenerierung, Erkennen neuer Kategorien, Wissensverfeinerung in der Überarbeitung von Wissen oder Regeln, Erkennen von Beziehungen zwischen Merkmalen.

Reagieren: Steuern autonomer Fahrzeuge, die mit anderen Fahrzeugen interagieren; Steuern von Robotern, die mit Menschen interagieren; Manipulieren von Objekten, mit denen auch Menschen arbeiten; Kommunikation zwischen Mensch und Maschine unterstützen; Steuern anderer Maschinen.

Aus diesen Elementen lassen sich „Element-Tripel“ mit der Struktur Bewerten-Folgern-Reagieren zusammenstellen, die jeweils typische Verarbeitungsschritte eines KI-Anwendungsfalls beschreiben und zugleich allein aufgrund der Vielzahl an Kombinationen die Breite möglicher KI-Anwendungen verdeutlichen. Die Autoren weisen darauf hin, dass die Auswahl und Zusammenstellung der Elemente als vorläufig anzusehen seien, so aber auch die Notwendigkeit einer statischen Definition überwunden werden könne (vgl. Bitkom, 2018, S. 22 f.).

Lösungsversprechen / Erwartungen

- Technische Nachbildung kognitiver Fähigkeiten, die zuvor nur Menschen eigen waren
- Lernfähigkeit
- Stetige Zunahme der nachbildbaren kognitiven Fähigkeiten und der Leistungsfähigkeit der Nachbildungen einzelner kognitiver Fähigkeiten, jedoch als technologische Inselbegabungen
- Extreme breite Einsatz- und Anwendungsmöglichkeiten in der Summe aller Inselbegabungen

Anwendungsbranchen

Sämtliche Branchen

Akteure, Konsortien bzw. Aktivitäten (Auswahl)
- Große Technologieunternehmen: Google, Microsoft, Amazon, Facebook, IBM, Apple, Baidu, Alibaba, Tencent
- Global Partnership on AI
- AI Strategy Advisory Committee, China
- AI Task Force, Indien
- The AI Initiative, USA

- AI Now Institute, USA
- Partnership on AI, USA
- OpenAI, USA
- Confederation of Laboratories for Artificial Intelligence Research in Europe („CLAIRE"), EU
- High-Level Expert Group on AI, EU
- Plattform Lernende Systeme, Deutschland

Verwandte Technologien
- Digitale Plattformen
- Big Data
- Autonome Systeme
- Neuromorphe Elektronik
- Neuronale Netze
- Maschinelles Lernen, Deep Learning

Einschätzung

Das Thema Künstliche Intelligenz hat in den gut siebzig Jahren seiner wechselvollen, modernen Geschichte verschiedene Phasen von Begeisterung und Ernüchterung durchlaufen. In den letzten gut zehn Jahren überwiegen Erfolgsgeschichten und Beispiele nützlicher, überzeugender Anwendungen. Als Gründe werden genannt die allgemeine Steigerung der Rechenleistung, die Entwicklung leistungsfähiger Spezialhardware, Cloud Computing sowie riesige Sätze von Trainingsdaten, die mit der globalen Verbreitung und Nutzung digitaler Plattformen für deren Betreiber verfügbar wurden, sowie der Durchbruch des maschinellen Lernens in der Form des sog. „deep learning". Auch trägt der allgemeine Trend zur Digitalisierung zu einem Bedeutungszuwachs für die verschiedenen Formen der KI bei und setzt eine Art Selbstverstärkung in Gang. Denn in dem Maße, in dem die Digitalisierung alle Lebensbereiche durchdringt, fallen zunehmend entsprechende Massendaten an, die den Formen der KI neue Anwendungsmöglichkeiten eröffnen, die ihrerseits Wirkung in eben all diese Lebensbereiche hinein entfalten können. Daher wird die wirtschaftliche Bedeutung der KI als immens betrachtet. Daneben spielen aber auch geopolitische Facetten des Themas eine große Rolle. Vor diesem Hintergrund ist ein globaler KI-Forschungs- und Technologie-Wettlauf entbrannt und es herrscht die Wahrnehmung hoher Dringlichkeit.

Es sollte in der Bewertung aber nicht übersehen werden, dass die erfolgreichen Formen der KI heute noch eng umgrenzte Fähigkeiten (Inselbegabungen) aufweisen und sehr große, validierte Datensätze zum Training benötigen und wohl auch in absehbarer Zukunft weiter benötigen werden. Dies kann einerseits als Einschränkung der konkreten Anwendungsmöglichkeiten betrachtet werden, andererseits kann darin aber auch die Chance gesehen werden, dass das globale Rennen offen ist und dass noch Raum und wirtschaftliches Potenzial für neue KI-Lösungen gegeben ist, die die genannten Begrenzungen zumindest teilweise überwinden können.

Stärken und Schwächen in sowie Chancen und Risiken für Deutschland

Stärken
- Differenzierte und leistungsfähige Forschungslandschaft
- Breit aufgestellte Wirtschaftsstruktur
- Technologieführerschaft in wichtigen Industriefeldern
- Existenz einer nationalen KI-Strategie

Chancen
- Zunehmende Anwendungen in der Wirtschaft
- Große Potenziale für Wertschöpfung der Zukunft
- Enorme Chancen für das stark mittelständisch geprägte verarbeitende Gewerbe
- Wertschöpfungspotenziale durch Datenaustausch zwischen mittelständischen Unternehmen
- Nutzung für die öffentliche Verwaltung

Schwächen
- Fehlende zeitliche Freiräume für Weiterqualifikationen der Belegschaft aufgrund hoher Auslastung in vielen KMU
- Kontroverse Wahrnehmung von KI in weiten Teilen der Bevölkerung

Risiken/Herausforderungen
- Hohe Investitionen der großen Digitalkonzerne
- Steigende öffentliche Investitionen in vielen Ländern weltweit
- Wachsender internationale Wettbewerb um Talente, Technologien, Daten und Investitionen
- Strukturwandel von Wirtschaft, Arbeitsmarkt und Gesellschaft
- Transfer von neuen KI-Technologien in die Breite der Wirtschaft
- Anpassung gesetzlicher Rahmenbedingungen zur Nutzung der KI
- Kooperation zwischen Staat und Privatwirtschaft zum Aufbau vertrauenswürdiger Infrastrukturen zum Teilen von Daten

Indikator für Dynamik

Abbildung 3.7.1 Gesamtinvestition in KI-Startups über die Zeit

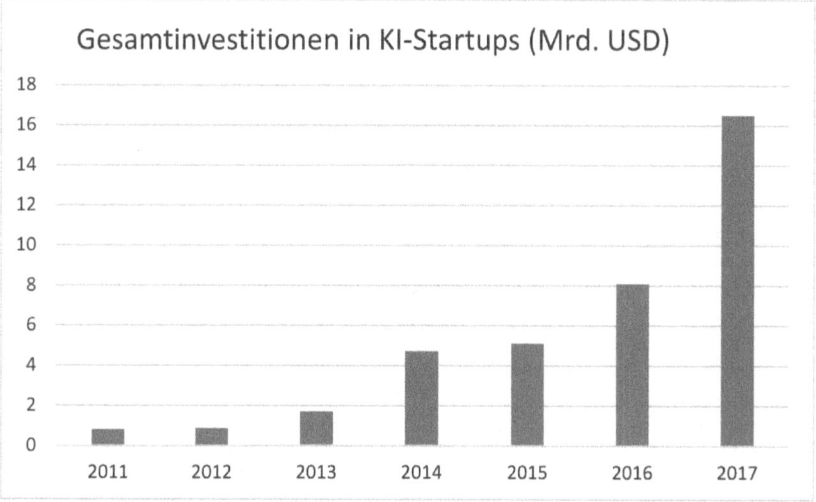

Quelle: OECD-Schätzungen basierend auf Crunchbase-Daten (Juli 2018) (vgl. OECD, 2018), eigene Darstellung.

3.7.2 Anwendungsroadmap

Das Feld der Künstlichen Intelligenz zeichnet sich durch die Besonderheit aus, dass die oben genannten großen Technologieunternehmen nicht nur wirtschaftlich in der Anwendung der KI führend sind, sondern auch als führende Akteure in der Forschung gelten. Zwar gibt es Konferenzbeiträge und Publikationen dieser Unternehmen, die naturgemäß nur einen Teil der Forschungsarbeiten wiedergeben – mutmaßlich die Teile mit einem geringen unmittelbar erwarteten Anwendungs- und Produktbezug. Sie müssen überdies als Teil der breiteren Unternehmenskommunikation gewertet werden, die zudem insgesamt nur selten Aussagen zur langfristigen Ausrichtung bzw. konkrete mittel- bis langfristige Anwendungsziele enthält. Bei allen identifizierbaren Unternehmensaussagen ist zu berücksichtigen, dass sie mit dem wirtschaftlichen Interesse erfolgen, das jeweilige Unternehmen und dessen Produkte in einem guten Licht erscheinen zu lassen.

Vor diesem Hintergrund werden im Folgenden beispielhaft zwei öffentliche Äußerungen großer Technologieunternehmen und zwei Darstellungen zu Anwendungsvisionen aus dem Feld der öffentlich finanzierten KI-Forschung wiedergegeben, um die Bandbreite an vorliegenden Zukunftserwartungen zu umreißen.[125],[126]

---

125 Die Themen allgemeiner künstlicher Intelligenz mit menschenähnlichen („artificial general intelligence" – „AGI") oder übermenschlichen Fähigkeiten („artificial superintelligence" – „ASI") werden an dieser Stelle nicht betrachtet. Auch wenn diese beiden hypothetischen Formen der KI bereits heute hitzige Debatten auslösen, herrscht doch weitgehende Einigkeit, dass deren Realisierung in jedem Fall noch (wesentlich) mehr als fünfzehn Jahre in der Zukunft und damit außerhalb des Zeithorizontes dieser Untersuchung liegt.

126 Verwiesen sei auch auf einen Beitrag in der Technology Review, der die aktuelle Zukunftsbefassung mit KI kritisch reflektiert und sieben typische Fehler benennt: 1. Die Auswirkungen von Technologien (hier KI) werden kurzfristig häufig überschätzt, während langfristige Auswirkungen eher unterschätzt werden. 2. Es wird zur Skepsis geraten, bei Aussagen über zukünftige Technologien, die „magisch" klingen. Wenn die Fähigkeiten einer zukünftigen Technologie sehr weit vom heutigen Stand der Technik entfernt sind, dann sind deren unvermeidliche Schwächen nicht präzise zu benennen. Dadurch wird es schwierig, die Zukunftsvorstellungen sachlich zu kritisieren. 3. In Bezug auf die Extrapolation der Fähigkeiten von KI-Systemen beobachtet der Autor eine Neigung, das menschliche Lernverhalten und die menschliche Aneignung von Kompetenzen auch auf die Entwicklung von KI-Systemen zu übertragen und auch hier eine natürlich vorgegebene Abfolge zu unterstellen, die aber nicht gegeben sei. 4. Im gleichen Sinne wird vor sog. Kofferbegriffen gewarnt – wie etwa dem Wort „Lernen", das eine große Breite an Assoziationen transportiert für technische Systeme aber ganz anders realisiert wird als dies in Bezug auf das menschliche Lernen der Fall ist. 5. Es wird zudem darauf verwiesen, dass eine Gefahr darin besteht, exponentielle Entwicklungen zu lange fortzuschreiben. Konkret werden die durch „deep learning" ermöglichten Erfolge als ein isoliertes Ereignis mit einem Vorlauf von 30 Jahren Forschung bezeichnet, von denen unklar sei, wie lange sie einen exponentiell erscheinenden Fortschritt aufrechterhalten können. 6. Es wird vor Hollywood-Szenarien gewarnt, die darauf beruhen, dass sich ein bestimmter Aspekt – bspw. die Realisierung von humanoiden Robotern – plötzlich ändert, während die restlichen Lebensumstände weitgehend unverändert bleiben, weil die Phantasie nicht ausreicht sich sämtliche weiteren Änderungen auch noch vorzustellen. Tatsächlich dauern solche und vergleichbare Entwicklungen dem Autor zufolge so lange, dass sich auch die weiteren Lebensumstände allmählich ändern und auch über eine längere Zeit Erfahrung im Umgang mit der neuen Technologie gesammelt und Fehlentwicklungen begegnet wird 7. Schließlich wird darauf hingewiesen, dass nur die Verbreitung neuer Software sehr schnell geschieht, während bei allen Formen neuer Hardware wesentlich längere Lebenszyklen zum Tragen kommen, die auch die Verbreitungsgeschwindigkeit begrenzen. Vgl. dazu Technology

Google – AI First

In einem Vortrag kündigte der Vorstandsvorsitzende von Google einen Wechsel der Strategie des Unternehmens an, wonach in Zukunft statt bisher mobiler Anwendungen („Mobile first") nun KI-Anwendungen („AI first") an erster Stelle stehen und sämtliche Produkte aus der Perspektive der Verwendung von maschinellem Lernen und KI neu gedacht werden sollen (vgl. Pichai, 2017). Als ein konkretes Beispiel wird angeführt, dass in dem Kartendienst des Unternehmens KI-basierte Vorhersagen zur Parkplatzverfügbarkeit integriert werden sollen. Mit dem Strategiewandel soll ein radikales Umdenken erfolgen, wie Computer in Zukunft genutzt werden. Computer sollen sich demnach dem Lebensstil der Nutzer anpassen und nicht mehr Nutzer ihr Verhalten an den Computer. Genannt werden vier Attribute für den zukünftigen, übergangslosen und natürlichen Umgang mit dem Computer (i) dialogisch und sensorisch mit Sprache, Gesten und Blicken, (ii) als Teil der Umgebung unter Verwendung mehrerer Endgeräte, (iii) kontextabhängig sowie (iv) lernend und anpassungsfähig. Zeithorizonte, Teilschritte sowie weitere konkrete Produkte werden nicht genannt.

Microsoft – Buchpublikation: Künstliche Intelligenz

Mit dem Buch „The Future Computed. Die gesellschaftliche Bedeutung von Künstlicher Intelligenz" (2018), möchte Microsoft eine Anregung geben zum Austausch und zum Nachdenken über die gesellschaftliche Bedeutung der KI. Im Vorwort wird die Frage aufgeworfen: „*Wie wird unser (…) Alltag in zwanzig Jahren aussehen?*" (Microsoft, 2018, S. 7) und nachfolgend beantwortet mit der Einleitung: „*Wir bei Microsoft stellen uns eine Welt vor, die (…)*" (ebenda). In der folgenden Tabelle 3.7.1 werden diese Vorstellungen knapp zusammengefasst, alle Aussagen beziehen sich auf das Jahr 2038, wobei keine näheren Angaben zu Zwischenschritten oder Prioritäten gemacht werden.

Review, 06. April 2017, Essay: Die sieben Todsünden der KI-Vorhersagen, verfügbar unter: https://www.heise.de/tr/artikel/Essay-Die-sieben-Todsuenden-der-KI-Vorhersagen-4003150.html?seite=all; abgerufen am: 22. Juni 2022.

Tabelle 3.7.1 Anwendungsroadmap Künstliche Intelligenz, Microsoft

Künstliche Intelligenz	2020	2021	2022	2023	2024	2025	2026	2027	2028	2029	2030	2031	2032	2033	2034	2035+
Medien, DL																MS1
Telekomm.																MS2
DL																MS3
DL																MS4
Mobilität																MS5
DL																MS6
Gesundheit																MS7
DL																MS8
Gesundheit																MS9
Log., Ges.																MS10
Gesundheit																MS11
DL																MS12
Recht																MS13

Quelle: vgl. (Microsoft, 2018), *eigene Darstellung*

MS1: Sprachassistent weckt zur richtigen Zeit, stellt interessante Nachrichten vor, weist auf Termine hin, berücksichtigt die Verkehrslage bei der Erinnerung an Termine, bestellt Geburtstagsgeschenke und verabredet ein Treffen zum Mittagessen und reserviert dazu einen Tisch (vgl. ebenda).

MS2: Arbeitsbesprechung in „mixed reality“ von zuhause (vgl. ebenda, S. 8).

MS3: Automatische Übersetzung von gesprochenem Wort und Text bei einer Besprechung mit Präsentationen in die jeweilige Muttersprache aller beteiligten Personen (vgl. ebenda).

MS4: Digitaler Assistent fasst Arbeitsergebnisse zusammen und überträgt Aufgaben in die Kalender der zuständigen Personen (vgl. ebenda).

MS5: Fahrt mit einem fahrerlosen Auto ins Büro (vgl. ebenda).

MS6: Digitaler Assistent fasst Informationen zusammen und erstellt Infografiken, beantwortet routinemäßige E-Mails, plant auf der Basis eines Projektplanes weitere Termine (vgl. ebenda).

MS7: Intelligente Geräte überwachen persönlichen Gesundheitszustand (vgl. ebenda).

MS8: Digitaler Assistent vereinbart ggf. Arzttermine und arrangiert Routineuntersuchungen und Impfungen (vgl. ebenda, S. 9).

MS9: Telemedizin und personalisierte Medizin: Treffen mit Ärztin zum virtueller Gesundheitscheck, Mobilgeräte erfassen Gesundheitsdaten und senden sie an die Ärztin, Diagnose erfolgte KI-unterstützt und unter Berücksichtigung der individuellen physiologischen Merkmale (vgl. ebenda).

MS10: Drohne liefert Medikamente innerhalb weniger Stunden (vgl. ebenda).

MS11: Digitaler Assistent überwacht Genesungsprozess und vereinbart weitere Arztkontakte soweit erforderlich (vgl. ebenda).

MS12: Digitaler Assistent plant nach Vorgaben Urlaub und erstellt nach Verfügbarkeit und dem persönlichen Budget individuelle Reisepläne (vgl. ebenda, S. 10).

MS13: Eigene KI-Anwälte befassen sich mit KI-Recht und nutzen KI in ihrer Arbeit (vgl. ebenda, S. 13).

Öffentliche US-Roadmap des „Computing Community Consortium" und der „Association for the Advancement of Artificial Intelligence"

Basierend auf früheren Publikationen (vgl. Stone et al., 2016; Computing Community Consortium, 2016; NITRD, 2019) und im Einklang mit diesen arbeitet die hier ausgewertete Roadmap (vgl. Computing Community Consortium, 2019) mit kurzen Geschichten, die zukünftige Anwendungsmöglichkeiten der KI beschreiben. Eine Auswahl dieser – als Vignetten bezeichneten – Geschichten ist im Folgenden knapp zusammengefasst, siehe Tabelle 3.7.2. Es wird auch eine Forschungsroadmap abgeleitet mit je einem ambitionierten Forschungszielbild für 2040 („stretch goal") je technologischem Teilgebiet sowie Zwischenschritten in 5, 10 und 15 Jahren (vgl. ebenda). Diese technologischen Meilensteine werden hier nicht wiedergegeben, da nicht im Einzelnen dargestellt wird, welche unterschiedlichen Anwendungen je nach erreichtem Meilenstein ermöglicht werden.

Tabelle 3.7.2 Anwendungsroadmap Künstlichen Intelligenz, Computing Community Consortium.

Künstliche Intelligenz	2020	2021	2022	2023	2024	2025	2026	2027	2028	2029	2030	2031	2032	2033	2034	2035+
Gesundheit																CCC/ AAAI1
Gesundheit																CCC/ AAAI2
Bildung																CCC/ AAAI3
Unternehmensber.																CCC/ AAAI4
Bildung																CCC/ AAAI5
Pharma																CCC/ AAAI6
Sicherheit																CCC/ AAAI7

(Quelle: vgl. ebenda*, eigene Darstellung)*

CCC/ AAAI1: Eine Patientin mit mehreren chronischen Krankheiten verwendet ein KI-System als persönlichen Assistenten. Das System überwacht die persönlichen physiologischen Gesundheitsdaten der Patientin, wertet aktuelle wissenschaftliche Erkenntnisse im Hinblick auf ihren Nutzen für die Patientin aus, gibt Empfehlungen für den Alltag und nimmt in natürlicher Sprache Einschätzungen der Patientin zu ihrem Befinden entgegen. Bei Arztbesuchen übermittelt das System unter Zustimmung der Patientin eine Zusammenfassung der Symptome und den Verlauf der Krankheitsbilder (vgl. ebenda, S. 17).

CCC/ AAAI2: In einem Krankenhaus werden die physiologischen Parameter aller Patienten auf einer Station durch ein KI-System überwacht, das auch erkennt, wenn für Patienten neue Untersuchungen bzw. Laborwerte sinnvoll sind. Dadurch ist es möglich, dass eine Krankenschwester eine Station von 50 Patienten überwacht. Wenn es zu einer Situation kommt, die eine Person nicht mehr alleine bewältigen kann, wird automatisch weitere Unterstützung angefordert (vgl. ebenda, S. 18).

CCC/AAAI3: Im Jahr 2035 sind Fabriken weitgehend automatisiert. Durch technische Fortschritte wird nun die Automatisierung bislang verbliebener manueller Tätigkeiten möglich. Um ihre loyalen Mitarbeiter halten zu können, nutzt ein Unternehmen ein KI-basiertes Fortbildungssystem zur Vermittlung von Fähigkeiten für neue Aufgaben in der Qualitätssicherung und im Management. Das System ist für jeden Nutzer personalisiert. Die Arbeitskräfte, die andernfalls entlassen würden, können nun für neue Aufgaben innerhalb des Unternehmens qualifiziert werden. Dies bietet den Vorteil gegenüber Neueinstellungen, dass die vorhandenen Arbeitskräfte die Produkte und Dienstleistung des Unternehmens bereits gut kennen (vgl. ebenda, S. 21).

CCC/AAAI4: Ein Unternehmen, das von komplexen Lieferketten abhängig ist, nutzt ein KI-Beratungssystem, um internationale Nachrichten auf mögliche Implikationen für die Stabilität der Versorgung mit benötigten Teilen zu analysieren. Eine Nachricht über Unruhen in einem Land wäre unbeachtet geblieben, weil zu diesem Land keine direkten Beziehungen bestehen. Das Beratungssystem macht jedoch deutlich, dass die Möglichkeit der Zunahme von Piraterie in der Region eine wahrscheinliche Folge der Unruhen ist, auf die das Unternehmen umgehend mit Vorsichtsmaßnahmen reagiert (vgl. ebenda, S. 18).

CCC/AAAI5: Ein kostenlos verfügbares KI-System zeigt einer arbeitslosen Person individuell zugeschnitten neue Karrierechancen auf und benennt jeweils fehlende Qualifikationen. Diese können in Online-Kursen mit einem KI-Assistenten erworben werden. Inzwischen ist es üblich, dass in Präsenzklassen mit menschlichen Lehrern ein KI-System die Beteiligung und Lernfortschritte der Schüler nachverfolgt und spezifische Hinweise gibt, welcher Schüler welche Art von Unterstützung benötigt (vgl. ebenda, S. 39).

CCC/ AAAI6: Aufgrund kontinuierlicher Investitionen in KI in den Bereichen Medizin, Chemie und Biologie ist im Jahr 2040 die Medikamentenentwicklung revolutioniert. Durch umfangreiche Datensammlung gibt es umfassende Informationen zu Gesundheit und Lebensgewohnheiten. Außerdem gibt es zuverlässige Modelle für den normalen Stoffumsatz im Körper und viele andere biologische Prozesse, so dass KI-Algorithmen für viele Erkrankungen Hypothesen zu den Ursachen aufstellen können. Ein Großteil der Medikamentenentwicklung lässt sich auf dieser Basis KI-gestützt im Rechner durchführen. Auch die klinische Erprobung der besten Kandidatenmoleküle erfolgt sehr schnell, weil es mit den umfangreichen Daten zu Patienten – bei vollständiger Wahrung der Privatsphäre und Anonymität – leichter ist, Personen für die Erprobung der Medikamente zu rekrutieren und die Erfolgsaussichten gegenüber heute drastisch erhöht wurden (vgl. ebenda, S. 61).

CCC/ AAAI7: Ein Wirbelsturm bedroht eine Großstadt. Ein KI-System, das die Daten von hunderttausenden von Kameras und Sensoren auswertet, hilft dabei die Evakuierung von 10 Millionen Menschen zu planen und durchzuführen. Das System ist darauf trainiert die Straßenkapazitäten bei normalem Verkehr abzuschätzen je nach Tageszeit und der prognostizierten Verteilung der Bevölkerung basierend auf vorliegenden Verhaltensdaten. Davon ausgehend wird die Verkehrssteuerung geplant unter Einbeziehung von Echtzeitdaten zur Wetterlage, dem Ausmaß an Überflutung, aktueller Baustellen und Verkehrsunfällen. Dabei können ebenfalls in Echtzeit Äußerungen der Bewohner in den sozialen Medien zu ihrer Lage mit einbezogen werden. Ein feindlicher Widersacher nutzt die Notsituation zu einem Cyberangriff, wobei automatisierte Fahrzeuge mit Malware angegriffen werden und in den sozialen Medien Bots Falschinformationen verbreiten. Jedoch erkennen die Sicherheitssysteme der Fahrzeuge die Inkonsistenzen zwischen den Nutzerbefehlen und den physischen Reaktionen der Fahrzeuge und die laufende Analyse der Stadt zu den sozialen Medien und löst kommunikative Gegenmaßnahmen aus, die bereits bei breiten Bevölkerungsschichten ihre Wirksamkeit gezeigt haben (vgl. ebenda, S. 65).

Plattform Lernende Systeme

Tabelle 3.7.3 Anwendungsroadmap Künstliche Intelligenz, Plattform Lernende Systeme

Künstliche Intelligenz	2020	2021	2022	2023	2024	2025	2026	2027	2028	2029	2030	2031	2032	2033	2034	2035+
U-Beratung					PLS1											
Mobilität					PLS2											
Gesundheit					PLS3											

Quelle: vgl. Plattform Lernende Systeme, 2019a; 2019b; 2019c, *eigene Darstellung*

Erläuterung: Die angegebenen Zeitfenster stellen dar, wann die betreffende Anwendung realisiert sein könnte.

PLS1: Eine Unternehmensberaterin arbeitet im Zug auf dem Weg zu einem Kundentermin. Sie nutzt einen Information-Butler, den sie angewiesen hat, nur dringende Nachrichten weiterzuleiten, um ungestört arbeiten zu können. Eine neue Kostenschätzung für den anstehenden Termin leitet der Butler weiter und hat diese bereits so aufbereitet, dass sie sich schnell einen Überblick verschaffen kann. Mit Blick auf zwei neue Teilnehmenden befragt sie ihren Information-Butler zu näheren Informationen über deren Vorwissen. Daraufhin ergänzt sie ihre Präsentation noch um zwei Beispiele, die sie mit Unterstützung des Butlers zugeschnitten auf den beiden Teilnehmenden aussucht (vgl. Plattform Lernende Systeme, 2019a).

PLS2: Eine Frau lebt in einem Dorf in Brandenburg und hat am Nachmittag einen Termin im Zentrum von Berlin. Sie möchte dorthin mit ihrem Auto fahren und nutzt einen KI-basierten virtuellen Reiseassistent. Aufgrund einer neu eingerichteten Baustelle auf der Autobahn prognostiziert das intelligente System eine verlängerte Fahrzeit, obwohl momentan noch kein Stau entstanden. Das System empfiehlt, mit dem zum nächsten Bahnhof zu fahren und dort den Zug nach Berlin zu nehmen.

Weiter empfiehlt das System für diese Fahrt eine kostenpflichtige Mitfahrgelegenheit anzubieten. Sie ist einverstanden. Die Abwicklung per Smartphone ist aufgrund der Personalisierung schnell, einfach und sicher. Der Zug nach Berlin ist an diesem Tag deutlich länger als sonst, weil auch die Deutsche Bahn auf die neue Autobahnbaustelle reagiert hat und für die zusätzlichen Fahrgäste weitere Wagen bereitstellt. So erreicht die Frau ihren Termin pünktlich, sicher und bequem (vgl. Plattform Lernende Systeme, 2019b).

PLS3: Ein Mann erkrankt im Jahr 2024 an Lungenkrebs. Der 65-Jährige gehört zu den ersten Patienten, die mit der Unterstützung eines medizinischen KI-Assistenzsystems behandelt werden. Auf das System können alle behandelnden Ärztinnen und Ärzte zugreifen in allen Phasen der Behandlung – von der Vorsorge über die Diagnose und Therapie bis hin zur Nachsorge. Dadurch erhöhen sich die Überlebens- bzw. Heilungschancen deutlich (vgl. Plattform Lernende Systeme, 2019c).

Quellen und weiterführende Informationen

Bitkom (2018), Digitalisierung gestalten mit dem Periodensystem der Künstlichen Intelligenz – Ein Navigationssystem für Entscheider, verfügbar unter:https://www.bitkom.org/sites/default/files/2018-12/181204_LF_Periodensystem_online_0.pdf; abgerufen am: 22. Juni 2022.

Bundesregierung (2018), Strategie Künstliche Intelligenz der Bundesregierung, verfügbar runter: https://www.ki-strategie-deutschland.de/home.html?file=files/downloads/Nationale_KI-Strategie.pdf; abgerufen am: 22. Juni 2022.

Computing Community Consortium (2016), A Roadmap for US Robotics: From Internet to Robotics, verfügbar unter: https://www.cccblog.org/2017/01/03/2016-robotics-roadmap-and-the-national-robotics-initiative-2-0/; abgerufen am: 22. Juni 2022.

Computing Community Consortium (2019), A 20-Year Community Roadmap for Artificial Intelligence Research in the US, verfügbar unter: https://www.cccblog.org/2019/08/07/a-20-year-community-roadmap-for-ai-research-in-the-us-is-released/; abgerufen am: 22. Juni 2022.

Europäische Kommission (2019), High-Level Expert Group on Artificial Intelligence. A definition of AI: Main capabilities and scientific disciplines, verfügbar unter: https://ec.europa.eu/newsroom/dae/document.cfm?doc_id=56341; abgerufen am: 22. Juni 2022.

Microsoft (2018), The Future Computed. Die gesellschaftliche Bedeutung von Künstlicher Intelligenz, verfügbar unter: https://news.microsoft.com/cloudforgood/_media/downloads/the-future-computed-german.pdf; abgerufen am: 22. Juni 2022.

NITRD – Networking and Information Technology Research and Development (2019), The National Artificial Intelligence Research and Development Strategic Plan sowie Update (2019), verfügbar unter: https://www.nitrd.gov/pubs/National-AI-RD-Strategy-2019.pdf; abgerufen am: 22. Juni 2022.

OECD (2018), Private Equity Investment in Artificial Intelligence. OECD Going Digital Policy Note, verfügbar unter: https://www.oecd.org/sti/ieconomy/private-equity-investment-in-artificial-intelligence.pdf; abgerufen am: 22. Juni 2022

Pichai, S. (2017), Ausschnitte aus einem Vortrag aus Anlass der Produktpräsentation von „Google Pixel 2", verfügbar unter: https://www.youtube.com/watch?v=5WRJYEA-mwY; abgerufen am: 22. Juni 2022.

Plattform Lernende Systeme (2019a), Information-Butler fürs Büro, verfügbar unter: https://www.plattform-lernende-systeme.de/files/Downloads/Anwendungsszenarien/TwoPager_Information-Butler.pdf; abgerufen am: 22. Juni 2022.

Plattform Lernende Systeme (2019b), Intelligent vernetzt unterwegs, verfügbar unter: https://www.plattform-lernende-systeme.de/files/Downloads/Anwendungsszenarien/Factsheets_Carlas-Reise_1-5.pdf; abgerufen am: 22. Juni 2022.

Plattform Lernende Systeme (2019c), Mit KI gegen Lungenkrebs, verfügbar unter: https://www.plattform-lernende-systeme.de/files/Downloads/Anwendungsszenarien/TwoPager_Onkologie.pdf; abgerufen am: 22. Juni 2022.

Stone, P., R. Brooks, E. Brynjolfsson, R. Calo, O. Etzioni, G. Hager, J. Hirschberg, S. Kalyanakrishnan, E. Kamar, S. Kraus, K. Leyton-Brown, D. Parkes, W. Press, A. Saxenian, J. Shah, M. Tambe und A. Teller (2016), Artificial Intelligence and Life in 2030. One Hundred Year Study on Artificial Intelligence: Report of the 2015-2016 Study Panel, Stanford University: Stanford, CA, verfügbar unter: https://ai100.stanford.edu; abgerufen am: 22. Juni 2022.

3.8 Quantencomputer

3.8.1 Technologiesteckbrief

Kurzbeschreibung

In heutigen Computern werden Informationen als eine Abfolge von Bits gespeichert und verarbeitet, die entweder den Wert Null oder Eins darstellen. In einem Quantencomputer dagegen werden Information zur Speicherung und Verarbeitung in miteinander verschränkte Quantenbits (Qubits) übersetzt, die mehrere Werte gleichzeitig in einer Überlagerung enthalten. Diese Quantenbits unterliegen den Gesetzen der Quantenmechanik, wonach Rechenoperationen sich auf alle enthaltenen Wertekombinationen zugleich auswirken. Damit ist schon ein einzelner Quantenprozessor von sich aus massiv parallel. Hierauf beruhen letztlich die Erwartungen einer deutlich gesteigerten Rechenleistung von Quantencomputern im Vergleich zu klassischen Computern.

Die Technologie des Quantenrechners ist Teil des größeren aber eng verwandten Feld der Quantentechnologien, zu dem auch die Quantenkommunikation und die Quantensensorik gehören.

Quantenkommunikation beschäftigt sich generell mit der Informationsübertragung in Quantensystemen. Quantenkommunikation mit kurzer Reichweite ist erforderlich im Zusammenhang mit Quantencomputern etwa, um Informationen innerhalb der Quantencomputerhardware zu transportieren oder um eine Kommunikation zwischen verschiedenen Quantencomputern zu ermöglichen. Quantenkommunikation befasst sich auch mit langen Übertragungsstrecken von Hunderten von Kilometern. Dabei wird zusätzlich die Quantenkryptographie eingesetzt, die abhörsichere Kommunikationssysteme möglich macht. Dazu wird die Quanteneigenschaft ausgenutzt, dass sich unbekannte Quantenzustände nicht kopieren oder störungsfrei auslesen lassen. Etwaige Abhörversuche treten unweigerlich als Fehler in der Übertragung in Erscheinung und werden so entdeckt. Im bekanntesten Beispiel wird die Quantenkommunikation zur Verteilung eines kryptographischen Schlüssels verwendet, mit dem die Daten verschlüsselt und über klassische Kommunikationskanäle gesendet werden.

Quantensensorik bezeichnet die Erforschung und Entwicklung von Quantensystemen zur Messung physikalischer Eigenschaften wie bspw. Magnetische und elektrische Felder, Druck, Position, Zeit, Geschwindigkeit, Beschleunigung, Schwerkraft und Temperatur. Dabei wird ausgenutzt, dass Quantenzustände eine extreme Empfindlichkeit gegenüber Umwelteinflüssen aufweisen, wodurch Messungen wesentlich genauer möglich sind als mit klassischen Technologien.

Lösungsversprechen / Erwartungen

- Exponentielle Beschleunigung bestimmter Berechnungen
- Abhörsichere Kommunikation
- Ultrapräzise und ultraempfindliche Messungen

Anwendungsbranchen
- Handel
- Finanzen
- Versicherungen
- Logistik
- Telekommunikation
- Informationstechnologie
- Verteidigung
- Medizin
- Pharmazie
- Chemische Industrie
- Energie
- Bergbau
- Wissenschaft
- Luft- und Raumfahrt

Akteure, Konsortien bzw. Aktivitäten
- Google, Intel, Rigetti, D-Wave, IBM, Microsoft
- EU Quantum Technologies Flagship
- Quantentechnologien – Rahmenprogramm der Bundesregierung
- US National Quantum Initiative
- MEXT – Quantum Leap Flagship Program, Japan
- National Laboratory for Quantum Information Sciences, Hefei, China (geplant)
- Quantum Canada
- UK National Quantum Technologies Programme
- IEEE Rebooting Computing Initiative

Verwandte Technologien
- Neuromorphe Elektronik
- Spintronik
- Supraleitende Elektronik
- Mikroelektronik mit 2D-Materialien wie Graphen

Einschätzung

Quantencomputer versprechen eine exponentielle Beschleunigung bei der Ausführung bestimmter Berechnungen gegenüber dem Stand der Technik. Zudem sind Quantencomputer der einzige bekannte Ansatz, der eine solche Beschleunigung in Aussicht stellt. Aufgrund technischer und wissenschaftlicher Fortschritte in den vergangenen Jahren ist derzeit zu beobachten, dass weltweit große Forschungsprogramme aufgelegt werden und das Feld eine hohe Aufmerksamkeit und Dynamik erlebt. Dabei spielt es auch eine Rolle, dass weltweit mit einer permanenten Zunahme an Bedarf nach Datenverarbeitung gerechnet wird, während zugleich die Entwicklungsdynamik der konventionellen Elektronik nachlässt, so dass eine Offenheit für neue Architekturen und Systeme wie Quantencomputer und darüber hinaus zu erkennen ist.

Die abhörsichere Übertragung von Daten durch Quantenkommunikation, das langfristige Potential mit Quantencomputern heutige Verschlüsselungsstandards zu brechen sowie Anwendungen in der Erdbeobachtung, der Satellitenkommunikation und -navigation geben dem Feld sicherheitspolitische Relevanz und eine geopolitische Dimension.

Stärken und Schwächen in sowie Chancen und Risiken für Deutschland

Stärken
- wissenschaftliche Ausgangsposition
- Forschungs- und Technologieinfrastruktur
- Fachkräftebasis
- Ausdifferenzierte und vernetzte Forschungslandschaft
- Enge Vernetzung mit Unternehmen
- Existenz eines nationalen Programms zur Forschungsförderung

Chancen
- Technologietransfer von quantentechnologie-basierten Anwendungen in den Markt
- Schaffung neuer Märkte
- Entwicklung neuer Technologien für Regierungsaufgaben

Schwächen
- Industrielles Engagement
- Zugang zu Wagniskapital
- Marktorientierung

Risiken
- Abwanderung von Fachkräften

Indikator für Dynamik

Abbildung 3.8.1 Anzahl von Publikationen zu Quantencomputern über die Zeit

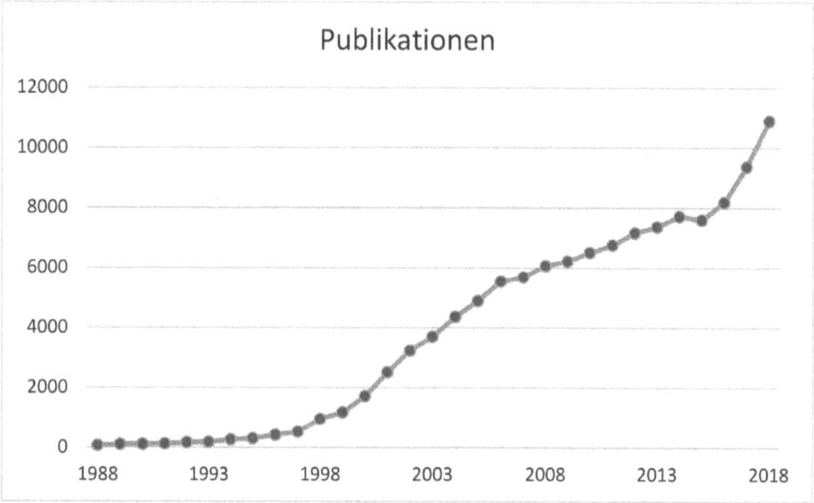

Datenquelle: Google Scholar – Trefferzahl zu „quantum computing“, eigene Darstellung.

3.8.2 Anwendungsroadmap

Aufgrund der einzigartigen technischen Möglichkeiten von Quantentechnologien wird die Erwartung geäußert, dass Durchbrüche in diesem Feld eine ähnlich große Bedeutung für viele Bereiche des Lebens haben könnten, wie dies mit dem Aufkommen der Satellitentechnik oder später mit dem Beginn der Digitalisierung in den 1990er-Jahren gegeben war (vgl. BMBF, 2018).

Allerdings werden kurzfristig keine großen wirtschaftlichen Erfolge erwartet (vgl. Crane et al., 2017). Einige Stimmen halten das Feld noch für so jung und die genauen Anwendungsperspektiven für so offen, dass Aussagen zu Zeithorizonten vermieden werden sollten (vgl. in diesem Sinne NASEM, 2019, S. 86; IEEE, 2018).[127]

Quantencomputer Anwendungen

Forschung und Entwicklung zu Quantencomputer kann in weiten Teilen als noch recht grundlagennah betrachtet werden. Für mittelfristig erreichbar erscheinende Quantencomputer sind derzeit noch keine kommerziell relevanten Anwendungen bekannt (NASEM, 2019, S. 83).

Es wird daher als wichtiger Meilenstein angesehen, dass entweder solche Anwendungen identifiziert werden oder dass wissenschaftlich der praktische Nachweis gelingt, dass Quantencomputer bei wenigstens einem Beispiel tatsächlich heutigen Berechnungsverfahren substanziell überlegen sind. Im günstigsten Fall werden in einigen Jahren erste kommerziell interessante Anwendungen für dann verfügbare Quantenrechner identifiziert. Mit den dann erzielten Überschüssen ließen sich weitere Investitionen in die Forschung finanzieren, so dass die Hoffnung geäußert wird, dass es so zu einer positiven Verstärkung käme, wie sie auch bei der konventionellen Elektronik und Moores Gesetz in Gang gekommen ist (vgl. ebenda, S. 19). Im schlechtesten Fall gelingt dies nicht und ein Quantenvorteil kann nicht sicher nachgewiesen werden. Dann wäre mit Auslaufen der jetzt beginnenden öffentlichen Förderprogramme auch vorläufig mit einem Ende der Forschungsdynamik zu rechnen und damit auch mit einer entsprechenden Verzögerung der technischen Fortschritte sowie der Realisierung etwaiger Anwendungen (vgl. ebenda, S. 178).

Ein Quantencomputer, der in der Lage wäre, die heute üblichen Verschlüsselungen zu brechen, wird heute als ein erst langfristig (frühestens in mehr als zehn Jahren) zu erreichendes Ziel betrachtet und bildet nicht mehr die primäre Motivation, zumal es erfolgversprechende Ansätze für neue Verschlüsselungsansätze gibt, die auch dem Angriff eines Quantencomputers standhalten sollen. Es wird aber auf eine auch in wirtschaftlicher Hinsicht hohe Dringlichkeit verwiesen, bereits jetzt mit der Aufstellung neuer Internetstandards zu beginnen, weil von einem Zeithorizont

127 *"In fact, QC has been on Gartner's list of emerging technologies 11 times between 2000 and 2017, each time listed in the earliest stage in the hype cycle, and each time with the categorization that commercialization is more than 10 years away (…)"* (NASEM, 2019, S. 158).

von mehr als zehn Jahren ausgegangen wird, bis diese neuen Standards in der Praxis umgesetzt werden (vgl. ebenda, S. 108).

Für staatliche Stellen, Geheimdienste und das Militär spielt die Fähigkeit zur Entschlüsselung von Nachrichten – auch nachträglich – sowie die abhörsichere Datenübertragung eine besonders große Bedeutung. Vor diesem Hintergrund ist es prinzipiell möglich, dass es Entwicklungen in diesem Feld gibt, die der Öffentlichkeit gar nicht oder zunächst nicht bekannt werden (vgl. ebenda, S. 157).

Als Beispiele für mögliche Anwendungen von Quantencomputern werden genannt die schnelle Suche in großen Datenbanken, die Routenplanung und Optimierung großer logistischer Systeme (vgl. BMBF, 2018). Daneben werden weitere mögliche Anwendungen auch in der Künstlichen Intelligenz, dem maschinellen Lernen und der Mustererkennung gesehen (vgl. ebenda).

Quantencomputer wird die Möglichkeit zugeschrieben, bedeutende Erkenntnisse über chemische Reaktionen und Phasenübergänge zu eröffnen, die einer systematischen und prädiktiven Berechnung mit konventionellen Rechnern nicht zugänglich sind. Solche Ergebnisse könnten auch kommerzielle Anwendungen finden in Bereichen wie Energiespeicherung, Gerätedisplays, Pharmazeutika, und Industriekatalysatoren – bspw. Für die Stickstofffixierung zur Produktion von Kunstdünger oder die Bindung von Kohlendioxid aus der Atmosphäre und damit gerade auch Themen sehr hoher gesellschaftlicher Relevanz adressieren (vgl. NASEM, 2019, S. 86). Weitere Anwendungen enthält Tabelle 3.8.1.

Tabelle 3.8.1 Anwendungsroadmap Quantencomputer

Quanten-computer	2020	2021	2022	2023	2024	2025	2026	2027	2028	2029	2030	2031	2032	2033	2034	2035+
Techn. Meilenstein	TM1: Demo. Quantenvorteil															
Techn. Meilenstein						TM2: Prototyp Quantensimulator										
Werkstoffe						WS1: neue komplexe Materialien										
Werkstoffe											WS2: variabler Quantensim.					
Pharmazie																Ph1: Q-Sim.
Div. Branchen																Div: Univ. QR

Quelle: vgl. Europäische Kommission, 2017; de Touzalin et al., 2016, *eigene Darstellung*

Erläuterung: Die angegebenen Zeitfenster stellen dar, wann die betreffende Anwendung auf den Markt kommen könnte.

TM1: Demonstration eines Quantenvorteils: Bei der Lösung wichtiger wissenschaftlicher Probleme – etwa aus dem Feld des Quantenmagnetismus – gelingt es, einen prinzipiellen Vorteil eines Quantencomputers zu demonstrieren (vgl. Europäische Kommission, 2017).[128]

TM2: Prototyp eines Quantensimulators: mit der Fähigkeit Probleme zu lösen, die sich von konventionellen Supercomputern nicht lösen lassen, einschließlich von Problemen der Quantenchemie, beim Design neuer Materialien und bei Optimierungsproblemen wie sie auch im Kontext der Künstlichen Intelligenz auftreten (vgl. ebenda).

WS1: Entwicklung und Design neuer komplexer Materialien (vgl. de Touzalin et al., 2016).

---

128 Ein indirekter Nachweis eines Quantenvorteils wurde im September 2019 behauptet vgl. Science, 27. September 2019, Top stories – siehe Absatz: Quantum computer bests all conventional computers in first claim of 'supremacy', verfügbar unter: https://doi.org/10.1126/science.aaz6611; abgerufen am: 18. November 2022, nachfolgend allerdings in Zweifel gezogen, vgl. Science, Breakthrough of the year – siehe Absatz: Quantum supremacy attained, verfügbar unter: https://vis.sciencemag.org/breakthrough2019/finalists/; abgerufen: am 18. November 2022.

WS2: Variabler Quantensimulator für eine Vielfalt von Phänomenen des Quantenmagnetismus und der Quantenelektrizität (vgl. ebenda).

Ph1: Quantensimulator für die Dynamik chemischer Reaktionen zur Unterstützung der Medikamentenentwicklung (vgl. ebenda).

Div: Universeller Quantencomputer, der die Rechenleistung klassischer Rechner übertrifft (vgl. ebenda).

Quantenkommunikation Anwendungen

Sichere Kommunikationswege sind eine wichtige Basis des heutigen Wirtschaftens. Quantenkommunikation bzw. die Quantenschlüsselübertragung werden als sicher angesehen, weil Abhörversuche aufgrund von Datenverlusten auffallen würden (vgl. BMBF, 2018). Technische Lösungen für die Quantenschlüsselübertragung sind seit einiger Zeit für bestimmte Nischenmärkte wie im Banksektor kommerziell verfügbar (vgl. ebenda). Für die Erschließung eines breiteren Marktes stellt die Einschränkung auf ca. 100 km Reichweite in Glasfasern ein starkes Hemmnis dar. Freiluft- oder Satellitenübertragung können helfen, um größere Distanzen zu erreichen (vgl. ebenda). Als entscheidender Meilenstein wird aber die Entwicklung eines Quantenrepeaters angesehen, der die Aufgabe hat, die zu übertragenden Quantenzuständen aufzufrischen, ohne sie dabei auszulesen, weil sie den quantenmechanischen Gesetzen zufolge dadurch zerstört würden. Zu Anwendungen vgl. Tabelle 3.8.2.

Tabelle 3.8.2 Anwendungsroadmap Quantenkommunikation

Quanten-komm.	2020	2021	2022	2023	2024	2025	2026	2027	2028	2029	2030	2031	2032	2033	2034	2035+
Telekomm.	TK1: Pkt-V															
Telekomm.	TK2: Q-Sat-Verb.															
Telekomm.				TK 3												
Telekomm.						TK4: Quantennetze > 1000 km										
Telekomm.														TK5: Q-Repeater		
Telekomm.																TK6: Q-Internet

Quelle: vgl. de Touzalin et al., 2016; Crane et al., 2017; Europäische Kommission, 2017, *eigene Darstellung*

Erläuterung: Die angegebenen Zeitfenster stellen dar, wann die betreffende Anwendung auf den Markt kommen könnte.

TK1: Sichere Punkt-zu-Punkt-Verbindungen (vgl. de Touzalin et al., 2016).

TK2: Satellitengestützte Quantenübertragung (vgl. Crane et al., 2017).

TK3: Kosteneffektive und skalierbare Geräte und Systeme für Verbindungen zwischen und innerhalb von Städten, die von Endnutzern inspirierte Anwendungen demonstrieren sowie skalierbare Lösungen für Quantennetzwerke von Geräten und Systemen, z. B. von Quantensensoren und –prozessoren (vgl. Europäische Kommission, 2017).

TK4: Entwicklung von Netzwerken auf Basis von verschränkten Quantenzuständen großer Reichweite (> 1000km) mit einem Protokoll, das die neuartigen Möglichkeiten ausnutzt, die die Quantenkommunikation eröffnet (vgl. Europäische Kommission, 2017; de Touzalin et al., 2016; Crane et al., 2017).

TK5: Quantenrepeater mit Verschlüsselung und Abhördetektion (vgl. de Touzalin et al., 2016).

TK6: Sicheres Europaweites Internet, bei dem Quantenkommunikation mit klassischer Kommunikation verschmilzt (vgl. ebenda).

Quantensensorik

Anwendungen im Bereich der Quantensensorik wird am ehesten das Potenzial zugeschrieben auf lange Sicht auch neue Massenmärkte eröffnen zu können, vgl. Tabelle 3.8.3, insbesondere weil es in diesem Bereich zumindest einen Ansatz gibt, der auch bei Raumtemperatur funktionieren kann.

Diskutiert werden u. a. ultrapräzise Gravimeter, die sich im Bergbau zum Auffinden von Bodenschätzen einsetzen lassen würden, verbesserte optische Abbildungen („quantum enhanced imaging") mit erhöhter Auflösung, Quantenlithografie zur Erzeugung sehr kleiner Strukturen sowie Anwendungen in der Verteidigungstechnik, der industriellen Messtechnik mit hoher Präzision, der Medizin, der Erdbeobachtung und der Navigation (vgl. BMBF, 2018).

Tabelle 3.8.3 Anwendungsroadmap Quantensensorik

Quanten-sensorik	2020	2021	2022	2023	2024	2025	2026	2027	2028	2029	2030	2031	2032	2033	2034	2035+
Energie	EN: Atomuhren-Netz-Synch															
Div. Branchen				Di-v1												
Mobilität/Bau						Mo/Bau: Masse										
Div. Branchen								Di-v2								
Mobilität									Mob: Navi							
Konsu-menten															Kons: Mobil.	

Quelle: vgl. de Touzalin et al., 2016; Europäische Kommission, 2017, *eigene Darstellung*

Erläuterung: Die angegebenen Zeitfenster stellen dar, wann die betreffende Anwendung auf den Markt kommen könnte.

EN: Präzisere Atomuhren zur Synchronisation zukünftiger intelligenter Netze einschließlich von Energienetzen (vgl. de Touzalin et al., 2016).

Div1: Integrierte Quantensensoren und bildgebende Systeme auf Prototypenniveau mit ersten kommerziellen Produkten (vgl. Europäische Kommission, 2017).

Mo/Bau: Quantensensoren für Massenanwendungen einschließlich des Automobilbaus und des Bausektors (vgl. de Touzalin et al., 2016).

Mob: Tragbare, quantenbasierte Geräte zur Navigation (vgl. de Touzalin et al., 2016).

Div2: Kommerzielle Quantensensoren und große Quantensensornetzwerke einschließlich der erforderlichen Infrastruktur wie dem Europäischen Frequenztransfernetzwerk zur Erdbeobachtung mit Fähigkeiten jenseits klassischer Systeme sowie kommerzielle Biosensoren (vgl. Europäische Kommission, 2017).

Kons: Integration von Quantensensoren mit Konsumentenanwendung inkl. Mobilgeräten (vgl. de Touzalin et al., 2016).

Quellen und weiterführende Informationen

Acin, A. (2015), Quantum Technologies Roadmap, verfügbar unter: https://qt.eu//app/uploads/2018/04/QT-Roadmap-2016.pdf; abgerufen am: 22. Juni 2022.

Acín, A., I. Bloch, H. Buhrman, T. Calarco, C. Eichler, Jens Eisert, D. Esteve, N. Gisin, S. J. Glaser, F. Jelezko, S. Kuhr, M. Lewenstein, M. F. Riede, P. O. Schmidt, R. Thew, A. Wallraff, I. Walmsley und F. K. Wilhelm (2018), The quantum technologies roadmap: A European community view; *New Journal of Physics, 20*, verfügbar unter: https://doi.org/10.1088/1367-2630/aad1ea; abgerufen am: 22. Juni 2022.

Bassi, A. und M. Paternostro (2019), Quantum Technologies in Space, Policy White Paper, verfügbar unter: http://www.qtspace.eu/sites/testqtspace.eu/files/other_files/QT%20In%20Space%20-%20White%20Paper%20Final_0.pdf; abgerufen am: 22. Juni 2022.

BCG (2018), The Next Decade in Quantum Computing – and How to Play, verfügba runter: https://www.bcg.com/de-de/publications/2018/next-decade-quantum-computing-how-play; abgerufen am: 22. Juni 2022.

BMBF (2018), Quantentechnologien – von den Grundlagen zum Markt, Rahmenprogramm der Bundesregierung, verfügbar unter: https://www.quantentechnologien.de/fileadmin/public/Redaktion/Dokumente/PDF/Publikationen/Rahmenprogramm-Bundesregierung-Quantentechnologie-2018-bf-C1.pdf; abgerufen am: 16. November 2022.

Crane, K. W., L. G. Joneckis, H. Acheson-Field, I. D. Boyd, B. A. Corbin, X. Han und R. N. Rozansky (2017), Assessment of the Future Economic Impact of Quantum Information Science, IDA Science & Technology Policy Institute, verfügbar unter: https://www.jstor.org/stable/resrep22837; abgerufen am: 22. Juni 2022.

Deutsche Industrie (2017), Förderung von Quantentechnologien, Positionspapier der Deutschen Industrie, verfügbar unter: http://www.photonikforschung.de/media/quantentechnologien/pdf/Quantentechnologie_bf.pdf; abgerufen am: 22. Juni 2022.

de Touzalin, A., C. Marcus, F. Heijman, I. Cirac, R. Murray und T. Calarco (2016), Quantum Manifesto for Quantum Technologies, verfügbar unter: https://qt.eu/app/uploads/2018/04/93056_Quantum-Manifesto_WEB.pdf; abgerufen am: 22. Juni 2022.

Europäische Kommission (2017), High-Level Steering Committee: Quantum Technologies Flagship Final Report, verfügbar unter: https://ec.europa.eu/newsroom/dae/document.cfm?doc_id=46979; abgerufen am: 22. Juni 2022.

IEEE (2018), International Roadmap for Devices and Systems 2018 Edition - Cryogenic Electronics and Quantum Information Processing, verfügbar unter: https://irds.ieee.org/editions/2018; abgerufen am: 22. Juni 2022.

Kania, E. B. und J. K. Costello (2018), Quantum Hegemony? China's Ambitions and the Challenge to U.S. Innovation Leadership, Center for a New American Security, verfügbar unter: https://s3.amazonaws.com/files.cnas.org/documents/CNASReport-Quantum-Tech_FINAL.pdf?mtime=20180912133406; abgerufen am: 22. Juni 2022.

Lewis A. M., M. Krämer und M. Travagnin (2016), Quantum Technologies: Implications for European Policy, Issues for debate, verfügbar unter: https://publications.jrc.ec.europa.eu/repository/handle/JRC101632; abgerufen am: 22. Juni 2022

Lewis, A. M. (2017), The Impact of Quantum Technologies on the EU's Future Policies, Part 1 Quantum Time, Science for Policy Report, verfügbar unter: http://publications.jrc.ec.europa.eu/repository/bitstream/JRC105213/jrc105213.pdf; abgerufen am: 22. Juni 2022.

Lewis, A. M., C. Ferigato, M. Travagnin und E. Florescu (2018), The Impact of Quantum Technologies on the EU's Future Policies, Part 3 Perspectives for Quantum Computing, Science for Policy Report, verfügbar unter: publications.jrc.ec.europa.eu/repository/bitstream/JRC110412/quantum_computing_report_v5.4.pdf; abgerufen am: 22. Juni 2022.

Lewis, A. M. und M. Travagnin (2018), The Impact of Quantum Technologies on the EU's Future Policies, Part 2 Quantum communications: from science to policies, Science for Policy Report, verfügbar unter: http://publications.jrc.ec.europa.eu/repository/bitstream/JRC107386/jrc_report_quantumcommunications.pdf; abgerufen am: 22. Juni 2022.

NASEM – National Academies of Sciences, Engineering, and Medicine (2019), *Quantum Computing: Progress and Prospects*, The National Academies Press: Washington, DC, verfügbar unter: https://nap.nationalacademies.org/catalog/25196/quantum-computing-progress-and-prospects; abgerufen am: 22. Juni 2022.

UKRI, UK Research and Innovation (2015), Quantum Technologies Strategic Advisory Board: National strategy for quantum technologies, verfügbar unter: https://www.epsrc.ac.uk/newsevents/pubs/quantumtechstrategy/; abgerufen am: 22. Juni 2022.

UKRI, UK Research and Innovation (2015), Quantum Technologies Strategic Advisory Board: A roadmap for quantum technologies in the UK, verfügbar unter: https://www.epsrc.ac.uk/newsevents/pubs/quantumtechroadmap/; abgerufen am: 22. Juni 2022.

UKRI, UK Research and Innovation (2016), A perspective of UK Quantum Technology prepared by and for the UK Quantum Technology Community: UK Quantum Technology Landscape 2016, verfügbar unter: http://uknqt.epsrc.ac.uk/files/ukquantumtechnologylandscape2016/; abgerufen am: 22. Juni 2022.

Wehner, S., D. Elkouss und R. Hanson (2018), Quantum internet: A vision for the road ahead, *Science*, 362(6412), verfügbar unter: http://science.sciencemag.org/content/362/6412/eaam9288; abgerufen am: 22. Juni 2022.

4 Schlüsselfaktoren der Digitalisierung

Dieses Kapitel enthält eine Übersicht der betrachteten Schlüsselfaktoren, welche in der Summe den Rahmen für die zukünftige Entwicklung der Schlüsseltechnologien bestimmen. Die Reihenfolge innerhalb der einzelnen Abschnitte entspricht Relevanz-Einschätzungen aus einem Expertenworkshop[129] beginnend mit den Faktoren, die am häufigsten als relevant eingeschätzt wurden und deshalb als Schlüsselfaktoren betrachtet werden. Am Ende der Abschnitte finden sich aus Gründen der Vollständigkeit jeweils „Weitere Faktoren", die zwar in Betracht gezogen, aber als nicht besonders relevant eingeschätzt wurden. Die Ausprägungen basieren auf den Anwendungsroadmaps sowie einer Literaturanalyse zu allgemeinen Entwicklungen der Digitalisierung und wurden teilweise im Workshop ergänzt. Verschiedene Ausprägung sind jeweils durch einen Querstrich „ / " getrennt.

4.1 Schlüsseltechnologien der Digitalisierung

Die in Kapitel 3 dargestellten Schlüsseltechnologien stellen ihrerseits auch Schlüsselfaktoren dar, die in der Entwicklung der Szenarien berücksichtigt sind.

4.2 Digitale Plattformen als Schlüsselfaktor

Eine besondere Rolle unter den Schlüsseltechnologien nehmen dabei digitale Platt-formen ein, weil sie zugleich auch ein Geschäftsmodell sind: *„Digitale Plattformen sind internetbasierte Foren für digitale Interaktion und Transaktion. Die Welt digitaler Plattformen ist durch eine große Vielfalt und Dynamik geprägt. Zu den Plattformen gehören Suchmaschinen, Vergleichs- und Bewertungsportale, Marktplätze/Handelsplattformen, Medien- und Inhaltedienste, Online-Spiele, soziale Netzwerke sowie Kommunikationsdienste."* (BMWi,

129 „Workshop zu Entwicklungsmöglichkeiten", vgl. Abbildung 1.1.

2017). Varianten: B2C, B2B, P2P …; Transaktionsplattformen,[130] Innovationsplattformen[131] (vgl. auch OECD, 2019).

- Ausprägung 1: KI-gestützte Interaktion – Plattformen setzen auf KI, um die Benutzung der Plattform möglichst bequem und natürlich zu gestalten (durch Sprache, Gesten, Gesichtsausdruck, Blicke …) Interaktion erfolgt kontextabhängig ohne Bruch auch bei Wechsel des Endgerätes
- Ausprägung 2: E-Commerce und Onlinehandel gewinnen weiter an Bedeutung und verdrängen zunehmend den stationären Handel. / Dem stationären Handel gelingt es durch Integration von Onlineangeboten, längerfristig seine Bedeutung zu stabilisieren. / Onlinehändler entwickeln langfristig eigene Angebote im stationären Handel.
- Ausprägung 3: Plattformen drängen mit wenig/großem Erfolg in den Markt von Gesundheitsdienstleistungen. Wearables (Bsp. Fitbit) sollen als Türöffner dienen.
- Ausprägung 4: Plattformen drängen mit wenig / großem Erfolg in den Markt Smart Home.
- Ausprägung 5: Plattformen drängen mit wenig/großem Erfolg in den Markt Smart City und versuchen, Vorteil als Systemanbieter zu realisieren.

130 Definition von Handels- bzw. Vermittlungsplattformen: „*Handelsplattformen bringen Anbieter und Käufer zusammen und vermitteln Transaktionen, die im Einzelfall auch über die Plattform abgewickelt werden. Solche Plattformen können spezialisiert sein (bspw. HRS oder Booking für Hotelzimmer; Vergleichsportale für Energieverträge, Versicherungen etc.) oder ganze Bandbreiten von Produkten abdecken (bspw. Amazon oder eBay). Auch wenn die Finanzierung primär über Provisionserlöse und Angebotsgebühren erfolgt, spielt die Nutzung privater Daten u. a. für Werbezwecke eine wichtige Rolle. So können Nutzer aufgrund des ausgewerteten Such- und Kaufverhaltens bei einem späteren Besuch auf ähnliche Produkte, die ihrem errechneten Interesse entsprechen, aufmerksam gemacht werden. Mittels der Platzierung von Werbeangeboten durch entsprechende Anbieter können zusätzliche Einnahmen generiert werden.*“ (BKartA, 2015, S. 9).

131 Definition von Innovationsplattformen: „*Innovationsplattformen stellen Technologien, Produkte oder Dienstleistungen dar, die als Basis für Dritte für die Entwicklung von komplementären Technologien, Produkten und Dienstleistungen dienen. Auf diesen Plattformen können Unternehmen ihre eigenen Dienste integrieren bzw. selbst entwickeln. Als Vertreter dieser Plattformen werden SAP, Microsoft, Intel, Oracle und Salesforce genannt. Diese Unternehmen bewegen sich im Gegensatz zu den Transaktionsplattformen hauptsächlich im B2B-Umfeld. Charakteristisch für Innovationsplattformen sind komplexe Kundenbeziehungen und sehr heterogene Anforderungen der verschiedenen Unternehmenskunden.*“ (Obermeier und Mosch, 2019, S. 383).

- Ausprägung 6: Plattformen drängen mit wenig/großem Erfolg in den Markt der Energieversorgung, Integration von Smart Home & Smart Meter und versuchen, Vorteil als Systemanbieter zu realisieren.
- Ausprägung 7: Plattformen versuchen, sich mit wenig / großem Erfolg als integrierte Mobilitätsanbieter zu etablieren etwa durch Erweiterung von Kartendiensten und Routenplanern oder auf Basis autonomer Fahrzeuge
- Ausprägung 8: Plattformen drängen mit wenig / großem Erfolg in den Markt für Bildungsdienstleistungen
- Ausprägung 9: Plattformen erschließen sich mit wenig / großem Erfolg Märkte im Finanzsektor beginnend mit digitalen Bezahlsystemen
  - Plattform-Angebote treten in Wettbewerb mit etablierten bargeldlosen Verfahren
  - Neue Kryptowährungen, wie z. B. Libra, lösen einige/alle bisherigen Nationalwährungen teilweise/weitestgehend ab
  - Zentralbanken treiben eigene digitale Währungen voran
- Ausprägung 10: Connectivity – Plattformen erschließen sich mit wenig / großem Erfolg neue Märkte, indem sie Internetzugang – teils in Kooperation mit Telekommunikationsanbieter – anbieten und mit einem bevorzugten Zugang zu den eigenen Angeboten bündeln (Beispiel – „free basics“ von Facebook)
- Ausprägung 11: Plattform-Start-ups werden auch auf lange Sicht weiter von den größeren Plattformen regelmäßig aufgekauft, sobald sie eine kritische Größe erreicht haben (Muster: Whatsapp, YouTube, LinkedIn etc.): sog. „Killer-Acquisitions“. Der Kauf von Start-ups dient zur Vorbereitung von neuen Märkten und um mögliche, aufkommende Wettbewerber vom Markt zu nehmen und fällt den großen Plattformen mit zunehmender Finanzkraft immer leichter. / Einzelne Plattform-Start-ups lehnen Kaufangebote ab, weil sie für sich die Chance sehen, die derzeitigen Marktführer zu verdrängen.
- Ausprägung 12: Die / Einzelne US-Plattformen werden von den US-Kartellbehörden zerschlagen.
- Ausprägung 13: Es bildet sich ein relativ stabiles Oligopol der Internetkonzerne, die untereinander im scharfen Wettbewerb stehen / die sich gegenseitig allmählich immer weniger Konkurrenz machen (Bsp.: Das soziale Netzwerk Google+ wird eingestellt).

- Ausprägung 14: Plattform-Start-ups suchen fortlaufend nach neuen „winner takes it all“[132]-Märkten und finden sie auch / bleiben aber letztlich ohne durchschlagenden Erfolg.
- Ausprägung 15: Im Zuge der Digitalisierung und des damit verbundenen technologischen Fortschritts kommt es immer häufiger zu „winner takes it all“-Situationen.
- Ausprägung 16: Nullpreise – Produkte und Dienstleistungen werden Plattformnutzern selten / oft / sehr oft unentgeltlich zur Verfügung gestellt. Start-ups nehmen für das Ziel eines raschen Wachstums der Nutzerzahlen anfänglich teils lange Verlustphasen in Kauf.
- Ausprägung 17: Einzelnen deutschen Start-ups gelingt es / gelingt es nicht, neue Nischen-Plattformen aufzubauen.
- Ausprägung 18: Es entstehen in Deutschland neue Plattformen mit globaler Reichweite im Bereich Industrie 4.0 / energieeffiziente KI / Internet der Dinge / integrierte Mobilität / Energie / Bildung / Finanzsektor / Gesundheit / gar nicht.
- Ausprägung 19: Deutsche Unternehmen nutzen Cloud- / KI-Dienste der globalen Plattformen nicht / selten / oft.
- Ausprägung 20: Deutsche Unternehmen gehen strategische Partnerschaften mit führenden Plattformen in USA / in China / mit europäischen Partnern ein.
- Ausprägung 21: Sharing Economy bleibt ein Nischenphänomen / wird in gewissen Segmenten (gemessen am BIP) wirtschaftlich relevant.
- Ausprägung 22: Sharing Economy – als „Sharewashing“ bezeichnete Praktiken werden allmählich durch Regulierung eingegrenzt / nicht

---

132 „Winner takes it all“ beschreibt auch Situationen, in denen sich mehrere Unternehmen bspw. im Wettbewerb um einen technologischen Durchbruch befinden, jedoch nur das Unternehmen von seinen Investitionen profitiert, welches den Durchbruch erzielt bzw. sich am Markt mit seiner Lösung durchsetzt. Das Phänomen ist insofern nicht auf Plattformmärkte begrenzt: “*When two or more firms compete for a market where there is strong positive feedback, only one may emerge as the winner. Economists say that such a market is tippy, meaning that it can tip in favor of one player or another. It is unlikely that all will survive. It was clear to all parties in the battle over 56Kbps modem standards that multiple, incompatible modems could not coexist for long; the only question was which protocol would triumph or if a single, compromise standard could be negotiated. Other examples of tippy markets were the video recorder market in the1980s (VHS v. Beta) and the personal computer operating systems market of the 1990s (Wintel v. Apple). In its most extreme form, positive feedback can lead to a winner-take-all market in which a single firm or technology vanquishes all others, as has happened in several of these cases.*” (Shapiro und Varian, 1999, S. 177).

eingegrenzt. Sharing Angebote tragen so sukzessive zur Erreichung von Nachhaltigkeitszielen ein wenig / viel bei.

- Ausprägung 23: Überwachungskapitalismus - *„Neue Marktform, die menschliche Erfahrung als kostenlosen Rohstoff für (...) versteckte kommerzielle Operationen der Extraktion, Vorhersage und des Verkaufs reklamiert; (...)"* (Zuboff, 2018).
  - Schrittweise Übertragung des Modells auf neue Branchen mit einem dazu ausreichenden Digitalisierungsgrad
  - Einhegung des Modells durch angemessene Regulierung
- Ausprägungen B2B: Ausprägungen: (vgl. VDMA, 2018, S. 21):
  - Plattform-Dominanz der Infrastruktur-Anbieter
  - Dominanz der endkundenspezifischen Plattformen
  - Dominanz von Branchen-Plattformen
  - Koexistenz einer Vielzahl vernetzter Plattformen
- Ausprägung 24: Bestimmte Unternehmen verfügen durch den Betrieb von Innovationsplattformen über einen exklusiven Zugang zu Spezialdaten/Spezialinformationen, die den Charakter einer „Essential-Facility"[133] haben.

4.3 Übergeordnete Schlüsselfaktoren

4.3.1 Nachhaltigkeit (Umwelt, Soziales, Wirtschaft)

- Ausprägung 1: Die Klimaziele werden zwar aufrecht gehalten, aber erforderliche Maßnahmen werden nicht mit großem Nachdruck angegangen.

---

133 D. h. diese Daten/Informationen können nicht substituiert werden. Ein Beispiel könnte der Zugang zu Handbüchern von Maschinenbauern sein, die marktmächtig sind. Die Handbücher werden täglich auf Basis der Daten, die von in Betrieb genommenen Maschinen übermittelt werden, aktualisiert. Wer auf der Grundlage solcher Handbücher Dienstleistungen anbieten will, kommt ohne den Zugriff darauf nicht aus. Bezogen auf dieses Beispiel bedeutet es, dass Unternehmen, die Wartung, Reparatur etc. von solchen Maschinen anbieten möchten, zwingend diskriminierungsfreien Zugang zu den aktuellen Handbüchern benötigen. Der Zugang zu solchen Daten ist somit nicht nur für die Entwicklung neuer Produkte und Dienstleistungen durch den Maschinenhersteller erforderlich, sondern ist auch für den Marktzutritt neuer Wettbewerber entscheidend.

- Ausprägung 2: Die selbstgesetzten Klimaziele und -verpflichtungen werden mit Nachdruck verfolgt.
- Ausprägung 3: Ein umfassender Nachhaltigkeitsbegriff (bezogen auf Umwelt, Soziales und Wirtschaft) wird zu einem gleichwertigen, fünften Ziel der Sozialen Marktwirtschaft erhoben.

4.3.2 Cyber-Sicherheit

- Ausprägung 1: Durch die zunehmende Komplexität der vernetzten Infrastrukturen wird es immer schwieriger, Sicherheitslücken zu schließen, dies führt zu wachsenden Risiken und noch mehr erfolgreichen Cyberangriffen.
- Ausprägung 2: Die Lage bei der Cyber-Sicherheit bleibt unübersichtlich. Je nach technischem System und Anwendung gibt es spezifische Sicherheitsrisiken. Je länger ein System bzw. eine Anwendung im Gebrauch ist, umso sicherer wird sie allmählich. Gerade bei neuen Systemen und Technologien kommt es immer wieder zu massiven Sicherheitsvorfällen.
- Ausprägung 3: Durch den Druck der Nutzer im Verbund mit regulatorischen Vorgaben werden künftige Systeme zunehmend inhärent sicher gestaltet.
- Ausprägung 4: Cyberangreifer werden durch effiziente Strafverfolgung wirkungsvoll abgeschreckt. / Im Bereich der Cyberangriffe bleiben die gravierenden Vollzugsdefizite auch langfristig bestehen.

4.3.3 Datenschutz, Privatsphäre

- Ausprägung 1: Datensparsamkeit setzt sich als Prinzip durch.
- Ausprägung 2: Individuelle Datensouveränität wird angestrebt und erreicht / dennoch nicht erreicht.
- Ausprägung 3: Datenschutz „by design“ und „by default“ wird als Pflicht eingeführt und durchgesetzt.
- Ausprägung 4: Daten werden gegen (Mikro-)Zahlung von den Nutzern freiwillig zur Verfügung gestellt (Vorschlag vgl. Lanier, 2013).

- Ausprägung 5: Daten werden bis auf Widerruf zur Verfügung gestellt (Vorschlag „Solid").[134]
- Ausprägung 6: Überwachungskapitalismus etabliert sich als weit verbreitete Wirtschaftsform (vgl. Zuboff, 2018).
- Ausprägung 7: Es gibt einen Übergang zu einer Phase der Postprivacy, in der Privatsphäre als obsoletes Konzept betrachtet wird.
- Ausprägung 8: Es kommt zu einer Zersplitterung des Internets in Domänen, in denen stark unterschiedliche Datenschutz-Regime vorherrschend sind.

4.3.4 Individualisierung & granulare Gesellschaft

- Ausprägung 1: Die Digitalisierung mit individuellen Produkten und Dienstleistungen verschärft den in westlichen Gesellschaften seit langem bestehenden Trend zur Individualisierung und führt zu einem Übergang in eine granulare Gesellschaft (vgl. Kucklick, 2014). Big Data erlaubt eine Beobachtung und Analyse der Individuen in feinsten Einzelheiten und löst den Zusammenhalt sowie bestehende Institutionen der Gesellschaft allmählich auf, weil immer mehr Unterschiede sichtbar und betont werden.
- Ausprägung 2: Die Individualität entpuppt sich als eine Scheinindividualität, in der Milliarden von Menschen die immer gleichen Geräte und Apps verwenden und ohne ihr Wissen von Algorithmen in anonyme Großgruppen eingeordnet werden, die nach den jeweils gleichen Mustern behandelt werden.

4.3.5 Globales Netz ←→ nationales Recht und soziale Normen / Globale Reichweite der Digitalisierung, Souveränität

Die technisch und wirtschaftlich globale Reichweite der Digitalisierung steht im Kontrast zu der Reichweite und Wirkmacht nationaler Regulierung, Dies hat Grenzen der demokratischen Steuerung zur Folge, führt zu einer unübersichtlichen Akteurslandschaft mit möglicherweise unerwarteten Kipppunkten globaler Entwicklungen.

---

134 Vgl. Projekt Solid, What is Solid?, verfügbar unter: https://solid.mit.edu/; abgerufen am: 11. November 2022.

- Ausprägung 1: Eine abgestimmte, gemeinsame europäische Vorgehensweise ist ohne Alternative und gelingt, wenn auch unter Schwierigkeiten / scheitert immer öfter auch innerhalb von Europa.
- Ausprägung 2: Globaler Konsens ist immer seltener zu erreichen. Die globale Reichweite geht allmählich verloren, weil das Internet in weitgehend getrennte Blöcke zerfällt (Splinternet).

4.3.6 Interoperabilität – Werte, Daten, Standards, Formate

- Ausprägung 1: Interoperabilität wird als wesentliches Element betrachtet, um in fast allen Anwendungsgebieten der Digitalisierung einen Anbieterwechsel zu erleichtern und so den Wettbewerb zwischen Anbietern zu fördern. Entsprechende Regulierungen zur Stärkung der Interoperabilität werden implementiert und strikt durchgesetzt.
- Ausprägung 2: Proprietäre Standards und de-facto-Standards der jeweiligen Marktführer bestimmen das Bild. Anbieter versuchen in sich geschlossene Produkt-Ökosysteme aufzubauen und damit Kunden in mehr als einem Produktsegment an sich zu binden. Interoperabilität spielt nur eine nachgeordnete Bedeutung.

4.3.7 Bildung und Digitalisierung

Eigener umfangreicher Teilbereich der Digitalisierung mit eigenen komplexen Zukunftsfragen.

- Ausprägung 1: Digitale Kompetenzen werden kurz-/mittel-/langfristig bereits in der Schule vermittelt.
- Ausprägung 2: Die Virtualisierung der Hochschulbildung schreitet kurz-/mittel-/langfristig voran. Der virtuelle Zugang zu Hochschulbildung weitet sich aus / nicht aus. Hochschulen leisten einen / keinen zunehmenden Beitrag zum lebenslangen Lernen.
- Ausprägung 3: Digitalisierung ermöglicht zunehmend modulare Formen der digitalen, beruflichen Aus- und Weiterbildung, die in enger Abstimmung mit den Unternehmen eingesetzt und genutzt werden / nur wenig genutzt werden.
- Ausprägung 4: Die Entwicklung von Bildungsangeboten zur Vermittlung neuer Qualifikationen für Personen, die aufgrund der Digitalisierung ihren Arbeitsplatz verloren haben oder deren Anforderungsprofi-

le sich stark ändern gelingt gut / mit Abstrichen / kaum / rechtzeitig / oft mit Verzögerung / mit ausreichender / knapper Kapazität.
- Ausprägung 5: Die Anpassung der Bildungsinhalte der Hochschulen hält mit der Geschwindigkeit der Digitalisierung Schritt / nicht Schritt. Relevante digitale Fertigkeiten werden rechtzeitig vermittelt / nicht rechtzeitig vermittelt.
- Ausprägung 6: Digitalisierung eröffnet neue Formen der Selbstbildung, die wenig / viel genutzt werden.
- Ausprägung 7: Durch Digitalisierung und die wachsende Bedeutung der Verfügbarkeit von gut qualifizierten Personen kommt es zu einem internationalen Wettbewerb der Bildungssysteme und einem „global war for talent“
- Ausprägung 8: Deutschland verpasst / nutzt Wachstumschancen durch Digitalisierung, weil in digitalen Schlüsseltechnologien nicht genug / ausreichend Fachkräfte verfügbar sind.
- Ausprägung 9: Durch die Digitalisierung werden Bildungsdisparitäten verschärft („second digital divide“) / Digitalisierung erleichtert den Zugang zu Bildung und erhöht die soziale Mobilität.
- Ausprägung 10: Die Bildungswirtschaft in Deutschland nutzt durch Digitalisierung entstehende Exportchancen / nicht.
- Ausprägung 11: Der Aufbau einer europäischen Cloud für (offene) Bildungsressourcen gelingt / gelingt nicht.

Weitere Einflussfaktoren

- Ethische Grundlagen
- Entgrenzung
- Netzwerkstrukturen
- Delegierung von Entscheidungen an Maschinen
- Wesentliche Teile der digitalen Welt sind unsichtbar

4.4 Wirtschaft

4.4.1 Ökosysteme digitaler Innovationen

Die Geschäftsmodelle im Umfeld von Plattformen weisen eine größere Komplexität auf als traditionelle Geschäftsmodelle. Um wirtschaftlich erfolgreich zu sein, kommt es auf das Zusammenspiel verschiedener Akteure an. Dazu gehört auch das Zusammenspiel zwischen Start-ups und etablierten (Groß-)Unternehmen ober auch zwischen Unternehmen und Investoren bis hin zur vertraglich rechtlichen Begleitung aller Transaktionen. Es verändern sich auch Marktstrukturen und Wertschöpfungsketten, von der Forschung und Entwicklung, der Generierung von Produktideen, dem Produktdesign über die Produktion, Handel und Vertrieb bis zum Schließen von Stoff- und Produktkreisläufen und der Vernetzung von Wertschöpfungsketten. Vor diesem Hintergrund wird immer öfter von Ökosystemen digitaler Innovationen gesprochen (vgl. von Engelhardt und Petzold (2019).

- Ausprägung 1: Die Umstellung auf das Wirtschaften in digitalen Ökosystemen gelingt den Unternehmen der deutschen Wirtschaft ganz unterschiedlich / ganz unterschiedlich je nach Branche / oft nicht sehr gut / im Großen und Ganzen gut.
- Ausprägung 2: Die Umstellung auf eine Wirtschafts- und Innovationspolitik, die auf das Wirtschaften in digitalen Ökosystemen ausgerichtet ist, gelingt den staatlichen Akteuren in Deutschland ganz unterschiedlich / ganz unterschiedlich je nach Branche/Ressort / oft nicht sehr gut / im Großen und Ganzen gut.

4.4.2 Start-up-Kultur / Start-up-Ökosysteme

Eine aktuelle, prägnante Darstellung von Regeln für das schnelle Skalieren von Start-ups findet sich in Hoffman: „Blitzscaling". Demnach werden Apps und Plattformen nicht zu Ende entwickelt und dann auf den Markt gebracht, sondern aufgrund von Kundenfeedback, Experimenten und Daten über Nutzerverhalten fortlaufend weiterentwickelt. Die Zyklen können dabei sehr kurz sein auf der Zeitskala von Tagen und Wochen. Agile Vorgehensweise ohne langfristige Geschäfts- bzw. Produktentwicklungspläne ist üblich. Geschwindigkeit wird höher bewertet als Effizienz. Vorrangiges Ziel ist es, Nutzerzahlen zu steigern und dadurch Feedback sowie umfangreiche Nutzerdaten zu erhalten. Exponentielles Wachstum wird dadurch angestrebt, dass das Produkt weiterempfohlen wird und so eine virale Verbreitung erreicht.

- Ausprägung 1: In Deutschland werden Kultur und Regeln des „Silicon Valley" mit seinen Stärken und Schwächen (vgl. Meehan und Turner, 2021) nachgeahmt und übernommen. Ein Start-up-System nach diesen Regeln bekommt in Deutschland zunehmende Dynamik. / Deutsch-

land rangiert bei Start-ups im internationalen Mittelfeld. / Deutschland ist bei Start-ups im internationalen Vergleich abgeschlagen.
- Ausprägung 2: China hat in einigen Feldern die USA bei Start-ups überholt und baut dabei ein eigenes Start-up-Ökosystem auf.
- Ausprägung 3: In Deutschland/Europa entstehen eigene Varianten von Start-up-Ökosystemen, die europäische Werte verkörpern und mit der sozialen Marktwirtschaft grundlegend verträglich sind.
- Ausprägung 4: Die Verfügbarkeit von Kapital für Unternehmensgründungen und für die Wachstumsfinanzierung in Deutschland verbessert sich langfristig / bleibt problematisch.

4.4.3 Arbeitsmarkt / Zukunft der Arbeit

Eigenständiger komplexer Betrachtungsbereich der Folgen der Digitalisierung für den Arbeitsmarkt und die Zukunft der Arbeit.

4.4.3.1 Beschäftigungsniveau und Arbeitslosigkeit

- Ausprägung 1: Der durch Digitalisierung ermöglichte Schub an Innovationen führt – so wie es schon bei anderen Transformationen in der Vergangenheit war – in der Summe zu mehr Wohlstand, wachsender Beschäftigung, wachsenden Einkommen und sinkender Arbeitslosigkeit.
- Ausprägung 2: „This time is different." Die ursprünglichen Befürchtungen bewahrheiten sich doch: Die Geschwindigkeit der digitalen Transformation ist so groß, dass es / in einer Übergangszeit / zu abnehmender Beschäftigung und Massenarbeitslosigkeit kommt. Auch Arbeitsplätze mit einem hohen Qualifikationsniveau und hohen Einkommen sind in großer Zahl betroffen. Forderungen nach bedingungslosem Grundeinkommen oder einer bedingungslosen Grundsicherung („universal basic services") werden laut.

4.4.3.2 Bewältigung des Übergangs – Passgenauigkeit von Angebot und Nachfrage auf dem Arbeitsmarkt

- Ausprägung 1: Einige Berufe werden vollständig im Zuge der Digitalisierung ersetzt. / Die Anforderungsprofile vieler verbleibender Berufe ändern sich, indem neue Technologien komplementär zur menschlichen Arbeit eingesetzt werden. / Die beruflichen Kompetenzanforderungen verändern sich in Zukunft immer schneller. / Lebenslanges Lernen gewinnt noch stärker an Bedeutung.

- Ausprägung 2: Die Weiterqualifikation und Weitervermittlung in neue Tätigkeiten nach einem Verlust des Arbeitsplatzes aufgrund digitaler Innovationen gelingt oft nicht / meist gut / sehr gut.
- Ausprägung 3: Die Nachfrage nach bestimmten IT-bezogenen Fachqualifikation übersteigt das Angebot und begrenzt die Wachstumsmöglichkeiten. Diese Situation wird noch verschärft durch den demographischen Wandel / kann abgemildert werden durch den Zuzug von Fachkräften und Verbesserungen im Bildungssystem.
- Ausprägung 4: Bestimmte einstmals gefragte Qualifikationen werden nicht mehr stark nachgefragt, so dass Personen bzw. junge Absolventen Stellen unterhalb ihres Qualifikationsniveaus annehmen. Dies führt zu einer sinkenden Bildungsrendite, abnehmender sozialer Mobilität, um sich greifender Angst vor sozialem Abstieg und zu größerer Unzufriedenheit (mit der Arbeit).
- Ausprägung 5: Die Bewältigung der Veränderungen des Anforderungsprofils vieler Tätigkeiten aufgrund der Digitalisierung gelingt in den Betrieben mithilfe flexibler Weiterbildungsangebote recht gut und führt zu steigenden Einkommen und größerer Arbeitszufriedenheit / sehr unterschiedlich je nach Betrieb i. A. besser in GU und schlechter in KMU / i. A. besser in KMU und schlechter in GU / nur mäßig und führt zu häufiger Überforderung und Unzufriedenheit mit der Arbeit und letztlich zu steigenden Arbeitsunfähigkeitszahlen.
- Ausprägung 6: Die Bewältigung des Übergangs am Arbeitsmarkt führt zu mehr / zu weniger Jugendarbeitslosigkeit; zu mehr Frühverrentung / zu längerer Lebensarbeitszeit; zu größeren Berufschancen für Frauen / zu einer Benachteiligung von Frauen / zu größeren Berufschancen für Männer / zu einer Benachteiligung von Männern; zu mehr Berufschancen und einer besseren Integration von Migranten / zu sinkenden Berufschancen von Migranten und einer wachsenden Ablehnung von Migration; zu einer Verbesserung der Lage in ohnehin wirtschaftsstarken Regionen und einer Verschärfung der Lage in strukturschwachen Regionen / zu einer Angleichung der Lebenschancen und Lebensverhältnisse der Regionen; zu einer Verbesserung der Lage in Städten und einer Verschärfung der Lage im ländlichen Raum / zu einer Angleichung der Lebensverhältnisse von Stadt und Land.

4.4.3.3 Beschäftigungsformen und neue Erwerbsformen

Durch Digitalisierung lassen sich bestimmte Formen atypischer Beschäftigung leichter organisieren und umsetzen, andere Formen flexibler Arbeit entstehen neu und können weite Verbreitung finden. Beispiele sind: Solo-Selbstständigkeit, Werkvertragsarbeit, Abrufarbeit, (grenzüberschreitende) Telearbeit, mobiles Arbeiten, Plattformarbeit wie Gig-Work, Crowd-Work, „digitale Tagelöhner" usw. Diese neuen Beschäftigungsformen haben Einfluss auf die Länge und die Lage der Arbeitszeit. Teilweise ist die Abgrenzung und Erfassung von Arbeitszeiten im Unterschied zu Freizeit unklar, etwa schon im weit verbreiteten Homeoffice. In diesem Zusammenhang wird auch von räumlicher, zeitlicher und organisationaler Entgrenzung gesprochen. Regelungen zum Arbeitsschutz, zur Besteuerung und zu Sozialversicherungsabgaben in derart veränderten Arbeitswelten sind teilweise noch offen und wären ggf. schwierig durchzusetzen.

Zu beachten sind auch neue Erwerbsformen wie Werbeeinnahmen im Zusammenhang mit privat betriebenen Webseiten oder Social-Media-Kanälen. Weitere neue Erwerbsformen etwa als Incentivierung von Internet-Nutzern durch Mikrozahlungen im Zusammenhang mit neuen digitalen Geschäftsmodellen können jederzeit entstehen und sich möglicherweise rasch verbreiten. Noch schwieriger ist die Einordnung und Abgrenzung, wenn eine Gegenleistung in nicht-monetärer Form erfolgt etwa in der Form von kostenlosen Probeprodukten, Speicherplatz und Rechenleistung oder freier Nutzung bestimmter, digitaler Dienste.[135]

– Ausprägung 1: Mobiles Arbeiten und Homeoffice bleiben langfristiger Bestandteil der Arbeitswelt in Deutschland in allen Branchen, in denen dies technisch möglich ist. Im Zuge des damit verbundenen, kulturellen Wandels der Arbeitswelt, entstehen zunehmend auch veränderte

---

135 Den Austausch von unentgeltlich, bereitgestellter Information von Internetnutzern über sich selbst gegen die freie Nutzung von Internetdiensten bezeichnet Dennis J. Snower als digitale Sklaverei, vergleicht sie mit dem Austausch von unentgeltlicher Arbeit gegen freie Nahrung, Kleidung und Unterkunft in der traditionellen Sklaverei und weist auf daraus resultierende Ineffizienzen hin. Vgl. D. Snower, 22. August 2018, The Digital Freedom Pass: Emancipation from digital slavery, verfügbar unter: https://cepr.org/voxeu/columns/digital-freedom-pass-emancipation-digital-slavery; abgerufen am: 16. November 2022.
In einer aktuellen Publikation wird in gewisser Übereinstimmung damit die Ansicht vertreten, dass „Daten als Arbeit" betrachtet werden sollten (vgl. Posner und Weyl, 2018).

organisatorische und vertragliche Konstellationen. / Dies hat nur selten Einfluss auf die Art der Arbeitsverträge und Beschäftigungsverhältnisse.
- Ausprägung 2: Grenzüberschreitende Telearbeit entwickelt sich allmählich zu einem relevanten Teil des deutschen Arbeitsmarktes / spielt kaum eine Rolle auf dem deutschen Arbeitsmarkt.
- Ausprägung 3: Die Verbreitung von sog. Plattformarbeit (Click-, Gig-Worker...) im Haupterwerb nimmt signifikant zu. / Die verschiedenen Formen der Plattformarbeit bleiben auf lange Sicht ein Nischenphänomen in Deutschland.
- Ausprägung 4: Die verschiedenen Formen der Plattformarbeit etablieren sich weitgehend in Ergänzung zum bestehenden, regulären Arbeitsmarkt / verdrängen zunehmend die sog. regulären Formen der Beschäftigung.
- Ausprägung 5: Normalbeschäftigung bleibt als ein Sockel in seiner heutigen Größe und Bedeutung bestehen / geht moderat zurück / steigt an / verschwindet langfristig ganz.

4.4.3.4 Einkommensungleichheit

- Ausprägung 1: Erwerbseinkommen-Spreizung nimmt ab/ bleibt gleich / nimmt zu. Die Massenkaufkraft steigt an / bleibt gleich / sinkt.
- Ausprägung 2: Der Anteil der Erwerbseinkommen am Volkseinkommen sinkt, während die Einkommen aus Kapital steigen. / Diese Entwicklung verlangsamt sich / kehrt sich um.
- Ausprägung 3: Daraus resultierend werden (/ keine) Forderungen nach bedingungslosem Grundeinkommen / bedingungsloser Grundsicherung / einem höher Steueranteil bei der Finanzierung der sozialen Sicherungssysteme laut.

4.4.3.5 Qualität der Arbeit

- Ausprägung 1: Die Work-Life-Balance verbessert sich durch digitale Technologien, weil sie es erlauben die Arbeit zeitlich und räumlich besser mit den Erfordernissen des Privatlebens in Einklang zu bringen. / Das Erfordernis ständiger, digitaler Erreichbarkeit erhöht den Stress und führt vermehrt zu Arbeitsunfähigkeit.
- Ausprägung 2: Die räumliche, zeitliche und organisationale Entgrenzung der Arbeit nimmt zu. Die Abgrenzung von Arbeit, Freizeit und den verschiedenen Formen wirtschaftlich relevanter Tätigkeiten wird immer schwieriger zu ziehen. Dies stellt aber einen letztlich unproble-

matischen kulturellen Wandel dar – schon in der Agrargesellschaft war eine Trennung von Arbeit und Freizeit kaum möglich. / Eine Balance zwischen Arbeitsschutz, sozialer Sicherung und effizienter Nutzung der neuen Arbeitsformen und deren einfacher Implementierung im Arbeitsalltag ist schwierig zu finden, gelingt letztlich aber doch. / Die Entgrenzung führt zu neuen, schwer zu beherrschenden Formen der Ausbeutung und bedroht den Fortbestand der sozialen Sicherungssysteme.

- Ausprägung 3: Die Erwerbsbiographien werden vielfältiger – gerade der jungen Generation wird nachgesagt, dass sie häufiger Arbeitgeber und Aufgaben wechselt, flache Hierarchien bevorzugt und neue Kooperationsformen in selbst-organisierten, oft virtuellen Teams schätzt.
- Ausprägung 4: Durch mobiles Arbeiten sinkt der Bedarf an fixen Büroarbeitsplätzen bei den einzelnen Arbeitgebern. Die Bedeutung mobiler Arbeitsplätze und von Räumen für das Co-Working nehmen zu / besteht langfristig letztlich nur in einigen Nischen.
- Ausprägung 5: Die zunehmende Nutzung digitaler Technologien im Arbeitsalltag führt zu einer / keiner Ausweitung der (verdeckten) Überwachung und Leistungskontrolle der Arbeitnehmer.
- Ausprägung 6: Die zunehmende Digitalisierung der Arbeitswelt führt zu einer stärkeren Ausdifferenzierung und Individualisierung der Tätigkeitsprofile, dies verringert die Solidarität zwischen den Beschäftigten und stellt Gewerkschaften vor wachsende Probleme. / Durch die Digitalisierung der Arbeitswelt entstehen auch in der Arbeit der Gewerkschaften und Betriebsräte neue, effiziente Formen der Organisation und Zusammenarbeit, die zu einem Erstarken der Gewerkschaften führen. / Ähnliche Phänomene beschäftigen auch die Arbeitgeberverbände: stärkere Ausdifferenzierung entlang der Wertschöpfungsketten führt zu weniger Gemeinsamkeiten von Unternehmen vs. einfachere, digitale Kooperationsformen stärken den Zusammenhalt.
- Ausprägung 7: Digitale Technologien und Arbeitsmittel werden nur selten / routinemäßig für die Einrichtung alters- und alternsgerechter Arbeitsplätze genutzt.

4.4.4 Kollusive Preisbildung durch Algorithmen

- Ausprägung 1: KI entwickelt sich dynamisch weiter. Preisalgorithmen werden absichtlich in die Lage versetzt, eigenständig zu kollusiven

Marktgleichgewichten zu gelangen. Solche kollusiven Gleichgewichte können in kürzester Zeit erreicht werden.

- Ausprägung 2: Durch Fortschritte in der KI kommt es dazu, dass Preisbildungsalgorithmen implizit und unbeabsichtigt eine Kollusion bewirken.
- Ausprägung 3: Preisbildungsalgorithmen werden dazu verwendet, um Kollusion zu verschleiern, indem eine echte Preisdynamik nur vorgetäuscht aber in abgesprochenen Grenzen gehalten wird.
- Ausprägung 4: Die technischen Möglichkeiten von Preisbildungsalgorithmen werden auf lange Sicht nicht ausreichen, um Kollusion hervorzubringen.
- Ausprägung 5: Wettbewerbshüter setzen KI zur Preisbeobachtung ein und decken so zunehmend Kollusion auf. / Die technischen und personellen Kapazitäten der Kartellbehörden reichen nicht aus, um ausreichend leistungsfähige Preisbeobachtungsalgorithmen zu entwickeln.

4.4.5 Individualisierte Preise in Kombination mit individualisierten Verträgen

- Ausprägung 1: Aufgrund von Nutzerprofilen kennen vielen Unternehmen die Präferenzen ihrer Kunden sehr gut und können auch die jeweilige Zahlungsbereitschaft gut einschätzen. Daher gehen immer Unternehmen dazu über, individualisierte Preise – in Kombination mit individualisierten Verträgen – anzubieten. Hinzu kommen Mechanismen wie „persuasive technologies“, die individuellen Eigenheiten bei der Entscheidungsfindung von Kunden berücksichtigen, um Kaufimpulse in Kombination mit bestimmten Preisen in gezielt ausgewählten Umständen zu setzen. Viele Kunden sehen darin eine gute Kundenorientierung und schätzen die Bequemlichkeit derartig passgenauer Angebote, selbst wenn der individuelle Preis teils über dem Durchschnittspreis liegt. / Kunden sind empört, wenn Sie erfahren, dass sie individuell teils überdurchschnittliche Preise zahlen sollen und ergreifen Gegenmaßnahmen, indem sie Käufe über andere Personen abwickeln, grundsätzlich Preisvergleichsportale nutzen und ggf. auf Alternativen ausweichen oder sich ganz von Anbietern mit individuellen Preisen abwenden. / Individualisierte Preise fallen vielen Verbrauchern gar nicht auf.

4.4.6 Wettbewerbsfähigkeit – Investitionen in Digitalisierung

- Ausprägung 1: Investitionshemmnisse (Unternehmerische Akzeptanz der Digitalisierung; Unsicherheit über den Verlauf und die Auswirkungen der Digitalisierung; Verfügbarkeit von qualifiziertem Personal; Verfügbarkeit von Kapital; Niveau an Bürokratie und Regulierungen; Kopierbarkeit digitaler Innovationen und damit mangelnde Internalisierbarkeit der Gewinne) steigen an / bleiben gleich / werden reduziert.

4.4.6.1 Private Investitionen in digitale Technologien

- Ausprägung 1: Private Investitionen in digitale Technologien steigen leicht an / steigen stark an / bleiben unverändert / sinken.
- Ausprägung 2: Investitionsniveau der Großunternehmen / der KMU in digitale Technologien steigen leicht an / steigen stark an / bleiben unverändert / sinken.

4.4.6.2 Öffentliche Investitionen in digitale Infrastruktur

- Ausprägung 1: Die Bedeutung der Digitalisierung für die wirtschaftliche Entwicklung ist so unstrittig, dass öffentliche Investitionen in digitale Infrastruktur ansteigen / stark ansteigen. / Die Bedeutung der Digitalisierung für die wirtschaftliche Entwicklung wird bezweifelt, so dass öffentliche Investitionen in digitale Infrastruktur stagnieren / sinken.
- Ausprägung 2: Die Art der öffentlichen Investitionen treffen den Bedarf privater Unternehmen / gehen am Bedarf privater Unternehmen vorbei
- Ausprägung 3: Deutschland zieht nur mit Verzögerung nach / reagiert schnell auf neue Bedarfe / entwickelt sich zum digitalen Vorreiter.

4.4.7 Wettbewerbsfähigkeit – Unternehmensproduktivität

- Ausprägung 1: Produktivität der Unternehmen sinkt / steigt geringfügig / mittelstark / sehr stark an aufgrund der Digitalisierung.
- Ausprägung 2: Wettbewerbsfähigkeit deutscher Unternehmen sinkt / steigt geringfügig / mittelstark / sehr stark an, so dass diese zu den Technologieführern europaweit bzw. weltweit gehören.

- Ausprägung 3: Im Zuge der Digitalisierung wächst die Produktivitätslücke zwischen Unternehmen derselben Branche. Es entstehen vermehrt hochproduktive „Superstar“-Unternehmen. / Im Zuge der Digitalisierung schließt sich die Produktivitätslücke zwischen Unternehmen derselben Branche.

4.4.8 Open-Data/Open-Software …

Die Möglichkeit zur Bildung von Gemeinschaften (mit globaler Reichweite) zum offenen Austausch von Ideen, Daten, Software usw. kann als Spezifikum der digitalen Welt angesehen werden. „Wissen ist offen, wenn jeder darauf frei zugreifen, es nutzen, verändern und teilen kann – eingeschränkt höchstens durch Maßnahmen, die Ursprung und Offenheit des Wissens bewahren.“ (vgl. OKFN, 2019). Die Teilbereiche „Open Knowledge“, „Open Science“, „Open Educational Resources“, „Open Design“, „Open Data“ und „Open Innovation“ können in unterschiedlichem Grad als Elemente eines offenen Innovationssystems betrachtet werden, bei dem sog. „Prosumer“ und/oder Maker eine zentrale Rolle spielen und das in Zukunft an Bedeutung gewinnen könnte.

- Ausprägung 1: Überlegungen von Rifkin (vgl. 2014) finden Anerkennung als ein Weg zu mehr Nachhaltigkeit / werden in bestimmten Feldern umgesetzt / bleiben ein theoretisches Konstrukt ohne größere praktische Relevanz.
- Ausprägung 2: Nur in bestimmten Nischen bleiben / werden „Open“-Ansätze prägend und wichtig.
- Ausprägung 3: „Open“-Ansätze werden durch Schaffung öffentlicher Unterstützungsstrukturen gefördert. / „Open“-Ansätze werden durch eine unternehmensfinanzierte Stiftung gefördert. / „Open“-Ansätze erfahren keine externe Förderung.

Weitere Einflussfaktoren

- Kulturelle Vielfalt; Diversity
- Globale Marken

4.5 Gesellschaft, Politik, Recht

4.5.1 Politik – „Code is Power“

Digitaltechnologien – implementiert in der Form von „code“ – üben Formen von Macht aus, indem sie festlegen, was Nutzer tun können oder nicht, durch die Beobachtung ihres Verhaltens und durch die Einflussnahme auf deren Weltsicht (vgl. Susskind, 2018). Zuboff (2018) spricht in einem ähnlichen Sinne von „instrumentärer Macht“, die als ein neuartiges Phänomen bezeichnet wird. Beispiele: Wenn bestimmte Plattformen Foren des öffentlichen Diskurses sind, bestimmen deren Anbieter über den Zugang zum öffentlichen Raum und kontrollieren insofern so etwas wie die „digitale Versammlungsfreiheit“. Bei AGBs oder Lizenzvereinbarungen gibt es in aller Regel nur die Schaltfläche „Zustimmen“ – nicht aber eine Schaltfläche „Nachverhandeln.“

- Ausprägung 1: Der Mechanismus und die Auswirkungen von „code is power“ werden in der Öffentlichkeit verstanden von der Politik wirksam adressiert.
- Ausprägung 2: Versuchen der politischen Entgegenwirkung und Einhegung entziehen sich die jeweiligen privaten Akteure.
- Ausprägung 3: Der Mechanismus und die Auswirkungen von „code is power“ werden in der Öffentlichkeit bestritten bzw. als irrelevant betrachtet und von der Politik nicht adressiert.

4.5.2 Politik – Überwachung / Einmischung von innen/außen

Durch Digitalisierung entsteht ein Potenzial zunächst zur Verhaltensbeobachtung und schließlich auch zur Beeinflussung von Bürgerinnen und Bürgern. Dieses Potenzial besteht sowohl im innenpolitischen Bereich als auch durch fremde Staaten (vgl. Snowden, 2019). Es wird die Notwendigkeit gesehen, die Integrität demokratischer Prozesse im Inneren und gegen eine Einmischung von außen zu sichern.

- Ausprägung 1: Einzelne privatwirtschaftliche, digitale Plattformen gewinnen politischen Einfluss, der zuvor allenfalls von Zeitungen erreicht wurde / der über den früheren Einfluss von Zeitungen deutlich hinausgeht.
- Ausprägung 2: Zur Verbrechens- und Terrorismusbekämpfung sichert sich der Staat unter Wahrung der Rechtstaatlichkeit Zugriff auf Daten aus digitalen Plattformen.

- Ausprägung 3: Die Möglichkeiten zur Beeinflussung von außen, werden von einzelnen interessierten Akteuren deutlich übertrieben und sind letztlich unbedeutender als teilweise vermutet.
- Ausprägung 4: Einzelne Staaten versuchen, die neuen Möglichkeiten der Einmischung von außen auch zu wirtschaftlichen Zwecken bzw. zur Destabilisierung von wirtschaftlichen Systemen zu nutzen.

4.5.3 Gesellschaft – Digitale Teilhabe und digitale Ungleichheit / Fairness im Zugang

Mit Maßnahmen zur digitalen Inklusion soll sichergestellt werden, dass jede Person zur digitalen Wirtschaft und Gesellschaft beitragen und von ihr profitieren kann. Maßnahmenbereiche umfassen Verbesserung der Zugänglichkeit von IKT („Design for all"), unterstützende Technologien für Menschen mit Behinderungen und Förderung von digitalen Fähigkeiten. Aktuell nutzen 80 Millionen Europäer das Internet gar nicht laut Angaben der Europäischen Kommission. In wirtschaftspolitischer Hinsicht wird das Ziel „inklusives Wachstum" verfolgt.

- Ausprägung 1: Die Bemühungen um digitale Teilhabe sind erfolgreich und führen zu gleichen digitalen Chancen für alle.
- Ausprägung 2: Die Bemühungen um digitale Teilhabe sind nur teilweise erfolgreich, so dass neben die verschiedenen Formen sozialer Disparitäten auch noch Formen der digitalen Spaltung treten („digital divide" im Zugang, „second digital divide" in der Nutzung).

4.5.4 Gesellschaft – Social Scoring

Bewertungen und Vergleiche stellen eine der ersten Formen der Nutzung von Web 2.0 dar: von Buchrezensionen, über Likes und Follower, Sternchen für Anbieter und Käufer auf Plattformen bis zur vollständigen Selbstvermessung der „Quantified-Self"-Bewegung mit Vergleichsmöglichkeiten; aber auch Listen zum Vermögen („total net worth") und Einkommen (z. T. in Skandinavien). (vgl. Mau, 2017). Kritik dieser Entwicklung als Messbarkeitsillusion (vgl. Binswanger, 2010) oder Solutionismus (vgl. Morozov, 2013).

- Ausprägung 1: Die verschiedenen Bewertungen von Nutzern und Anbietern werden kontinuierlich weiterentwickelt und auf immer mehr Aspekte des menschlichen Lebens ausgeweitet.

- Ausprägung 2: Fehlentwicklungen – etwa in der Form gekaufter oder gefälschter Bewertungen – werden erkannt und erfolgreich sanktioniert.
- Ausprägung 3: Im Umgang mit Bewertungen im Internet kommt es zu einem Bewusstseinswandel, zunehmender kritisches Distanz und einer öffentlichen Debatte über daraus resultierende Fehlallokationen von Ressourcen.
- Ausprägung 4: Dystopische Formen inspiriert durch Entwicklungen in China verbreiten sich. Social Scoring gekoppelt mit Überwachung entwickelt sich zu einem chinesisches „Exportschlager" und Machtinstrument.

4.5.5 Recht – Vollzugsdefizite, Probleme in der Rechtsdurchsetzung

Die Datenethikkommission stellt Vollzugsdefizite fest u. a. bezüglich der unerlaubten Profilbildung, der gezielten Ausnutzung von Vulnerabilitäten, sog. „Addictive Designs" und „Dark Patterns", dem „Lock-in" und der systematischen Schädigung von Verbrauchern sowie vieler Formen des Handels mit personenbezogenen Daten sowie des geltenden Rechts betreffend den Schutz von Kindern und Jugendlichen im digitalen Raum.

- Ausprägung 1: Vollzugsdefizite bleiben bestehen. Das Internet wird als nahezu rechtsfreier Raum wahrgenommen.
- Ausprägung 2: Internetkonzerne bauen aus Eigeninteresse und unter äußerem Druck für bestimmte Teilbereiche (Jugendschutz) Sanktionierungsmechanismen auf, die sich als effizient erweisen / nur mit Minimalaufwand betrieben werden und nur wenig nützen.
- Ausprägung 3: Es kommt zu einem zunehmenden Einsatz von Ordnungskräften, die auf den Cyberraum spezialisiert sind. Dadurch wird ein vergleichbares Niveau an Rechtssicherheit und Strafverfolgung erreicht wie auch außerhalb des Cyberraums.
- Ausprägung 4: Rechtsverstöße im Cyberraum werden zunehmend automatisiert verfolgt. Unternehmen aus dem LegalTech-Sektor treiben diese Entwicklung voran und sorgen so dafür, dass nahezu alle Rechtsverstöße im digitalen Raum auch zeitnah geahndet werden.

4.5.6 Politik – Digitale Formen der Beteiligung an politischen Prozessen

Digitalisierung verändert die Kommunikation zwischen Bürgern und Parteien und/oder Abgeordneten, Bürgern und Staat (e-Petitionen, Online-Konsultationen) sowie der Bürgerinnen und Bürger untereinander (soziale Medien, neue, schnelllebige politische Bürgerbewegungen um führende Persönlichkeiten wie etwa Thunberg, Rezo, Luisa Neubauer). Digitalisierung eröffnet zudem Möglichkeiten für umfassendere Formen der Beteiligung an politischen Prozessen oder für hybride Modelle einer differenzierten Repräsentation je nach Politikfeld.

- Ausprägung 1: Einzelne digitale Beteiligungsformen finden weite Verbreitung. Auch die Art und Weise, wie in Zukunft Wirtschaftspolitik betrieben wird, verändert sich dadurch grundlegend. Die Vielfalt an Beteiligten und differenzierten Positionen steigt und Kompromissfindung wird schwieriger. / Die Legitimation der politischen Prozesse steigt, durch die Transparenz der Verfahren steigt auch die Akzeptanz von Ergebnissen, die nicht der eigenen Position entsprechen. Die Geschwindigkeit der Kompromissfindung steigt.
- Ausprägung 2: Einzelne Formate werden zwar umgesetzt, „Politikprofis“ lernen aber am schnellsten auch mit diesen neuen Instrumenten effektiv umzugehen, so dass sich am Politikbetrieb und den Machtverhältnissen aber im Großen und Ganzen nur wenig ändert.

4.5.7 Politik – Geopolitische Dimensionen der Digitalisierung

Digitalisierung wird zum geopolitischen Handlungsfeld. Dieses Handlungsfeld umfasst neben der Wirtschaftspolitik als Systemwettbewerb auch das Militär und neue Formen hybrider Auseinandersetzungen u. a. mit den Teilbereichen autonome Waffen, Cyberwaffen, KI, Quantenrechner zur Entschlüsselung. So wie die technische Entwicklung von Atomwaffen und Raumfahrt zusammen die geopolitische Konstellation der nachfolgenden Jahrzehnte mitbestimmt haben, könnte auch der weitere Verlauf der Digitalisierung die geopolitischen Konstellationen der kommenden Jahrzehnte wesentlich mitbeeinflussen.

- Ausprägung 1: Es entstehen die drei Blöcke EU / CN / USA, die in Bezug auf die Digitalisierung teils sehr unterschiedliche Richtungen verfolgen.

- Ausprägung 2: Der klassische Westen EU / USA bleibt längerfristig bestehen und verständigt sich auf wesentliche gemeinsame Leitlinien. Die Spannungen mit China und Russland steigen an.
- Ausprägung 3: Selbst innerhalb der EU wird es immer schwieriger eine gemeinsame Linie zu finden und umzusetzen.

4.5.8 Gesellschaft – Digitalisierung der Gesundheitsversorgung → Zukunft der Sozialversicherung

Eigener umfangreicher Anwendungsbereich der Digitalisierung. Stichworte u. a.: Bioinformatik, Genetik, synthetische Biologie, digitale Patienteninformationen, personalisierte Medizin, Telemedizin, KI-Anwendungen in der Medizin, autonome Systeme in der Medizin u.v.a.m. (vgl. populäre Darstellung Schulz, 2019).

- Ausprägung 1: Die Fortschritte durch die Digitalisierung im Gesundheitswesen erhöhen nicht nur die Lebensqualität, sondern verändern auch die Sozialversicherungen in grundlegender Weise.
- Ausprägung 2: Durch die Digitalisierung der Gesundheitsversorgung wird der Ausweitung von Gesundheitsdisparitäten entgegengewirkt. / Durch die Digitalisierung der Gesundheitsversorgung werden Gesundheitsdisparitäten verschärft.

4.5.9 Politik – Staatliche Ausgestaltung der Digitalisierung / Steuersystem

- Ausprägung 1: Staatliche Regulierung hält mit der Geschwindigkeit der Digitalisierung Schritt. / Der Staat reguliert Digitalisierung zu viel und zu schnell, wodurch der mögliche Nutzen und die Dynamik der Digitalisierung eingeschränkt werden. / Formen nicht-staatlicher Ausgestaltung (Selbstregulierung, Standards und Normen, etc.) erweisen sich für die Digitalisierung als passender.
- Ausprägung 2: Die Digitalisierung erleichtert die international als „Base Erosion and Profit Shifting (BEPS)" bezeichnet Vorgehensweise von Unternehmen. Diese wird durch eine international abgestimmte Vorgehensweise effektiv eingeschränkt / bleibt mehr oder minder unvermindert bestehen (vgl. OECD, 2019).
- Ausprägung 3: Einige hoch digitalisierte Unternehmen haben größeren wirtschaftlichen Einfluss in einer Steuerjurisdiktion, ohne dort auch physisch in größerem Ausmaß präsent zu sein (laut OECD, 2019, be-

zeichnet als „scale without mass"). Das Steuersystem wird auf dieses Phänomen angepasst / nicht angepasst.
- Ausprägung 4: Transaktionen der Plattformökonomie werden im Steuersystem ausreichend / unzureichend abgebildet.
- Ausprägung 5: Die steuerlichen Implikationen und die Veränderungen bei der Erhebung von Sozialabgaben aufgrund des digitalen Wandels der Arbeit werden ausreichend / unzureichend abgebildet.
- Ausprägung 6: Für Roboter wird der Rechtstatus E-Person geschaffen. Es wird in dem Zuge auch eine Steuerpflicht für Roboter eingeführt.

4.5.10 Recht – Verwaltungsdigitalisierung

Auf allen Ebenen der öffentlichen Verwaltung bestehen seit einiger Zeit Initiativen zur Verwaltungsdigitalisierung. Eine Übersicht zur Bundesebene bietet die „Umsetzungsstrategie „Digitalisierung gestalten" der Bundesregierung im Kapitel „Moderner Staat" oder auch der zweite nationale Aktionsplan 2019 – 2021 im Rahmen der Teilnahme an der „Open Government Partnership".
- Ausprägung 1: Übertragung von Verwaltungsvorgängen in digitale Abläufe.
- Ausprägung 2: Nutzung des Plattformansatzes: „Government as a Platform" (vgl. Parker, 2017). Die öffentliche Verwaltung wird entgrenzt.
- Ausprägung 3: Digitale Unternehmensgründungen werden stark erleichtert / bleiben schwierig bis unmöglich / werden der neue Standard.
- Ausprägung 4: e-Residency nach dem Beispiel Estlands (einschließlich des digitalen Unternehmensstarts) bis zur futuristischen Vision „Nation as a Service"

Weitere Einflussfaktoren

- Gesellschaft – Technologie als Form der Magie
- Gesellschaft – Akzeptanz digitaler Produkte und Dienstleistungen (B2C, P2P)
- Recht – Wandel der allgemeinen Rechtspflege – Zukunft des Rechtsstaates

  Durch die Digitalisierung wandelt sich auch die allgemeine Rechtspflege bspw. in den Bereichen der Arbeitswelt in der juristischen Praxis, der Arbeit der Gerichte sowie im Zugang zur Justiz. Beim Bereich des Zugangs zur Justiz spielen auch neue digitale, juristische Dienstleistungen in automatisierter Form eine wichtige Rolle.

- Gesellschaft – Filterblasen / Digitale Polarisierung
  Ausprägung: Die Manipulation in sozialen Medien als Form des unlauteren Wettbewerbs und das Schlechtreden von Marken und Produkten spielt eine untergeordnete Rolle / weitet sich aus und ist zugleich schwer zu verhindern.

4.6 Technikund Umwelt

Klimaschutz und Nachhaltigkeit umfassen einen eigenen Zukunftsbereich von überragender Bedeutung. Es wird öfter die Sicht vertreten, dass dieser Zukunftsbereich und die digitale Transformation die beiden wichtigsten, übergeordneten Zukunftsthemen sind. Diese beiden Zukunftsthemen lassen sich aber nicht nacheinander behandeln, sondern müssen auch in ihrer Wechselwirkung betrachtet werden. Dies gilt speziell für einige etablierte Branchen – besonders prominent für den Energiesektor und die Automobilbranche. Diese und andere Branchen sehen sich damit konfrontiert, gleichzeitig die Herausforderungen des Klimaschutzes und der digitalen Transformation bewältigen zu müssen.

4.6.1 Energie- und Ressourcenverbrauch im Zusammenhang mit Digitalisierung

Auch wenn Vieles an der Digitalisierung virtuell und unsichtbar ist, so bleibt die Digitalisierung in ihrer Gesamtheit doch immer an materielle Substrate gebunden und benötigt Energie. Insofern löst die sprunghafte Verbreitung der Digitalisierung substanzielle Verbräuche an Energie und Ressourcen aus. So gehören Rechenzentren zu einem Wirtschaftssegment, dessen Anteil am gesamten Stromverbrauch besonders schnell steigt. Bemerkenswert ist auch, dass bei der Diskussion um Blockchain-Anwendungen z. B. für die massenhafte Abwicklung im Zahlungsverkehr, bestimmte technische Entwicklungsformen ausscheiden, weil ihr Energieverbrauch prohibitiv hoch wäre. Und schließlich löst die Kombination von Alltagsgegenständen mit Elektronikkomponenten oft noch ungelöste Probleme in der Kreislaufführung oder der Entsorgung aus.

- Ausprägung 1: Das Internet der Dinge und bestimmte Blockchain-Anwendungen werden teilweise aufgrund ihrer mangelnden Nachhaltigkeit nicht umgesetzt.
- Ausprägung 2: Die Entsorgungsproblematik von Alltagsgegenständen mit Elektronikkomponenten nimmt massiv zu / werden gelöst.
- Ausprägung 3: Deutschland setzt auf die Entwicklung besonders effizienter, digitaler Lösungen.
- Ausprägung 4: Der Stromverbrauch sinkt/steigt leicht/mittel/stark an.
- Ausprägung 5: Der Verbrauch natürlicher Ressourcen sinkt/steigt leicht/mittel/stark an.

4.6.2 Digitalisierung für Klimaschutz, Energie- und Ressourceneinsparung

Digitalisierung kann vielfältige Beiträge zum Klimaschutz und zur Einsparung von Energie und Ressourcen liefern.

- Ausprägungen 1: Bewegungsmuster erkennen und das Wegenetz verbessern / Verkehrsstörungen automatisch erfassen / Luftqualität mit Mobilfunkdaten prognostizieren / Gentrifizierungstendenzen frühzeitig erkennen / Zustand von Brücken mit Smartphones überwachen / Abwasseranalysen zur Gewinnung von Gesundheitsdaten / Niederschläge und Überschwemmungen lokal vorhersagen / Pflanzenkrankheiten per App diagnostizieren / Daten zur Biodiversität erheben / Vogelflug vorhersagen und Kollisionen verhindern / Zustand des Waldes aus dem All ermitteln / illegale Fischerei erkennen und verfolgen / Ölteppiche und Verursacher aufspüren.
- Ausprägung 2: Digitalisierung verbessert die Nachhaltigkeit / steht im Widerstreit mit Nachhaltigkeit.

4.6.3 Angewandte Sozialforschung

Die Verfügbarkeit von Massendaten kann für die Sozialforschung neue Formen von Untersuchungen ermöglichen, die schneller, umfassender, spezifischer und damit realitätsnäher sind als bisher. Während diese Beobachtung zunächst für die akademische Forschung zutrifft, ist festzustellen, dass für bestimmte Fragestellungen auf kommerziellen digitalen Plattformen noch bessere Voraussetzungen und Möglichkeiten für die Anwendung von Methoden der Sozialforschung bestehen, die neben der reinen

Verhaltensbeobachtung auch Verhaltensexperimente und -beeinflussung umfassen können.

- Ausprägung 1: Erhöht die Bequemlichkeit und Nützlichkeit digitaler Plattformen. / Führt zu unlauteren Praktiken des „hacking humans".

Weitere Einflussfaktoren

- Zukunft der Elektronik / Exponentielle Technologien
- Zwei Welten: Digitalisierung im Massenmarkt vs. digitale Einzelanfertigungen

4.7 Literatur

Binswanger, M. (2010), *Sinnlose Wettbewerbe. Warum wir immer mehr Unsinn produzieren*, Herder: Freiburg im Breisgau.

BKartA (2015), Digitale Ökonomie – Internetplattformen zwischen Wettbewerbsrecht, Privatsphäre und Verbraucherschutz, Tagung des Arbeitskreises Kartellrecht, verfügbar unter: https://www.bundeskartellamt.de/SharedDocs/Publikation/DE/Diskussions_Hintergrundpapier/AK_Kartellrecht_2015_Digitale_Oekonomie.pdf?__blob=publicationFile&v=2; abgerufen am: 15. Juni 2022.

BMWi (2017), Weißbuch Digitale Plattformen – Digitale Ordnungspolitik für Wachstum, Innovation, Wettbewerb und Teilhabe verfügbar unter: https://www.bmwi.de/Redaktion/DE/Publikationen/Digitale-Welt/weissbuch-digitale-plattformen.pdf?__blob=publicationFile&v=24; abgerufen am: 15. Juni 2022.

von Engelhardt, S. und S. Petzold (2019), *Das Geschäftsmodell-Toolbook für digitale Ökosysteme,* Campus Verlag: Frankfurt a. M., verfügbar unter: https://www.campus.de/pdf/eb_9783593442136.pdf; abgerufen am: 15. Juni 2022.

Kucklick, C. (2014), *Die granulare Gesellschaft – Wie das Digitale unsere Wirklichkeit auflöst*, Ullstein: Berlin.

Lanier, J. (2013), *Who owns the future?*, Penguin: London.

Mau, S. (2017), *Das metrische Wir. Über die Quantifizierung des Sozialen*, 2. Auflage, Suhrkamp: Berlin.

Meehan, M. B. und F. Turner (2021), *Seeing Silicon Valley: Life Inside a Fraying America*, University of Chicago Press: Chicago.

Morozov, E. (2013), *To Save Everything, Click here: The Folly of Technological Solutionism*, PublicAffairs: New York.

Obermeier, R. und P. Mosch (2019), Digitale Plattformen – Klassifizierung, ökonomische Wirkungslogik und Anwendungsfälle in einer Industrie 4.0, in: R. Obermeier (Hrsg.), *Handbuch Industrie 4.0 und Digitale Transformation*, Springer Gabler: Wiesbaden, S. 379-418.

OECD (2019), An Introduction to Online Platforms and Their Role in the Digital Transformation, verfügbar unter: https://www.oecd.org/innovation/an-introduction-to-online-platforms-and-their-role-in-the-digital-transformation-53e5f593-en.htm; abgerufen am: 15. Juni 2022.

OKFN, Open Knowledge Foundation Deutschland (2019), ABC der Offenheit, verfügbar unter: https://upload.wikimedia.org/wikipedia/commons/a/a9/ABC_der_Offenheit_-_Brosch%C3%BCre_%282019%29.pdf; abgerufen am: 15. Juni 2022.

Parker, G. G., M. W. Van Alstyne und S. P. Choudary (2017), *Platform Revolution: How Networked Markets Are Transforming the Economy and How to Make Them Work for You*, Norton & Company: New York.

Posner, E. A. und E. G. Weyl (2018), *Radical Markets: Uprooting Capitalism and Democracy for a Just Society*, Princeton University Press: Princeton.

Rifkin, R. (2014), *Die Null-Grenzkosten-Gesellschaft*, Campus: Frankfurt a. M.

Schulz, T. (2019), *Zukunftsmedizin*, Penguin: München.

Shapiro, C. und H. R. Varian (1999), *Information rules: A strategic guide to the network economy*, Harvard Business Review Press: Boston.

Snowden, E. (2019), *Permanent Record*, Fischer Verlag: Frankfurt a. M.

Susskind, J. (2018), *Future Politics*, Oxford University Press: Oxford.

VDMA (2018), Plattformökonomie im Maschinenbau, Roland Berger (Hrsg.), verfügbar unter: https://www.rolandberger.com/publications/publication_pdf/roland_berger_plattformoekonomie_de.pdf; abgerufen am: 15. Juni 2022.

Zuboff, S. (2018), *Das Zeitalter des Überwachungskapitalismus*, Campus Verlag: Frankfurt a. M.

5 Szenario 1: Immer mehr Onlineplattformen werden zu echten Monopolen

5.1 Szenario-Motivation

Beim vorliegenden Szenario handelt es sich um ein Worst-Case-Szenario: Der Gesetzgeber verhält sich relativ passiv, d. h. er unterlässt es – trotz fortschreitender Digitalisierung und Diffusion von Onlineplattformen in der Wirtschaft – den Ordnungsrahmen fortzuentwickeln, sodass es zu signifikanter Konzentration auf entsprechenden Märkten, Marktmachtmissbrauch und Wohlfahrtsverlusten kommt.

Ein Szenario, das die Persistenz der Regulierung zum Gegenstand hat, ist zwar wenig wahrscheinlich, aber nicht gänzlich ausgeschlossen, wie das Beispiel der Elektrizitätswirtschaft in Deutschland und der in den USA zeigt – die Liberalisierung dieser Bereiche erfolgte anfangs nur sehr zögerlich. Zumindest ist es möglich, dass Anpassungen des institutionellen Rahmens lange Zeit in Anspruch nehmen. Zudem ist ein solches Szenario sinnvoll, um einen Vergleichsmaßstab für weitere Szenarien mit einer Anpassung der institutionellen Gegebenheiten im Zuge der Digitalisierung zu haben.

Die positive Theorie der Regulierung bietet einen Erklärungsansatz, warum in der Praxis Regulierungseingriffe unterlassen werden, obwohl dies in der Regel nicht im Einklang mit dem öffentlichen Interesse steht. Darin wird angenommen, dass Politiker und Bürokraten primär eigennutzorientiert handeln; sie streben nach einer Maximierung der Wählerstimmen (Politiker) bzw. hohem Einkommen und Prestige (Bürokraten) (vgl. Hüschelrath, 2005). Folglich versuchen sie, die Interessen einzelner Branchen, Unternehmen, Verbraucher aber auch die Interessen der Regulierungsbehörden zu berücksichtigen, wobei die unterschiedlichen Interessengruppen bei ihrem Versuch der politischen Einflussnahme in Konkurrenz zueinander stehen und über unterschiedliche Möglichkeiten der Einflussnahme verfügen (vgl. Knieps, 2007, S. 181). Dies hat Einfluss auf das Regulierungsergebnis und resultiert üblicherweise nicht in wohlfahrtsoptimalen Ergebnissen.

5.1.1 Digitale Plattformen im B2C- und B2B-Bereich: Definition und Beispiele

Es gibt viele verschiedene Definitionen für Onlineplattformen. Eine in der Volkswirtschaftslehre allgemein anerkannte Definition existiert derzeit nicht (vgl. z. B. Deutscher Bundestag, 2018, WD 10 - 3000 - 061/18, S. 9 f.).

Im Rahmen des Szenarios werden unter Onlineplattformen Intermediäre verstanden, die mit Hilfe von digitaler Technologie zwei oder mehr Marktteilnehmer über die Plattform verbinden und deren Interaktion vereinfachen oder sogar erst ermöglichen.

Die Definition fokussiert auf die Mehrseitigkeit einer Onlineplattform und damit insbesondere auf die indirekten Netzwerkeffekte als Identifikationsmerkmal. Aus ökonomischer Sicht ist insbesondere die Interdependenz der verschiedenen Märkte in Kombination mit indirekten Netzwerkeffekten eine bedeutsame Herausforderung, zum einen für die erfolgreiche Implementierung einer Plattform und zum anderen für die Wettbewerbspolitik. Bei mehrseitigen Onlineplattformen, die durch indirekte Netzwerkeffekte charakterisiert sind, ist sehr viel häufiger das „winner takes it all"-Phänomen zu beobachten. Onlineplattformen ohne indirekte Netzwerkeffekte können tendenziell schneller durch Wettbewerber reproduziert werden; ihre Wettbewerbsvorteile sind somit weniger nachhaltig.

Onlineplattformen können im Business to Business-(„B2B"), Business to Consumer-(„B2C"), Consumer to Consumer-(„C2C") und anderen Bereichen verortet sein, wobei in vielen Fällen die exakte Zuordnung einer Onlineplattform zu einem bestimmten Bereich nicht möglich ist. Beispiele für B2B-Plattformen sind AVIATION DataHub, Bosch IoT Suite, CheMondis, Schüttfix, AirSupply, RailSupply und Transporeon. Beispiele für B2C-Plattformen sind Amazon Marketplace und DriveNow. Beispiele für C2C-Plattformen sind Airbnb, BlaBlaCar und eBay-Kleinanzeigen.

5.1.2 Onlinehandel wächst: Onlineplattformen im B2C- und B2B-Bereich übernehmen 2030 in vielen Märkten die Gatekeeper-Funktion

Der Onlinehandel mit Waren und Dienstleistungen verzeichnet steigende Umsatzzahlen, und zwar sowohl im B2C- als auch im B2B-Bereich, sodass der Umsatzanteil des Onlinehandels am Handel insgesamt beträchtlich zunimmt.

Onlineplattformen sind in nahezu allen Branchen/Wirtschaftsbereichen in Deutschland von großer Bedeutung.

Ferner ist im Jahr 2030 eine signifikante Erhöhung der Marktkonzentration auf den Plattformmärkten wahrnehmbar. Besonders betroffen sind der B2C- und B2B-Bereich. Hier gelingt es vielen Onlineplattformen, eine Monopolstellung aufzubauen.

Aufgrund der Markstellung haben viele Onlineplattformen sowohl im B2B-Bereich und insbesondere im B2C-Bereich de facto die vollständige Kontrolle über den Zugang zu den jeweils anderen Marktseiten erlangt. Damit haben sie eine Gatekeeper-Funktion („single homing“) inne.

Im B2C-Bereich werden alle Plattformen von Unternehmen betrieben, die ihren Hauptsitz außerhalb der Europäischen Union haben. Im B2B-Bereich ist die Situation etwas differenzierter. Die Betreiber dieser Plattformen haben ihren Hauptsitz in der Europäischen Union und hier vorwiegend in Deutschland.

Dieses Szenario folgt somit den Erkenntnissen der Netzwerkökonomik, welche die Tendenz von Plattformmärkten zu starker Konzentration herausgearbeitet hat.

5.1.3 Immer mehr Onlineplattformen bauen konglomerate Unternehmensstrukturen bis 2030 aus

Die Plattformbetreiber bauen konglomerate Unternehmensstrukturen u. a. via Killer-Acquisitions auf, die mit dem Begriff „walled garden“[136] treffend umschrieben werden können.

In der Ökonomie wird von konglomeraten Strukturen gesprochen, wenn die Aktivitäten der verbundenen Unternehmen weder in einer horizontalen (direkt wettbewerblichen) noch in einer vertikalen (innerhalb einer Wertschöpfungskette als Komplementärgüter) Beziehung stehen. Dabei können die unterschiedlichen Tätigkeitsfelder dennoch durch die Nutzung gemeinsamer Ressourcen verbunden sein und unterschiedliche Arten

136 Unternehmen nutzen „walled garden“-Strategien, um Nutzer der Plattform auch für die Nutzung möglichst vieler weiterer Dienste zu gewinnen (vgl. Schweitzer et al., 2018, S. 98 f.). Ein extremes Beispiel ist der chinesische Dienst „WeChat“. *„Ursprünglich als Chat-Dienst für Smartphones entwickelt, bietet WeChat mittlerweile auch die Versendung von Audionachrichten, die Durchführung von Videotelefonaten, das Hochladen von Videos, das Teilen des Aufenthaltsorts, das Buchen von Taxis, Restaurants oder Arztdiensten, den Kauf von Lebensmitteln, eine Jobvermittlung, mobile Zahlungsdienste (WeChat Pay) und viele weitere Dienste an und ist so für viele chinesische Nutzer zum Zentrum ihrer gesamten Onlineexistenz geworden.“* (Schweitzer et al., 2018, S. 15).

von Verbundvorteilen aufweisen. Die gemeinsame Verbindung der unterschiedlichen Tätigkeitsfelder sind oftmals die Daten, die in den verschiedenen Feldern gesammelt und kombiniert werden können (vgl. Schweitzer et al., 2018, S. 41).

Ein Beispiel für ein großes Konglomerat ist das Unternehmen Alphabet. Alphabet besteht u. a. aus Google (Android, Google Search, YouTube, Maps, Play, Apps, usw.), Google Fiber, Google Capital und Ventures (Risikokapital und Investmentgesellschaft), Google X (selbstfahrende Autos, Google Glass, u. a.), Calico (Biotechnologie), Deepmind (Künstliche Intelligenz) und Nest (home devices).

5.1.4 Immer mehr Onlineplattformen intensivieren den Einsatz der Künstlichen Intelligenz bis 2030

Onlineplattformen intensivieren den Einsatz von Big Data und KI. Sie ermöglichen es den etablierten Onlineplattformen, deutlich früher vielversprechende Trends zu erkennen und neue Märkte zu besetzen, bevor dies neue Marktteilnehmer tun können. Etablierte Onlineplattformbetreiber nutzen die Technologien zudem für Realtime Marketing Automation, um Kunden bzw. Plattformnutzer äußerst effektiv zu akquirieren. Realtime Marketing Automation beinhaltet laut von Lieven (2015),

- die automatisierte Durchführung granularer Kommunikationsmaßnahmen, individuell für jeden Nutzer, in Echtzeit, auf Grundlage seiner Reaktionen,
- die dynamische Anpassung der Inhalte zum Zeitpunkt der Nutzung an den jeweiligen Kontext: z. B. Standort, Wetter, Position im Customer Lifecycle oder Eigenschaften des Endgerätes,
- die Integration aller relevanten Kanäle in einem Lifecycle, neben E-Mail z. B. auch Social Media, WhatsApp oder mobile Push-Messages in Geo-Fencing-Kontexten und
- die vollständig datenschutzkonforme Erhebung, Verarbeitung und Speicherung von Echtzeit-Reaktionsdaten.

Ferner erleichtert KI im Jahr 2030 etablierten Onlineplattformen die Erstellung äußerst genauer Nutzerprofile, die kurzfristige Verhaltensprognosen erlauben, die zu einer großen Bequemlichkeit in der Nutzung einer Plattform führen (mit den genannten Attributen für den zukünftigen, übergangslosen und natürlichen Umgang mit dem Computer (i) dialogisch und sensorisch mit Sprache, Gesten und Blicken, (ii) als Teil der

Umgebung unter Verwendung mehrerer Endgeräte, (iii) kontextabhängig sowie (iv) lernend und anpassungsfähig).

Newcomer haben große Schwierigkeiten, diesen Grad an Nutzeranpassung und Bequemlichkeit schnell zu erreichen.

5.1.5 Ein Gros der B2C- und B2B-Plattformen ist vertikal integriert

Viele B2C- und B2B-Onlineplattformen sind vertikal integriert. Vertikale Integration im vorliegenden Kontext liegt vor, wenn Unternehmen, die eine Onlineplattform betreiben, über die sich Dritte vernetzen können, nicht nur als Vermittler bzw. Intermediäre auftreten, sondern auch selbst oder mithilfe verbundener Unternehmen in eine Konkurrenzbeziehung zu den anderen Plattformnutzern treten.

Ein Beispiel für eine vertikal integrierte Onlineplattform ist Amazon.

> *„Dort können Kunden auf der Website Amazon.de sowohl Produkte erwerben, die von Amazon Europe S.à r. l. verkauft werden, als auch solche, die von Drittunternehmen über den von Amazon Services Europe S.à r. l. betriebenen Amazon Marketplace angeboten werden. Aus Verbrauchersicht ist diese Doppelrolle des Plattformbetreibers nicht auf den ersten Blick zu erkennen, da die Kombination aus Webshop und Onlinemarktplatz als einheitliche Website unter der Domain* www.amazon.de *erscheint.*“ (Busch, 2019, S. 7).

Die Waren von Amazon stehen oft in einer Substitutionsbeziehung zu den Waren, die andere Händler über Amazon vertreiben.

5.1.6 Im Jahr 2030 sind IoT-Plattformen in der Industrie weit verbreitet

In der Industrie gewinnen IoT-Plattformen zunehmend an Bedeutung. Immer mehr Unternehmen betreiben IoT-Plattformen und verfügen über den Zugang zu Spezialdaten/Spezialinformationen, die von Wettbewerbern entweder überhaupt nicht oder nur unter Inkaufnahme hoher Kosten substituiert werden können.[137] Der Zugang zu solchen Daten ist nicht

137 So hat z. B. thyssenkrupp *„mehr als 180.000 Aufzüge mit spezieller Sensorik ausgestattet und an seine Plattform MAX angeschlossen. Über die Sensoren werden Echtzeitdaten wie bspw. Fahrstuhlbewegungen, Betriebsdaten und Fehlercodes aufgezeichnet und auf der Plattform ausgewertet. Hierdurch kann ein Predictive-Maintenance-Ser-*

nur für die Entwicklung neuer Produkte und Dienstleistungen (neuer Mehrwertdienste) erforderlich, sondern stellt im Zuge der Digitalisierung immer öfter eine Voraussetzung für funktionierenden Wettbewerb auf dem Aftermarket dar.

Beim Aftermarket handelt es sich um einen Sekundärmarkt im Bereich von Investitionsgütern (wie z. B. Maschinen) und langlebigen Konsumgütern (wie z. B. Automobile oder Flugzeuge), der alle Waren und Dienstleistungen umfasst, die nach dem Kauf der ursprünglich erworbenen, primären Ware im Rahmen von deren Wartung, Reparatur und Nachrüstung geliefert oder erbracht werden. Somit handelt es sich um den Verkauf von Dienstleistungen und Teilen, die in unmittelbarem Bezug zu dem vorher verkauften Gut stehen, z. B. Betriebsstoffe und Zubehör.

5.1.7 Im Jahr 2030 schaffen einige Unternehmenskonsortien aus den USA die Kommerzialisierung des autonomen Fahrens

Um die Entwicklung von autonomen Fahrzeugen zu beschleunigen, kooperieren viele Fahrzeughersteller mit Plattformbetreibern, die über Know-how im Bereich Datenerfassung, Datenanalyse und KI verfügen. In der Konsequenz gelingt einigen wenigen Unternehmenskonsortien aus den USA die Kommerzialisierung des autonomen Fahrens. Die Plattformen forcieren den Einsatz von Shuttlebussen und Robotaxis und erreichen hohe Marktanteile in Deutschland. Die Entwicklungen konzentrieren sich auf urbane Gegenden.

Fortan dominieren Shuttlebusse (US-amerikanischer Hersteller) im Ridesharing-Modus on-demand das Straßenbild. Die Kunden geben über eine App ihre Standortdaten und den Destinationsort an. Der Shuttlebus holt die Kunden ab und nimmt unterwegs weitere Fahrgäste an Bord, deren Destinationsorte miteinander kompatibel sind. Ein Algorithmus übernimmt die Routenplanung der Busse (vgl. Zielstorff, ohne Datum)[138].

---

vice angeboten werden, mit dessen Hilfe die Effizienz der eigenen Servicemitarbeiter gesteigert und die Wartungsintervalle optimiert werden können. Zum anderen kann die Ausfallzeit für den Nutzer und Betreiber des Aufzugs um rund die Hälfte reduziert werden.“ (VDMA et al., 2018, S. 10).

138 Die Annahmen folgen den Einsatzszenarien für autonome Fahrzeuge im CarSharing des Bundesverbandes für CarSharing, verfügbar unter: https://www.carsharing.de/themen/angebots-vielfalt/einsatz-szenarien-fuer-autonome-fahrzeuge-carsharing; abgerufen am: 4. Juni 2020.

Ferner gibt es immer mehr autonom fahrende CarSharing-Fahrzeuge oder sog. „Robotaxis“ von US-amerikanischen Herstellern. Durch den Einsatz autonomer Fahrzeuge verschmelzen die Geschäftsmodelle von Taxi- und CarSharing-Anbietern, da die Robotaxis die Fahrgäste selbständig aufsuchen und sie zum gewünschten Destinationsort bringen. Dann fahren sie zur nächsten Buchung (vgl. Zielstorff, ohne Datum).

Ein Gros der Menschen in Deutschland haben großes Vertrauen in die Sicherheit der selbststeuernden Fahrzeuge.

5.1.8 Im Jahr 2030 nutzt ein Großteil der Bevölkerung Plattformen zur Informationsbeschaffung und Meinungsbildung

Ein Großteil der Bevölkerung nutzt Onlineplattformen wie Facebook, YouTube und Twitter zur Informationsbeschaffung. Alternative Informationsquellen existieren zwar, werden jedoch selten bemüht. Sie fristen ein Nischendasein. Begründung: Die Betreiber der Onlineplattformen erheben personenbezogene Daten von Plattformnutzern. Diese ziehen sie u. a. zur Erstellung von Nutzerprofilen heran. Anschließend setzen sie Algorithmen ein, um dem Plattformnutzer Informationen, Posts und Meinungsäußerungen vorzuschlagen, die seinem Nutzerprofil entsprechen. Alternative Positionen werden tendenziell ausgeblendet. Dadurch befinden sich die Menschen in einer Wohlfühlzone – sie lesen nur noch Kommentare und Informationen, die ihr eigenes Weltbild untermauern – und verweilen länger auf der Onlineplattform.

5.1.9 Ab 2030 nutzt ein Gros der Unternehmen Algorithmen zur Preissetzung

Im Zuge der zunehmenden Digitalisierung des Handels sowie der damit verbundenen Sammlung großer Datensätze (Big Data) gewinnen Algorithmen im Geschäftsleben eine immer größere Bedeutung.

Enorme Fortschritte bei Künstlicher Intelligenz, maschinellem Lernen und der Computertechnologie haben zudem zur Konsequenz, dass ein Gros der Unternehmen selbstlernende bzw. autonome „black box“ Algorithmen (sog. „Deep Learning Algorithms“) zur automatisierten Festsetzung von Preisen nutzt.

Hinzu kommen Mechanismen wie „persuasive technologies“, die individuelle Eigenheiten bei der Entscheidungsfindung von Kunden berücksichtigen, um Kaufimpulse in Kombination mit bestimmten Preisen in gezielt ausgewählten Umständen zu setzen. Viele Kunden sehen darin eine gute Kundenorientierung und schätzen die Bequemlichkeit derartig passgenauer Angebote, selbst wenn der individuelle Preis teils über dem Durchschnittspreis liegt.

5.1.10 Im Jahr 2025 steht die private Kryptowährung „Muster“ als Zahlungsmittel zur Verfügung

Im Jahr 2025 kommt die private Kryptowährung „Muster“ auf den Markt. Sie wird von vielen Online-Diensten als Zahlungsmittel akzeptiert; die Zahl der Transaktionen sowie die Transaktionsvolumina steigen kontinuierlich. Eine signifikante Ablösung der Nationalwährung bleibt jedoch in der EU bis 2030 aus, sodass mögliche systemische Risiken tendenziell nicht zu erwarten sind.

Bei „Muster“ handelt es sich um eine supranationale Währung; ein privates digitales Zahlungsmittel der „Muster Association“, welches Transaktionen außerhalb des konventionellen Bankensystems ermöglicht. „Muster“ basiert wie z. B. Bitcoin auf der Blockchain-Technologie. Konzipiert ist das „Muster“-System durch zwei Geldformate: Den sog. Single-Currency Stablecoin und den Multi-Currency Stablecoin („Muster Coin“), wobei der Single-Currency Stablecoin durch eine Währung gedeckt wird, etwa „Muster“-Euro oder „Muster“-Dollar und der Multi-Currency Stablecoin durch einen Währungskorb (vgl. Groß et al., 2020, S. 714). „Muster“ ist somit als Stablecoin konzipiert und wertstabil. Die Sicherstellung der Wertstabilität erfolgt, indem „Muster“ vollständig durch hochliquide, sichere Assets besichert wird (die sogenannte „Muster-Reserve“). Hierzu werden die durch den Verkauf von „Muster“ erworbenen Mittel in Form von Bankeinlagen und kurzfristigen Staatsanleihen angelegt. Massive Wertschwankungen durch Angebots- und Nachfrageänderungen können so größtenteils ausgeschlossen werden (vgl. Catalini, 2019; Groß et al., 2020, S. 714). Bankdepositen haben für „Muster“ somit eine ähnliche Reserverolle wie Zentralbankgeld für private Bankdepositen. Das bisherige zweistufige Geldsystem bestehend aus Zentralbankgeld und Bankdepositen wird hierdurch um die von privaten Nichtbanken geschaffene „Muster“ zu einem dreistufigen System erweitert. Dies hat zur Folge, dass Entwicklungen im „Muster“-Bereich bei einer entsprechenden Verbreitung von „Muster“ auch unmittelbar für Geschäftsbanken, Notenbanken und Bankregulierung relevant werden (vgl. Groß et al., 2020, S. 716).

5.2 Wirkungsanalyse für Szenario 1

5.2.1 Auswirkungen auf Wirtschaftsstruktur

Der Onlinehandel mit Waren und Dienstleistungen verzeichnet im Szenario 1 steigende Umsatzzahlen, und zwar sowohl im B2C- als auch im B2B-Bereich, sodass der Umsatzanteil des Onlinehandels am Handel insgesamt beträchtlich zunimmt. Dies kann mit der Verdrängung des Einzelhandels einhergehen, wobei der Lebensmitteleinzelhandel davon vermutlich nicht so stark betroffen sein wird, auch wenn es bereits heute schon mit bspw. Amazon Fresh digitale Anbieter auf diesem Markt gibt. Der Grund hierfür ist, dass der Verkauf von Frischeprodukten sehr hohe Anforderungen an die Lieferanten und Logistiker stellt, die nur schwer zu erfüllen sind.

Die mehrheitliche Abwicklung der Einkäufe und Verkäufe über Onlineplattformen kann den Leerstand bei Einzelhandelsimmobilien[139] forcieren. Preisverfall für Einzelhandelsimmobilien könnte die Folge sein mit tendenziell negativen Auswirkungen auf das Bruttoinlandsprodukt. Der Umfang des Problems hängt u. a. davon ab, inwieweit es gelingt, leerstehende Einzelhandelsimmobilien einer alternativen Verwendung zuzuführen. So können leerstehende Einzelhandelsimmobilien am Stadtrand z. B. in Lagerhallen, Distributionszentren bzw. Fullfilment Center oder sogenannte Showrooms[140] für Online-Händler umgewandelt werden, im Stadtzentrum in Wohnraum oder Büroflächen für die IT-Dienstleistungsbranche. Diese wird voraussichtlich signifikant wachsen. Da in Zukunft mannigfaltige Transaktionen in der Geschäftswelt digital erfolgen können, wird die Nachfrage nach IT-Services voraussichtlich steigen. Vor allem die Nachfrage nach IT-Sicherheitslösungen wird vermutlich wachsen. Durch die Digitalisierung und Vernetzung der Unternehmen mit Lieferanten

139 *„Unter Einzelhandelsimmobilien werden Gebäude verstanden, die Verkaufsflächen bereitstellen, um Waren an den Endverbraucher verkaufen zu können. Das Spektrum reicht von klassischen Ladengeschäften in Citylage über Fach- und Supermärkte bis hin zu multifunktionalen Shopping-Centern.“* (https://de.statista.com/themen/5029/einzelhandelsimmobilien/; abgerufen am: 3. Dezember 2020).

140 *„Showrooms kommen dem Wunsch des Kunden nah, Waren zwar praktisch zu prüfen, den Einkauf jedoch bequem zu jeder Tageszeit und sogar von zuhause durchzuführen. Denkbar sind dabei Ausstellungsflächen, auf denen Händler ihre Ware als Musterstücke zeigen, aber nicht direkt verkaufen. Der große Vorteil liegt darin, dass besonders im innenstadtnahen und stark frequentierten Bereich kleinere Ladenlokale ausreichen, um dem Kunden die gesamte Sortimentspalette zu bieten.“* (https://www.smf.de/was-ist-ein-showroom/; abgerufen am: 3. Dezember 2020).

und Kunden erhöht sich auch die Gefahr von Sicherheitslücken. Gleichzeitig steigen die Anreize für Cyberangriffe. Der Schutz von Daten wird daher insbesondere für Unternehmen massiv an Bedeutung gewinnen.

Aufgrund der Kommerzialisierung des autonomen Fahrens durch US-Plattformunternehmen droht der traditionellen Taxibranche in Deutschland mittel- bis langfristig partielle Marginalisierung. Auch die Nachfrage nach dem öffentlichen Nahverkehr kann sinken, sodass der Staat gezwungen sein wird, das Angebot zu reduzieren, um die Verluste zu minimieren. Dennoch ist nicht zu erwarten, dass der öffentlichen Personennahverkehr in der Bedeutungslosigkeit verschwindet. Um dem Verkehrskollaps entgegenzuwirken, der drohen könnte, wenn die Plattformbetreiber das Ziel verfolgen würden, jeden Pendler, der bis dahin mit Bus oder Bahn unterwegs war, für sich zu gewinnen, müssten die Städte das Angebot an Shuttlebussen im Ridesharing-Modus on-demand und Robotaxis begrenzen.

Die Kommerzialisierung des autonomen Fahrens durch US-Plattformunternehmen hat voraussichtlich auch Folgen für die Automobilindustrie in Deutschland und ihre Zulieferer: Rückläufige Umsätze und Abbau von Arbeitsplätzen könnten drohen, auch weil ihre Carsharing-Angebote teilweise durch die autonom fahrenden Shuttlebusse im Ridesharing-Modus on-demand und Robotaxis US-amerikanischer Hersteller substituiert werden. Wie stark die deutsche Automobilindustrie betroffen sein wird, hängt jedoch zentral davon ab, wie viele Privatfahrzeuge durch die neuen Mobilitätsangebote ersetzt werden. Dass es voraussichtlich nicht allzu viele sein werden, lässt z. B. die Studie vom Öko-Institut e.V und ISOE aus dem Jahr 2018[141] vermuten. In der Studie wurden mehrere Forschungsfragen am Beispiel des free-floating Carsharings von car2go untersucht, darunter auch die Wirkung der Nutzung auf den Pkw-Besitz. Die Autoren kommen zu dem Ergebnis, dass sich die Anzahl von Privatfahrzeugen im Straßenraum in Stuttgart und Köln/Frankfurt durch free-floating Carsharing in dem untersuchten Zeitraum kaum verändert hat. Nur knapp drei Prozent der Nutzer schafften ihre Privatfahrzeuge aufgrund der Nutzung von free-floating Carsharing ab. Auch die Entwicklung der Zahl von Personenkraftwagen in Privathaushalten in Deutschland untermauert die

141 Öko-Institut und das ISOE - Institut für sozial-ökologische Forschung (2018), share –Wissenschaftliche Begleitforschung zu car2go mit batterieelektrischen und konventionellen Fahrzeugen: Forschung zum free-floatingCarsharing, verfügbar unter: https://www.oeko.de/fileadmin/oekodoc/share-Wissenschaftliche-Begleitforschung-zu-car2go-mit-batterieelektrischen-und-konventionellen-Fahrzeugen.pdf; abgerufen am: 25. November 2020.

Studienergebnisse dahingehend, dass die Wirkung von Carsharing auf den Besitz von Pkw begrenzt ist. Die Zahl der Personenkraftwagen in Privathaushalten ist nämlich stetig gestiegen, und zwar von gut 37.000.000 im Jahr 2009 auf fast 42.500.000[142] im Jahr 2020, und das, obwohl die Zahl an Carsharing-Angeboten in Deutschland im selben Zeitraum gestiegen ist. Laut Bundesverband Carsharing e.V. weiteten die Anbieter ihr Angebot von etwa 3.500 Fahrzeugen im Jahr 2009 auf 24.500 Fahrzeuge im Jahr 2020 aus.[143]

Die Digitalisierung birgt jedoch nicht nur Herausforderungen, sondern auch Chancen für die Unternehmen in Deutschland, da sie die Erschließung neuer Geschäftsfelder und damit die Umstrukturierung der Unternehmen ermöglicht. So ist z. B. die Volkswagen AG aus Wolfsburg dabei, ein digitales Ökosystem „Volkswagen We"[144] aufzubauen, dessen technisches Rückgrat die Plattform „One Digital Platform" ist. Mit der Errichtung eines digitalen Ökosystems verfolgt das Unternehmen das Ziel, neue Mobilitätsservices sowie Dienste rund um das vernetzte Fahrzeug zu offerieren. Neben eigenen Diensten sollen auch Softwarelösungen unabhängiger Dritter in die „One Digital Platform" integriert werden.[145] Die neue digitale Plattform startete 2020 und ist von jedem Endgerät zu bedienen – Smartphone, Tablet, Laptop oder Infotainment-System im Auto.[146]

Durch den Aufbau der „One Digital Platform" ist Volkswagen nicht mehr nur ein Automobilhersteller, sondern auch ein Plattformbetreiber. Damit liegt Volkswagen AG voll im Trend, denn immer mehr Unternehmen in Deutschland betreiben Onlineplattformen (vgl. z. B. BDI, 2020 oder Haucap et al., 2020). So bietet z. B. die Deutsche Telekom AG die B2B-Plattform namens „Data Intelligence Hub" und die Lufthansa Technik „AVIATAR" an. Dem Unternehmen XOM-Materials – hierbei handelt es sich um eine Tochtergesellschaft von Klöckner & Co Deutschland GmbH – gehört die B2B-Onlineplattform „XOM Marketplace". Zentek Services GmbH & Co. KG bietet die B2B-Plattform „empto" an. Auch

---

142 Vgl. https://de.statista.com/statistik/daten/studie/483781/umfrage/pkw-bestand-in-privaten-haushalten-in-deutschland/; abgerufen am: 25. November 2020.

143 Vgl. https://carsharing.de/alles-ueber-carsharing/carsharing-zahlen/aktuelle-zahlen-daten-zum-carsharing-deutschland; abgerufen am: 25. November 2020.

144 Vgl. https://www.portal.volkswagen-we.com/portal/de_DE/web/guest/home; abgerufen am: 15. Februar 2020.

145 Vgl. https://www.auto-medienportal.net/artikel/detail/45450?searchterm=vw; abgerufen am: 15. Februar 2020.

146 Vgl. https://www.auto-medienportal.net/artikel/detail/45450?searchterm=vw; abgerufen am: 15. Februar 2020.

wenn im Szenario 1 unterstellt wird, dass Plattformen in Deutschland im Jahr 2030 signifikant an Bedeutung gewinnen bzw. immer mehr Unternehmen Plattformen zur Abwicklung diverser Geschäftsprozesse nutzen, ist nicht davon auszugehen, dass Unternehmen wie Deutsche Telekom AG, Klöckner & Co Deutschland GmbH, LANXESS Deutschland GmbH oder Zentek Services GmbH & Co. KG bis 2035 sich von ihrem jeweiligen Kerngeschäft trennen, indem sie es z. B. an Investoren aus dem Ausland veräußern, um sich allein auf den Betrieb ihrer B2B-Onlineplattformen wie „Telekom Data Intelligence Hub“, XOM-Materials oder CheMondis zu fokussieren. Die Ursachen hierfür sind vielfältig. So sind z. B. viele Betreiber von B2B-Plattformen, teilweise seit Jahrzehnten, äußerst erfolgreich in ihrem Kerngeschäft tätig, und zwar nicht nur auf nationaler, sondern auch internationaler Ebene. Vor diesem Hintergrund wäre die Aufgabe des Kerngeschäfts bzw. strategische Neuausrichtung des gesamten Unternehmens nur dann rational, wenn das Kerngeschäft signifikant über einen längeren Zeitraum bröckelt. Ferner ist für den Erfolg einer Plattform im B2B-Bereich ein hohes Maß an Branchen-Know-how erforderlich (vgl. Engels et al., 2017, S. 37). Die Betreiber der Plattform müssen wissen, wie der Markt funktioniert, wie Transaktionen vonstattengehen, mit welchen Problemen die Anbieter und Nachfrager von Gütern und Dienstleistungen konfrontiert sind etc. Nur dann sind sie in der Lage, Geschäftsprozesse adäquat zu digitalisieren und glaubwürdig zu vermitteln, dass die Plattform einen Mehrwert für die Nutzer bietet (vgl. Haucap et al., 2020, S. 29). Um das Branchen-Know-how zu erwerben, aber auch über die Zeit zu bewahren, kann es für Betreiber von B2B-Plattformen von Vorteil sein, in der jeweiligen Branche aktiv zu bleiben. Der Erfolg im Kerngeschäft kann auch bei der Skalierung der Plattform von Bedeutung sein: Er hilft nicht nur das Henne-Ei-Problem[147] bei der Markteinführung der Plattform zu lösen, sondern auch die Plattformnutzer auf der Plattform zu halten bzw. deren Abwandern zu Konkurrenzplattformen zu verhindern. Zudem wird zurzeit davon ausgegangen, dass die Skalierung von B2B-Onlineplatt-

147 Unter dem Henne-und-Ei wird in der Ökonomie in Bezug auf zwei- oder mehrseitige Märkte die Problematik bezeichnet, dass es aufgrund der wechselseitigen Beziehung zwischen den Nutzergruppen von wesentlicher Bedeutung für den Erfolg einer Plattform ist, beide Marktseiten gleichzeitig in hinreichender Anzahl zu gewinnen, um die Plattform jeweils für die einzelne Marktseite attraktiv zu machen. Weder die eine Nachfragegruppe noch die andere Nachfragegruppe würde der Plattform beitreten, wenn die jeweils andere Seite des Marktes nicht ausreichend groß ist: Die Marktseiten beeinflussen sich gegenseitig und keine Marktseite entsteht ohne die andere (vgl. Caillaud und Jullien, 2003).

formen aufgrund der Heterogenität der Unternehmen und Segmentierung der Märkte begrenzt ist, weshalb die B2B-Onlineplattformen voraussichtlich nicht das Marktvolumen erreichen werden wie B2C-Plattformen (vgl. VDMA et al., 2018, S. 5). Ferner ist die Skalierung von B2B-Plattformen aufwendiger, weshalb es sehr lange (etwa vier bis zehn Jahre) dauern kann, bis eine B2B-Plattform den Break-Even-Point erreicht, geschweige denn nennenswerte Gewinne abwirft, sodass die Unternehmen es in Betracht ziehen könnten, ihr Kerngeschäft aufzugeben, um sich einzig und allein auf den Betrieb der Plattform zu fokussieren. Ein Grund hierfür ist, dass der Vertrieb von B2B-Plattformen häufig mit größerem Ressourcenaufwand verbunden ist als der Vertrieb von B2C-Plattformen. Ein anderer Grund ist, dass viele B2B-Plattformen einen höheren Grad an Spezialisierung aufweisen als B2C-Plattformen, sodass die Zahl der potenziellen Nutzer insgesamt niedriger ist (vgl. Haucap et al., 2020, S. 17 f.).

Zusammenfassend ist festzuhalten, dass durch das Aufkommen von Plattformen und die Möglichkeit, durch die Bereitstellung von daten- und softwarebasierten Internetdiensten Geld zu verdienen, die Unternehmen dazu übergehen werden, ihre Geschäftsfelder stärker zu diversifizieren. Eine Aufgabe ihres Kerngeschäfts, das bspw. die Produktion oder den Handel mit Gütern beinhaltet, ist bis 2035 eher nicht zu erwarten. Eine zumindest partielle Verschiebung der Wertschöpfungs- und Umsatzanteile in Richtung digitaler Services und Geschäftsmodelle ist hingegen denkbar. So kann möglicherweise der Einsatz von IoT-Plattformen durch Kannibalisierung des bestehenden (und meist lukrativen) Servicegeschäfts ggf. zu Einbußen im Kerngeschäft führen. Dies ist z. B. dann denkbar, wenn durch die Implementierung von Predictive Maintenance die Wartung von z. B. Maschinen und Anlagen nur gezielt stattfindet (vgl. VDMA et al., 2018, S. 19).

Wie in Abschnitt 5.1.10 dargelegt, können „Muster“-Guthaben grundsätzlich als Zahlungsmittel genutzt, transferiert oder zu Bargeld umgetauscht werden. Durch die steigende Zahl und das Volumen der in der Kryptowährung „Muster“ abgewickelten Geschäfte kann die partielle Marginalisierung des Bankensektors nicht ausgeschlossen werden. Die Blockchain-Technologie, auf der die Kryptowährung „Muster“ basiert, erlaubt die Umgehung traditioneller Finanzintermediäre, sodass insbesondere die Geschäftsmodelle von Geschäftsbanken bei fortschreitender Ablösung der Nationalwährungen eine Erosion droht (vgl. Hanl und Michaelis, 2017, S. 366).

5.2.2 Wettbewerbswirkung von Onlineplattformen

5.2.2.1 Wettbewerbsbeschränkungen durch Plattformunternehmen

Wie in Abschnitt 5.1.2 dargelegt, haben viele Onlineplattformen eine bedeutende Marktstellung erreicht. Einige Onlineplattformen schafften es sogar, eine Monopolstellung aufzubauen und die Gatekeeper-Position einzunehmen (Single-Homing). Damit verfügen viele Onlineplattformen, insbesondere jedoch die Gatekeeper, über erhebliche Marktmacht, wodurch das Marktmachtmissbrauchsrisiko steigt. Die marktmächtigen Unternehmen sind z. B. in der Lage, missbräuchliche Geschäftsbedingungen und Nutzungsentgelte gegenüber den Plattformnutzern durchzusetzen, was mit Wohlfahrtsverlusten einhergeht. Verschärfend kommt hinzu, dass laut Szenario-Annahmen viele Unternehmen, die Onlineplattformen betreiben, vertikal integriert sind. Daraus resultieren Interessenkonflikte, die Wettbewerbsprobleme nach sich ziehen können. Ursächlich hierfür sind die Anreize vertikal integrierter Plattformbetreiber, die über eine marktmächtige Stellung verfügen, eigene Produkte und Dienstleistungen bzw. Produkte und Dienstleistungen verbundener Unternehmen (d. h. ihrer Tochterunternehmen) zu bevorzugen bzw. die Produkte- und Dienstleistungen unabhängiger Dritter zu benachteiligen. Damit sind vertikal integrierte Onlineplattformen in der Lage, ihre Marktmacht auf angrenzende Märkte zu übertragen bzw. auszudehnen. Ob es dadurch jedoch zur signifikanten Reduzierung des Wettbewerbs auf den Märkten der Plattformnutzer kommt, ist dennoch unklar: Die Anreize der Onlineplattformen, Konkurrenzangebote zu benachteiligen, sind begrenzt, da solche Praktiken aufgrund der indirekten Netzwerkeffekte die Attraktivität der Plattform als Ganzes für die Plattformnutzer schmälern. Ferner streben Plattformen zwecks Gewinnmaximierung mittel- bis langfristig globale Reichweite an, was zur Ausdehnung der geographischen Marktgrenzen führen und den Eintritt neuer Wettbewerber aus der ganzen Welt bewirken kann. Dies erhöht tendenziell die Wettbewerbsintensität auf angrenzenden Märkten. Marktmächtige Onlineplattformen können zudem einen Anreiz haben, den Wettbewerb zwischen Onlineplattformen, die in einer Konkurrenzbeziehung zu ihnen stehen, durch Behinderung bzw. Unterbindung von Multi-Homing oder Erhöhung der Wechselkosten zu beschränken bzw. gänzlich vom Markt zu drängen (vgl. Haucap, 2020, S. 22 f.). Der Anreiz zur Marktabschottung ist bei digitalen Plattformmärkten höher als auf herkömmlichen Märkten, da sie auf sog. „kippligen“ Märkten oder „winner takes it all“-Märkten operieren. Ist ein Markt erst einmal zum Monopol gekippt, so ist es aufgrund der starken Netzwerkeffekte und des Henne-Ei-Problems schwierig, Wettbewerb auf einem gekippten Markt wiederzubeleben.

Marktmächtige Onlineplattformen haben nicht nur den Anreiz, den Wettbewerb zwischen Onlineplattformen zu beschränken, sondern auch frühzeitig neue Märkte zu besetzen, von denen potenzielle Disruptionsgefahr z. B. für ihr Kerngeschäft ausgeht bzw. ausgehen könnte, um so die eigene Marktposition langfristig zu sichern. Dies kann durch Neugründungen oder Unternehmensübernahmen, insbesondere kleiner, innovativer Start-ups erfolgen (vgl. z. B. Schallbruch et al., 2019, S. 18; Crémer et al., 2019, S. 110 f.). Bei sog. „Killer-Acquisitions" erwerben große Plattformen wie bspw. die GAFAM-Unternehmen andere Unternehmen, die potenzielle Wettbewerber sind, um die Intensivierung des Wettbewerbs zu verhindern. Ein in der Literatur oft genanntes Beispiel für eine Killer-Acquisition ist die Übernahme von WhatsApp durch Facebook im Jahr 2014. Obwohl WhatsApp zu diesem Zeitpunkt kaum Umsätze erzielte, besaß WhatsApp einen Kundenstamm von 450 Millionen Nutzern. Facebook zahlte ungeachtet der niedrigen Umsätze für die Übernahme einen Kaufpreis in Höhe von ca. 19 Milliarden US-Dollar. Fehlende oder niedrige Umsätze eines jungen Start-ups spiegeln in der digitalen Wirtschaft nicht notwendig das wirtschaftliche Potential wider. Durch diese Übernahme soll Facebook verhindert haben, dass WhatsApp ebenfalls ein soziales Netzwerk entwickelt.

Wettbewerbsprobleme können zudem aus Diversifizierungsstrategien der Digitalunternehmen bzw. dem Aufbau von konglomeraten Unternehmensstrukturen resultieren. Diese begünstigen nicht nur den Aufbau, sondern auch die Hebelung der Marktmacht – darunter ist die Übertragung der starken Marktstellung von einem Markt auf einen anderen Markt zu verstehen. In der Literatur werden verschiedene Ursachen für die Marktmacht von Digitalunternehmen mit konglomeraten Strukturen diskutiert (vgl. hierzu z. B. Schweitzer et al., 2018, S. 83-86). So wird z. B. regelmäßig auf ihre hohe Finanzkraft verwiesen (Deep Pocket-Theorie), die es ihnen z. B. erlaubt, Verdrängungspreisstrategien zu fahren (vgl. Schweitzer et al., 2018, S. 84; Schallbruch et al., 2019, S. 19).[148] Ferner können Onlineplattformen durch den Aufbau eines digitalen Ökosystems, das auf

148 Unter Verdrängungsstrategien sind Unternehmensstrategien zu verstehen, die darauf abzielen, Wettbewerber durch das Setzen von Preisen unterhalb der Grenzkosten aus dem Markt zu drängen, um dann die kurzfristig realisierten Verluste durch langfristig Monopolgewinne zu kompensieren.

vielen Ökosystem-Services[149] basiert, von erheblichen Verbundvorteilen (economies of scope) profitieren. Die Gründe für Verbundvorteile sind vielfältig. Sie können z. B. aus dem Angebot komplementärer Dienste oder der Zusammenführung von Daten aus verschiedenen Quellen resultieren (vgl. Crèmer et al., 2019, S. 33). Die Verbundvorteile ermöglichen den Digitalkonzernen, über Kosten- oder Qualitätsvorteile die Kundenbindung zu erhöhen (vgl. Schweitzer et al., 2018, S. 85) und ihre Marktstellung weiter auszubauen.

Der Vertrieb von Produkten und Dienstleistungen über Onlineplattformen kann zudem die Bildung von sog. „Hub-and-Spoke-Kartellen" begünstigen, wenn sie Einfluss auf die Preisgestaltung hat. Bei dieser Art von Kartellen gleicht ein zentraler Akteur (Hub) das Verhalten der im Wettbewerb stehenden Unternehmen (Spokes) durch den Einsatz von Preisalgorithmen ab (vgl. Monopolkommission, 2018, Rz.: 192). Direkten Kontakt zwischen den Wettbewerbern gibt es bei den Hub-and-Spoke-Kartellen somit nicht (vgl. BKartA, 2020, S. 7).

„Hub-and-Spoke-Kartelle" sind längst keine Fiktion mehr, wie das folgende Beispiel zeigt. So wurde z. B. im Eturas-Fall durch einen Administrator einer litauischen Reisebuchungsplattform eine Nachricht an die auf dieser Plattform tätigen Unternehmen versendet, die darauf hinwies, dass eine neue Restriktion in das System eingebaut wurde. Diese Restriktion setzte de facto eine Obergrenze auf mögliche Rabatte, die die Händler ihren Kunden gewähren konnten. Der Europäische Gerichtshof erklärt in seiner Entscheidung, dass auf der Plattform tätige Unternehmen sich an einer illegalen Absprache beteiligt haben, es sei denn sie hätten der Rabattregelung aktiv widersprochen und sich von dieser distanziert (vgl. Freshfields, 2017).

Das Beispiel verdeutlicht die Auswirkung von Preissetzungsalgorithmen auf die Wettbewerbsintensität. Obliegt die Preisgestaltung einer Transaktionsplattform, kann dies dazu führen, dass die Preise von Unternehmen, die im Wettbewerb zueinander stehen, angeglichen werden (vgl. Monopolkommission, 2018, Rz.: 194), ohne dass diese miteinander in Kontakt treten. Die wettbewerbsbeschränkende Wirkung der Hub-and-Spoke-Kartelle wächst mit der Plattformgröße. Besonders kritisch dürfte es dann sein, wenn die Plattform über eine Gatekeeper-Position verfügt, da in die-

---

149 *„Der Ökosystem-Service eines Digitalen Ökosystems beschreibt stets eine Beziehung zwischen dem Anbieter und dem Nachfrager eines sog. Assets, dessen Zurverfügungstellen und Konsumieren die beiden Seiten der Teilnehmerschaft im Digitalen Ökosystem miteinander vernetzt."* (Trapp et al., 2020).

sem Fall alle Marktteilnehmer ihre Produkte bzw. Dienstleistungen über die Plattform vertreiben. In diesem Fall kann es zur Kartellierung eines ganzen Marktes kommen.[150]

5.2.2.2 Wettbewerbsfördernde Wirkung von Onlineplattformen

Onlineplattformen im B2C-Bereich erhöhen die vertikale Markttransparenz, d. h. die Nachfrager können sich einen Überblick über die verschiedenen Angebote verschaffen und das für sie vorteilhafteste auswählen. Folglich haben die Anbieter starke Anreize, ihr Preis-Leistungsangebot zu verbessern. Das wirkt wettbewerbsfördernd. Auch Nutzerbewertungen sind neben dem Preis eines Produktes oder einer Dienstleistung oft das entscheidende Kaufargument. So helfen z. B. Nutzerbewertungen Informationsasymmetrien zwischen Konsumenten und Anbietern zu verringern. In der Folge erhöht sich der Wettbewerbsdruck, weil sich die Nachfrage auf besser bewertete Anbieter verlagert. Um sich weiterhin auf dem Markt behaupten zu können, sind die Anbieter mit schlechteren Bewertungen gezwungen, ihre Produkte und Dienstleistungen zu optimieren. Folglich wirken Nutzerbewertungen wettbewerbsfördernd. Voraussetzung hierfür ist jedoch, dass die Bewertungen weder gefälscht noch manipuliert wurden. Andernfalls kann es zu Wettbewerbsverzerrungen kommen.

5.2.3 Wettbewerbsbeschränkung auf dem Aftermarket

Die Verbreitung von Onlineplattformen wird auch in der Industrie zur Erhöhung der Marktkonzentration führen. Dies ist auf den Umstand zurückzuführen, dass immer mehr Unternehmen IIoT-Plattformen betreiben und damit über Zugang zu Spezialdaten/Spezialinformationen verfügen, die von Wettbewerbern entweder überhaupt nicht oder nur unter Inkaufnahme hoher Kosten substituiert werden können. Der Zugang zu solchen

---

150 Neben Preisalgorithmen kann auch die Verbreitung der Blockchain-Technologie kollusives Verhalten von Onlineplattformen begünstigen. Begründung: Unternehmen bilden immer häufiger Konsortien, um die Effizienzvorteile von Blockchain-Lösungen zu realisieren. Der Rückgriff auf Blockchain-Technologie erhöht die Transparenz und erleichtert damit nicht nur z. B. „Tacit Collusion“, sondern auch die Überwachung der Einhaltung von kartellrechtswidrigen Absprachen. Auf diese Weise wird die Stabilität von Kartellen signifikant erhöht (vgl. z. B. OECD, 2019, S. 4).

Daten ist nicht nur für die Entwicklung neuer Produkte und Dienstleistungen (neuer Mehrwertdienste) erforderlich, sondern stellt im Zuge der Digitalisierung immer öfter eine Voraussetzung für funktionierenden Wettbewerb auf dem Aftermarket dar. In den Aftermarket integrierte IoT-Plattformbetreiber könnten versucht sein, Wettbewerber vom Eintritt in den Aftermarket abzuhalten. Dazu stehen ihnen verschiedene Möglichkeiten zur Verfügung. Zum einen können sie den Zugang zu den Spezialdaten/Spezialinformationen gänzlich verweigern. Zum anderen können sie den Zugang zwar gewähren, jedoch zu deutlich schlechteren Konditionen als ihren auf dem Aftermarkt tätigen Tochterunternehmen. Beide Strategien bewirken Marktanteilsverluste bei den Wettbewerbern und begünstigen die Erhöhung der Marktkonzentration auf dem Aftermarket und einen Lock-in-Effekt bei den Kunden des IoT-Plattformbetreibers auf dem Aftermarket. Dadurch sind die Betreiber von IoT-Plattformen in der Lage, höhere Preise gegenüber ihren Kunden auf dem Aftermarket durchzusetzen.

Zu Wettbewerbsbeschränkungen auf dem Aftermarket kann es auch aufgrund von Rechtsunsicherheiten kommen. Aus wettbewerbsrechtlicher Sicht stellen sich hinsichtlich der Zulässigkeit des privatrechtlich organisierten Teilens von Daten („Datenpools“ oder „Datenkooperationen“) vor allem zwei Probleme: Zum einen könnte eine (horizontale) Datenkooperation zu einem wettbewerbswidrigen Informationsaustausch zwischen Wettbewerbern führen. Die Grenzen einer zulässigen IoT-Zusammenarbeit sind bislang unklar. Für Unternehmen bedeutet dies erhebliche Rechtsunsicherheit. Dies könnte sie davon abhalten, Wettbewerbern Zugang zu ihrer IIoT-Plattform und damit zu den für den Aftermarket relevanten Daten zu gewähren (siehe dazu auch Kommission Wettbewerbsrecht 4.0, 2019, S. 59 ff.).

5.2.4 Wettbewerbsbeschränkungen durch Preisalgorithmen

5.2.4.1 Kollusion

Im Szenario 1 wird angenommen, dass im Zuge der Digitalisierung des Handels immer mehr Unternehmen die Preise für ihre Produkte und Dienstleistungen mittels selbstlernender „black box“ Algorithmen (sog. „Deep Learning Algorithms“) optimieren (vgl. Abschnitt 5.1.9). Ihr Einsatz kann die Kollusionsgefahr durch stillschweigende Übereinkünfte („tacit collusion") deutlich erhöhen,[151] selbst wenn die im Wettbewerb stehenden Unternehmen unabhängig voneinander einen individuellen Preisalgorithmus implementieren (vgl. Schwalbe, 2018, S. 568 ff.).[152] Selbstlernende „black box" Preisalgorithmen verfügen nämlich über die Fähigkeit, enorme Datenmengen zu sammeln und Zusammenhänge zu erkennen, die sich einem Menschen entziehen, und so neue Regeln zu entwickeln, die es ihnen ermöglichen, eine bessere Preisstrategie zu wählen als bspw. ein Softwareentwickler. Da ein effektiver Ausschluss bestimmter Regeln – je nach Algorithmus – schwierig oder ausgeschlossen ist, kann der Preisalgorithmus auch wettbewerbswidrige Preisstrategien wählen, ohne dass dies den Unternehmen bewusst ist (vgl. Monopolkommission, 2018, Rz.: 169-171; Eschenbaum, 2020).

Algorithmen haben das Potenzial, den Wettbewerb auch deshalb signifikant zu beschränken, weil sie zum einen die Verhaltenskoordination und Verhaltensüberwachung von Unternehmen erleichtern, wodurch Kollusion auch auf weniger stark konzentrierten Märkten möglich wird (vgl. Monopolkommission, 2018, Rz.: 182). Zum anderen können sie die Markttransparenz erhöhen und auf Preisabweichungen der Kartellmitglieder in Echtzeit reagieren. Die hohe Reaktions- bzw. Sanktionsgeschwindigkeit verhindert, dass Cheating gewinnbringend sein kann, wodurch die Kartell-

151 Dass die Wahrscheinlichkeit für stillschweigende Übereinkünfte (tacit collusion) durch den Einsatz von Preisalgorithmen steigt, zeigen die experimentellen Arbeiten von z. B. Calvano et al. (2020) und Klein (2018). Calvano et al. (2020) analysieren ein Duopol mit der strategischen Variable Preis und konstanten Marktbedingungen im Zeitablauf. Im Rahmen simultaner Preissetzung kann zwischen einem hohen und einem niedrigen Preis gewählt werden. In 2/3 aller Simulationsdurchläufe wurde Kollusion erreicht, was zu einer Ausschöpfung des maximal möglichen Gewinns (Monopolgewinn) von 70 Prozent führte. Diese Arbeit zeigt, dass algorithmische Kollusion prinzipiell möglich ist, aber hier trotz sehr einfacher Marktstruktur keinesfalls „perfekte" Kollusion erreicht wurde. Zudem stieg die Zeit, um ein kollusives Gleichgewicht zu finden, stark an, wenn das Intervall für Preisänderungen verkürzt wurde. Klein (2018) führt ein ähnliches Experiment durch, erlaubt allerdings sequenzielle Preissetzung. Darüber hinaus wird in seinem Modell die Anzahl der möglichen Preise variiert. Auch hier wurde in 2/3 aller Fälle Kollusion erreicht. Die Ausschöpfung der maximal möglichen Gewinne lag zwischen 78 Prozent und 87 Prozent. Das Fazit sieht also sehr vergleichbar zum dem von Calvano et al. (2020) aus.

152 Schwalbe, 2018, S. 594: (…) *„the question arises whether algorithms are able to communicate with each other or whether different algorithms might even be able to learn to communicate without being explicitly programmed, that is, without a common communication protocol."*

bildung und Kartellstabilität begünstigt werden (vgl. Monopolkommission, 2018, Rz.: 180).

Es kann nicht ausgeschlossen werden, dass der Einsatz selbstlernender „black box“ Algorithmen die Aufdeckungswahrscheinlichkeit reduziert und der Kartellnachweis mit enormem Aufwand verbunden sein wird, da z. B. die in Kartellen eingesetzten Preisalgorithmen so programmiert sein können, dass die Preissetzung der Beteiligten autonom erscheint (vgl. Monopolkommission, 2018, Rz.: 171). Ferner kann unter Umständen weniger Evidenz in Form menschlicher Kommunikation auffindbar sein, was den Beweis kartellrechtswidrigen Verhaltens erschweren würde. Zudem könnten klassische Screening-Instrumente zum Auffinden von Kartellen in ihrer bestehenden Form nicht mehr funktionieren. Kartell-Screening wird vor allem über einen Vergleich der Preisverteilungen in einer Wettbewerbsperiode mit potenziellen Verstoßperioden durchgeführt. Dabei können sowohl Tests auf Strukturbrüche als auch Änderungen in der Frequenz von Preisveränderungen analysiert werden. Traditionell wurden in Kartellperioden weniger Preisänderungen und vor allem mehr Preiserhöhungen als Preissenkungen im Vergleich zu wettbewerblichen Perioden gefunden. Die erhöhte Flexibilität kann diese Form von Tests in Zukunft möglicherweise deutlich erschweren, da Möglichkeiten bestehen, diese Form der Evidenz zu vermeiden, wobei es sicher auch künftig schwierig sein wird, jegliche Veränderungen in den Verteilungen zu vermeiden. Die mit der Kartellaufdeckung und dem Kartellnachweis verbundenen Probleme können die Anreize der Unternehmen erhöhen, selbstlernende Preisalgorithmen zu implementieren. Ähnliche Wirkung könnte auch der Umstand haben, dass bei selbstlernenden und dynamischen Algorithmen, die autonome Entscheidungen treffen, die den Verwendern weder bekannt noch von diesen gewollt sind, das Kartellrecht womöglich an seine Grenzen kommt.

5.2.4.2 Vertikale Beschränkungen

Algorithmen erlauben es den Unternehmen nicht nur horizontale (explizite oder stillschweigende) Absprachen, sondern auch vertikale Absprachen zu treffen, die den Wettbewerb beschränken können. D. h. Unternehmen können Preisalgorithmen auch einsetzen, um die Wiederverkaufspreise von ihren Abnehmern zu überwachen, und zwar in Echtzeit. So hat z. B. die Europäische Kommission am 24. Juli 2018 eine Geldbuße gegen vier Elektronikhersteller (Asus, Denon & Marantz, Philips und Pioneer) verhängt, weil sie u. a. ihren Online-Einzelhändlern Fest- oder Mindestpreise für den Wiederverkauf ihrer Produkte (z. B. Notebooks, Kopfhörer, Lautsprecher, Küchengeräte, Staubsauger oder Haartrockner) vorgaben und bei Nichteinhaltung dieser Vorgaben Sanktionen z. B. in Form eines Belieferungsstopps androhten. Zur Überwachung setzten die Elektronikhersteller Software ein, die es ihnen ermöglichte, die Wiederverkaufspreisbildung im Vertriebsnetz zu beobachten, sodass sie bei Preisabweichungen schnell intervenieren konnten (vgl. Europäische Kommission, 2018).

Die Digitalisierung des Handels bewirkt, dass die von vertikaler Preisbindung ausgehenden Wettbewerbsbeschränkungen deutlich umfangreicher ausfallen können. Grund hierfür ist, dass Preisalgorithmen mittlerweile sowohl von Herstellern bzw. Großhändlern als auch bei Einzelhändlern zum Einsatz kommen. Den Herstellern bzw. den Großhändlern ermöglichen sie die Wiederverkaufspreise der Einzelhändler zu überwachen und vertikale Preisbindungen durchzusetzen, die gegen das Kartellrecht verstoßen. Die Einzelhändler nutzen Preisalgorithmen, um ihre Einzelhandelspreise automatisch an die Preise ihrer Wettbewerber anzupassen. Daher können vertikale Preisbindungen für einzelnen Online-Händler die Preise (im Extremfall) aller Online-Händler im relevanten Markt beeinflussen und damit das Preisniveau im Onlinemarkt insgesamt anheben (vgl. Europäische Kommission, 2018).

5.2.5 Auswirkungen auf Wirtschaftswachstum

Wirtschaftswachstum begünstigende Entwicklungen: Die Ansiedlung vieler B2B-Onlineplattformen in Deutschland kann das Wirtschaftswachstum begünstigen, da sie einen Teil der Wertschöpfung von Unternehmen abgreifen können, und zwar nicht nur von solchen, die in Deutschland, sondern auch in anderen Staaten beheimatet sind. In diesem Fall haben insbesondere B2B-Plattformen mit einer großen Reichweite das Potenzial, das Wirtschaftswachstum in Deutschland zu fördern. Ferner haben etablierte Unternehmen z. B. aus dem Maschinen- und Anlagebau durch den Betrieb von Onlineplattformen, wie z. B. der IIoT-Plattformen, die Möglichkeit durch Erhebung und Auswertung der Nutzungsdaten, ihren Kunden digitale Services anzubieten und neue Geschäftsmodellen zu implementieren, die ohne die Plattform gar nicht möglich wären, um so zusätzliche Erlösquellen zu erschließen (vgl. VDMA et al., 2018, S. 6). Auch das begünstigt das Wirtschaftswachstum.

Positive Wirkung auf das Wirtschaftswachstum resultiert nicht nur aus dem Angebot bzw. dem Betrieb von Onlineplattformen, sondern auch aus der Nachfrage bzw. Nutzung dieser durch die Unternehmen. So können z. B. Fabrikbetreiber, die IIoT-Plattformen nutzen, insbesondere von digital basierten Services in Form spezifischer Anwendungsfälle profitieren. Diese können zur Kostensenkung oder -vermeidung, Erlössteigerung oder der qualitativen Verbesserung von innerbetrieblichen Abläufen oder Produkten beitragen. Grundlage dieser Optimierungsmöglichkeiten bildet z. B. die Zustandsüberwachung (sog. Condition Monitoring) sowie Prozessoptimierung oder Anlageneinsatzoptimierung. Die genannten Optimierungsmaßnahmen können die Unternehmen dabei unterstützen, durch Kostenführerschaft oder Produktdifferenzierung einen Wettbewerbsvorteil zu erzielen, der mit höheren Erlösen einhergehen kann (vgl. VDMA et al., 2018, S. 6).

Ferner kann auch Realtime Marketing Automation zu signifikanten Effizienz- und Effektivitätssteigerungen bei Unternehmen führen (vgl. Lieven, 2015) und so das Wirtschaftswachstum begünstigen.

Wirtschaftswachstum hemmende Entwicklungen: Ob die Plattformisierung der Ökonomie auch zum Wirtschaftswachstum im Szenario 1 führt, ist mehr als fraglich. So kann möglicherweise der Einsatz von IoT-Plattformen zu Umsatzeinbußen bei Unternehmen führen, zu deren Kerngeschäft die Erbringung verschiedener Serviceleistungen, wie z. B. das Warten oder Reparieren von Maschinen und Anlagen oder die Bereitstellung von Ersatzteilen, gehört. Grund hierfür sind sog. Killer-Applikationen, wie z. B. Predictive Maintenance, da sie dafür sorgen, dass die Maschinen seltener ausfallen bzw. repariert werden müssen (vgl. VDMA et al., 2018, S. 19). Das begrenzt das Wirtschaftswachstum.

Wachstumshemmend wirkt auch der Umstand, dass viele Onlineplattformen es geschafft haben, eine Monopolstellung aufzubauen und die Gatekeeper-Position einzunehmen. Die marktmächtige Stellung ermöglicht es den Betreibern von Onlineplattformen, hohe Nutzungsentgelte gegenüber den Plattformnutzern durchzusetzen. Auf diese Weise schöpfen sie einen Großteil der Effizienzgewinne ab, welche die Unternehmen durch die Nutzung dieser Plattformen erzielen, sodass diese nicht mehr in der Lage sind, die Kostenersparnisse in Form von niedrigen Preisen an die Nachfrager weiterzureichen und sich auf diese Weise einen Wettbewerbsvorteil zu verschaffen, der in einer höheren Nachfrage nach ihren Gütern und Dienstleistungen mündet und das Wirtschaftswachstum ankurbelt. Besonders problematisch ist die Abschöpfung der Effizienzgewinne dann, wenn die Onlineplattformen, die von deutschen Unternehmen genutzt werden, im Ausland beheimatet sind.

Verschärfend kommt hinzu, dass die hohe Marktkonzentration auf Online-Märkten die Innovationsfähigkeit der deutschen Volkswirtschaft reduziert: Wettbewerb ist nämlich eine entscheidende Quelle für Innovation. Ohne Wettbewerbsdruck kann ein gewisses Maß an Innovation immer noch auftreten, jedoch ist die Geschwindigkeit, mit der Innovationen hervorgebracht werden, deutlich niedriger als es in durch Wettbewerb charakterisierten Plattformmärkten der Fall wäre (vgl. Majority Staff Subcommittee on Antitrust, Commercial and Administrative Law, 2020, S. 46-51)[153]. So zeigen z. B. Haucap et al. (2019), dass horizontale Fusionen zwischen Pharmaunternehmen nicht nur die Innovationstätigkeit des fusionierten Unternehmens, sondern auch seiner nicht fusionierenden Wettbewerber beeinflussen, mit dem Ergebnis, dass die durchschnittliche Patentierung sowie Forschung und Entwicklung des fusionierten Unternehmens und seiner Konkurrenten in der Zeit nach dem Zusammenschluss deutlich abnimmt.

Innovationen, vor allem in Form des technischen Fortschritts, sind jedoch eine äußerst wichtige Triebkraft für Produktivität und Wachstum und somit auch für die langfristige Prosperität einer Volkswirtschaft (vgl. Institut der Deutschen Wirtschaft Köln, 2015).

Ferner stellt das Majority Staff Subcommittee on Antitrust, Commercial and Administrative Law in den USA (2020, S. 47)[154] fest:

> *„In recent decades, however, there has been a sharp decline in new business formation as well as early-stage startup funding. The number of new technology firms in the digital economy has declined, while the entrepreneurship rate—the share of startups and young firms in the industry as a whole—has also fallen significantly in this market. Unsurprisingly, there has also been a sharp reduction in early-stage funding for technology startups."*

Eine Erklärung dafür bietet der sog. Kill-Zone-Ansatz. Danach haben Startups, die Produkte oder Dienstleistungen entwickeln, die in Konkurrenz zu Produkten und Dienstleistungen marktmächtiger Onlineplattformen stehen, womöglich deshalb Schwierigkeiten, Finanzierungsquellen z. B. in Form von Wagniskapital zu erschließen, weil Kapitalgeber aggressives Ver-

---

153 Verfügbar unter: https://judiciary.house.gov/uploadedfiles/competition_in_digital_markets.pdf?utm_campaign=4493-519; abgerufen am: 16. Februar 2021.

154 Verfügbar unter: https://judiciary.house.gov/uploadedfiles/competition_in_digital_markets.pdf?utm_campaign=4493-519; abgerufen am: 16. Februar 2021.

halten der marktmächtigen Onlineplattformen gegen diese potenziellen Konkurrenten befürchten, sofern sie diese nicht übernehmen können (vgl. Haucap, 2020, S. 27). Die Start-ups benötigen jedoch Kapital, um wachsen bzw. skalieren zu können. Dies ist insbesondere in Märkten mit indirekten Netzwerkeffekte wichtig, um schnell eine kritische Masse an Nutzern zu erreichen und Gewinne generieren zu können.

Somit kann das Wirtschaftswachstum nicht nur durch Übernahmen z. B. in Form von Killer-Acquisitions seitens der marktmächtigen Onlineplattformen gehemmt werden, sondern auch durch fehlendes Finanzierungskapital für Start-ups.

Ferner können auch Kartelle und vertikale Beschränkungen über die Erhöhung der Preise dazu führen, dass die Nachfrage nach Produkten und Dienstleistungen sinkt; Beschränkung des Wirtschaftswachstums in Deutschland ist eine mögliche Folge.

Auch der Bedeutungsgewinn von transaktionsbasierten Onlineplattformen kann das Wirtschaftswachstum beeinträchtigen: In Zukunft werden die Unternehmen ein Gros ihrer Transaktionen über Onlineplattformen mit globaler Reichweite abwickeln. Der Bedeutungsgewinn der Plattformen im Zuge der Digitalisierung wird somit dazu führen, dass in Deutschland ansässige Unternehmen immer mehr im Wettbewerb mit ausländischen Unternehmen stehen, die diese Plattformen ebenfalls nutzen: Die Zunahme des grenzübergreifenden Handels könnte eine Verschärfung des Wettbewerbs, sinkende Preise und schlechtere Bedingungen für jeden einzelnen Anbieter, gefunden zu werden, nach sich ziehen. Dies kann – muss aber nicht – zu Marktanteilsverlusten der deutschen Unternehmen führen, im Extremfall können diese gänzlich aus dem Markt gedrängt werden. Dies wirkt sich negativ auf das Wachstum des Bruttoinlandsproduktes in Deutschland aus. Die vertikale Integration der Onlineplattformen kann das Wirtschaftswachstum zusätzlich beschränken, und zwar dann, wenn sie ihre Marktmacht zu Gunsten der Produkte und Dienstleistungen ihrer im Ausland beheimateten Tochterunternehmen ausnutzen; damit geraten die in Deutschland beheimateten Unternehmen zusätzlich unter Druck. Die Nutzung von Plattformen kann jedoch insbesondere kleineren und mittelständischen Unternehmen die Tür zu Kunden in der ganzen Welt öffnen, sodass deren Umsätze wachsen. Dies würde wiederum das Wirtschaftswachstum in Deutschland begünstigen.

Ferner kann sich auch die Sharing Economy, die vor allem durch die Ausbreitung der Plattformen getrieben wird, negativ auf das Wirtschaftswachstum auswirken. Deren zunehmende Bedeutung hat zur Folge, dass immer mehr Verbraucher es vorziehen, bestimmte Produkte für eine Zeit günstig zu mieten, anstatt diese teuer zu kaufen. Dadurch sinkt die Konsumgüternachfrage. In der Konsequenz sehen die Unternehmen davon ab, ihre Produktionskapazitäten auszudehnen. Somit sinkt auch die Investitionsgüternachfrage. Das kann sich tendenziell negativ auf die Investitionsgüterindustrie auswirken, was das Wirtschaftswachstum zusätzlich schmälert. Die negative Wirkung auf das Bruttoinlandsprodukt durch Sharing-Economy ist umso größer, je mehr private Anbieter darauf verzichten, ihre so erzielten Einnahmen in der Einkommensteuererklärung geltend zu machen (vgl. Petersen, 2017, S. 182 f.).

5.2.6 Auswirkungen auf Preisstabilität, Finanzmarktstabilität und Geldpolitik

Eine Verbreitung der Kryptowährung „Muster" außerhalb des Euroraums in Ländern mit weniger stabilen Währungen wirkt sich auch auf die Finanzmarktstabilität der Eurozone aus. „Muster" ist nämlich zu einem signifikanten Teil mit Euro Bankdepositen und Euro-denominierten Staatsanleihen hinterlegt, was wiederum bedeutet, dass die „Muster Association" einen großen Teil der kurzfristigen Staatsanleihen stabiler Volkswirtschaften hält und, dass der Euro de facto weit über die Grenzen der Eurozone hinweg als Zahlungsmittel genutzt würde (vgl. Groß et al., 2020, S. 715). Mit Einführung der „Muster"-Reserve wird ein großer internationaler Reservefonds geschaffen, von dem im Krisenfall erhebliche Ansteckungseffekte und systemische Risiken ausgehen könnten.

Zwar will die „Muster Association" keine eigene Währungspolitik betreiben, sondern die Politik der Zentralbanken übernehmen, die in der Reserve repräsentiert werden (vgl. Catalini, 2019). Durch die Orientierung des „Muster"-Wertes am Währungskorb und der Erhöhung der „Muster"-Geldmenge durch den Kauf liquider Finanzassets bei erhöhter privater „Muster"-Nachfrage und vice versa, betreibt die „Muster Association" jedoch faktisch eine expansive, zinssenkende Geldpolitik in Bezug auf die Renditen der Finanzassets (vgl. Groß et al., 2019). Auch diese Effekte müssen in der Geldpolitik Berücksichtigung finden. Werden beispielweise „Muster" gegen Euro gekauft und erwirbt die „Muster Association" damit eine deutsche Staatsanleihe von einer Nichtbank, so wirkt sich dies zwar nicht auf die umlaufende Euro-Geldmenge aus, jedoch erhöht sich die „Muster"-Geldmenge entsprechend. Der Anteil liquider Finanzassets nimmt insgesamt zu, der Leverage des Finanzsystems steigt und so auch der Druck auf die kurzfristigen Zinsen. Diesen expansiven Effekt müssten nationale Notenbanken in ihrer Politik berücksichtigen (vgl. Hanl und Michaelis, 2017).

Die Verringerung der Nachfrage nach traditionellen Zahlungsmitteln bedeutet, dass traditionelle Bankensysteme einen relativen Bedeutungsverlust erfahren mit der Folge, dass deren geldpolitische Maßnahmen an Effizienz verlieren. Um die gleichen Effekte auf die wirtschaftliche Entwicklung zu erreichen, müssten geldpolitische Maßnahmen z. B. zur Steuerung der Konjunktur verstärkt werden. Dies wiederum könnte zu weiteren Ausweichreaktionen und einem Abwandern von Geschäften aus dem Bankensektor führen, mit negativen Folgen für die Wirkungen der Geldpolitik (vgl. Groß et al., 2019).

5.2.7 Auswirkungen auf Beschäftigung

Wie bereits angesprochen, schaffen transaktions- und datenbasierte Plattformen Effizienzen im Sinne von Prozessinnovationen. Datenbasierte Plattformen, wie bspw. IoT- Plattformen, stellen Unternehmen Lösungen bereit, die das Arbeiten effizienter gestalten bzw. übernehmen. Wartungsaufgaben können gezielter durchgeführt werden, der Einkauf von Waren, Arbeitsmaterialen etc. wird automatisiert ablaufen oder auch internes Controlling und Kalkulation werden automatisiert von Algorithmen durchgeführt, um nur einige Beispiele zu nennen. Dadurch reduziert sich der benötigte Einsatz von menschlicher Arbeit. Die Arbeitslosigkeit wird voraussichtlich branchenübergreifend steigen, wobei Menschen mit durchschnittlichem Bildungsniveau am stärksten betroffen sein könnten.

Daneben kommt es zu drastischen Änderungen, die ganze Branchen größtenteils irrelevant machen werden. Der stationäre Einzelhandel wird immer mehr an Bedeutung verlieren. Sowohl im B2B- als auch im B2C-Bereich wird der Einkauf von Waren über große Plattformen erfolgen. Große Einzelhandelsunternehmen werden den Großteil ihrer Filialen schließen müssen, kleinere Läden werden gar keine stationären Standorte mehr innehaben. Hier kommt es zu einem massiven Verlust an Arbeitsplätzen. Die Aufgabe dieser Unternehmen beschränkt sich vor allem auf den Online-Vertrieb ihrer Waren. Der skizzierte Strukturwandel schafft jedoch auch neue Arbeitsplätze, insbesondere in den Bereichen Lagerlogistik und Distributionslogistik.

Durch den Betrieb autonom fahrender Shuttlebusse im Ridesharing-Modus on-demand und Robotaxis wird die Taxibranche vermutlich an Bedeutung verlieren, was mit dem Verlust von Arbeitsplätzen einhergehen wird.

Gleichzeitig werden neue Arbeitsplätze durch die Kommerzialisierung des autonomen Fahrens geschaffen, z. B. im Bereich der Fahrzeugservices, des Flottenmanagements und der Flottenreinigung (vgl. Tschiesner, ohne Datum)[155].

Auch die Möglichkeit der vertikalen Integration für Plattformbetreiber kann dazu beitragen, nicht nur die Marktkonzentration zu erhöhen, sondern auch die Anzahl der Arbeitsplätze in Deutschland zu reduzieren. Grund hierfür sind ihre Interessenskonflikte, die Anreize schaffen, unabhängige Dritte zu Gunsten der Produkte und Dienstleistungen ihrer Tochterunternehmen zu diskriminieren. Zum Abbau von Arbeitsplätzen in Deutschland kommt es in diesem Fall dann, wenn durch die Diskriminierung im Ausland beheimatete Tochterunternehmen der Plattformbetreiber bevorteilt bzw. in Deutschland verortete Unternehmen benachteiligt werden, sodass diese im Wachstum beschränkt werden oder Marktanteilsverluste realisieren bzw. im Extremfall gänzlich vom Markt gedrängt werden.

Zudem können Plattformen (wie in Abschnitt 5.2.2.1 dargelegt) die Wettbewerbsintensität erhöhen, da sie mittel- bis langfristig globale Reichweite anstreben, was zur Ausdehnung der geographischen Marktgrenzen führen und den Eintritt neuer Wettbewerber aus der ganzen Welt bewirken kann. Zusätzlich erhöhen Onlineplattformen die vertikale Markttransparenz, d. h. die Nachfrager können sich einen Überblick über die verschiedenen Angebote verschaffen und das für sie vorteilhafteste auswählen. Dies kann dazu führen, dass in Deutschland verortete Unternehmen einem schärferen Wettbewerb ausgesetzt werden, der über Preisdruck zum Abbau von Arbeitsplätzen in Deutschland führen kann.

In den Wirtschaftssektoren, die aufgrund der Plattformen bzw. der Digitalisierung profitieren werden, wie bspw. der IT-Sektor, kommt es zu neuen Arbeitsplätzen. Diese können allerdings nicht durch dieselben Menschen besetzt werden, die aufgrund der Digitalisierung bzw. Plattformen ihre Arbeitsplätze verlieren werden, da es sich bei diesen Aufgaben um sehr spezielle Tätigkeiten handelt, die eine geeignete Qualifikation voraussetzen. Umschulungsmaßnahmen werden zwar gewisse Personengruppen erreichen können und diese wieder in den Arbeitsmarkt integrieren, größtenteils wird dies aber aufgrund der Komplexität der Arbeit nicht möglich sein. Die neugeschaffenen Arbeitsplätze werden die steigende Arbeitslosigkeit nicht verhindern können.

---

155 Verfügbar unter: https://www.bosch.com/de/stories/wirtschaftliche-auswirkungen-autonomen-fahrens/; abgerufen am: 16. Februar 2021.

Vor diesem Hintergrund ist zu erwarten, dass die Nachfrage nach IT-Experten in Zukunft das Angebot an IT-Experten übersteigen wird, was dazu führen könnte, dass immer mehr Unternehmen IT-Experten im Ausland akquirieren müssen. Vorstellbar ist auch, dass die Unternehmen in Deutschland vermehrt dazu übergehen werden, Aufgaben über Onlineplattformen (z. B. Freelancer-Plattformen, Crowdsourcing-Plattformen) an Honorarkräfte auszulagern, um dem Fachkräftemangel entgegenzuwirken, zumal davon auszugehen ist, dass insbesondere IT-Experten in Zukunft die Selbständigkeit gegenüber der Festanstellung in einem Unternehmen bevorzugen werden, da sie dadurch flexibler hinsichtlich Arbeitszeit und Arbeitsort sind, wodurch sie ihre Work-Life-Balance optimieren können.

5.2.8 Algorithmisch personalisierte Nachrichtenkanäle: Auswirkungen auf Zusammenhalt der Gesellschaft und Stabilität der Demokratie

Die Fokussierung der Bevölkerung auf Soziale Netzwerke wie Facebook, Twitter und YouTube etc. als Informationsquelle kann über die Polarisierung der Bevölkerung zur Destabilisierung der Demokratien führen. Dies gilt aller Wahrscheinlichkeit nach insbesondere dann, wenn – wie in Abschnitt 5.1.8 skizziert – ein Großteil der Bevölkerung Onlineplattformen bzw. Sozialen Netzwerke wie z. B. Facebook, YouTube und Twitter etc. zur Informationsbeschaffung und Meinungsbildung nutzt, alternative Informationsquellen zwar existieren, jedoch selten bemüht werden, sodass sie ein Nischendasein fristen. Der Grund hierfür ist, dass durch die Fokussierung auf Soziale Netzwerke als Informationsquelle die Informiertheit der Bevölkerung tendenziell sinkt und es zur Polarisierung dieser kommen kann. Dies wird im Folgenden näher erläutert.

Onlineplattformen wie Facebook, Twitter und YouTube etc. sind in erster Linie Informationsintermediäre: Sie erstellen keine journalistisch-redaktionellen Angebote wie klassische Massenmedien. Vielmehr dienen sie der Verbreitung von nutzergenerierten Inhalten. Die Konformität der Beiträge mit den Regeln der Plattform und der nationalen Gesetzgebung werden erst im Anschluss an die Veröffentlichung kontrolliert und geahndet. Ein weiterer Faktor, der auf die Destabilisierung der Demokratie hinwirken kann, ist die Vermittlung algorithmisch personalisierter Nachrichten, d. h. von Inhalten, die auf Nutzerprofile abgestimmt sind. Diese gehören zum Geschäftsmodell von Onlineplattformen wie Facebook, YouTube, Twitter etc., da sie die Verweildauer der Nutzer auf der Plattform erhöhen. Anders als viele klassische Informationsmedien präsentieren die algorithmisch personalisierten Nachrichten überwiegend isolierte und unzusammenhängende Einzelnachrichten. Rezipienten, die sich ganz oder überwiegend auf Soziale Netzwerke als Informationsquelle verlassen, laufen daher Gefahr, keinen umfassenden und ausgewogenen Nachrichtenüberblick zu erhalten. Damit sind sie nicht im Stande, die Komplexität vieler politischer Probleme nachzuvollziehen und zu erkennen, dass es – entgegen der Behauptung von z. B. Populisten – keine einfachen Lösungen gibt. Derartige Erkenntnisse sind jedoch wichtig für die Ausbildung moderater politischer Meinungen (vgl. Schweiger et al., 2019, S. 74 f.). Verschärfend kommt hinzu, dass die algorithmisch personalisierten Nachrichten im Verdacht stehen, die Verbreitung populistischer Botschaften zu forcieren. So zeigen z. B. Marchal et al. (2019), dass Fake News auf Facebook viel mehr Aufmerksamkeit auf sich ziehen als redaktionelle Berichte.

Die Onlineplattformen vermitteln ihren Nutzern jedoch nicht nur durch Algorithmen priorisierte Inhalte, sondern auch Kontakte zu Personen bzw. anderen Nutzern, die ähnliche politische Einstellungen und Weltbilder haben. Eine mögliche Folge sind sog. Filterblasen. Hierbei handelt es sich um virtuelle Informationsräume, in denen sich Individuen oder Gruppen mit ähnlichen Interessen und Meinungen befinden – teilweise ohne ihr bewusstes Zutun oder Wissen. Je einseitiger die dort im Umlauf befindlichen Inhalte, desto verzerrter und unvollständiger sind die Informationen, mit denen die Rezipienten in den Filterblasen konfrontiert werden. Auch dadurch sinkt tendenziell die politische Informiertheit der Bevölkerung. Zudem können Filterblasen zu einer individuell verzerrten Realitätswahrnehmung führen und verzerrte Meinungsklimawahrnehmung bewirken. So konnten u. a. Stark et al. (2017, S. 149) zeigen, dass intensive Facebook-Nutzer die Verbreitung ihrer Meinung in der Gesamtbevölkerung stärker überschätzen als andere Personen.

Problematisch ist auch, dass Personalisierungs-Algorithmen über Streaming-Plattformen wie z. B. Netflix auch im Unterhaltungsbereich an Relevanz gewonnen haben. Die Kultivierungsforschung zum Fernsehen weist nämlich darauf hinweist, dass die Weltbilder, die Bürgerinnen und Bürger ständig in Unterhaltungsmedien sehen, auch ihre persönlichen Weltbilder prägen, weshalb Personalisierungs-Algorithmen auch hier die politische Informiertheit und das Meinungsbildung der Bevölkerung beeinflussen und die Polarisierung dieser begünstigen können (vgl. Schweiger et al., 2019, S. 120).

Es kann nicht ausgeschlossen werden, dass am Ende der skizzierten Entwicklung der Anteil der Bevölkerung mit extremen politischen Meinungen steigt, der Anteil der Bevölkerung mit gemäßigten Meinungen sinkt und es somit zur Meinungspolarisierung kommt. In der Folge können der Zusammenhalt bzw. das Zusammengehörigkeitsgefühl der Bürger in einem Staat, die Diskursfähigkeit der Bevölkerung und die Demokratie bröckeln (vgl. Schweiger et al., 2019, S. 74 ff.).

5.3 *Handlungsoptionen Szenario 1*

5.3.1 Gewährleistung eines funktionierenden Wettbewerbs

Im Rahmen des Szenario 1 wird unterstellt, dass der Gesetzgeber – trotz fortschreitender Digitalisierung und Diffusion von Onlineplattformen in der Wirtschaft – auf eine Anpassung des Ordnungsrahmens verzichtet, sodass viele marktmächtige Onlineplattformen entstehen, die das Potenzial haben, den Wettbewerb signifikant zu beschränken und damit das Wirtschaftswachstum in Deutschland zu hemmen. Dies stellt ein Problem für die Soziale Marktwirtschaft dar, weil diese vom Wettbewerb (aufgrund seiner vielfältigen Funktionen wie der Freiheitsfunktion, Anpassungsfunktion, Allokationsfunktion, Entdeckungs- bzw. Fortschrittsfunktion etc.) lebt. Daher ist eine zentrale Aufgabe des Staates in der Sozialen Marktwirtschaft die Gewährleistung des marktwirtschaftlichen Wettbewerbs bzw. seine Wiederherstellung durch das Aufstellen bzw. Anpassen der Wettbewerbsordnung, die wettbewerbsbeschränkende Vorgänge auf den Märkten verhindert und die Bestreitbarkeit der Märkte sicherstellt. Vor diesem Hintergrund werden im Folgenden Handlungsoptionen für den Staat im Umgang mit marktmächtigen Onlineplattformen diskutiert, die ihre Marktmacht missbrauchen und damit den Wohlstand gefährden.

5.3.1.1 Beschränkung der Marktmacht von Onlineplattformen

Wie in Abschnitt 5.2 dargelegt, bestehen in der digitalen Ökonomie vielfältige Anreize für missbräuchliche Strategien mit dem Ziel, Wettbewerb auszubremsen und Ineffizienzen zu erzeugen. So können Plattformen bspw. ein Interesse daran haben, Wettbewerb durch andere Plattformen abzuwehren – gegebenenfalls auch mithilfe wettbewerbswidriger Abschottungsstrategien. Eine Möglichkeit hierzu besteht darin, Nutzern die parallele Nutzung verschiedener Plattformen, sogenanntes Multihoming, oder den Plattformwechsel zu erschweren. Multihoming und Plattformwechsel sind essenziell für die Bestreitbarkeit der Märkte, denn nur wenn

Verbraucher schnell und ohne Kosten verschiedene Plattformen nutzen und/oder zwischen ihnen wechseln können, kann wirksamer Wettbewerb sichergestellt werden (vgl. Evans und Schmalensee, 2015; Haucap und Stühmeier, 2016). Digitale Plattformen besitzen jedoch erhebliche Anreize zur Marktabschottung durch Behinderung von Multihoming. Der Anreiz zur Marktabschottung ist bei digitalen Plattformmärkten höher als auf herkömmlichen Märkten, da sie auf sog. „kippligen" Märkten oder „winner takes it all"-Märkten operieren. Ist ein Markt erst einmal zum Monopol gekippt, so ist es aufgrund der starken Netzwerkeffekte und des sog. Henne-Ei-Problems schwierig, Wettbewerb auf einem gekippten Markt wiederzubeleben. Daher gilt es, den Wettbewerb auf Plattformmärkten zu schützen, bevor eine Plattform eine marktbeherrschende Stellung einnehmen kann. Grundsätzlich kann zwar eine Erschwerung des Plattformwechsels auch durch legitime Maßnahmen herbeigeführt werden, wie bspw. Abonnements. Jedoch ist ein wettbewerbsschädigender Effekt bei Verhaltensweisen sehr wahrscheinlich, die auf eine aktive Behinderung von Nutzern beim Wechsel von Plattformen abzielen. Eine grundsätzliche Untersagung derartiger Verhaltensweisen kann daher angemessen sein (vgl. Lenz, 2020, S. 17).

Um bestehende Marktmacht zu verfestigen, können auch sogenannte Verlustpreisstrategien dienen. Gemeint ist, dass große, finanzstarke Plattformen Wettbewerber durch Unter-Kosten-Preise aus dem Markt verdrängen und die hierdurch kurzfristig erlittenen Verluste durch langfristige Monopolgewinne ausgleichen (vgl. Lenz, 2020, S. 17). Der Nachweis von Unter-Kosten-Preisen ist schon auf herkömmlichen Märkten alles andere als trivial und wird auf Plattformmärkten durch die Besonderheiten der Preissetzung zusätzlich erschwert. So sind auf zwei- oder mehrseitigen Märkten Nullpreise auf zumindest einer Seite des Marktes keine Seltenheit (vgl. hierzu bspw. Armstrong, 2006; Caillaud und Jullien, 2003; Rochet und Tirole, 2004). Verlustpreisstrategien können durch die Sicherstellung von Wettbewerb grundsätzlich effizient verhindert werden, da Plattformen hierdurch die Möglichkeit genommen wird, etwaige kurzfristige Verluste durch das spätere Setzen von Monopolpreisen auszugleichen. Auch vor diesem Hintergrund scheint es sinnvoll, Markteintrittsbarrieren zu verringern und Praktiken von vornherein zu untersagen, die auf eine Erschwerung von Multihoming und Plattformwechsel abzielen (vgl. Lenz, 2020, S. 18).

Für Plattformen können zudem Anreize bestehen, eine auf einem Markt bestehende Marktmacht auf angrenzende Märkte zu übertragen. Eine etablierte Fallgruppe in diesem Bereich betrifft Kopplungsstrategien. Die

Kopplung oder Bündelung verschiedener Dienste kann aus wettbewerbspolitischer Sicht problematisch sein, wenn hiermit eine wettbewerbsschädigende Übertragung von Marktmacht und existierenden Netzwerkeffekten auf andere Märkte einhergeht. Auch in diesem Zusammenhang ist der Nachweis missbräuchlichen Verhaltens komplex, da die Integration und Kopplung verschiedener Dienste bei dem Eintritt in neue Märkte auch durchaus zu Vorteilen und Qualitätsverbesserungen führen kann (vgl. Lenz, 2020, S. 18). Um dem Rechnung zu tragen, müssen im Rahmen von Einzelfallbetrachtungen die Vor- und Nachteile der jeweiligen Kopplungs- bzw. Bündelungsstrategien abgewogen werden.

Durch die vielen Plattformen zukommende Doppelrolle als Vermittler und Regelsetzer einerseits und als Teilnehmer auf der eigenen Plattform andererseits ergibt sich zudem erhebliches Potenzial, eigene Dienste oder Produkte zu bevorteilen und dadurch eine wettbewerbsschädigende Verdrängung von Wettbewerbern in angrenzenden bzw. komplementären Märkten zu erreichen (vgl. Lenz, 2020, S. 16). Als missbrauchsanfällig gelten in diesem Zusammenhang insbesondere vertikal integrierte Plattformen, die einerseits als Organisator eines Marktplatzes auftreten, andererseits aber zugleich selbst als Anbieter auf diesem Marktplatz tätig sind, wie dies etwa bei Amazon Marketplace der Fall ist. Verfügt eine solche Plattform als Organisator des Marktplatzes über eine marktbeherrschende Stellung auf dem „Markt für Marktplätze“, sodass sie in ihrem Verhalten durch den Wettbewerb nicht mehr hinreichend diszipliniert ist, so kann sie über Möglichkeiten und auch Anreize verfügen, Informationsvorteile, Ressourcen (z. B. Daten) und Lenkungsmöglichkeiten, über die sie als Plattform verfügt, zur Ausdehnung ihrer Machtposition auf angrenzende Märkte auszunutzen. Um Wettbewerbsverzerrungen entgegenzuwirken, muss die Neutralität des Plattformbetreibers gewährleistet werden.

Um die Bestreitbarkeit bestehender Machtpositionen von Onlineplattformen, einen unverzerrten Wettbewerb auf den Onlineplattformen und auf angrenzende Märkte zu erhöhen sowie die Interessen der Konsumenten zu schützen, kann der Staat die ex post-Verhaltenskontrolle in Form der kartellrechtlichen Missbrauchsaufsicht schärfen, was mit der 10. GWB-Novelle geschehen ist, oder die marktbeherrschenden Onlineplattformen einer ex ante-Verhaltensregulierung unterwerfen. Dieses Ziel wird vom Digital Markets Act der Europäischen Kommission adressiert. Dieser stellt einen Paradigmenwechsel dar: Während die Europäische Kommission bislang nur im Nachhinein Geschäftspraktiken von Großkonzernen wie z. B. Google und Amazon sanktionieren konnte, soll durch den Digital Markets Act die permanente Beobachtung von „Gatekeepern“ zur Sicherung des

Wettbewerbs implementiert werden. Neben Verhaltensregulierung kann der Staat grundsätzlich auch auf Strukturregulierung zurückgreifen. Diese umfasst die vertikale oder horizontale Desintegration von Unternehmen, z. B. in Form von Ownership Unbundling und das Verbot der Reintegration. Die Strukturregulierung wird im 2. Szenario näher diskutiert.

5.3.1.1.1 Schärfung der kartellrechtlichen Missbrauchsaufsicht

Um den Marktmachtmissbrauchsanreizen in der Plattformökonomie zu begegnen, ist das deutsche Wettbewerbsrecht im Rahmen der 9. und 10. GWB-Novelle auf die Besonderheiten von Plattformmärkten angepasst worden. Die 10. GWB-Novelle, die im Januar 2021 verabschiedet wurde, hat das Kartellrecht im Bereich der sog. kartellrechtlichen Missbrauchsaufsicht geradezu revolutionär mit dem Ziel verändert, die Missbrauchsaufsicht zu beschleunigen und wettbewerbsschädigendes Verhalten schneller und effektiver zu unterbinden.

Die Beurteilung der missbräuchlichen Ausnutzung einer marktbeherrschenden Stellung[156] hat im Kartellrecht traditionell ein sehr zeitintensives und oft mehrjähriges Verfahren zur Folge. Besteht der Verdacht, dass ein Unternehmen eine marktbeherrschende Stellung missbräuchlich ausgenutzt hat, so geht das Kartellrecht in vier Schritten vor: Im ersten Schritt wird der relevante Markt abgegrenzt, d. h. es wird untersucht, welche Produkte aus Sicht der Nachfrager hinreichend austauschbar sind, sodass die Anbieter im Wettbewerb stehen. In Schritt 2 wird sodann ermittelt, welches Maß an Marktmacht die Unternehmen haben. Dazu werden Marktanteile ermittelt und auch andere Charakteristika des Marktes analysiert. Verfügt ein Unternehmen über eine marktbeherrschende Stellung, so wird im dritten Schritt die verdächtige Praxis evaluiert: Wird durch eine bestimmte Verhaltensweise der Wettbewerb behindert oder werden Nachfrager ausgebeutet? Sofern diese Frage bejaht wird, werden im vierten Schritt geeignete Abhilfemaßnahmen ermittelt und ggf. Bußgelder verhängt. Zur

---

156 Im Rahmen der 10. GWB-Novelle wurde zudem eine sog. Ergebniskausalität eingeführt, indem die bislang gefasste missbräuchliche Ausnutzung einer marktbeherrschenden Stellung in § 19 Abs. 1 GWB nun als Missbrauch einer marktbeherrschenden Stellung gefasst wird. Damit erfasst die Missbrauchsaufsicht nicht nur auf Marktmacht zurückzuführendes missbräuchliches Verhalten, sondern auch jedes andere Verhalten eines marktbeherrschenden Unternehmens, welches Marktergebnisse zur Folge hat, die beim wirksamen Wettbewerb nicht zu erwarten gewesen wären.

Entscheidungsfindung können bei diesem Verfahren nicht selten mehrere Jahre vergehen. Ein in diesem Zusammenhang häufig zitierter Fall ist das Google Shopping-Verfahren, in dem die Europäische Kommission sieben Jahre benötigt hat, um zu einer Entscheidung zu gelangen.

Insbesondere in der digitalen Ökonomie können derart langwierige Verfahren mit Schwierigkeiten behaftet sein, da die digitale Ökonomie sehr schnelllebig ist und Technologien und Geschäftsmodelle sich rasant weiterentwickeln. Sind Wettbewerber erst einmal verdrängt, kann für dominante Plattformen im schlimmsten Fall die Möglichkeit bestehen, hierdurch schnell eine Marktposition aufzubauen, die nur schwer wieder umkehrbar ist. Um die Gefahr, durch solche Verhaltensweisen entstehende und nur schwer (im schlimmsten Fall nicht) umkehrbare verfestigte Marktpositionen zu vermeiden, war ein wesentliches Ziel der 10. GWB-Novelle daher, die Missbrauchsaufsicht zu beschleunigen. Mit der Einführung eines neuen § 19a, wird missbräuchliches Verhalten von Unternehmen mit *überragender marktübergreifender Bedeutung* für den Wettbewerb untersagt. Damit werden konkret die genannten vier Schritte auf zwei Schritte reduziert. Im ersten Schritt kann das Bundeskartellamt nun durch Verfügung feststellen, dass einem Unternehmen, das in erheblichem Umfang in der Plattformökonomie tätig ist, eine überragende marktübergreifende Bedeutung für den Wettbewerb zukommt. Dabei sind diverse Faktoren zu berücksichtigen, wie etwa die marktbeherrschende Stellung auf einem oder mehreren Märkten, die Finanzkraft oder der Zugang zu sonstigen Ressourcen, vertikale Integration und Tätigkeit auf in sonstiger Weise miteinander verbundenen Märkten, der Zugang zu wettbewerbsrelevanten Daten sowie die Bedeutung der Unternehmenstätigkeit für den Zugang Dritter zu Beschaffungs- und Absatzmärkten sowie der damit verbundene Einfluss auf die Geschäftstätigkeit Dritter.

Das Bundeskartellamt kann den betroffenen Unternehmen zudem in einem zweiten Schritt schon eine ganze Reihe von Verhaltensweisen vorab untersagen, ohne dass bereits ein Fehlverhalten des Unternehmens vorliegt oder nachgewiesen werden müsste.[157]

---

157 So kann das Bundeskartellamt einem Unternehmen, das überragende marktübergreifende Bedeutung für den Wettbewerb hat, untersagen,

(1) die eigenen Angebote gegenüber denen von Wettbewerbern bevorzugt zu behandeln,

(2) ausschließlich eigene Angebote auf Geräten vorzuinstallieren oder in anderer Weise in Angebote des Unternehmens zu integrieren; Maßnahmen zu ergreifen, die andere Unternehmen in ihrer Geschäftstätigkeit auf Beschaf-

Der neue § 19a GWB ist somit in gewisser Weise eine Mischung zwischen Kartellrecht und Regulierung. Das Bundeskartellamt kann Plattformen mit marktübergreifender Bedeutung für den Wettbewerb vorab bestimmte Verhaltensweisen untersagen, ohne belegen zu müssen, ob die betroffene Plattform auf einem ganz bestimmten Markt über eine marktbeherrschende Stellung verfügt und ob eine bestimmte Verhaltensweise im konkreten Fall missbräuchlich ist. Die hohe Dynamik digitaler Märkte als auch der große Aufwand, der mit dem Nachweis einer tatsächlichen Verdrängungs-/Behinderungswirkung einhergeht, lassen die Untersagung verschiedener Verhaltensweisen vorbehaltlich einer sachlichen Rechtfertigung für bestimmte marktmächtige Plattformen gerechtfertigt erscheinen. So wiegt die Schwere eines generellen Bevorzugungsverbots bspw. gering, da die Plattformen weiterhin als Wettbewerber auf der eigenen Plattform auftreten können, sofern dies in einem fairen Leistungswettbewerb geschieht. Damit besteht für sie weiterhin die Möglichkeit, das eigene Geschäftsmodell von einer reinen Vermittlungsplattform hin zu kombinierten Inhalteanbietern (z. B. reine Suchmaschine Google hin zu Google Maps, Calendar, etc.) weiterzuentwickeln (vgl. Lenz, 2020, S. 16).

Wettbewerbsbehörden müssen demnach nicht mehr den Nachweis einer Schädigung erbringen, vielmehr genügt es, dass ein Verhalten angesichts der konkreten Marktbedingungen typischerweise geeignet ist, Wettbewerb zu erschweren oder in bestimmten Fallkonstellationen die Marktgegenseite auszubeuten. Die Unternehmen können die jeweilige Verhal-

---

fungs- oder Absatzmärkten behindern, wenn die Tätigkeit des Unternehmens für den Zugang zu diesen Märkten Bedeutung hat,

(3) Wettbewerber auf einem Markt, auf dem das Unternehmen seine Stellung, auch ohne marktbeherrschend zu sein, schnell ausbauen kann, unmittelbar oder mittelbar zu behindern,

(4) durch die Verarbeitung wettbewerbsrelevanter Daten, die das Unternehmen gesammelt hat, Marktzutrittsschranken zu errichten oder spürbar zu erhöhen, oder andere Unternehmen in sonstiger Weise zu behindern, oder Geschäftsbedingungen zu fordern, die eine solche Verarbeitung zulassen,

(5) die Interoperabilität von Produkten oder Leistungen oder die Portabilität von Daten zu verweigern oder zu erschweren und damit den Wettbewerb zu behindern;

(6) andere Unternehmen unzureichend über den Umfang, die Qualität oder den Erfolg der erbrachten oder beauftragten Leistung zu informieren oder ihnen in anderer Weise eine Beurteilung des Wertes dieser Leistung zu erschweren oder

(7) für die Behandlung von Angeboten eines anderen Unternehmens Vorteile zu fordern, die in keinem angemessenen Verhältnis zum Grund der Forderung stehen.

tensweise allerdings auch sachlich rechtfertigen, um eine Untersagung zu verhindern. Plattformen dürften sich grundsätzlich nur in entsprechender Weise verhalten, wenn sie wettbewerbsfördernde Auswirkungen ihres Handelns nachweisen können. Ist die überragende marktübergreifende Bedeutung eines Unternehmens für den Wettbewerb erst einmal festgestellt, so dürfte der § 19a GWB in der Tat zu einer effektiveren Missbrauchskontrolle beitragen.

Durch eine solche Umkehr der Beweislast könnte wettbewerbsschädigendes Verhalten somit schneller und effektiver unterbunden werden. Auf der anderen Seite steigt zugleich die Gefahr, eigentlich unproblematische unternehmerische Strategien unnötigerweise zu verhindern. Zudem erfordern mögliche Verhaltensvorgaben unweigerlich auch einen erhöhten Kontrollaufwand (vgl. Lenz, 2020, S. 16). Problematisch ist auch, inwieweit es gelingen wird, die Einhaltung der auferlegten Verpflichtungen zu überprüfen. Auch wenn in der Theorie klar ist, was eine Bevorzugung eigener Angebote ist, kann dies in der Praxis schwierig festzustellen sein. Wird ein eigenes Produkt in einer bestimmten Kategorie bei Amazon Marketplace bspw. als erstes aufgeführt, ist keinesfalls offensichtlich, ob dies eine wettbewerbswidrige Bevorzugung oder sachlich gerechtfertigt ist, zumal wenn selbstlernende Algorithmen das Ranking der Produkte übernehmen. Ohne eine ausgiebige Überprüfung der Algorithmen ist eine Selbstbevorzugung kaum zu erkennen. Die Compliance mit den Regeln sicherzustellen, dürfte sich daher für das Bundeskartellamt als eine Herausforderung erweisen.

5.3.1.1.2 Ex ante-Verhaltensregeln für marktbeherrschende Onlineplattformen

Eine weitere Möglichkeit den Wettbewerbsproblemen zu begegnen, besteht darin die Onlineplattformen einer ex ante-Verhaltensregulierung zu unterwerfen, die bestimmte potenziell missbräuchliche Verhaltensweisen von vornherein untersagt (vgl. Schallbruch et al., 2019, S. 51). Die Verhaltensregulierung kann in der Regel die Missbrauchsaufsicht ergänzen.

So hat z. B. die britische Wettbewerbs- und Marktaufsichtsbehörde (Competition and Markets Authority – „CMA“) der britischen Regierung einen Vorschlag für die ex ante-Verhaltensregulierung unterbreitet; diese ist Teil des neuen regulatorischen Regelwerks für digitale Märkte, das am 8. Dezember 2020 von der CMA veröffentlicht wurde (vgl. hierzu CMA, 2020). Am 15. Dezember 2020 hat auch die Europäische Kommission mit dem Verordnungsentwurf zum Digital Markets Act („DMA“) einen ersten Vorschlag zur ex ante-Verhaltensregulierung von Onlineplattformen veröffentlicht.

In den folgenden Abschnitten werden die Vor- und Nachteile der ex ante-Verhaltensregulierung anhand des Digital Markets Act u. a. im Vergleich zur 10. GWB-Novelle diskutiert.

5.3.1.1.2.1 Digital Markets Act

Die von der Europäischen Kommission am 15. Dezember 2020 vorgelegten Vorschläge für einen Digital Markets Act gehen noch weiter als die GWB-Novelle. Ein Grund hierfür ist, dass im Kapitel II, Artikel 3 DMA-Kriterien in Form von Schwellenwerten verschriftlicht sind, welche die Grundlage für die Definition von zentralen Plattformen bzw. Gatekeepern, also den Adressaten des DMA, bilden. Gatekeeper sind gemäß DMA dadurch gekennzeichnet, dass sie über eine starke wirtschaftliche Position und Größe verfügen, die Auswirkungen auf den Binnenmarkt hat. Dies ist dann anzunehmen, wenn das Unternehmen in den letzten drei Geschäftsjahren einen Jahresumsatz von mindestens 6,5 Mrd. Euro im Europäischen Wirtschaftsraum generiert hat oder wenn seine durchschnittliche Marktkapitalisierung (oder ein entsprechender Marktwert) im letzten Geschäftsjahr mindestens 65 Mrd. Euro umfasste und das Unternehmen in mindestens drei Mitgliedstaaten einen zentralen Plattformdienst erbringt. Ferner sind Plattformen als Gatekeeper zu klassifizieren, wenn sie ein wichtiges Zugangstor zu den Endverbrauchern für gewerbliche Nutzer bilden. Dies ist dann anzunehmen, wenn das Unternehmen eine zentrale Plattform betreibt, die über 45 Mio. aktive Endnutzer verfügt, die in der EU niedergelassen sind oder sich dort aufhalten. Zusätzlich muss sie im letzten Geschäftsjahr über 10 000 aktive gewerbliche Nutzer mit Niederlassung in der EU aufgewiesen haben.

Die Europäische Kommission kann zudem einen Betreiber zentraler Plattformdienste, der nicht jeden dieser Schwellenwerte erreicht, dennoch als Gatekeeper im Sinne des Artikel 3 DMA benennen, wenn er bestimmte qualitative Kriterien erfüllt, die denen des ersten Schrittes des § 19a GWB nicht unähnlich sind.[158]

---

158 Die Kommission wird eine Liste der Unternehmen veröffentlichen, die sie als Gatekeeper einstuft und diese regelmäßig überprüfen.

Durch die Definition der Adressaten des DMA mittels der Schwellenwerte wird der traditionelle wettbewerbspolitische Ansatz, der auf (i) Marktdefinition (ii) der Bewertung der Marktmacht und (iii) dem Entwurf angemessener Abhilfemaßnahmen beruht, umgangen. Dadurch wird dem Umstand Rechnung getragen, dass dessen Umsetzung bei Plattformunternehmen komplex und zeitintensiv ist und dazu führt, dass es oft mehrere Jahre dauern kann, bis missbräuchliches Verhalten von den Kartellbehörden untersagt, Verträge für unwirksam erklärt oder Zuwiderhandlungen mit Geldbußen belegt werden.

Wird eine Plattform als Gatekeeper eingestuft, so gelten für sie ohne weitere Verfügung der Kommission eine ganze Reihe von Verhaltenspflichten und Verboten, die in den Artikel 5 und 6 DMA festgelegt sind. Artikel 5 DMA enthält im Wesentlichen Verhaltenspflichten, die weitgehend selbsterklärend sind und keiner weitere Spezifikation bedürfen. Artikel 6 DMA normiert demgegenüber Vorgaben, die einer näheren Ausformung bedürfen, wie etwa das Verbot der Selbstbevorzugung. Auch die Verhaltenspflichten des Artikel 6 DMA gelten aber unmittelbar – ihre effektive Umsetzung ist in einem ersten Schritt von den Gatekeepern selbst zu gewährleisten (Artikel 7 Abs. 1 DMA). Die Kommission ist befugt, die Verpflichtungen durch Beschluss zu konkretisieren und nachzuschärfen, wenn die Umsetzungsmaßnahmen der Gatekeeper sich als ineffektiv erweisen (Artikel 7 Abs. 2 DMA). Durch die Ausformulierung der Verhaltenspflichten und Verbote verliert die Evaluierung des Verhaltens von Gatekeepern hinsichtlich seiner wettbewerbsbeschränkenden Wirkung an Bedeutung, sodass die Entscheidungsfindung der Wettbewerbsbehörden tendenziell beschleunigt erfolgen kann.

Die Verhaltenspflichten und Verbote des DMA ähneln über weite Strecken den in § 19a Abs. 2 GWB aufgeführten Verhaltensvorgaben und Verboten; während § 19a Abs. 2 GWB aber regelmäßig eine Formulierung des Grundprinzips mit Regelbeispielen zu verbinden sucht, sind die Vorgaben der Artikel 5 und 6 DMA von vornherein sehr konkret formuliert. Bei genauerer Betrachtung handelt es sich um eine Zusammenstellung derjenigen Auflagen, welche die Kommission und nationale Wettbewerbsbehörden in den vergangenen Jahren in einzelnen Wettbewerbsverfahren gegen große digitale Plattformen angeordnet haben oder in noch laufenden Verfahren anstreben.[159] Ziel dieser nicht auf Konkretisierung und

159 So normiert Artikel 5 DMA etwa das der vom Bundeskartellamt im Facebook-Verfahren angeordneten Abhilfe nachgebildete Verbot, personenbezogene Daten, die aus der Nutzung eines zentralen Plattformdienstes stammen, ohne

nicht auf die Formulierung von Grundprinzipien angelegten Regelungstechnik ist es, die automatische Anwendbarkeit der Verhaltensvorgaben zu ermöglichen; die Verhaltensvorgaben verlieren damit aber an Flexibilität, was der DMA mit einer Ermächtigung der Kommission zur Ergänzung der Verbotslisten zu kompensieren sucht (Artikel 10 DMA).

Der Vorschlag zum DMA enthält überdies relativ detaillierte Regelungen zur Compliance und zur Durchsetzung der Regeln. So erhält die Kommission dezidiert weitreichenden Möglichkeiten auf Daten und Algorithmen der Gatekeeper zuzugreifen und auch die Hilfe externer Experten dafür in Anspruch zu nehmen. Dies dürfte die Durchsetzung der Verpflichtungen und Verbote erleichtern.

---

gesonderte Einwilligung der Nutzer mit personenbezogenen Daten anderer Dienste zu kombinieren (lit. a); eine Verpflichtung der Gatekeeper, Unternehmen nicht daran zu hindern, die über die Plattform angebotenen Produkte und Dienste auch über andere Vertriebskanäle zu anderen Bedingungen anzubieten (lit. b), selbst wenn die Kunden über die Plattform gewonnen wurden (lit. c); ein Verbot, Unternehmen zu verpflichten, einen ID-Dienst des Gatekeepers zu nutzen (lit. e) oder unternehmerische oder Endnutzer zur Registrierung bei irgendeinem anderen zentralen Plattformdienst zu verpflichten (lit. f). Artikel 6 DMA normiert neben dem Verbot der Selbstbevorzugung beim Ranking (lit. d) etwa ein Verbot für vertikal integrierte Plattformen, die durch die Aktivitäten anderer Unternehmen auf der Plattform generierten nicht-öffentlichen Daten zu nutzen, um mit diesen Unternehmen zu konkurrieren (lit. a); ein Verbot, Verbraucher daran zu hindern, vorinstallierte Software zu de-installieren (lit. b); die Verpflichtung, die Installation und effektive Nutzung von Apps oder App Stores von Drittanbietern und deren Interoperabilität mit den Betriebssystemen der Gatekeeper zu ermöglichen (lit. c) und das Switching von Endnutzern zwischen verschiedenen Apps und Diensten nicht zu behindern (lit. e); sowie die Verpflichtung, effektive Datenportabilität für Endnutzer wie auch für unternehmerische Nutzer von Plattformdiensten zu ermöglichen – auch für nicht personenbezogene Daten (lit. h). Mit Blick auf die gegenwärtig in verschiedenen Hinsichten intransparenten Online-Werbemärkte sollen Informationspflichten geschaffen werden (Artikel 5 lit. g und Artikel 6 lit. g). Eine Sonderstellung nimmt die Verpflichtung für Gatekeeper auf Suchmaschinenmärkten ein, anderen Suchmaschinenanbietern Zugang zu Ranking-, Such-, Click- und „View"-Daten zu fairen, angemessenen und nicht-diskriminierenden Bedingungen zu gewähren (Artikel 6 lit. j). Hier wird die Vormachtstellung von Google auf dem Suchmaschinenmarkt ins Visier genommen. Speziell an Anbieter von App Stores wird in Artikel 6 lit. k DMA die Verpflichtung normiert, unternehmerischen Nutzern Zugang zu fairen und nicht-diskriminierenden Bedingungen zu gewähren.

5.3.1.1.2.2 Vergleich zwischen § 19a GWB und DMA

Ein Vergleich zwischen § 19a GWB und DMA-Vorschlag offenbart zahlreiche Unterschiede. Auffällig ist erstens, dass der DMA einem „One size fits all"-Ansatz folgt –alle Regeln gelten für alle Gatekeeper – während das Bundeskartellamt nach § 19a GWB maßgeschneiderte Auflagen zu erlassen hat. Letzteres erscheint sachgerecht, da sich die Geschäftsmodelle der potenziellen Gatekeeper deutlich unterscheiden. So verdient etwa Amazon sein Geld mit dem Verkauf von Waren und den Provisionen der dort tätigen Händler. Google und Facebook hingegen verdienen ihr Geld vor allem mit Werbung. Dementsprechend unterscheiden sich auch die Wettbewerbsprobleme, sodass es durchaus gute Gründe gibt, unterschiedlichen Plattformen unterschiedliche Auflagen aufzuerlegen.

Zweitens sieht der DMA-Entwurf – anders als § 19a GWB – keine Möglichkeit zur sachlichen Rechtfertigung vor. Möglich sind nur eine befristete Aussetzung der Verhaltenspflichten, wenn der Gatekeeper darlegen kann, dass ihre Einhaltung aufgrund außergewöhnlicher Umstände die ökonomische Tragfähigkeit der Dienste gefährden würde (Artikel 8 DMA) oder aber Ausnahmen im öffentlichen Interesse (Artikel 9 DMA). Die im DMA angeordnete unbedingte Geltung der Verhaltenspflichten hat dabei den Vorteil, dass sie das Verwaltungsverfahren radikal verkürzt. Eine Interessenabwägung im Einzelfall ist nicht mehr erforderlich. Ein solches Vorgehen ist dann gerechtfertigt, wenn das adressierte Verhalten den Wettbewerb prima facie nachhaltig beeinträchtigt und eine sachliche Rechtfertigung mit erheblicher Wahrscheinlichkeit zum Scheitern verurteilt ist. Dem DMA liegt die Annahme zugrunde, dass beides aus der besonderen Art der Machtstellung der Gatekeeper folgt. Dies liegt in vielen der in Artikel 5 und 6 DMA genannten Fälle tatsächlich nahe, nicht zuletzt hinsichtlich derjenigen Verhaltensweisen, die auf eine Ausdehnung des Ökosystems abzielen, ohne dass sich die fragliche Plattform dabei einem uneingeschränkten Leistungswettbewerb stellen muss. Gleichwohl sollten legitime Interessen berücksichtigt werden können. Ist es einem Gatekeeper etwa grundsätzlich verboten, Verkäufe außerhalb der Plattform zu anderen Konditionen zu unterbinden (Artikel 5 lit. a und b DMA), so kann dies – wie aus der einschlägigen Fallpraxis zu Hotelbuchungsplattformen bekannt – erforderlich sein, um den Wettbewerb auf dem Plattformmarkt offenzuhalten. Je nach den Umständen können den Plattformnutzern dadurch jedoch weitgehende Möglichkeiten eröffnet werden, von der Vermittlungsleistung der Plattform zu profitieren, zugleich aber Provisionszahlungen zu vermeiden. In solchen Fällen ist eine Interessenabwägung geboten. Tragfähige Geschäftsmodelle müssen möglich sein, die allerdings zugleich den Wettbewerb so wenig wie möglich beeinträchtigen dürfen.

Ein Verfahren, das – wie § 19a GWB – maßgeschneiderte, an klar formulierten Grundprinzipien orientierte Auflagen ermöglicht, kann dies besser leisten als ein Verfahren, das auf automatische, zugleich aber inflexible „per se"-Regeln setzt. Solche Grundprinzipien – etwa der Schutz der Wahlfreiheit und Mobilität von Plattformnutzern; der Schutz eines unverfälschten Leistungswettbewerbs auf der Plattform und auf an die zentralen Plattformdienste angrenzenden Märkten und das Verbot, den über die Plattform erlangten überlegenen Datenzugriff zur Ausdehnung der Machtstellung zu nutzen – sind auch im DMA angelegt. Auch in einem prinzipienorientierten Regelungsmodell muss aber eine hinreichend schnelle Intervention gegen wettbewerbsschädigendes Verhalten möglich sein. In dieser Hinsicht kann das in § 19a GWB vorgesehene Verfahren Schwächen aufweisen. Ein denkbarer Mittelweg wäre es, das Verfahren zur Konkretisierung von Verhaltensauflagen mit festen Fristen zu versehen. Die in Artikel 5 und 6 DMA aufgeführten Regeln könnten dabei als Standardregeln gelten, die in Kraft treten, wenn bis zum Fristablauf keine anderweitige Konkretisierung erfolgt. Gatekeeper hätten dann erhebliche Anreize, bei der Konkretisierung der Auflagen zu kooperieren.

5.3.1.1.2.3 Zielsetzung des DMA

§ 19a GWB und DMA unterscheiden sich zwar in ihrer Regelungstechnik. Sie weisen jedoch eine so große Nähe auf, dass ein einheitliches Schutzziel naheliegt. Dies allerdings scheint der DMA leugnen zu wollen. § 19a GWB ist durch seine Platzierung im GWB klar als Teil des deutschen Kartellrechts ausgewiesen, das dem Schutz des aus dem Gebrauch wirtschaftlicher Freiheitsrechte entstehenden Wettbewerbs und im Fall von Monopolstellungen auch dem Schutz der Marktgegenseite vor Ausbeutung dient. Zum Schutzzweck des DMA heißt es in dessen Erwägungsgrund 10 demgegenüber, er sei komplementär zum Wettbewerbsrecht, aber von diesem verschieden. Die Verordnung soll „bestreitbare und faire Märkte" auch in den von Gatekeepern geprägten Märkten gewährleisten (Artikel 1 Abs. 1 DMA). Dies solle aber durch Verhaltensregelungen geschehen, die – anders als die Artikel 101 und 102 AEUV – von den tatsächlichen, wahrscheinlichen und vermuteten Wirkungen des fraglichen Verhaltens unabhängig seien (Erwägungsgrund 10).

Wären die Verhaltensge- bzw. -verbote des DMA durch Ziele begründet, die von den mutmaßlichen Wirkungen des Verhaltens auf den Wettbewerb unabhängig sind, so wäre in der Tat von einem nicht wettbewerbspolitischen Schutzzweck auszugehen. Hierfür sprechen aber weder die Formulierung des Artikel 1 Abs. 1 DMA noch die Verhaltensvorgaben in Artikel 5 und 6 DMA. Der Gewährleistung der Bestreitbarkeit von Machtpositionen ist ein genuin wettbewerbspolitisches Ziel, das ausweislich von Artikel 5 und 6 DMA weit verstanden wird: Die meisten der hier genannten Verpflichtungen zielen darauf ab, verbleibende Wettbewerbsspielräume – sei es im Wettbewerb *um* Plattformmärkte, sei es im Wettbewerb *auf* Plattformen oder im Wettbewerb um angrenzende Märkte – zu schützen und dabei einen, soweit wie möglich, unverfälschten Leistungswettbewerb sicherzustellen. Der Umstand, dass die Artikel 5 und 6 auf eine Wirkungsanalyse und Interessenabwägung im Einzelfall verzichten, ändert nichts an der wettbewerblichen Zielsetzung: Ihre Rechtfertigung finden die per se-Regelungen in der besonderen Art der Machtstellung der Gatekeeper sowie in der Notwendigkeit einer schnellen Intervention.

Dasselbe gilt für das Schutzziel der „Fairness“, wenn man hierunter einerseits einen nicht durch willkürliche Ausübung von Macht verzerrten Wettbewerbsprozess, andererseits ein Verbot der machtbedingten Ausbeutung der Marktgegenseite versteht.

Anders als zum Teil gemutmaßt ist der DMA weder Verbraucherschutz- noch Lauterkeitsrecht. Er trägt allerdings der zentralen Bedeutung Rechnung, welche die zentralen Plattformdienste – häufig als Nukleus expandierender digitaler Ökosysteme – für die Digitalökonomie gewonnen haben. Gatekeeper, die Kontrolle über die Marktzutritts- und Innovationschancen digitaler Anbieter im Verhältnis zu Endverbrauchern erlangt haben, sollen diese nur regelgebunden ausüben dürfen. Der DMA steht damit für einen wettbewerbspolitischen Ansatz, der nicht die Konsumentenwohlfahrt, sondern die Kontrolle privater Macht in den Mittelpunkt stellt. Seine Verhaltensvorgaben sind nicht notwendig deckungsgleich mit den Vorgaben, die sich aus der Anwendung von Artikel 102 AEUV ergeben – sie können teilweise strenger sein. In seiner Zielsetzung bleibt der DMA aber eindeutig wettbewerbspolitisch zu verorten. Diese wettbewerbspolitische Zielsetzung muss die Konkretisierung der Verhaltensvorgaben des Artikel 6 DMA anleiten. Und an sie bleibt die Kommission bei der in Artikel 10 DMA vorgesehenen möglichen Ergänzung des Verhaltenskanons durch weitere Ge- oder Verbote gebunden: Nur eine erhebliche und konkrete Wettbewerbsgefährdung und im Einzelfall Ausbeutungsgefahr kann die weitreichenden Verhaltensauflagen des DMA rechtfertigen. An der wettbewerbspolitischen Zielsetzung sollte sich auch die laufende Diskussion über mögliche Änderungen am vorliegenden Entwurf der Kommission für einen DMA orientieren.

5.3.1.1.2.4 Die Durchsetzung der Plattformregulierung

Mit der Frage nach der Rechtsnatur unmittelbar verbunden ist ferner die Art und Weise der Durchsetzung. Sowohl § 19a GWB als auch der DMA sind zunächst auf behördliche Durchsetzung zugeschnitten. Das Bundeskartellamt muss im Rahmen des § 19a GWB zunächst die überragende marktübergreifende Stellung feststellen und sodann die Verhaltensauflagen konkretisieren. Die Kommission hat über die Gatekeeper-Stellung zu entscheiden und muss gegebenenfalls die Vorgaben des Artikel 6 DMA spezifizieren.

Sobald das Bundeskartellamt nach § 19a GWB tätig geworden ist, ermöglichen die §§ 33, 33a GWB allerdings auch eine private Durchsetzung: Wird der Verfügung des Bundeskartellamts zuwidergehandelt, so kommt sowohl ein Unterlassungs- und Beseitigungsanspruch als auch ein Schadensersatzanspruch in Betracht. Eine private Durchsetzung des DMA über die Vorschriften des GWB scheint demgegenüber gegenwärtig ausgeschlossen: Die Vorschriften des GWB verweisen lediglich auf die Wettbewerbsnormen in Artikel 101 und Artikel 102 AEUV, nicht aber auf den DMA. Denkbar bleibt eine private Durchsetzung des DMA über das allgemeine Deliktsrecht (§ 823 Abs. 2 GWB), womöglich auch über den Rechtsbruchtatbestand des UWG (§ 3a UWG). Erschwert wird eine private Durchsetzung allerdings in beiden Konstellationen durch die Regelungssystematik der Artikel 6, Artikel 7 DMA: Macht ein geschädigtes Unternehmen eine ineffektive Umsetzung der in Artikel 6 aufgeführten konkretisierungsbedürften Verhaltensvorgaben geltend, so scheint es hierfür vorab einer Konkretisierung der Verpflichtungen durch die Kommission zu bedürfen. Damit wird eine praktisch potenziell sehr relevante dezentrale private Durchsetzung erheblich erschwert. Eine dezentrale behördliche Durchsetzung des DMA durch die nationalen Wettbewerbsbehörden hat mit derselben Schwierigkeit zu kämpfen: Das Monopol für die Konkretisierung der Verhaltenspflichten der Gatekeeper liegt nach dem gegenwärtigen Entwurf des DMA bei der Kommission.

5.3.1.1.2.5 Empfehlungen an den europäischen Gesetzgeber

Der DMA befindet sich gegenwärtig noch im europäischen Gesetzgebungsprozess. Nachbesserungen sind möglich. Die folgenden Korrekturen wären ratsam:

- In den Erwägungsgründen und in Artikel 1 des DMA sollte klargestellt werden, dass das Ziel der Bestreitbarkeit und der Fairness der Märkte im Digitalsektor als Ausdruck einer wettbewerbspolitischen Zielsetzung zu verstehen ist.
- Die Verhaltensregeln des DMA sollten – ähnlich wie in § 19a Abs. 2 GWB – als Ausdruck bestimmter allgemeinerer Grundsätze und damit als Regelbeispiele formuliert werden. Denkbar wäre ein Verfahren, bei dem die Regelbeispiele als Standardvorgaben gelten, die aber im Rahmen eines „regulatory dialogue" zwischen Kommission und Gatekeeper im Einzelfall angepasst werden können.
- Der DMA sollte klarstellen, dass der Effektivitätsgrundsatz eine private Durchsetzung des DMA in den Mitgliedstaaten gebietet. Anzustreben wäre, dass die in der Kartellschadensersatzrichtlinie ausgeformten Grundsätze auch für die Durchsetzung des DMA gelten.

5.3.1.1.3 Schärfung der Fusionskontrolle

Wie in Abschnitt 5.2.2.1 dargelegt, verfügen marktmächtige Plattformunternehmen über den Anreiz (potenzielle) Wettbewerber zu akquirieren, um den potenziellen Wettbewerb abzuwürgen. Da die sog. Killer-Acquisitions primär dem Ziel dienen, die Marktmacht zu verfestigen, müssen sie zum Schutz des Wettbewerbs im Rahmen der Fusionskontrolle unterbunden werden.

Die Fusionskontrolle ist neben der Missbrauchsaufsicht (sowie dem Kartellverbot) ein zentrales Gebiet des Kartellrechts. Während die Missbrauchsaufsicht den Missbrauch von Marktmacht zumeist ex post unterbindet, dient die Fusionskontrolle dazu, die Entstehung von Gefahrenlagen ex ante zu erkennen und zu verhindern.

Bis zum Inkrafttreten der 9. GWB-Novelle konnte eine Reihe von Fusionen zwischen Plattformen nicht kartellrechtlich geprüft werden, da diese unterhalb der sog. Aufgreifschwellen lagen, die wiederum allein auf den Umsätzen der Unternehmen beruhten (vgl. Haucap, 2020, S. 26). Der Grund für das Unterschreiten der Aufgreifschwellen liegt darin, dass Skalierungsstrategien digitaler Plattformunternehmen darauf basieren, zunächst möglichst viele Nutzer zu akquirieren, um das „Henne-Ei-Problem" zu lösen und den Nutzen der Plattform zu erhöhen. Zu diesem Zweck bieten die Unternehmen ihre Dienste meist auf einer Marktseite unentgeltlich an (vgl. Lenz, 2020, S. 24); entsprechend niedrig sind ihre Umsätze zum Zeitpunkt des Aufkaufs durch marktbeherrschende Unternehmen. In Deutschland wurde dem Problem in der 9. GWB-Novelle im Jahr 2017 durch die Ergänzung der transaktionswertbasierten Aufgreifschwelle in § 35 Abs. 1a GWB-Rechnung getragen (vgl. Haucap, 2020, S. 26). Mit dieser Transaktionsschwelle soll sichergestellt werden, dass auch Übernahmen in besonders dynamischen und innovativen Branchen kartellrechtlich erfasst werden, die allein gemessen am Umsatz der beteiligten Unternehmen unbedenklich erscheinen, in denen ein hohes Transaktionsvolumen (d. h. insbesondere ein hoher Kaufpreis) jedoch signalisiert, dass der Zusammenschluss trotz niedriger Umsatzwerte eine hohe ökonomische Relevanz hat (vgl. Schweitzer et al., 2018, S. 25; Budzinski et al., 2020, S. 173). Die Implementierung der Transaktionsschwelle relativiert die Gefahr, dass durch die in der Fusionskontrolle festgelegten und im Rahmen der 10. GWB-Novelle angehobenen Aufgreifschwellen dazu führen, dass wirtschaftlich sehr bedeutsame Fusionen kartellrechtlich ungeprüft bleiben und es zur Vermachtung weiterer Märkte kommt.

Ein weiterer Grund dafür, dass im Rahmen der Fusionskontrolle mögliche Schäden für den Wettbewerbs- und Innovationsprozess durch Zusammenschlüsse von Unternehmen unzureichend erfasst werden bzw. sog. Killer-Acquisitions[160] möglich sind, wird in dem Beweismaß gesehen, das im Rahmen der Fusionskontrolle verankert ist. Um eine Fusion untersagen zu können, müssen die Wettbewerbsbehörden den Nachweis erbringen, dass die Fusion mit „überwiegender Wahrscheinlichkeit" zu einer erheblichen Behinderung des Wettbewerbs führt. Dies stellt die Wettbewerbsbehörden vor eine große Herausforderung, da in der Digitalökonomie fusionierende Plattformen zum Zeitpunkt des Zusammenschlusses oft in unterschiedlichen Märkten tätig sind (sog. konglomerate Fusionen), weshalb es für Wettbewerbsbehörden äußerst schwierig ist, belastbare Aussagen darüber zu treffen, inwiefern es sich bei den Zielunternehmen um potenzielle

160 Mit „Killer-Acquisitions" ist gemeint, dass große Plattformen wie die GAFA-Unternehmen (potenzielle) Wettbewerber erwerben, um den potenziellen Wettbewerb abzuwürgen. Ein oft genanntes Beispiel in diesem Zusammenhang ist die Übernahme von WhatsApp durch Facebook, durch welche die etwaigen Ambitionen von WhatsApp, ebenfalls ein soziales Netzwerk zu werden, das dann mit Facebook konkurriert hätte, zerstört wurden.

Wettbewerber handelt bzw. in Zukunft handeln könnte (vgl. Schallbruch et al., 2019, S. 67; Haucap, 2020, S. 26).

Um diesem Problem in der Fusionskontrolle Rechnung zu tragen, gibt es zahlreiche Vorschläge.[161] Im Folgenden werden zwei vorgestellt. Ein Vorschlag zielt darauf ab, die Märkte weiter abzugrenzen, etwa als Märkte für Aufmerksamkeit, um potenzielle künftige Wettbewerber besser zu berücksichtigen. Da dieses Konzept jedoch eine weite Marktabgrenzung zur Folge hätte, würden nur wenige Unternehmen von den Wettbewerbsbehörden als marktbeherrschend klassifiziert werden können, wodurch die kartellrechtliche Missbrauchsaufsicht gefährdet wäre (vgl. Schallbruch et al., 2019, S. 33; Haucap, 2020, S. 26). Ein weiterer Vorschlag sieht vor, dass im Rahmen der Fusionskontrolle auch die Erwerbsstrategien von Unternehmen berücksichtigt werden, um ein unternehmerisches Gesamtbild zu erhalten und mögliche Wettbewerbsfolgen der Akquisestrategien adäquat beurteilen zu können (vgl. Schweitzer et al., 2018, S. 122-125). Lässt diese erkennen, dass systematisch wachstumsstarke, junge Start-ups aufgekauft werden, gilt es die Wettbewerbsfolgen der Fusion besonders kritisch zu prüfen. Nachteilig an diesem Ansatz ist vermutlich die damit verbundene Rechtsunsicherheit, die jedoch alle neuen Vorgehensweisen nach sich ziehen (vgl. Haucap, 2020, S. 26).

Abschließend bleibt darauf hinzuweisen, dass die zuvor skizzierten Vorschläge zur Anpassung der Fusionskontrolle das Problem der „Kill Zone“ verschärfen können. Mit der „Kill Zone“ wird die Situation beschrieben, dass Start-ups, die mögliche Konkurrenzprodukte bzw. Konkurrenzdienste zu den GAFAM-Unternehmen entwickeln möchten, ggf. schon deshalb keine Finanzierung z. B. in Form von Wagniskapital erhalten, weil die Kapitalgeber davon ausgehen, dass die GAFAM-Unternehmen Verdrängungsstrategien gegen diese Wettbewerber fahren werden, sofern sie keine Übernahmemöglichkeiten sehen. Folglich können die Start-ups gegebenenfalls nur dann wachsen, wenn sie die Möglichkeit haben, an die GAFAM-Unternehmen zu verkaufen. Anders ausgedrückt haben Start-ups unter Umständen weniger Chancen auf eine Finanzierung und Wachstum, wenn sie nicht als Exit-Option die Möglichkeit haben, an die GAFAM-Unternehmen zu verkaufen (vgl. Haucap, 2020, S. 26). Folglich kann die Verschärfung der Fusionskontrolle Innovationen und Unternehmensgründungen defacto behindern. Daher wird in Zukunft die Herausforderung darin bestehen, echte Killer-Acquisitions zu unterbinden und gleichzeitig den

161 Ein Überblick findet sich z. B. bei Schallbruch et al., 2019.

Anreiz für Innovationen und Unternehmensgründungen nicht zu gefährden.

5.3.1.1.4 Kollusion durch selbstlernende Algorithmen

Wie in Abschnitt 5.1.9 dargelegt, optimieren immer mehr Unternehmen die Preise für ihre Produkte und Dienstleistungen mittels selbstlernender „black box" Algorithmen (sog. „Deep Learning Algorithms"), wodurch die Wahrscheinlichkeit für kollusive Marktergebnisse durch stillschweigende Übereinkünfte (tacit collusion) steigt.

Verlässliche Aussagen darüber, ob es innerhalb der nächsten 10 bis 15 Jahre öfter zu Kollusion durch selbstlernende „black box" Algorithmen (sog. „Deep Learning Algorithms") kommen wird, lassen sich aus heutiger Sicht kaum treffen. So weisen z. B. Ittoo und Petit (2017; S. 10-13) darauf hin, dass selbstlernende Algorithmen eine Reihe signifikanter Herausforderungen überwinden müssten, um zu einem koordinierten Gleichgewicht zu gelangen. Hierzu gehören u. a. die Schwierigkeit, eine optimale Payoff-Strategie in Anbetracht der optimalen Strategien aller Wettbewerber und deren besonderen Eigenschaften festzulegen, insbesondere wenn die Preissetzung personalisiert (Preisdiskriminierung) und dynamisch erfolgt und die anderen Algorithmen im Markt sich ebenfalls stets weiterentwickeln (vgl. Vahrenholt, 2018, S. 12, Fn. 54).

Um das Wettbewerbsgeschehen besser überblicken bzw. Anzeichen für die Zunahme kollusiven Verhaltens mittels Preisalgorithmen identifizieren zu können, empfiehlt die Monopolkommission, die kartellbehördlichen Sektoruntersuchungen zu verstärken, indem auch den Verbraucherschutzverbänden das Recht eingeräumt wird, die kartellbehördliche Untersuchung in Sektoren zu verlangen, da sie davon ausgeht, dass Informationen über möglicherweise kollusiv überhöhte Preise am ehesten bei den Verbraucherschutzverbänden anfallen (vgl. Monopolkommission, 2018, S. 63).

Sollten sich im Rahmen der Marktbeobachtung konkrete Hinweise darauf ergeben, dass die Verwendung von selbstlernenden Preisalgorithmen kollusive Marktergebnisse in beträchtlichem Umfang forciert, bestünde eine mögliche Lösung darin, die Verwendung dieser für Unternehmen zu verbieten. Diese Maßnahme hätte jedoch auch enorme Effizienzverluste sowohl für Unternehmen als auch Nachfrager zur Folge. Darüber hinaus wäre ein Verbot praktisch nur schwer durchsetzbar, da die Beobachtungsmöglichkeiten der Wettbewerbshüter eingeschränkt sind (vgl. Calvano et al., 2019, S. 39).

Eine weitere Möglichkeit, die Risiken algorithmischer Entscheidungsfindung zu minderen, besteht darin, die Preisalgorithmen einer ex ante-Regulierung zu unterwerfen: Jeder Preisalgorithmus, der von einem Unternehmen angewandt wird, müsste vorher durch staatliche Behörden hinsichtlich potenziell kollusiven Verhaltens geprüft werden. Dadurch wird es möglich, bestimmte Eigenschaften von Preisalgorithmen mit einem bestimmten Preissetzungsverhalten in Verbindung zu bringen. Auf dieser Grundlage könnte eine Blacklist erstellt werden, die bestimmte Eigenschaften der Preisalgorithmen per se verbietet (vgl. Calvano et al., 2019, S. 169). Inwieweit der Ansatz praxistauglich ist, gilt es allerdings noch zu erforschen und ist zurzeit zumindest fraglich.

Ferner könnten Regulierungsbehörden im Rahmen einer ex ante-Regulierung der Preisalgorithmen festlegen, dass bestimmte Regeln bei der konkreten Ausgestaltung der Algorithmen zu beachten sind. Eine entsprechende Regulierung könnte bspw. vorschreiben, dass Algorithmen nicht auf bestimmte Eigenschaften oder Marktbedingungen reagieren dürfen, die für implizite Kollusion als notwendig erachtet werden. Beispielsweise dürften Algorithmen dann lediglich so programmiert werden, dass sie auf Preisänderungen nicht unmittelbar, sondern erst nach Ablauf einer bestimmten Zeitspanne reagieren dürfen. Problematisch ist hierbei jedoch, dass es auf vielen Märkten Unternehmen gibt, die engere und weiter entfernte Wettbewerber in einem relevanten Markt haben. Es wäre somit nicht gänzlich auszuschließen, dass durch eine solche Regelung wettbewerbskonforme Maßnahmen behindert würden. Auch wäre denkbar, Algorithmen vorzuschreiben, dass sie nicht auf Preisänderungen bestimmter Unternehmen, sondern nur auf durchschnittliche Preisänderungen im Markt reagieren dürften. Auch diese Regulierungsmaßnahme würde mit Effizienzverlusten einhergehen, da die Regulierung der konkreten Algorithmengestaltung dazu beitragen würde, dass Unternehmen nur noch begrenzt dazu in der Lage wären, innovative und effiziente Algorithmen zu kreieren (vgl. OECD, 2017, S. 52 ff.).

Ein weiterer Regulierungsansatz wäre die ex post-Verhaltenskontrolle durch Verschärfung der Missbrauchsaufsicht. Zwar ähnelt dieser Ansatz der bisherigen Praxis der Regulierungsbehörden, eine wirksame Implementation dieses Ansatzes würde jedoch eine Anpassung der kartellrechtlichen Missbrauchsaufsicht erfordern, insbesondere hinsichtlich der Bewertung impliziter Kollusion, die durch selbstlernende Algorithmen zustande gekommen sind, und zwar ohne das Wissen und ggf. gegen den Willen der

Unternehmen. Kollusionsfälle, in denen selbstlernende Algorithmen autonom agieren und die Kartellbildung selbständig „lernen", sind rechtlich schwierig zu erfassen. Hier stellt sich insbesondere die Frage, ob das Verhalten der selbstlernenden Algorithmen den Unternehmen zuzurechnen ist. Problematisch ist insbesondere, dass das Kriterium der „Vereinbarung" in Artikel101 Abs. 1 AEUV nach der Rechtsprechung des EuGH eine „Willensübereinstimmung" zwischen den Unternehmen voraussetzt. Unklar ist, inwieweit beim Einsatz von autonom agierenden Algorithmen von einer „Willensbildung" gesprochen werden kann. Möglicherweise lässt sich das Verhalten selbstlernender Algorithmen aber unter den Begriff der „abgestimmten Verhaltensweise" in Artikel101 Abs. 1 AEUV subsumieren. Rechtsprechung gibt es dazu aber noch nicht. Um hier Rechtssicherheit zu schaffen, könnte es sinnvoll sein, durch eine Gesetzesänderung klarzustellen, dass die negativen Auswirkungen einer algorithmischen Kollusion vom Kartellverbot erfasst sind (vgl. Käseberg und von Kalben, 2018, S. 2 ff.; siehe auch Künstner, 2019, S. 36 ff.).

Eine Schwierigkeit bei der ex post-Regulierung liegt für die Behörden darin, durch Algorithmen verursachte implizite Kollusion überhaupt zu entdecken. Eine Möglichkeit wäre es für Regulierungsbehörden, eigene Algorithmen zu implementieren, die potenziell kollusives Preissetzungsverhalten aufspüren und einen entsprechenden Anfangsverdacht auslösen könnten (vgl. Schwalbe, 2018).

Diskutiert wird auch die Möglichkeit der Erweiterung der Haftung für die an der Entwicklung der Algorithmen beteiligten IT-Dienstleister. Verkauft der IT-Dienstleister den Verwendern einen Algorithmus, der ein kollusives Marktergebnis ohne die Billigung dieser herbeiführt, kann er derzeit nicht dafür haftbar gemacht werden. Die Monopolkommission empfiehlt, diese Haftungslücke zu schließen (vgl. Monopolkommission, 2018, Rz.: 266 -273). Dies würde jedoch ein sehr weitreichendes Haftungsrisiko des IT-Dienstleisters implizieren, da er de facto gezwungen wäre, selbstlernenden und adaptiven Systemen in Form von Preisalgorithmen kontinuierlich nach Inverkehrssetzung zu beobachten und ggf. anzupassen, um einer drohenden kartellrechtlichen Haftung zu entgehen. Das könnte wiederum die Innovationsanreize der IT-Dienstleister hemmen (vgl. Vahrenholt, 2018, S. 22 f.).

Eine weitere Möglichkeit zur Verhinderung kollusiven Verhaltens durch Preisalgorithmen ist die Festlegung von Maximalpreisen. Maximalpreise können jedoch gleichzeitig eine wettbewerbsbeschränkende Wirkung entfalten und sind sehr ineffizient. Sie mindern Innovationsanreize und Anreize, qualitativ hochwertige Produkte bereitzustellen. Gleichzeitig könnte das Festlegen eines Maximalpreises dazu führen, dass sich mit dem Höchstpreis ein neuer Richtwert einpendelt, der kollusives Verhalten erleichtert (vgl. OECD, 2017, S. 52 ff.).

5.3.1.1.5 Zugang zu Daten

Der Zugang zu Daten ist heute ein entscheidender Faktor für den Erfolg vieler Unternehmen; er ist ihr Schlüssel für Wettbewerbs- und Innovationsfähigkeit. In vielen Bereichen der digitalen Wirtschaft können Daten mittlerweile als kritische Ressource betrachtet werden (vgl. Schweitzer et al., 2018, S. 17). Ein exklusiver Zugang zu Daten – ebenso wie privilegierte Zugangsbedingungen zu Daten – kann einen entscheidenden Wettbewerbsvorteil schaffen und auch als Markteintrittsbarriere wirken, wenn der Zugang zu diesen Daten für einen erfolgreichen Markteintritt entscheidend ist und die Daten nur unter erheblichen Kosten im erforderlichen Umfang erhoben werden können (vgl. Bundeskartellamt, 2017, S. 7). Die Frage, ob und wie aus wettbewerbspolitischer Sicht der Zugang zu wettbewerbsrelevanten Daten gewährt werden soll bzw. muss, ist derzeit Gegenstand einer intensiven Debatte innerhalb der Wettbewerbsbehörden sowie der Wissenschaft (siehe z. B. Crémer et al., 2019; Graef und Prüfer, 2018), da datenerhebende Unternehmen unzureichende Anreize haben, ihre Daten mit Wettbewerbern zu teilen, da das Teilen wertvoller Daten zu einem Verlust von Marktanteilen für Unternehmen führen kann, die über diese Daten verfügen (vgl. Schweitzer und Peitz, 2017, S. 56).

Fehlender Zugang zu Daten beschränkt den Wettbewerb auf dem Aftermarket (vgl. Abschnitt 5.2.3). Daher werden im Folgenden Handlungsoptionen diskutiert, die dem Ziel dienen, den Wettbewerb auf dem Aftermarket zu schützen bzw. zu ermöglichen. In diesem Kontext wird auch die Effektivität der Datenzugangsgewährungspflichten diskutiert, die im Zuge der 10. GWB-Novelle ergänzt wurden.

5.3.1.1.5.1 Kartellrechtliche Regelungen

Um die Zugangsansprüche zu Daten zu verbessern, wurde im Zuge der 10. GWB-Novelle zwei neue Datenzugangsansprüche verankert. Der eine findet sich in § 19 Abs. 2 Nr. 4 GWB, der andere in § 20 Abs. 1a GWB.

In § 19 Abs. 2 Nr. 4 GWB wird neuerdings explizit darauf hingewiesen, dass auch Daten eine „essential facility“ sein können, weshalb der Zugang zu Daten – wenngleich gegen Zahlung eines angemessenen Entgelts – beansprucht werden kann.

Der Datenzugangsanspruch in § 19 Abs. 2 Nr. 4 GWB ist an verschiedene Voraussetzungen geknüpft. Zum einen muss der Dateninhaber (ggf. auch aufgrund des in § 18 Abs. 3b GWB neu eingeführten Konzepts der Intermediationsmacht) marktbeherrschend auf einem Produkt- oder Dienstleistungsmarkt sein. Darüber hinaus kann auch die Marktbeherrschung auf einem relevanten Datenmarkt Zugangsansprüche begründen. Zum anderen stellt § 19 Abs. 2 Nr. 4 GWB klar, dass der Zugang zu Daten objektiv bzw. zwingend erforderlich sein muss, um auf einem vor- oder nachgelagerten Markt tätig werden zu können.

Der Datenzugangsanspruch in § 19 Abs. 2 Nr. 4 GWB hat nach der Gesetzesbegründung vor allem eine klarstellende Funktion (vgl. BT-Drucks. 19/23492, S. 80). Ein Anspruch auf Datenzugang war nach verbreiteter Auffassung auch bislang schon möglich. Durch die explizite Regelung des Datenzugangs in § 19 Abs. 2 Nr. 4 soll die Möglichkeit des zur Geltendmachung gefördert werden (so Käseberg et al., 2021, S. 269 ff.). Die für die Praxis entscheidende Frage – unter welchen Voraussetzungen Daten die Qualität einer „essential facility" haben – bleibt allerdings nach wie vor unbeantwortet. Das wird die Rechtsprechung klären müssen (kritisch auch Polley und Kaup, 2020, S. 113 f.).

Die Überarbeitung des Datenzugangsanspruchs in § 19 Abs. 2 Nr. 4 GWB adressiert – wie bereits angedeutet – insbesondere Konstellationen auf dem Aftermarket

> *„in denen ein marktbeherrschendes Unternehmen den Zugang über die Nutzungsdaten einer bestimmten Person oder Maschine kontrolliert und ein anderes Unternehmen, das Zusatzdienste für den Betreiber der Maschine oder für den Nutzer eines Dienstes anbieten will, Zugang zu den individualisierten Nutzungsdaten benötigt, um seinen Dienst (Wartung, Reparatur oder innovatives komplementäres Angebot) an die Bedürfnisse des Nutzers anpassen zu können."* (GWB-Digitalisierungsgesetz – Referentenentwurf des BMWI vom 24. Januar 2020, S. 75)[162].

Bedeutende Herausforderungen des Datenzugangsanspruchs in § 19 Abs. 2 Nr. 4 GWB werden sein festzustellen, unter welchen Voraussetzungen

---

162 Verfügbar unter: https://www.bmwi.de/Redaktion/DE/Downloads/G/gwb-digitalisierungsgesetz-referentenentwurf.pdf?__blob=publicationFile&v=10; abgerufen am: 1. Juli 2022.

a) der Datenbestand eines Unternehmens zu einer marktbeherrschen Stellung führt, da ein Unternehmen, das über viele Daten („Datenmacht“) verfügt, nicht per se als marktbeherrschend klassifiziert werden darf (vgl. Paal und Hennemann, 2018, S. 49).
b) der Zugang zu Daten eines marktbeherrschenden Unternehmens unerlässlich für den Marktzutritt ist.

Der in § 20 Abs. 1a GWB verorteten Datenzugangsanspruch setzt – anders als der Datenzugangsanspruch in § 19 Abs. 2 Nr. 4 GWB – keine marktbeherrschende Stellung des Dateninhabers voraus. Vielmehr genügt es hier, dass der Zugang zu den Daten durch ein relativ marktmächtiges Unternehmen kontrolliert wird. Laut § 20 Abs. 1a Satz 1 GWB verfügen Unternehmen dann über relative Marktmacht, wenn andere von ihnen wirtschaftlich „abhängig“ sind, d. h. ausreichende und zumutbare Alternativen der Datenbeschaffung fehlen. Folglich müssen Daten nicht zwingend den Charakter einer „essential facility“ haben, um den Datenzugangsanspruch zu begründen. Auch das ist ein Unterschied zu dem in § 19 Abs. 2 Nr. 4 GWB formulierten Datenzugangsanspruch. Ferner geht § 20 Abs. 1a Satz 1 GWB auch deshalb über § 19 Abs. 2 Nr. 4 GWB hinaus, weil dort darauf verzichtet wird, den Datenzugangsanspruch auf die Tätigkeiten auf vor- oder nachgelagerten Märkten zu begrenzen. Folglich können die Daten für die Tätigkeit auf jedem Markt genutzt werden, somit auch auf dem Markt, auf dem der Normadressat die Daten selber nutzt (vgl. Schweda und von Schreitter, 2021, S. 152). Des Weiteren wird im Rahmen von § 20 Abs. 1a GWB klargestellt, dass die Verweigerung des Zugangs selbst dann einen Missbrauchstatbestand darstellen kann, wenn ein Geschäftsverkehr für diese Daten noch nicht eröffnet worden ist. Aufgrund der skizzierten tatbestandlichen Erleichterung ist davon auszugehen, dass in der Praxis Datenzugangsansprüche primär auf § 20 Abs. 1a GWB gestützt werden (vgl. Schweda und von Schreitter, 2021, S. 147).

Durch § 20 Abs. 1a GWB soll vor allem der Datenzugang in bestehenden Vertragsverhältnissen innerhalb von Wertschöpfungsketten (z. B. IoT- und Aftermarket-Konstellationen) adressiert werden. Bei fehlendem Vertragsverhältnis ist eine grundsätzliche Zurückhaltung geboten (GWB-Digitalisierungsgesetz – Referentenentwurf des BMWI vom 24. Januar 2020, S. 83)[163]; der Unbilligkeitsprüfung ist besondere Beachtung zu schenken (vgl. Schweda und von Schreitter, 2021, S. 150).

---

163 Verfügbar unter: https://www.bmwi.de/Redaktion/DE/Downloads/G/gwb-digitalisierungsgesetz-referentenentwurf.pdf?__blob=publicationFile&v=10; abgerufen am: 1. Juli 2022.

Die geltenden Regelungen des Datenschutzrechts bleiben von § 20 Abs. 1a GWB unberührt. Insbesondere schafft § 20 Abs. 1a GWB keine neue Rechtsgrundlage für die Rechtmäßigkeit der Verarbeitung. Es muss daher zusätzlich geprüft werden, ob die Herausgabe der Daten aus datenschutzrechtlicher Sicht zulässig ist (siehe auch BT-Drucks. 19/23492, S. 81).

Von zentraler Bedeutung im Zusammenhang mit dem Datenzugangsanspruch in § 19 Abs. 2 Nr. 4 GWB und § 20 Abs. 1a GWB ist die Frage, zu welchen Daten konkret Zugang gewährt werden muss.[164] Soll der Zugang nur zu Rohdaten ermöglicht werden oder – in engen Konstellationen – auch zu aufbereiteten bzw. strukturierten Daten? Was ist mit Metadaten? Ferner ist unklar, inwieweit der Datenzugangsanspruch im GWB den Bezug von Daten in Echtzeit ermöglicht. Dies wäre jedoch von Vorteil, da die Möglichkeit Daten in Echtzeit zu beziehen, Innovationen begünstigen könnte. So können z. B. ungefilterte und unbearbeitete Rohdaten, die in Echtzeit zwischen Automobilherstellern und unabhängigen Serviceanbietern ausgetauscht werden, die Entwicklung komplementärer Systeme massiv erleichtern. Zudem bestünde die Möglichkeit, die geschlossenen Telematiksysteme der Automobilhersteller dadurch aufzubrechen, dass eine direkte Kommunikation zwischen den Fahrzeugen und ergänzenden Unterstützungssystemen zugelassen werden würde. Beispielsweise könnten so dritte Anbieter auf dem Aftermarkt auftreten, die Dienste entwickeln, Wartungsbedarf ermitteln oder drohende Fahrzeugpannen voraussehen (vgl. Kerber und Specht, 2017, S. 183). Dies würde sowohl den Wettbewerb beflügeln als auch die Wohlfahrt der Konsumenten erhöhen.

Neben der Frage nach den Daten dürfte auch die Frage nach einem angemessenen Entgelt für den Datenzugang von hoher Relevanz sein. Überhöhte Entgelte könnten dem Datenzugangsanspruch entgegenlaufen, zu niedrige die Anreize der Unternehmen, die Daten zu erheben, schmälern.[165] Laut Ballestrem et al. (2020, S. 70 f.) könnten die sog. FRAND-

---

164 *„Naheliegend scheint, dass in der Regel nur der Zugang zu Rohdaten begehrt werden kann. Bereits aufbereitete bzw. strukturierte Daten dürften häufig geschütztes Know-how des Dateninhabers widerspiegeln, das nicht offengelegt werden muss. Wo hier praktisch die Grenzen verlaufen, ist indes unklar und dürfte nur im Einzelfall ermittelt werden können. Was ist z. B. mit Metadaten? Oder vom Dateninhaber bereits aggregierten Daten?“* (Hogan Lovells, 2020, verfügbar unter: http://hoganlovells-blog.de/2021/01/14/ran-an-die-datenschaetze-datenzugangsanspprueche-nach-der-10-gwb-novelle/#; abgerufen am: 17. März 2021).

165 Vgl. http://hoganlovells-blog.de/2021/01/14/ran-an-die-datenschaetze-datenzugangsansprueche-nach-der-10-gwb-novelle/#; abgerufen am: 20. März 2021.

Grundsätze eine Orientierungshilfe bei der Bemessung etwaiger Nutzungsentgelte bieten.

Bewertung

Inwieweit die neu formulierten Datenzugangsansprüche im GWB es vermögen werden, innerhalb der nächsten 15 Jahre die Bestreitbarkeit der Plattformmärkte oder den Wettbewerb auf angrenzenden Märkten signifikant zu erhöhen oder Innovationen zu forcieren, bleibt abzuwarten:

Weder in § 19 Abs. 2 Nr. 4 GWB noch in § 20 Abs. 1a GWB wurde ein allgemeines Teilhaberecht an Daten geschaffen. Vielmehr bedingt der in § 19 Abs. 2 Nr. 4 GWB und in § 20 Abs. 1a GWB verankerte Datenzugangsanspruch stets eine Einzelfallprüfung der jeweiligen Marktverhältnisse. Dies ist sowohl mit Nachteilen als auch Vorteilen verbunden. Von Nachteil ist, dass marktbeherrschende Unternehmen bzw. Normadressaten dies strategisch ausnutzen können, um Wettbewerbsbeschränkungen länger aufrechtzuerhalten. Von Vorteil ist, dass durch die Einzelfallprüfung stärker dem Umstand Rechnung getragen wird, dass Datenzugangsverpflichtungen oder Verpflichtungen zur gemeinsamen Nutzung oder Weiterverwendung von Daten immer mit dem Risiko verbunden sind, die Anreize zur Datenerhebung, -speicherung und -verarbeitung negativ zu beeinflussen und damit ggf. Innovationsanreize zu reduzieren (vgl. Crémer et al., 2019, S. 76), weshalb es wichtig ist, stets ein angemessenes Gleichgewicht zu finden zwischen den Anreizen für die Datenerhebung, -speicherung und -verarbeitung auf der einen Seite und die Gewährleistung des Wettbewerbs auf der anderen Seite (vgl. Schweitzer et al., 2018, S. 145).

Der Problematik auf dem Aftermarket wird zwar durch die 10. GWB-Novelle Rechnung getragen, nicht jedoch auf EU-Ebene, was problematisch ist, da Wettbewerbsverzerrungen zu Lasten von Unternehmen in Deutschland nicht ausgeschlossen werden können.

5.3.1.1.5.2 Spezialgesetzliche Regelungen

Jenseits eines kartellrechtlichen Anspruchs auf Datenzugang existieren vereinzelt auch spezialgesetzliche Regelungen, die Zugangsansprüche zu bestimmten Daten regeln (vgl. Ballestrem et al., 2020, S. 69). Ihr Ziel ist es, Wettbewerb in speziellen Branchen zu ermöglichen oder zu begünstigen. Anders als beim Datenzugangsanspruch im GWB sind Einzelfallprüfungen hier nicht notwendig; die Unternehmen müssen um den Zugang zu Daten somit nicht vor Gericht kämpfen, was nicht nur zeitintensiv, sondern auch kostspielig für das einzelne Unternehmen sein kann, weshalb vermutlich viele davon Abstand nehmen werden.

Ein Beispiel ist der sogenannte Automotive-Aftermarket[166]. Hier verfügen Automobilhersteller grundsätzlich über einen eminenten Wettbewerbsvorteil, da sie technische Informationen und On-board-Fahrzeugdiagnosedaten unmittelbar durch in das Fahrzeug implementierte Systeme beziehen können. Daher sind im Rahmen der europäischen Gesetzgebung Verordnungen wie die EG-Verordnung Nr. 715/2007 und die EU-Verordnung Nr. 2018/858 erlassen worden, die sicherstellen, dass unabhängigen Reparatur- und Wartungsbetrieben die gleichen notwendigen technischen Daten zur Verfügung gestellt werden, wie den Vertragswerkstätten der Automobilhersteller. Ohne diesen regulierten Zugang wären unabhängige Betriebe nicht in der Lage, Reparatur- und Wartungsdienstleistungen anzubieten. Die Maßnahme eines regulierten Zugangs zu Daten des Primärherstellers auf einem Markt senken somit die Markteintrittsbarrieren und fördern den Wettbewerb (vgl. Kerber und Specht, 2017, S. 175 f.).

Durch die spezialgesetzlichen Regelungen auf dem Automotive-Aftermarket wird in besonderem Maße dem Umstand Rechnung getragen, dass vor allem in Fällen, in denen Daten das Nebenprodukt einer anderen Tätigkeit anfallen und daher ohne besondere Investitionen des Produzenten entstehen, Innovationsanreize durch eine Zugangsverpflichtung sehr wahrscheinlich nicht sonderlich beeinträchtigt werden. In solchen Fällen sollten die Innovationsanreize für einen adäquaten Datenzugang weniger ins Gewicht fallen, da der Wert der Daten für den Dateninhaber bereits durch den Preis für ein Produkt abgegolten ist (siehe z. B. Crémer et al., 2019, S. 105 oder Schweitzer et al., 2018, S. 146). Demgegenüber ist das Interesse am Zugang umso gewichtiger, je erheblicher die Folgen der Zugangsverweigerung für die angestrebte eigene Wertschöpfung sind und je mehr der Anspruchsteller auf den Zugang zu diesen Daten für den Betrieb seines Unternehmens angewiesen ist (vgl. Schweitzer et al., 2018, S. 146).

Unter dieser Maßgabe sollte geprüft werden, inwieweit spezialgesetzliche Regelungen auch für andere Branchen eine Option wären.

---

166 Auf dem Automotive Aftermarket werden Produkte und Service-Dienstleistungen vermarktet, die in unmittelbarem Bezug zu dem Automobil stehen.

5.3.1.2 Algorithmisch personalisierte Nachrichtenkanäle

Wie in Abschnitt 5.2.8 dargelegt, kann die Informationsbeschaffung über Onlineplattformen (Social Media) über die Polarisierung der Bevölkerung zur Spaltung der Gesellschaft und Destabilisierung der Demokratie führen, was mit Gefahren für die Soziale Marktwirtschaft verbunden sein könnte. Grund hierfür ist, dass in Deutschland zwischen der Wirtschafts- und Staatsordnung gegenseitige Abhängigkeit besteht. D. h. Demokratie kann nur dann als Bindung staatlichen Handelns an gesellschaftlich geteilte Zielvorstellungen und als Schutz individueller Handlungsfreiheit wirken, wenn sie als rechtsstaatlich beschränkte Demokratie verfasst ist (vgl. Sauerland, ohne Datum). Andernfalls besteht die Gefahr, dass wirtschaftliche Machtgruppen bzw. Verteilungskoalitionen ihren politischen Einfluss ausnutzen, um auf dem Wege privilegierender Interventionen die allgemeinen Regeln der Wettbewerbsordnung zu unterlaufen. Dies könnte wiederum die Anpassungs- und Entwicklungspotenziale der Wirtschaft und damit das Wirtschaftswachstum behindern (vgl. Sauerland, 2018)[167]. Folglich muss der Staat die Demokratie schützen, um das übergeordnete Ziel der Sozialen Marktwirtschaft „Wohlstand für alle" nicht aus dem Fokus zu verlieren.

Eine kritische Rolle bei der Polarisierung der Bevölkerung spielen Personalisierungs-Algorithmen. Diese werden von den Betreibern der Onlineplattformen wie z. B. Facebook, Twitter, Instagram etc. eingesetzt, um die Kundenbindung und die Verweildauer der Plattformnutzer zu erhöhen und die Gewinne zu maximieren. Deshalb ist nicht zu erwarten, dass die Betreiber der Onlineplattformen, den Personalisierungsgrad ihrer Algorithmen reduzieren, sodass die Informiertheit ihrer Plattformnutzer steigt bzw. die Risiken der Filterblasen sinken. Deshalb und weil viele Menschen dazu tendieren, aus Bequemlichkeit vorzugsweise Nachrichten zu konsumieren, in denen sich die eigene Meinung bzw. die eigene Überzeugung wiederfindet (selctive exposure) (vgl. hierzu Stroud, 2017), hat der Staat in den letzten Jahren den Versuch unternommen, dem mit dem Einsatz von Personalisierungs-Algorithmen auf Onlineplattformen verbundenen Problemen durch die Anpassung des Ordnungsrahmens entgegenzuwirken. Zu nennen ist hier z. B. das Netzwerkdurchsetzungsgesetz („NetzDG"), das alle großen Social-Media-Plattformen dazu verpflichtet, Inhalte zu löschen, die gegen Gesetze verstoßen (weil sie z. B. beleidigend sind, zur

---

167 Verfügbar unter: https://wirtschaftslexikon.gabler.de/definition/interdependenz-der-ordnungen-41675/version-265035; abgerufen am: 14. März 2021.

Volksverhetzung anstiften, zu Straftaten aufrufen etc.), wenn sich Nutzer dagegen beschweren. Am 6. Mai 2021 hat der Bundestag einige Ergänzungen zum NetzDG beschlossen. Eingeführt wurde u. a. ein Verfahren zum Umgang mit Gegenvorstellungen zu Maßnahmen des Anbieters eines sozialen Netzwerks. Mit dem Gesetz zur Bekämpfung des Rechtsextremismus und der Hasskriminalität werden Betreiber der Social-Medial-Onlineplattformen zudem verpflichtet, Inhalte, die gegen das Gesetz verstoßen, dem Bundeskriminalamt zu melden, damit die Verfasser dieser verfolgt und verurteilt werden können.[168] Das Gesetz ist am 3. April 2021 in Kraft getreten; die Meldepflicht für Social-Media-Plattformen gilt allerdings erst ab dem 1. Februar 2022. Zuletzt hat die Europäische Kommission einen Verordnungsentwurf zum Digital Services Act veröffentlicht. Auch der neuen Medienstaatsvertrag enthält Anforderungen an die Transparenz von Suchmaschinenrankings (siehe dazu den unten zitierten Auszug aus Busch, 2021, S. 88 ff.).

Alle bisherigen Regulierungsansätze fokussieren auf die Bekämpfung gesetzeswidriger Inhalte auf Onlineplattformen und die Sanktionierung der Verfasser, nicht jedoch die Empfehlungslogik der Personalisierungs-Algorithmen, um die Durchlässigkeit zu erhöhen und den Personalisierungs- und Polarisierungseffekten entgegenzuwirken. Dies ist nach Einschätzung von Schweiger et al. (2019, S. 122) auch in Zukunft nicht zu erwarten, da Vorschriften zur Ausgestaltung der Personalisierungs-Algorithmen einen schwerwiegenden Eingriff in Artikel 5 des deutschen Grundgesetzes bedeuten würden, der die Informations-, Meinungs- und Pressefreiheit für Menschen in der Bundesrepublik Deutschland gewährleistet.

Ein möglicher Ansatz, dem Einsatz von Personalisierungs-Algorithmen im Zusammenhang mit Nachrichtenkonsum zu begegnen, kann jedoch darin bestehen, die Menschen über den Einsatz der Algorithmen zu informieren und, z. B. durch öffentliche Debatten oder im Kontext der Politischen Bildung, ein Problembewusstsein für die damit verbundenen Risiken zu schaffen (vgl. Schweiger et al., 2019). Studien weisen nämlich darauf hin, dass Aufklärungsbedarf durchaus gegeben ist: Eslami et al. (2015) stellten im Rahmen qualitativer Interviews mit US-amerikanischen Facebook-Nutzern fest, dass der Hälfte der 40 Befragten nicht bekannt war, dass der Facebook-Newsfeed personalisiert wird. Zu einem ähnlichen Ergebnis kam Powers (2017). Seine Arbeit weist darauf hin, dass selbst der

168 Vgl. https://www.bmjv.de/SharedDocs/Gesetzgebungsverfahren/DE/Bekaempfung_Rechtsextremismus_Hasskriminalitaet.html?nn=6704238; abgerufen am: 14. März 2021.

Mehrheit der US-College-Studenten, die versiert im Umgang mit Sozialen Netzwerken sind, unbekannt war, dass die Facebook-Newsfeeds personalisiert sind. Laut einer Untersuchung von Fischer und Petersen (2018, S. 14) wussten nur 49 Prozent der Befragten in Deutschland, dass Nachrichten, die den Internetnutzern angezeigt werden, mit Hilfe von Algorithmen individuell ausgewählt sein können. Auf EU-Ebene ist die Unwissenheit noch weiter verbreitet, so das Ergebnis der europaweiten Umfrage von Grzymek und Puntschuh (2019, S. 16): Nur 41 Prozent der Befragten wussten, dass im Internet angezeigte Nachrichten und Informationen durch Algorithmen personalisiert werden können.

Neben öffentlichen Aufklärungskampagnen, die der Sensibilisierung der Menschen hinsichtlich der Risiken algorithmischer Personalisierung dienen, ist es denkbar, Onlineplattformen zu verpflichten, die Plattformnutzer darüber zu informieren, dass sie Personalisierungs-Algorithmen einsetzen und die damit verbundenen Risiken zu skizzieren. Zusätzlich könnte der Gesetzgeber den Onlineplattformen vorschreiben, den Nutzern die Möglichkeit zu geben, zwischen Personalisierungs-Algorithmen mit unterschiedlich hoher Durchlässigkeit zu wählen.

Zur Algorithmentransparenz gibt es auf EU-Ebene einige Regelungen. So sieht insbesondere der Digital Services Act einige Transparenzpflichten für große Onlineplattformen (Very Large Online Platforms, „VLOPs") bei Empfehlungssystemen (Artikel 2 Buchst. o) DSA) und Online-Werbung vor. In Artikel 29 DSA werden die VLOPs verpflichtet, für Empfehlungssysteme (z. B. automatisierte Produktrankings und Listen mit Suchergebnissen) die wichtigsten Parameter und Möglichkeiten der Nutzer zur Anpassung der Parameter offenzulegen, und zwar in klarer, barrierefreier und leicht verständlicher Weise. Ferner müssen die VLOPs mindestens eine Option zur Nutzung des Empfehlungssystems ohne Profiling anbieten. Die Vorschriften in Artikel 29 DSA überschneiden sich dabei mit den Transparenzpflichten in Artikel5 P2B-VO sowie einigen anderen Vorschriften, die ebenfalls Transparenzgebote für Rankings enthalten. So wurden Transparenzregeln für Rankings erst jüngst durch die Richtlinie (EU) 2019/2161 zur Modernisierung des Verbraucherrechts in die Richtlinie über unlautere Geschäftspraktiken (UGP-RL)40 und die Richtlinie über die Rechte der Verbraucher (VRRL) implementiert. Auch wenn alle genannten Regelungen auf mehr Rankingtransparenz abzielen, dienen sie dennoch unterschiedlichen Zwecken. Durch Artikel 5 P2B-VO soll primär Fairness und Transparenz zwischen Plattformbetreibern und gewerblichen Nutzern gefördert werden. Die Transparenzgebote in der UGP-RL und der VRRL dienen hingegen vor allem dem Verbraucherschutz. In welchem

Verhältnis das neue Transparenzgebot aus Artikel 29 DSA zu diesen Regelungen steht, ist derzeit unklar. Klärungsbedürftig ist auch das Verhältnis des neuen Transparenzgebotes aus Artikel 29 DSA zu § 93 Abs. 1 Satz 2 Medienstaatsvertrag („MStV"), der Anforderungen an die Transparenz von Suchmaschinenrankings enthält. Zusammenfassend ist festzuhalten, dass bei den Regelungen zur Algorithmentransparenz noch erheblicher Konsolidierungsbedarf besteht, um dem Wildwuchs an Transparenzregeln entgegenzuwirken (vgl. Busch, 2021, S. 88, 92).

5.3.1.3 Qualifizierung von Arbeitnehmern und Forschung fördern, Fachkräftemigration erleichtern

Im Szenario 1 kann nicht ausgeschlossen werden, dass insbesondere in Folge des Strukturwandels und der Plattformisierung der Märkte Arbeitsplätze wegfallen oder sich die beruflichen Tätigkeitsprofile der Beschäftigten an den Arbeitsplätzen verändern werden.

Mit Blick auf die zu erwartenden Veränderungen am Arbeitsmarkt gewinnt die Fähigkeit zum Wandel auf individueller Ebene damit zunehmend an Bedeutung. Hierbei müssen insbesondere die Fähigkeiten und Kompetenzen möglicher Verlierer des Strukturwandels durch Bildung und Weiterbildung gezielt an die sich wandelnden Tätigkeiten angepasst werden (vgl. Stiftung Marktwirtschaft, 2018, S. 9). Nur so kann die berufliche Anpassungsfähigkeit erhöht, die Basis für differenziertere Fachkarrieren gelegt[169] und die Anzahl möglicher Verlierer des digitalen Strukturwandels minimiert werden. Aber auch frühkindlicher Bildung sowie der Förderung digitaler Kompetenzen an Schulen und Hochschulen kommt hier eine wichtige Bedeutung zu (vgl. Kronberger Kreis, 2017, S. 17). In einer Welt, in der Wirtschaftstätigkeit und Innovationsfähigkeit in der Zukunft mehr und mehr durch Digitalisierung geprägt sind, werden sich Arbeitsprozesse und Anforderungen schnell und stetig ändern. Bildung sollte aufgrund dessen nicht als einmalige für eine bestimmte Zeit festgelegte Ausbildung im Rahmen einer Berufslehre oder eines Studiums oder ähnliches verstanden werden, sondern sich vielmehr als eine „Kultur des lebenslangen Lernens" etablieren (vgl. Sachverständigenrat, 2018, Tz. 76).

169 Maßnahmen, die dazu vom Staat ergriffen werden können, finden sich z. B. im Jahresgutachten zu Forschung, Innovation und technologischer Leistungsfähigkeit Deutschlands, das von der Expertenkommission Forschung und Innovation („EFI") im Jahr 2021 veröffentlicht wurde.

Bildung gewinnt auch vor dem Hintergrund der Globalisierung und der wachsenden Mobilität von Arbeitskräften an Bedeutung und der damit einhergehenden zunehmenden Wettbewerbsintensität zwischen Arbeitskräften und Industriestandorten.[170] Nicht nur individuelle Bildung wird in diesem Kontext wichtig, sondern auch die internationale Wettbewerbsfähigkeit zwischen Hochschulen und anderen Bildungseinrichtungen (vgl. hierzu auch ebenda, Tz. 77).

Die digitale Transformation und die Plattformisierung der Märkte werden nicht nur dazu führen, dass Arbeitsplätze abgebaut werden, sondern auch bewirken, dass die Nachfrage nach IT-Fachkräften in Deutschland steigt (vgl. hierzu Abschnitt 2.7). Das gilt nicht nur für die IT-Branche, sondern auch für die sog. Anwenderbranchen, wie z. B. Einzelhandel, Maschinenbau, Entsorgungswirtschaft etc. Eine Verschärfung des Fachkräftemangels kann nicht ausgeschlossen werden, da schon heute in zahlreichen Branchen ein massiver Mangel an IT-Fachkräften besteht. Da der Fachkräftemangel im IT-Sektor Innovationen und Wirtschaftswachstum limitieren kann, muss der Staat dem entgegenwirken, in dem er zum einen dafür sorgt, dass mehr IT-Fachkräfte in Deutschland ausgebildet werden. Zum anderen muss er die Barrieren/Hürden für die Zuwanderung von IT-Fachkräften nach Deutschland abbauen.

Ferner sollte die Förderung der Grundlagenforschung ausgeweitet werden. Öffentlich geförderte Grundlagenforschung ist ein zentrales Element für die Innovationsfähigkeit einer Volkswirtschaft, da von ihr wichtige Impulse für die industrielle Forschung ausgehen (vgl. Bickenbach et al., 2016). Neben der Förderung von Grundlagenforschung sollten Barrieren für Forschungskooperationen abgebaut werden, internationale Zusammenarbeit in Wissenschaft und Forschung weiter forciert werden, da die Komplexität der Forschungs-, Entwicklungs- und Innovationsprozesse weiter zunimmt (vgl. Dohse, 2019, S. 8). Vor diesem Hintergrund ist die Internationalisierungsstrategie der Bundesregierung (vgl. Deutscher Bundestag, 2018; Dohse, 2019, S. 10) zu begrüßen.

---

170 In diesem Zusammenhang ist anzumerken, dass die Digitalisierung dem Trend, insbesondere Jobs mit geringen Qualifikationsanforderungen und hohem Routineanteil, ins Ausland zu verlegen, gebremst, gegebenenfalls sogar umgekehrt werden könnte (Stichwort: Reshoring). So führt die zunehmende Automatisierung derartiger Produktionsprozesse tendenziell zu einer Erhöhung der Kapitalintensität und zu einer Verringerung des Wettbewerbsvorteils von Niedriglohnländern (vgl. Haucap und Heimeshoff, 2017, S. 47).

5.3.1.4 Rahmenbedingungen für Unternehmenswachstum schaffen

Um das Wirtschaftswachstum in Deutschland und der EU zu forcieren, gilt es Rahmenbedingungen zu schaffen, die das Wachstum von technologiebasierten Unternehmen begünstigen. Dazu müssen zum einen die Unternehmen in Deutschland und der EU für die Implementierung neuer Technologien sensibilisiert werden, um die Nachfrage auf dem EU-Binnenmarkt anzukurbeln. Zum anderen sollte der digitale Binnenmarkt der Europäischen Union zügig vollendet werden. Die Beseitigung der Fragmentierung des Binnenmarktes ermöglicht den Unternehmen in Europa schnelles Wachstum, was wichtig ist, um technologische Standards setzen und mit den Unternehmen aus China oder den USA konkurrieren zu können.

5.4 Literaturverzeichnis Szenario 1

Armstrong, M. (2006), Competition in Two-Sided Markets, *Rand Journal of Economics*, 37(3), S. 668-691.

Ballestrem J. G., U. Bär und T. Gausling (2020), *Künstliche Intelligenz: Rechtsgrundlagen und Strategien in der Praxis*, Springer Gabler: Wiesbaden.

Bickenbach, F., D. Chr. Dohse, R. Gold, W.-H. Liu (2016), Wirtschaftliche Bedeutung universitärer Spitzenforschung, Sekundäranalytische Studie im Auftrag der Konrad-Adenauer-Stiftung, verfügbar unter: https://www.kas.de/c/document_library/get_file?uuid=07e2e685-2ebc-18ca-cdac-93f82e33d764&groupId=252038; abgerufen am: 6. Juni 2022.

Budzinski, O., S. Gaenssle und A. Stöhr (2020), Der Entwurf zur 10. GWB Novelle: Interventionismus oder Laissez-faire?, *List Forum für Wirtschafts und Finanzpolitik*, 46, S. 157–184, verfügbar unter: https://link.springer.com/article/10.1007/s41025-020-00204-1; abgerufen am: 20. März 2021.

Bundeskartellamt (2017), Big Data und Wettbewerb, Schriftenreihe „*Wettbewerb und Verbraucherschutz in der digitalen Wirtschaft*“, verfügbar unter: https://www.bundeskartellamt.de/SharedDocs/Publikation/DE/Schriftenreihe_Digitales/Schriftenreihe_Digitales_1.pdf?__blob=publicationFile&v=3; abgerufen am: 20. März 2021.

Bundeskartellamt (2020), Algorithmen und Wettbewerb: Schriftenreihe „Wettbewerb und Verbraucherschutz in der digitalen Wirtschaf“, verfügbar unter: https://www.bundeskartellamt.de/SharedDocs/Publikation/DE/Schriftenreihe_Digitales/Schriftenreihe_Digitales_6.pdf?__blob=publicationFile&v=3; abgerufen am: 20. März 2021.

Bundesverband der Deutschen Industrie (BDI) (2020), Deutsche digitale B2B-Plattformen: Auf Deutschlands industrieller Stärke aufbauen. Ein Ökosystem für B2B-Plattformen fördern, verfügbar unter: https://bdi.eu/publikation/news/deutsche-digitale-b2b-plattformen/; abgerufen am: 22. Mai 2021.

Busch, C. (2019), Der Mittelstand in der Plattformökonomie, Mehr Fairness für KMU auf digitalen Märkten, *Wiso Diskurs 08/2019*, verfügbar unter: https://library.fes.de/pdf-files/wiso/15493.pdf; abgerufen am: 20. Mai 2021.

Busch, C. (2021), Der Digital Services Act: Ein neuer Rechtsrahmen für den Online-Handel, *Zeitschrift für das Recht der digitalen Wirtschaft*, Heft 3, S. 88-93.

Caillaud, B. und B. Jullien (2003), Chicken & egg: competition among intermediation service providers, The RAND Journal of Economics, 34(2), S. 309-328.

Calvano, E., G. Calzolari, V. Denicolò und S. Pastorello (2019), Algorithmic Pricing: What Implications for Competition Policy?, verfügbar unter: https://www.tilburguniversity.edu/sites/default/files/download/Pastorello%20-%20Qlearning_3.pdf; abgerufen am: 26. Februar 2021.

Calvano, E., G. Calzolari, V. Denicolò und S. Pastorello (2020), Artificial Intelligence, Algorithmic Pricing and Collusion, *American Economic Review,* 110(10), S. 3267-3297.

Catalini, C. (2019), Die Libra-Reserve, verfügbar unter: https://libra.org/de-DE/about-currency-reserve/#the_reserve; abgerufen am: 2. Dezember 2020.

Competition and Markets Authority (2020), A new pro-competition regime for digital markets: Advice of the Digital Markets Taskforce, verfügbar unter: https://assets.publishing.service.gov.uk/media/5fce7567e90e07562f98286c/Digital_Taskforce_-_Advice.pdf; abgerufen am: 22. Mai 2021.

Crémer J., Y. de Montjoye und H. Schweitzer (2019), Competition policy for the digital era. Report für die Europäische Kommission, verfügbar unter: https://ec.europa.eu/competition/publications/reports/kd0419345enn.pdf; abgerufen am: 9. Oktober 2020.

Deutscher Bundestag (2018), Regulierung von Online-Plattformen in ausgewählten Ländern und auf EU-Ebene – Medien- und wettbewerbsrechtliche Ansätze, Sachstand WD 10 - 3000 - 061/18, verfügbar unter: https://www.bundestag.de/resource/blob/591828/7120bc3f59b6c897c9372b3a5b97029f/WD-10-061-18-pdf-data.pdf; abgerufen am: 4. Juni 2020.

Dohse, D. (2019), Zeit für eine neue Industriepolitik? Positionspapier des Kieler Instituts für Weltwirtschaft (IfW) zum Entwurf einer Nationalen Industriestrategie 2030, Kiel Policy Brief, Nr. 122, verfügbar unter: https://www.econstor.eu/bitstream/10419/193679/1/1067510427.pdf; abgerufen am: 15. März 2021.

Engels, G., C. Plass, F.-J. Rammig (2017), IT-Plattformen für die Smart Service Welt, Verständnis und Handlungsfelder, *acatech Diskussion*, verfügbar unter: https://www.acatech.de/wp-content/uploads/2018/03/IT-Plattformen_DISKUSSION_WEB.pdf; abgerufen am: 22. Mai 2021.

Eschenbaum, N. (2020), Künstliche Intelligenz überlistet Wettbewerbsrecht, verfügbar unter: https://dievolkswirtschaft.ch/de/2020/12/kuenstliche-intelligenz-ueberlistet-wettbewerbsrecht/; abgerufen am: 9. Februar 2021.

Eslami, M., A. Rickman, K. Vaccaro, A. Aleyasen, A. Vuong, K. Karahalios, K. Hamilton und C. Sandvig (2015), I always assumed that I wasn't really that close to [her]: Reasoning about Invisible Algorithms in News Feeds, verfügbar unter: https://www.researchgate.net/publication/275353888_I_always_assumed_that_I_wasn%27t_really_that_close_to_her_Reasoning_about_Invisible_Algorithms_in_News_Feeds; abgerufen am: 22. Mai 2021.

Europäische Kommission (2018), Kartellrecht: Kommission verhängt Geldbußen gegen vier Elektronikhersteller wegen Festsetzung von Online-Wiederverkaufspreisen, Pressemitteilung vom 24. Juli 2018, verfügbar unter: https://ec.europa.eu/commission/presscorner/detail/de/IP_18_4601; abgerufen am: 22. Mai 2021.

Evans, D. S. und R. Schmalensee (2015), The Antitrust Analysis of Multi-sided Platform Businesses, in: R. D. Blair und D. D. Sokol (Hrsg.), *The Oxford Handbook on International Antitrust Economics 1*, Oxford University Press: Oxford, S. 404-449.

Fischer, S. und T. Petersen (2018), Was Deutschland über Algorithmen weiß und denkt. Ergebnisse einer repräsentativen Bevölkerungsumfrage, verfügbar unter: https://algorithmenethik.de/wp-content/uploads/sites/10/2018/09/Was-die-Deutschen-%C3%BCber-Algorithmen-denken_ohneCover.pdf; abgerufen am: 22. Mai 2021.

Freshfields Bruckhaus Deringer (2017), Pricing Algorithms: The Digital Collusion Scenarios, verfügbar unter: https://www.freshfields.com/globalassets/our-thinking/campaigns/digital/mediainternet/pdf/freshfields-digital---pricing-algorithms---the-digital-collusion-scenarios.pdf; abgerufen am: 18. Dezember 2019.

Graef, I. und J. Prüfer (2018), Mandated data sharing is a necessity in specific sectors, verfügbar unter: https://esb.nu/incoming/20042404/mandated-data-sharing-is-a-necessity-in-specific-sectors; abgerufen am: 6. Juli 2022.

Groß, J., B. Herz und J. Schiller (2019), Libra – Konzept und wirtschaftspolitische Implikationen, *Wirtschaftsdienst*, 99(9), S. 625-631.

Grzymek, V. und M. Puntschuh (2019), Was Europa über Algorithmen weiß und denkt: Ergebnisse einer repräsentativen Bevölkerungsumfrage, verfügbar unter: https://www.researchgate.net/publication/331497203_Was_Europa_uber_Algorithmen_weiss_und_denkt_Ergebnisse_einer_reprasentativen_Bevolkerungsumfrage_Impuls_Algorithmenethik; abgerufen am: 8. März 2021.

Hanl, A. und J. Michaelis (2017), Kryptowährungen – ein Problem für die Geldpolitik?, *Wirtschaftsdienst*, 97(5), S. 363-370, verfügbar unter: https://archiv.wirtschaftsdienst.eu/jahr/2017/5/kryptowaehrungen-ein-problem-fuer-die-geldpolitik/; abgerufen am: 3. Dezember 2020.

Haucap, J. (2020), Plattformökonomie: neue Wettbewerbsregeln – Renaissance der Missbrauchsaufsicht, *Wirtschaftsdienst*, 100(13), S. 20-29, verfügbar unter: https://www.wirtschaftsdienst.eu/inhalt/jahr/2020/heft/13/beitrag/plattformoekonomie-neue-wettbewerbsregeln-renaissance-der-missbrauchsaufsicht.html; abgerufen am: 22. Mai 2021.

Haucap, J. und U. Heimeshoff (2017), Ordnungspolitik in der digitalen Welt, *DICE Ordnungspolitische Perspektiven Nr. 90*, verfügbar unter: https://www.dice.hhu.de/fileadmin/redaktion/Fakultaeten/Wirtschaftswissenschaftliche_Fakultaet/DICE/Ordnungspolitische_Perspektiven/090_OP_Haucap_Heimeshoff.pdf; abgerufen am: 23. Mai 2021.

Haucap, J. und T. Stühmeier (2016), Competition and Antitrust in Internet Markets, in: J. M. Bauer und M. Latzer (Hrsg.), *Handbook on the Economics of the Internet*, Edward Elgar Publishing, S. 183-210.

Haucap, J., C. Kehder und I. Loebert (2020), B2B-Plattformen in Nordrhein-Westfalen: Potenziale, Hemmnisse und Handlungsoptionen: Ein Gutachten im Auftrag des Ministeriums für Wirtschaft, Innovation, Digitalisierung und Energie des Landes Nordrhein-Westfalen, Düsseldorf, verfügbar unter: https://www.wirtschaft.nrw/sites/default/files/asset/document/gutachten_b2b-plattformen.pdf; abgerufen am: 22. Mai 2021.

Haucap, J., A. Rasch und J. Stiebale (2019), How mergers affect innovation: Theory and evidence, *International Journal of Industrial Organization*, 63(C), S. 283-325.

Hüschelrath, K. (2005), Die Positive Theorie der (De-) Regulierung und die Liberalisierung des Luftverkehrs in den Vereinigten Staaten von Amerika, *Zeitschrift für Verkehrswissenschaft*, 76(3), S. 191-229.

Institut der Deutschen Wirtschaft Köln (2015), Innovation und Wachstum: Kurzgutachten im Auftrag der Initiative Neue Soziale Marktwirtschaft, Köln.

Ittoo, A. und N. Petit (2017), Algorithmic Pricing Agents and Tacit Collusion: A Technological Perspective, verfügbar unter: https://orbi.uliege.be/bitstream/2268/218873/1/SSRN-id3046405.pdf; abgerufen am: 26. Februar 2021.

Käseberg, T., Fülling, D. und T. Brenner (2021), Das GWB-Digitalisierungsgesetz im Überblick, WuW, S. 269-275.

Käseberg, T. und J. von Kalben (2018), Herausforderungen der Künstlichen Intelligenz für die Wettbewerbspolitik – Preissetzung durch Algorithmen, *WuW, S. 2-8.*

Kerber, W. und L. Specht (2017), Datenrechte – Eine rechts- und sozialwissenschaftliche Analyse im Vergleich Deutschland – USA, verfügbar unter: http://www.abida.de/sites/default/files/ABIDA_Gutachten_Datenrechte.pdf; abgerufen am: 22. Mai 2021.

Klein, T. (2018), Assessing Autonomous Algorithmic Collusion: Q-Learning under Short-Run Price Competition, *Tinbergen Institute Discussion Papers 18-056/VII.*

Knieps, G. (2007), *Netzökonomie: Grundlagen – Strategien – Wettbewerbspolitik*, Gabler: Wiesbaden.

Knieps, G. (2008), *Wettbewerbsökonomie*, Springer Verlag: Berlin.

Kommission Wettbewerbsrecht 4.0 (2019), Ein neuer Wettbewerbsrahmen für die Digitalwirtschaft: Bericht der Kommission Wettbewerbsrecht 4.0, verfügbar unter: https://www.bmwi.de/Redaktion/DE/Publikationen/Wirtschaft/bericht-der-kommission-wettbewerbsrecht-4-0.pdf?__blob=publicationFile&v=12; abgerufen am: 23. Mai 2021.

Kronberger Kreis (2017), Weckruf für die deutsche Wirtschaftspolitik, verfügbar unter: https://www.stiftung-marktwirtschaft.de/fileadmin/user_upload/KK-Studien/KK_64_Weckruf_2017.pdf; abgerufen am: 22. Mai 2021.

Künstner, M. (2019), Preissetzung durch Algorithmen als Herausforderung des Kartellrechts, *GRUR*, 36-42.

Lenz, F. (2020), Plattformökonomie – zwischen Abwehr und Wunschdenken, Zeitthemen 03, Stiftung Marktwirtschaft: Berlin.

Lieven, S. (2015), Realtime Marketing Automation ist der Schlüssel zum Kunden, verfügbar unter: https://www.absatzwirtschaft.de/realtime-marketing-automation-ist-der-schluessel-zum-kunden-58991/; abgerufen am: 15. Februar 2021.

Marchal, N., B. Kollanyi, L.-M. Neudert und P. N. Howard (2019), Junk News During the EU Parliamentary Elections: Lessons from a Seven-Language Study of Twitter and Facebook, verfügbar unter: https://comprop.oii.ox.ac.uk/wp-content/uploads/sites/93/2019/05/EU-Data-Memo.pdf; abgerufen am: 16. Februar 2021.

Monopolkommission (2018), Wettbewerb 2018, XXII. Hauptgutachten der Monopolkommission, Bonn.

OECD (2017), Algorithms and Collusion: Competition Policy in the Digital Age, verfügbar unter: http://www.oecd.org/daf/competition/Algorithms-and-colllusion-competition-policy-in-the-digital-age.pdf; abgerufen am: 22. Mai 2021.

OECD (2019), Executive Summary of the hearing on Blockchain and Competition Policy, Annex to the Summary Record of the 129th Meeting of the Competition Committee held on 6-8 June 2018, verfügbar unter: https://one.oecd.org/document/DAF/COMP/M(2018)1/ANN8/FINAL/en/pdf; abgerufen am: 22. Mai 2021.

Öko-Institut e.V. und ISOE - Institut für sozial-ökologische Forschung (2018), share –Wissenschaftliche Begleitforschung zu car2go mit batterieelektrischen und konventionellen Fahrzeugen: Forschung zum free-floating Carsharing, verfügbar unter: https://www.oeko.de/fileadmin/oekodoc/share-Wissenschaftliche-Begleitforschung-zu-car2go-mit-batterieelektrischen-und-konventionellen-Fahrzeugen.pdf; abgerufen am: 22. Mai 2021.

Paal, B. und M. Hannemann (2018), Big Data as an Asset: Daten und Kartellrecht, verfügbar unter: https://www.abida.de/sites/default/files/Gutachten_ABIDA_Big_Data_as_an_Asset.pdf; abgerufen am: 22. Mai 2021.

Petersen, T. (2017), Langfristige Wachstumseffekte der voranschreitenden Digitalisierung, *Wirtschaftsdienst*, 97(3), S. 180-186.

Polley, R. und R. Kaup (2020), Paradigmenwechsel in der deutschen Missbrauchsaufsicht – Der Referentenentwurf zur 10. GWB-Novelle, *Neue Zeitschrift für Kartellrecht*.

Powers, E. (2017), My News Feed is Filtered? Awareness of news personalization among college students, *Digital Journalism*, 5(10), verfügbar unter: https://www.researchgate.net/publication/315368758_My_News_Feed_is_Filtered_Awareness_of_news_personalization_among_college_students; abgerufen am: 11. Januar 2021.

Prat, A. und T. M. Valletti (2021), Attention Oligopoly, verfügbar unter: https://papers.ssrn.com/sol3/papers.cfm?abstract_id=3197930; abgerufen am: 23. Mai 2021.

Rochet, J.C. und J. Tirole (2004), Defining Two-Sided Markets, *Rand Journal of Economics*, 1, S. 1-28.

Sachverständigenrat zu Begutachtung der gesamtwirtschaftlichen Entwicklung (2018), Für eine zukunftsorientierte Wirtschaftspolitik, Jahresgutachten 2017/2018, verfügbar unter: https://www.sachverstaendigenrat-wirtschaft.de/fileadmin/dateiablage/gutachten/jg201718/JG2017-18_gesamt_Website.pdf; abgerufen am: 22. Mai 2021.

Schallbruch, M., H. Schweitzer, A. Wambach et al. (2019), Ein neuer Wettbewerbsrahmen für die Digitalwirtschaft: Bericht der Kommission Wettbewerbsrecht 4.0, verfügbar unter: https://www.bmwi.de/Redaktion/DE/Publikationen/Wirtschaft/bericht-der-kommission-wettbewerbsrecht-4-0.pdf?__blob=publicationFile&v=4; abgerufen am: 22. Mai 2021.

Schwalbe, U. (2018), Algorithms, Machine Learning, and Collusion, *Journal of Competition Law & Economics*, 14(4), S. 568-607.

Schweda, M. und F. von Schreitter (2021), Ran an die Datenschätze? Datenzugangsansprüche nach der 10. GWB-Novelle, *Wirtschaft und Wettbewerb*, 71(3), S. 145-154.

Schweiger, W., F. Prochazka, P. Weber und L. Brückner (2019), *Algorithmisch personalisierte Nachrichtenkanäle: Begriffe, Nutzung, Wirkung*, Springer VS: Wiesbaden.

Schweitzer, H., J. Haucap, W. Kerber und R. Welker (2018), Modernisierung der Missbrauchsaufsicht für marktmächtige Unternehmen, Projekt im Auftrag des Bundesministeriums für Wirtschaft und Energie, Projekt Nr. 66/17, verfügbar unter: https://www.bmwi.de/Redaktion/DE/Publikationen/Wirtschaft/modernisierung-der-missbrauchsaufsicht-fuer-marktmaechtige-unternehmen.pdf?__blob=publicationFile&v=15; abgerufen am: 22. Mai 2021.

Schweitzer, H. und M. Peitz (2017), Datenmärkte in der digitalisierten Wirtschaft: Funktionsdefizite und Regelungsbedarf?, *ZEW Discussion Papers No. 17-043*, verfügbar unter: https://www.econstor.eu/bitstream/10419/170697/1/100252279X.pdf; abgerufen am: 23 Mai 2021.

Stark, B., M. Magin und P. Jürgens (2017), Ganz meine Meinung? Informationsintermediäre und Meinungsbildung – Eine Mehrmethodenstudie am Beispiel von Facebook, *LfM-Dokumentation*, 55, verfügbar unter: https://www.medienanstalt-nrw.de/fileadmin/user_upload/lfm-nrw/Foerderung/Forschung/Dateien_Forschung/L194-Ganz-meine-Meinung_LfM-Doku55.pdf; abgerufen am: 22. Mai 2021.

Stiftung Marktwirtschaft (2018), 70 Jahre Soziale Marktwirtschaft, Position zum Thema, verfügbar unter: https://www.stiftung-marktwirtschaft.de/fileadmin/user_upload/Positionspapiere/Positionspapier_10_70-Jahre-Soziale-Marktwirtschaft_2018_06.pdf; abgerufen am: 22. Mai 2021.

Stroud, N. J. (2017), Selective Exposure Theories, in: K. Kensky und K. Hall Jamieson (Hrsg.), *The Oxford Handbook of Political Communication*, verfügbar unter: https://www.oxfordhandbooks.com/view/10.1093/oxfordhb/9780199793471.001.0001/oxfordhb-9780199793471-e-009?print=pdf; abgerufen am: 14. März 2021.

Trapp, M., M. Naab, D. Rost, C. Nass, M. Koch und B. Rauch (2020), Digitale Ökosysteme und Plattformökonomie: Was ist das und was sind die Chancen?, *Informatik Aktuell*, verfügbar unter: https://www.informatik-aktuell.de/management-und-recht/digitalisierung/digitale-oekosysteme-und-plattformoekonomie.html; abgerufen am: 16. Februar 2021.

Vahrenholt, O. (2018), Algorithmen und Kartellrecht: Kollusion durch Preisalgorithmen – neue Herausforderungen für das Kartellrecht, verfügbar unter: https://jusletter.weblaw.ch/fr/dam/publicationsystem/articles/jusletter/2018/959/algorithmen-und-kart_1c6fe738df/Jusletter_algorithmen-und-kart_1c6fe738df_fr.pdf; abgerufen am: 26. Februar 2021.

VDMA, Deutsche Messe und Roland Berger (2018), Plattformökonomie im Maschinenbau: Herausforderungen – Chancen – Handlungsoptionen, verfügbar unter: https://www.rolandberger.com/publications/publication_pdf/roland_berger_plattformoekonomie_de.pdf; abgerufen am: 16. März 2021.

6 Szenario 2: Marktmacht der Plattformen wird eingegrenzt / Systemwettbewerb

6.1 Szenario-Motivation

Im ersten Szenario wurde unterstellt, dass die Effekte der Digitalisierung in Wirtschaft und Gesellschaft weitestgehend auf ein unverändertes, institutionelles Umfeld treffen. Tatsächlich ist es eher wahrscheinlich, dass die nationalen Gesetzgeber oder supranationale Organisationen wie die EU in Gänze tätig werden, was z. B. die 10. GWB-Novelle, der Digital Markets Act oder auch der Digital Services Act zeigen. So ist also davon auszugehen, dass die Länder mit Veränderungen des institutionellen Rahmens auf die Entwicklungen reagieren werden, die sich aufgrund der unterschiedlichen Staatsformen und Wirtschaftsordnungen signifikant voneinander unterscheiden werden. Es kommt zu einem Wettbewerb der jeweiligen Systeme, welcher in der ökonomischen Literatur als Systemwettbewerb bezeichnet wird. Im vorliegenden Szenario geht es primär um den Systemwettbewerb zwischen China und der Europäischen Union oder – anders ausgedrückt – dem autoritären Staatskapitalismus[171] und dem europäischen Modell der Sozialen Marktwirtschaft.[172]

Die Motivation zur Betrachtung dieses Szenarios beruht auf dem Umstand, dass die Bedeutung der chinesischen Volkswirtschaft – gemessen an ihrem Anteil an der Weltwirtschaft – seit Beginn des 21. Jahrhunderts signifikant gestiegen ist. Ferner mehren sich die Anzeichen, dass die Volksrepublik China einen Wandel anstrebt, weg von der „Werkbank der Welt", primär bekannt für Billiglöhne und Billigprodukte, hin zum

---

171 Unter Staatskapitalismus ist eine Wirtschafts- und Gesellschaftsordnung zu verstehen, *„die sowohl Elemente des Sozialismus (z. B. staatliches Eigentum an volkswirtschaftlich bedeutenden Unternehmen) als auch des Kapitalismus (z. B. marktwirtschaftliche Preisbildung) enthält."* Verfügbar unter: https://www.bpb.de/nachschlagen/lexika/lexikon-der-wirtschaft/20703/staatskapitalismus; abgerufen am: 8. Mai 2020.

172 Der Systemwettbewerb zwischen den USA und der Europäischen Union wird im vorliegenden Szenario nicht betrachtet; der Fokus liegt auf dem Systemwettbewerb zwischen der Europäischen Union und China, da es hier größere Unterschiede im Hinblick auf die Staats- und Wirtschaftsordnung gibt als zwischen den USA und der Europäischen Union.

Hochtechnologieland, das insbesondere bei den Digitaltechnologien die Innovationsführerschaft zum Ziel hat (vgl. hierzu z. B. Shi-Kupfer und Ohlberg, 2019).

Der wirtschaftliche Erfolg Chinas erweckt den Eindruck, dass der autoritäre Staatskapitalismus mit dem europäischen Modell der Sozialen Marktwirtschaft nicht nur konkurrieren, sondern ihm sogar den Rang ablaufen könnte, z. B. in puncto Forschung und Entwicklung, Innovationen, Hochtechnologie, Produktivität und Wirtschaftswachstum. Folglich sehen sich die marktwirtschaftlich geprägten Demokratien mit einem dritten Systemwettbewerb konfrontiert. Beim dritten Systemwettbewerb befinden sich die marktwirtschaftlich geprägten Demokratien im wirtschaftlichen Wettbewerb mit einem autoritären Staatskapitalismus, der insbesondere in China vorzufinden ist (vgl. Fuest, 2019, S. 14). Konkret geht es um die Frage, inwieweit die marktwirtschaftlich geprägten Demokratien sich gegenüber China in den Bereichen Forschung und Entwicklung, Innovationen, Hochtechnologien, Produktivität und Wirtschaftswachstum behaupten können. Eng damit verbunden ist die Fragen, wie die konstituierenden und regulierenden Prinzipien der Sozialen Marktwirtschaft[173] anzupassen sind, um die Wettbewerbsfähigkeit marktwirtschaftlich geprägter Demokratien wie Deutschland auch in Zukunft sicherzustellen.

Beim dritten Systemwettbewerb entsteht somit eine Situation, in der Marktwirtschaften in Demokratien mit staatlich gelenkten Marktwirtschaften in autoritären Staaten im Wettbewerb stehen, die bezüglich zentraler gesellschaftlicher Werte und Normen demokratisch geprägter Staaten ein anderes bzw. in Teilen sogar gegensätzliches Verständnis haben. Diese Unterschiede werden bewusst als Wettbewerbsvorteil eingesetzt. Es stellt sich die Frage, wie demokratische Staaten auf diese Herausforderungen Antworten finden können, ohne selbst autokratische Elemente in ihre Staatsform einfließen zu lassen.

Der zweite Systemwettbewerb bezieht sich auf den Standortwettbewerb. Hierbei konkurrieren die Staaten um mobile Produktionsfaktoren, wie z. B. Arbeit und Kapital und Steuereinnahmen. Dabei zählen das Steuersys-

---

173 Zu den konstituierenden Prinzipien der Sozialen Marktwirtschaft zählen funktionierender Wettbewerb, freie Preisbildung, offene Märkte, Vertragsfreiheit, Vermeidung von Haftungsbeschränkungen und Schutz des Privateigentums. Regulierende Prinzipien beinhalten die Eindämmung von Marktmacht, Internalisierung externer Effekte, Korrektur anomaler Angebotsfunktionen sowie staatspolitische Prinzipien, die z. B. die Begrenzung des Einflusses von Interessengruppen, das Prinzip der Subsidiarität sowie den Vorrang der Ordnungspolitik vor Prozesspolitik umfassen (vgl. z. B. Bode, 2000).

tem, der Ordnungsrahmen, das Bildungssystem, die Infrastruktur und das Sozialsystem zu den zentralen Handlungsfeldern der Politik der jeweiligen Länder (vgl. Fuest, 2019, S. 14). Der erste Systemwettbewerb beinhaltete die Auseinandersetzung zwischen marktwirtschaftlichen Demokratien des Westens und der kommunistischen Zentralverwaltungswirtschaft Osteuropas. Dabei wetteiferten die Staaten um militärische Vorherrschaft und die Ausdehnung des jeweiligen Wirtschaftssystems, insbesondere in der Dritten Welt (vgl. Fuest, 2019, S. 14).

Während der erste Systemwettbewerb im Laufe der letzten Jahre an Bedeutung verloren hat, haben der zweite und der dritte Systemwettbewerb an Relevanz gewonnen. Dieser Entwicklung wird im Szenario 2 Rechnung getragen, wobei der Fokus auf digitalen Schlüsseltechnologien liegt.

6.1.1 Deutschland in den Jahren 2025 - 2030

Deutschland hat den Wettbewerb bei Onlineplattformen[174] im B2C-Bereich verloren; lediglich US-amerikanische und chinesische Plattformen realisieren exponentielles Wachstum und hohe Marktkapitalisierung, sodass es zur deutlichen Erhöhung der Marktkonzentration auf den Plattformmärkten in der Europäischen Union, den USA und China kommt.

Im B2B-Bereich hingegen verfügt Deutschland über einen signifikanten Wettbewerbsvorteil gegenüber den USA und China: Die Plattformen mit der größten Reichweite haben ihren Sitz in Deutschland. Ein Gros dieser Plattformunternehmen sind Online-Marktplätze für Güter und Dienstleistungen. Der Markt für den B2B-E-Commerce ist eines der größten Segmente der deutschen Internetwirtschaft und birgt ein hohes Wachstumspotenzial in den kommenden Jahren weltweit.

Wie im Szenario 1 sind auch im Szenario 2 viele B2C- und B2B-Onlineplattformen vertikal integriert. Vertikale Integration liegt vor, wenn Unternehmen, die eine Onlineplattform betreiben, über die sich Dritte vernetzen können, nicht nur als Vermittler bzw. Intermediäre auftreten, sondern auch selbst oder mithilfe verbundener Unternehmen in eine Konkurrenzbeziehung zu den anderen Plattformnutzern treten.

Im Szenario 2 wird unterstellt, dass in Deutschland im Jahr 2025 eine überwiegende Mehrzahl der Unternehmen Onlineplattformen auf

174 Im Rahmen des vorliegenden Szenarios wird dieselbe Definition für Onlineplattformen zugrunde gelegt wie im ersten Szenario.

verschiedenen Wertschöpfungsebenen einsetzt, da sie damit Effizienzvorteile realisieren oder höhere Umsätze generieren.

Im Jahr 2030 erreicht Deutschland einen hohen Grad an digitaler Technologiesouveränität. Damit kann Deutschland den Schutz nationaler Sicherheit gewährleisten, d. h. bspw. kritische Infrastruktur (wie 5G-Mobilfunk- und Stromnetze), Behörden und Forschungseinrichtungen vor Cyberangriffen schützen. Ergänzend verfügt Deutschland über die Möglichkeit, die relevanten Schlüsseltechnologien aus anderen Wirtschaftsräumen zu beziehen, sofern dies erforderlich ist.

Im Zuge der Technologiesouveränität erreicht Deutschland im Jahr 2030 Technologieführerschaft bei der Entwicklung von vielen Schlüsseltechnologien aus dem Umfeld der Informations- und Kommunikationstechnologie, was in der Zahl internationaler Patentanmeldungen zum Ausdruck kommt. Die Politik schafft zudem Freiräume, um innovative, digitale Technologien und Geschäftsmodelle auszuprobieren. Die Zahl der Neugründungen im IT-Bereich steigt, die Wirtschaft wächst, insbesondere aufgrund der schnellen Diffusion und Adoption von digitalen Technologien in IKT-nutzenden Brachen. Dies und die hohe internationale Nachfrage nach Schlüsseltechnologien aus Deutschland treibt das Wirtschaftswachstum in Deutschland an.

Im Jahr 2025 richten die USA ihre Wettbewerbspolitik neu aus und beschließen missbrauchsunabhängige Entflechtung von marktbeherrschenden Unternehmen mit einem weltweiten Jahresumsatz von mindestens 25 Milliarden Dollar. Konkret wird den Unternehmen, die Onlineplattformen betreiben, untersagt, auch als Anbieter von Produkten und Dienstleistungen aufzutreten, die auf der Plattform vertrieben werden. Ziel der Entflechtung ist es, durch Unterbindung bestimmter Formen vertikaler Integration zu verhindern, dass Plattformbetreiber mit ihren Kunden konkurrieren, weil dadurch Interessenskonflikte und Missbrauchsanreize entstehen.[175] Ziel der vertikalen Entflechtung ist somit die Gewährleistung der Plattformneutralität. In der Konsequenz dürften z. B. Amazon Marketplace und AmazonBasics nicht mehr Teil ein und desselben Un-

175 Der hier skizzierte Vorschlag für Ownership Unbundling der Plattformbetreiber ist von der US-Demokratin Elizabeth Warren – einer amerikanischen Juristin und Politikerin der Demokratischen Partei, verfügbar unter: https://medium.com/@teamwarren/heres-how-we-can-break-up-big-tech-9ad9e0da324c; abgerufen am: 14. Mai 2020.

ternehmens bzw. Konzerns sein.[176][177] Bei kleineren Unternehmen (mit einem weltweiten Jahresumsatz zwischen 90 Millionen und 25 Milliarden US-Dollar) wird von einer eigentumsrechtlichen Entflechtung hingegen Abstand genommen. Die Regulierung gilt für alle Onlineplattformen, unabhängig davon in welchem Segment (B2B, B2C etc.) sie verortet sind.

Die Europäische Union eifert den USA nach und übernimmt deren Regulierung für europäische Onlineplattformen im Jahr 2030. Darüber hinaus wird in der Europäischen Union Protokollinteroperabilität verpflichtend. D. h. Messenger-Dienste, wie z. B. Threema, WhatsApp und IMessage, werden gesetzlich verpflichtet, sich zu öffnen. Nutzer dieser und anderer Messenger-Dienste können nun barrierefrei miteinander kommunizieren. Ferner schaffen es Deutschland und die Europäische Union durch Verschärfung der kartellrechtlichen Missbrauchsaufsicht und Fusionskontrolle im Jahr 2021, die Anreize für Marktmachtmissbrauch durch Plattformunternehmen deutlich zu reduzieren, potenzielle Killer-Acquisitions[178] weitestgehend zu verhindern und die Bestreitbarkeit der Plattformmärkte zu erhöhen, sodass die Möglichkeit zum Multi-Homing besteht.

Durch die Verschärfung der kartellrechtlichen Missbrauchsaufsicht wird dem Umstand Rechnung getragen, dass marktmächtige Plattformunternehmen über signifikante Missbrauchsanreize verfügen, insbesondere

---

176 Vgl. https://netzpolitik.org/2019/neue-wettbewerbsregeln-fuer-die-plattformoekonomie/; abgerufen am: 14. Mai 2020.

177 In Indien ist es z. B. einem Unternehmen, das Kapitalbeteiligungen von E-Commerce-Marktplatzunternehmen oder seinen Konzerngesellschaften besitzt, bereits heute verboten, seine Produkte auf der Plattform zu verkaufen, die von diesem Marktplatzunternehmen betrieben wird (vgl. hierzu: https://netzpolitik.org/2019/neue-wettbewerbsregeln-fuer-die-plattformoekonomie/; abgerufen am: 14. Mai 2020 sowie Government of India, Ministry of Commerce and Industry, Department of Industrial Policy and Promotion (2018), Press Note Nr. 2, verfügbar unter: https://dipp.gov.in/sites/default/files/pn2_2018.pdf; abgerufen am: 14. Mai 2020).

178 In Abhängigkeit des Bekanntheitsgrads und Beliebtheit des Start-ups geht es bei einer Übernahme entweder vollständig in dem großen Unternehmen auf oder operiert unter Beibehaltung seines Namens (vgl. Crémer et al., 2019, 117 f.). Während die Komplimente-App TBH („to be honest“) bereits ein halbes Jahr nach der Übernahme von Facebook gelöscht wurde, ist der Messenger-Dienst WhatsApp, den Facebook im Jahre 2014 erwarb, mittlerweile ein wichtiger Bestandteil des Facebook-Ökosystems (vgl. Feldmann, 2018, Facebook Shuts Down TBH, Which You're Only Just Now Remembering, verfügbar unter: https://nymag.com/intelligencer/2018/07/facebook-shuts-down-tbh.html; abgerufen am: 26. März 2021).

wenn sie vertikal integriert sind. Durch die Verschärfung der kartellrechtlichen Fusionskontrolle wird anerkannt, dass marktmächtige Plattformunternehmen starke Anreize haben, die Bestreitbarkeit der Plattformmärkte herabzusetzen, auf denen sie tätig sind, indem sie Angriffe auf ihre Machtposition frühzeitig identifizieren und durch Aufkauf eliminieren, um auf diese Weise ihre Marktstellung zu verfestigen (vgl. Schallbruch et al., 2019, S. 65). Sowohl die Verschärfung der Missbrauchsaufsicht als auch der Fusionskontrolle greifen, d. h. Marktmachtmissbrauch wird überwiegend unterbunden genauso wie sog. Killer-Acquisitions.

6.1.2 Chinesische Wirtschaftspolitik

Chinesische Investoren kaufen weltweit im großen Stil, insbesondere jedoch in Deutschland, Unternehmen auf, die über digitale Schlüsseltechnologien verfügen. Die Akquisestrategie ist Teil der industriepolitischen Aufholjagd Chinas und dient primär der Forcierung des Technologietransfers mit dem Ziel, China schnellstmöglich zu einer führenden Macht in technologischer, wissenschaftlicher und nicht zuletzt in wirtschaftlicher Hinsicht zu machen. Um dieses Ziel zu erreichen, weitet China seine Subventionen aus. Dadurch sind Investoren aus China beim Unternehmenserwerb in der Lage, höhere Preise für Unternehmen in Deutschland zu bieten als nicht subventionierte Kaufinteressenten, sodass sie eher Unternehmen mit Schlüsseltechnologien erwerben können als Unternehmen ohne derartige Subventionen. Von besonderem Interesse sind dabei die B2B-Plattformunternehmen, die als Marktplätze fungieren, da hier das größte Wachstumspotenzial gesehen wird. In der Konsequenz verdoppeln sich die chinesischen Direktinvestitionen in Deutschland im Jahr 2025 gegenüber dem Jahr 2020. Von den Subventionen profitieren auch Unternehmen, die Produkte und Dienstleistungen, die auf zukunftsweisenden Technologien wie KI, Big Data etc. basieren, in die EU exportieren. Zu den Subventionsnehmern zählen jedoch auch Unternehmen in der EU, an denen China bzw. chinesische Unternehmen beteiligt sind.

„Going Global“ ist im Jahr 2025 ein zentrales Stichwort für Chinas Internetindustrie; chinesische Plattformanbieter entwickeln sich zu einer echten Alternative zu den amerikanischen und europäischen Unternehmen und werden zu wichtigen Marktakteuren auf globalen Märkten. Auch in der Europäischen Union und Deutschland fassen die chinesischen Konzerne graduell Fuß (vgl. Conrad und Wübbeke, 2018, S. 16).

Um die Attraktivität Chinas für Direktinvestitionen von Unternehmen aus dem Ausland zu erhöhen, die Produkte und Dienstleistungen vertreiben, die auf zukunftsweisenden Technologien wie KI, Big Data etc. basieren, bietet Peking deutliche Steuererleichterungen an. In der Folge steigen die Direktinvestitionen ausländischer Unternehmen in China deutlich an.

China macht Fortschritte bei der Liberalisierung der Märkte – von Reziprozität beim Marktzugang zwischen der EU und China kann dennoch nicht die Rede sein. Ausländische Unternehmen, die in China Direktinvestitionen durchführen wollen, werden auch 2030 benachteiligt: In vielen Branchensegmenten sind ausländische Investitionen komplett verboten – dazu gehören viele Bereiche der Informations- und Telekommunikationsbranche („IKT"-Branche). Die Verpflichtung zur Offenlegung der Technologie als Voraussetzung für Investitionsgenehmigung wurde zwar für viele Branchen abgeschafft – sie gilt jedoch weiterhin für viele digitale Schlüsseltechnologien. Der Joint-Venture-Zwang wurde zwar für viele Branchen aufgehoben, allerdings müssen ausländische Unternehmen in China ihre Daten lokal speichern. Wodurch die Wahrscheinlichkeit für Industriespionage und den Diebstahl geistigen Eigentums begünstigt wird, zumal Unternehmen ihre Daten nur mit staatlich genehmigten Technologien verschlüsseln dürfen und der Staat das Recht hat, auf die Daten der Unternehmen zuzugreifen, wovon auch sensible Daten wie personenbezogene Daten und Maschinendaten betroffen sind.

China hat 2025, gemessen an internationalen Standards, gute Gesetze zum Schutz von geistigem Eigentum, z. B. in Form von Patenten oder Marken. Die Durchsetzung der Gesetze ist jedoch weiterhin wenig effektiv, sodass die Registrierung des geistigen Eigentums in China bzw. der Erwerb von gewerblichen Schutzrechten für ausländische Unternehmen weiterhin mit Risiken verbunden ist. Darüber hinaus steigt in China die Zahl der Unternehmen, die gezielt Marken, Patente etc. ausländischer Unternehmen ohne gewerbliche Schutzrechte in China dort auf ihren Namen anmelden, und zwar ganz legal.

Anders als die EU und die USA verzichtet China auf die Entflechtung der marktmächtigen Onlineplattformen, untersagt ihnen jedoch im Jahr 2021 missbräuchliche Verhaltensweisen, die zu Wettbewerbsverzerrungen führen können und Ausbeutung der Plattformnutzer zum Ziel haben. Die Regulierung greift jedoch nicht, da ihre Durchsetzung wenig effektiv ist.

6.2 Wirkungsanalyse Szenario 2

6.2.1 Wettbewerbsintensität

6.2.1.1 Wirkung von Ownership Unbundling

Wie in Abschnitt 5.2.2.1 dargelegt, verfügen Plattformunternehmen, die vertikal integriert sind, über Interessenskonflikte und damit Diskriminierungsanreize. Als besonders missbrauchsanfällig gelten in diesem Zusammenhang Plattformunternehmen, die sowohl als Organisator eines Marktplatzes als auch Anbieter auf diesem Marktplatz auftreten, wie dies etwa bei Amazon Marketplace der Fall ist. Verfügt eine solche Plattform als Organisator des Marktplatzes über eine marktbeherrschende Stellung auf dem „Markt für Marktplätze", wird sie in ihrem Verhalten durch den Wettbewerb nicht mehr hinreichend diszipliniert. In der Folge hat sie die Möglichkeit, Informationsvorteile, Ressourcen (z. B. Daten) und Lenkungsmöglichkeiten, über die sie als Marktplatzorganisator verfügt, zur Ausdehnung ihrer Machtposition auf angrenzende Märkte auszunutzen, indem sie z. B. ihre eigenen Produkte und Dienstleistungen bevorzugt behandelt, Raising-Rivals-Cost-Strategien fährt, um gewerbliche Plattformnutzer, die Konkurrenzprodukte und -dienste anbieten, vom Markt zu drängen etc.

Die Implementierung der missbrauchsunabhängigen Entflechtung von marktbeherrschenden Unternehmen mit einem weltweiten Jahresumsatz von mindestens 25 Milliarden Dollar seitens USA und EU kann die Plattformneutralität gewährleisten und Wettbewerbsverzerrungen auf angrenzenden Märkten, die aus der Doppelrolle des Plattformunternehmens (als Organisator bzw. Regelsetzer einerseits und Nutzer dieser andererseits) resultieren, entgegenwirken, da sie Interessenskonflikte und damit Diskriminierungsanreize bei Betreibern von Onlineplattformen reduziert.

Ob das Ownership Unbundling dazu beiträgt, die Marktkonzentration auf den Plattformmärkten selbst signifikant zu reduzieren, ist hingegen mehr als fraglich. Ursächlich hierfür sind indirekte Netzwerkeffekte. Diese liegen vor, wenn der Nutzen der einen Marktseite mit der Größe der anderen Marktseite ansteigt. Der Nutzen eines Handelsplatzes ist bspw. für die Marktseite der Anbieter umso größer, je mehr Nachfrager auf der anderen Marktseite aktiv sind. Der größte Handelsplatz zieht somit stets die meisten neuen Teilnehmer an. Indirekte Netzwerkeffekte fungieren somit weiterhin als Markteintrittsbarrieren für potenzielle Wettbewerber. Neben indirekten Netzwerkeffekten können auch Wechselkosten dazu führen, dass die Marktkonzentration auf Plattformmärkten hoch bleibt. Sind die Wechselkosten sehr hoch, kommt es zu einem sogenannten Lock-in-Effekt, der den Nutzer gewissermaßen an eine Plattform bindet. Folglich haben Onlineplattformen grundsätzlich einen Anreiz, hohe Wechselkosten für Plattformnutzer zu implementieren, um die Nutzer durch den Lock-in an sich zu binden (vgl. Shapiro und Varian, 1999, 103 ff.). Dieser Lock-in kann auch Markteintritte anderer Unternehmen verhindern und so den Wettbewerb verzerren. Bleibt die Marktkonzentration weiterhin hoch, haben Onlineplattformen, insbesondere solche, die über eine Gatekeeper-Position verfügen, weiterhin Anreize, missbräuchliche Nutzungsentgelte oder Geschäftsbedingungen zu implementieren, wodurch es zu Wohlfahrtsverlusten kommen kann. Ferner kann das Ownership Unbundling die Bestreitbarkeit der Plattformmärkte reduzieren, weil es ggf. potentielle Wettbewerber vom Marktzutritt abhält, wodurch die marktbeherrschende Stellung der etablierten Betreiber zementiert wird: So ist denkbar, dass Händler darauf verzichten werden, ihren Online-Shop in einen Marktplatz umzuwandeln und für Dritte zu öffnen (vgl. Schweitzer et al., 2018, S. 121). Somit haben marktbeherrschende Plattformunternehmen trotz Ownership Unbundling weiterhin die Möglichkeit, überhöhte Nutzungsentgelte oder missbräuchliche Geschäftspraktiken durchzusetzen und damit die Margen der gewerblichen Plattformnutzer zu schmälern.

Es ist auch nicht davon auszugehen, dass Betreiber von Onlineplattformen durch Ownership Unbundling den Anreiz verlieren, neue Märkte bspw. mittels Kopplungs- bzw. Bündelungsstrategien oder anderweitiger Verdrängungsstrategien zu erschließen und konglomerate Strukturen aufzubauen, sofern sie dadurch signifikante Verbundvorteile realisieren oder neue Märkte mit hohen Margen erschließen können. Folglich bleiben Anreize zur Hebelung von Marktmacht in andere Märkte trotz Ownership Unbundling bestehen. Auch das Problem der Killer-Acquisitions bleibt durch das Ownership Unbundling vermutlich ungelöst, da die Unternehmen zum Übernahmezeitpunkt in der Regel in zwei gänzlich unterschiedlichen Märkten tätig sind.

Zusammenfassend ist festzuhalten, dass das Ownership Unbundling durch eine Verschärfung der Missbrauchsaufsicht und Fusionskontrolle flankiert werden muss, um die Bestreitbarkeit der Märkte zu wahren bzw. wieder herzustellen, was im Szenario 2 jedoch angenommen wird (vgl. Abschnitt 5.2).

Ob die Aftermarket-Problematik durch die vertikale Desintegration signifikant adressiert wird, ist unklar, da die Skalierbarkeit von IIoT-Plattformen begrenzt zu sein scheint. Der Grund hierfür liegt zum einen in der stärkeren Spezialisierung dieser. Zum anderen ist der Vertrieb von IIoT-Plattformen sehr kosten- und zeitintensiv. Auch neigen viele Unternehmen dazu, eigene IIoT-Plattformen zu entwickeln bzw. zu programmieren (vgl. Haucap et al., 2020). Das legt die Vermutung nahe, dass der überwiegende Teil der Betreiber von IIoT-Plattformen im Jahr 2030 unterhalb der kritischen Umsatzschwelle liegen wird, weshalb – wenn überhaupt – nur ein Bruchteil dieser von den Restrukturierungsmaßnahmen tangiert wird. Somit ist auch in diesem Szenario mit einem Anstieg der Marktkonzentration und Reduzierung der Wettbewerbsintensität im Aftermarket zu rechnen. Abhilfe könnte hier die Gewährung des diskriminierungsfreien Zugangs zu Nutzungsdaten von spezifischen Maschinen für Dritte, die aufbauend auf konkreten, maschinenbezogenen Datensets Service-Dienstleistungen anbieten wollen, schaffen (vgl. Schweitzer et al., 2018, S. 19). Dabei gilt es jedoch, die Anreize der Unternehmen zur Datenerhebung und -speicherung zu wahren.

6.2.1.2 Wirkung von Protokollinteroperabilität

Im Zuge der zunehmenden Marktmacht der Onlineplattformen setzt die Europäische Kommission die Interoperabilität von Plattformen als Leitbild durch: Plattform-Interoperabilität bedeutet hier die Öffnung digitaler Plattformen, wie zum Beispiel WhatsApp oder Threema, für andere Anbieter, sodass Nutzer unterschiedlichster Messenger-Dienste barrierefrei miteinander kommunizieren können, wie dies z. B. auch bei E-Mail- oder Mobilfunkanbietern möglich ist (vgl. Abschnitt 5.2). Ob diese Maßnahme geeignet ist, den Wettbewerb zu intensivieren oder ob „Protokollinteroperabilität“ gar den Wettbewerb hemmen könnte, hängt jedoch von der konkreten Ausgestaltung der Maßnahme ab.

Auf der einen Seite hat Protokollinteroperabilität den Vorteil, dass die positiven Netzwerkeffekte dominanter Plattformen mit einer großen Nutzeranzahl auf weitere Anbieter ausgeweitet werden, wodurch Markteintrittsbarrieren für potenzielle Wettbewerber sinken. Ferner könnte die Protokollinteroperabilität die Entwicklung komplementärer Dienste erleichtern (vgl. Crémer et al., 2019; Piétron, 2019).

Auf der anderen Seite impliziert Protokollinteroperabilität auch den Bedarf nach ausgeprägter Standardisierung unter konkurrierenden Plattformen. Diese Standardisierung könnte das Innovationspotenzial der Anbieter hemmen und die Möglichkeiten einschränken, mit denen sich verschiedene Anbieter durch die Gestaltung ihrer Produkte voneinander abgrenzen können (vgl. Fanta und Rudl, 2019). Beispielsweise konnte sich der alternative Messenger-Dienst Signal für lange Zeit durch seine Ende-zu-Ende-Verschlüsselung von dominierenden Anbietern, insbesondere WhatsApp, abgrenzen. Im Jahr 2016 übernahm der dominierende Anbieter WhatsApp diese Technologie der Signalverschlüsselung schließlich ebenfalls[179] (vgl. Beuth, 2016). Gesetzlich manifestierte Standardisierung, wie sie unter Protokollinteroperabilität gegeben wäre, könnte diese Form des innovationsgetriebenen Wettbewerbs hemmen.

Die Innovationstätigkeit der Plattformanbieter könnte durch die Standardisierung auch deswegen gehemmt werden, da sie Kollusion zwischen den Anbietern erleichtert (vgl. Crémer et al., 2019). Der dahinterstehende ökonomische Mechanismus ist vergleichbar mit dem Setzen eines Maximalpreises in herkömmlichen Märkten. Preisobergrenzen werden im Marktprozess durch die Marktakteure als Fokalpunkte betrachtet, die implizite Kollusion begünstigen. Dies bedeutet, dass konkurrierende Wettbewerber sich ohne explizite Kommunikation auf einen Preis verständigen können, der oberhalb des wohlfahrtsmaximierenden wettbewerblichen Preises liegt (vgl. Knittel und Stango, 2003). Im Falle von Plattformmärkten, die einer gesetzlichen Standardisierung unterliegen, kann dieser Wirkungsmechanismus insofern übertragen werden, als dass die Plattformanbieter sich implizit auf einen Qualitätsstandard einigen, der sich an den gesetzlichen Standards orientiert. In der Folge würden wohlfahrtsfördernde Innovationstätigkeiten entsprechend eingestellt werden.

Darüber hinaus könnte das Datenschutzniveau auf den kleinsten gemeinsamen Nenner sinken, auf den sich die verschiedenen Anbieter verständigen. Anbieter, deren Dienste sich ganz besonders durch hohe Datenschutzstandards abgrenzen, wie zum Beispiel Threema, würden dadurch im Wettbewerb benachteiligt, wodurch die marktmächtige Position etablierter Anbieter von Messenger-Diensten zementiert werden würde. Außerdem müssten Messenger-Dienste im Falle einer gesetzlichen Pflicht zur Protokollinteroperabilität möglicherweise User-IDs an Wettbewerber weitergeben, was die Anonymität der Plattformnutzer gefährden könnte (vgl. Fanta und Rudl, 2019).

Die konkrete Ausgestaltung der Protokollinteroperabilität insbesondere hinsichtlich der Kriterien Verschlüsselung, Anonymität und Metadaten könnte dem Anspruch alternativer Messenger-Dienste an hohe Daten-

179 Vgl. Zeit Online, 6. April 2016, Verschlüsselung: Die WhatsApp-Revolution, verfügbar unter: https://www.zeit.de/digital/datenschutz/2016-04/whatsapp-ende-zu-ende-verschluesselung-analyse; abgerufen am: 2. März 2021.

schutzstandards unter Umständen widerstreben. Generell stellt sich die Frage danach, wer die konkrete Infrastruktur für eine funktionierende Protokollinteroperabilität bereitstellen würde: Aktuell ist ein großer Teil der Messenger-Dienste mit Ende-zu-Ende-Verschlüsselung ausgestattet. Dies bedeutet, dass Nachrichten, die über einen Messenger-Dienst ausgetauscht werden, ausschließlich von Sender und Empfänger entschlüsselt werden können. Dieses Verfahren beruht darauf, dass jedem Empfänger innerhalb eines Verzeichnisdienstes ein eindeutiger öffentlicher Schlüssel zugeordnet ist, nach dem die Nachricht des Senders verschlüsselt wird. Heißt auch: Die Kontrolle über die zugrundliegende Infrastruktur, insbesondere den Verschlüsselungscodes, ist eine besonders kritische Komponente in der Messenger-Kommunikation und würde im Falle einer gesetzlich vorgeschriebenen Protokollinteroperabilität einer eindeutigen Festlegung bedürfen (vgl. Fanta und Rudl, 2019).

6.2.2 Wirtschaftswachstum

6.2.2.1 Wirkung des neuen Wettbewerbsrahmens

Im Szenario 2 wird Ownership Unbundling durchgesetzt. Zusätzlich wird die Verschärfung der Missbrauchsaufsicht angenommen. In der Konsequenz sinken die Marktmachtmissbrauchsanreize der Plattformunternehmen, sodass missbräuchliche Geschäftsbedingungen (einschließlich überhöhter Entgelte für die Plattformnutzung) und Verhaltensweisen, wie etwa die Selbstbevorzugung oder das Ausnutzen von Informationsasymmetrien nur noch vereinzelnd von den Plattformnutzern beklagt werden. Dies ist mit verschiedenen Effekten verbunden, die das Potenzial haben, das Wirtschaftswachstum sowohl positiv als auch negativ zu beeinflussen.

Zum einen können die durch Plattformnutzung erzielten Effizienzgewinne – anders als im Szenario 1 – bei den Unternehmen selbst verbleiben. Für den Fall, dass die Unternehmen in Deutschland diese Effizienzgewinne in Form von niedrigen Preisen an die Nachfrager weitergeben, würde die Nachfrage nach ihren Produkten und Dienstleistungen steigen, was das Wirtschaftswachstum begünstigen würde. Reagieren die Unternehmen in Deutschland auf die gestiegene Nachfrage mit einer Erweiterung ihrer Produktionskapazitäten, könnte dies ebenfalls über den Anstieg der Nachfrage nach Investitionsgütern das Wirtschaftswachstum forcieren. Zum anderen werden durch die Verschärfung der Missbrauchsaufsicht und das Ownership Unbundling die Anreize der Plattformunternehmen reduziert bzw. gänzlich beseitigt, ihre Marktmacht zu Gunsten der Produkte und Dienstleistungen ihrer im Ausland beheimateten Tochterunternehmen auszunutzen. Die Reduzierung der Wettbewerbsverzerrungen kann die Nachfragen nach Produkten und Dienstleistungen der Unternehmen in Deutschland erhöhen, was dem Wirtschaftswachstum ebenfalls zugutekommen kann.

Durch das Ownership Unbundling deutscher Plattformunternehmen kann das Wirtschaftswachstum in Deutschland jedoch auch beschränkt werden. Ursächlich hierfür ist der Verlust von Verbundvorteilen (economies of scope), die das Ergebnis marktübergreifender Diversifizierungsstrategien der Digitalunternehmen bzw. konglomerater Unternehmensstrukturen sind (vgl. Furman et al., 2019, S. 32). Eine zentrale Rolle spielt dabei die marktübergreifende Erhebung und Auswertung von Nutzerdaten (vgl. Crémer et al., 2019, S. 33). Sie ermöglicht den Plattformbetreibern nicht nur die Optimierung von Produkten und Dienstleistungen, sondern auch die Identifizierung und (kostengünstigere) Erschließung neuer Wachstumsmärkte durch bspw. die Konzeption neuer Geschäftsmodelle.

Bei B2B-Onlineplattformen kann es durch Ownership Unbundling zudem zu negativen indirekten Netzwerkeffekten kommen. Wie in Abschnitt 5.2.1 dargelegt, ist für den Erfolg einer B2B-Onlineplattform ein hohes Maß an Branchen-Know-how erforderlich (vgl. Engels et al., 2017, S. 37). Die Betreiber der Plattform müssen wissen, wie der Markt funktioniert, wie Transaktionen vonstattengehen, mit welchen Problemen die Anbieter und Nachfrager von Gütern und Dienstleistungen konfrontiert sind etc. Nur dann sind sie in der Lage, Geschäftsprozesse adäquat zu digitalisieren und glaubwürdig zu vermitteln, dass die Plattform einen Mehrwert für die Nutzer bietet (vgl. Haucap et al., 2020, S. 29). Um das Branchen-Know-how zu erwerben, aber auch über die Zeit zu bewahren, kann es für Betreiber von B2B-Plattformen von Vorteil sein, in der jeweiligen Branche aktiv zu bleiben. Der Erfolg in der jeweiligen Branche kann auch bei der Skalierung der Plattform von Bedeutung sein: Er hilft nicht nur das Henne-Ei-Problem[180] bei der Markteinführung der Plattform zu lösen, sondern auch die Plattformnutzer auf der Plattform zu halten bzw.

180 Als Henne-Ei-Problem wird bei zwei- oder mehrseitigen Märkten die Problematik bezeichnet, dass es aufgrund der wechselseitigen Beziehung zwischen den Nutzergruppen von wesentlicher Bedeutung für den Erfolg einer Plattform ist, beide Marktseiten gleichzeitig in hinreichender Anzahl zu gewinnen, um die Plattform für die jeweils andere Marktseite attraktiv zu machen. Weder die eine Nachfragegruppe noch die andere Nachfragegruppe würde der Plattform beitreten, wenn die jeweils andere Seite des Marktes nicht ausreichend groß

deren Abwandern zu Konkurrenzplattformen zu verhindern und neue Plattformnutzer zu gewinnen. Folglich kann das Ownership Unbundling bei B2B-Onlineplattformen das Vertrauen der Plattformnutzer erschüttern, was im schlimmsten Fall negative indirekte Netzwerkeffekte induzieren könnte. Dies würde wiederum das Wirtschaftswachstum in Deutschland behindern, das laut der in Szenario 2 getroffenen Annahmen das Heimatland vieler B2B-Onlineplattformen ist.

Neben der Verschärfung der kartellrechtlichen Missbrauchsaufsicht und dem Ownership Unbundling wird im Szenario 2 die Verschärfung der kartellrechtlichen Fusionskontrolle angenommen, sodass sog. Killer-Acquisitions weitestgehend verhindert werden. In der Folge können der Wettbewerbsdruck durch potenzielle Wettbewerber steigen und Wettbewerbsverzerrungen auf den Plattformmärkten reduziert werden. Ob die Verschärfung der kartellrechtlichen Fusionskontrolle es vermag, das Wirtschaftswachstum in Deutschland signifikant anzukurbeln, bleibt abzuwarten und kann nur empirisch geklärt werden. Grund hierfür ist, dass der Aufkauf von Start-ups durch marktmächtige Digitalunternehmen auch mit erheblichen Wohlfahrtseffekten verbunden sein kann. Dies ist dann der Fall, wenn die Start-ups durch die Ressourcen solcher Unternehmen in die Lage versetzt werden, entweder ihre Produkte und Dienste fortzuentwickeln oder zu wachsen und den Markt schnell zu durchdringen (vgl. Schallbruch et al., 2019, S. 65). Ferner ist zu berücksichtigen, dass die Aussicht auf einen Aufkauf des Start-ups durch das marktmächtige Digitalunternehmen für viele Unternehmensgründer und Geldgeber ein wichtiger Innovations- und Investitionsanreiz ist. Stehen die Chancen der Start-ups schlecht, von einem marktmächtigen Digitalunternehmen übernommen zu werden, können die Innovations- und Investitionsanreize sinken, da die Gründer und Kapitalgeber fürchten müssen, dass das marktmächtige Digitalunternehmen mit besonders aggressiven Verdrängungsstrategien auf den potenziellen Wettbewerber reagiert (vgl. Haucap, 2020, S. 27; OECD, 2020, S. 22). In der Konsequenz kann es zu weniger Neugründungen kommen, was das Wirtschaftswachstum in Deutschland beschränken könnte. Die Lösung des hier skizzierten sog. Kill-Zone-Problems wird möglicherweise eine zukünftige Herausforderung sein.

Die Belebung des Wettbewerbs auf Plattformmärkten durch Verschärfung der Missbrauchsaufsicht und Fusionskontrolle kann die Entstehung von Start-ups in Deutschland und der EU begünstigen (sofern das Kill-Zo-

---

ist: Die Marktseiten beeinflussen sich gegenseitig und keine Marktseite entsteht ohne die andere (vgl. Caillaud und Jullien, 2003).

ne-Problem sich als irrelevant erweist) und damit das Wirtschaftswachstum, da sie eine wichtige Quelle für neue Ideen und Produkte, disruptive Innovationen und unkonventionelle Geschäftsmodelle sind. Die Start-ups bzw. Jungunternehmen können das Wirtschaftswachstum in Deutschland jedoch nicht nur auf direkte, sondern auch indirekte Art und Weise fördern. So weisen Pottelsberghe und Romain (2004) darauf hin, dass Jungunternehmen das Produktivitätswachstum der Wirtschaft sowie die Diffusion von Innovationen auf unterschiedliche Art und Weise begünstigen: Zum einen dringen Jungunternehmen oft in Forschungsgebiete vor, die von etablierten Unternehmen nur unzureichend oder gar nicht beachtet werden. Zum anderen üben sie Wettbewerbsdruck auf etablierte Unternehmen aus und forcieren dort Produkt- und Prozessinnovationen (vgl. Gantenbein et al., 2011).

Ob die Unternehmen jedoch mittel- bis langfristig in Deutschland bleiben werden, ist offen. So zeigen bspw. eine Erhebung des Bundesverbands Deutscher Kapitalbeteiligungsgesellschaften e.V. („BVK“) sowie das Start-up-Barometer der Beratungsgesellschaft Ernst & Young für das Jahr 2018, dass insbesondere amerikanische und asiatische Investoren daran interessiert waren, deutsche Start-ups mit Venture Capital zu unterstützen. Dies ist äußerst kritisch zu sehen, da diese Investments oft mit der Abwanderung der Start-ups, also äußerst innovativer Unternehmen, ins Ausland verbunden sind (vgl. eco, 2019, S. 5). Folglich hängen das Wirtschaftswachstum und das Beschäftigungsniveau in Deutschland auch davon ab, inwieweit es Deutschland gelingt, Wagniskapital insbesondere in Form von Venture Capital aus Deutschland zu mobilisieren, d. h. attraktive Rahmenbedingungen für in Deutschland beheimatete Wagnisfinanzierungsgesellschaften, Versicherungen, Fondsgesellschaften sowie öffentliche und private Rentenfonds zu schaffen (vgl. eco, 2019, S. 5).

6.2.2.2 Wirkung chinesischer Wirtschaftspolitik

6.2.2.2.1 Subventionen

In Szenario 2 wird angenommen, dass China seine Subventionen für chinesische Unternehmen erhöht, die Produkte und Dienstleistungen, die auf zukunftsweisenden Technologien wie KI, Big Data etc. basieren, im Ausland vertreiben, um damit u. a. die Going Global Strategie zu unterstützen (vgl. Abschnitt 5.3).

Die Ausweitung der Subventionen kann Kosten- und damit Wettbewerbsvorteile für chinesische Unternehmen begründen und (nicht nur) zu Verzerrungen auf dem EU-Binnenmarkt führen. So besteht z. B. die Gefahr, dass Exporte subventionierter chinesischer Produkte und Dienstleistungen in die EU mit Marktanteilsverlusten bei europäischen Unternehmen einhergehen bzw. diese vom Marktzutritt abhalten und langfristig die Abhängigkeit der EU von chinesischen Importen bewirken, wodurch die Technologiesouveränität Deutschlands gefährdet wäre (vgl. Monopolkommission, 2020, Rn.: 584). Zu Wettbewerbsverzerrungen auf dem EU-Binnenmarkt kann es nicht nur durch Subventionierung von Unternehmen in China kommen, die in die EU exportieren, sondern auch dann, wenn der chinesische Staat Subventionen an die in der EU ansässigen Unternehmen vergibt, an denen er beteiligt ist (vgl. Monopolkommission, 2020, Rn.: 585).

6.2.2.2.2 Unternehmensübernahmen

Neben der Ausweitung der Subventionen und der Benachteiligung ausländischer Unternehmen bei Direktinvestitionen in China wird im Szenario 2 des Weiteren unterstellt, dass chinesische Investoren bis 2025 insbesondere in Deutschland Unternehmen mit Schlüsseltechnologien aufkaufen. Von besonderem Interesse sind dabei die B2B-Plattformen, die als Marktplätze fungieren. Ferner wird im Szenario 2 unterstellt, dass chinesische Investoren deutsche Unternehmen nur erwerben, um deren geistiges Eigentum und technologisches Know-how zu übernehmen, anschließend in ihr Heimatland zu transferieren und dort weiter zu kommerzialisieren (vgl. Abschnitt 5.3).

Dies kann dazu führen, dass Deutschland sein Wirtschaftswachstumspotenzial nicht voll ausschöpfen kann bzw. das Wirtschaftswachstum sogar sinken kann. So weist eine Reihe wissenschaftlicher Arbeiten unter Verwendung der üblichen Außenhandelsmodelle darauf hin, dass die Industrieländer Wohlfahrtsverluste erleiden können, wenn die aufstrebenden Schwellenländer technologisch aufholen und zu einem stärkeren Wettbewerber werden, weil sie ihre Produktivität in dem Sektor erhöhen, in dem das Industrieland komparative Vorteile hat. Ein Einbruch der Technologieexporte und Verschlechterung der Terms of Trade des Industriestaates sind die Folge: Da die Preise für seine Exporte relativ sinken, muss das Industrieland nun mehr an heimischer Wertschöpfung für seine Importe aufwenden, weshalb es insgesamt weniger importieren kann (vgl. Matthes,

2020 sowie die dort diskutierten Studien; Dullien, 2019, S. 48). Die Verschlechterung der Terms of Trade, also des Tauschverhältnisses, ist unter entwicklungspolitischen Gesichtspunkten deshalb problematisch, weil das Industrieland im Interesse seiner wirtschaftlichen Entwicklung Kapitalgüter importieren muss (vgl. Siebert, 2000, S. 141).

Verschärfend kommt hinzu, dass aufgrund des steigenden Wettbewerbsdrucks durch aufholende und subventionierte chinesische Unternehmen, die Innovationsfähigkeit der deutschen Wirtschaft sinken kann. Zwar wird in der Regel angenommen, dass ein hoher Wettbewerbsdruck die Innovationsanreize der Unternehmen erhöht und damit das Wirtschaftswachstum ankurbelt, allerdings kann ein rapide wachsender Wettbewerbsdruck die Innovationsanreize auch reduzieren, weil dadurch die Gewinnerwartungen der Unternehmen deutlich sinken. Die Möglichkeit, durch Innovationen zumindest temporär hohe Gewinne erwirtschaften zu können, ist jedoch die Voraussetzung für teure und unsichere Forschungsinvestitionen (vgl. Matthes, 2020, S. 637). So zeigen z. B. Autor et al. (2020) für die USA, dass wachsende chinesische Importkonkurrenz negativen Einfluss auf die Patentanmeldungen und die Forschungsausgaben der betroffenen US-Unternehmen hat. Vor diesem Hintergrund kann nicht ausgeschlossen werden, dass die Fähigkeit deutscher Unternehmen, Schlüsseltechnologien zu entwickeln, gefährdet wird, was die digitale Technologiesouveränität Deutschlands konterkarieren würde. In der Konsequenz könnten Unternehmen Umsatzeinbußen erleiden, Löhne würden sinken.

Ob Chinas Steuererleichterungen für Unternehmen, die Produkte und Dienstleistungen vertreiben, die auf zukunftsweisenden Technologien wie KI, Big Data, Internet of Things, Cloud Computing etc. basieren, Auslandsinvestitionen in China im nennenswerten Umfang begünstigen, bleibt fragwürdig, da der chinesische Staatsapparat das Recht hat, auf sensible Daten der Unternehmen jederzeit zuzugreifen. Folglich ist unklar, inwieweit die Steuererleichterungen das Potenzial haben, Chinas Aufholjagd zu beschleunigen.

Der Aufkauf von B2B-Onlineplattformunternehmen, die als Marktplätze fungieren, könnte zudem dazu führen, dass diese – falls sie durch Ownership Unbundling entflochten wurden – wieder reintegrieren könnten. Verlust der Plattformneutralität, Interessenskonflikte und Diskriminierungsanreize wären die Konsequenzen: Wird ein B2B-Plattformunternehmen von einem chinesischen Unternehmen erworben, das zugleich diese Onlineplattform nutzt, um seine Transaktionen abzuwickeln, bestünde z. B. die Gefahr, dass es über die Auswertung der Transaktionsdaten, die auf dieser B2B- Plattform generiert werden, versucht sein könnten, diejenigen Unternehmen vom Markt zu drängen, die in besonders gewinnträchtigen Marktsegmenten unterwegs sind und ggf. in einer Konkurrenzbeziehung zu chinesischen Tochterunternehmen stehen. Für den Fall, dass in Deutschland beheimatete Unternehmen zu den Leidtragenden der Verdrängungsstrategie gehören, kann dies das Wirtschaftswachstum in Deutschland beschränken und ggf. Arbeitsplätze gefährden.

6.2.2.2.3 Marktzugangsbedingungen in China

Im Szenario 2 wird angenommen, dass ausländische Unternehmen, die in China Direktinvestitionen tätigen, auch 2030 benachteiligt werden, da in vielen Branchensegmenten ausländische Investitionen komplett verboten sind – dazu gehören viele Bereiche der Informations- und Telekommunikationsbranche („IKT“-Branche). Die Beschränkung der Zugangsmöglichkeiten für deutsche Unternehmen zu chinesischen Märkten kann für chinesische Unternehmen von Vorteil sein, da sie dadurch die Möglichkeit haben, Skalen- und Verbundvorteile und damit Kostenvorteile auf ihrem Heimatmarkt zu realisieren (vgl. Monopolkommission, 2020, Rn.: 580). Ferner müssen ausländische Unternehmen in China ihre Daten lokal speichern, wodurch die Wahrscheinlichkeit für Industriespionage und den Diebstahl geistigen Eigentums begünstigt wird, zumal Unternehmen ihre Daten nur mit staatlich genehmigten Technologien verschlüsseln dürfen und staatliche chinesische Stellen auf die Daten der Unternehmen jederzeit zugreifen können. Dies und die Probleme bei der Durchsetzung der Gesetze zum Schutz des geistigen Eigentums begünstigen den Technologietransfer und können sich in geringeren Forschungs- und Entwicklungskosten von chinesischen Unternehmen niederschlagen, wodurch diese Wettbewerbsvorteile hätten (vgl. Monopolkommission, 2020, Rn.: 580).

6.2.2.2.4 Regulierung chinesischer Plattformunternehmen

Ein weiterer Aspekt ist die unzureichende Durchsetzung der Regulierung von marktmächtigen Plattformunternehmen in China, die ihnen ermöglicht z. B. durch missbräuchliche Nutzungsentgelte oder Geschäftsbedingungen, zusätzliche Gewinne auf ihrem Heimatmarkt zu erzielen. Diese können von den chinesischen Plattformunternehmen eingesetzt werden, um ihre Marktmacht auf dem chinesischen Markt durch Quersubventionierung ihrer Dienste auf andere Märkte, wie z. B. den EU-Binnenmarkt, zu übertragen (vgl. Monopolkommission, 2020, Rn.: 580).

Wettbewerbsvorteile könnten auch aus der vertikalen Integration der Plattformunternehmen in China resultieren, da diese – anders als ihre Wettbewerber in der EU, die mittels Ownership Unbundling zerschlagen wurden – in der Lage sein werden, Verbundvorteile zu generieren. Verbundvorteile stellen Kostenvorteile dar, die durch die gemeinsame Produktion verschiedener Produkte oder Dienste entstehen. Plattformunternehmen können Verbundvorteile erzielen, wenn sie die erhobenen Daten für die Entwicklung neuer Produkte oder Dienste nutzen (vgl. Dewenter und Lüth, 2019, S. 15). Dies könnte den Vormarsch chinesischer Plattformunternehmen in der EU und Deutschland, der im Szenario 2 unterstellt wird, forcieren.

6.2.2.2.5 Going Global-Strategie der chinesischen Plattformunternehmen

China ist nicht nur auf Platz 1 der Herkunftsländer von Produkt- und Markenpiraterie, sondern auch beim Vertrieb von Plagiaten, der im Wesentlichen über das Internet und hier bevorzugt über Online-Marktplätze erfolgt (vgl. VDMA, 2018, S. 19 f.). Wenn chinesische Plattformunternehmen wie z. B. Alibaba oder Tencent im Zuge der Going Global-Strategie eine hohe Reichweite aufbauen, wie im Szenario 2 angenommen wird (vgl. Abschnitt 6.2.2), könnte dies den Handel mit Plagiaten weiter forcieren. Marktanteilsverluste und Beeinträchtigung der unternehmerischen Innovationstätigkeit könnten das Wirtschaftswachstum in Deutschland beeinträchtigen. Ferner bergen ausbreitende Marken- und Produktpiraterie aufgrund oft minderwertiger Qualität Sicherheitsrisiken und Gesundheitsgefahren für die Verbraucher. Das skizzierte Problem betrifft jedoch nicht nur chinesische Plattformen, sondern auch andere Online-Marktplätze (z. B. Amazon Marketplace, eBay).

Bei Markenrechtsverstößen durch Dritthändler können die Betreiber von Online-Marktplätzen zwar nach den Grundsätzen der sog. „Störerhaftung" in Anspruch genommen werden. Anknüpfungspunkt für die Haftung ist, dass der Marktplatzbetreiber mittelbar zu der Markenrechtsverletzung beigetragen hat. Allerdings treffen den Marktplatzbetreiber keine (proaktiven) Marktüberwachungspflichten. Er muss jedoch grundsätzlich erst tätig werden, wenn er Kenntnis von rechtswidrigen Inhalten auf dem Marktplatz erfährt (etwa durch eine Beschwerde des Markeninhabers).

So hat sich der EuGH erst kürzlich mit der Frage befasst, ob Amazon selbst einen Markenrechtsverstoß begeht, wenn das Unternehmen in seinem Fulfillment-Center markenverletzende Ware lagert, die im Rahmen des Programms „Versand durch Amazon“ versandt wird. Der EuGH hat dies verneint (EuGH, 2.4.2020, C-567/18, Coty/Amazon). Eine Haftung bei bloßer Lagerung hätte eine deutliche Verschärfung gegenüber der bisherigen Rechtslage bedeutet.

Der im Dezember 2020 vorgelegte Entwurf des Digital Services Act sieht einige zusätzliche Sorgfaltspflichten für Online-Marktplätze vor. Insbesondere führt Artikel 22 DSA, den Grundsatz „Know your business customer“ ein. Danach muss der Marktplatzbetreiber die Identität der Anbieter überprüfen, die Waren auf dem Marktplatz anbieten. Dadurch sollen unseriöse Anbieter vom Marktplatz ferngehalten werden.

Einen Beitrag zu mehr Produktsicherheit im Onlinehandel dürfte auch die ab Juli 2021 anwendbare Marktüberwachungsverordnung leisten. Ob die darin vorgesehenen Regeln ausreichen, muss man abwarten.

Eine echte Schutzlücke besteht im Bereich der Produkthaftung. Die Produkthaftungsrichtlinie aus dem Jahr 1985 sieht vor, dass für Schäden, die durch fehlerhafte Produkte entstehen, grundsätzlich nur der Hersteller und der Importeur haften. Eine Haftung von Online-Marktplätzen und Fulfillment-Anbietern ist dort nicht vorgesehen. In den USA gibt es dagegen inzwischen einige aktuelle Gerichtsurteile, die eine Haftung von Amazon für Produkte von Drittverkäufern vorsehen (Bolger v. Amazon, (2020) 53 Cal. App. 5th 431, 13. August 2020; Loomis v. Amazon, 7.2021 WL 160887 Cal. App. Ct. 26. April 2021).

6.2.2.3 Technologieführerschaft und Technologiesouveränität

Im Szenario 2 wird angenommen, dass Deutschland führend bei der Entwicklung vieler Schlüsseltechnologien aus dem Umfeld der Informations- und Kommunikationstechnologie ist, was in der Zahl internationaler Patentanmeldungen zum Ausdruck kommt. In der Konsequenz steigt die Zahl der Neugründungen im IT-Bereich, was das Wirtschaftswachstum in Deutschland im Jahr 2030 begünstigt (vgl. Abschnitt 5.2).

Digitalisierung erhöht die Innovationsgeschwindigkeit und verkürzt damit die Lebenszyklen von Produkten, Technologien und Geschäftsmodellen. Um sich auf dem Markt behaupten zu können, müssen die Unternehmen ihre Innovationsgeschwindigkeit kontinuierlich erhöhen (vgl. Brühl, 2015, S. 118 f.). Die Technologieführerschaft kann mittels der Spill-Over-

Effekte dazu beitragen, dass Unternehmen in Deutschland, die Informations- und Kommunikationstechnologie nutzen, schneller innovieren als ihre Wettbewerber. Dies könnte zur Verbesserung ihrer internationalen Wettbewerbsfähigkeit beitragen und das Wirtschaftswachstum in Deutschland begünstigen.

Die Technologieführerschaft kann Deutschland helfen, Technologiestandards im Bereich der Schlüsseltechnologien zu setzen.[181] Dies unterstützt nicht nur die Erhaltung der Wettbewerbsfähigkeit Deutschlands, sondern kann auch verhindern, dass Chinas Wirtschaftsmacht im Bereich der Zukunftstechnologien wächst.

Das Einführen von Standards ist nämlich äußerst lukrativ:

> „*Sobald eine kritische Masse den Standard nutzt, können diejenigen, die den Standard setzen, ihre Produkte häufig so skalieren, dass eine Winner-takes-it-all-Situation entsteht (…). Wer also Industriestandards setzt, wird häufig auch zum Weltmarktführer.*" (Fiedler, 2020).

Somit kann die Technologieführerschaft über das Setzen der Industriestandards das Wachstum der Unternehmen in Deutschland begünstigen.

Durch das Setzen der Industriestandards bei Schlüsseltechnologien hätte Deutschland zudem die Möglichkeit, die künftigen Spielregeln der Welt mitzugestalten. Das Internet der Dinge (Internet of Things – IoT) wird in Zukunft eine durchgängige Vernetzung de facto aller Objekte ermöglichen. Wenn Deutschland die Vernetzungstechnologien mitentwickelt, kann es die Schnittstellen kontrollieren (vgl. Fiedler, 2020).

Zu bedenken ist auch, dass es bei allen Zukunftstechnologien primär darum gehen wird, Daten zu sammeln und auszuwerten. Diejenigen Unternehmen, die Standards für diese Datensammlungen setzen, haben nicht nur einen ökonomischen Vorteil; sie können auch den (internationalen) Informationsfluss kontrollieren (vgl. Fiedler, 2020).

Würden deutsche Fintech-Technologien bspw. zum internationalen Standard, könnte Deutschland nicht nur an allen weltweit getätigten Zahlungen mitverdienen, sondern alle Finanzflüsse nachverfolgen und sogar stoppen (vgl. Fiedler, 2020).

Die Ausführungen zeigen, dass die neuen Standards im Bereich der Zukunftstechnologien nicht nur mit ökonomischen Vorteilen verbunden

---

181 Anders als Normen, deren Erarbeitung in nationalen, europäischen oder internationalen Normungsgremien institutionalisiert erfolgt, werden Standards von Unternehmens- und Industrieverbänden, einzelnen Unternehmen oder Unternehmenskonsortien erarbeitet (vgl. Werland, 2015, S. 2).

sind, sondern auch zum Politikum werden können, insbesondere wenn sie die nationale Sicherheit berühren (vgl. Fiedler, 2020).

6.2.3 Beschäftigung

Deutschland ist führend bei der Entwicklung von vielen Schlüsseltechnologien aus dem Umfeld der Informations- und Kommunikationstechnologie, was in der Zahl internationaler Patentanmeldungen zum Ausdruck kommt. Die Zahl der Neugründungen im IT-Bereich steigt, die Nachfrage nach digitalen Technologien und Dienstleistungen aus Deutschland wächst kontinuierlich. Ferner wird im Szenario 2 unterstellt, dass in Deutschland im Jahr 2030 eine überwiegende Mehrzahl der Unternehmen die Onlineplattformen für ihre Transaktionen nutzt, da sie damit Effizienzvorteile realisieren und höhere Umsätze generieren. Dies ist mit verschiedenen Beschäftigungseffekten verbunden.

Zum einen ist zu erwarten, dass die Nachfrage nach IT-Experten (z. B. Softwareentwicklern, IT-Security-Experten, IT-Projektmanagern, IT-Administratoren, IT-Service-Berater oder Big Data-Experten) in Zukunft in nahezu allen Branchen ansteigen wird und es zum Fachkräftemangel kommt. Die Unternehmen werden deutlich länger brauchen, um vakante Stellen zu besetzen. Vor diesem Hintergrund ist davon auszugehen, dass Unternehmen versuchen werden, immer mehr IT-Experten im Ausland zu akquirieren. Denkbar ist auch, dass die Unternehmen in Deutschland vermehrt dazu übergehen werden, Aufgaben über Onlineplattformen (z. B. Freelancer-Plattformen, Crowdsourcing-Plattformen) an Honorarkräfte auszulagern, um dem Fachkräftemangel entgegenzuwirken, zumal davon auszugehen ist, dass insbesondere IT-Experten in Zukunft zur Verbesserung der Work-Life-Balance die Selbständigkeit gegenüber der Festanstellung in einem Unternehmen bevorzugen werden, da sie dadurch flexibler hinsichtlich Arbeitszeit und Arbeitsort sind. Es kann nicht ausgeschlossen werden, dass Unternehmen, insbesondere Start-ups, aufgrund des Fachkräftemangels ins Ausland abwandern, wenn sie dort leichter IT-Fachkräfte akquirieren können. Zusammenfassend ist festzuhalten, dass der Fachkräftemangel das Wirtschaftswachstum in Deutschland limitieren kann u. a. auch, weil die Löhne der IT-Fachkräfte voraussichtlich weiter steigen werden.

Im Szenario 2 wird unterstellt, dass in Deutschland im Jahr 2025 eine überwiegende Mehrzahl der Unternehmen Onlineplattformen auf verschiedenen Wertschöpfungsebenen einsetzt, wodurch sich der benötigte Einsatz von menschlicher Arbeit reduzieren kann. Ob es dadurch jedoch zum Anstieg der Arbeitslosigkeit kommt, ist fraglich, da im Szenario 2 zugleich angenommen wird, dass Deutschland im Jahr 2030 führend bei der Entwicklung von vielen Schlüsseltechnologien aus dem Umfeld der Informations- und Kommunikationstechnologie ist, die Zahl der Neugründungen im IT-Bereich steigt, die Wirtschaft wächst, insbesondere aufgrund der schnellen Diffusion und Adoption von digitalen Technologien in IKT-nutzenden Brachen und des Exportwachstums. Da jedoch die Tätigkeitsprofile der Berufsbilder Veränderungen erfahren, einige Fertigkeiten und Kompetenzen mehr, die anderen weniger nachgefragt werden, gewinnt die Vermittlung von digitalen Kompetenzen immer mehr an Bedeutung.

6.3 Handlungsoptionen Szenario 2

6.3.1 Protokollinteroperabilität

Im Szenario 2 wird unterstellt, dass in der EU Protokollinteroperabilität verpflichtend wird, sodass Nutzer verschiedener Messenger-Dienste wie z. B. Threema, WhatsApp und IMessage barrierefrei miteinander kommunizieren können (vgl. Abschnitt 5.2). Dies birgt jedoch die Gefahr, dass der Wettbewerb zwischen den Anbietern von Messenger-Diensten ausgebremst wird und Innovationsanreize sinken.

Ein Ansatz zur Eindämmung von Monopolisierungs- und Konzentrationstendenzen innerhalb sozialer Plattformen ist eine alternative Ausgestaltung der Interoperabilität, die darauf abzielt, dass Plattformunternehmen erst ab einer bestimmten Größe Daten mit Wettbewerbern teilen müssen, wenn die kleineren Dienste dies erwünschen. Kleinere Anbieter hingegen wären nicht dazu verpflichtet, ihre Daten mit dominanten Anbietern zu teilen. Dadurch könnten Netzwerkeffekte der großen Anbieter auf kleinere Anbieter erweitert werden bei gleichzeitiger Wahrung der Datenschutzstandards von kleineren Plattformen. In der praktischen Umsetzung impliziert dieser Ansatz zum einen, dass ein Schwellenwert festgesetzt werden müsste, ab dem große Plattformen dazu verpflichtet werden, ihre Daten offenzulegen. Dieser Schwellenwert könnte sich bspw. an der absoluten Anzahl der aktiven Nutzer oder dem Marktanteil eines Anbieters innerhalb eines Marktes orientieren. Zum anderen setzt dieser Ansatz voraus, dass eine staatliche Instanz die Datenbereitstellung der großen Plattformen überwacht und durchsetzt (vgl. Piétron, 2019).

6.3.2 Subventionen

Chinas Wirtschaftspolitik im Szenario 2 bewirkt Wettbewerbsverzerrungen sowohl auf dem Binnenmarkt der Europäischen Union (als auch auf dem Weltmarkt) und forciert den Technologietransfer. Durch das schnelle Aufholen Chinas kann es in den Industrieländern wie Deutschland zu Wohlfahrtsverlusten kommen (vgl. Abschnitt 6.2.2). Wirtschaftspolitisch kann die Gefahr am besten begrenzt werden, wenn die Innovationsfähigkeit Deutschlands gesichert wird. Von zentraler Bedeutung sind dabei staatliche Investitionen in Bildung, Forschung, Digitalisierung und Infrastruktur sowie die Schaffung innovationsfreundlicher Rahmenbedingungen. Ob das jedoch reicht, hängt davon ab, inwieweit es der Europäischen Union gelingt, Wettbewerbsverzerrungen entgegenzuwirken (vgl. Matthes, 2020, S. 637). Vor diesem Hintergrund ist das Investitionsabkommen mit China („Comprehensive Agreement on Investment - CAI") zu begrüßen, dessen Ziel es ist, den Schutz von EU-Investitionen in China zu verbessern, den Marktzugang für europäische Investoren in China zu erleichtern und fairere Wettbewerbsbedingungen für EU-Unternehmen in China zu gewährleisten. Allerdings ist die Europäische Union hinter ihren Zielen geblieben. So hat sie es z. B. nicht geschafft, mit China moderne Investitionsschutzstandards und Investor-Staat-Streitbeilegungsverfahren zu vereinbaren. Auch Chinas zusätzliche Marktzugangsverpflichtungen sind ausbaufähig. Zwar verpflichtet sich China zur Abschaffung von Obergrenzen für Beteiligungen oder Joint-Venture-Auflagen – die Liberalisierungsverpflichtungen unterliegen jedoch diversen Beschränkungen und sind somit äußerst selektiv. Um ein „level playing field" zu schaffen, müssen die Verhandlungen mit China von der Europäischen Union daher fortgeführt werden (vgl. Bickenbach und Liu, 2020).[182]

Neben fehlender Reziprozität beim Marktzugang für EU-Unternehmen kann auch die Ausweitung chinesischer Subventionen dem Wirtschaftsstandort Deutschland schaden. Während bei Subventionen durch Mitgliedstaaten die EU-Beihilfevorschriften angewendet werden, um Wettbewerbsverzerrungen zu verhindern, besteht bei Subventionen aus Drittstaaten, die den Erwerb von EU-Unternehmen erleichtern oder den Betrieb von Unternehmen in der EU unterstützen, eine Regelungslücke. Die Regelungslücke umfasst auch Subventionen aus Drittstaaten, die bei EU-Ver-

182 Verfügbar unter: https://www.ifw-kiel.de/de/publikationen/kiel-focus/2021/das-investitionsabkommen-der-eu-mit-china-aus-europaeischer-sicht-erfolge-mit-defiziten-0/; abgerufen am: 26. April 2021.

gabeverfahren zum Tragen kommen, sowie den Export von Dienstleistungen. Zur Behebung der Regelungslücken gibt es verschiedene Ansätze. Diese sehen entweder eine Gleichbehandlung von drittstaatlichen Subventionen und mitgliedstaatlichen Beihilfen vor oder die Gewährleistung wettbewerblicher Fairness durch die Implementierung von Verhaltensauflagen für subventionierte Unternehmen (vgl. Monopolkommission, 2020, S. 244 ff.). Die seit dem 11. Oktober 2020 in Kraft getretene „Verordnung (EU) 2019/452 des Europäischen Parlaments und des Rates vom 19. März 2019 zur Schaffung eines Rahmens für die Überprüfung ausländischer Direktinvestitionen in der Union“ stellt die Reaktion der Europäischen Union auf die Regelungslücken dar.

6.3.3 Technologietransfer

Im Szenario 2 wird unterstellt, dass chinesische Investoren u. a. in Deutschland Unternehmen aufkaufen, die über bestimmte digitale Schlüsseltechnologien verfügen. Die Akquisestrategie, die primär dem Ziel dient, China schnellstmöglich zu einer führenden Macht in technologischer, wissenschaftlicher und nicht zuletzt in wirtschaftlicher Hinsicht zu machen, kann über den Technologietransfer bzw. Know-how-Abfluss die Verschlechterung der Terms of Trade bewirken, die Innovationsfähigkeit Deutschlands reduzieren und seine Wettbewerbsfähigkeit gefährden, was mit Wohlfahrtsverlusten einhergehen kann.

Die Bundesregierung Deutschlands kann darauf mit der Ausweitung ihrer Möglichkeiten zur Kontrolle und Untersagung ausländischer Investitionen durch die Anpassung des Außenwirtschaftsgesetzes und der Außenwirtschaftsverordnung reagieren. Dies ist zuletzt im Jahr 2020 erfolgt. Die Verschärfung der Investitionsprüfung stellt jedoch einen Eingriff in das Privateigentum und die Vertragsfreiheit dar, die zentrale Element der Sozialen Marktwirtschaft in Deutschland sind (vgl. Gerhard, 2018, S. 11). Die Möglichkeit, ein Unternehmen an den Meistbietenden zu veräußern, ist zudem ein wichtiger Anreiz für Gründer und Eigentümer, Produkt- und Prozessinnovationen voranzutreiben, neue Märkte zu erschließen oder innovative Geschäftsmodelle auszuprobieren, um das Unternehmen zu vergrößern. Da Investoren aus China in der Regel bereit sind, mehr für Unternehmen mit Schlüsseltechnologien zu zahlen als Investoren aus Deutschland oder der EU, könnte das Risiko einer Übernahmeuntersagung die Forschungs- und Innovationsanreize der Unternehmen deutlich reduzieren. Ferner könnten insbesondere junge Unternehmen Schwierigkeiten bekommen, Wachstumskapital zu akquirieren. Dieses Argument wird durch die Situation in der IT-Start-up-Szene untermauert – auch wenn es hier nicht um die Aufkäufe von Übernahmen in Deutschland durch chinesische Investoren geht, sondern durch marktmächtige US-Konzerne. Das Geschäftsmodell von einigen IT-Gründern und deren Wagniskapitalgebern besteht oft darin, das Unternehmen nach einer initialen Wachstumsphase für eine substanzielle Summe an einen der großen Digitalkonzerne wie Facebook, Amazon, Microsoft, Apple oder Google zu veräußern. Fällt die Exit-Option weg, würden die erwarteten Erträge aus den Anfangsinvestitionen sinken, weshalb Wagniskapitalgeber weniger Anreize hätten, in Start-ups aus dem Bereich der Informations- und Kommunikationstechnologie zu investieren. Somit könnte durch die Verschärfung der Investitionsprüfung die Innovationsfähigkeit der deutschen Wirtschaft in Mitleidenschaft gezogen werden. Vor diesem Hintergrund sollte das Instrument der Investitionskontrolle eher zurückhaltend eingesetzt werden, um Investoren aus Drittstaaten nicht abzuschrecken. Zudem ist zu klären, wie die negativen Anreize auf inländische Innovations- und Forschungstätigkeiten abgefedert werden können, die sich allein schon aus der Möglichkeit einer Übernahmeuntersagung ergeben (vgl. Dullien, 2019, S. 49 f.).

6.3.4 Beschäftigung

Im Szenario 2 wird erwartet, dass die Nachfrage nach IT-Experten (z. B. Softwareentwicklern, IT-Security-Experten, IT-Projektmanagern, IT-Administratoren, IT-Service-Berater oder Big Data-Experten) in Zukunft in nahezu allen Branchen ansteigen wird, weshalb Fachkräftemangel drohen könnte (vgl. Abschnitt 6.3). Da der Mangel an IT-Fachkräften Innovationen und Wirtschaftswachstum limitieren kann, muss der Staat zum einen dafür sorgen, dass mehr IT-Fachkräfte in Deutschland ausgebildet werden, die über die erforderlichen Qualifikationen verfügen. Zum anderen muss das Potenzial der Zuwanderung von beruflich qualifizierten Fachkräften künftig besser ausgeschöpft werden.

6.3.5 Produkt- und Markenpiraterie

Angesichts der Tatsache, dass im Zuge der Digitalisierung der Handel zunehmend ins Internet verlagert wird, könnte den Handelsplattformen bei der Bekämpfung der Produkt- und Markenpiraterie eine Schlüsselrolle zukommen, da sie zwischen Anbietern und Nachfragern stehen und damit den Überblick und die Kontrolle über sämtliche Transaktionen innehaben. Vor diesem Hintergrund ist zu prüfen, inwieweit Onlineplattformen und Fulfillment-Dienstleister stärker in die Verantwortung für rechtswidrige Angebote genommen werden. Insbesondere stellt sich die Frage, ob die im Entwurf des Digital Services Act vorgesehenen Sorgfaltspflichten ausreichend sind oder ob zusätzlich eine Produkthaftung von Plattformbetreibern und Fulfillment-Dienstleistern erforderlich ist, wie sie die neuere Rechtsprechung in den USA vorsieht.

Durch die Verbreitung der Online-Marktplätze gewinnt auch das Thema „Produktsicherheit“ an Bedeutung. Über Onlineplattformen werden nicht nur markenverletzende Produkte vertrieben, sondern auch zahlreiche Produkte, die (ohne dass ein Markenrechtsverstoß vorliegt) gegen die Anforderungen des europäischen Produktsicherheitsrechts verstoßen. Auch in diesem Kontext wäre zu prüfen, inwieweit Online-Marktplätze in die Verantwortung zu nehmen sind. Auch eine Stärkung der Zoll- und Marktüberwachungsbehörden stellt eine Handlungsoption dar, um Nachfragern den Zugang zu sicheren Produkten zu ermöglichen.

6.3.6 Wachstum

Die wachsende Zahl an Neugründungen – sei es im Zuge von Bestrebungen zur Sicherstellung der Technologiesouveränität oder die Verschärfung der kartellrechtlichen Missbrauchsaufsicht – ist ein Charakteristikum des Szenarios 2. Damit jedoch innovative Unternehmen wachsen und sich im internationalen Wettbewerb behaupten können, benötigen sie neben hochspezialisierten Fachkräften Zugang zu mehr privatem Wagniskapital vorwiegend aus dem Inland bzw. der Europäischen Union, das ihnen schnelles Wachstum ermöglicht und sie davon abhält, z. B. in die USA abzuwandern. Daher ist eine Förderung des europäischen Marktes für Wagniskapital zu prüfen. Wird auch auf staatliche Förderung zurückgegriffen, sollte diese technologieoffen gestaltet sein und nicht zu früh alternative Problemlösungen oder bisher nicht bekannte Anwendungen ausschließen. Komplementär dazu bietet sich die gezielte steuerliche Förderung von Forschung und Entwicklung an, um Innovationsanreize zu setzen. Zwar können Mitnahmeeffekte nicht ausgeschlossen werden; empirische Studien weisen jedoch darauf hin, dass die F&E Anstrengungen tatsächlich steigen. Optional ist über die Implementierung von sogenannten Patentboxen nachzudenken. Ebenso wichtig sind der Abbau (bzw. die Vereinheitlichung) von Regulierungen innerhalb der EU, um den Unternehmen in Deutschland die Generierung von Skaleneffekten zu erleichtern (vgl. Dohse, 2019, S. 11).

6.3.7 Vergegenwärtigung der zukünftigen Umwelt

Die fortschreitende Digitalisierung erhöht die Innovationsgeschwindigkeit und verkürzt damit die Lebenszyklen von Produkten, Technologien und Geschäftsmodellen. Um sich auf dem Markt behaupten und die Technologieführerschaft bei Schlüsseltechnologien aus dem Umfeld der Informations- und Kommunikationstechnologie halten zu können, müssen die Unternehmen in Deutschland ihre Innovationsgeschwindigkeit kontinuierlich erhöhen (vgl. Brühl, 2015, S. 118 f.). Die Aufgabe des Staates besteht hierbei darin, entsprechende Rahmenbedingungen dafür zu schaffen.

Um im digitalen Zeitalter, das durch Technologien (wie z. B. KI, Quantencomputer, Blockchain etc.) gekennzeichnet ist, die das Potenzial aufweisen, digitale Transformation zu beschleunigen, wettbewerbsfähig bleiben zu können, ist es zwingend erforderlich, die nächsten Disruptoren rechtzeitig zu erkennen und adäquat zu handeln. Das gilt sowohl für den Staat als auch für die Unternehmen. Nur durch schnelles Aufgreifen neuer Schlüsseltechnologien kann die Innovationsfähigkeit Deutschlands und damit seine Wettbewerbsfähigkeit auch in Zukunft aufrechterhalten werden. Die Gründung der Agentur für Sprunginnovationen (SprinD GmbH) am 16. Dezember 2019 war ein Schritt in die richtige Richtung.

6.4 Literaturverzeichnis Szenario 2

Autor, D., D. Dorn, G. H. Hanson, G. Pisano und P. Shu (2020), Foreign Competition and Domestic Innovation: Evidence from US Patents, *American Economic Review*, 2(3), S. 357-374.

Bode, O. F. (2000), *Allgemeine Wirtschaftspolitik*, R. Oldenbourg Verlag: München, Wien.

Brühl, V. (2015), *Wirtschaft des 21. Jahrhunderts: Herausforderungen in der Hightech-Ökonomie*, Springer Gabler: Wiesbaden.

Caillaud, B. und B. Jullien (2003), Chicken & egg: competition among intermediation service providers, *The RAND Journal of Economics*, 34(2), S. 309-328.

Conrad, B. und J. Wübbeke (2018), Wird China zur Hightech-Supermacht? Verschiebung globaler Kräfteverhältnisse, verfügbar unter: https://www.feri-institut.de/download/4500/fcfi_China.201805.pdf; abgerufen am: 18. Juni 2020.

Crémer J., Y. de Montjoye und H. Schweitzer (2019), Competition policy for the digital era. Report für die Europäische Kommission, verfügbar unter: https://ec.europa.eu/competition/publications/reports/kd0419345enn.pdf; abgerufen am: 9. Oktober 2020.

Dewenter, R. und H. Lüth (2019), Datenhandel und Plattformen, verfügbar unter: https://www.abida.de/sites/default/files/ABIDA_Gutachten_Datenplatformen_u nd_Datenhandel.pdf; abgerufen am: 22. Mai 2021.

Dohse, D. (2019), Zeit für eine neue Industriepolitik? Positionspapier des Kieler Instituts für Weltwirtschaft (IfW) zum Entwurf einer Nationalen Industriestrategie 2030, Kiel Policy Brief, Nr. 122, verfügbar unter: https://www.econstor.eu/bit stream/10419/193679/1/1067510427.pdf; abgerufen am: 15. März 2021.

Dullien, S. (2019), Kontrolle bei Übernahmen durch Nicht-EU Ausländer auch zur Verteidigung von Technologieführerschaft sinnvoll, *Zeitschrift für Wirtschaftspolitik*, 68(1), S. 45-52.

Engels, G., C. Plass und F.-J. Rammig (2017), IT-Plattformen für die Smart Service Welt, *acatech DISKUSSION*, Herbert Utz Verlag: München, verfügbar unter: https://www.acatech.de/wp-content/uploads/2018/03/IT-Plattformen_DISKUSSI ON_WEB.pdf; abgerufen am: 23. Mai 2021.

Fanta, A. und T. Rudl (2019), Nie mehr WhatsApp? EU-Staaten könnten Messenger zur Öffnung zwingen, verfügbar unter: https://netzpolitik.org/2019/nie-me hr-whatsapp-eu-staaten-koennten-messenger-zur-oeffnung-zwingen/; abgerufen am: 28. April 2021.

Fiedler, T. (2020), Wie China mit einem 15-Jahres-Plan die Standards der weltweiten Tech-Branche setzen will, erschienen in: Business Insider vom 25. Juni 2020, ver-fügbar unter: https://www.businessinsider.de/wirtschaft/wie-china-mit-e inem-15-jahres-plan-standards-der-weltweiten-tech-branche-setzen-will-1/; abgerufen am: 27. April 2021.

Fuest, C. (2019), Deutschland, Europa und der Aufstieg Chinas – Der dritte Systemwettbewerb, in: Y. Zhang (Hrsg.), *China und Deutschland 5.0: Chancen, Herausforderungen und Prognosen*, Walter de Gruyter: Berlin, Boston.

Furman, J., D. Coyle, A. Fletcher, D. McAuley und P. Marsden (2019), Unlocking Digital Competition. Report of the Competition Expert Panel, verfügbar unter: https://assets.publishing.service.gov.uk/government/uploads/system/uploads/att achment_data/file/785547/unlocking_digital_competition_furman_review_web.pdf; abgerufen am: 23. Mai 2021.

Gantenbein, P., J. Engelhardt und N.Herold (2011), Venture Capital in der Schweiz – Eine Analyse der Kapitalflüsse und der Beschäftigungswirkung, *ZfKE*, 59(1), S. 1-20.

Gerhard, M. (2018), Mehr Schutz vor ausländischen Direktinvestitionen?, *Wirtschaftsdienst*, 98(11), S. 814-820, verfügbar unter: https://link.springer.com/article /10.1007/s10273-018-2371-y; abgerufen am: 23. Mai 2021.

Haucap, J. (2020), Plattformökonomie: neue Wettbewerbsregeln – Renaissance der Missbrauchsaufsicht, *Wirtschaftsdienst*, 100(13), S. 20-29, verfügbar unter: https://link.springer.com/article/10.1007/s10273-020-2611-9; abgerufen am: 23. Mai 2021.

Haucap, J., C. Kehder und I. Loebert (2020), B2B-Plattformen in Nordrhein-Westfalen: Potenziale, Hemmnisse und Handlungsoptionen: Ein Gutachten im Auftrag des Ministeriums für Wirtschaft, Innovation, Digitalisierung und Energie des Landes Nordrhein-Westfalen, Düsseldorf, verfügbar unter: https://www.wirtschaft.nrw/sites/default/files/asset/document/gutachten_b2b-plattformen.pdf; abgerufen am: 23. Mai 2021.

Knittel, C. R. und V. Stango (2003): Price Ceilings as Focal Points for Tacit Collusion: Evidence from Credit Cards, *American Economic Review*, 93(5), S. 1703-1729, verfügbar unter: https://www.aeaweb.org/articles?id=10.1257/000282803322655509; abgerufen am: 23. Mai 2021.

Matthes, J. (2020), Unternehmensübernahmen und Technologietransfer durch China, Gefahrenpotenzial und Gegenmaßnahmen, *IW-Report No.34/2020*, verfügbar unter: https://www.econstor.eu/bitstream/10419/222524/1/1724949187.pdf; abgerufen am: 23. Mai 2021.

Monopolkommission (2020), Wettbewerb 2020, XXIII. Hauptgutachten der Monopolkommission gemäß § 44, Abs. 1 Satz 1 GWB, verfügbar unter: https://monopolkommission.de/images/HG23/HGXXIII_Gesamt.pdf; abgerufen am: 23. Mai 2021.

OECD (2020), Start-ups, Killer Acquisitions and Merger Control –Background Note, verfügbar unter: https://one.oecd.org/document/DAF/COMP(2020)5/en/pdf; abgerufen am: 23. Mai 2021.

Piétron, D. (2019), Digitale Souveränität durch Interoperabilität. Zur Möglichkeit dezentraler sozialer Netzwerke in der Plattformökonomie, verfügbar unter: http://library.fes.de/pdf-files/wiso/15852.pdf; abgerufen am: 23. Mai 2021.

Pottelsberghe v B. und A. Romain (2004), The Economic Impact of Venture Capital, Discussion Paper: Series 1: Studies of the Economic Research Centre No 18/2004 der Deutsche Bundesbank, verfügbar unter: https://www.bundesbank.de/resource/blob/703154/3c29b611221ba881861d308b8a41b07d/mL/2004-08-02-dkp-18-data.pdf: abgerufen am: 06. Juli 2022.

Schallbruch, M., H. Schweitzer, A. Wambach et al. (2019), Ein neuer Wettbewerbsrahmen für die Digitalwirtschaft: Bericht der Kommission Wettbewerbsrecht 4.0, verfügbar unter: https://www.bmwi.de/Redaktion/DE/Publikationen/Wirtschaft/bericht-der-kommission-wettbewerbsrecht-4-0.pdf?__blob=publicationFile&v=4; abgerufen am: 22. Mai 2021.

Shapiro, C. und H. R. Varian (1999), *Information rules: A strategic guide to the network economy*, Harvard Business Review Press: Boston.

Shi-Kupfer, K. und M. Ohlberg (2019), China's digital rise: Challenges for Europe, *MERICS papers on China – no. 7*, verfügbar unter: https://merics.org/sites/default/files/2020-06/MPOC_No.7_ChinasDigitalRise_web_final_2.pdf; abgerufen am: 23. Mai 2021.

Siebert, H. (2000), *Außenwirtschaft*, 7. Auflage, Lucius & Lucius: Stuttgart.

Schweitzer, H., J. Haucap, W. Kerber und R. Welker (2018), Modernisierung der Missbrauchsaufsicht für marktmächtige Unternehmen, Projekt im Auftrag des Bundesministeriums für Wirtschaft und Energie, Projekt Nr. 66/17, verfügbar unter: https://www.bmwi.de/Redaktion/DE/Publikationen/Wirtschaft/modernisierung-der-missbrauchsaufsicht-fuer-marktmaechtige-unternehmen.pdf?__blob=publicationFile&v=15; abgerufen am: 22. Mai 2021.

VDMA (2018), Produktpiraterie, Studie, verfügbar unter: https://www.one-identity-plus.com/wp-content/uploads/2018/07/VDMA-Studie-Produktpiraterie-2018_FINAL.pdf; abgerufen am: 23. Mai 2021.

Verband der Internetwirtschaft e.V. – eco (2019), Positionspapier zur Regulierung digitaler Plattformen, verfügbar unter: https://www.eco.de/wp-content/uploads/2019/11/20191030_positionspapier-zur-regulierung-digitaler-plattformen.pdf; abgerufen am: 21. Oktober 2020.

Wende, S. und S. Burrer (2017), Haftungsfragen der Digitalisierung der Wirtschaft, Diskussionspapier im Auftrag des Bundesverbandes der Deutschen Industrie, verfügbar unter: https://issuu.com/bdi-berlin/docs/201710_diskussionspapier_bdi_noerr_; abgerufen am: 21. Mai 2021.

Werland, S. (2015), Normung und Standardisierung als ressourcenpolitische Instrumente, Kurzanalyse 15 im Projekt Ressourcenpolitik: Analyse der ressourcenpolitischen Debatte und Entwicklung von Politikoptionen (PolRess), verfügbar unter: https://refubium.fu-berlin.de/bitstream/handle/fub188/19767/Kurzanalyse_Normung-1.pdf?sequence=1&isAllowed=y; abgerufen am: 27. April 2021.

7 Szenario 3: Industrie 4.0 – Der EU-Weg setzt sich durch

7.1 *Szenario-Motivation*

Mit Blick auf die digitalen Plattformen für das große Publikum wurden in Deutschland und Europa die Zeichen der Zeit überwiegend zu spät erkannt und Chancen nicht konsequent genutzt. Dadurch ist in diesem Bereich – speziell im Vergleich zu den führenden Plattformen in den USA und China – ein großer Rückstand entstanden, der nur schwer – wenn überhaupt – aufzuholen ist. Zwar werden sich auch in Zukunft immer wieder neue Chancen eröffnen und die Erfolgsgeschichten aus dem Silicon Valley finden auch hierzulande immer mehr Gehör, doch bleibt es ein langer und schwieriger Weg.

Gerade vor dem Hintergrund dieser Erfahrungen geht das vorliegende Szenario davon aus, dass im Feld der Industrie 4.0 sämtliche deutschen und europäischen Akteure alles daransetzen werden, um sich eine weltweit führende Position zu erarbeiten. Das Ziel besteht darin, heutige wirtschaftliche Stärken in der industriellen Wertschöpfung einschließlich der zugehörigen Dienstleistungen in zukünftige Stärken in einem digitalen, industriellen Wirtschaftsumfeld umzumünzen und weiterzuentwickeln. Weil sich das zugehörige Innovations- und Wirtschaftssystem durch eine hohe Heterogenität, Diversität und Spezialisierung auszeichnet, mit der deutsche Akteure gut vertraut sind, liegt heute eine vergleichsweise noch recht offene Ausgangssituation vor (vgl. BMWi, 2019a). Diese gute Ausgangsposition wurde im folgenden Szenario bis zum Jahr 2035 konsequent genutzt. Wir befinden uns also nun gedanklich im Jahr 2035. Als notwendige Zwischenschritte wurden die Ziele aus dem „Leitbild 2030 für Industrie 4.0" weitgehend erreicht (vgl. ebenda).

7.2 *Schlüsseltechnologien*

Im Jahr 2035 ist Industrie 4.0 in Deutschland bei den Unternehmen, die Produkte für den Weltmarkt fertigen und zugehörige Dienstleistungen anbieten, in der Breite umgesetzt und zeigt sich mit folgenden Facetten:

In den Prozess der *Produktentwicklung* werden Kunden, unterschiedliche Engineering-Disziplinen, Engineering-Services einschließlich Technologie-Lieferanten, Communitys (z. B. Open Source-Software, Open Design, Open Innovation, Crowdsourcing), Engineering-Werkzeug-Lieferanten und Provider von Kollaborationsplatt-formen einbezogen. Dabei können alle erforderlichen Kompetenzen (auch außerhalb des Unternehmens) ad hoc eingebunden werden. Engineering-Prozesse werden durchgängig gestaltet und durch eine geeignete Engineering-Werkzeuglandschaft unterstützt (vgl. BMWi, 2016, S. 24).

Durchgängige digitalisierte Datenketten, die auch als *Virtuelles Produkt* bezeichnet werden, ermöglichen die Kollaboration entlang aller Wertschöpfungsschritte vom Engineering bis zur Produktion. Aufgrund der Datendurchgängigkeit werden für die Produktion notwendige Anforderungen (z. B. Programmier- und Projektieraufgaben) sowie die Aufwände für die Nutzerführung automatisch generiert (vgl. BMWi, 2016, S. 22).

Das durchgängige und dynamische *Engineering von Anlagen* geht von einem integrierenden Anlagenmodell aus, das während der gesamten Lebensdauer der realisierten Anlage alle Vorgänge aus Engineering, Betrieb und Service der Anlage abbildet. Enthalten sind auch Randbedingungen, Kontextinformationen, mögliche Varianten, denkbare und getroffene Engineering-Entscheidungen sowie deren potenzielle und reale Auswirkungen, wodurch in Summe häufige und kurzfristige Änderungen von Anlagen unter Einbeziehung von Partnern möglich werden (vgl. BMWi, 2016, S. 26).

In *wandlungsfähigen Fabriken* wird eine Fertigung schnell und unter Umständen auch weitgehend automatisiert umgebaut, sowohl im Hinblick auf geänderte Fertigungskapazitäten als auch geänderte Fertigungsfähigkeiten. Dabei kommen intelligente und interoperable Module zum Einsatz sowie standardisierte Schnittstellen zwischen diesen Modulen (vgl. BMWi, 2016, S. 11).

Industrie 4.0 wird auch geprägt durch neue *Mensch-Technik-Interaktion* in der Produktion. Dies umfasst u. a. die physische Assistenz durch Fähigkeitsverstärker, kontextbasierte Assistenz bei der Diagnose von technischen Störungen, ortsbezogene Wartungs- und Planungsassistenz, mobile, personalisierte und situationsadaptive Lernsysteme sowie interaktive Werkzeuge für die flexible Einsatzplanung (vgl. BMWi, 2016, S. 20). Dabei spielen auch Technologien wie die *virtuelle Realität (VR) und erweiterte Realität (AR)* eine wichtige Rolle.

Die Realisierung der *auftragsgesteuerten Produktion* bedeutet, dass sich Produktionsfähigkeiten autonom und automatisiert über die eigenen Fabrikgrenzen hinaus vernetzen, um eine Optimierung der Produktion im Hinblick auf Kunden- und Marktanforderungen zu erreichen. Dies bedeutet Flexibilität und Dynamik bei der Einbindung von externen Produktionsstätten in den Produktionsablauf zur Optimierung von Produktionsketten und umfasst auch die automatisierte Auftragsplanung, -vergabe und -steuerung zur Einbindung aller benötigten Fertigungsschritte und Produktionsmittel (auch von extern) in den Produktionsablauf (vgl. BMWi, 2016, S. 10).

Realisiert ist auch eine *selbstorganisierende, adaptive Logistik*, die die gesamte Wertschöpfungskette der horizontalen Integration umfasst: Intralogistik, adaptive Distributionslogistik mit Zuliefer- und Auslieferprozessen des Supply Chain Managements sowie Endkundenlogistik für das auszuliefernde Produkt. Die echtzeitorientierte Informationsverfügbarkeit ermöglicht das Zusammenspiel aller Akteure der inter- und extralogistischen Wertschöpfung. Diese Form der Logistik reagiert flexibel auf wechselnde Produktionsanforderungen, Systemausfälle und Kundenprioritäten. Sie bindet zudem autonom agierende Transportfahrzeuge und Verladeeinrichtungen in die Prozessausführung ein (vgl. BMWi, 2016, S. 14).

Durch die Entwicklung der selbstorganisierenden, adaptiven Logistik – zunächst in der Intralogistik und dann in immer mehr Bereichen der Extralogistik – ist es in Deutschland auch zu einem allgemeinen Schub für das *autonome Fahren* im gewerblichen Kontext gekommen, von dem letztlich ebenfalls die Entwicklung von autonomen Fahrzeugen für private Nutzer profitiert.

Value Based Services nutzen Prozess- und Zustandsdaten als Rohstoff für weitere Geschäftsmodelle und Dienstleistungen. Service-Plattformen sammeln und analysieren – ggf. als Intermediäre – Daten aus der Nutzung von Produkten oder Produktionseinheiten und bieten auf dieser Basis bedarfsgerechte individuelle Services an (vgl. BMWi, 2016, S. 16).

Ausgelieferte Produkte weisen *Transparenz und Wandlungsfähigkeit* auf. Dabei werden automatisch durch geeignete Kommunikationsmodule in den Produkten nutzungs- und zustandsbezogene Daten über ausgelieferte Produkte erhoben zur Optimierung von Geschäftsprozessen, für neue Geschäftsmodelle, individualisierte „After Sales Services“, wie zustandsbasierte Wartung bis hin zur dynamischen Anpassung von Produkteigenschaften. Dazu gehört auch die bedarfsgerechte und ggf. temporäre Freischaltung einzelner Funktionalitäten (vgl. BMWi, 2016, S. 18).

Insgesamt wird auch die Umsetzung der *Kreislaufwirtschaft* unterstützt. Dabei werden Materialien in geschlossenen Zyklen gehalten, mit dem Ziel Abfall grundsätzlich zu vermeiden. Neue Geschäftsmodelle wie z. B. „Product as a Service“ führen dazu, dass Hersteller im Besitz der Materialien/Rohstoffe bleiben und nach Ablauf der Nutzungsphase Produkte zur

Aufbereitung und Weiterverwendung zurückerhalten. In kollaborativen Design- und Engineering Prozessen wird die einfache Zerlegung („Design for Disassembly“) und Wiederverwertung in weitere Lebenszyklen bereits mitgedacht. „Product-Passports“ beinhalten Herstellungs-, Montage-, Nutzungs- und Recycling-Informationen des Produkts bzw. einzelner Komponenten und werden vom intelligenten Produkt verwaltet. Die adaptive Logistik schließlich ermöglicht eine effiziente „Reverse Logistics“, wodurch Produkte dem Hersteller oder einem Recycler zurückgeführt werden (vgl. BMWi, 2016, S. 19).

An verschiedensten Stellen spielen dabei automatisierte und autonome Systeme sowie Künstliche Intelligenz eine maßgebliche Rolle. Produktionssysteme agieren unter Wahrung der vom Menschen gesetzten Grenzen autonom und intelligent und weisen sog. Self-X-Fähigkeiten auf wie Selbstdiagnose, Selbstoptimierung, Selbstwartung usw. Es ist immer deutlicher geworden, dass sich Anwendungen von KI im industriellen Kontext deutlich von Konsumenten-Anwendungen unterscheiden. So stehen in industriellen Zusammenhängen andere Datentypen, wie Zeitreihen und Eventdaten, im Vordergrund, während Bilddaten nur für einige spezielle Anwendungen relevant und Text- und Sprachdaten von untergeordneter Bedeutung sind. In Deutschland ist es gelungen, neue KI-Ansätze und maschinelle Lernverfahren hervorzubringen, die auch bei geringen Datenmengen sehr leistungsfähig sind und sich leicht auf einzelne Applikationen eines Produktionssystems übertragen lassen (vgl. Plattform Industrie 4.0, 2019; BMWi, 2019b). Auf diesem Wege hat sich Deutschland trotz großer Konkurrenz in einer wichtigen Nische im Bereich der KI als Technologieführer etablieren können.

Dementsprechend nutzen deutsche Unternehmen die Cloud- und KI-Dienste der globalen Plattformen selten, sondern greifen bevorzugt auf europäische Alternativen zurück und gehen strategische Partnerschaften mit führenden europäischen Partnern ein. Es hat sich eine Koexistenz einer Vielzahl vernetzter *Plattformen* von Infrastruktur-Anbietern, endkundenspezifischen Plattformen und Branchen-Plattformen herausgebildet. Außerdem sind in Deutschland einzelne Plattformen mit globaler Reichweite im Bereich Industrie 4.0 entstanden.

Der Einsatz von *Mobilfunk nach dem Standard 5G*[183] ermöglicht Anwendungen in Echtzeit, hohe Verlässlichkeit, hohe Datenraten und die Anbindung einer großen Zahl von Sendern und Empfängern. Durch 5G wurden kabellose Schnittstellen implementiert, die bspw. eine räumliche

183 und perspektivisch 6G.

Trennung von Produktionsautomation (z. B. Roboter) und Steuerungseinheit und damit letztlich eine Steuerung aus der Cloud erlauben (vgl. Plattform Industrie 4.0, 2018a).

7.3 Schlüsselfaktoren

Datenschutz, IT- und Informationssicherheit waren von Anfang an bei der Entwicklung von Industrie 4.0 wesentliche Grundpfeiler, gerade auch um das Vertrauen und die Akzeptanz der sicherheitsbewussten Industrieunternehmen zu gewinnen. Datenschutz und Security „by design" und „by default" wurde stets gefordert und konsequent umgesetzt. Dies wurde begleitet durch einen zunehmenden Einsatz von Ordnungskräften, die auf den Cyberraum spezialisiert sind, so dass ein vergleichbares Niveau an Rechtssicherheit und Strafverfolgung erreicht wurde wie auch außerhalb des Cyberraums. In der Summe wurde und wird dadurch sichergestellt, dass Daten geschützt sind, dass sie nur transparent verwendet werden und die verschiedenen Akteure jederzeit souverän entscheiden können, wofür die Daten genutzt werden können, wofür nicht und wann sie vergessen werden sollen (vgl. BMWi, 2019a).

Die Digitalisierung mit individuellen Produkten und Dienstleistungen verschärft den in westlichen Gesellschaften seit langem bestehenden Trend zur *Individualisierung* und treibt den Übergang in eine *granulare Gesellschaft* (vgl. Kucklick, 2014) weiter voran. Industrie 4.0 mit ihren datengetriebenen Geschäftsmodellen passt sehr genau zu diesen allgemeinen Entwicklungen. Maximierung des Kundennutzens durch individuelle Produkte und Dienstleistungen sowie Lösungsorientierung stehen nun an erster Stelle und haben die Produktzentrierung als vorherrschendes Paradigma industrieller Wertschöpfung abgelöst (vgl. Kucklick, 2014).

Gerade die weltumspannenden, industriellen Wertschöpfungsnetze stehen in technischer und wirtschaftlicher Hinsicht im Kontrast zu der Reichweite und Wirkmacht nationaler Regulierung. Die deutsche Politik hat dieses Spannungsverhältnis aufgegriffen und in ihrem Handeln primär den Industrie- und Wirtschaftsstandort Deutschland adressiert, dabei aber Offenheit und Kooperationsbereitschaft für Partner in Europa und der Welt betont. Eine abgestimmte, gemeinsame *europäische Vorgehensweise* wurde als erfolgsentscheidend erkannt und ist letztendlich gelungen (vgl. Plattform Industrie 4.0, 2018b). Dabei war letztlich die Einsicht wesentlich, dass das volle Potential der Digitalisierung in der Industrie umso besser genutzt werden kann, je mehr Akteure eingebunden sind.

Aufgrund der Vielfalt und Diversität der cyber-physischen Systeme[184] im industriellen Kontext war allen Beteiligten sehr früh klar, dass nur das Prinzip der *Interoperabilität* eine ausreichende Reichweite und Vernetzung vielfältigster Partner über Unternehmens- und Branchengrenzen gewährleisten kann. Dementsprechend wurde darauf hingewirkt, dass sich alle Partner eines Ökosystems zu einem hohen Maß an Interoperabilität bekennen und gleichermaßen dazu beitragen. Im Gegenzug erlaubt die Interoperabilität von Strukturen und Schnittstellen sowohl Herstellern als auch Kunden die unbeschränkte Teilhabe an digitalen Wertschöpfungsnetzen – dieser Mehrwert hat letztlich im Laufe der Zeit die meisten Akteure überzeugt und zur Zusammenarbeit bewegt (vgl. BMWi, 2019a).

Die Integration von Einzel- zu Systemlösungen in Industrie 4.0 basiert zu großen Teilen auf der Entwicklung von *Standards*. Sie stellen – insbesondere in der Form offener Standards – somit eine Basis für Interoperabilität dar. Auch durch branchenübergreifende Referenzarchitekturen und die Etablierung einer Verwaltungsschale als digitalem Abbild der realen Welt im Digitalen ist es Deutschland gelungen, die Entwicklung breit akzeptierter Standards voranzutreiben (vgl. BMWi, 2019a).

Das hervorragende *Bildungsniveau* der Belegschaften konnte im Laufe der Jahre gehalten und ausgebaut werden. Das lebensbegleitende Weiterlernen wurde durch zahlreiche Weiterbildungsmöglichkeiten bedarfsgerecht gefördert. Auf sich verschiebende Kompetenzbedarfe („Skill-Shift") wurde – besonders auch in der betrieblichen Bildung – flexibel und zeitnah reagiert zum Teil durch modulare Formen der digitalen, beruflichen Aus- und Weiterbildung (vgl. BMWi, 2019a). Auch in der Hochschulbildung wurde auf neue Bildungsbedarfe im Zusammenhang mit Industrie 4.0 schnell und passgenau reagiert. Die Verschränkung etablierter Studiengänge mit neuen IT-Inhalten ist gut gelungen. Dabei spielten immer öfter auch neue Formen der Selbstbildung auf allen Qualifikationsniveaus eine Rolle.

Leitmotiv des Übergangs zu Industrie 4.0 war der Gedanke des *Wirtschaftens und Arbeitens in globalen, digitalen Ökosystemen*. Damit ist gemeint, dass ehedem fest definierte Wertschöpfungsketten abgelöst wurden durch flexible, hochdynamische und weltweit vernetzte Wertschöpfungsnetzwerke mit völlig neuen Arten der Kooperation, für die der Begriff eines Ökosystems am passendsten ist. Damit die Rahmenbedingung der Datenökonomie in Einklang mit den Anforderungen einer sozialen Marktwirtschaft gebracht werden konnten, wurde das Bild offener Ökosysteme verwendet

---

184 Zum Begriff der cyber-physischen Systeme vgl. Acatech (2011).

(vgl. BMWi, 2019a). In solchen Ökosystemen besteht Vielfalt so wie in natürlichen, biologischen Ökosystemen, die zu einem Wettbewerb um Ressourcen führt und eine beständige Suche nach ungenutzten Nischen aller Akteure am Markt unterstützt. Die erforderliche Neuausrichtung der Wirtschafts- und Innovationspolitik auf das Wirtschaften in digitalen Ökosystemen ist den staatlichen Akteuren in Deutschland im Großen und Ganzen gut gelungen. Dies umfasste auch das Verständnis der Regeln, nach denen Start-ups entstehen und wachsen. Mit dem Blick darauf, dass Ökosysteme unter Monokulturen leiden, sind in Deutschland und Europa eigene Varianten von Start-up-Ökosystemen entstanden, die europäische Werte verkörpern und mit der sozialen Marktwirtschaft grundlegend verträglich sind und überdies gut zu Industrie 4.0 passen.

Industrie 4.0 ist es im sozialpartnerschaftlichen Dialog gelungen, signifikante Beiträge zur weiteren Verbesserung der Arbeitsbedingungen in Deutschland zu erzielen. Die erfindungsreiche Ausrüsterindustrie zusammen mit einer international wettbewerbsfähigen Anwenderindustrie hat mittels Industrie 4.0 zum weiterhin kontinuierlichen Ausbau des (bereits hohen) Beschäftigungsniveaus beigetragen. Multiplikations- und Spillover-Effekte haben sich auf andere Branchen positiv ausgewirkt.

Zwar wurden einige Berufe im Übergang zu Industrie 4.0 vollständig ersetzt und die Anforderungsprofile vieler verbleibender Berufe änderten sich, doch die Weiterqualifikation und Weitervermittlung in neue Tätigkeiten nach einem Verlust des Arbeitsplatzes gelang aufgrund der insgesamt positiven Dynamik sehr gut.

Durch Industrie 4.0 haben sich im industriellen B2B-Geschäft die Möglichkeiten der Arbeit aus dem Homeoffice erweitert und auch den Bereich der industriellen Produktion erreicht. Dazu hat auch beitragen, dass Remote-Service-Angebote stark ausgebaut wurden (vgl. Plattform Industrie 4.0, 2020). In diesem Zuge hat sich auch grenzüberschreitende Telearbeit allmählich zu einem relevanten Teil des deutschen Arbeitsmarktes entwickelt.

In der Summe hat der Übergang zu Industrie 4.0 die deutsche *Wettbewerbsfähigkeit* und *Kooperationsfähigkeit* substanziell erhöht.

Dies hat seitens der beteiligten Unternehmen besonders in der Anfangsphase des Übergangs einige Investitionen erfordert. Allerdings war es vielen schnell klar, dass ohne Investitionen in Industrie 4.0 die Gefahr bestanden hätte, im Wettbewerb unterzugehen. Neben der Steigerung der Produktivität hat auch die Aussicht auf zusätzliche Erlöse durch neue digitale Geschäftsmodelle aufgrund von Industrie 4.0 die *Investitionsbereitschaft* deutlich erhöht. Gerade auch der starke industrielle Mittelstand hat nach anfänglicher Skepsis stark investiert. Die öffentliche Hand hat über viele Jahre kontinuierlich in den Aufbau der digitalen Infrastruktur investiert und konnte dadurch mitgestalten, dass diese Infrastruktur allen Teilnehmern gleichermaßen offen zugänglich ist und ohne Einschränkungen zur Verfügung steht und somit Fairness im Zugang garantiert. Dabei wurde durchgängig auch auf deren Resilienz geachtet.

Der Übergang zu Industrie 4.0 stellte einen *gesamtgesellschaftlichen Transformationsprozess* dar. Es zeigte sich, dass neben den engen Kooperationen auf Ebene der Unternehmen auch die Beteiligung und Mitbestimmung aller Akteure erfolgsentscheidend war. Dies umfasste sozialpartnerschaftliche Dialoge in einzelnen Betrieben ebenso wie die Diskussion gesamtgesellschaftlicher Fragen in Bezug auf die Nutzung digitaler Technologie und KI im Alltag. Der Leitgedanke der Souveränität betonte dabei die Freiheit aller Akteure am Markt von Unternehmen, über Mitarbeiter zum Einzelnen und seinen Kaufentscheidungen (vgl. BMWi, 2019a). Nicht zuletzt auch um Marktchancen möglichst groß zu gestalten, wurde durch Maßnahmen zur digitalen *Inklusion* (etwa „Design for all") sichergestellt, dass jede Person an der digitalen Wirtschaft und Gesellschaft teilhaben kann.

Die *ökonomische, ökologische und soziale Nachhaltigkeit* als Eckpfeiler der gesellschaftlichen Wertorientierung steht im Einklang mit Industrie 4.0. In sozialer und ökonomischer Hinsicht leistet eine zukunfts- und wettbewerbsfähige Industrie wesentliche Beiträge für Wohlstand und Lebensqualität jedes Einzelnen. Mit Blick auf ökologische Nachhaltigkeit und den Klimaschutz hat Industrie 4.0 es ermöglicht, die Ressourceneffizienz zu verbessern, Stoffkreisläufe über den gesamten Produktlebenszyklus zu schließen und durch serviceorientierte Geschäftsmodelle die Materialintensität des Wirtschaftens insgesamt zu reduzieren (vgl. BMWi, 2019a).

7.4 *Wirkungsanalyse Szenario 3*

Dieser Abschnitt enthält eine Übersicht von betrachteten möglichen Wirkungen, die das Eintreten von Szenario 3 haben könnte. Die Reihenfolge der aufgeführten Wirkungen innerhalb der einzelnen Abschnitte entspricht Relevanz-Einschätzungen aus einem Expertenworkshop beginnend mit den Wirkungen, die am häufigsten als relevant eingeschätzt wurden. Am Ende der Abschnitte finden sich aus Gründen der Vollständigkeit jeweils „Weitere Wirkungen", die zwar in Betracht gezogen, aber als nicht besonders relevant eingeschätzt wurden.

7.4.1 Wirtschaftsstruktur / Unternehmen und Wettbewerb

Szenario 3 ist dadurch gekennzeichnet, dass Wertschöpfung zunehmend weniger innerhalb einzelner Unternehmen oder linearer Wertschöpfungsketten stattfindet, sondern immer stärker in Netzwerken und digitalen Ökosystemen[185] in der Verbindung von Menschen, Objekten und Systemen (vgl. Obermaier, 2019, S. 4). Dazu trägt auch die Logistik bei, die eine Vernetzung über (Fabrik-)Grenzen hinaus unterstützt etwa durch den Einsatz von adaptiver und längerfristig auch autonomer Logistik-Systeme.

Der Wertschöpfungsanteil des verarbeitenden Gewerbes am gesamten BIP bleibt in D gegen den internationalen Trend auf hohem Niveau. Dazu trägt auch eine Rückverlagerung der Produktion aus Billiglohnländern nach Deutschland bei. Die enge Verzahnung von Industrie- und Dienstleistungssektor in Deutschland bleibt bestehen und wird durch neue Geschäftsmodelle noch intensiviert (vgl. Obermaier, 2019, S. 12).

Weil IT-Unternehmen sehr erfahren bei Geschäftsmodellinnovationen sind, können den etablierten Industrieunternehmen aus ihnen starke Wettbewerber erwachsen (vgl. Obermaier, 2019, S. 43).

Industrie 4.0 kann zu einer wachsenden technologischen Kluft in der deutschen Betriebslandschaft zwischen Vorreitern und Nachzüglern führen (vgl. ZEW, 2018, S. 106).

Monopolisierungstendenzen sind im Zusammenhang von Industrie 4.0 nicht so ausgeprägt wie bei B2C. Es ist aber unklar, ob und wenn ja zu welchem Zeitpunkt es zu einem „Umkippen" in der Zukunft kommen könnte z. B. durch Marktkonvergenzen (vgl. BMWi, 2019c, S. 50).

---

185 „*2.1. What is the difference between an online platform and a digital ecosystem? (...) online platform is distinct from a digital ecosystem, which is a broader concept that can include online platforms. Digital ecosystems are combinations of interoperating applications, operating systems, platforms, business models and/or hardware, and not all components of the ecosystem must be owned by the same entity. In fact, a digital ecosystem may involve thousands of different businesses. (...) Components within digital ecosystems are often linked through data, which may be collected or used differently by each component. Shared use of data within an ecosystem helps it to function better and creates opportunities to expand the ecosystem while engaging customers more deeply. Ecosystems can offer users ease of use, convenience, and a familiar look and feel with which they may grow comfortable. However, ecosystems have varying degrees of openness towards competitors and third parties. Opening up to competitors may create benefits from shared network effects across firms. (...) Alternatively, some ecosystem operators limit interoperability with hardware and/or software owned by other entities.*" (OECD, 2019, S. 22).

Namhafte Unternehmen bzw. bekannte Weltmarktführer haben Vorteile, um Vertrauensprobleme bei der Plattformgründung zu überwinden (vgl. Haucap, Kehder und Loebert, 2020, S. 8) – insofern besteht eine gute Ausgangsposition für Deutschland. Dieser Faktor bedeutet aber auch generelle Vorteile für Großunternehmen.

Vermehrtes Homeoffice – z. B. auch möglich durch Fernwartung und dergleichen - wird den Immobilienmarkt beeinflussen.

7.4.2 Produktivität und Wachstum

Kurzfristig werden geringe Produktivitätszuwächse durch die Umstellung auf Industrie 4.0 erwartet, und zwar aufgrund des damit verbundenen hohen Investitionsbedarfs. Mittel- bis langfristig sollte es zu bedeutenden Produktivitätszuwächsen mit nennenswertem Wirtschaftswachstum kommen. Es besteht das Potenzial enormer Steigerungen der Prozesseffizienz industrieller Wertschöpfung (vgl. Obermaier, 2019, S. 4).

Positive volkswirtschaftliche Wirkungen entstehen durch Transaktionskostenreduktion, Verbundeffekte und Open Innovation sowie eine positive Wirkung auf die Bruttowertschöpfung im verarbeitenden Gewerbe für Nutzer von B2B-Plattformen. Über solche Plattformen werden primär Dienstleistungen oder Produkt-Dienstleistungs-Kombinationen vertrieben (vgl. BMWi, 2019c, S. 57).

Zum Produktivitätsparadoxon:

> „*Studien mit einem späteren Betrachtungszeitraum (weisen) überwiegend positive Effekte von IT-Investitionen auf die Produktivität nach. Ursächlich hierfür sind insbesondere Verzögerungen durch Lernkurveneffekte, Missmanagement in Form inadäquater IT-Nutzung und das Fehlen von zur IT-Investition komplementären Faktoren.*“ (Obermaier, 2019, S. 557).

Es ist aber festzustellen, dass entsprechende Produktivitätseffekte teilweise schwierig zu messen sind.

Weitere Wirkungen zu diesem Kriterium

Wenn vor allem große Unternehmen Industrie 4.0 umsetzen und KMU eher zögern, können Wirkungen auf der Makroebene verborgen bleiben (vgl. ZEW, 2018, S. 106ff.), weil es dann dazu kommen könnte, dass es überwiegend Verschiebungen von Nachzüglern zu Vorreitern gibt.

7.4.3 Beschäftigung und Einkommen

Durch Industrie 4.0 könnte es zu wachsender Beschäftigungs- und Lohnungleichheit kommen (vgl. ZEW, 2018).

Industrie 4.0 könnte Auswirkungen auf die Arbeitsqualität haben. Konkret ist eine Vielfalt an neuen Szenarien und neuen beruflichen Rollen denkbar: Selbstbestimmter Beschäftigter, „Feuerwehr“, Gestalter der zukünftigen Produktions- und Arbeitswelt durch Entwicklung, Programmierung und Anpassung, Problemlöser, Ausführender in neu entstehenden Tätigkeitsfeldern, eher fremdgesteuerter Ausführender, Crowd-worker, Kollege von Robotern bzw. autonomen Systemen usw. Veränderungen sind möglicherweise einschneidend, da sie die aus der ersten industriellen Revolution bekannten Formen der Arbeitsorganisation stark verändern (vgl. Neuburger, 2019, S. 589).

Es werden schwach positive Gesamtbeschäftigungseffekte erwartet:

> „*Die insgesamt positiven Beschäftigungseffekte gehen mit insgesamt steigenden Löhnen einher. Entsprechend sinkt auch die Arbeitslosenquote.*“ (ZEW, 2018, S. 106)

Es wird erwartet, dass die in den nächsten fünf Jahren geplanten Technologieinvestitionen zu einem weiteren leichten Rückgang der Arbeitslosigkeit führen werden.

7.4.4 Nachhaltigkeit und Weitere Wirkungen

Es sind wesentliche Beiträge von Industrie 4.0 für die Implementierung der Kreislaufwirtschaft möglich auch durch Konzepte wie Product-as-a-Service-Angebote (PaaS), Upcycling-Strategien, Verbesserung der Ressourceneffizienz und bei der Nutzung von virtualisierten beziehungsweise digitalisierten Komponenten, Systemen und Prozessen für nachhaltigere Inbetriebnahmen und Probebetriebe (vgl. Plattform Industrie 4.0, 2019, S. 9).

Die Akzeptanz der Mitarbeiterinnen und Mitarbeiter für Industrie 4.0 könnte unterschiedlich ausfallen je nach Form der betrieblichen Umsetzung und weiterer Faktoren (vgl. Ullrich et al., 2019, S. 565; Plattform Industrie 4.0, 2019).

Weitere Wirkungen zu diesem Kriterium

Durch etwaige Industrie 4.0 ermöglichte Kooperation mit China könnte für

> *„Deutsche Akteure (ein) Reputationsschaden entstehen, wenn z. B. ihre Produkte für die Entwicklung von Überwachungs- und Rüstungstechnologie in China genutzt werden.“* (Merics, 2020, S. 49).

7.5 Handlungsoptionen Szenario 3

Dieser Abschnitt enthält eine Übersicht von betrachteten Handlungsoptionen, die beim Eintreten von Szenario 3 sinnvoll erscheinen könnten. Die Reihenfolge der aufgeführten Handlungsoptionen innerhalb der einzelnen Abschnitte entspricht Relevanz-Einschätzungen aus einem Expertenworkshop beginnend mit den Optionen, die am häufigsten als relevant eingeschätzt wurden. Am Ende der Abschnitte finden sich aus Gründen der Vollständigkeit jeweils „Weitere Handlungsoptionen“, die zwar in Betracht gezogen, aber als nicht besonders relevant eingeschätzt wurden.

Der politisch gewünschte, forcierte Ausbau des Breitbandnetzes sollte mit Blick auf die Relevanz für die Realisierung von Industrie 4.0 als eine kritische Infrastruktur betrachtet werden. Dabei geht es nicht nur um die Netzstabilität bzw. -sicherheit, sondern auch um eine verlässliche Übertragungsgeschwindigkeit und/oder ggf. Echtzeitfähigkeit, die für eine erfolgreiche Verbreitung von Industrie 4.0 als erfolgskritisch angesehen werden kann.

Um Industrie 4.0 in der Breite voranzutreiben, sollte gezielt die Digitalisierung in KMUs gefördert werden, wie es in bestimmten Programmen schon geschieht.

Konflikte mit bestehenden regulatorischen Rahmenbedingungen sollten frühzeitig identifiziert und dann adressiert werden. Ggf. ist es nötig, bestehende Regulierungen an die Besonderheiten der Plattformökonomie bzw. von Industrie 4.0 anzupassen: konkrete Handlungsempfehlungen (vgl. Plattform Industrie 4.0, 2021a).

Fachkräfteengpässe im Zusammenhang mit Industrie 4.0 müssen erkannt und adressiert werden (vgl. ZEW, 2018).

Die Mobilität zwischen den schrumpfenden und wachsenden Arbeitsmarktsegmenten ist zu fördern, um so einer Beschäftigungs- und Lohnungleichheit entgegenzuwirken (vgl. ZEW, 2018).

Im Zusammenhang mit Industrie 4.0 ist eine spezifische plattformorientierte Industriepolitik zu entwickeln, das bedeutet, dass die Wirtschaftspolitik auf digitale Ökosysteme ausgerichtet werden soll.

In der Wettbewerbspolitik sind strukturelle Veränderungen auf Monopolisierungstendenzen zu beobachten. Ggf. ist das Wettbewerbsrechts auf die Besonderheiten der Plattformökonomie bzw. Industrie 4.0 anzupassen (vgl. Plattform Industrie 4.0, 2021b).

Weitere Handlungsoptionen

Genossenschaftliche B2B-Plattformen könnten das Vertrauensproblem bei der Gründung von B2B-Plattformen lösen (vgl. Haucap, Kehder und Loebert, 2020, S. 9).

Mit multi- und transdisziplinären Förderprogrammen (vgl. BMWi 2019c, S. 62) sollten neue Technologien mit Bezug zu Industrie 4.0 gefördert werden (vgl. ZEW, 2018).

7.6 Literaturverzeichnis Szenario 3

Acatech (2011), *Cyber-Physical Systems: Innovationsmotoren für Mobilität, Gesundheit, Energie und Produktion*, Springer: Berlin, Heidelberg.

BMWi (2016), Fortschreibung der Anwendungsszenarien der Plattform Industrie 4.0. Ergebnispapier, verfügbar unter: https://www.plattform-i40.de/PI40/Redaktion/DE/Downloads/Publikation/fortschreibung-anwendungsszenarien.pdf?__blob=publicationFile&v=8; abgerufen am: 1. Juni 2022.

BMWi (2019a), Leitbild 2030 für Industrie 4.0 – Digitale Ökosysteme global gestalten, verfügbar unter: https://www.plattform-i40.de/PI40/Redaktion/DE/Downloads/Publikation/Leitbild-2030-f%C3%BCr-Industrie-4.0.pdf?__blob=publicationFile&v=10; abgerufen am: 1. Juni 2022.

BMWi (2019b), Technologieszenario „Künstliche Intelligenz in der Industrie 4.0“, verfügbar unter: https://www.plattform-i40.de/PI40/Redaktion/DE/Downloads/Publikation/KI-industrie-40.pdf?__blob=publicationFile&v=12; abgerufen am: 1. Juni 2022.

BMWi (2019c), Industrie 4.0 – Volks- und betriebswirtschaftliche Faktoren für den Standort Deutschland, verfügbar unter: https://vdivde-it.de/system/files/pdfs/industrie-4.0-volks-und-betriebswirtschaftliche-faktoren-fuer-den-standort-deutschland.pdf; abgerufen am: 01. Juni 2022.

Haucap J., C. Kehder und I. Loebert (2020), B2B-Plattformen in Nordrhein-Westfalen: Potenziale, Hemmnisse und Handlungsoptionen. DICE Consult, Gutachten, verfügbar unter: https://www.wirtschaft.nrw/sites/default/files/documents/gutachten_b2b-plattformen.pdf; abgerufen am: 1. Juni 2022.

Kucklick, C. (2014), *Die granulare Gesellschaft – Wie das Digitale unsere Wirklichkeit auflöst*, Ullstein: Berlin.

Merics (2020), Chinas Digitale Plattformökonomie: Eine Bestandsaufnahme im Kontext von Industrie 4.0 – Herausforderungen und Chancen für deutsche Akteure, verfügbar unter: https://merics.org/de/studie/chinas-digitale-plattformoekonomie-eine-bestandsaufnahme-im-kontext-von-industrie-40; abgerufen am: 1. Juni 2022.

Neuburger, R. (2019), Der Wandel der Arbeitswelt in einer Industrie 4.0, in: Obermaier, R. (Hrsg.), *Handbuch Industrie 4.0 und Digitale Transformation*, Springer: Wiesbaden, S. 589-608.

Obermaier, R. (Hrsg.), *Handbuch Industrie 4.0 und Digitale Transformation*, Springer: Wiesbaden.

OECD (2019), An Introduction to Online Platforms and Their Role in the Digital Transformation, verfügbar unter: https://www.oecd.org/innovation/an-introduction-to-online-platforms-and-their-role-in-the-digital-transformation-53e5f593-en.htm; abgerufen am: 15. Juni 2022.

Plattform Industrie 4.0 (2018a), MGP – Mobil Gesteuerte Produktion/5G für Digitale Fabriken, verfügbar unter: https://www.plattform-i40.de/PI40/Redaktion/DE/Downloads/Publikation/mobil-gesteuerte-produktion.pdf?__blob=publicationFile&v=7; abgerufen am: 1. Juni 2022.

Plattform Industrie 4.0 (2018b), Common List of Scenarios, verfügbar unter: https://www.plattform-i40.de/PI40/Redaktion/DE/Downloads/Publikation/plattform-i40-und-industrie-du-futur-scenarios.pdf?__blob=publicationFile&v=5; abgerufen am: 1. Juni 2022.

Plattform Industrie 4.0 (2019), Themenfelder Industrie 4.0, Forschungsbeirat der Plattform Industrie 4.0, verfügbar unter: https://www.plattform-i40.de/PI40/Redaktion/DE/Downloads/Publikation/acatech-themenfelder-industrie-4-0.html; abgerufen am: 1. Juni 2022.

Plattform Industrie 4.0 (2020), Zehn Thesen zur Zukunft digitaler Geschäftsmodelle für Industrie 4.0 in der Post-Corona-Ökonomie, verfügbar unter: https://www.plattform-i40.de/PI40/Redaktion/DE/Downloads/Publikation/Corona_Thesen.pdf?__blob=publicationFile&v=5; abgerufen am: 1. Juni 2022.

Plattform Industrie 4.0 (2021a), IP-Recht und Datenhoheit – wie das Recht Schritt hält, Ergebnispapier, 2. Auflage, verfügbar unter: https://www.plattform-i40.de/PI40/Redaktion/DE/Downloads/Publikation/IP-Recht.html; abgerufen am: 1. Juni 2022.

Plattform Industrie 4.0 (2021b), Industrie 4.0 – Kartellrechtliche Betrachtungen, Ergebnispapier, 2. Auflage, verfügbar unter: https://www.plattform-i40.de/PI40/Redaktion/DE/Downloads/Publikation/Kartellrechtliche-Betrachtungen.html; abgerufen am: 1. Juni 2022.

Ullrich, A., G. Vladova, C. Thim und N. Gronau (2019), Organisationaler Wandel und Mitarbeiterakzeptanz. Vorgehen und Handlungsempfehlungen, in: Obermaier, R. (Hrsg.), *Handbuch Industrie 4.0 und Digitale Transformation*, Springer: Wiesbaden, S. 565-587.

ZEW (2018), Digitalisierung und die Zukunft der Arbeit: Makroökonomische Auswirkungen auf Beschäftigung, Arbeitslosigkeit und Löhne von morgen. Forschungsbericht, verfügbar unter: http://hdl.handle.net/10419/179119; abgerufen am: 1. Juni 2022.

8 Szenario 4: China wird KI-Technologieführer

8.1 Szenario-Motivation

China hat seit kurzem einen eigenen Begriff für das Phänomen der Digitalisierung: „Shi Zi Hua". Das Wort beschreibt den allumfassenden Wandel hin zu digitalen, vernetzten, intelligenten Technologien. Bei aller Ähnlichkeit des begrifflichen Ansatzes, unterscheidet sich das digitale Selbstverständnis in China jedoch grundlegend vom dem in Deutschland. Während in Deutschland neue digitale Technologien und Geschäftsmodelle, bspw. bargeldlose Bezahlsysteme oder ganz aktuell die Einführung der „Corona-App", meist durch kritische Debatten begleitet werden und nur langsam in der Gesellschaft auf breite Akzeptanz stoßen und Anwendung finden, haben diese oftmals längst und auch sehr schnell den chinesischen Alltag erreicht.[186]

So ist es nicht überraschend, dass Künstliche Intelligenz (KI) für China eine der zentralen Zukunfts- und Schlüsseltechnologien ist. Das chinesische KI-Innovationsökosystem ist durch eine enorme finanzielle Förderung durch den Staat, einen riesigen Binnenmarkt samt ebenso großem Datenpool, eine enge Anbindung von Militär und Geheimdiensten sowie einen tief in der Gesellschaft verankerten Technologieoptimismus charakterisiert. Schwerpunkte der Förderung liegen in den Bereichen Industrie 4.0/Produktion, Mobilität, E-Health/Gesundheit und Sicherheit.

Doch auch wenn China in den vergangenen Jahren bereits große Fortschritte im KI-Sektor gemacht hat, so hinkt das Land gegenwärtig noch in mehreren Dimensionen hinterher – vor allem im Vergleich zu den USA. Dies gilt nicht nur für die Grundlagenforschung und die Ausbildung von KI-Talenten, sondern auch für die Zahl der international durchsetzungsfähigen Patente und Start-ups sowie für die heimische Halbleiterindustrie. Allerdings ist der Anspruch der chinesischen Staatsführung hoch. Bereits in fünf Jahren sollen die USA sowohl in Forschung und Entwicklung als auch in der Anwendung überholt werden. Und bis zum Jahr 2030 will China der alleinige, globale KI-Innovationsführer sein; in Zahlen lau-

---

186 Vgl. Deutsche Welle, 10.12.2018, Deutschland, China und die Wege der Digitalisierung, verfügbar unter: https://www.dw.com/de/deutschland-china-und-die-wege-der-digitalisierung/a-46660124; angerufen am: 23. Juni 2020.

tet dieses Ziel, einen Wert der KI-Industrie von umgerechnet rund 130 Milliarden Euro und verbundene Industriezweige im Wert von rund 1,3 Billionen Euro zu schaffen (zum Vergleich: für das Jahr 2020 werden umgerechnet rund 19 Milliarden Euro für die KI-Industrie sowie rund 130 Milliarden Euro für verbundenen Industriezweige angestrebt).[187]

Vor diesem Hintergrund wurde das vorliegende Szenario entwickelt. Es geht davon aus, dass die hohe Einwohnerzahl in China und das weitgehende Fehlen von Datenschutz (nach europäischem Verständnis) sich als massive Wettbewerbsvorteile für China herausstellen. Daraufhin wird das Land zum weltweiten Technologie- und Marktführer für KI und nutzt diese Position geschickt aus. Die Innovationskraft der gesamten Wirtschaft wird dank KI gesteigert. Statt „Made in China" (vgl. Merics, 2019b) lautet der Leitslogan dann „Invented in China". Ansätze wie das Social Scoring und eine systematische Überwachung werden zu globalen Exportschlagern. China festigt so das eigene politisch-gesellschaftliche System und baut seine Macht- und Marktposition global aus. Da auch das Militär, das der kommunistischen Partei Chinas untergeordnet ist, von der Dominanz profitiert, kann das Land seinen geopolitischen Einfluss deutlich steigern (vgl. DLR, 2020).

8.2 Schlüsseltechnologien

Als Ausgangspunkt ist es wichtig zu verstehen, welche Rolle KI im Rahmen der Digitalisierung grundsätzlich einnimmt und wie China hier einzuordnen ist. Das Thema Künstliche Intelligenz hat in den gut siebzig Jahren seiner wechselvollen, modernen Geschichte verschiedene Phasen von Begeisterung und Ernüchterung durchlaufen. Dabei wurde der Begriff anhand des jeweils aktuell technisch Machbaren immer neu interpretiert. Eine einfache Definition des Deutschen Forschungszentrums für Künstliche Intelligenz (DFKI), für die praktische Anwendung lautet:

> *„Künstliche Intelligenz ist die Eigenschaft eines IT-Systems, „menschenähnliche" intelligente Verhaltensweisen zu zeigen."* (DFKI, 2017, S. 14)

187 Vgl. China Copyright and Media, 20.07.2018, A Next Generation Artificial Intelligence Development Plan, verfügbar unter:https://chinacopyrightandmedia.wordpress.com/2017/07/20/a-next-generation-artificial-intelligence-development-plan/; abgerufen am: 23. Juni 2020.

In den letzten gut zehn Jahren überwiegen Erfolgsgeschichten und Beispiele nützlicher, überzeugender Anwendungen. Als Gründe werden genannt die allgemeine Steigerung der Rechenleistung, die Entwicklung leistungsfähiger Spezialhardware, Cloud Computing sowie riesige Sätze von Trainingsdaten, die mit der globalen Verbreitung und Nutzung digitaler Plattformen für deren Betreiber verfügbar wurden, sowie der Durchbruch des maschinellen Lernens in der Form des sog. „deep learning“. Auch trägt der allgemeine Trend zur Digitalisierung zu einem Bedeutungszuwachs für die verschiedenen Formen der KI bei und setzt eine Art Selbstverstärkung in Gang. Denn in dem Maße, in dem die Digitalisierung alle Lebensbereiche durchdringt, fallen zunehmend entsprechende Massendaten an, die den Formen der KI neue Anwendungsmöglichkeiten eröffnen, die ihrerseits Wirkung in eben all diese Lebensbereiche hinein entfalten können. Daher wird die wirtschaftliche Bedeutung der KI als immens betrachtet. Daneben spielen aber auch geopolitische Facetten des Themas eine große Rolle. Vor diesem Hintergrund ist ein globaler KI-Forschungs- und Technologie-Wettlauf entbrannt, bei dem China ab 2030 die Spitzenposition übernehmen will.

Eine Besonderheit in der KI-Landschaft besteht darin, dass die großen Technologieunternehmen (USA: Google, Microsoft, Amazon, Facebook, IBM, Apple; China: Baidu, Alibaba, Tencent – meist als BAT zusammengefasst) nicht nur wirtschaftlich in der Anwendung von KI an der Spitze sind, sondern auch als führende Akteure in der Forschung gelten. Zwar gibt es Konferenzbeiträge und Publikationen dieser Unternehmen, diese geben naturgemäß jedoch nur einen Teil der Forschungsarbeiten wieder – mutmaßlich die Teile mit einem geringen unmittelbar erwarteten Anwendungs- und Produktbezug. Sie müssen überdies als Element der breiteren Unternehmenskommunikation gewertet werden, die zudem insgesamt nur selten Aussagen zur langfristigen Ausrichtung bzw. konkrete mittel- bis langfristige Anwendungsziele enthält. Bei allen identifizierbaren Unternehmensaussagen ist zu berücksichtigen, dass sie mit dem wirtschaftlichen Interesse erfolgen, das jeweilige Unternehmen und dessen Produkte in einem guten Licht erscheinen zu lassen.

Bisher weisen die erfolgreichen Formen der KI noch eng umgrenzte Fähigkeiten (Inselbegabungen) auf. Sie benötigen sehr große, validierte Datensätze zum Training, und werden diese wohl auch in absehbarer Zukunft weiter benötigen. Das Datenaufkommen und die Datenverfügbarkeit stellen daher Markteintrittsbarrieren dar, die zu einer Vermachtung der Märkte führen und das Thema Big Data zu einem Schlüsselelement bei der Weiterentwicklung von KI machen. Aufgrund der zunehmenden Erhebung und Verfügbarkeit von Massendaten steigt die Notwendigkeit diese wertstiftend zu analysieren. Die Daten selbst werden vielschichtiger und können aus sehr unterschiedlichen Quellen stammen (Sensoren, sozialen Medien, Telekommunikations-, Verbrauchs- oder Transaktionsdaten, Geschäftszahlen, Wartungs- oder Betriebsdaten in der Produktion etc.) sowie verschiedenste Datentypen (Texte, Zahlen, Bilder, Video, Audio, Metadaten) umfassen.

Zu den wichtigsten Treibern des Datenwachstums gehören die zunehmende (mobile) Internetnutzung, ubiquitäre Endgeräte wie z. B. Smartphones oder Wearables, die Integration von Informations- und Kommunikationstechnologien in Alltagsgegenstände, die steigende Nutzungsintensität von sozialen Netzwerken, aber auch die fortschreitende Digitalisierung von Produktion, Haushalt, Energieversorgung und Mobilität (Internet der Dinge) sowie Dienstleistungen (Internet der Dienste). Schätzungen gehen davon aus, dass das weltweit verfügbare Volumen elektronischer Daten von ca. 33 Zettabytes im Jahr 2018 auf mehr als 175 Zettabytes im Jahr 2025 ansteigen wird.[188] Fast 30 Prozent der weltweiten Daten werden in Echtzeit verarbeitet. Häufig werden Daten aus unterschiedlichen Quellen miteinander in Korrelation gebracht, indem sie disziplin- oder anwendungsübergreifend fusioniert werden und so neue, verborgene Relationen zwischen Datenpunkten entstehen. Die Erhebungen, die sich daraus ergeben (insbesondere bei einer zunehmenden Fusionierung großer Internetplattformen), erfordern eine Sensibilisierung von Bürgern und Unternehmen (z. B. Social Scoring) und zeigen den großen Einfluss, den Big Data auf Gesellschaft und Wirtschaft und als politisches Querschnittsthema hat.

China kann beim Thema Big Data im globalen KI-Wettbewerb schon jetzt einen großen Vorteil ausspielen: Die mehr als 800 Millionen Internetnutzer des Landes, davon übrigens 98 Prozent Nutzer mobiler Endgeräte, generieren ein riesiges Datenvolumen. Und die großen chinesischen Technologieunternehmen verfügen durch die hohe Popularität und Akzeptanz ihrer Onlineplattformen über den Zugriff auf enorme Datenmengen. Hinsichtlich der Verfügbarkeit und Qualität öffentlicher Daten hat das Land

188 Vgl. Redgate, 8. September 2021, What's the real story behind the explosive growth of data?, verfügbar unter: https://www.red-gate.com/blog/database-development/whats-the-real-story-behind-the-explosive-growth-of-data; abgerufen am: 22. Juni 2022.

jedoch noch einen großen Aufholbedarf gegenüber vergleichbaren Ländern, wenn auch hier mit steigender Tendenz.[189,190]

Während ausländische Beobachter das chinesische Potenzial auf Basis der reinen Zahlen oftmals überschätzen, sind die chinesischen Unternehmen selbst dauerhaft besorgt, dass sich eine KI-Blase im Land bilden könnte. Eine Hauptsorge ist, dass die Alterung der Bevölkerung schneller voranschreiten könnte als das Wachstum.[191] In diesem Realismus liegt eine der Stärken Chinas.

Doch nicht nur Big Data und Algorithmen zu deren Analyse stehen in Chinas Fokus. Mit dem „Next Generation Artificial Intelligence Development Plan" verfolgt die Staatsführung einen ganzheitlichen Ansatz, um bis 2030 alle möglichen Wirtschafts- und Gesellschaftsbereiche mit KI-Technologien zu durchdringen. Zudem will das Land die erforderlichen Hardwarekomponenten selbst entwickeln und herstellen und sich auch in angrenzenden Technologien, bspw. der Sensorik, so weit verbessern, dass stabile und ausgereifte KI-basierte technologische Systeme für die breite Anwendung zur Verfügung stehen. Adressiert werden alle Branchen von der fertigenden Industrie, über Landwirtschaft, Transport und Logistik, bis hin zu Wohnen, Finanzwesen, Handel und Gesundheitswirtschaft. Auch militärische Anwendungen sind explizit vorgesehen. Weitere zentrale KI-Einsatzgebiete sind Bildung, Verwaltungs- und Regierungsorgane, Rechtsprechung/Gerichte, urbane Räume/Städte sowie Umweltschutz. Von besonderer gesellschaftlicher Relevanz ist das Thema Soziale Interaktion, das auch die Unternehmen betrifft.[192]

Gleicht man die ambitionierte Zielsetzung mit den gegenwärtig schon vorhandenen Stärken ab, so kann man davon ausgehen, dass China

---

189 Vgl. Forbes, 23.08.2018, China Now Boasts More Than 800 Million Internet Users And 98% Of Them Are Mobile, verfügbar unter: https://www.forbes.com/sites/niallmccarthy/2018/08/23/china-now-boasts-more-than-800-million-internet-users-and-98-of-them-are-mobile-infographic/#40e4b3877092; abgerufen am: 23. Juni 2020.

190 Vgl. The Open Data Barometer, 2017, verfügbar unter: https://opendatabarometer.org/?_year=2017&indicator=ODB; abgerufen am: 23. Juni 2020.

191 Vgl. Roland Berger, 09.03.2018, China's investments into AI technology, verfügbar unter: https://www.rolandberger.com/de/Point-of-View/China-steps-up-a-gear-with-artificial-intelligence.html; abgerufen am: 23. Juni 2020.

192 Vgl. China Copyright and Media, 01.08.2017, A Next Generation Artificial Intelligence Development Plan, verfügbar unter: https://chinacopyrightandmedia.wordpress.com/2017/07/20/a-next-generation-artificial-intelligence-development-plan/; abgerufen am: 23. Juni 2020.

bis 2030/35 die KI-Technologieführerschaft in verschiedenen Schlüsseltechnologien erreichen wird.

Naheliegend ist der Bereich der Gesichtserkennung und der biometrischen Erkennung von Personen im Sicherheitsbereich. Hinzu kommen Systeme, die zuverlässig die Emotionen von Personen erkennen können. Diese Technologien kommen auch im öffentlichen Raum zum Einsatz. In diesem Zusammenhang steht auch die Entwicklung weltweit führender KI-basierter Smart-City-Lösungen (z. B. intelligente Gebäude, Infrastruktur, Verkehrs-, Informations- und Überwachungs-/Sicherheitssysteme; aber auch die intelligente Planung und Gestaltung urbaner Räume unter Berücksichtigung sozialer und ökologischer Faktoren). Diese finden auch außerhalb Chinas in den schnell wachsenden Megacities Asiens und Afrikas weite Verbreitung.

Die massiven Probleme Chinas bezüglich der Umweltverschmutzung und dem Verkehr in den chinesischen Großstädten werden angegangen. Es werden international führende Lösungen etabliert. So wird bspw. die heute schon bestehende, führende Rolle bei Elektrobussen kontinuierlich ausgebaut. Davon ausgehend werden zuerst autonome Elektrobusse entwickelt und bis zum Ende der 2020er-Jahre breit eingesetzt. Ausgehend von den so gesammelten Erfahrungswerten (und den entsprechenden Daten) wird China bis ca. 2035 auch zum Technologieführer bei der autonomen Elektromobilität. Auf dem Weg dahin spielen auch sehr kompakte Elektrofahrzeuge für den Individualverkehr mit einer für den urbanen Raum passenden, begrenzten Reichweite eine zentrale Rolle. Diese sind für das digitale Zeitalter optimiert und vernetzt zur Verkehrssteuerung. Die KI-basierten Nutzerschnittstellen erlauben eine reibungslose Integration mit allen möglichen digitalen, mobilen Endgeräten und eine z. B. auf Gesichtserkennung basierende, digitale Personalisierung des Fahrzeugs, das ein nach modischen Gesichtspunkten designtes Massenprodukt ist und zu Preisen unterhalb heutiger Kleinwagen verkauft wird (vgl. Sieren, 2018).

Im Bereich von Industrie 4.0 und KI in der Produktion kann China darauf aufbauen, dass KI-Start-ups zum Teil in unmittelbarer Nachbarschaft von Fertigungsunternehmen angesiedelt sind. Das betrifft in besonderem Maße die nationale Entwicklungszone für KI in Shenzen. In solchen Hightech-Regionen bilden sich besondere Synergien und eigene Innovationsökosysteme, die weltweit Maßstäbe setzen.[193,194] Deutsche Weltmarktführer im Maschinenbau werden dadurch in Bedrängnis gebracht, da Maschinen ohne KI – entweder „eingebaut“ oder als Teil der zugehörigen hybriden Dienstleistungen –praktisch unverkäuflich werden.

Bei Quantencomputern ist es zumindest denkbar, dass der frühe Vorsprung Chinas im Bereich KI genutzt wird, um schwierige Probleme bei deren Entwicklung zu lösen, wie die Materialauswahl und das technische Design im Zusammenhang mit Qubits. So könnte China auch eine führende Position bei Quantencomputern erreichen, die ihrerseits die Fähigkeiten von KI substanziell steigern. Der technologische Vorsprung Chinas würde so praktisch uneinholbar.

Nicht ausgeschlossen ist, dass China auch ein KI-basierter Durchbruch bei autonomen Waffensystemen, einschließlich Cyberwaffen gelingt, wodurch sich das Land neben wirtschaftlichen Vorteilen auch militärische Überlegenheit in bestimmten Bereichen – z. B. durch Formen der hybriden Bedrohung – verschaffen könnte. In jedem Fall wird das Land großen Nutzen aus Dual-Use-Technologien ziehen.

8.3 Schlüsselfaktoren

Folgt man den Fachexpertisen, kann die chinesische Staatsführung ihre strategische Zielsetzung also erreichen und China könnte in Zukunft die führende Rolle im Bereich KI von den USA übernehmen. Deutschland würde nur im Verbund mit europäischen Ländern eine Chance haben, den Anschluss zu halten. Insbesondere in bestimmten Nischen würde dies noch möglich sein. Anhand zukünftiger Ausprägungen einiger Schlüsselfaktoren wird das Szenario für den Weg zu Chinas KI-Technologieführerschaft nachfolgend weiter ausdifferenziert. Es erscheint wichtig zu betonen, dass die Umsetzung von Strategien auf einem gänzlich anderen politischen und kulturellen Fundament fußt als in der „westlich“ geprägten Welt. Es sei außerdem angemerkt, dass gegenwärtig die transatlantische

---

193 Vgl. Kooperation International, Profil der Region Shenzen, verfügbar unter: https://www.kooperation-international.de/laender/hightech-regionen/shenzhen/; abgerufen am: 11. November 2022.

194 Vgl. Kooperation International, 22. Oktober 2019, Künstliche Intelligenz: China richtet vier neue Entwicklungszonen ein, verfügbar unter: https://www.kooperation-international.de/aktuelles/nachrichten/detail/info/kuenstliche-intelligenz-china-richtet-vier-neue-entwicklungszonen-ein/; abgerufen am: 11. November 2022.

Partnerschaft Deutschlands an Rückhalt verliert und die wahrgenommene Bedeutung Chinas steigt: laut einer aktuellen Umfrage finden 36 Prozent der Deutschen enge Beziehungen zu China wichtiger als zu den USA.[195]

8.3.1 Cyber-Sicherheit, Datenschutz, Privatsphäre

In China herrscht ein grundsätzlich anderes Verständnis von Cyber-Sicherheit als in Deutschland. Im Vordergrund steht – wie schon bei dem 2017 implementierten und in den Folgejahren geänderten Cybersecurity-Gesetz vorgesehen – nach wie vor das Thema Datenschutz im Sinne von Informationskontrolle. Immer mehr personenbezogene Daten werden dauerhaft gespeichert und stehen über die Netzwerk-/Plattformbetreiber den Behörden jederzeit zur Verfügung. So findet ein Übergang zu einer Phase der Postprivacy statt, in der Privatsphäre als obsoletes Konzept betrachtet wird. Eine Unterscheidung von privaten und öffentlichen Daten gibt es so praktisch nicht mehr, das gilt auch für praktisch alle Daten aus Wissenschaft und Wirtschaft. China übernimmt so im internationalen Vergleich die Spitzenposition bei der Datenverfügbarkeit. Gleichzeitig müssen all diese Daten im Land verbleiben und dürfen nicht ans Ausland weitergegeben werden. Einhergehend mit der nahezu vollständigen Kontrolle über den nationalen Datenpool wird ein rigoroses Datensicherheits-Management für alle Netzwerk- und Plattformbetreiber verpflichtend durchgesetzt. Den Behörden ist die vollständige Dokumentation der ergriffenen Maßnahmen vorzulegen (bspw. einschließlich von Quellcodes und Verschlüsselungen).[196]

Mit diesem exklusiven Zugriff auf den immer größer werdenden nationalen Datenpool erreicht China einen Meilenstein auf dem Weg zur globalen KI-Technologieführerschaft. Um annähernd mithalten zu können, übernehmen weltweit, zahlreiche Länder den chinesischen Rechtsstandard.

Bei der Cyber-Sicherheit bleibt die Lage weltweit unübersichtlich. Je nach technischem System und Anwendung gibt es spezifische Sicherheits-

---

195 *„Während noch immer 37 Prozent der Deutschen enge Beziehungen zu den USA vorziehen, sehen 36 Prozent der Befragten enge Beziehungen zu China als wichtiger an. Im September 2019 fiel die Antwort auf dieselbe Frage mit 50 zu 24 Prozent noch deutlich zugunsten der USA aus.“* (Körber Stiftung, 2020).

196 Vgl. t3n, 13. November 2019, Wie Chinas Cybersecurity-Gesetz auf deutsche Unternehmen wirkt, verfügbar unter: https://t3n.de/news/chinas-cybersecurity-gesetz-wirkt-1215995/; abgerufen am: 11. November 2022.

risiken. Je länger ein System bzw. eine Anwendung im Gebrauch ist, umso sicherer wird sie allmählich. Gerade bei neuen Systemen und Technologien kommt es jedoch immer wieder zu massiven Sicherheitsvorfällen. Durch die zunehmende Komplexität der vernetzten Infrastrukturen wird es immer schwieriger, Sicherheitslücken zu schließen. Dies führt zu wachsenden Risiken und noch mehr erfolgreichen Cyberangriffen. China selbst setzt verdeckt KI-basierte Cyberwaffen ein, die bspw. die Industriespionage im Ausland noch deutlich effizienter machen.

8.3.2 Individualisierung und granulare Gesellschaft

Die Digitalisierung mit individuellen Produkten und Dienstleistungen verschärft den in westlichen Gesellschaften seit langem bestehenden Trend zur Individualisierung und führt zu einem Übergang in eine granulare Gesellschaft, in der es zu einer zunehmenden Auflösung institutioneller Strukturen und – unter Betonung des Individuums – der Verstärkung von Ungleichheiten kommt. In der Folge schwindet der gesellschaftliche Zusammenhalt (vgl. Kucklick, 2014). Big Data ermöglicht in Verbindung mit intelligenten algorithmischen Systemen die Beobachtung und Analyse der Individuen in feinsten Einzelheiten und beschleunigt diesen Prozess.

In China treffen diese Möglichkeiten auf eine Gesellschaft im Umbruch. Im Zuge der Modernisierung und Technisierung steigen sowohl der Lebensstandard als auch die Ungleichheit im Land. Die Entwicklung einer Zivilgesellschaft ist in vollem Gange, unterliegt aber einer Gestaltung „von oben“: Unter der Kontrolle des Staates bilden sich Strukturen heraus, die die Entstehung von nichtstaatlichen Organisationen (Privatsektor/Unternehmertum, gesellschaftliche Organisationen/Vereine, Nichtregierungsorganisationen) zulässt, ohne dass diese Bürgerbewusstsein und Bürgerrechte (nach westlichem Verständnis) oder ein hohes Maß an Individualisierung ermöglichten. Im Gegenteil, die „Atomisierung der Gesellschaft“ soll in kontrollierte Bahnen gelenkt werden (vgl. Heberer, 2010). In diesem Sinne bekämpft die Staatsführung die Ausbreitung westlicher Ideen gezielt und etabliert mit ihren Maßnahmen einen von ihr vorgegebenen ideologischen Kanon. Die Instrumente greifen popkulturelle Tendenzen auf und richten sich besonders an die junge Generation (vgl. Merics, 2018). Es werden Formate eingesetzt, die vorwiegend über die Onlineplattformen/sozialen Netzwerke der chinesischen Technologieführer BAT gestreut werden.

Getrieben durch Big Data und KI findet in den chinesischen sozialen Netzwerken nicht nur die oben beschriebene Beobachtung und Analyse der Individuen statt, sondern auch die Überwachung der Einhaltung der vorgegebenen ideologischen Standards. Die Algorithmen sind so angelegt, dass sie nicht jegliche Kritik am System unterdrücken, sondern eine Weiterentwicklung der Gesellschaft und ihres Zusammenhalts fördern und dabei Unruhe stiftende Maßnahmen zensieren und sanktionieren. Einer nach westlichem Verständnis, nur „scheinbaren" Entfaltungsmöglichkeit auf individueller Ebene wird somit ein großer Spielraum eingeräumt, sofern dieser mit den Grundideen des Systems konform ist. Die Zulassung ausländischer Plattformdienstleistungen ist nur unter staatlicher Kontrolle möglich. Eine Granularisierung der chinesischen Gesellschaft wird so vermieden.

8.3.3 Interoperabilität – Werte, Daten, Standards, Formate

Der chinesische Weg, Märkte durch eigene Standardisierung zu zementieren setzt sich fort. Um sich Wettbewerbsvorteile zu verschaffen, arbeiten die „Standardization Administration of China" („SAC") und die „National Academy of Engineering" im Stillen an "China Standards 2035". Mit dieser Initiative werden eigene Industriestandards zunächst für den chinesischen Binnenmarkt entwickelt, um sie schließlich zu internationalisieren (vgl. Merics, 2019a). In Analogie zur historischen Vorgehensweise der US-amerikanischen IT-Unternehmen werden also immer mehr eigene Standards gesetzt, ohne sich international abzustimmen.

Des Weiteren werden jährlich mehr als tausend Normungsspezialisten an chinesischen Universitäten ausgebildet – auch für den internationalen Arbeitsmarkt. Chinesische Akteure beeinflussen so in zunehmendem Maße nicht nur internationale Standardisierungsgremien, sondern üben ihren Einfluss auch als gesuchte Spezialisten in internationalen Unternehmen aus. Wie schon bei der maßgeblich von China aus gestalteten 5G-Standardisierung gelingt es dem chinesischen Staat immer häufiger seine Marktmacht auch bei der Entwicklung von KI und assoziierten Technologien auszubauen.[197]

Zwar haben sich die großen KI-Nationen ohne China auf den Weg gemacht, gemeinsame Leitlinien zur Nutzung von KI zu entwickeln, um

---

197 Vgl. WiWo, 2. Mai 2020, Wie China weltweit technische Standards an sich reißt, verfügbar unter: https://www.wiwo.de/my/politik/ausland/pekings-din-norm-wie-china-weltweit-technische-standards-an-sich-reisst/25785506.html; abgerufen am: 11. November 2022.

sich gegen China durchsetzen zu können,[198] jedoch wissen die chinesischen Unternehmen das als Vorteil zu nutzen, da sie unabhängig von den westlich geprägten ethischen Wertevorstellungen die Technologie vorantreiben können. Sie agieren weitestgehend unabhängig und setzten über die Dominanz des eigenen Marktes eigene Standards, an denen sich nichtchinesische Unternehmen orientieren müssen, wenn sie ihre Technologien erfolgreich in China vermarkten wollen. Zumal autokratisch regierte Staaten neidvoll auf die erfolgreich eingesetzten KI-Kontrollmechanismen in China blicken und ähnliches auch für sich nutzen wollen. Nach einer Phase von Handelssanktionen und begrenzten Handelskriegen zeigen sich die chinesischen Unternehmen flexibel und bieten außerhalb des eigenen Landes Produkte an, die sich an den internationalen Standards orientieren.

Letztlich bestimmen proprietäre Standards und de-facto-Standards der jeweiligen Marktführer das Bild. Anbieter versuchen, in sich geschlossene Produkt-Ökosysteme aufzubauen und damit Kunden in mehr als einem Produktsegment an sich zu binden. Interoperabilität hat nur eine nachgeordnete Bedeutung.

Auch im Feld der „Internet Governance“ versucht China, seine eigenen Vorstellungen international durchzusetzen. Das chinesische Modell betont dabei, dass die staatliche Souveränität auch im Internet respektiert werden müsse. Jedem Staat soll es gestattet sein, absolute Kontrolle über die digitalen Erfahrungen seiner Bevölkerung auszuüben (vgl. McKune und Ahmed, 2018). Um für diesen Ansatz zu werben, findet auf Initiative der chinesischen Regierung seit dem Jahr 2014 jährlich die „World Internet Conference“ mit stetig wachsendem Zuspruch statt.

8.3.4 KI in der Bildung

Das chinesische Bildungssystem ist auch künftig sehr stark ideologisch geprägt und darauf ausgelegt, die Macht des Staatsapparates bereits im Kindesalter zu fundamentieren. Gleichzeitig unterliegt es einer viel größeren Leistungskultur als das deutsche Bildungssystem. Entsprechend setzen KI-Anwendungen innerhalb des Bildungssystems auf verschiedenen Ebenen an: Die Schülerinnen und Schüler, ihre Eltern und das Lehrpersonal

---

198 Vgl. Science|Business, 29. Mai 2020, US joins global AI group, citing technology threat from China, verfügbar unter: https://sciencebusiness.net/international-news/us-joins-global-ai-group-citing-technology-threat-china; abgerufen am: 11. November 2022.

werden – wie in anderen Umfeldern der Gesellschaft auch – mithilfe von KI-Anwendungen überwacht und evaluiert. So sollen gleichermaßen systemkonforme wie leistungswillige und leistungsfähige Bürger herangezogen werden.

Kameraüberwachung und die Algorithmen basierte Analyse der Gesichtsausdrücke von Kindern in ihrer Lernumgebung ist in allen Bildungseinrichtungen ein Standardinstrument, das systematisch eingesetzt wird. Die anwesende Lehrkraft erhält eine automatische Benachrichtigung, sobald eines der Kinder unaufmerksam ist (vgl. VDI Technologiezentrum, 2019). Für die Eltern ist eine Teilnahme an schulischen Austauschformaten in den sozialen Netzwerken verpflichtend. Das Verhalten der Eltern in Bezug auf ihre Kinder wird beobachtet und analysiert. Mangelnde Unterstützungsbereitschaft und Kritik am (Schul-)System werden sanktioniert. Die Beurteilungsergebnisse von Kindern und Eltern fließen wiederum in die gehaltsrelevante, kontinuierliche Evaluation des Lehrpersonals ein.[199]

Sukzessive werden KI-Anwendungen auch Teil der Lernprozesse selbst. Intelligente Lernsoftware ermöglicht und unterstützt automatisierte Formen der Selbstbildung und entwickelt sich zu einer wichtigen Säule innerhalb des chinesischen Bildungssystems. Die Chinesische Gesellschaft ist durch eine große Ungleichheit geprägt. So kommt es, dass Kindern aus einfachen Familien, die staatliche Schulen besuchen, lediglich einfache Varianten zur Verfügung stehen, die einen Fokus auf systemkonforme Bildung setzen, wohingegen Kindern aus der wachsenden Mittel- und Oberschicht, die vorwiegend private Schulen besuchen, Systeme zur Verfügung stehen, die innerhalb des systemkonformen Rahmens individuell die Stärken und Schwächen des einzelnen Kindes berücksichtigen. Dafür stehen den Kindern persönliche KI-Assistenten auf ihren verschiedenen digitalen Endgeräten zur Verfügung. Diese helfen bei der Strukturierung des Tagespensums, überprüfen den Lernfortschritt und stellen darüber hinaus auch die Schnittstellen in andere Lebensbereiche dar. Das Kind erhält Hinweise für sein Bewegungs- und Ernährungsverhalten, sein psychologisches Wohlbefinden und auch für den Konsum geeigneter Musik oder Videos. In der Regel funktioniert die Einhaltung der individuellen Vorgaben sanktionsfrei über Gamification-Ansätze, bei denen die Kinder miteinander spielerisch um den bestmöglichen Erfolg konkurrieren. Die

---

199 Vgl. Zeit, 10. September 2019, Die Kinder müssen bis zum Mond fliegen, mindestens, verfügbar unter: https://www.zeit.de/kultur/2019-08/china-bildung-schulsystem-erfolg-eltern-leistungsdruck/komplettansicht; abgerufen am: 11. November 2022.

Rolle der Lehrkräfte ändert sich durch den Einsatz der KIs und eine verstärkte Mediatisierung der Lerninhalte in Richtung einer intensiveren Kommunikation mit dem einzelnen Kind und somit zu einer gezielteren Betreuung. Die grundsätzliche Art des Lehrens und Lernens ändert sich nicht. Mit dem Heranwachsen der Schülergeneration werden ähnliche Systeme auch auf die weiterführenden Bildungsbereiche übertragen (vgl. VDI Technologiezentrum, 2019; Goethe Institut, 2018).

8.3.5 Start-up-Kultur / Start-up-Ökosysteme

Als Beispiel für die Start-up-Kultur im KI-Sektor in China sei das Unternehmen SenseTime angeführt. Es wurde im Jahr 2014 von drei Wissenschaftlern der „Chinese University of Hong Kong“ gegründet. Mit einer Kapitalspritze in Höhe von 600 Millionen US-Dollar (USD) durch Alibaba hat sich die Ausgründung mit ihrer Gesichts- und Bilderkennungssoftware in nur vier Jahren zum KI-Start-up mit dem weltweit höchsten Marktwert – und inzwischen einem breiteren KI-Portfolio – entwickelt (Bloomberg-Schätzung 2018: mehr als 3 Milliarden USD;[200] Forbes-Schätzung 2019: rund 4,5 Milliarden USD[201]). Treiber dieser Entwicklung war der chinesische Staat als Hauptkunde des Unternehmens. Doch das Unternehmen diversifizierte, wurde gemeinsam mit Honda auch in Japan aktiv und entwickelte dort autonome Fahrzeuge.[202] Und in Malaysia hat es gemeinsam mit dem IoT-Provider G3 Global einen AI-Hightech-Park aufgebaut und den AI-Sektor maßgeblich mitgestaltet.[203]

---

200 Vgl. Bloomberg, 9. April 2018, China Now Has the Most Valuable AI Startup in the World, verfügbar unter: https://www.bloomberg.com/news/articles/2018-04-09/sensetime-snags-alibaba-funding-at-a-record-3-billion-valuation; abgerufen am: 11. November 2022.

201 Vgl. Forbes, 17. Juni 2019, Meet The World's Most Valuable AI Startup: China's SenseTime, verfügbar unter: https://www.forbes.com/sites/bernardmarr/2019/06/17/meet-the-worlds-most-valuable-ai-startup-chinas-sensetime/#7bfe29c3309f; abgerufen am: 11. November 2022.

202 Vgl. Techcrunch, 11. Januar 2019, World’s most valuable AI startup SenseTime unveils self-driving center in Japan, verfügbar unter: https://techcrunch.com/2019/01/10/sensetime-self-driving-center-japan/; abgerufen am: 11. November 2022.

203 Vgl. Digital News Asia, 16. April 2019, G3 Global partners China’s AI leader SenseTime, with US$1bil AI park plans, verfügbar unter: https://www.digitalnewsasia.com/digital-economy/g3-global-partners-china-AI-leader-SenseTime%2C%20with%20US%241bil-%20AI-Park-plans; abgerufen am: 11. November 2022.

An solche Erfolge anknüpfend hat China in einigen Feldern die USA bei KI-Start-ups überholt und ein eigenes Start-up-Ökosystem aufgebaut und baut die Führung bis 2030 kontinuierlich aus. Als einer der größten Venture-Kapitalgeber hat sich die 2016 gegründete Baidu Ventures entwickelt. Sie hat ihr Ziel erreicht, zur größten KI-Ökosystem-Plattform zu werden und bringt Hardware-Hersteller, mit neuen KI-Anwendern aus den unterschiedlichsten Sektoren zusammen. Wie auch schon bei Alibaba/SenseTime liegt ein Geheimnis des Erfolges in der Bereitstellung des schier unerschöpflichen Datenpools, auf den das Mutterunternehmen Baidu zurückgreifen kann. Weitere Player wie der Start-up-Incubator Sinovation Ventures haben sich mit nennenswertem Kapital in der Größenordnung mehrerer Milliarden USD etabliert und auf KI fokussiert.[204] Eine bedeutende Rolle spielen auch staatliche Investitionsfonds, die den Aufbau der KI-Industrie mit für westliche Verhältnisse erstaunlichen Summen in mehrstelliger Milliardenhöhe subventionieren.[205] Darüber hinaus sind die Start-ups grundsätzlich aufgefordert alle Kapitalmöglichkeiten zu nutzen, die sich bieten.

Eine Grundlage für den Erfolg der Start-ups und der Entwicklung ihrer Anwendungen ist der Ansatz „Blitzscaling“ nach Hofman und Yeh. Demnach werden Apps und Plattformen nicht zu Ende entwickelt und dann auf den Markt gebracht, sondern aufgrund von Kundenfeedback, Experimenten und Daten über Nutzerverhalten fortlaufend weiterentwickelt. Die Zyklen können dabei sehr kurz sein und sich auf der Zeitskala von Tagen und Wochen bewegen. Agile Vorgehensweise ohne langfristige Geschäfts- bzw. Produktentwicklungspläne ist üblich. Geschwindigkeit wird höher bewertet als Effizienz. Vorrangiges Ziel ist es, Nutzerzahlen zu steigern und dadurch Feedback sowie umfangreiche Nutzerdaten zu erhalten. Exponentielles Wachstum wird dadurch angestrebt, dass das Produkt weiterempfohlen wird und so eine virale Verbreitung erreicht (vgl. Hoffman und Yeh, 2018). Da der chinesische Staat oftmals Hauptkunde für zentrale Entwicklungen ist, können chinesische Unternehmen aufgrund des zentralistischen Ansatzes ihre erarbeiteten Vorteile gegenüber den ähnlich

---

204 Vgl. Roland Berger, 9. März 2018, China Steps up a Gear with Artificial Intelligence, verfügbar unter: https://www.rolandberger.com/de/Point-of-View/China-steps-up-a-gear-with-artificial-intelligence.html; abgerufen am: 11. November 2022.

205 Vgl. Deutschlandfunk, 13. April 2017, Angst vor der Übernahme, verfügbar unter: https://www.deutschlandfunk.de/chinas-umstrittene-industriepolitik-angst-vor-der-uebernahme.724.de.html?dram:article_id=383774; abgerufen am: 11. November 2022.

agierenden Konkurrenten ausbauen. Durch die Abschottung des Internets in China haben die Start-ups den Vorteil, vor internationaler Konkurrenz weitgehend geschützt zu sein. Auch können erfolgreiche Geschäftsmodelle aus aller Welt ohne Sanktionen durch den chinesischen Staat übernommen werden.

8.3.6 Marktverzerrungen durch staatliche Einflussnahme

Aufgrund der KI-Technologieführerschaft und der zentralstaatlichen Einflussnahme ist davon auszugehen, dass chinesische Unternehmen zu KI-basierter Kollusion in der Lage sind und zusätzlich auch koordiniert agieren können. Auf diese Weise könnte es ihnen möglich sein, die Märkte außerhalb Chinas oftmals unbemerkt zu manipulieren.

Hinzu kommt die schon beschriebene Internetzensur, die es ausländischen Unternehmen erschwert ihre Angebote in China verfügbar zu machen, sowie der gezielte Ausschluss ausländischer Unternehmen vom chinesischen Markt, während die nationalen Player gleichzeitig in einen Wettbewerb untereinander gedrängt werden. So werden nationale Champions für den Heimatmarkt herangezüchtet (wie dies auch schon bei BAT gehandhabt wurde).[206] Haben sich diese erst einmal etabliert, drängen sie mit den so erlangten Wettbewerbsvorteilen auf die internationalen Märkte.

In der Folge gelingt es bestimmten chinesischen Plattformen, die Dominanz von US-Unternehmen im Endverbrauchermarkt in Deutschland bzw. der EU zu durchbrechen. Aussichtsreiche Kandidaten hierfür sind Byte-Dance mit TikTok sowie die zur Alibaba Gruppe gehörende AliExpress als Herausforderer von Amazon. Deutsche Unternehmen (aller Branchen) gehen mit den in Europa erfolgreichen chinesischen Unternehmen strategische Partnerschaften ein und müssen dies zunehmend häufiger unter ungünstigen Konditionen tun. Wollen deutsche Unternehmen in China aktiv werden, besteht i. d. R der Zwang zu Joint Ventures.

Im Jahr 2030 wird es eine weite Verbreitung chinesischer, multinationaler Konzerne geben, die im Gegensatz zu deutschen multinationalen Konzernen zumindest indirekt der zentralistischen chinesischen Kontrolle unterliegen (vgl. Casanova und Mirou, 2020). China wird dann ein Netto-

---

206 Vgl. BBC, 8. September 2014, Alibaba IPO: Chairman Ma's China, verfügbar unter: https://web.archive.org/web/20190702005229/https://www.bbc.com/news/world-asia-china-29119121; abgerufen am: 11. November 2022.

Investor sein, also deutlich höhere Direktinvestitionen im Ausland (ODI) tätigen als aus dem Ausland erhalten (FDI) (vgl. Tse, 2016).

8.3.7 Social Scoring, Überwachung und Einmischung von innen / außen

Bewertungen und Vergleiche stellen eine der frühen Formen der Nutzung von Web 2.0 dar: von Buchrezensionen, über Likes und Follower, Sternchen für Anbieter und Käufer auf Plattformen bis zur vollständigen Selbstvermessung der „Quantified-Self"-Bewegung mit Vergleichsmöglichkeiten; aber auch Listen zum Vermögen („total net worth") und Einkommen (z. T. in Skandinavien) (vgl. Mau, 2018). Auch wenn namhafte Wissenschaftler diese Mechanismen in gesellschaftlichen Diskursbeiträgen als Messbarkeitsillusion (vgl. Binswanger, 2010) oder Solutionismus kritisieren (vgl. Morozov, 2013), werden die verschiedenen Bewertungsinstrumente kontinuierlich weiterentwickelt und genutzt, und dabei auf immer mehr Aspekte des menschlichen Lebens ausgeweitet.

In China entwickelt sich das sog. „Social Scoring" in Verbindung mit der systematischen Überwachung und Erfassung von Daten zu einem „Exportschlager" und Machtinstrument.[207] Soziales Verhalten von Bürgern und Unternehmen, wird sowohl im virtuellen Raum als auch im realen Alltag permanent erfasst und durch Algorithmen auf Systemkonformität geprüft und bewertet (bspw. das Begehen von Straftaten und Ordnungswidrigkeiten, das Interesse an Bildung, soziales Engagement, rechtzeitiges Zahlen von Steuern etc.). Im Ergebnis ergibt sich ein dynamischer Punktestand, der sich je nach Bewertung positiv oder negativ entwickelt. Dieses gesellschaftliche Bonitätssystem hat konkrete Auswirkungen, da das Wohl- und Fehlverhalten anhand des individuellen Scorings sanktioniert wird (positiv wie negativ) (vgl. Merics, 2017; Merics, 2018).

Ausgehend von der Pilotphase, in der China in zunächst 58 Projekten verschiedene Aspekte testete, hat sich in mehreren Phasen allmählich ein einheitliches Scoringsystem für ganz China etabliert. Der entscheidende Durchbruch gelingt erst, als die notwendigen Technologien in der Brei-

207 *„Der Bundesregierung ist sich des großen Interesses Chinas am Export der Technologien bewusst, die im Zusammenhang mit seinem Sozial-Kredit-System zum Einsatz kommen. Des Weiteren ist der Bundesregierung bekannt, dass das Werben Chinas in einigen Ländern für dieses System auf reges Interesse stößt."* (Deutscher Bundestag: Antwort der Bundesregierung auf eine kleine Anfrage - Das Sozial-Kredit-System der Volksrepublik China und seine menschenrechtlichen und wirtschaftlichen Implikationen, Drucks. 19/14643.).

te zur Verfügung stehen und keine Möglichkeit mehr besteht, sich dem System zu entziehen. Aufgrund der hohen Komplexität sind die Systeme nämlich grundsätzlich fehleranfällig: Der Einsatz der Technik erfasst nicht ungefiltert das Verhalten der Bürger, sondern er beeinflusst selbiges *per se*. Dieser eigentliche Schwachpunkt wird jedoch im Sinne normativer Handlungsanweisungen ausgenutzt. Zwar ist die Akzeptanz schwankend, insbesondere, wenn neue Kriterien in das System aufgenommen werden, die Verhaltensänderungen einer Vielzahl von Menschen erfordern (Bspw. bei der Covid-19-Pandemie) (vgl. Merics, 2018), jedoch passen die Bürger ihr Verhalten i.d.R. so an, dass sie eine möglichst positive Bewertung erhalten. Da sie oftmals wissen, an welchen Schlüsselstellen eine Überwachung erfolgt, bzw. wo sie geschützte Räume finden, in denen sie keiner Datensammlung ausgesetzt sind, steuern sie ihr Verhalten anlassbezogen – teils bewusst, teils unbewusst.[208]

Da das Scoring auch bei Unternehmen Anwendung findet, gibt es eine zusätzliche wirtschaftliche Dimension. Gestartet wurde mit ca. 30 Indikatoren, die auf rund 300 Kriterien beruhen und bspw. die Einhaltung von Umweltstandards, die Zahlungsmoral, aber auch personenbezogen Parameter wie das Verhalten von Managern und Geschäftspartnern erfassen. Auf diese Weise soll das Verhalten von Marktteilnehmern gelenkt und kontrolliert werden. Eine Dependance in China ist dann nicht mehr nur eine Außenstelle im herkömmlichen Sinn, sondern erfordert ein Höchstmaß an Anpassung.[209]

Das Know-how für die Überwachung stammt zum Teil aus dem Ausland, denn unter dem Vorwand gemeinsame ethische Standards für die erforderlichen KI-Technologien zu entwickeln, öffnet China die Programmierplattformen und zensiert sie im Gegensatz zu den sozialen Netzwerken nicht, was das Engagement ausländischer Programmierer stimuliert.[210]

208 Vgl. Deutschlandfunk, 6. März 2019, Wie China die digitale Überwachung vorantreibt, verfügbar unter: https://www.deutschlandfunk.de/social-score-wie-china-die-digitale-ueberwachung-vorantreibt.676.de.html?dram:article_id=442872; abgerufen am: 11. November 2022.

209 Vgl. Zeit, 13. September 2019, Es geht um Leben und Tod für manche Unternehmen, verfügbar unter: https://www.zeit.de/wirtschaft/2019-09/social-scoring-sozialkredit-system-china-ueberwachung-unternehmen; abgerufen am: 11. November 2022.

210 Deutsche Welle, 10. Dezember 2018, Deutschland, China und die Wege der Digitalisierung, verfügbar unter: https://www.dw.com/de/deutschland-china-und-die-wege-der-digitalisierung/a-46660124; abgerufen am: 11. November 2022.

Grundsätzlich besteht das Potenzial zur Verhaltensbeobachtung und schließlich auch zur Beeinflussung nicht nur im innenpolitischen Bereich, sondern auch durch fremde Staaten (vgl. Snowden, 2019). Auf China bezogen bedeutet dies, die Integrität der systemkonformen Prozesse im Inneren, sowie gegen eine Einmischung von außen, zu sichern.

Aufgrund der zentralen Steuerungs- und Kontrollmechanismen sowie weiterer auch personeller Verflechtungen verfügen die augenscheinlich privatwirtschaftlichen, digitalen Plattformen Chinas über einen politischen Einfluss, der über den früheren Einfluss von Medien, wie Zeitungen, deutlich hinausgeht. Und über das Social Scoring hinaus sichert sich der Staat zudem unter Wahrung der bestehenden Gesetzgebung den Zugriff auf Daten aus diesen Plattformen zur Verbrechens- und Terrorismusbekämpfung. Eine Vorgehensweise, die auch in westlich geprägten Gesellschaften Einzug gefunden hat.

Auch wenn die Möglichkeiten zur Beeinflussung von außen von einzelnen interessierten Akteuren deutlich übertrieben werden und letztlich oftmals unbedeutender sind als teilweise vermutet, gelingt es China diese auch zum Ausbau seiner eigenen wirtschaftlichen und geopolitischen Macht zu nutzen.

8.3.8 „Code is Power“

Digitaltechnologien, insbesondere auch solche, die KI nutzen, üben Formen von Macht aus. Im Fall von China wird diese Macht nicht nur von den im Vordergrund agierenden Unternehmen ausgeübt, sondern sie wirkt viel tiefgreifender, da die chinesischen Behörden Zugriff auf alle Quellcodes und Verschlüsselungen haben. Über die Codes und deren Kontrolle ist festgelegt, was die Nutzerinnen und Nutzer tun können oder nicht. Zudem erfolgt eine Beobachtung ihres Verhaltens und eine Einflussnahme auf ihre Weltsicht (Susskind, 2018). Dieses neuartige Phänomen wird auch als „instrumentäre Macht“ bezeichnet (vgl. Zuboff, 2018).

Unter anderem durch die Arbeiten von Shoshana Zuboff ist der Blick auf diese Mechanismen und ihre gesellschaftlichen Auswirkungen gelenkt worden, die in der Öffentlichkeit lange Zeit wenig Beachtung gefunden hatten. Dabei zeigen Chinas Erfolge, dass „Code is Power“ nicht nur für Unternehmen interessant ist, sondern auch auf staatlicher Ebene funktioniert. Das ist für viele Staaten eine verlockende Aussicht (vgl. Zuboff, 2019).

8.3.9 Geopolitische Dimensionen

In der konsequenten Weiterführung von „Code is Power" werden KI-Technologien zu geopolitischen Instrumenten. Dieses Handlungsfeld umfasst neben der Wirtschaftspolitik als Systemwettbewerb auch das Militär und neue Formen hybrider Auseinandersetzungen u. a. mit den Teilbereichen autonome Waffen, Cyberwaffen und Quantenrechner zur Entschlüsselung. So wie die technische Entwicklung von Atomwaffen und Raumfahrt zusammen die geopolitische Konstellation der nachfolgenden Jahrzehnte mitbestimmt haben, wird auch der weitere Verlauf der Digitalisierung und insbesondere der KI-Technologien die geopolitischen Konstellationen der kommenden Jahrzehnte wesentlich mitbeeinflussen.

Allein Chinas Aufstieg zur zweitgrößten Volkswirtschaft und zum Herausforderer der von den Vereinigten Staaten geführten Weltordnung löst bereits geopolitische Verschiebungen aus. Da aus Sicht der Kommunistischen Partei Chinas die klassischen westlichen Länder (USA, EU) China in der Vergangenheit den Zugang zu neuesten Technologien verwehrt haben, will die Staatsführung diese Abhängigkeit beenden. Den KI-Technologien wird dabei eine besondere strategische Bedeutung zuteil, da mit ihrer Hilfe das Land seine wichtigsten wirtschaftlichen, sozialen, politischen und militärischen Ziele erreichen will (vgl. Konrad Adenauer Stiftung, 2019).

Nach einer kurzen Phase der Einzelwege von USA und EU (sowie anderen westlich orientierten Ländern) kommt es zu einer Verständigung auf wesentliche gemeinsame Leitlinien und Standards bei der KI-Entwicklung. China schließt sich diesen Leitlinien immer nur zum Teil an, wenn es um den Ausbau internationaler Marktanteile geht. Ansonsten verfolgt das Land seine eigenen Interessen, was die Spannungen zu den westlichen Ländern verschärft.

Bei der KI-Entwicklung forciert China Dual-Use-Technologien. Von der Staatsführung wird ausdrücklich ein integrativer Ansatz vorgegeben, bei dem zivile Einrichtungen wie Hochschulen, Forschungsinstitute und Technologieunternehmen mit Rüstungsunternehmen koordiniert zusammenarbeiten.[211] China agiert analog zur US-amerikanischen DARPA und investiert u. a. massiv in die Forschung und Entwicklung intelligenter und autonomer unbemannter Systeme, in Simulation und Ausbildung sowie

211 Vgl. China Copyright and Media, 20. Juli 2017, A Next Generation Artificial Intelligence Development Plan, verfügbar unter: https://chinacopyrightandmedia.wordpress.com/2017/07/20/a-next-generation-artificial-intelligence-development-plan/; abgerufen am: 11. November 2022.

in KI-Unterstützung bei Planung, Führung und Entscheidungsfindung, um nur einige Beispiele zu nennen. Bei der nachfolgenden Kommerzialisierung dieser Anwendungen hat das Land gewaltige Vorteile gegenüber den USA: Es gibt keinerlei kulturellen Widerstände, wie sie bspw. das US-Verteidigungsministerium im Silicon Valley vorfindet und wie sie auch in der EU vorherrschen (vgl. Konrad Adenauer Stiftung, 2018).

8.4 Wirkungsanalyse Szenario 4

Dieser Abschnitt enthält eine Übersicht von betrachteten möglichen Wirkungen, die das Eintreten von Szenario 4 haben könnte. Die Reihenfolge der aufgeführten Wirkungen innerhalb der einzelnen Abschnitte entspricht Relevanz-Einschätzungen aus einem Expertenworkshop beginnend mit den Wirkungen, die am häufigsten als relevant eingeschätzt wurden. Am Ende der Abschnitte finden sich aus Gründen der Vollständigkeit jeweils „Weitere Wirkungen", die zwar in Betracht gezogen, aber als nicht besonders relevant eingeschätzt wurden.

8.4.1 Wirtschaftsstruktur / Unternehmen und Wettbewerb

Durch den sich entfaltenden, auch politisch forcierten Wettlauf zwischen den USA und China (vgl. Buxmann und Schmidt, 2019, S. 21) entsteht ein großer Druck auch in Deutschland und der EU die Investitionen in KI zu erhöhen und dauerhaft hoch zu halten.

Im Szenario 4 könnten chinesische Unternehmen typische „first-mover-advantages" realisieren (vgl. Pfeiffer und Weiß, 1990).

KI ist als eine Sammlung technischer „Inselbegabungen" zu betrachten vgl. Abschnitt 3.7. Damit ist die technische Seite mit weniger starken inhärenten Monopolisierungsgefahren verknüpft (vgl. Agrawal, Gans und Goldfarb 2018, S. 154 f.). Diese sind wohl aber substanziell aufgrund von Fragen der Datenverfügbarkeit (vgl. Furman und Seamans, 2018, S. 18): „mehr Daten, bessere KI, mehr Kunden, mehr Daten" (vgl. Lee, 2018). Durch die Finanzkraft großer Digitalkonzerne, die in Deutschland und der EU fehlen (vgl. Buxmann und Schmidt, 2019, S. 22), und „Super Apps" (von der Art WeChat) als unverzichtbarer Teil der digitalen Infrastruktur (vgl., Plantin und de Seta, 2019) und aufgrund von „Economies of Scope" (vgl. Crémer et al., 2019, S. 33) sind gleichwohl ausgeprägte Konzentrationstendenzen zu erwarten.

Es besteht die Gefahr von Wettbewerbsverzerrungen durch Dumpingpreise für KI.

KI und maschinelles Lernen werden auch als Universaltechnologie charakterisiert und wäre damit vergleichbar mit der Einführung der Elektrizität. Das bedeutet, dass Anwendungen und Veränderungen in allen Branchen erwartet werden, dass aber zugehörige Effekte erst langfristig eintreten (vgl. Agrawal, Gans und Goldfarb, 2019, S. 140).

Die allmählich entstehende KI-Technologieführerschaft Chinas hindert Deutschland zunächst nicht daran, eigene KI-Kompetenzen aufzubauen und davon zu profitieren. Durch die US-CN-Rivalität und das allgemeine steigende technologische Niveau ergeben sich sogar vielfältige Kooperationsmöglichkeiten.

Ab 2030 drohen Einbrüche, falls deutsche Produkte – etwa im Bereich der (autonomen) Elektromobilität oder Industrie 4.0 – nicht mehr konkurrenzfähig sein sollten.

8.4.2 Produktivität und Wachstum

KI steigert nachweisbar den Innovationserfolg: KI einsetzende Unternehmen erzielen deutlich höhere Umsätze und Umsatzanteile mit Marktneuheiten und Weltmarktneuheiten (vgl. ZEW, 2020, S. 20) als Unternehmen ohne KI-Nutzung. Dies führt zunächst nicht zu steigenden Umsätzen, sondern zu höheren Renditen bei den betreffenden Unternehmen (vgl. ZEW, 2020, S. 6).

Ein Produktivitätszuwachs zeigt sich zunächst nicht (vgl. ZEW, 2020, S. 6), wird aber aufgrund von Prozessoptimierungen und angepasster Unternehmensstrategien ab 2025 immer deutlicher sichtbar und schlägt sich dann auch in Wachstum nieder. Ab dann entfaltet sich die Stärke der KI zur Steigerung der Produktivität (vgl. Buxmann und Schmidt, 2019, S. 25f). Eine erhöhte Produktivität kann (wie im Beispiel des autonomen Transports) durch sinkende Preise zu einer Ausweitung der Nachfrage führen. (ebenda, S. 29).

Die Zahl der KI einsetzenden Unternehmen steigt ausgehend von einem niedrigen Niveau kontinuierlich an. KI steigert mit steigender Verbreitung die Zahl der deutschen Unternehmen mit Weltmarktneuheiten (vgl. ZEW, 2020, S. 6).

8.4.3 Beschäftigung und Einkommen

Mögliche Wachstumseffekte des KI-Einsatzes werden durch die Zahl an verfügbaren KI-Fachleuten begrenzt (vgl. Buxmann und Schmidt, 2019, S. 28). Gerade bis 2025/30 gibt es einen scharfen internationalen Wettbewerb um die führenden Köpfe und die Gefahr eines „brain drain“ auch aus Deutschland (ebenda, S. 35).

Die allgemeine, aber auch kontroverse Einschätzung um Beschäftigungseffekte durch KI wird im Szenario 3 bis etwa 2030 im Wesentlichen unverändert bleiben („job polarisation“ laut (OECD, 2020, S. 221)). Es gibt eine Diskussion um das Verhältnis der Effekte Substitution, Preiselastizität, Komplementaritäten, Einkommenselastizität/Luxusgüter, Elastizität des Arbeitsangebots, Redesign von Produktionsprozessen (vgl. Buxmann und Schmidt, 2019, S. 34). Erst wenn durch die KI-Technologieführerschaft in CN (anderswo) die Konkurrenzfähigkeit von Produkten und Dienstleistungen verloren gehen (E-Fahrzeuge, Industrie 4.0, etc.), sind deutliche Beschäftigungsverluste zu erwarten.

Es kommt zu einem merklichen Aufbau von Beschäftigung, besonders in KMU und mittelgroßen Unternehmen, die neu KI-Spezialisten einstellen (vgl. ZEW, 2020, S. 6).

8.4.4 Nachhaltigkeit und Weitere Wirkungen

Mit wachsenden technologischen und wirtschaftlichen Fortschritten tritt China international politisch zunehmend selbstbewusst bis dominant auf.

Die Frage der Akzeptanz und Einstellung zu KI in Deutschland: Eine Furcht vor technischem Fortschritt durch KI scheint weit verbreitet. Die fehlende Begeisterung kann als Hemmnis für einen digitalen Kulturwandel durch KI wirken (vgl. Buxmann und Schmidt, 2019, S. 33). Im Szenario 4 könnte dieses allgemeine Phänomen stärker ausgeprägt sein, da KI mit einer „Made in China“-Wahrnehmung verbunden sein könnte.

Es bestehen vielfältige, möglicherweise schwerwiegende soziale und ethische Implikationen im Zusammenhang mit dem KI-Einsatz mit den folgenden Beispielen: KI im Personalwesen, KI-Überwachung im öffentlichen Raum, KI auf Basis biometrischer, personenbezogener Daten, KI automatisierte Ungleichbehandlung, Gefahr autonomer Waffen und Cyberwaffen (vgl. Crawford et al., 2019). All diese genannten Punkte treffen in besonderer Weise zu, wenn KI-Technologie aus China stammt.

Es besteht die Gefahr eines „race to the bottom" im Datenschutz, um im Wettbewerb mithalten zu können (vgl. Agrawal, Gans und Goldfarb, 2019, S. 146) – im Szenario 4 auf dann chinesisches Niveau.

China könnte KI-basierte Cyberwaffen auch zur Industriespionage im Ausland einsetzen.

Aus Sorge um militärische KI-Nutzungen könnte es zu zunehmenden Regeln und Exportkontrollen zwischen USA, China und der EU bei KI kommen (Solche Regeln gab es lange Zeit während des kalten Krieges im Zusammenhang mit Supercomputern aus USA).

Es gibt teilweise unklare Haftungsfragen im Zusammenhang mit KI. Dazu könnten im Szenario 4 noch Probleme durch die schwierige Durchsetzung von Ansprüchen bei KI aus China kommen.

Die Klimaverträglichkeit von KI steht aufgrund des Energieverbrauchs teils in Frage. Dies gilt im Szenario 4 speziell unter Berücksichtigung des Energiemixes in China.

Weitere Wirkungen

China könnte sich – auch durch KI – zum Digital-Hegemon in Afrika entwickeln. Dazu könnten über den chinesischen Einfluss bei der ITU neue Formen des Internet-Protokolls international eingeführt werden. Dies könnte zu einer weiteren Fragmentierung des globalen Internets führen.

8.5 Handlungsoptionen Szenario 4

Dieser Abschnitt enthält eine Übersicht von betrachteten Handlungsoptionen, die beim Eintreten von Szenario 4 sinnvoll erscheinen könnten. Die Reihenfolge der aufgeführten Handlungsoptionen innerhalb der einzelnen Abschnitte entspricht Relevanz-Einschätzungen aus einem Expertenworkshop beginnend mit den Optionen, die am häufigsten als relevant eingeschätzt wurden. Am Ende der Abschnitte finden sich aus Gründen der Vollständigkeit jeweils „Weitere Handlungsoptionen", die zwar in Betracht gezogen, aber als nicht besonders relevant eingeschätzt wurden.

Als Reaktion auf Szenario 4 empfiehlt es sich, den EU-Binnenmarkt zu stärken und gemeinsame EU-Standards zu entwickeln.

Außerdem empfiehlt sich eine bessere Abstimmung und mehr gemeinsame Forschung innerhalb der EU.

Europa sollte mit anderen Weltmächten gemeinsam eine Allianz für den KI-Technologieeinsatz bilden und dabei auf europäische Werten und Normen als gemeinsame Grundlage setzen.

Es gilt, KI-bezogene Visionen und Begeisterung in Deutschland und der EU zu wecken, um mit der Dynamik, die sich in die China entfaltet, mithalten zu können.

Andere Länder in Ostasien (Japan, Südkorea, Taiwan) haben teilweise einen größeren Anteil an wirtschaftlichem Austausch mit China als Deutschland und die EU. Außerdem besteht bei diesen Ländern auch eine größere räumliche Nähe. Daher empfiehlt es sich von den Strategien zu lernen, die diese Länder einsetzen (vgl. Merics, 2019b, S. 61ff):

- Schutz von Schlüsseltechnologien, um wettbewerbsfähig zu bleiben.
- Problembewusstsein schaffen in Wirtschaft und Wissenschaft.
- Strenge Investitionsregeln für Zusammenschlüsse von High-Tech-Unternehmen.
- Regeln für Industriekooperationen, um unabsichtlichen Wissenstransfer und die Preisgabe von Betriebsgeheimnissen zu vermeiden.
- Gegenmaßnahmen für den Wissenstransfer durch Abwanderung von Fachleuten.
- Technische Kooperationen bei gemeinsamer Forschung an High-Tech-Themen werden nicht gefördert.
- Wirtschaftliche Abhängigkeit von China reduzieren.

Um indirekt Einfluss auf Chinas Position zu nehmen, empfiehlt es sich, Kooperationen mit marktwirtschaftlich orientierten und führenden Ländern Ostasiens zu stärken.

Negative (wirtschaftliche) Folgen beim Festhalten an EU-Interessen müssen ausgehalten werden, dabei ist es entscheidend, dass sich einzelne EU-Mitglieder nicht gegeneinander ausspielen lassen.

In den USA gibt es einen „Decoupling“-Diskurs und auch eine wahrgenommene Politik seitens China (vgl. bspw. U.S.-China Economic and Security Review Commission, 2021, S. 180).

Weitere Handlungsoptionen

Die Zusammenarbeit zwischen China und der EU gezielt in Feldern mit gemeinsamen Interessen fokussieren.

Chinas Abhängigkeit von bestimmten Technologien als Hebel für eigene Interessen nutzen.

8.6 Literaturverzeichnis Szenario 4

Agrawal, A., J. Gans und A. Goldfarb (2019), Economic Policy for Artificial Intelligence, *Innovation Policy and the Economy*, 19, S. 139-159; verfügbar unter: https://www.journals.uchicago.edu/doi/full/10.1086/699935; abgerufen am: 21. November 2022.

Binswanger, M. (2010), *Sinnlose Wettbewerbe*, Herder: Freiburg, Br.; Basel; Wien.

Bitkom (2017), Künstliche Intelligenz, verfügbar unter: https://www.dfki.de/fileadmin/user_upload/import/9744_171012-KI-Gipfelpapier-online.pdf; abgerufen am: 1. Juni 2022.

Buxmann, P. und H. Schmidt (2019), *Künstliche Intelligenz – Mit Algorithmen zum wirtschaftlichen Erfolg*, Springer: Berlin, Heidelberg.

Casanova, L. und A. Mirou (2020), The Era of Chinese Multinationals, verfügbar unter: https://www.sciencedirect.com/book/9780128168578/the-era-of-chinese-multinationals; abgerufen am: 2. Juni 2022.

Crawford K., R. Dobbe, T. Dryer, G. Fried, B. Green, E. Kaziunas, A. Kak, V. Mathur, E. McElroy, A. Nill Sánchez, D. Raji, J. L. Rankin, R. Richardson, J. Schultz, S. Myers West und M. Whittaker (2019), AI Now 2019 Report. AI Now Institute: New York, verfügbar unter: https://ainowinstitute.org/AI_Now_2019_Report.html; abgerufen am: 1. Juni 2022.

Crémer J., Y. de Montjoye und H. Schweitzer (2019), Competition policy for the digital era. Report für die Europäische Kommission, verfügbar unter: https://ec.europa.eu/competition/publications/reports/kd0419345enn.pdf; abgerufen am: 9. Oktober 2020.

DLR (2020), Digitaler Wandel durch Bildung, Forschung und Innovation, ITB infoservie, 14. Schwerpunktausgabe 01/20, verfügbar unter: https://www.kooperation-international.de/fileadmin/public/downloads/itb/info_20_01_27_SAG.pdf; abgerufen am: 1. Juni 2022.

DFKI (2017), Künstliche Intelligenz Wirtschaftliche Bedeutung, gesellschaftliche Herausforderungen, menschliche Verantwortung, verfügbar unter: https://www.dfki.de/fileadmin/user_upload/import/9744_171012-KI-Gipfelpapier-online.pdf; abgerufen am: 1. Juni 2022.

Europäische Kommission (2019), Competition policy for the digital era, verfügbar unter: https://ec.europa.eu/competition/publications/reports/kd0419345enn.pdf; abgerufen am: 2. Juni 2022.

Furman, J. und R. Seamans (2018) AI and the Economy, *NBER WORKING PAPER SERIES*, Working Paper 24689, verfügbar unter: http://www.nber.org/papers/w24689; abgerufen am: 11. November 2022.

Goethe Institut (2018), Bildung im digitalen Wandel, verfügbar unter: https://www.goethe.de/ins/cn/de/spr/mag/21272715.html; abgerufen am: 1. Juni 2022.

Heberer, T. (2010), Chinas zivilgesellschaftliche Entwicklung: Von Massen zu Bürgern?, in: bpb (Hrsg.), *Aus Politik und Zeitgeschichte*, 2010(39), S. 3-9, verfügbar unter: https://www.bpb.de/shop/zeitschriften/apuz/32497/chinas-zivilgesellschaftliche-entwicklung-von-massen-zu-buergern/?p=all; abgerufen am: 1. Juni 2020.

Hoffman, R. und C. Yeh (2018), *Blitzscaling*, Crown Publishing Group: New York, verfügbar unter: https://www.blitzscaling.com/; abgerufen am: 2. Juni 2022.

Konrad Adenauer Stiftung (2018), Vergleich nationaler Strategien zur Förderung Künstlicher Intelligenz, verfügbar unter: https://www.kas.de/documents/252038/3346186/Vergleich+nationaler+Strategien+zur+Förderung+von+Künstlicher+Intelligenz.pdf/46c08ac2-8a19-9029-6e6e-c5a43e751556?version=1.0&t=1542129691776; abgerufen am: 2. Juni 2022.

Konrad Adenauer Stiftung (2019), China's Techno-Utilitarian Experiments with Artificial Intelligence, *Digital Asia*, 2/2018, verfügbar unter: https://www.kas.de/de/web/politikdialog-asien/publikationen/einzeltitel/-/content/kuenstliche-intelligenz-in-china; abgerufen am: 2. Juni 2022.

Körber Stiftung (2020), Transatlantische Partnerschaft verliert an Rückhalt: 36 Prozent der Deutschen finden enge Beziehungen zu China wichtiger als zu den USA, Pressemitteilung, verfügbar unter: https://koerber-stiftung.de/presse/mitteilungen/transatlantische-partnerschaft-verliert-an-rueckhalt-36-prozent-der-deutschen-finden-enge-beziehungen-zu-china-wichtiger-als-zu/; abgerufen am: 1. Juni 2022.

Kucklick, C. (2014), *Die granulare Gesellschaft – Wie das Digitale unsere Wirklichkeit auflöst*, Ullstein: Berlin.

Lee, K.-F. (2018), *AI Superpowers: China, Silicon Valley, and the New World Order*, Houghton Mifflin Harcourt: Boston.

Mau, S. (2018), *Das metrische Wir. Über die Quantifizierung des Sozialen*, 3. Auflage, Suhrkamp: Berlin.

McKune, S. und S. Ahmed (2018), The Contestation and Shaping of Cyber Norms Through China's Internet Sovereignty Agenda, *International Journal of Communication*, 12, S. 3835-3855.

Merics (2017), China's Social Credit System. China Monitor Nr. 39, verfügbar unter: https://merics.org/en/report/chinas-social-credit-system; abgerufen am: 2. Juni 2022.

Merics (2018), China's social credit systems are highly popular – for now, verfügbar unter: https://www.merics.org/de/analyse/chinas-social-credit-systems-are-highly-popular-now; abgerufen am: 2. Juni 2022.

Merics (2019a), Chinese tech standards put the screws on European companies, verfügbar unter: https://www.merics.org/en/blog/chinese-tech-standards-put-screws-european-companies; abgerufen am: 1. Juni 2022.

Merics (2019b), Evolving Made in China 2025 – China's industrial policy in the quest for global tech leadership, verfügbar unter: https://merics.org/sites/default/files/2020-04/MPOC_8_MadeinChina_2025_final_3_0.pdf; abgerufen am: 1. Juni 2022.

Morozov, E. (2013), *To Save Everything, Click Here*, Public Affairs: New York.

OECD (2020), Employment Outlook 2020, verfügbar unter: https://www.oecd-ilibrary.org/employment/oecd-employment-outlook-2020_1686c758-en; abgerufen am: 1. Juni 2022.

Pfeiffer, W. und E. Weiß (1990), *Technologie-Management: Philosophie – Methodik – Erfahrungen*, Brill Deutschland: Göttingen.

Plantin, J. und G. de Seta (2019), WeChat as infrastructure: the techno-nationalist shaping of Chinese digital platforms, verfügbar unter: https://www.semanticscholar.org/paper/WeChat-as-infrastructure%3A-the-techno-nationalist-of-Plantin-Seta/a8e9c2670fb0f0111215daaecbcefe5f86b52b1b; abgerufen am: 2. Juni 2022.

Sieren, F. (2018), *Zukunft? China*, Penguin Verlag: München.

Snowden, E. (2019), *Permanent Record*, Fischer Verlag: Frankfurt (a. M.).

Susskind, J. (2018), *Future Policies*, Oxford University Press: Oxford.

Tse, E. (2016), *China's Disruptors*, Penguin Books: New York.

U.S.-China Economic and Security Review Commission (2021), 28. Januar 2021, Hearing on U.S.-China Relations at the Chinese Communist Party's Centennial, verfügbar unter: https://www.uscc.gov/sites/default/files/2021-01/January_28_2021_Hearing_Transcript.pdf; abgerufen am: 11. November 2022.

VDI Technologiezentrum (2019), Digitale Transformation: Künstliche Intelligenz im Klassenzimmer, Innovation Update, verfügbar unter: https://www.vditz.de/service/publikationen/details/digitale-transformation-kuenstliche-intelligenz-im-klassenzimmer; abgerufen am: 1. Juni 2020.

ZEW (2020), Auf Künstliche Intelligenz kommt es an – Beitrag von KI zur Innovationsleistung und Perfomance der deutschen Wirtschaft, verfügbar unter: https://www.bmwi.de/Redaktion/DE/Publikationen/Technologie/auf-kuenstliche-intelligenz-kommt-es-an.pdf?__blob=publicationFile&v=8; abgerufen am: 1. Juni 2022.

Zuboff, S. (2018), *Das Zeitalter des Überwachungskapitalismus*, Campus Verlag: Frankfurt (a. M.).

Zuboff, S. (2019), Surveillance capitalism and democracy. Vortrag, verfügbar unter: https://www.bpb.de/mediathek/300777/shoshana-zuboff-ueberwachungskapitalismus-und-demokratie; abgerufen am: 2 Juni 2022.

9 Szenario 5: Der durchdigitalisierte Alltag im Internet der Dinge

9.1 Szenario-Motivation

Die Europäische Union hat ihren Weg, der mit der Datenschutzgrundverordnung begonnen hatte, über die Jahre konsequent fortgesetzt und den Schutz der Verbraucherinnen und Verbraucher („VuV“) in den Mittelpunkt ihrer Strategien zur Digitalwirtschaft gestellt. Die Wahrung der Privatsphäre und die Datensouveränität werden seitdem auch als ein wirtschaftlicher Wettbewerbs- und Standortvorteil angesehen.

In der Folge ist die Akzeptanz der VuV für alle Formen der Digitalisierung in ihrem privaten Umfeld deutlich angestiegen. Wir befinden uns gedanklich im Jahr 2030, in dem das Internet der Dinge mit dem „Smart Home“, mit Wearables aber auch mit virtueller und erweiterter Realität sich über viele Jahre inkrementell immer weiterentwickelt und sehr weite Verbreitung im Alltag gefunden hat.

9.2 Schlüsseltechnologien

Das „Internet der Dinge“ (Internet of Things, IoT) ist ein Sammelbegriff für verschiedene Technologien. Geprägt wurde der Begriff 1999 von Kevin Ashton am Massachusetts Institute of Technology („MIT“) (vgl. Zhang et al, 2020, S. 34). Das IoT besteht aus einem Netzwerk von Dingen bzw. Geräten, die eingebettete Technik enthalten. Diese kommunizieren via Kabel oder Funkschnittstellen über das Internet, speichern und verarbeiten Daten, vermessen und interagieren aufgrund ihres eigenen Zustandes oder der Umgebungsbedingungen, als Teil eines anwendungsorientierten Gesamtsystems.

Das IoT war und ist hauptsächlich technikgetrieben. Die Voraussetzung für die Entwicklung energieautarker, vernetzter Sensoren waren prinzipiell Batterien mit hoher Energiedichte und Mikroelektronik mit sehr geringem Stromverbrauch. Auch wenn diese Punkte für Anwendungen in der Heimautomation und im Auto weniger zutreffen, weil in diesen Fällen die Stromversorgung der IoT-Komponenten relativ einfach möglich ist. Die Weiterentwicklung des IoT hat sich in den Jahren an den stetigen, technischen Fortschritten in Mikroelektronik, Batterietechnik, Sensorik, Aktorik und Rechenleistung orientiert, ebenso an verbesserten Methoden des Energiegewinnung aus der Umgebung sowie der flächendeckenden Versorgung mit Mobilfunkverbindungen. Die am weitesten verbreiteten Anwendungsfelder im Jahr 2030 für Privatpersonen sind:

9.2.1 Smart Home

Im Bereich „Smart Home" war der Ausgangspunkt die Entwicklung intelligenter, digitaler Zähler zum Energiesparen, wobei der Bereich der Wärme (Wasser, Heizung) für die größten Sparpotentiale steht. Daneben waren weitere wichtige Themen die Bereiche Unterhaltungselektronik, Wohnungs-/Gebäude-Sicherheit (Zugangskontrolle) sowie Komfort/Hausautomation. Vor dem Hintergrund des demografischen Wandels erhielten auch gesundheitliche Anwendungen eine immer größere Bedeutung, damit ältere und pflegebedürftige Personen länger zuhause wohnen können.[212] Bei den Anwendungsbereichen spielen in verschiedenen Formen meist die Fernsteuerung, die Fernüberwachung bzw. die automatische, regelbasierte Steuerung eine Rolle. Heute im Jahr 2030 ist die Sprachsteuerung entweder über eigenständige intelligente, vernetzte Lautsprecher oder integriert in Haushaltsgeräte wie Smart TV oder Waschmaschinen weit verbreitet.

9.2.2 Vernetzte Fahrzeuge

Fahrzeuge, die entweder untereinander oder mit der Infrastruktur vernetzt sind, gehören im Jahr 2030 zum Alltag mit Anwendungen wie automatischer Notruf, Connected Media, Assekuranz und Fahrzeug-Tracking. Sie optimierten ihre Routen unter Verwendung prognosebasierter Steuerungen des Verkehrs sowie durch eine intelligente Vernetzung der Ampeln (vgl. Acatech, 2019).

---

212 Vgl. VDE, Zertifizierungsprogramm Smart Home + Building – Leitmarkt Deutschland, verfügbar unter: https://web.archive.org/web/20200130175210/http://www.zertifizierungsprogramm-smarthome.de:80/smarthome/markt/seiten/leitmarktdeutschland.aspx; abgerufen am: 11. November 2022.

9.2.3 Wearables

Wearables als persönliche IoT-Geräte, die wie Kleidungs- oder Schmuckstücke am Menschen getragen werden sind 2030 in einer Fülle von Bauformen weit verbreitet: Fitnessarmbänder, GPS-Tracker und Smart Watches sowie in der Form von Schmuck, Schuhe, Socken, Handschuhe, Brillen, Helme, usw. Sie sind für Gesundheits- und Lifestyle-Anwendungen weit verbreitet. Auch im Jahr 2030 sind IoT-Implantate, die nicht medizinisch notwendig sind, noch nicht weit verbreitet. Dagegen werden digitale Tabletten mit Einverständnis der Patienten häufig eingesetzt, um die Einnahme von Medikamenten zu überwachen. Bei einer digitalen Tablette sendet bspw. ein winziger, mit der Tablette verpresster, körperverträglicher Sensor ein Signal, sobald der Sensor mit der Magensäure in Kontakt kommt als Nachweis der Einnahme. Dieses Signal wird von einem IoT-Pflaster entgegengenommen und dann per Funk an eine Datenbank weitergeleitet (vgl. Schulz, 2019).[213]

9.2.4 Virtuelle und erweiterte Realität

Eine eigene Klasse von tragbaren IoT-Geräten sind Datenbrillen für die erweiterte oder virtuelle Realität. Bei der virtuellen Realität tauchen die VuV durch die VR-Brille in eine eigene virtuelle Welt ein, während bei der erweiterten Realität die Realitätswahrnehmung um zumeist visuelle Informationen ergänzt wird, so dass etwa Informationen über betrachtete Gegenstände eingeblendet werden (vgl. Dohmen, 2019, S. 41-44). Weit verbreitet sind 2030 solche Geräte, die mit typischen tragbaren Computern und relativ leichten und kompakten Brillen funktionieren. Alltägliche Anwendungen sind Immobilienbesichtigungen für Neubauten oder Urlaubsimmobilien sowie die Präsentation von Produkten im stationären Einzelhandel oder auch im Onlinehandel. Daneben werden auch VR-Unterhaltungsformate ein Massenpublikum finden (vgl. Sieren, 2018, S. 181-185).

---

213 Vgl. Deutsche Apotheker Zeitung, 11. September 2018, Markteinführung - Digitale Pille für erste Patienten verfügbar, verfügbar unter: https://www.deutsche-apotheker-zeitung.de/news/artikel/2018/09/11/digitale-pille-fuer-erste-patienten-verfuegbar/chapter:1; abgerufen am: 11. November 2022.

9.2.5 Big Data und KI

Das IoT-Ökosystem ist 2030 in vielen Fällen die Quelle für Massendaten (Big Data), die durch verschiedenste Formen von KI ausgewertet werden. Umgekehrt ist KI auch oft in IoT-Hardware eingebettet (vgl. Europäische Kommission, 2019).

9.3 Schlüsselfaktoren

9.3.1 Cyber-Sicherheit

Durch den Druck der VuV im Verbund mit regulatorischen Vorgaben werden Systeme im Jahr 2030 fast durchgängig inhärent sicher gestaltet. Zudem wurde zusammen mit einem Mechanismus für die Überprüfbarkeit des gegebenen Sicherheitsniveaus die Bedienbarkeit für technische Laien deutlich verbessert. Verbleibende Cyberangreifer werden durch eine verbesserte Strafverfolgung wirkungsvoll abgeschreckt.

9.3.2 Interoperabilität – Werte, Daten, Standards, Formate

Aufgrund der Flut an unterschiedlichster IoT-Hardware war die Interoperabilität über viele Jahre hinweg ein zentrales Hemmnis für die breite Akzeptanz von IoT-Anwendungen. Nachdem die Hersteller realisiert hatten, dass es in diesem Bereich nicht nur eine Geräteplattform mit nur einem Betriebssystem geben würde, war der Wille zu Kooperation schließlich gegeben und es wurde Mitte der 2020er Jahre übergreifende IoT-Standards entwickelt mit weitgehenden Möglichkeiten zur interoperablen Vernetzung. Begleitende Regulierungen zur Stärkung der Interoperabilität werden implementiert und strikt durchgesetzt.

9.3.3 Datenschutz, Privatsphäre

Das in Artikel 5 der Datenschutz-Grundverordnung (DS-GVO) verankerte Prinzip der Datenminimierung wird konsequent durchgesetzt, so dass 2030 nur so viele Daten erhoben werden, wie zur Nutzung eines Dienstes minimal erforderlich sind. Auch die Grundsätze des Datenschutzes „by design" und „by default" (Artikel 25 DS-GVO) finden bei der Entwicklung von Geschäftsmodellen im IoT zunehmend Beachtung. Die VuV sind zunehmend informiert und bewusst im Umgang mit ihren Daten sowie deren wirtschaftlichem und gesellschaftlichem Wert. Individuelle Datensouveränität wird angestrebt und erreicht. Es wurden interoperable (Mikro-)Zahlungsdienste entwickelt, um sich für die freiwillige Datenpreisgabe automatisiert bezahlen lassen zu können (vgl. Lanier, 2013). Bei der Ausgestaltung neuer Geschäftsmodelle im IoT wird durch Datenschutz „by design" sichergestellt, dass Verbraucher ihr Recht zum Widerruf der datenschutzrechtlichen Einwilligung effektiv ausüben können. In diesem Zuge finden bspw. offene Standards wachsenden Zuspruch, bei denen VuV ihre persönlichen Daten selbst hosten.[214]

9.3.4 Individualisierung & granulare Gesellschaft

Die Digitalisierung mit der Möglichkeit zu hochgenauer, digitaler Vermessung von Einzelpersonen in unterschiedlichsten Facetten verschärft den in westlichen Gesellschaften seit langem bestehenden Trend zur Individualisierung und führt zu einem Übergang in eine granulare Gesellschaft (vgl. Kucklick, 2014). Big Data erlaubt eine Beobachtung und Analyse der Individuen in feinsten Einzelheiten und trägt dazu bei, den Zusammenhalt sowie bestehende Institutionen der Gesellschaft allmählich aufzulösen, weil immer mehr Unterschiede sichtbar und betont werden, anstatt die Gleichheit der Menschen hervorzuheben.

9.3.5 Bildung und Digitalisierung

Verschiedenste IoT-Anwendungen gehören 2030 zum Bildungsalltag in Deutschland, angefangen von vernetzten Kopfhörern über Datenbrillen, mit denen Bildungsangebote angesehen werden können, bis zu KI-basierten Bildungsformen.

Der Umgang mit den entsprechenden Geräten und gute Nutzungsformen werden mittelfristig bereits in der Schule vermittelt. Die Virtuali-

214 *„Solid is an exciting new project led by Prof. Tim Berners-Lee, inventor of the World Wide Web, taking place at MIT. The project aims to radically change the way Web applications work today, resulting in true data ownership as well as improved privacy."* vgl. Projekt Solid, What is Solid?, verfügbar unter: https://solid.mit.edu/; abgerufen am: 11. November 2022.

sierung der Hochschulbildung schreitet kurzfristig voran. Der virtuelle Zugang zu Hochschulbildung weitet sich aus und Hochschulen leisten einen zunehmenden Beitrag zum lebenslangen Lernen. Digitalisierung ermöglicht zunehmend modulare Formen der digitalen, beruflichen Aus- und Weiterbildung, die in enger Abstimmung mit den Unternehmen eingesetzt und intensiv genutzt werden. Das IoT und speziell die Sprachschnittstellen eröffnen neue Formen der Selbstbildung, die viel genutzt werden. Allerdings sind im IoT auch derart viele Formen an Unterhaltung zugänglich, dass viele von der Unterhaltung stark eingenommen werden und praktisch keine Bildungsangebote nutzen, wodurch Bildungsdisparitäten verschärft werden („second digital divide").

9.3.6 Arbeitsmarkt / Zukunft der Arbeit / Beschäftigungsformen und neue Erwerbsformen

In der sog. „Gig Economy" beschäftigen bestimmte Unternehmen Arbeitsnehmer „on-demand". Durch IoT-Geräte kennen sie deren Aufenthaltsort und geben ihnen ggf. kurzfristig kleine Arbeitsaufträge. Für Unternehmen ist dies trotz leichter Verfügbarkeit von Automation preiswerter, weil sie weniger fixe Kosten und geringe variable Arbeitskosten haben. Daneben verbreiten sich ermöglicht durch IoT auch andere Formen flexibler Arbeit: Solo-Selbstständigkeit, Werkvertragsarbeit, Abrufarbeit, (grenzüberschreitende) Telearbeit, mobiles Arbeiten, Plattformarbeit, Crowd-Work, „digitale Tagelöhner" usw. Zu beachten sind auch neue Erwerbsformen wie Werbeeinnahmen im Zusammenhang mit privat betriebenen Webseiten oder Social-Media-Kanälen. Weitere neue Erwerbsformen etwa als Incentivierung von Internet-Nutzern durch Mikrozahlungen im Zusammenhang mit neuen digitalen Geschäftsmodellen sind bis 2030 entstanden und haben eine erste Verbreitung gefunden. Teilweise erfolgen Gegenleistungen in nicht-monetärer Form etwa in der Form von kostenlosen Probeprodukten, Speicherplatz und Rechenleistung oder freier Nutzung bestimmter, digitaler Dienste.[215] Die verschiedenen Formen der Plattformarbeit etablie-

---

215 Den Austausch von unentgeltlich, bereitgestellter Information von Internetnutzern über sich selbst gegen die freie Nutzung von Internetdiensten bezeichnet Dennis J. Snower als digitale Sklaverei, vergleicht sie mit dem Austausch von unentgeltlicher Arbeit gegen freie Nahrung, Kleidung und Unterkunft in der traditionellen Sklaverei und weist auf daraus resultierende Ineffizienzen hin. Vgl. VOXEU, 22. August 2018, The Digital Freedom Pass: Emancipation from

ren sich weitgehend in Ergänzung zum bestehenden, regulären Arbeitsmarkt. Die Nutzer schätzen die Flexibilität der neuen Erwerbsformen und gleichzeitig ihre Datenhoheit, die ihnen auch eine gewisse Hoheit über den Arbeitswert gibt.

9.3.7 Individualisierte Preise in Kombination mit individualisierten Verträgen

Aufgrund der intensiven Beobachtung von einigen Nutzern im IoT kennen 2030 Unternehmen die Präferenzen mancher ihrer Kunden sehr gut und können auch die jeweilige Zahlungsbereitschaft gut einschätzen. Daher gehen immer Unternehmen dazu über, individualisierte Preise – in Kombination mit individualisierten Verträgen – anzubieten. Hinzu kommen Mechanismen wie „persuasive technologies", die individuelle Eigenheiten bei der Entscheidungsfindung von Kunden berücksichtigen, um Kaufimpulse in Kombination mit bestimmten Preisen in gezielt ausgewählten Umständen zu setzen. Viele Kunden sehen darin eine gute Kundenorientierung, schätzen die Bequemlichkeit derartig passgenauer Angebote und verzichten darauf, nachträglich Preise zu vergleichen.

9.3.8 Open-Data/Open-Software …

Aufgeklärte VuV verstehen den Mehrwert von Open-Ansätzen und bevorzugen IoT-Geräte-Anbieter, die offene Standards und offene Software nutzen. Dies hat bspw. auch den Vorteil, dass in offenen Gemeinschaften Treiber und Software für IoT-Hardware, die vom Hersteller nicht mehr unterstützt wird, noch weiter gepflegt werden können. Außerdem sind die Kombinationsmöglichkeiten innerhalb des IoT so immens, dass VuV immer öfter eigene individuelle Lösungen entwickeln möchten. „Open"-Ansätze, die in diesem Zusammenhang helfen können, werden durch Schaffung öffentlicher Unterstützungsstrukturen gefördert.

---

digital slavery, verfügbar unter: voxeu.org/article/digital-freedom-pass-emancipation-digital-slavery; abgerufen am: 11. November 2022;
In einer aktuellen Publikation wird in gewisser Übereinstimmung damit die Ansicht vertreten, dass „Daten als Arbeit" betrachtet werden sollten (vgl. Posner und Weyl, 2018, Kapitel 5).

9.3.9 Wirtschaft und Politik – „Code is Power“

Digitaltechnologien in Wirtschaft und Politik besonders in der Form von IoT-Sprachschnittstellen üben Formen von Macht aus, indem sie festlegen, was Nutzer tun können oder nicht, durch die Beobachtung ihres Verhaltens und durch die Einflussnahme auf deren Weltsicht (vgl. Susskind, 2018). Der Mechanismus und die Auswirkungen von „code is power“ werden in der Öffentlichkeit verstanden von der Politik wirksam adressiert, insbesondere durch die angesprochenen Maßnahmen zur Datensparsamkeit und Datensouveränität.

9.3.10 Gesellschaft – Digitale Teilhabe und digitale Ungleichheit

Maßnahmen zur digitalen Inklusion haben 2030 sichergestellt, dass nahezu jede Person zur digitalen Wirtschaft und Gesellschaft beitragen und von ihr profitieren kann. Auch dazu waren die Sprachschnittstellen ein wichtiger Schlüssel. Allerdings selbst wenn nun die digitale Spaltung im Zugang überwunden wurde, tritt neben die verschiedenen Formen sozialer Disparitäten noch eine „second digital divide“ in der Nutzung.

9.3.11 Recht – Vollzugsdefizite

Die Datenethikkommission stellte 2020 Vollzugsdefizite fest u. a. bezüglich der unerlaubten Profilbildung, der gezielten Ausnutzung von Vulnerabilitäten, sog. „Addictive Designs“ und „Dark Patterns“, dem „Lock-in“ und der systematischen Schädigung von Verbrauchern sowie vieler Formen des Handels mit personenbezogenen Daten sowie des geltenden Rechts betreffend den Schutz von Kindern und Jugendlichen im digitalen Raum. Bis 2030 hat sich die Situation grundlegend gebessert. Der Einsatz von KI-Systeme schafft nicht nur neue Risiken für Verbraucher, sondern bietet auch neue Chancen für die Verbraucherpolitik. So können etwa durch den Einsatz von „consumer protection technologies“, Rechtsverstöße in der digitalen Welt zunehmend automatisiert verfolgt werden (vgl. Thorun und Diels, 2020). Unternehmen aus dem LegalTech-Sektor treiben diese Entwicklung voran und sorgen so dafür, dass viele kleinere Rechtsverstöße im digitalen Raum auch zeitnah geahndet werden.

9.3.12 Politik – Digitale Formen der Beteiligung an politischen Prozessen

Durch die Etablierung von Sprachschnittstellen im IoT verändert sich auch die Kommunikation zwischen Bürgern und Parteien und/oder Abgeordneten, Bürgern und Staat (e-Petitionen, Online-Konsultationen). Berufspolitiker lernen aber sehr schnell auch mit diesen neuen Kommunikationswegen effektiv umzugehen.

9.3.13 Digitalisierung der Gesundheitsversorgung – Wearables

Die bewusste Verwendung von Wearables hilft 2030 einigen VuV, sich im Alltag besser um ihre Gesundheit zu kümmern und kritische Erkrankungen frühzeitig zu erkennen. Dies führt zu einer Verschärfung von Gesundheitsdisparitäten, während zugleich Krankenkassen entlastet werden.

9.3.14 Recht – Verwaltungsdigitalisierung

Im Rahmen der Verwaltungsdigitalisierung sind 2030 viele Verwaltungsvorgänge in digitale Abläufe übertragen worden. Die häufige und bequeme Nutzung von Sprachschnittstellen im Alltag führt dazu, dass solche Schnittstellen auch bei der Kommunikation mit Verwaltungen erwartet werden.

9.3.15 Recht – Wandel der allgemeinen Rechtspflege

Die Digitalisierung hat auch Auswirkungen auf die allgemeine Rechtspflege. Sowohl in der anwaltlichen Praxis als auch in der Arbeit der Gerichte spielen Technologien zur maschinellen Auswertung von Dokumenten und zur Entscheidungsautomation eine immer wichtigere Rolle (vgl. Susskind, 2019). Mithilfe von „smart contracts“ und „embedded law“ wird die Rechtsdurchsetzung in Vertragsbeziehungen erleichtert. Zugleich stellen sich neue Herausforderungen in Bezug auf die rechtskonforme Gestaltung von IoT-Systemen („legality by design“). Durch die Automatisierung juristischer Dienstleistung mittels Legal Tech wird der Zugang zum Recht insbesondere für Verbraucher erleichtert (vgl. Hartung, Bues und Halbleib, 2018).

9.3.16 Energie- und Ressourcenverbrauch im Zusammenhang mit Digitalisierung

Die Kombination von Alltagsgegenständen mit Elektronikkomponenten im IoT führt zu ungelösten Problemen in der Kreislaufführung oder der Entsorgung, die auch 2030 noch bestehen. Die Entsorgungsproblematik von Alltagsgegenständen mit Elektronikkomponenten nimmt massiv zu.

9.4 Wirkungsanalyse Szenario 5

Dieser Abschnitt enthält eine Übersicht von betrachteten möglichen Wirkungen, die das Eintreten von Szenario 5 haben könnte. Die Reihenfolge der aufgeführten Wirkungen innerhalb der einzelnen Abschnitte entspricht Relevanz-Einschätzungen aus einem Expertenworkshop beginnend mit den Wirkungen, die am häufigsten als relevant eingeschätzt wurden. Am Ende der Abschnitte finden sich aus Gründen der Vollständigkeit jeweils „Weitere Wirkungen", die zwar in Betracht gezogen, aber als nicht besonders relevant eingeschätzt wurden.

9.4.1 Wirtschaftsstruktur / Unternehmen und Wettbewerb

Szenario 5 zeigt den digitalen Wandel wie unter dem Brennglas. In der Literatur sind verschiedene moderne Bezeichnungen verbreitet, hinter denen sich aber zumeist klassische Branchen bzw. Industriesektoren verbergen. IoT erzwingt Bezüge zu IT aber auch zu Unterhaltung und Medien, so dass substanzielle Unterschiede bei Produktlebenszyklen und Planungskultur im Zusammenwirken zum Tragen kommen:

- Smart City – Bau, Immobilienwirtschaft, Infrastrukturen, Stadtplanung, Kommunen – zugleich befasst mit Klimawandel
- Smart Home – Bau, Immobilienwirtschaft, Energie – zugleich befasst mit Energiewende
- Wearables – Gesundheit, Bildung
- Connected Car – Automobilbranche – zugleich befasst mit Verkehrswende

Viele IoT-Dienste erfordern ausreichend breite und stabile Mobilfunkverbindungen. Profitieren könnten davon Mobilfunkbetreiber und „over-the-top"-Diensteanbieter. Dies stärkt die Bedeutung des IKT-Sektors, zudem kommt es zu Ausweitung des E-Commerce und damit der Nachfrage nach zugehöriger Logistik.

Deutsche Hersteller stehen im Ruf über die klassische Kernkompetenz des Systemdesigns zu verfügen, d. h. über die Fähigkeit, aus guten Komponenten funktionsfähige komplexe Systeme zu bauen und zu betreiben.

Die Einschätzungen zu den Auswirkungen auf den Mobilitätssektor sind als ambivalent zu bezeichnen.

„Das vernetzte und automatisierte Fahren lockt eine Vielzahl branchenfremder Wettbewerber in den Markt und erhöht so den Wettbewerbsdruck auf deutsche Zulieferer und OEMs" (vgl. IPE, 2020, S. 90).

Monopolisierungstendenzen könnten dadurch befördert werden, dass aus Sorge vor Komplexität von IoT-Lösungen und aufgrund eines Vertrauensvorschusses große Plattformen bevorzugt werden könnten: z. B. in der Form der Übertragung der Gesamtverantwortung für Smart-City-Konzepte an einzelne der großen Player.

9.4.2 Produktivität und Wachstum

Massendaten aus dem IoT-Ökosystem könnten 2030 über Big-Data-Analyse/KI zu Produktivitätsvorteilen führen, indem Anbieter die Nachfrage der Konsumenten gut prognostizieren und so Innovationen kreieren können.

Vernetzte Fahrzeuge weisen mit Hard- und Software bis 2021 in Europa ein jährliches Umsatzpotenzial von bis zu 122 Mrd. Euro auf. Schätzungen zufolge entfallen für Automobilhersteller 2050 die Hälfte ihres Umsatzes auf datenbasierte Dienstleistungen (vgl. IPE, 2020, S. 91).

9.4.2.1 Weitere Wirkungen in dieser Kategorie

Es gibt die folgenden Zahlen zum Umsatz mit Prognosen bis zum Jahr 2023 und entsprechenden Wachstumsraten für die nahe Zukunft (vgl. WiSL, 2020):

- Deutschland: Wachstumsraten über 20 Prozent p. a.; das Marktvolumen wird im Jahr 2023 bei 38 Mrd. € erwartet. Für die Bereiche Smart Home, Smart Healthcare, Smart Mobility und Finanzdienstleistungen werden Zuwächse gesehen. In diesen Bereichen sowie bei Sprachassistenten erscheinen häufig ausländische Anbieter führend.

- EU: Eine Marktdurchdringung von 11 Prozent und ein Gesamtumsatz von 27,4 Mrd. € in 2023 werden insgesamt für den Bereich Smart Living erwartet.

Die Erwartungen sollten im betrachteten Szenario 5 noch über diesen Werten liegen. Denn seitens der privaten Nutzer werden Datensicherheit und Schutz der Privatsphäre als Hürde für eine schnellere Marktentwicklung genannt zusammen mit fehlender Interoperabilität (wegen der Gefahr, „auf das falsche Pferd“ zu setzen) (vgl. Technopolis, 2020, S. 17). Im Szenario 5 werden diese Problembereiche als adressiert und gelöst betrachtet.

Ubiquitäre IoT-Anwendungen können von der Arbeit ablenken und sich dadurch negativ auf die Produktivität auswirken.

9.4.3 Beschäftigung und Einkommen

Es wird ein Fachkräftemangel im IT-Sektor erwartet, hervorgerufen durch steigende Nachfrage nach IT-Kräften.

Die Beschäftigungsformen der Gig-Economy und andere durch IoT ermöglichte Formen der Beschäftigung verbreiten sich in Ergänzung zum bestehenden, regulären Arbeitsmarkt:

- Die so ermöglichte Auslagerung von zusätzlichen Dienstleistungen (z. B. Lieferdienste) könnte sich für eine größere Zahl von Unternehmen rentieren – darunter auch für sehr kleine Unternehmen. Dadurch könnte der Druck auf den stationären Einzelhandel weiter wachsen.
- Neue Beschäftigungsformen führen zu mehr Flexibilität und einer effizienteren Allokation von Arbeitsangebot und Nachfrage.

Weitere Wirkungen in dieser Kategorie

Für Szenario 5 besteht die Erwartung von allgemein positiven Einkommens- und Beschäftigungseffekte in Übereinstimmung mit den positiven Umsatzerwartungen. Substitutionseffekte werden nicht thematisiert.

In dem Maße, in dem Wearables positive Gesundheitsimplikationen haben, könnten daraus auch positive Folgen für den Krankenstand und die Häufigkeit gesundheitsbedingter Arbeitsunfähigkeit erwachsen.

Denkbar sind aber auch negative Gesundheitsfolgen, indem Wearables in der Summe die „Bildschirmzeit“ erhöhen und (durch Erinnerungsfunktionen) Stress auslösen.

Die Ersparnisse durch Erhöhung der Energieeffizienz im Smart-Home erhöhen das frei verfügbare Einkommen.

Smart-Home Anwendungen können alltägliche Haushaltsaufgaben (bspw. Staubsaugen) erledigen, so dass mehr Freizeit bleibt. Es erwächst zugleich das Potenzial für eine Ausweitung der Arbeitszeit mit einem entsprechenden Anstieg des Einkommens.

9.4.4 Nachhaltigkeit und Weitere Wirkungen

Die Effekte des digitalisierten Alltags auf den Energieverbrauch sind als ambivalent zu betrachten. Neben den erwarteten Effizienzsteigerungen sind auch verschiedene negative Effekte möglich durch eine hohe Materialnutzung. Einsparpotenziale bestehen im Energiemanagement in Haushalten. Die Mediennutzung, Sicherheitslösungen, Komfort und AAL-Lösungen werden dagegen eher zu höheren Energie- und Ressourcenbedarfen führen.

Im Szenario 5 könnte es zu Rebound-Effekten in vielen Bereichen kommen.

Es besteht eine ungelöste Entsorgungsproblematik für IoT-Geräte.

Wachsende Bildungsdisparitäten sind möglich, die oft auch als „second digital divide" bezeichnet wird.

Sollte der Netzausbau städtische Regionen aufgrund des größeren Kundenpotenzials bevorzugen, könnte es zu einer Vertiefung des Stadt-Land-Gefälles kommen.

Es sind außerdem wachsende Gesundheitsdisparitäten möglich in einer weiteren Ausprägung des angeführten „second digital divide".

> „*Durch die Einbindung von Smartphone-Apps und Wearables in die Strukturen der Gesundheitsversorgung gerät die medizinische Daseinsvorsorge in eine zunehmende Abhängigkeit von den großen Digitalunternehmen.*" (vgl. Busch, 2021).

Weitere Wirkungen zu diesem Kriterium

Es bestehen Potenziale von Smart-Home und anderen smarten Anwendungen in Bezug auf Energieeffizienz und CO_2-Emissionen (vgl. WiSL, 2020).

Eine Verbreitung von Wearables könnten das Gesundheitssystem entlasten aufgrund einer verbesserten Prävention, das Erkennen von Notfällen und durch AAL in der Pflege. VuV könnten dann durch niedrigere Versicherungsbeiträge profitieren. Auswirkungen auf Versicherungsbeiträge sind aber teils unklar: denn Solidargemeinschaften als Grundlage von Versicherungen könnten so in Frage gestellt werden und Versicherungsnehmer mit „schlechter Risikostruktur“ könnten im Extremfall ihre Lebensrisiken nicht mehr versichern.

9.5 Handlungsoptionen Szenario 5

Dieser Abschnitt enthält eine Übersicht von betrachteten Handlungsoptionen, die beim Eintreten von Szenario 5 sinnvoll erscheinen könnten. Die Reihenfolge der aufgeführten Handlungsoptionen innerhalb der einzelnen Abschnitte entspricht Relevanz-Einschätzungen aus einem Expertenworkshop beginnend mit den Optionen, die am häufigsten als relevant eingeschätzt wurden. Am Ende der Abschnitte finden sich aus Gründen der Vollständigkeit jeweils „Weitere Handlungsoptionen“, die zwar in Betracht gezogen, aber als nicht besonders relevant eingeschätzt wurden.

Die Realisierung der vorteilhaften Wirkungen von Szenario 5 hängt von einem konsequenten Ausbau der Infrastruktur ab, der vorangetrieben werden sollte.

Die Transparenz von digitalen und smarten Lösungen in Bezug auf Energie- und Ressourcennutzung sollte erhöht werden.

Maßnahmen zur Verhinderung der verschiedenen Formen des „second digital divide“ sind nötig.

Open Public Data (OPD): mögliche Mehrwerte der Bereitstellung und Nutzung von OPD werden in Deutschland noch nicht umfassend genutzt (vgl. IIT, 2020, S. 7). Die hiermit verbundenen Chancen sollten genutzt und die Verwendung von OPD gefördert werden.

Es in erforderlich für das Thema Identitätsmanagement zu sensibilisieren und die Akzeptanz praktikabler Lösungen zu verbessern. Der Alltag sollte nicht von komplexen Authentifizierungsvorgängen dominiert werden (vgl. FZI, 2018, S. 22).

Technologische und regulatorische Lösungen sind auszubauen und agiler zu gestalten. In diesem Zusammenhang erscheint auch die experimentelle Erprobung neuer Mobilitätsdienstleistungen in Reallaboren (vgl. IPE, 2020, S. 240) als sinnvoll. Diese könnten im Sinne einer Erprobung von neuen Technologien und einer parallelen Evaluierung von rechtlichen Rahmensetzungen auch bei digitalen Identitäten und bei eHealth von Bedeutung sein.

Smart Cities: Fachwissen zum Thema Datensouveränität muss aufgebaut werden. Die Kommunale Politik und Bürgerschaft ist einzubinden und zu sensibilisieren (vgl. PD, 2020, S. 28f).

Die zunehmende Komplexität der Normung im Bereich IoT erfordert eine Bestandsaufnahme einschlägiger Normen. Referenzarchitekturen können Normungslücken aufzeigen und Marktzutrittsbarrieren senken (vgl. Europäische Kommission, 2016, S. 3).

Wearables: Die ambivalente Diskussion zu den Implikationen von Wearables/IoT auf Versicherungsmärkte deutet auf einen Bedarf an entsprechenden regulatorischen Leitplanken hin.

Ein diskriminierungsfreier Zugang zum Smart Meter Gateway ist zu gewährleisten (vgl. WiSL, 2020, S. 16).

Weitere Handlungsoptionen

Connected Car: Die Gewährleistung von europaweiter Interoperabilität der Technologien des vernetzten und automatisierten Fahrens stellt eine Herausforderung dar (vgl. IPE, 2020, S. 88).

Connected Car: Datenzugang für Unternehmen der Automobilwirtschaft, Start-ups und nachgelagerte Zulieferer sollte einfach und zu fairen Bedingungen gesichert werden (vgl. IPE, 2020, S. 239).

Es könnte ein Multi-Stakeholder Prozess gestartet werden zur Erarbeitung eines „Verbraucherschutzes 4.0“ inklusive von „consumer protection technologies“.

9.6 Literaturverzeichnis Szenario 5

Acatech (2019), Neue autoMobilität II - Kooperativer Straßenverkehr und intelligente Verkehrssteuerung für die Mobilität der Zukunft, Projektstudie, verfügbar unter: https://www.acatech.de/projekt/neue-automobilitaet-ii-kooperativer-strassenverkehr-und-intelligente-verkehrssteuerung-fuer-die-mobilitaet-der-zukunft/; abgerufen am: 8. Juni 2022.

Busch, C. (2021), Regulierung digitaler Plattformen als Infrastrukturen der Daseinsvorsorge, Friedrich Ebert Stiftung, verfügbar unter: https://library.fes.de/pdf-files/wiso/17527.pdf; abgerufen am: 2. Juni 2022.

Dohmen, A. (2019), *Wie digital wollen wir leben?*, Patmos: Ostfildern.

Europäische Kommission (2016), Schwerpunkte der IKT-Normung für den digitalen Binnenmarkt, verfügabr unter: https://eur-lex.europa.eu/legal-content/DE/TXT/HTML/?uri=CELEX:52016DC0176&from=FR; abgerufen am: 2. Juni 2022.

Europäische Kommission (2019), High-Level Expert Group on Artificial Intelligence. A definition of AI: Main capabilities and scientific disciplines, verfügbar unter: https://ec.europa.eu/newsroom/dae/document.cfm?doc_id=56341; abgerufen am: 2. Juni 2022.

FZI – Forschungszentrum Informatik (2018), Identitätsmanagement, verfügbar unter: https://www.digitale-technologien.de/DT/Redaktion/DE/Downloads/Publikation/2018_10_18_Smart_Data_Identit%C3%A4tsmanagement.pdf?__blob=publicationFile&v=2; abgerufen am: 2. Juni 2022.

Gal, M. S. und S. Elkin-Koren (2017), Algorithmic Consumers, *Harvard Journal of Law & Technology*, 30(2), S. 309-353.

Hartung, M., M.-M. Bues und G. Halbleib (2018), *Legal Tech: Die Digitalisierung des Rechtsmarkts*, C.H. Beck: Berlin.

IIT – Institut für Innovation und Technik (2020), Open Public Data in Deutschland – Rahmenbedingungen und Potenziale der Bereitstellung und Nutzung von Daten des öffentlichen Sektors, verfügbar unter: https://www.iit-berlin.de/publikation/open-public-data-in-deutschland/; abgerufen am: 2. Juni 2022.

IPE – Institut für Politikevaluation (2020), Automobile Wertschöpfung 2030/2050, verfügbar unter: https://www.bmwi.de/Redaktion/DE/Publikationen/Studien/automobile-wertschoepfung-2030-2050.html; abgerufen am: 2. Juni 2022.

Kucklick, C. (2014), *Die granulare Gesellschaft – Wie das Digitale unsere Wirklichkeit auflöst*, Ullstein: Berlin.

Lanier, J. (2013), *Who owns the future?*, Penguin Books: London.

PD – Partnerschaft Deutschland (2020), Datensouveränität in der Smart City, verfügbar unter: https://www.pd-g.de/ueber-uns/unternehmen/die-pd-als-impulsgeber/pd-impulse-datensouveraenitaet; abgerufen am: 2. Juni 2022.

Posner, E. A. und E. G. Weyl (2018), *Radical Markets: Uprooting Capitalism and Democracy for a Just Society*, Princeton University Press: Princeton.

Schulz, T. (2019), *Zukunftsmedizin*, Penguin Verlag: München.

Sieren, F. (2018), *Zukunft? China*, Penguin Verlag: München.

Susskind, J. (2018), *Future Politics*, Oxford University Press: Oxford.

Susskind, R. (2019), *Online Courts and the Future of Justice*, Oxford University Press: Oxford.

Technopolis (2020), SmartLiving2Market 2020, verfügbar unter: https://www.smartliving-germany.de/wp-content/uploads/2022/03/2020_10_19_SmartLiving2Market2020_Studie.pdf; abgerufen am: 18. November 2022.

Thorun, C. und J. Diels (2020), Consumer Protection Technologies: An Investigation Into the Potentials of New Digital Technologies for Consumer Policy, *Journal of Consumer Policy*, 43(1), S. 177-191.

WiSL – Wirtschaftsinitiative Smart Living (2020), Gebäudeautomation und Energiemanagement als wirtschaftliche Maßnahme zur CO_2-Minderung in Wohngebäuden, Positionspapier, verfügbar unter: https://www.smartliving-germany.de/wp-content/uploads/2022/03/2020_06_01_Energiepolitisches_Papier_WISL.pdf; abgerufen am: 18. November 2022.

Zhang, E. et al. (2020) The 10 Research Topics in the Internet of Things, 2020 IEEE 6th International Conference on Collaboration and Internet Computing (CIC) Atlanta, GA, USA, S. 34–43, verfügbar unter: https://doi.org/10.1109/CIC50333.2020.00015; abgerufen am: 11. November 2022.

10 Szenario 6: Der Digitale, Grüne Deal

10.1 Szenario-Motivation

Wir befinden uns gedanklich im Jahrfünft nach dem Jahr 2030. Die Reihe von Hitzesommern Ende der 2010er Jahre in Europa hatte sich in den frühen 2020er Jahren beständig fortgesetzt. Sie führte zu teils verheerenden Waldbränden und deutlich spürbaren Ernteeinbußen. Wurde der Klimawandel zuvor eher als ein abstraktes Risiko für die ferne Zukunft betrachtet, so wandelte sich unter diesen Eindrücken die breite öffentliche Wahrnehmung des Klimawandels zu einer akuten, existenziellen Bedrohung, auf die dringend und ohne Verzug geantwortet werden muss. Diese gewandelte Wahrnehmung erwies sich als stabil über parteipolitische Zuordnungen und soziale Gruppierungen hinweg in einer deutlichen Mehrheit der Bevölkerung. Teilweise spielte auch eine stärker und unmittelbarer wahrgenommene Sorge um die Lebensbedingungen der Kinder und Enkel eine wesentliche Rolle für die Unterstützung von Klimaschutz und Nachhaltigkeit.

Die Politik in Deutschland und Europa reagierte darauf. In Deutschland wurde eine grundlegend reformierte Fassung des Stabilitätsgesetzes verabschiedet, wonach das magische Viereck aus Stabilität des Preisniveaus, Vollbeschäftigung, außenwirtschaftlichem Gleichgewicht sowie angemessenem Wirtschaftswachstum insgesamt dem Prinzip der Nachhaltigkeit untergeordnet wird. Maßnahmen zur Zielerreichung im magischen Viereck kommen danach nur dann in Betracht, wenn sie nach bestem Stand der Forschung als nachhaltig gelten können. Dabei wird ein breiter Nachhaltigkeitsbegriff zugrunde gelegt, der ausgehend von ökologischer Nachhaltigkeit auch die wirtschaftliche und soziale Nachhaltigkeitsdimension umfasst.

Die „Sustainable Development Goals“ (abgekürzt „SDG“ oder deutsch Nachhaltigkeitsziele) der Vereinten Nationen dienten auch für die deutsche Politik als Richtschnur mit dem Zeithorizont bis 2030 für das Handeln nach innen und außen (vgl. Vereinte Nationen, 2015). Sie stellten eine pragmatische und umsetzungsorientierte Interpretation des breiten Nachhaltigkeitsbegriffes dar. Die Vorgehensweise zur konkreten Umsetzung wurde in der Deutschen Nachhaltigkeitsstrategie (vgl. Bundesregierung, 2021) regelmäßig fortgeschrieben und durch ein indikatorenbasiertes Monitoring zur Nachverfolgung und Nachsteuerung begleitet. Ein zentraler Baustein der Nachhaltigkeitspolitik war das Klimaschutzprogramm 2030 der Bundesregierung zur Umsetzung des Klimaschutzplans 2050 mit den zentralen Elementen einer CO_2-Bepreisung und des Emissionshandels.

Auf EU-Ebene hatte im Jahr 2020 die Politik des europäischen Grünen Deals[216] begonnen. Darunter wurde eine Wachstumsstrategie verstanden, die den Übergang zu einer modernen, ressourceneffizienten, kreislauforientierten und wettbewerbsfähigen Wirtschaft gelingen lassen sollte. In dieser Wirtschaft sollten:

- bis zum Jahr 2050 keine Netto-Treibhausgasemissionen mehr freigesetzt werden (Klimaneutralität),
- das Wirtschaftswachstum von der Ressourcennutzung abgekoppelt werden und
- niemand, weder Mensch noch Region, im Stich gelassen werden.

Neben der CO_2-Bepreisung und dem Emissionshandel wurde auch für ausgewählte Sektoren ein CO_2-Grenzausgleichssystem vorgeschlagen, das im Einklang mit den Regeln der Welthandelsorganisation und anderen vergleichbaren Verpflichtungen der EU gestaltet wurde, (vgl. Europäische Kommission, 2019a). Damit sollte der Tatsache Rechnung getragen werden, dass es weltweit teils sehr unterschiedliche Ambitionen bezogen auf den Klimaschutz gab und es sonst leicht zu einer Verlagerung von CO_2-Emissionen hätte kommen können.

Darüber hinaus wurde festgelegt, dass Chemikalien, Werkstoffe, Lebensmittel und überhaupt sämtliche Produkte, die in der EU in Verkehr gebracht werden, mit EU-Standards und -Vorschriften vereinbar sein müssen (vgl. Europäische Kommission, 2019a). Auch diese Vorgehensweise sollte sicherstellen, dass Verlagerungen von CO_2-Emissionen oder Umweltbelastungen vermieden werden. Diese EU-Standards wurden schrittweise so lange verschärft, bis der betreffende Bereich klimaneutral war und alle Nachhaltigkeitsvorgaben erfüllt wurden. Als Vorbild dienten die Abgasnormen für Pkw oder die Energiestandards von Gebäuden.

In der Summe ging es darum, Rahmenbedingungen so zu setzen, dass Markt, Wettbewerb und Innovationen zur Erreichung der Nachhaltigkeitsziele mobilisiert wurden. Dadurch soll in dem Szenario sichergestellt werden, dass die Erreichung der ökologischen Nachhaltigkeit auch ökonomisch nachhaltig ist. Denn entsprechend der Grundgedanken der Sozialen

216 Vgl. Europäische Kommission, Ein europäischer Grüner Deal – Erster klimaneutraler Kontinent werden, verfügbar unter: https://ec.europa.eu/info/strategy/priorities-2019-2024/european-green-deal_de; abgerufen am: 8. Juni 2022.

Marktwirtschaft können nur unter den Bedingungen von wirtschaftlichem Erfolg ebenfalls soziale (Nachhaltigkeits-)Ziele erreicht werden.

10.2 Schlüsseltechnologien

Ausgehend von dieser Grundsatzstrategie wurden detailliertere Maßnahmenplänen für eine Fülle von Politikbereichen und Wirtschaftssektoren aufgestellt und über die Jahre umgesetzt (vgl. Europäische Kommission, 2019a; Anhang der Mitteilung über den europäischen Grünen Deal, Fahrplan – wichtigste Maßnahmen).[217]

10.2.1 Energie

An erster und zentraler Stelle stand die Frage des Übergangs zu einer klimaneutralen Energieversorgung, der auch jetzt in den frühen 2030er Jahren noch nicht abgeschlossen ist. Dabei ging es um die beiden Bereiche (i) der maximalen Nutzung von erneuerbaren Energien und von Strom für die vollständige Dekarbonisierung der Energieversorgung Europas und (ii) der Maximierung des Nutzens von Energieeffizienz, einschließlich Nullemissionsgebäuden (vgl. Europäische Kommission, 2019b). Es war frühzeitig klar, dass diese dezentrale Energiewende nur mit Digitalisierung gelingen kann (vgl. Lange und Santarius, 2018, S. 33 ff.). Das Angebot fluktuierender, dezentraler, erneuerbarer Energiequellen erforderte einen flexiblen und teils automatisierten Abgleich mit der Nachfrage von Verbrauchern bzw. der Verfügbarkeit von Stromspeichern, die mit dem Begriff *Smart Grid* gekennzeichnet wurde und wird. Auch Blockchain-Lösungen haben im Laufe der Zeit ihr Potential in diesem Kontext entfaltet, nachdem Fortschritte bei Energieverbrauch der Blockchains selbst erzielt worden waren (vgl. Dena, 2016; Dena, 2019). Es stellte sich heraus, dass sog. „micro grids" auf Nachbarschafts- und Stadtteilebene dabei besonders viele Vorteile verknüpften, indem sie nur kurze Übertragungswege benötigen, was auch den Schutz der Privatsphäre vereinfacht und durch ihre Dezentralität die Resilienz des Gesamtnetzes gegenüber dem Risiko von Stromausfällen

---

217 *„Deshalb geht es auch um keine „große Transformation", sondern um ein modulares Projekt aus sehr vielen kleinen Transformationen, die im Idealfall zusammenwirken und konkrete Utopien bilden."* (Welzer, 2019, S. 186).

deutlich erhöhten (vgl. Lange und Santarius, 2018, S. 44).[218] Gerade in einem derart durchdigitalisierten Energienetz spielt auch im Bereich der Energieeffizienz die Digitalisierung mit Big-Data- und KI-Anwendungen ihre Stärken aus.

10.2.2 Produktion – Industrie 4.0 - kreislauforientiere Wirtschaft

Im Zusammenhang mit Steigerungen der Energieeffizienz aber auch bei Effizienzsteigerungen aller Art besteht das grundlegende und schwerwiegende Problem des *Rebound-Effektes*, wonach eingesparte Ressourcen nicht wirklich (vollständig) eingespart werden, sondern in andere Formen des Konsums oder Verbrauchs fließen bzw. die effizientere Sache einfach mehr genutzt wird. Als Ausweg wurde im Rahmen des europäischen grünen Deals die kreislauforientierte Wirtschaft[219] angesteuert. „*Wenn man (…) erneuerbare Energien verwendet und die genutzten Stoffe einschließlich Wasser wiederverwendet, verliert das Wohlstandswachstum seinen ökologischen Schrecken.*“ (von Weizsäcker, Hargroves und Smith, 2012). Die europäische Kommission ging davon aus, dass es eine ganze Generation von ca. 25 Jahren dauern würde, um Industriesektoren und die zugehörigen Wertschöpfungsketten unter Kreislaufgesichtspunkten umzugestalten. Daher wurden zwischen 2020 und 2025 umfangreiche Beschlüsse gefasst und Maßnahmen (vgl. Europäische Kommission, 2020a) ergriffen, um das angestrebte

218 Das Start-up SOLshare (Bangladesch) plant mit der Blockchain ein dezentrales System für den Energiehandel, bei dem Mikro-Produzenten erneuerbare Energien handeln und abrechnen können; ausgehend von einem funktionsfähigen Piloten sollen – so das langfristige Ziel für 2030 – bis zu 10.000 *micro grids* mit über einer Millionen Anwender realisiert werden.

219 „*Neben den Begriffen Kreislaufwirtschaft und kreislauforientierte Wirtschaft ist auch noch der Begriff „Zirkuläre Wertschöpfung“ gebräuchlich. Die international oft verwendete „Bezeichnung „Circular Economy“, (wird) in Deutschland (…) zumeist mit „Kreislaufwirtschaft“ nur unzureichend übersetzt und dann mit Abfallwirtschaft oder Recyclingwirtschaft assoziiert (…). Dies verkürzt aber den programmatisch strategischen Inhalt der Circular Economy. „Zirkuläre Wertschöpfung“ umfasst demgegenüber den gesamten Wertschöpfungsprozess, beginnend vom Produktdesign, der Roh- und Werkstoffauswahl, über den Produktionsprozess, die Logistik und die Integration des Produktes am Ende des Lebenszyklus in eine neue Wertschöpfungsform. Insofern handelt es sich (…) in der Tat um einen generischen Begriff für eine Wertschöpfungsform, die eine Entkopplung des Wirtschaftswachstums von der Ressourcenentnahme ermöglicht (…) und dadurch Wirtschaftswachstum in einen positiven Zusammenhang mit dem Schutz der Umwelt und von natürlichen Ressourcen bringt (…).*“ (Ministerium für Wirtschaft Nordrhein-Westfalen, 2016).

Ziel einer klimaneutralen, kreislauforientierten Wirtschaft bis 2050 erreichen zu können (vgl. Europäische Kommission, 2019a, Absatz 2.1.3).

Die Schlüsseltechnologie Industrie 4.0 leistete auf verschiedenen Ebenen einen wesentlichen Beitrag zur Realisierung der Vision einer kreislauforientierten Wirtschaft. Dies betraf einerseits die einem Produkt zugeordneten Herstellungs-, Montage-, Nutzungs- und Recycling-Informationen während des gesamten Lebenszyklus und andererseits die neuen digitalen Geschäftsmodelle, wie etwa des „Product as a Service", bei dem Hersteller im Besitz der Geräte bleiben und diese umso besser wiederverwerten können. Außerdem erleichterten es die digitalen Prozesse, schon beim Produktdesign an die einfache Zerlegung („Design for Disassembly") und Wiederverwertung in weiteren Lebenszyklen zu denken (vgl. BMWi, 2016).

10.2.3 Mobilität

Um Klimaneutralität im Mobilitätssektor zu erreichen, wurden die bereits angelaufenen Bemühungen um emissionsarme und emissionsfreie Fahrzeuge mit hocheffizienten alternativen Antrieben für alle Verkehrsträger in den 2020er Jahren intensiviert. Durch dekarbonisierte Kraftstoffe bzw. eine Kombination aus dekarbonisiertem, dezentralisiertem und digitalisiertem Strom, effizienteren, nachhaltigeren Batterien, hocheffizienten Elektroantrieben, Vernetzung und autonomem Fahren wurde die Dekarbonisierung des Straßenverkehrs vorangetrieben (vgl. Europäische Kommission (2019b, Abschnitt 3).

Darüber hinaus wurde das gesamte Mobilitätssystem auf der Grundlage von Digitalisierung, Datenaustausch und interoperablen Standards effizienter. Dazu trugen auch intelligente Verkehrssteuerungen, intermodale Mobilitätsplattformen, Mikrobilität, X-Sharing, Mobility-as-a-Service und die zunehmend automatisierte Mobilität bei allen Verkehrsträgern bei (ebenda).

10.2.4 Landwirtschaft und Ernährung

Im Zuge des grünen Deals wurden europäischer Lebensmittel ausgehend von dem bekannt hohen Niveau in Bezug auf Sicherheit, Nährstoffgehalt und Qualität auch zu einem weltweiten Standard für Nachhaltigkeit (vgl. Europäische Kommission, 2019a, Absatz 2.1.6). Seit 2025 wurden zunehmend Blockchain-Anwendungen für die Lebensmittelsicherheit und -rückverfolgbarkeit genutzt, um Transparenz in Bezug auf nachhaltige Produktion, Qualität und Frische zu schaffen.

Die europäische Landwirtschaft entwickelte sich außerdem zu einem Lieferanten von nachhaltigen Ressourcen und wesentlichen Rohstoffen. Die kreislauforientierte Biowirtschaft eröffnete somit auch neue Geschäftsmöglichkeiten im Agrarsektor (vgl. Europäische Kommission, 2019b, Abschnitt 6).

Mit der Strategie „Vom Hof auf den Tisch" wurde auch die Realisierung einer Kreislaufwirtschaft vorangetrieben, denn die Umweltfolgen der Lebensmittelverarbeitung und des Einzelhandels wurden in den Bereichen Transport, Lagerung, Verpackung und Lebensmittelverschwendung systematisch und durch den Einsatz von Informationstechnik verringert (vgl. Europäische Kommission, 2019a, Absatz 2.1.6).

Das Internet der Dinge („Internet of Things", IoT) trug durch Anwendungen in den Bereichen „Precision Farming" zum Schutz von Böden und Umwelt, „Urban Farming" (vgl. Grossarth, 2019, S. 239 ff.) und „Leuchtende Gewächshäuser" (vgl. ebenda, S. 156 ff.) zu wesentlich gesteigerter Nachhaltigkeit in der Lebensmittelversorgung bei. Als leuchtende Gewächshäuser werden Sensoren-kontrollierte Indoor-Farmen bezeichnet, die nachhaltig mit Energie versorgt werden bspw. durch Erdwärme oder Solarmodule, die Nährstoffe in Kreisläufen führen und mit Kunstlicht unabhängig von Tag und Nacht Pflanzen zum Wachstum anregen. Zu den Ursprüngen zählt ein deutsch-niederländisches Gemeinschaftsprojekt,[220] aus dem sich über die Jahre ein Exporterfolg entwickelt, mit großer Nachfrage speziell in solchen Ländern, in denen die Lebensmittelsicherheit noch nicht das europäische Niveau erreicht hat.

10.2.5 Konsum

Im Bereich des Konsums gibt es über die Deckung der Grundbedürfnisse hinaus aber auch schon beim Verständnis, was in welchem Umfang zu den Grundbedürfnissen im Einzelnen gehört, große individuelle und kulturelle Unterschiede. In einer freiheitlichen Grundordnung ist eine

---

220 Vgl. Projekt „Gezonde Kas" (2011-2014), verfügbar unter: https://www.gezondekas.eu/de/Gezonde-Kas/Uber-Gezonde-Kas.htm; abgerufen am: 8. Juni 2022. Das niederländische Wort „Kas" bedeutet im Deutschen überraschenderweise nicht „Käse" sondern „Gewächshaus".

abschließende Konsensfindung, wie genau ein angemessener Konsum zu definieren wäre, nicht zu erwarten. Daher wurde im Zusammenhang mit der politischen Rahmensetzung im Bereich des privaten Konsums, das Ziel verfolgt, dass die vollständigen Nachhaltigkeitskosten sich im Preis von Konsumgütern und personenorientierten Dienstleistungen widerspiegeln. Dazu wurden entsprechende ökonomische Instrumente (vgl. von Weizsäcker, Hargroves und Smith, 2012, S. 264) systematisch eingesetzt und im Laufe der Jahre immer wieder dem jeweils aktuellen Stand des Wissens über die tatsächlichen Nachhaltigkeitskosten angepasst. Gerade im Bereich des Konsums waren die oben angesprochenen EU-Standards von großer Bedeutung und stellten eine Erleichterung für Konsumenten und Privatpersonen dar. Anstatt in zahllosen Konsumfeldern persönlich und in jedem Feld neu Konsumwünsche auf Übereinstimmung mit den eigenen Nachhaltigkeitsambitionen prüfen zu müssen und daraufhin das eigene Verhalten anpassen zu müssen, boten die Standards eine schnelle, zuverlässige und akzeptierte Orientierung (vgl. Kopatz, 2018).

10.2.6 CO2-Abscheidung und -Speicherung (CCS)

CCS wurde trotz bestehender Fragen zum tatsächlichen Potenzial sowie zur gesellschaftlichen Akzeptanz in einer ersten Übergangszeit als erforderlich angesehen vor allem mit Blick auf energieintensive Industriezweige und die Anlaufphase der Wasserstoff-Wirtschaft. Zudem blieb CCS notwendig bei der Nutzung von Biomasse-basierter Energie in Industrieanlagen, um so negative Emissionen zu erhalten. Gemeinsam mit bestimmten CO_2-Senken durch geeignete Formen der Landnutzung wurde so ein Ausgleich für die verbliebenen Treibhausgasemissionen der Wirtschaft gefunden (vgl. Europäische Kommission, 2019b, Abschnitt 7).

Durch erste Anwendungen von Quantencomputern wurden seit 2030 gute Fortschritte bei der Erforschung vor Katalysatoren zur Bindung von Kohlendioxid aus der Atmosphäre gemacht, die in den nächsten Jahren zur Industriereife gebracht werden sollen.

10.3 Schlüsselfaktoren

10.3.1 Cyber-Sicherheit

Im Zuge der Energiewende wurden kritische Infrastrukturen u. a. wie Elektrizitäts-, Gas- und Wärme-Netze *smart* und mussten deshalb vor Cyberangriffen geschützt werden (vgl. Europäische Kommission, 2019b, Abschnitt 5). Jedoch schon allein durch deren stärker dezentrale und vielfältige Struktur wurde eine erhöhte Resilienz erreicht.

10.3.2 Datenschutz, Privatsphäre

Im Zusammenhang mit Nachhaltigkeit wurde das im Datenschutz schon lange etablierte Ziel der Datensparsamkeit[221] mit neuem Leben gefüllt. In diesem Zuge wurde ein umfassender Begriff der Datenökologie entwickelt, der die Grundgedanken der Ressourceneffizienz auf die Erhebung und den Umgang mit Daten überträgt.[222]

Auch um die Akzeptanz für *smart grids* bei kritischen Verbrauchern zu erlangen, mussten hohe Standard an Datenschutz und Privatsphäre in der Umsetzung angelegt werden.

10.3.3 Lokales Handeln und globale Reichweite

Das Spannungsfeld zwischen lokalem Handeln und globalen Auswirkungen ist kennzeichnend für das Thema des Klimaschutzes, weil das Klima unabhängig von nationalen Grenzen ist.[223] Klimapolitik erforderte daher von Anfang als langwierige, globale Abstimmungsprozesse. Die Erfahrungen aus der Klimaschutzpolitik wurden daher bei der globalen Abstim-

---

221 In Deutschland wurde es bereits im Jahr 1997 im Teledienstedatenschutzgesetz (TDDSG) verankert sowie in § 3a Bundesdatenschutzgesetz (BDSG a.F.). Inzwischen ist der Grundsatz in Artikel 5 Datenschutz-Grundverordnung (DS-GVO) normiert (dort als „Datenminimierung" bezeichnet) sowie in § 71 BDSG n.F.

222 Vgl. etwa Mathieu Llorens (CEO der Fa. AT Internet), 8. Februar 2019, Infobesity and Toxic Data: Why We Need a Data Ecology, verfügbar unter: https://medium.com/at-internet/infobesity-and-toxic-data-why-we-need-a-data-ecology-251e8cea9451; abgerufen am: 11. November 2022.

223 Dies gilt in analoger Weise auch für globale Wertschöpfungsketten und damit für die soziale und wirtschaftliche Säule der Nachhaltigkeit.

mung zur Ausgestaltung der Digitalisierung eingebracht und teilweise unmittelbar im Kontext verhandelt.[224] Zwar waren selbst innerhalb von Europa die Abstimmungen nicht immer einfach, gelangen aber letztlich.

Im globalen Kontext spielten auch freiwillig geleistete Formen der Klimakompensation in den Verhandlungen eine gewisse Rolle, weil sie dazu beitrugen, dass ausreichende Mittel zur Finanzierung von Projekten zur Emissionsreduzierung von Treibhausgasen zur Verfügung standen.

10.3.4 Interoperabilität – Werte, Daten, Standards, Formate

Interoperabilität wird als wesentliches Element betrachtet, um in fast allen Anwendungsgebieten der Digitalisierung einen Anbieterwechsel – bspw. auch von Energieversorgern – zu erleichtern und so den Wettbewerb zwischen Anbietern zu fördern. Entsprechende Regulierungen zur Stärkung der Interoperabilität wurden implementiert und strikt durchgesetzt.

Gerade auch für Anwendungen des Internets der Dinge – etwa in der Form von *smart grids* usw. – war die Durchsetzung der Interoperabilität und von EU-Standards im Zusammenhang mit der Kreislaufwirtschaft ein zentraler Erfolgsfaktor. Auf diesem Wege konnte die zuvor ungelöste Lebensdauer- und Entsorgungsproblematik von IoT-Komponenten wesentlich entschärft werden.

10.3.5 Bildung und Digitalisierung

In den politischen Strategien wurden Fragen der Bildung systematisch mitberücksichtigt. Die Anpassung der Bildungsinhalte der Hochschulen hielt größtenteils mit der Geschwindigkeit der Digitalisierung und den Erfordernissen der Nachhaltigkeit Schritt. Relevante digitale Fertigkeiten und Erfordernisse der Nachhaltigkeit werden rechtzeitig vermittelt.

Im Einklang mit der sozialen Dimension der Nachhaltigkeit und dem Ziel, dass „niemand, weder Mensch noch Region, im Stich gelassen wer-

224 Eine weitere Gemeinsamkeit zwischen Digitalisierung und Klimaschutz besteht darin, dass bei beiden Bereichen Wesentliches unsichtbar ist. Beim Klimaschutz sind dies das Kohlendioxid und die anderen Klimagase, bei der Digitalisierung sämtliche Vorgänge abseits der Benutzerschnittstellen, dadurch bleiben in beiden Bereichen gewisse Entwicklungen und Implikationen abstrakt und schwer fassbar, so dass es schwerfallen kann, die Realität von Konsequenzen und die Dringlichkeit von Maßnahmen zu vermitteln.

den sollte“ wurde die Digitalisierung der Bildung so vorangetrieben, dass Bildungsdisparitäten nicht verschärft und eine sog. „second digital divide“ vermieden wurde. So wurde der Zugang zu Bildung erleichtert und die soziale Mobilität erhöht.

Durch das bereits seit 2005 laufende „UNESCO-Weltaktionsprogramm: Bildung für nachhaltige Entwicklung“[225] wurde auch die digitale Bildung in ihrer Funktion auf die Erreichung der SDGs vorangetrieben.

10.3.6 Geopolitik

Seitens der EU wurde die Klimapolitik klar im Zusammenhang mit geopolitischen Fragen gesehen bspw. in Bezug auf Fragen der Sicherheit der Wasserversorgung, der Ernährungssicherheit und der klimabedingten Migration (vgl. Europäische Kommission, 2019a, Abschnitt 3). Auch deshalb wurde der europäische grüne Deal mit großem Nachdruck umgesetzt.

10.3.7 Gleichstellung der Geschlechter

In Übereinstimmung mit dem fünften Ziel für nachhaltige Entwicklung der Vereinten Nationen zur Gleichstellung der Geschlechter wurde die Gleichstellung generell aber auch im Bereich der Digitalisierung gezielt und mit gutem Erfolg gefördert.

10.3.8 Digitale Formen der Beteiligung an politischen Prozessen

Um sicherzustellen, dass der angestrebte Übergang sozial gerecht abläuft und keine Region, keine Gemeinschaft, kein Arbeitnehmer und kein Bürger abgehängt wird, ist eine gute Koordinierung der EU-Politiken mit denen der Mitgliedstaaten, Regionen und Kommunen gefordert, so dass auf digitale Prozesse zur Bürgerbeteiligung verstärkt zurückgegriffen wurde. Dadurch konnte die Legitimation und Akzeptanz der politischen Prozesse gesteigert werden.

---

225 Vgl. BNE Portal, verfügbar unter: www.bne-portal.de; abgerufen am: 11. November 2022.

10.3.9 Energie- und Ressourcenverbrauch im Zusammenhang mit Digitalisierung

Europa setzte massiv auf die Entwicklung besonders effizienter, digitaler Lösungen, einschließlich ressourcensparender Elektronik. Zwar stieg der Anteil von Strom an der Endenergienachfrage deutlich an ebenso wie der Anteil des Stromverbrauchs für Informationstechnik und -verarbeitung, dafür stieg der Anteil an erneuerbaren Energiequellen und der THG-Ausstoß sank. Auch der Verbrauch natürlicher Ressourcen sank drastisch auch in Bezug auf Ressourcen im Zusammenhang mit der Digitalisierung.

10.3.10 Wirtschaft

Der europäische grüne Deal setzte einen langfristigen, tiefgreifenden Umbau des europäischen Wirtschaftssystems in Gang. Die Erwartungen des Jahres 2020 waren, dass diese Umgestaltung eine Wachstumsstrategie darstellte, was sich im Wesentlichen – mit Abstrichen in einzelnen Branchen – auch bestätigt hat. Es ging dabei nicht in erster Linie um die Förderung einer schnell wachsenden Digitalwirtschaft einschließlich der zugehörigen Start-ups. Diese Förderung wurde parallel im Zuge einer stärker fokussierten europäischen Industriepolitik und nationalstaatlicher Initiativen mit wechselndem Erfolg unternommen. In der Summe führte der grüne Deal letztlich zu einer Ausrichtung des digitalen Wandels auf die Erreichung der Ziele der Klimaneutralität und des kreislauforientierten Wirtschaftens, wodurch Stärken im Bereich der Digitalisierung im Zusammenhang mit Investitionsgütern ausgebaut wurden. Auch ergaben sich neue Geschäftsmodelle entlang nachhaltiger Wertschöpfungsketten. Für das Wohlstandsniveau in Europa wirkte es sich positiv aus, dass Schäden infolge des Klimawandels, des Verlustes an Biodiversität und Ökosystemen sowie entsprechende Anpassungskosten deutlich niedriger ausfielen als in anderen Weltregionen.

10.3.11 Arbeitsmarkt / Zukunft der Arbeit

Der Übergang zur Kreislaufwirtschaft im Rahmen des grünen Deals führte zu zahlreichen Möglichkeiten, nachhaltige und beschäftigungsintensive Wirtschaftstätigkeiten aufzubauen, so dass in Summe neue Arbeitsplätze und ein recht stabiler Arbeitsmarkt entstanden.

10.3.12 Einkommensungleichheit

Es bestand allerdings die Gefahr, dass sich die Maßnahmen zur Bepreisung von CO_2 auf Menschen mit geringem Einkommen unverhältnismäßig stark auswirken würden, so dass es zu Formen von Energiearmut oder Einschränkungen bei der Mobilität hätte kommen können. Die getroffenen sozialen Ausgleichsmaßnahmen und der sozialpartnerschaftliche Dialog führten in der Summe jedoch dazu, dass die Erwerbseinkommen-Spreizung abnahm. Die Massenkaufkraft blieb insgesamt gleich. Allerdings sanken die Konsumwünsche zumindest in Teilen der Bevölkerung im Zuge eines Wandels der Wohlstandsvorstellungen.

10.3.13 Qualität der Arbeit

Die Work-Life-Balance verbesserte sich durch den grünen Deal, weil eine stärker regionale Ausrichtung des Wirtschaftens berufsbezogene Mobilitätsanforderungen reduzierte und auch die Häufigkeit des Pendelns in diesem Zuge allmählich zurückging. Zugleich unterstützen digitale Technologien es zusätzlich, die Arbeit zeitlich und räumlich besser mit den Erfordernissen des Privatlebens in Einklang zu bringen. Die Bedeutung mobiler Arbeitsplätze und von Räumen für das Co-Working nehmen zu.

Digitale Technologien und Arbeitsmittel wurden als Reaktion auf den demographischen Wandel häufig für die Einrichtung alters- und alternsgerechter Arbeitsplätze genutzt.

10.3.14 Wettbewerbsfähigkeit – Investitionen in Digitalisierung

Mit dem sich allmählich verschärfenden Klimawandel wuchs auf den Weltmärkten die Nachfrage nach emissionsarmen Technologien und nachhaltigen Produkten und Dienstleistungen erheblich an. In diesem Sinne war die strategische Entscheidung für den grünen Deal eine Win-Win-Situation: entweder es gelang, in bestimmten Technologien zum Marktführer zu werden mit einem entsprechenden wirtschaftlichen Vorteil daraus oder es kam ein intensiver globaler Wettbewerb um klimaneutrale Technologien in Gang, wodurch umgekehrt das Risiko eines katastrophalen Klimawandels reduziert wurde.

Insgesamt waren hohe Investitionen erforderlich für den Aufbau des kreislauforientierten Wirtschaftens. Dies führte indirekt auch zu ausgeprägten Investitionen in die Digitalisierung. Die Ausrichtung der Digitalisierung auf die Ziele des grünen Deals führte zu einer erhöhten unternehmerischen Akzeptanz der Digitalisierung und reduzierter Unsicherheit über deren Verlauf und Auswirkungen. Lediglich die Verfügbarkeit von qualifiziertem Personal und von Kapital erwiesen sich teilweise als problematisch. Durch die Verknüpfung der digitalen Innovationen mit regional verankerten Geschäftsmodellen war die Sorge um eine mangelnde Internalisierbarkeit der Gewinne stark reduziert. In der Folge stiegen die privaten Investitionen in digitale Technologien deutlich an.

Weil die Bedeutung der Digitalisierung für die Erreichung der Ziele des grünen Deals klar und eindeutig erkennbar war, stiegen die öffentlichen Investitionen in die digitale Infrastruktur (etwa der Stromnetze oder der digitalen Verkehrsinfrastruktur) zur Erreichung der Nachhaltigkeitsziele stark an.

10.3.15 Wettbewerbsfähigkeit – Unternehmensproduktivität

Auch die Produktivität der Unternehmen erhöhte sich stark. Dies ergab sich unmittelbar aus den angestrebten Fortschritten in Bezug auf die Energie- und Ressourceneffizienz.

10.4 Wirkungsanalyse Szenario 6

Dieser Abschnitt enthält eine Übersicht von betrachteten möglichen Wirkungen, die das Eintreten von Szenario 6 haben könnte. Die Reihenfolge der aufgeführten Wirkungen innerhalb der einzelnen Abschnitte entspricht Relevanz-Einschätzungen aus einem Expertenworkshop beginnend mit den Wirkungen, die am häufigsten als relevant eingeschätzt wurden. Am Ende der Abschnitte finden sich aus Gründen der Vollständigkeit jeweils „Weitere Wirkungen“, die zwar in Betracht gezogen, aber als nicht besonders relevant eingeschätzt wurden.

10.4.1 Wirtschaftsstruktur / Unternehmen und Wettbewerb

In Szenario 6 kann die EU ihren Wettbewerbsvorteil bei sauberen Technologien wahren und ausbauen (vgl. Europäische Kommission, 2019a, S. 22).

Eine effektive CO_2-Bepreisung in der gesamten Wirtschaft wird umgesetzt mit entsprechenden Auswirkungen auf die Kostenstruktur in allen Branchen (vgl. Europäische Kommission, 2019a, S. 6).

Es wird eine Generation von ca. 25 Jahren dauern, um Industriesektoren und die zugehörigen Wertschöpfungsketten klimaneutral und unter Kreislaufgesichtspunkten umzugestalten (vgl. Europäische Kommission, 2019a, S. 8).

Der digitale, grüne Deal stellt einen tiefgreifenden Umbau des europäischen Wirtschaftssystems dar: durch die Versorgung der gesamten Wirtschaft mit sauberer Energie und in den Bereichen Industrie, Produktion und Verbrauch, großräumige Infrastruktur, Verkehr, Ernährung und Landwirtschaft, Bauwesen sowie in Bezug auf Besteuerung und Sozialleistungen (vgl. Europäische Kommission, 2019a, S. 4).

Im Szenario 6 sind besonders die energieintensiven Industriezweige wie die Stahl-, die Chemikalien- und die Zementindustrie vom Wandel betroffen (vgl. Europäische Kommission, 2019a, S. 8).

Weitere Wirkungen zu diesem Kriterium

Um die Wettbewerbsfähigkeit der EU aufrechtzuerhalten, auch wenn andere Weltregionen nicht bereit sind, gleichermaßen entschlossen zu handeln, wird ein CO_2-Grenzausgleichssystem für ausgewählte Sektoren erforderlich werden (vgl. Europäische Kommission, 2019a, S. 3; S. 6).

Im Zuge von Szenario 6 müssen Marktbarrieren für die größere Verbreitung von sauberen Produkten beseitigt werden mit positiven Auswirkungen auf den Wettbewerb (vgl. Europäische Kommission, 2019a, S. 22).

10.4.2 Produktivität und Wachstum

Nach Erwartungen der Europäischen Kommission wird die Zusammensetzung des BIP stärker verändert werden als dessen Gesamthöhe (vgl. Europäische Kommission, 2020b, S. 78).

> *„Der europäische Grüne Deal ist (eine) (...) neue Wachstumsstrategie, mit der die EU zu einer fairen und wohlhabenden Gesellschaft mit einer modernen, ressourceneffizienten und wettbewerbsfähigen Wirtschaft werden soll, in der im Jahr 2050 keine Netto-Treibhausgasemissionen mehr freigesetzt werden und das Wirtschaftswachstum von der Ressourcennutzung abgekoppelt ist.“* (Europäische Kommission, 2019a, S. 2).

In einer ökonometrischen Studie zu den makroökonomischen Auswirkungen des Grünen Deals heißt es: „*The consistent conclusion (…) reallocation of resources (…) as a modest contributor to GDP growth, or at worst a limited impediment.*" (Europäische Kommission, 2020b, S. 77)

Es wird zu einem großen Anpassungsdruck für die deutsche Automobilbranche kommen auch durch Konzepte der Sharing Economy und zunehmende ÖPNV-Attraktivität (vgl. zum Thema auch BMWi, 2020a).

Die im Szenario 6 zu erwartenden massiven Steigerungen bei Energie- und Ressourceneffizienz sind günstig für Produktivität.

Weitere Wirkungen zu diesem Kriterium

Steigende Energiepreise können zu einer Deindustrialisierung Deutschlands beitragen und entsprechend auch ein Ausweichen vor hohen Nachhaltigkeitsstandards in andere Länder auslösen.

Eine verbesserte Interoperabilität für leichteren Anbieterwechsels kann den Wettbewerb verbessern (vgl. BMWi, 2020b).

10.4.3 Beschäftigung und Einkommen

Im IT-Sektor entstehen neue Beschäftigungsmöglichkeiten für höher qualifizierte Fachkräfte.

Die oben angesprochenen Auswirkungen auf die sektorale Zusammensetzung des BIP wird signifikante Folgen für den Arbeitsmarkt haben (vgl. Europäische Kommission, 2020b, S. 85ff): Der Rückgang der Beschäftigung wird im Kohlesektor am stärksten ausgeprägt sein. Zu Rückgängen wird es aber auch in anderen Bereichen fossiler Brennstoffe kommen. Darüber hinaus sind Arbeitsplätze in energieintensiven Branchen gefährdet. Die Verwendung des Steueraufkommens aus der CO_2-Besteuerung zur Finanzierung einer Senkung der Lohnsteuern könnte einige Effekte auffangen. Im Bausektor und in der Elektrizitätsversorgung werden die größten Zuwächse an Arbeitsplätzen erwartet. Auch der Bereich der erneuerbaren Energie ist relativ arbeitsintensiv.

Die Haushaltseinkommen werden durch steigende Energiekosten belastet (vgl. Europäische Kommission, 2020b, S. 89).

Es wird eine Renovierungswelle erwartet. Die Renovierungen senken Energiekosten, verringern die Energiearmut und könnten den Bausektor ankurbeln und dabei lokale Arbeitsplätze sichern (vgl. Europäische Kommission, 2019a, S. 8).

Der Übergang des digitalen, grünen Deals bietet die Möglichkeit, nachhaltige und beschäftigungsintensive Wirtschaftstätigkeiten auszubauen. Es besteht ein erhebliches Potenzial für emissionsarme Technologien sowie nachhaltige Produkte und Dienstleistungen. Die Kreislaufwirtschaft weist ein großes Potenzial für neue Tätigkeiten und Arbeitsplätze auf (vgl. Europäische Kommission, 2019a, S. 8).

Es bestehen auch Chancen für mehr Beschäftigung in ländlichen Gebieten, z. B. in der Bioökonomie und bei der erneuerbaren Energie.

Weitere Wirkungen zu diesem Kriterium

Eine der verschiedenen berechneten Modellvarianten kommt zu dem Schluss: „aggregate employment is not affected at all" (vgl. Europäische Kommission, 2020b, S. 85ff). Die verschiedenen Varianten reichen von Arbeitsmarktszenarien mit ca. 500.000 Arbeitsplätzen weniger bis zu solchen mit ca. 100.000 Arbeitsplätzen mehr.

10.4.4 Nachhaltigkeit und Weitere Wirkungen

Szenario 6 hätte umfassende positive Wirkungen auf Nachhaltigkeit und Klimaschutz.

Der Europäische Grüner Deal – speziell in der Form eines digitalen, grünen Deals – bietet sich als Narrativ an: Oft wird eine mangelnde Begeisterung in Deutschland und in der EU für Technologie und Digitalisierung beklagt. Durch die Kopplung von Digitalisierung mit den Zielen von Nachhaltigkeit und Klimaschutz könnte es gelingen, eine Aufbruchstimmung und Begeisterung speziell unter jungen Leuten auszulösen.

Steigende Lebensmittelpreise könnten Haushalte mit niedrigem Einkommen überproportional belasten.

Weitere Wirkungen zu diesem Kriterium

Die Gefahr von Energiearmut steigt. Als Gegenmaßnahme könnten die eingenommenen Energiesteuern in validierte Renovierungsförderung oder Einmalzahlungen an Haushalte mit niedrigem Einkommen fließen (vgl.

Murauskaite-Bull und Caramizaru, 2021, S. 3f). Diese wäre besonders sinnvoll, da der Übergang zur Nutzung von erneuerbarer Energie auch Investitionen erfordern kann, die Haushalt mit niedrigem Einkommen nicht aufbringen können (vgl. Europäische Kommission, 2020b, S. 89), was zu steigenden Disparitäten führen könnte.

10.5 Handlungsoptionen Szenario 6

Dieser Abschnitt enthält eine Übersicht von betrachteten Handlungsoptionen, die beim Eintreten von Szenario 6 sinnvoll erscheinen könnten. Die Reihenfolge der aufgeführten Handlungsoptionen innerhalb der einzelnen Abschnitte entspricht Relevanz-Einschätzungen aus einem Expertenworkshop beginnend mit den Optionen, die am häufigsten als relevant eingeschätzt wurden. Am Ende der Abschnitte finden sich aus Gründen der Vollständigkeit jeweils „Weitere Handlungsoptionen", die zwar in Betracht gezogen, aber als nicht besonders relevant eingeschätzt wurden.

Die Beteiligung der Öffentlichkeit und Vertrauen sind entscheidend, damit die politischen Maßnahmen funktionieren. „Es ist ein neuer Pakt nötig, der die Bürgerinnen und Bürger in all ihrer Vielfalt eint und in dessen Rahmen die nationalen, regionalen und lokalen Behörden, die Zivilgesellschaft und die Industrie eng mit den Organen und beratenden Einrichtungen der EU zusammenarbeiten." (vgl. Europäische Kommission, 2019a, S. 2).

Der veränderte Fachkräftebedarfe sollte durch Qualifikationsförderung und Anreizsysteme unterstützt werden.

Es sind Ausgleichsmöglichkeiten für „Verlierer" des Green Deals zu schaffen – sowohl für Unternehmen als auch für private Haushalte.

Die Finanzmittel für den digitalen Wandel, einschließlich digitaler Infrastruktur, sind bereitzustellen.

Es gibt eine Reihe von größeren Handlungsfeldern: Emissionshandel, Regulierung der Landnutzung; Energieeffizienz, Erneuerbare Energien, Energiesteuern, Maßnahmen zur Klimaanpassung usw.

> *„Die politischen Maßnahmen müssen beherzt und umfassend sein und darauf abzielen, den größtmöglichen Nutzen in Bezug auf Gesundheit, Lebensqualität, Resilienz und Wettbewerbsfähigkeit zu erzielen. Um die verfügbaren Synergien zwischen allen Politikbereichen zu nutzen, ist eine intensive Koordinierung notwendig."* (Europäische Kommission, 2019a, S. 3).

Proaktive Maßnahmen zur Umschulung und Weiterqualifizierung sind notwendig (vgl. Europäische Kommission, 2019a, S. 23).

Marktbarrieren für die größere Verbreitung von sauberen Produkten sollten erkannt und beseitigt werden.

Bemühungen um Finanzsystem, das weltweit nachhaltiges Wachstum unterstützt, sind erforderlich (vgl. Europäische Kommission, 2019a, S. 27).

> *„Die EU sollte Unterstützung und Finanzmittel für den notwendigen digitalen Wandel und die erforderlichen digitalen Instrumente bereitstellen, da sie wesentliche Voraussetzungen für die Veränderungen sind.*" (Europäische Kommission, 2019a, S. 4).

10.6 Literaturverzeichnis Szenario 6

BMWi (2016), Fortschreibung der Anwendungsszenarien der Plattform Industrie 4.0. Ergebnispapier, verfügbar unter: https://www.plattform-i40.de/PI40/Redaktion/DE/Downloads/Publikation/fortschreibung-anwendungsszenarien.pdf?__blob=publicationFile&v=8; abgerufen am: 1. Juni 2022.

BMWi (2020a), Automobile Wertschöpfung 2030/2050, verfügbar unter: https://www.bmwi.de/Redaktion/DE/Publikationen/Studien/automobile-wertschoepfung-2030-2050.html; abgerufen am: 8. Juni 2022.

BMWi (2020b), Schwerpunktstudie Digitalisierung und Energieeffizienz, verfügbar unter: https://www.bmwi.de/Redaktion/DE/Publikationen/Digitale-Welt/schwerpunktstudie-digitalisierung-energieeffizienz.pdf?__blob=publicationFile&v=12; abgerufen am: 8 Juni 2022.

Bundesregierung (2021), Deutsche Nachhaltigkeitsstrategie 2021, verfügbar unter: https://www.bundesregierung.de/resource/blob/998006/1873516/7c0614aff0f2c847f51c4d8e9646e610/2021-03-10-dns-2021-finale-langfassung-barrierefrei-data.pdf?download=1; abgerufen am: 11. November 2022.

Dena – Deutsche Energieagentur (2016), Blockchain in der Energiewende. Eine Umfrage unter Führungskräften der deutschen Energiewirtschaft, verfügbar unter: https://www.dena.de/fileadmin/dena/Dokumente/Pdf/9165_Blockchain_in_der_Energiewende_deutsch.pdf; abgerufen am: 8. Juni 2022.

Dena – Deutsche Energieagentur (2019), Blockchain in der integrierten Energiewende, Multi-Stakeholder Studie, verfügbar unter: https://www.dena.de/fileadmin/dena/Publikationen/PDFs/2019/dena-Studie_Blockchain_Integrierte_Energiewende_DE4.pdf; abgerufen am: 8. Juni 2022.

Europäische Kommission (2019a), Der europäische Grüne Deal, COM(2019) 640 final, verfügbar unter: https://ec.europa.eu/info/sites/info/files/european-green-deal-communication_de.pdf; abgerufen am: 8. Juni 2022.

Europäische Kommission (2019b), Ein sauberer Planet für alle. Eine Europäische strategische, langfristige Vision für eine wohlhabende, moderne, wettbewerbsfähige und klimaneutrale Wirtschaft, COM(2018) 773 final, verfügbar unter: https://ec.europa.eu/transparency/documents-register/detail?ref=COM(2018)773&lang=de; abgerufen am: 8. Juni 2022.

Europäische Kommission (2020a), Ein neuer Aktionsplan für die Kreislaufwirtschaft. Für ein saubereres und wettbewerbsfähigeres Europa, COM(2020) 98 final, verfügbar unter: https://eur-lex.europa.eu/legal-content/DE/TXT/?uri=COM%3A2020%3A98%3AFIN; abgerufen am: 8. Juni 2022.

Europäische Kommission (2020b), Impact Assessment – Stepping up Europe's 2030 climate ambition – Investing in a climate-neutral future for the benefit of our people, verfügbar unter: https://eur-lex.europa.eu/legal-content/DE/ALL/?uri=CELEX:52020SC0176; abgerufen am: 8. Juni 2022.

Grossarth, J. (2019), Future Food – Die Zukunft der Welternährung, wbg Theiss: Darmstadt.

Kopatz, M. (2018), Ökoroutine, oekom verlag: München.

Lange, S. und T. Santarius (2018), *Smarte grüne Welt? – Digitalisierung zwischen Überwachung, Konsum und Nachhaltigkeit*, oekom Verlag: München.

Ministerium für Wirtschaft Nordrhein-Westfalen (2016), Potenzialanalyse einer zirkulären Wertschöpfung im Land Nordrhein-Westfalen, verfügbar unter: https://www.wirtschaft.nrw/sites/default/files/documents/potenzialanalyse-zirkulaere-wertschoepfung-nrw_2016.pdf; abgerufen am: 8. Juni 2022.

Murauskaite-Bull, I. und E. Caramizaru (2021), Energy taxation and its societal effects, EUR 30552 EN, Publications Office of the European Union, Luxembourg, verfügbar unter: https://publications.jrc.ec.europa.eu/repository/handle/JRC123486; abgerufen am: 8. Juni 2022.

Plattform Industrie 4.0 (2016), Fortschreibung der Anwendungsszenarien der Plattform Industrie 4.0, verfügbar unter: https://www.plattform-i40.de/PI40/Redaktion/DE/Downloads/Publikation/fortschreibung-anwendungsszenarien.pdf?__blob=publicationFile&v=8; abgerufen am: 8. Juni 2022.

Vereinte Nationen (2015), Transformation unserer Welt: die Agenda 2030 für nachhaltige Entwicklung, verfügbar unter: https://www.un.org/Depts/german/gv-70/band1/ar70001.pdf; abgerufen am: 11. November 2022.

von Weizsäcker, E. U., K. Hargroves und M. Smith (2012), *Faktor Fünf - Die Formel für nachhaltiges Wachstum*, Knaur ebook.

Welzer, H. (2019), *Alles könnte anders sein*, Fischer Verlag: Frankfurt a. M.

11 Szenario-Übergreifende Perspektive

Nachfolgend werden übergreifende Perspektiven in einer Gesamtschau der Szenarien der Kapitel 5 bis 10 aufgeführt. Eine der Grundideen der Szenario-Technik besteht darin, durch verschiedene Szenarien einen betrachteten Zukunftsraum (gleichmäßig) abzudecken und dann zu überprüfen, welche der Szenario-Wirkungen und daraus abgeleiteten Handlungsoptionen nur für einzelne Szenarien zutreffen. Besonders interessant sind natürlich solche Wirkungen und Handlungsoptionen, die für sehr viele der oder alle betrachteten Szenarien relevant sind. Diese werden hier als Querschnittsaspekte bezeichnet und im nachfolgenden Abschnitt diskutiert.

Zum Abschluss des Kapitels wird eine kleine Zahl von Wildcard-Ereignissen in Betracht gezogen, um eine zusätzliche Robustheitseinschätzung der Querschnittsaspekte zu erhalten.

11.1 Querschnittsaspekte und zugeordnete Handlungsoptionen

In der Gesamtschau der Szenarien wurden die Ergebnisse der Wirkungsanalysen zu den Szenarien auch mit dem konzeptionellen Rahmen der Sozialen Markwirtschaft abgeglichen. Dieser wurde in der Form der konstituierenden und regulierenden Prinzipien zusammen mit den Zielen der Sozialen Marktwirtschaft operationalisiert. Durch diese Betrachtung aus der Vogelperspektive ergaben sich die folgenden Querschnittsaspekte.

11.1.1 Querschnittsaspekt 1: Innovationen in Digitalen Ökosystemen

Digitale Innovationen finden heute und in absehbarer Zukunft auf Plattformen bzw. in digitalen Ökosystemen statt. Dies hat einen einfachen Grund. Die mit jeder Innovation zusammenhängende Software muss unter einem bestimmten Betriebssystem ausgeführt werden. Diese Betriebssysteme und die zugehörigen Endgeräte aber sind die Basis für besonders einflussreiche Plattformen und digitale Ökosysteme. Dieser Befund gilt unabhängig von den betrachteten Schlüsseltechnologien und Szenarien. Selbst das Feld der dezentral operierenden Blockchains ist davon nicht ausgenommen, denn auch alle Blockchain-Operationen müssen auf Rechnern mit einem Betriebssystem ausgeführt werden. Zudem ist auch in diesem Feld zu beobachten, dass Anbieter auf das Plattform-Modell setzen und Cloud-Lösungen sowie Entwicklungsumgebungen bereitstellen.

Die Attraktivität von Entwicklungsumgebungen folgt der Logik, dass nicht jede Person alles entwickeln kann und dass Teillösungen ineinandergreifen und kombiniert werden können. Somit kommen unmittelbar die Logiken von direkten und indirekten, positiven Netzwerkeffekten mit den bekannten Vorteilen für das jeweils größere Netzwerk zum Tragen. Selbst im Feld der Quantencomputer werden schon heute Entwicklungsumgebungen aufgebaut, um Entwickler zu gewinnen und zu binden. So soll bereits jetzt die Marktseite der Anwendungen attraktiv gemacht werden für den zukünftigen Zeitpunkt der breiten Anwendbarkeit. Dies geschieht in der Erwartung, dass die Großzahl zukünftiger Anwender sich dem Ökosystem mit den meisten Anwendungen zuwenden werden und so die angestrebten Effekte der positiven Selbstverstärkung auslösen. Diese Überlegungen spielen aber, wie das Beispiel zeigt, schon in der Frühphase der Technologieentwicklung eine Rolle.

Man kann es als das Paradigma der digitalen Daten bezeichnen, dass alle technischen Systeme, die digitale Daten aufnehmen, verarbeiten und ausgeben, durch den Austausch von Daten prinzipiell miteinander verbunden werden können.[226] Um von der Fülle, von der Reichweite und der Kombinierbarkeit digitaler Technologien zu profitieren, ist es auch für vormals nicht-digitale Technologiefelder attraktiv, Schnittstellen ins Digitale zu entwickeln. Dies gilt auf jeden Fall, sobald Dienstleistungen mit einer Technologie zusammenhängen, die ihrerseits heute und in absehbarer Zukunft eine digitale Seite aufweist. Dies alles führt dazu, dass immer mehr Technologie- und Anwendungsbereiche in die digitale Arena überführt werden und damit auch dem Modell der digitalen Ökosysteme unterliegen.

Zu dieser Kombinierbarkeit und Kopplung der digitalen Technologien untereinander kommt ergänzend hinzu, dass es bei digitalen vernetzten Technologien möglich ist, ihren Gebrauch kontinuierlich und systematisch zu beobachten. Aus dieser Beobachtung heraus können sie ebenso systematisch und kontinuierlich weiterentwickelt und verbessert werden

---

226 Die Existenz proprietärer Datei- und Datenformate steht dazu nicht im Widerspruch und weist eher darauf hin, dass neben Betriebssystemen auch Dateiformate, Standards und Protokolle das Potenzial haben, zur Basis von Ökosystemen zu werden.

(vgl. dazu auch Anhang III). Aus der Gesamtheit dieser Wechselbeziehungen hat sich ein eigenes Innovations- bzw. Industrie-Modell der digitalen Wirtschaft herausgebildet, wie in Abschnitt 4.2 dargestellt. Für dieses Modell hat sich die Bezeichnung „Digitale Ökosysteme" herausgebildet.

Handlungsoption: Die Industriepolitik und Innovationsförderung müssen die Logik digitaler Ökosysteme verstehen und berücksichtigen.

In erster Linie muss es darum gehen, Rahmenbedingungen zu schaffen, die die Entstehung von Plattformen und digitalen Ökosystemen in Deutschland und der EU fördern. Dabei ist zu bedenken, dass dies nicht bedeutet, die Muster der bekannten digitalen Ökosysteme einfach zu kopieren. Hier gilt der Grundsatz: „If you use the same recipe you get the same bread." (vgl. Weinberg, 1985). D. h. ein System, das nur die bekannten Muster reproduziert, könnte im ungünstigen Fall weitere dominante Plattformen und Ökosysteme hervorbringen unter Fortbestehen der bekannten nachteiligen Folgen. Es muss also vielmehr darum gehen, ein Modell zu finden, dass die Vorteile und Logik der inneren Dynamik von Plattformen und Ökosystemen bewahrt und die Nachteile möglichst vermeidet. Erste Ansätze dafür sind offene Standards (vgl. Abschnitt 4.8) und Interoperabilität (vgl. Abschnitt 3.6).[227] Ein weiterer Ansatz wird in Abschnitt 11.1.5 vorgestellt.

11.1.2 Querschnittsaspekt 2: Größe und Reichweite der Märkte

„Der Wert der menschlichen Arbeit wächst mit der Weite des Wirtschaftsgebietes." schreibt Ludwig Erhard in einem Zeitungsbeitrag zur Jahreswende 1945/1946 (vgl. Erhard, 1962, S. 15). Diese Beobachtung hat sich mit dem wachsenden Wohlstand bei wachsendem Wirtschaftsgebiet in der deutschen Nachkriegsgeschichte bis heute als treffend und weitsichtig erwiesen.

Ihre Gültigkeit setzt sich nahtlos mit der Digitalisierung fort, die auch als eine immense Ausweitung von Wirtschaftsgebieten begriffen werden kann. So erreicht die Kennziffer „net income per employee" heute für einige der größten Plattformen Werte, die inflationsbereinigt drei- bis zehnmal höher sind als die Werte der führenden drei Automobilhersteller im Jahr 1990 (vgl. Michaelis, 2019).

227 Auch hierbei ist eine differenzierte, abgewogenen Vorgehensweise nötig. Denn die Forderung der Interoperabilität kann je nach Ausgestaltung auch bestehende Marktmacht verfestigen und Innovationen behindern.

Im Überblick der Szenarien ist festzustellen, dass die Einbindung Deutschlands in die EU stets eine zentrale Rolle spielt, die in den Szenarien 3, 5 und 6 auch explizit vorausgesetzt wird. Die Bedeutung der EU wird auch in Zukunft eher wachsen, und zwar in dem Maße, in dem die globale Reichweite des Internets zunehmend in Frage steht („Splinternet", vgl. Abschnitt 4.3.5) und damit auch die Entstehung und Nutzung von Skaleneffekten.

Handlungsoption: Der digitale Binnenmarkt der Europäischen Union sollte zügig vollendet werden. Außerdem sind eine bessere Abstimmung und mehr gemeinsame Forschung innerhalb der EU sinnvoll.

11.1.3 Querschnittsaspekt 3: Digitale Infrastruktur

Der Ausbau der digitalen Infrastruktur – einschließlich von Internet-Breitbandanschlüssen – ist praktisch in allen Szenarien – oft implizite – Voraussetzung, um Chancen der Digitalisierung zu realisieren. Dazu gehört es auch, die erforderlichen Finanzmittel bereitzustellen.

Handlungsoption: Grundvoraussetzung für eine wettbewerbsfähige Soziale Marktwirtschaft in der digitalen Zukunft ist es, dass eine international wettbewerbsfähige digitale Infrastruktur bereitgestellt wird.

Eine weitere Sicht auf diese Thematik fasst unter die Infrastrukturen der digitalen Gesellschaft nicht nur physische Infrastrukturen, sondern auch digitale Plattformen als sozio-technische Systeme für Kommunikation und Transaktionen und wirft die Frage nach der staatlichen Infrastrukturverantwortung in Bezug auf digitale Plattformen auf – gerade im Kontext von digitalen Infrastrukturen der Daseinsvorsorge (vgl. Busch, 2021a). Hier böte sich ein öffentlicher Diskurs zur Rolle von digitalen Plattformen in der Daseinsvorsorge an, der auch die Vor- und Nachteile von Regulierung in diesem Zusammenhang für die Soziale Marktwirtschaft erörtert.

11.1.4 Querschnittsaspekt 4: Machtgefälle zwischen Plattformen → Wettbewerbspolitik und Monopolkontrolle

Der Staat hat in der Sozialen Marktwirtschaft die Aufgabe, die Entstehung von Marktmacht zu verhindern. Dort, wo die Entstehung marktbeherrschender Stellung nicht vermieden werden kann, ist er angehalten, durch die Wahrnehmung seiner Aufsichtspflicht missbräuchliches Verhalten zu unterbinden.

Die Relevanz der Monopolkontrolle gewinnt durch Digitalisierung weiter an Bedeutung und ist in allen betrachteten Szenarien gleichermaßen deutlich zu beobachten. Digitalisierungsprozesse haben den Wettbewerb zwar in vielen Bereichen intensiviert, bspw. im Onlinehandel, im Medienbereich, im Bereich der Mobilität durch neue Mobilitätsangebote, im Bereich Tourismus, insbesondere bei den Reisebüros aber auch beim Electronic Banking und beim Brokerage. Gleichzeitig sind im Zuge der Digitalisierung aber auch viele marktmächtige Unternehmen entstanden, wie z. B. die sog. GAFAM-Unternehmen Google, Amazon, Facebook, Apple und Microsoft, die u. a. aufgrund ihres Marktmachtmissbrauchspotenzials weltweit eine rege Diskussion zwischen Ökonomen, Politikern und Wettbewerbsbehörden über Marktkonzentration und Marktmacht digitaler Plattformen ausgelöst und letztere vor enorme Herausforderungen insbesondere im Bereich der Fusionskontrolle und der Missbrauchsaufsicht stellen.

Neben Plattformmärkten wird der Wettbewerb zunehmend durch Preisanpassungssoftware gefährdet. Dynamische Preisanpassungsalgorithmen können nicht nur zur Gewinnmaximierung von Unternehmen beitragen, sondern auch die Entstehung von Kartellen begünstigen. Besonders problematisch wird es dann, wenn es zur Kollusion ohne einen direkten Kontakt zwischen den Wettbewerbern kommt, der Kartellpreis somit ausschließlich auf der Nutzung von Preisanpassungsalgorithmen beruht, da das Kartellrecht in solchen Fällen derzeit nicht greift und Nachfrager geschädigt werden.

Im Zuge der Digitalisierung wird der Datenzugriff zu einem wesentlichen Wettbewerbsfaktor. Die Erhebung und Auswertung großer Datenmengen ist heute in vielen Branchen üblich und beschränkt sich nicht auf die besonders oft in der Diskussion stehenden Onlinedienste und Onlinewerbung. Durch die Erhebung und Auswertung von Daten erhoffen sich die Unternehmen einen Wettbewerbsvorteil. Sie nutzen diese, um Produkt- und Dienstleistungsinnovationen zu forcieren, die Geschäftsprozesse zu optimieren, die Profitabilität durch Kostensenkung zu steigern sowie die Kundenorientierung zu erhöhen. Der Datenzugriff birgt jedoch nicht nur Chancen für die Wirtschaft, sondern kann auch eine Markteintrittsbarriere darstellen, den Wettbewerb beschränken, wie am Beispiel des Aftermarkets in Szenario 1 verdeutlicht wurde, oder gar das Aufkommen von „Datenmonopolen“ begünstigen. Hierbei handelt es sich um Unternehmen, die aufgrund eines exklusiven Zugriffs auf bestimmte Daten, über eine marktbeherrschende Stellung verfügen.

Handlungsoption: Konkret empfiehlt es sich, zunächst die Wirkungen der im Rahmen der 10. GWB-Novelle implementierten Maßnahmen abzuwarten und nach einer angemessenen Zeit zu evaluieren. Gelangt man im Rahmen dieser Evaluation zu dem Ergebnis, dass die bisherigen Maßnahmen nicht ausreichend waren, sollte auf Ansätze der ex ante Verhaltensregulierung zurückgegriffen werden, die bis dahin etwa durch die Umsetzung des DMA in nationales Recht zur Verfügung stehen sollten. Auch den Maßnahmen der ex ante Verhaltensregulierung sollte ein angemessener Zeitraum gegeben werden, um ihre Wirkungen entfalten zu können. Anschließend sollten diese Maßnahmen wieder evaluiert werden. Für den Fall, dass die Ergebnisse unbefriedigend sind, gilt es zunächst die Ursachen hierfür zu eruieren. Dabei ist zu prüfen, inwieweit durch die Anpassung des Detailgrads der Regulierung bzw. der Vorgaben Wettbewerb sichergestellt werden kann. Reicht dies nicht aus, schließt sich eine mögliche Implementierung struktureller Maßnahmen als Ultima Ratio an.

Strukturelle Maßnahmen als schärfste Eingriffe stehen am Ende der Maßnahmenkette, weil sie auch unerwünschte Nebeneffekte wie z. B. den Verlust von Verbundvorteilen haben können. Die vorgeschlagene, stufenweise Vorgehensweise bietet den Vorteil, dass eine klare Zeitstruktur vorgegeben werden kann und nur die Maßnahmen in Kraft treten, die wirklich benötigt werden. Dadurch wird die Gefahr einer potenziellen Überregulierung gemildert, die selbst mit Wohlfahrtsverlusten verbunden sein kann; vgl. auch die Ausführungen im Fazit (Kapitel 12).

11.1.5 Querschnittsaspekt 5: Machtgefälle innerhalb von Plattformen → Konzepte in Analogie zur betrieblichen Mitbestimmung

In der Gesamtschau aller betrachteten Szenarien (einschließlich der Alternativszenarien entsprechend Anhang V) wird deutlich, dass die Dynamik des Geschehens wesentlich von der zentralen Frage bestimmt wird: Gelingt es Plattformbetreibern bzw. Ökosystem-Initiatoren eine dominante Position zu erlangen? Wie dargestellt ist dies aus der Perspektive der Betreiber und Initiatoren sowie der Eigentümer und Investoren das vorrangig erstrebenswerte Ziel. Wird dieses Ziel erreicht, so resultiert daraus eine erhebliche Marktmacht im Wettbewerb zwischen verschiedenen Plattformen/Ökosystemen wie in Abschnitt 11.1.4 dargestellt. Je dominanter allerdings die Position von Plattformen/Ökosystemen ist, umso größer ist auch das innere Machtgefälle zwischen einerseits den Betreibern/Initiatoren und andererseits allen Akteuren auf allen beteiligten Marktseiten. Von der

Existenz solcher inneren Machtgefälle können so grundlegende Elemente der Sozialen Marktwirtschaft betroffen sein, wie der freie Markzugang, Gewerbe- und Berufsfreiheit, Vertragsfreiheit und schließlich die gerechte Verteilung von Einkommen. Zu beachten ist dabei auch, dass die Bereitschaft, zwischen Plattformen/Ökosystemen zu wechseln, reduziert wird, wenn auch in konkurrierenden Plattformen/Ökosystemen ähnliche innere Machtgefälle bestehen.

Ein Ansatz zum Verständnis der Situation und für Lösungsideen könnte in der Beobachtung liegen, dass der Begriff Kunde/Konsument und/oder Angebot/Nachfrage auf die Realität des Plattform-Modells nicht in jeder Hinsicht zutrifft. Ein wesentlicher Unterschied besteht darin, dass auf einigen Plattformen kein fertig entwickeltes Produkt den Kunden/Konsumenten verkauft wird.[228] Vielmehr wird mit einem hinreichend ausgereiften Prototyp (gedacht als Software oder auch als ein physisches, vernetztes Produkt mit anpassbarer Software) begonnen, dessen Nutzung genau beobachtet wird und anhand dessen die (enthaltene) Software kontinuierlich verbessert bzw. den sich ändernden Nutzungsweisen angepasst wird. Damit ist der Mensch, der üblicherweise als Konsument bezeichnet wird, zusätzlich zumindest in einem Teil seines Produktgebrauches auch Produkttester und insofern Mitarbeiter in einem fortwährenden Produktentwicklungsprozess, der prinzipiell auf Dauer und Unabgeschlossenheit angelegt ist.[229] Tatsächlich ist festzustellen, dass es die entsprechenden Tätigkeiten auch als bezahlte Dienstleistungen oder Tätigkeiten im Angestellten-Verhältnis gibt, und zwar als Beta-Tester und/oder in der Form von Usability-Tests und dass der Übergang zu den heute üblichen Praktiken

228 Wenn man mit Schumpeter Innovationen als Neuigkeiten bezeichnet, die am Markt erfolgreich sind, ist dabei immer auch eine aktive Rolle der Konsumenten vorausgesetzt, die häufig kaum beachtet wird. Der Konsument hat den Aufwand, aus allen Neuigkeiten in einer Preis-Leistungs-Abwägung, die für sich passende herauszufiltern. Bei prinzipiell auf Unabgeschlossenheit angelegten Produkten (physisch oder als Software), die mit jedem Update „neue Features" aufweisen können, wäre entsprechend jeweils seitens der Konsumenten eine neue Preis-Leistungs-Abwägung erforderlich mit entsprechendem Aufwand. Im Plattform-Modell unterbleibt diese allerdings in vielen Fällen, wodurch die dort beobachteten enormen „Marktdurchdringungsgeschwindigkeiten" erklärt werden können. Dies kann insofern als eine ganz eigene Form von Innovation im Sinne Schumpeters verstanden werden.

229 In einer aktuellen Arbeit wird der Begriff des „Prosumenten" erweitert und wie folgt neu definiert als: "*individuals who consume and produce value, either for self-consumption or consumption by others, and can receive implicit or explicit incentives from organizations involved in the exchange.*" (Lang et al., 2021).

auf digitalen Plattformen fließend ist. Insofern ist es nicht vollumfänglich zutreffend, dass von B2C (mit C = Consumer) gesprochen wird. Der Konsument übt zumindest teilweise auch noch weitere Tätigkeiten aus, die für den Plattformbetreiber einen Nutzen haben und einen Mehrwert erwirtschaften. Dieser Mehrwert könnte sogar von außen empirisch feststellbar sein, indem die Börsen- oder Unternehmenswerte von Plattformen miteinander verglichen werden, die auf funktional vergleichbarer Software beruhen (z. B. ein Messenger), sich aber stark in der Größe ihrer Netzwerke unterscheiden. Die Hervorbringung von Mehrwert ist aber eine Kennzeichnung für Arbeit als einer Tätigkeit, die für denjenigen, der die Tätigkeit steuert, einen Mehrwert erzeugt. Wie am Wert der großen Plattformen abzulesen ist, sind die so erzeugten Werte in der Summe nicht unerheblich. Dieser Anteil der Betätigung bzw. Beschäftigung auf Plattformen kann also als Arbeit betrachtet werden, die auf Grundlage von Plattformnutzungsbedingungen und Lizenzverträgen erbracht wird.

Es ist kein Gegenargument zu dieser Betrachtungsweise, dass die Tätigkeit auch dem Tätigen selbst einen direkten Nutzen verschafft. Auch bei anderen Formen der Arbeit ist es üblich und sogar wünschenswert, dass die Arbeitnehmer neben dem Entgelt aus ihrer Arbeit einen persönlichen Nutzen ziehen – sei es in Form von Sinn und Erfüllung oder von persönlicher Reifung– ohne dass dadurch der Charakter der Arbeit als Arbeit grundlegend in Frage gestellt würde. Zumindest aus philosophischer Perspektive kann eine solche Tätigkeit als Arbeit betrachtet werden, auch wenn Arbeitsvertrag und Entgelt fehlen. Natürlich gibt es dabei enorme individuelle Unterschiede auch je nach der beteiligten Marktseite. Für gelegentliche Plattformnutzer, die nur ab und zu einmal auf einer Plattform eine Pizza bestellen oder ein Hotel buchen, stellt sich die Situation ganz anders dar als für Intensivnutzer oder für „Influencer" auf sozialen Medien, die zum Teil erhebliche Zeit in die Produktion von „Content" stecken und dabei auch Erträge erwirtschaften. Bis hin schließlich zu Software-Unternehmen, deren Umsatz zu großen Teilen von ihrer Präsenz in einem der wenigen führenden App-Stores abhängt.

Insofern kann man die Sichtweise wie folgt zuspitzen: Alle natürlichen und juristischen Personen, die Plattformen in ihrer heutigen Form nutzen, leisten unentgeltliche (Plattform-)Arbeit. Wenn dem so ist, sollten damit auch die Rechte einhergehen, die mit anderen Formen der Arbeit unstrittig verbunden sind: Anerkennung der Arbeit als Arbeit, Mitbestimmung und Koalitionsfreiheit.[230] Es ist gut denkbar, entsprechende Instrumente als Teil der digitalen Plattformen selbst oder innerhalb von digitalen Ökosystemen aufzubauen – analog zum Aufbau der Organe der Mitbestimmung in Betrieben. Dabei müssen die Regeln vom Staat vorgegeben werden. Die Mitbestimmung (oder die Ausübung der Koalitionsfreiheit) selbst kann dem Subsidiaritätsprinzip folgend auf Basis der staatlichen Regeln zwischen den Plattformbeteiligten selbst auf der Plattform erfolgen.[231]

Handlungsoption: In einem breiten gesellschaftlichen Diskurs mit fundierter wissenschaftlicher Vorbereitung könnte erarbeitet werden, wie die betriebliche Mitbestimmung als eines der Kernelemente der Sozialen Marktwirtschaft zur Anwendung auf digitale Plattformen und Ökosysteme adaptiert werden kann. In einer Plattformrahmengesetzgebung könnte dann geregelt werden, welche Mitbestimmungsrechte für unterschiedliche Arten von Plattformen und Plattform-Ökosystemen zwischen den einzelnen Beteiligten bestehen sollen.[232]

Ergänzend sei noch der folgende Querbezug angesprochen: Ein Grund für die immensen Hoffnungen in die Digitalisierung und die damit verbundenen Wachstumschancen beruhen schlicht auf den durch die Digitalisierung immens erweiterten Kommunikations- und Kooperationsmöglichkeiten. So gesehen werden in diesem Abschnitt Plattformen und digitale Ökosysteme als Organisationsformen der Kooperation in der digitalen Wirtschaft betrachtet. Bislang sind diese Organisationsformen von großen Machtgefällen geprägt. Durch Konzepte in Analogie zur Mitbestimmung könnte digitale Kooperation mit vielen Beteiligten in einer Weise organisiert werden, die besser mit der Sozialen Marktwirtschaft verträglich ist.

Insofern bestehen enge Bezüge zu den Abschnitten 11.1.1 „Innovationen in digitalen Ökosystemen“ und 11.1.9 „Beschäftigung“.[233]

---

230 Artikel 9 GG (3): *„Das Recht, zur Wahrung und Förderung der Arbeits- und Wirtschaftsbedingungen Vereinigungen zu bilden, ist für jedermann und für alle Berufe gewährleistet. Abreden, die dieses Recht einschränken oder zu behindern suchen, sind nichtig, hierauf gerichtete Maßnahmen sind rechtswidrig.“*

231 Zu prüfen wäre in diesem Zusammenhang, inwieweit und in welcher Weise die Konzepte der Mitbestimmung in multinationalen Konzernen mit Niederlassungen in Deutschland/Europa analog auch auf die bereits existierenden, multinationalen Plattformen übertragen werden können.

232 Der geforderte Grad an Mitbestimmung könnte bspw. von der absoluten Anzahl an beteiligten Personen oder auch vom Marktanteil der Plattform abhängen.

233 Außerdem bestehen natürliche Querbezüge zum Thema des Wettbewerbs (vgl. Abschnitt 11.1.4), bei dem es immer auch darum geht, welche Kooperationen zulässig sind (z. B. von Mitarbeitern innerhalb eines Unternehmens oder in

11.1.6 Querschnittsaspekt 6: Preise

Die zentrale Rolle des Preises in der Sozialen Marktwirtschaft ergibt sich aus seinen zahlreichen Funktionen.

Der Preismechanismus übernimmt die Informationsfunktion, weil er Informationen über Knappheit und Qualität eines Gutes verdichtet. Auf diese Weise wird Konsumentensouveränität gewährleistet. Ferner übernimmt der Preis eine Koordinationsfunktion, indem er sich so lange verändert, bis die angebotene und nachgefragte Menge des Gutes übereinstimmen, der Markt sich also in einem Gleichgewicht befindet (vgl. Neubäumer et al., 2017, S. 24). Somit koordiniert der Preis die Konsumpläne der Nachfrager und die Produktionspläne der Unternehmen (vgl. Siebert und Lorz, 2007, S. 88). Darüber hinaus hat der Preis auch eine Selektionsfunktion. Kommt es zu einem Nachfragerückgang, wird der Marktpreis sinken. Unternehmen, die ihre Kosten nicht anpassen können und mit diesen langfristig über dem Marktgleichgewicht liegen, werden aus dem Markt ausscheiden (vgl. Fehl und Oberender, 2004, S. 53). Daneben erfüllt der Preis auch eine Anreizfunktion. Erhöht sich die Nachfrage nach einem bestimmten Gut, so steigt auch dessen Preis. Dies stellt für den Anbieter einen Anreiz dar, auf diese Veränderung zu reagieren, indem er das Angebot nach diesem Gut ausweitet. Des Weiteren übernimmt der Preis auch eine Lenkungs- oder Allokationsfunktion. Der Preis ist ein Indikator für die Knappheit eines Gutes und zeigt somit die Veränderung der Marktdaten an. Auf der Anbieterseite lenkt der Preis die Produktionsfaktoren auf diejenigen Märkte, auf denen der höchste Gewinn erzielt werden kann. Auf der Konsumentenseite führt die Höhe des Preises im Normalfall zu einer Erhöhung oder einer Verringerung ihres Konsums. Der Preis zeigt dem Konsumenten damit die durch Knappheit gegebene Konsumgrenze auf (vgl. Siebert und Lorz, 2007, S. 88).

Durch die Digitalisierung wird der Preismechanismus auf vielen Märkten in allen betrachteten Szenarien außer Kraft gesetzt, da viele Plattformunternehmen ihre Dienste den Verbrauchern bzw. Nutzern unentgeltlich anbieten. Im Gegenzug willigen diese in die Sammlung und Verarbeitung ihrer Daten ein. Damit fungieren Daten zunehmend als Tausch- bzw. Zahlungsmittel in der Internetökonomie. Dies ist nicht unproblematisch. Zum einen wissen Nutzer oft nicht, wie viele und an wen sie die Daten tatsächlich preisgeben, da die Einverständniserklärung zur Datenerhebung

---

Innovationsprojekten) und welche „Kooperationen“ dazu dienen, Wettbewerb zu umgehen.

und -verarbeitung in langen zum Teil verklausulierten AGBs steht. Zum anderen sind sie nicht in der Lage, den pekuniären Wert ihrer Daten zu ermitteln, die von den Unternehmen erhoben, verarbeitet oder ggf. veräußert werden. Folglich kennen die Nutzer den tatsächlichen Preis bzw. den pekuniären Wert der Dienste, die sie in Anspruch nehmen, nicht. Damit haben Daten als Zahlungsmittel keine vergleichbaren Funktionen wie das pekuniäre Entgelt, zumal der Wettbewerb zwischen den Diensten bislang nicht dazu geführt hat, dass die Erhebung und Verarbeitung von Daten zum Wettbewerbsparameter im Kampf um die Nutzer geworden ist. Die zunehmende Bedeutung von Daten als Tauschmittel in der Internetökonomie wirft somit die Frage auf, wie Daten künftig diese grundlegenden Funktionen des Preismechanismus zu erfüllen vermögen und wie sich der „Wert“ der Daten bestimmen lässt.

Handlungsoption: Plattformbetreiber könnten verpflichtet werden, relevante Kennziffern offenzulegen wie „customer acquisition cost“ und „long term customer value“, die den Plattformnutzern eine Indikation geben, welchen Gegenwert die erhobenen Daten für den Plattformbetreiber haben.

11.1.7 Querschnittsaspekt 7: Privateigentum

Da die Wettbewerbsordnung in der Sozialen Marktwirtschaft dezentrale Planung und Lenkung durch Wirtschaftssubjekte impliziert, muss auch das Verfügungsrecht über Produktionsmittel dezentralisiert werden. Daher setzt eine Wettbewerbsordnung in der Sozialen Marktwirtschaft Privateigentum an Produktionsmitteln voraus. Privateigentum an den Produktionsmitteln gewährleistet, dass ein Unternehmer den Einsatz und die Verwendung der Produktionsfaktoren nach wirtschaftlichen Gesichtspunkten eigenständig plant und sich die daraus resultierenden Erträge aneignen kann bzw. das Verlustrisiko zu tragen hat. Dies führt dazu, dass Ressourcen in der Regel effizient eingesetzt und in die Verwendung gelenkt werden, die den größten Nutzen bzw. die größten Erträge bringen. Die Definition von Eigentumsrechten ist zudem für die Entstehung von Märkten relevant; dort werden in der Regel Eigentums- oder Nutzungsrechte gehandelt.

Der Schutz des Privateigentums erscheint durch die Digitalisierung in einem neuen Licht. Dies gilt zum einen für vernetzte Geräte im Internet der Dinge. Hier tritt neben die physische Herrschaft über die Sachsubstanz eine technisch vermittelte „digitale Kontrolle“, die beim Verkäufer oder

Hersteller des vernetzten Gerätes verbleibt (vgl. Perzanowski und Schultz, 2016). Zu einer „Erosion“ des Eigentums kann es auch dadurch kommen, dass die Nutzung der vernetzten Geräte nur mittels personalisierter Nutzerkonten möglich ist. Inwieweit das geltende Eigentumsrecht die komplexen Rechtsbeziehungen im Internet der Dinge adäquat abbilden kann, ist noch nicht abschließend geklärt und bedarf weiterer Forschung (vgl. Wendehorst, 2016). Dabei ist auch zu untersuchen, ob die Verbreitung von vernetzten Geräten im Internet der Dinge zu einer Neujustierung sachenrechtlicher Strukturprinzipien führt, etwa in Bezug auf den sachenrechtlichen Typenzwang. Dies könnte praktische Auswirkungen auf die Verwendung vernetzter Geräte für Zwecke der Kreditsicherung haben.

Noch drängender stellen sich Fragen der rechtlichen Zuordnung in Bezug auf Daten, deren wirtschaftliche Bedeutung in der digitalen Welt quer über alle betrachteten Szenarien immer wichtig wird. Hier stellt sich etwa die Frage: Wem gehören diese Daten überhaupt? Während das Datenschutzrecht detaillierte Vorgaben für die Erhebung und Nutzung von personenbezogenen Daten formuliert, bestehen bislang keine vermögensrechtlichen Zuweisungsrechte an Daten im Sinne eines allgemeinen zivilrechtlichen „Dateneigentums“. Die Frage, ob Daten juristisch einem bestimmten Rechtssubjekt zugewiesen sind oder zugewiesen werden sollten, ist Gegenstand einer kontrovers geführten rechtswissenschaftlichen und rechtspolitischen Debatte (vgl. Amstutz, 2018, S. 438 ff.; Zech, 2015, S. 1151 ff.; Pertot, 2020). Umstritten ist vor allem, zu wessen Gunsten ein solches Recht bestehen soll (vgl. aus ökonomischer Sicht Kerber, 2016, S. 989). Die Frage der vermögensrechtlichen Rechtszuweisung stellt sich dabei zum einen in Bezug auf personenbezogene Daten, die etwa bei digitalen Plattformen in der Regel die Grundlage der Geschäftsmodelle darstellen. Auch bei nicht-personenbezogenen Daten hat die Frage erhebliche Bedeutung, etwa im Bereich der Industrie 4.0. Mangels einer gesetzlichen Regelung eines „Dateneigentums“, wird der Datenzugriff bislang vornehmlich auf vertraglicher Ebene im Rahmen von Allgemeinen Geschäftsbedingungen (AGB) geregelt. Auch der faktische Schutz durch technische Maßnahmen, die über die Regeln zum Schutz von Geschäftsgeheimnissen abgesichert werden, spielt in der Praxis eine wichtige Rolle (vgl. Hessel und Leffer, 2020, S. 647 ff.). Damit entscheidet nicht selten die Stärke der Verhandlungsposition darüber, wer Daten nutzen kann und wer nicht (vgl. Grün, 2018, S. 129). Dies kann die Entstehung von sog. Datenmonopolen begünstigen, die negative Folgen für Innovation und Wettbewerb haben können (vgl. Schweitzer, 2019, S. 569 ff.). Vor diesem Hintergrund ist die Erweiterung der Datenzugangsansprüche in § 19 Abs. 2 Nr. 4 GWB und in § 20 Abs. 1a GWB grundsätzlich zu begrüßen.

Auch im Bereich der bestehenden Immaterialgüterrechte stellen sich durch technische Innovationen neue Rechtsfragen. Mit Blick auf den künftig wohl zunehmenden Einsatz von KI-Anwendungen im Rahmen von Innovationsprozessen stellt sich die Frage, inwieweit kreative Ergebnisse von KI unmittelbar oder mittelbar schutzfähig sind bzw. sein sollten und wem ein entsprechendes Schutzrecht zugewiesen werden sollte (vgl. Dornis, 2020, S. 97; Hetmark und Lauber-Rönsberg, 2018, S. 574 ff.). Weitgehend ungeklärt ist auch der immaterialgüterrechtliche Schutz von KI-Trainingsdaten. Insoweit ist zu prüfen, ob der geltende rechtliche Rahmen die erforderlichen Ansätze für die Bereitstellung qualitativ hochwertiger und diskriminierungssensitiver Trainingsdaten setzt (vgl. Hacker, 2020a, S. 1025 ff). Näher zu untersuchen ist ferner, inwieweit technische Innovationen, wie etwa die Blockchain-Technologie und Smart contracts, eingesetzt werden können, um künftig die Durchsetzung von Immaterialgüterrechten zu erleichtern.

Handlungsoption: Angesichts der zunehmenden Bedeutung von personenbezogenen und nicht-personenbezogenen Daten als zentrale Wirtschaftsgüter der Datenökonomie ist zu prüfen, ob ein Ordnungsmodell, das im Wesentlichen auf faktischer Datenherrschaft beruht, aus rechts- und wirtschaftspolitischer Sicht zielführend ist. Als Alternative zur Einführung eines vermögensrechtlichen Zuweisungsrechts für Daten kommt die Förderung von (sektorspezifischen) Zugangsrechten zu Daten („data access rights“) in Betracht. Neben Aspekten der Verteilungsgerechtigkeit ist dabei insbesondere zu klären, wie sich das gewählte Regulierungsmodell auf die Entstehung von Datenmärkten auswirkt.

11.1.8 Querschnittsaspekt 8: Haftung

In der Sozialen Marktwirtschaft gilt, dass jeder Akteur für sein wirtschaftliches Handeln die Verantwortung tragen muss. Dabei kommt dem Haftungsrecht eine zentrale Funktion als Instrument zur Verhaltens- und Risikosteuerung zu. Die Schaffung eines angemessenen haftungsrechtlichen Rahmens trägt auch zur Technikakzeptanz bei und kann so mittelbar eine innovationsfördernde Wirkung entfalten (vgl. Zech, 2020, S. A 88; Wagner, 2020a, S. 718).

In diesem Zusammenhang ist an erster Stelle auf die noch nicht abgeschlossene Diskussion über die Haftung für autonome Systeme hinzuweisen (vgl. Borges, 2018, S. 980 ff.; Müller-Hengstenberg und Kirn, 2021, S. 376 ff.). Im Mittelpunkt steht dabei die Frage, ob für lernfähige und vernetzte digitale Systeme der Grundsatz der Gefährdungshaftung gelten sollte oder die Regeln der Verschuldenshaftung. Da es sich um neuartige Technologie handelt und die damit verbundenen Risiken noch schwer abschätzbar sind, spricht einiges für eine Gefährdungshaftung (vgl. Zech, 2020, S. A 90). Eine Verschuldenshaftung, bei der die Risikoabschätzung durch die Rechtsprechung erfolgt, hätte dagegen ein höheres Maß an Rechtsunsicherheit zur Folge. Dies könnte sich negativ auf die Entwicklung technischer Innovationen auswirken. Technikfördernd könnte sich demgegenüber ein Modell erweisen, das eine Gefährdungshaftung mit einer Versicherungspflicht verbindet, bei dem das Schadensrisiko durch Preisanpassung gestreut wird. Als mögliche Alternative wird die Anerkennung digitaler Systeme als eigene Haftungssubjekte („ePerson") diskutiert (vgl. kritisch dazu Wagner, 2019, S. 591-612).

Auch in Bezug auf Blockchain-Anwendungen bestehen noch ungeklärte Haftungsfragen, die sich innovationshemmend auswirken könnten. Noch nicht abschließend beantwortet ist etwa die Frage, wie sich die Zuweisung des Haftungsrisikos auf die Beteiligten eines „distributed ledger" verteilt (vgl. Zetzsche, Buckley und Arner, 2018, S. 1361-1407.). Zur Lösung dieser Haftungsfragen kommen sowohl gesellschaftsrechtliche als auch vertrags- und deliktsrechtliche Ansätze in Betracht.

Rechtlicher Klärungsbedarf besteht jedoch nicht nur in Bezug auf neue Technologien wie KI und Blockchain. Umstritten ist nach wie vor, ob Software unter den Produktbegriff des Produkthaftungsrechts fällt (vgl. zum Meinungsstand Wagner, 2020b, Rn 21-27). Auch die Verantwortung für Schnittstellen zu anderen Programmen ist noch weitgehend ungeklärt. Gleiches gilt für die Frage nach der haftungsrechtlichen Verantwortung für Datenfehler im Zusammenhang mit Big-Data-Anwendungen (vgl. Andrees et al., 2014, S. 99 ff.). Erheblicher Klärungsbedarf besteht ferner in Bezug auf die Anwendung des Produkthaftungsrechts auf autonome Systeme (vgl. Hacker, 2020b, S. 2145). Hier dürften Produktbeobachtung und Produktpflege (etwa in Form von Sicherheitsupdates) eine zunehmende Bedeutung erlangen.

Haftungsfragen stellen sich ferner in Bezug auf digitale Plattformen. Transaktionsplattformen, wie etwa Online-Marktplätze sehen sich selbst in der Regel als neutrale Vermittler, die nicht für Schäden haften, die durch Produkte entstehen, die über den die jeweilige Plattform vertrieben werden. Je nach Geschäftsmodell üben einige Plattformen jedoch eine so weitgehende Kontrolle über die Transaktion aus, dass eine Mithaftung des

Plattformbetreibers gerechtfertigt erscheint. Daher sollte im Rahmen der anstehenden Reform der europäischen Produkthaftungsrichtlinie geprüft werden, unter welchen Voraussetzungen Plattformbetreiber für Schäden haften sollten, die durch Produkte von Dritthändlern verursacht werden (vgl. Busch, 2021b).

Unabhängig von den hier angesprochenen konkreten Fallgestaltungen lässt sich festhalten, dass die Beantwortung von Haftungsfragen sich im Zuge der Digitalisierung der Produktionsprozesse, Produkte, Dienstleistungen und des Handels quer über alle betrachten Szenarien zunehmend komplexer, die Beweisführung aufwendiger und schwieriger gestaltet. Dies könnte von einzelnen Wirtschaftsakteuren strategisch ausgenutzt werden. Darüber hinaus könnte sich fortdauernde Rechtsunsicherheit in Bezug auf Haftungsfragen als Innovationshemmnis auswirken.

Handlungsoption: Die Schaffung eines angemessenen und rechtssicheren Haftungsrahmens ist von wesentlicher Bedeutung für gesellschaftliche Akzeptanz neuer Technologien und die Investitionsbereitschaft von Unternehmen. Die Überprüfung und gegebenenfalls erforderliche Anpassung des Haftungsrechts an die technische Entwicklung ist insoweit ein wichtiges Instrument einer innovationsfördernden Wirtschaftspolitik. Da es sich bei den hier angesprochenen Technologien und Geschäftsmodellen um grenzübergreifende Entwicklungen handelt, sollten Lösungen vorzugsweise auf europäischer Ebene entwickelt werden.

11.1.9 Querschnittsaspekt 9: Beschäftigung / Bildung und Weiterbildung

Übergreifend in allen Szenarien wird erwartet, dass die Nachfrage nach IT-Experten in nahezu allen Branchen ansteigen wird. Es könnte deshalb zu einem Fachkräftemangel kommen, der durch demographische Effekte noch weiter verstärkt werden könnte. Ein Mangel an IT-Fachkräften könnte sich limitierend auf Innovationen und Wirtschaftswachstum auswirken.

Handlungsoption: Der Staat muss dafür sorgen, dass genügend IT-Fachkräfte in Deutschland ausgebildet werden. Gut ausgestattete Hochschulen und die Verfügbarkeit von Fachkräften sollten explizit auch als Bestandteile von digitalen Ökosystemen (vgl. Abschnitt 11.1.1) verstanden werden. Zum anderen muss das Potenzial der Zuwanderung von beruflich qualifizierten Fachkräften so weit wie möglich ausgeschöpft werden.

Das in der Literatur bekannte Phänomen des „skills mismatch“ (vgl. ILO, 2020) kann in den betrachteten Szenarien bestätigt werden. Im Zuge der durch Digitalisierung ausgelösten Umwälzungen werden demnach auf dem Arbeitsmarkt Diskrepanzen erwartet zwischen Qualifikationen, die Arbeitgeber suchen, und Qualifikationen, die Arbeitssuchende anbieten können.

Schließlich ist zu bedenken, dass es einen fließenden Übergang zwischen wertschöpfenden Tätigkeiten auf Plattformen gibt, wie sie in Abschnitt 11.1.5 dargestellt wurden, und solchen Tätigkeiten, die explizit als Plattformarbeit verstanden werden. Die Überlegungen zu neuen Plattform-/Ökosystem-bezogenen Konzepten der Mitbestimmung könnten insofern auch in Bezug auf explizite Plattformarbeit zukünftig eine Rolle spielen.

11.1.10 Querschnittsaspekt 10: Erhalt der natürlichen Umwelt – Narrative

In allen sechs betrachteten Szenarien werden Nachhaltigkeit und Klimaschutz als wichtige, gesellschaftliche Aufgaben betrachtet. Szenario 6 zeichnet sich darin aus, dass diese beiden Ziele als übergeordnet angesehen werden und das Stabilitätsgesetz darauf angepasst wird. Ein Kerngedanke des Szenarios besteht darin, Rahmenbedingungen dabei so zu setzen, dass Markt, Wettbewerb und Innovationen zur Erreichung der Nachhaltigkeitsziele mobilisiert werden und die Entwicklung insbesondere auch in ökonomischer Hinsicht nachhaltig ist.

Parallel ist zu beobachten, dass sich in keinem der Szenarien 1–5 ein eindeutiges, motivierendes Narrativ für die Digitalisierung von breiter Tragfähigkeit abzeichnet. In Szenario 6 dagegen bietet sich der digitale, grüne Deal in der folgenden Form als Narrativ an: „Die Welt steht am Rande der Klimakatastrophe und es ist unklar, ob sie noch überhaupt abgewendet werden kann. Wohlstand und Lebensqualität sind daher auch in Europa akut in Gefahr. Europa trägt als industrialisierter Kontinent eine große Verantwortung für den Klimawandel. Nur wenn jetzt die gesamte wirtschaftliche und technologische Leistungsfähigkeit und alle Innovationskraft auf die Lösung der Klimakrise ausgerichtet werden und dabei das gesamte Potenzial aller Formen der Digitalisierung zur Effizienzsteigerung in einer gemeinsamen, gesamtgesellschaftlichen Anstrengung ausgeschöpft wird, lassen sich unsere heutigen Lebensbedingungen vielleicht noch bewahren und in eine nachhaltige Form überführen.“

Handlungsoption: Oft wird eine mangelnde Begeisterung in Deutschland und der Europäischen Union für Technologie und Digitalisierung beklagt. Auch wenn es nicht klar ist, ob diese Einschätzung tatsächlich umfassend zutrifft, könnte es durch ein Narrativ gelingen, das die Kopplung von Digitalisierung mit den Zielen von Nachhaltigkeit und Klimaschutz in den Vordergrund stellt, Aufbruchstimmung und Begeisterung für die Digitalisierung auszulösen – speziell unter jungen Leuten, aber nicht nur. Es ist wichtig zu betonen, dass dieser strategische Vorausschauprozess explizit nicht als normativer Foresight-Prozess angelegt wurde in Übereinstimmung mit den vorgegebenen Zielsetzungen und Anforderungen. Als ein Nebenergebnis zur möglichen Weiterverfolgung in nachfolgenden, normativ ausgerichteten Diskursen oder Vertiefungen kann nichtsdestotrotz festgehalten werden: Das oben ausgeführte Narrativ könnte die Funktion erfüllen, für Digitalisierung zu begeistern. Es bietet sich insofern als Ausgangspunkt für eine nähere Betrachtung und Prüfung an.

11.1.11 Querschnittsaspekt 11: Währungspolitik

In allen betrachteten Szenarien können auch digitale Währungen eine Rolle spielen, sodass Fragen der Währungspolitik tangiert sind.

Eine stabile Währung ist die Voraussetzung für die Funktionsfähigkeit des Preismechanismus und die Gewährleistung von langfristigem Wachstum und Wohlstand. Im Zuge der Digitalisierung sind in den letzten Jahren zunehmend digitale Währungen (Bitcoin, Litecoin etc.) entstanden, die bislang im Wesentlichen als alternative Anlageform von Vermögen genutzt werden. In Bezug auf das Finanzsystem wird in Politik und Wissenschaft diskutiert, ob diese digitalen Währungen Stabilitätsgefahren darstellen und wie dementsprechend eine geeignete Regulierung aussehen könnte. Derzeit ist die Nutzung digitaler Währungen zu Transaktionszwecken noch begrenzt, weshalb deren Einfluss auf die Preisentwicklung als eher gering erachtet wird. Problematisch wäre es hingegen, wenn digitale Währungen derart an Einfluss gewinnen und eine tatsächliche Alternative zum Staatsgeld darstellen würden, so dass das Währungsmonopol des Staates und der Zentralbank untergraben würde. Hierzu müssten digitale Währungen jedoch gleichermaßen stabil sein wie Staatsgeld. Derzeit zeichnen sich diese Anlagen jedoch durch hohe Unsicherheit und hohe Volatilität aus, eine zentrale Funktion des Geldes als Wertspeicher können sie damit nicht erfüllen (vgl. Thiele, 2018, S. 6). Eine stabilitätsorientierte und unabhängige Zentralbank kann somit als sicherster Schutz gegen die (möglichen) Gefahren für die Finanzstabilität aufgrund digitaler Währungen angesehen werden. Eine angemessene Regulierung digitaler Währungen erfordert internationale Kooperation, da diese Währungen global gehandelt werden und nationalstaatliche Regelungen damit kaum effektiv sein dürften (vgl. ebenda).

Die Digitalisierung forciert die internationale Arbeitsteilung und beschleunigt damit den Prozess der Globalisierung. Gerade im Finanzbereich hat die Digitalisierung zu einer zunehmenden Vernetzung von Staaten geführt. Neben den daraus resultierenden positiven Effekten für Wirtschaft und Wohlstand liegt die Kehrseite dieser Entwicklung darin, dass sich Informationen und ökonomische Impulse ohne Zeitverzögerung zwischen Staaten übertragen und sich Krisen damit schnell und mit hoher Schlagkraft global auswirken, wie die jüngste Finanz- und Wirtschaftskrise eindrücklich gezeigt hat. Auch in diesem Zusammenhang gewinnt eine internationale Kooperation zur Vermeidung derartiger Risiken und Krisen an Bedeutung.

Handlungsoption: Die angesprochenen Fragen der Währungspolitik erscheinen – wie oben ausgeführt – nur durch internationale Zusammenarbeit lösbar. Daher bietet es sich an, dass Deutschland mit seinen europäischen Partnern eine konstruktive Rolle in einer international abgestimmten Vorgehensweise einnimmt.

11.1.12 Querschnittsaspekt 12: Steuersystem – Soziale Sicherung

Es kann recht allgemein über alle Szenarien hinweg allein aus der wirtschaftlichen Bedeutung von Plattformen und digitalen Ökosystemen heraus bestätigt werden, dass die Digitalisierung grundlegende Fragen für das Steuersystem aufwirft.[234]

Diese Entwicklung hat zusammen mit dem oben angesprochenen Phänomen, dass bestimmte substanzielle Formen der Wertschöpfung nicht dem gegenwärtigen betriebswirtschaftlichen Verständnis von Arbeit zugeordnet werden können, Folgen für die Finanzierung der sozialen Sicherung.

Handlungsoption: Gerade die Fragen des Steuersystems erfordern aufgrund der häufig grenzüberschreitenden Natur der digitalen Wirtschaft die internationale Zusammenarbeit. Es liegt insofern nahe, dass Deutschland mit seinen europäischen Partnern weiterhin eine konstruktive Rolle in den bereits laufenden, internationalen Verhandlungen übernimmt.

---

234 „*Today, however, three important phenomena facilitated by digitalisation – scale without mass, reliance on intangible assets, and the centrality of data – pose serious challenges to elements of the foundations of the global tax system.*“ (OECD, 2021a).

11.2 Wildcard-Analyse der identifizierten Querschnittsaspekte

Neben den angesprochenen Alternativszenarien (vgl. Abschnitt V) werden nachfolgend noch einige wenige, exemplarische Wildcard-Ereignisse betrachtet. Im Sinne einer Wildcard-Analyse wird andiskutiert, welche der im vorigen Abschnitt identifizierten Querschnittsaspekte, von welchen der Wildcards maßgeblich beeinflusst würden.

11.2.1 Covid-19-Pandemie

Das Auftreten einer Pandemie gehört zu den typischen Wildcard-Ereignissen. Im Rahmen dieses Vorausschauprozesses ist damit eine solche Wildcard im Verlaufe des Vorausschauprozesses tatsächlich eingetreten. Aus Sicht der wissenschaftlichen Zukunftsforschung erscheint das Ereignis als noch zu jung, um daraus Schlussfolgerungen mit einem Zeithorizont von 10 bis 15 Jahren zu ziehen. Auch wenn es derzeit (Stand Juni 2021) schwer vorstellbar erscheint, wäre es tatsächlich auch möglich, dass die meisten der massiven Veränderungen, die die Covid-19-Pandemie zweifelsohne ausgelöst hat, ebenso schnell wieder verschwinden, wie sie gekommen sind.

Nach dem gegenwärtigen Stand der Literatur werden gleichwohl bereits folgende, mittel- bis langfristigen Erwartungen von relevanten Akteuren geäußert:

- Intensität der Homeoffice-Nutzung steigt dauerhaft (vgl. ZEW, 2020)
- Gestiegene IT-Investitionen und -Nutzung von KMUs[235]
- Beschleunigte Automatisierung[236]
- Zunahme sozialer Ungleichheit und sozialer Spannungen[237]

---

235 „*Early evidence from business surveys worldwide point to up to 70% of SMEs having intensified their use of digital technologies due to COVID-19. Most of these changes are poised to last since some investments are irreversible and the efficiency gains have now been demonstrated.*“ (OECD, 2021b).

236 „*pandemic events accelerate robot adoption, especially when the health impact is severe and is associated with a significant economic downturn. Second, while robots may raise productivity, they could also increase inequality by displacing low-skilled workers. We find that following a pandemic, the increase in inequality over the medium term is larger for economies with higher robot density and where new robot adoption has increased more.*“ (Sedik, 2021).

237 „*Our results suggest that without policy measures, the COVID-19 pandemic will likely increase inequality, trigger social unrest, and lower future output in the years to come.*“ (Sedik und Xu, 2020).

- IT-Nutzung erhöht die ökonomische Resilienz[238]
- Rückgang des BIP, Turbulenzen auf den Arbeitsmärkten (global)[239]
- Impact auf die europäische Wirtschaft und Lieferketten (vgl. Europäisches Parlament, 2021a); Reshoring (vgl. Europäisches Parlament, 2021b)
- „Grüne“ Erholung (z. B. auch ADB; ASEAN; „building back better“)

11.2.2 Politische Instabilitäten

11.2.2.1 Auseinanderbrechen der Europäischen Union

Immer mehr nationale populistische Parteien verzeichnen mit Wahlprogrammen, die auf einen EU-Austritt abzielen, beachtliche Wahlerfolge. Nachdem mehrere bevölkerungsreiche EU-Nationen in der Folge ihre EU-Austritte forcieren, ist die EU im Jahr 2030 stark geschrumpft, räumlich fragmentiert und kaum noch handlungsfähig. Auch wenn die EU formal nicht aufgelöst ist, spielt sie im politischen Alltag eine immer kleinere Rolle.

11.2.2.2 Revolution in China

Die politische Macht in China liegt fest in der Hand der kommunistischen Partei. Im Expertenworkshop wurde die Einschätzung geäußert, dass das System seine Macht immer weiter festigt, sodass es mittlerweile auch bei ausbleibenden wirtschaftlichen Erfolgen stabil sein würde. Allerdings kann die Festigung der Macht auch überspannt werden. In einer wissenschaftlichen Analyse beschreibt Goldstone fünf Elemente für politische Instabilität als Voraussetzung für Revolutionen und kommt zu dem Schluss, dass in China Signale für das Entstehen aller fünf Elemente beobachtbar sind (vgl. Goldstone, 2014). Im Jahr 2027 kommt es zu einer von außen unerwarteten Revolution in China, die kommunistische Partei Chinas

238 „*Local IT adoption mitigates the labor market consequences of the pandemic for all individuals, regardless of gender and race, except those with the lowest level of educational attainment.*“ (Pierri und Timmer, 2020).

239 „*The IMF's latest World Economic Outlook suggests that the COVID-19 pandemic will cost the world economy $28 trillion in lost output over the next five years while the ILO predicts severe disruption of labour markets for the foreseeable future.*“ (UNIDO, 2020).

wird entmachtet und China zerfällt in der Folge in mehrere autonome Staaten.

11.2.2.3 Diktatur in den USA

Die Spannungen und Polarisierung der Gesellschaft der USA setzen sich in den kommenden Jahren fort und steigern sich immer weiter. Die Legitimität der Präsidentschaftswahlen 2024 wird offen in Frage gestellt. Noch während der Auszählungen kommt es zu massiven Ausschreitungen und Unruhen. Das Militär schreitet ein und entscheidet sich, einen der Kandidaten zu stützen. Dieser verspricht, Ruhe und Ordnung wiederherzustellen, und regiert in einer sich immer weiter ausdehnenden Zwischenzeit mit Hilfe von präsidialen Anordnungen.

11.2.3 Dramatisch beschleunigter Klimawandel

Die Bemühungen um den Klimaschutz kommen zu spät. In einer Kaskade von Kipppunkten gerät das Klima unaufhaltsam auf ein Szenario einer Temperatursteigerung von mehr als 5-Grad-Celsius gegenüber vorindustriellen Zeiten, wodurch die Erde langfristig unbewohnbar wird.[240]

11.2.4 Unerwartete Cyber-Supermacht

Eine einzelne Nation (oder ein Großunternehmen) entwickelt ein komplexes Arsenal an extrem fortschrittlichen Cyber-Waffen, für die andere Nationen, Organisationen und Unternehmen keine leistungsfähigen Abwehrmöglichkeiten haben. Dies wäre vorstellbar in einer verdeckten, historischen Großanstrengung, wie sie auch der Entwicklung von Atombomben voraus ging und die auf einer Kombination der Entwicklung von Quantencomputern zu Entschlüsselungszwecken und von Künstlicher In-

240 *„Based on this framework, we argue that social and technological trends and decisions occurring over the next decade or two could significantly influence the trajectory of the Earth System for tens to hundreds of thousands of years and potentially lead to conditions that resemble planetary states that were last seen several millions of years ago, conditions that would be inhospitable to current human societies and to many other contemporary species.“* (Steffen et al., 2018).

telligenz, die auf die Suche nach Schwachstellen der Cybersicherheit optimiert ist, beruhen könnte. Während die tatsächliche, anfängliche Bedrohung durch Atombomben aufgrund der geringen, verfügbaren Zahl noch begrenzt war, könnten sich etwaige Cyber-Waffen vermutlich beliebig replizieren und leicht weltweit verbreiten lassen. Die betreffende Cyber-Supermacht könnte sich enorme wirtschaftliche, aber auch militärische Vorteile verschaffen, wodurch der Rest der Welt unter massiven Druck geraten und erpressbar werden könnte.

11.2.5 Zusammenfassende Beobachtungen zu den Wildcards

Die in Abschnitt 11.1 dargestellten Querschnittsaspekte erweisen sich im Großen und Ganzen als recht robust – auch im Licht der obigen Wildcard-Ereignisse. Die unter 11.2.2 angedachten politischen Instabilitäten würden sich in erster Linie wahrscheinlich nachteilig auf die Größe und Reichweite von Märkten auswirken, damit aber letztlich nur die Bedeutung dieses Punktes unterstreichen. Grundsätzlich kritisch auf die Zukunft der Digitalisierung der Wirtschaft würde sich am ehesten noch das Auftreten einer unerwarteten Cyber-Supermacht auswirken, weil dadurch das Digitalisierungsprogramm insgesamt in Frage gestellt würde und eine echte Trennung von Datenverbindungen und digitalen Kommunikationswegen erforderlich werden könnte. Mit der Folge, dass auch die Globalisierung und die globale Arbeitsteilung drastisch erschwert würde. Das Auftreten eines dramatisch beschleunigten Klimawandels würde (s. Zitat in der zugehörigen Fußnote) trotz der zu befürchtenden Katastrophen aller Art im Zeitraum der nächsten 10-15 Jahre wenig Einfluss auf Digitalisierungsprozesse haben.

11.3 Kritische Methodenreflexion

Für einige der relevanten Fragestellungen, die mehr oder weniger auf der Hand liegen (vergleiche auch die Darstellung in der Einleitung in Kapitel 1), ergeben sich aus der Betrachtung der Szenarien nur wenig oder kaum neue Anhaltspunkte. Ein möglicher Grund dafür könnte darin bestehen, dass die Aufgabenstellung zu komplex war und zu viele, eigentlich separate Fragen zugleich in den Blick genommen hat. In der Praxis ist die Szenario-Methode am besten zur Einordnung für sehr konkrete, Einzelfragestellungen geeignet. Dabei ist zu bemerken, dass ein Szenario-Text letztlich nur genau die Informationen enthält, die bei der Formulierung auf Basis eines Rohszenarios hingesteckt wurden. Wenn das Szenario zu einer Teilfragestellung aber keine Ausgangsinformationen enthält (bspw. keine entsprechenden Ausprägungen), ist es zumeist nicht möglich, zu dieser Teilfragestellung Orientierungswissen aus dem Szenario zu entnehmen. Werden in einem Prozess zu viele Fragestellung parallel aufgeworfen, können in der Folge manche Effekte nicht ausreichend differenziert aufgegriffen und adressiert werden. Umgekehrt führt die gleichzeitige Berücksichtigung sehr vieler Teilfragen dazu, dass die Szenario-Texte immer ausführlicher, unübersichtlicher und weniger greifbar werden. Dies kann so weit gehen, dass ggf. sogar Inkonsistenzen im Narrativ entstehen. Andererseits erscheint die gewählte „Flughöhe" der Szenarien – aber auch das Niveau der erzielten Resultate – im Endergebnis als ein angemessener Kompromiss in Bezug auf die vorgelegte Aufgabenstellung.

Nichtsdestotrotz wären detailliertere Erkenntnisse zu den Auswirkungen der Digitalisierung (bzw. der acht betrachten Schlüsseltechnologien) auf die Themenkreise Beschäftigung, Qualität der Arbeit, Bildung/Weiterbildung und insbesondere auf das System der sozialen Sicherung wünschenswert. Um diese Themenkreise weiter zu beleuchten, wären eher dezidierte Einzelbetrachtungen in der Form von Gutachten bzw. fachlichen Einzelstudien erforderlich – dies betrifft auch eine mögliche Vertiefung des Themenkomplexes des Systemwettbewerbs mit China; aber auch der Wandel des Unternehmensbegriffs, der Diskurs um Eigentum an Daten, die Weiterentwicklung des Steuersystem oder die Auswirkungen der offenen Haftungsfragen im Zusammenhang mit Software auf Haftung als Prinzip der Sozialen Marktwirtschaft. Natürlich würde bei der Beauftragung von Gutachten umgekehrt die Schwierigkeit darin bestehen, einen ausreichende Zukunftsbezug sicherzustellen. Insofern würden sich mehrere Szenario-Studien für einzelne sehr konkrete Fragestellungen anbieten.

In der Durchführung wurde zudem an verschiedenen Stellen deutlich, dass staatliches Handeln als definierendes Element der Szenarien gesetzt wurde und zugleich der Wunsch besteht, aus den Szenarien Handlungsoptionen für staatliches Handeln abzuleiten. Diese Punkte sind nicht immer analytisch sauber zu trennen.

Zudem wurde im Verlauf des Projektes gelegentlich das Problem einer Vermischung deskriptiver und normativer Betrachtungen seitens der involvierten Experten aber auch seitens der Bearbeitenden deutlich. So bspw. in Bezug auf das Thema Breitbandausbau, das allgemein als wünschenswert bekannt ist und von vielen Beobachtern als unzureichend bewertet wird. Auch hier ist es nicht immer möglich, die Perspektiven mit ausreichender analytischer Trennschärfe zu behandeln.

11.4 Literaturverzeichnis

Amstutz, M. (2018), Dateneigentum, *Archiv für die civilistische Praxis (AcP)*, 218(2-4), S. 438-551.

Andrees, M., T. Bitter, C. Buchmüller und P. Uecker (2014), Informationshaftung – Informationsqualität, in: T. Hoeren (Hrsg.), *Big Data und Recht, Schriftenreihe Information und Recht Band 83*, C. H. Beck: München, S. 99-109.

Borges, G. (2018), Rechtliche Rahmenbedingungen für autonome Systeme, *Neue Juristische Wochenschrift*, 71(14), S. 977-982.

Busch, C. (2021a), Regulierung digitaler Plattformen als Infrastrukturen der Daseinsvorsorge, WISO Diskurs 04/2021, Friedrich Ebert Stiftung: Bonn, verfügbar unter: https://www.fes.de/abteilung-wirtschafts-und-sozialpolitik/artikelseite-wiso/regulierung-digitaler-plattformen-als-infrastrukturen-der-daseinsvorsorge; abgerufen am: 9. Juni 2022.

Busch, C. (2021b), Rethinking Product Liability Rules for Online Marketplaces: A Comparative Perspective, 2021 Consumer Law Scholars Conference in Boston (March 4-5, 2021), verfügbar unter: https://ssrn.com/abstract=3784466; abgerufen am: 9. Juni 2022.

Dornis, T. W. (2020), Artificial Intelligence & Innovation: The End of Patent Law as We Know It, *Yale Journal of Law and Technology*, 23, S. 97-159.

Erhard, L. (1962), *Deutsche Wirtschaftspolitik – Der Weg der Sozialen Marktwirtschaft*, Econ Knapp: Düsseldorf – Wien.

Europäisches Parlament (2021a), Impacts of the COVID-19 pandemic on EU industries, verfügbar unter: https://www.europarl.europa.eu/RegData/etudes/STUD/2021/662903/IPOL_STU(2021)662903_EN.pdf; abgerufen am: 9. Juni 2022.

Europäisches Parlament (2021b), Post Covid-19 value chains: options for reshoring production back to Europe in a globalised economy, verfügbar unter: https://www.europarl.europa.eu/RegData/etudes/STUD/2021/653626/EXPO_STU(2021)653626_EN.pdf; abgerufen am: 9. Juni 2022.

Fehl, U. und P. Oberender (2004), *Grundlagen der Mikroökonomie*, Vahlen Verlag: München.

Goldstone, J. A. (2014), *Revolutions: A Very Short Introduction*, Oxford University Press: Oxford.

Grün, O. (2018), Datenökonomie braucht einen offenen Markt, in: C. Bär, T. Grädler und R. Meyr (Hrsg.), *Digitalisierung im Spannungsfeld von Politik, Wirtschaft, Wissenschaft und Recht*, Band 1, Springer Gabler: Heidelberg, S. 127-136.

Hacker, P. (2020a), Immaterialgüterrechtlicher Schutz von KI-Trainingsdaten, *Gewerblicher Rechtsschutz und Urheberrecht*, 2020(10), C. H. Beck: München, S. 1025-1033.

Hacker, P. (2020b), Europäische und nationale Regulierung von Künstlicher Intelligenz, *Neue Juristische Wochenschrift*, 73, C. H. Beck: München, S. 2142-2145.

Hessel, S. und L. Leffer (2020), Rechtlicher Schutz maschinengenerierter Daten, *MultiMedia und Recht*, 23(10), C.H. Beck: München, S. 647–650.

Hetmark, S. und A. Lauber-Rönsberg (2018), Künstliche Intelligenz – Herausforderungen für das Immaterialgüterrecht, *Zeitschrift der Deutschen Vereinigung für gewerblichen Rechtsschutz und Urheberrecht*, 2018(6), S. 574-581.

Hoofnagle, C. J., A. Kesari und A. Perzanowski (2019), The Tethered Economy, *George Washington Law Review*, 87, Case Legal Studies Research Paper No. 2019-10, S. 783-874, verfügbar unter: https://ssrn.com/abstract=3318712; abgerufen am: 9. Juni 2022.

ILO (2020), What is skills mismatch and why should we care?, verfügbar unter: https://www.ilo.org/skills/Whatsnew/WCMS_740388/lang--en/index.htm; abgerufen am: 9. Juni 2022.

Kerber, W. (2016), A New (Intellectual) Property Right for Non-Personal Data? An Economic Analysis, *Zeitschrift der Deutschen Vereinigung für gewerblichen Rechtsschutz und Urheberrecht, Internationaler Teil*, 2016(11), S. 989-999, verfügbar unter: https://papers.ssrn.com/sol3/papers.cfm?abstract_id=2858171; abgerufen am: 23. Mai 2021.

Lang B., R. Dolan, J. Kemper und G. Northey (2021), Prosumers in times of crisis: definition, archetypes and implications, *Journal of Service Management*, 32(2), S. 176-189, verfügbar unter: https://doi.org/10.1108/JOSM-05-2020-0155; abgerufen am: 9. Juni 2022.

Michaelis, M. (2019), Preparing for the Exponential Technology Revolution, *MSDN Magazine*, 24(11), verfügbar unter: https://docs.microsoft.com/en-us/archive/msdn-magazine/2019/november/exponential-technologies-preparing-for-the-exponential-technology-revolution; abgerufen am: 09. Juni 2022.

Müller-Hengstenberg, C. D. und S. Kirn (2021), Haftung des Betreibers von autonomen Softwareagents, *Zeitschrift für IT-Recht und Recht der Digitalisierung*, 24(5), S. 376-380.

Neubäumer, R., B. Hewel und T. Lenk (2017), *Grundlagen der Volkswirtschaftstheorie und Volkswirtschaftspolitik*, 6. Auflage, Springer Gabler: Wiesbaden.

OECD (2020), Productivity gains from teleworking in the post COVID-19 era: How can public policies make it happen?, verfügbar unter: https://read.oecd-ilibrary.org/view/?ref=135_135250-u15liwp4jd&title=Productivity-gains-from-teleworking-in-the-post-COVID-19-era; abgerufen am: 9. Juni 2022.

OECD (2021a), Tax Challenges Arising from Digitalisation, verfügbar unter: https://www.oecd.org/tax/beps/beps-actions/action1/; abgerufen am: 9. Juni 2022.

OECD (2021b), The Digital Transformation of SMEs, verfügbar unter: https://www.oecd-ilibrary.org/sites/bdb9256a-en/index.html?itemId=/content/publication/bdb9256a-en; abgerufen am: 9. Juni 2022.

Pertot, T. (2020), *Rechte an Daten*, Mohr Siebeck: Tübingen.

Perzanowski, A. und J. Schultz (2016), *The End of Ownership: Personal Property in the Digital Economy*, MIT Press: London.

Pierri, N. und Y. Timmer (2020), IT Shields: Technology Adoption and Economic Resilience during the COVID-19 Pandemic, *IMF Working Paper No. 2020/208*, verfügbar unter: https://www.imf.org/en/Publications/WP/Issues/2020/09/25/IT-Shields-Technology-Adoption-and-Economic-Resilience-during-the-COVID-19-Pandemic-49754; abgerufen am: 9. Juni 2022.

Schweitzer, H. (2019), Datenzugang in der Datenökonomie: Eckpfeiler einer neuen Informationsordnung, *Zeitschrift der Deutschen Vereinigung für gewerblichen Rechtsschutz und Urheberrecht*, 2019(6), S. 569-580.

Sedik, T. S. (2021), Pandemics and Automation: Will the Lost Jobs Come Back?, *IMF Working Paper No. 2021/*011, verfügbar unter: https://www.imf.org/en/Publications/WP/Issues/2021/01/15/Pandemics-and-Automation-Will-the-Lost-Jobs-Come-Back-50000; abgerufen am: 9. Juni 2022.

Sedik, T. S. und R. Xu (2020), A Vicious Cycle: How Pandemics Lead to Economic Despair and Social Unrest, *IMF Working Paper No. 2020/216*, verfügbar unter: https://www.imf.org/en/Publications/WP/Issues/2020/10/16/A-Vicious-Cycle-How-Pandemics-Lead-to-Economic-Despair-and-Social-Unrest-49806; abgerufen am: 9. Juni 2022.

Siebert, H. und O. Lorz (2007), *Einführung in die Volkswirtschaftslehre*, 15. Auflage, W. Kohlhammer Verlag: Stuttgart.

Steffen, W., J. Rockström, K. Richardson, T. M. Lenton, C. Folke, D. Liverman, C. P. Summerhayes, A. D. Barnosky, S. E. Cornell, M. Crucifix, J. F. Donges, I. Fetzer, S. J. Lade, M. Scheffer, R. Winkelmann und H. J. Schellnhuber (2018), Trajectories of the Earth System in the Anthropocene, *Proceedings of the National Academy of Sciences*, 115(33), verfügbar unter: https://www.pnas.org/doi/10.1073/pnas.1810141115; abgerufen am: 9. Juni 2022.

Thiele, C.-L. (2018), Eine Währung lebt vom Vertrauen, in: Börsen Zeitung und Bergenberg (Hrsg.), *Kryptowährungen – zwischen Hype und Skepsis*, verfügbar unter: https://www.berenberg.de/files/MacroNews2018/181016_Krypto-RZ-Deutsch-final2.pdf; abgerufen am: 23. Mai 2021.

UNIDO (2020), Coronavirus: the economic impact, verfügbar unter: https://www.unido.org/stories/coronavirus-economic-impact-21-october-2020; abgerufen am: 9. Juni 2022.

Wagner, G. (2019), Robot, Inc.: Personhood for Autonomous Systems?, *Fordham Law Review*, 88(2), S. 591-612, verfügbar unter: https://ir.lawnet.fordham.edu/flr/vol88/iss2/8; abgerufen am: 9. Juni 2022.

Wagner, G. (2020a), Verantwortlichkeit im Zeichen digitaler Techniken, *VersR*, 2020(12), S. 717-741.

Wagner, G. (2020b), in: MüKoBGB, 8. Aufl. 2020, ProdHaftG § 2 Rn. 21-27.

Weinberg, G. M. (1985), *The Secrets of Consulting: A Guide to Giving and Getting Advice Successfully*, Dorset House Publishing: New York.

Wendehorst, C. (2016), Verbraucherrelevante Problemstellungen zu Besitz- und Eigentumsverhältnissen beim Internet der Dinge, Studie im Auftrag des Sachverständigenrates für Verbraucherfragen, verfügbar unter: https://www.svr-verbraucherfragen.de/dokumente/verbraucherrecht-2-0-verbraucher-in-der-digitalen-welt/verbraucherrelevante-problemstellungen-zu-besitz-und-eigentumsverhaeltnissen-beim-internet-der-dinge/; abgerufen am: 09. Juni 2022.

Zech, H. (2015), „Industrie 4.0" – Rechtsrahmen für eine Datenwirtschaft im digitalen Binnenmarkt, *Zeitschrift der Deutschen Vereinigung für gewerblichen Rechtsschutz und Urheberrecht*, 2015, S. 1151-1160.

Zech, H. (2020), Entscheidungen digitaler autonomer Systeme: Empfehlen sich Regelungen zu Verantwortung und Haftung?, in: Ständige Deputation des Deutschen Juristentages (Hrsg.), *Verhandlungen des 73. Deutschen Juristentages*, C.H. Beck: München, S. A1-A112, verfügbar unter: https://damjura.uni-muenster.de/razuna/assets/2/5F18B2BD3BB745F79AE4F401DCB83D88/doc/75CC0989D263429AAF92984C961AEFAD/Gutachtenband_73_DJT.pdf; abgerufen am: 9. Juni 2022.

Zetzsche, D., R. P. Buckley und D. W. Arner (2018), The distributed liability of distributed ledgers: Legal risks of blockchain, *University of Illinois Legal Review*, 2018(4), S. 1361-1407, verfügbar unter: https://illinoislawreview.org/wp-content/uploads/2018/10/BuckleyEtAl.pdf; abgerufen am: 9. Juni 2022.

ZEW (2020), Unternehmen wollen auch nach der Krise an Homeoffice festhalten, verfügbar unter: https://www.zew.de/presse/pressearchiv/unternehmen-wollen-auch-nach-der-krise-an-homeoffice-festhalten; abgerufen am: 9. Juni 2022.

12 Fazit – Executive Summary

Dieser Bericht dokumentiert die Ergebnisse der strategischen Vorausschau zur Sozialen Markwirtschaft in der digitalen Zukunft. Dazu wurden acht identifizierten Schlüsseltechnologien der Digitalisierung untersucht (Digitale Plattformen, Big Data, Künstliche Intelligenz, Internet der Dinge, Industrie 4.0, Autonome Systeme, Blockchain und Quantencomputer) und sechs Szenarien ausgearbeitet: Szenario 1 beschreibt eine Welt, in der sich der Gesetzgeber relativ passiv verhält, sodass sich Monopole ausbilden können und es zum Missbrauch von Marktmacht und zu Wohlfahrtsverlusten kommt. Das Szenario 2 beleuchtet eine Zukunft, in der verschiedene Länder mit Veränderungen des institutionellen Rahmens auf die Digitalisierung reagieren und sich ein Systemwettbewerb zwischen China und der Europäischen Union entfaltet. Szenario 3 entwirft ein Zukunftsbild, in dem die deutschen und europäischen Akteure alles daransetzen, um sich im Feld der Industrie 4.0 eine weltweit führende Position zu erarbeiten. Im Szenario 4 wird dagegen vor Augen geführt, wie es zu einer Welt kommen könnte, in der China zum globalen Technologieführer bei der Künstlichen Intelligenz wird. Szenario 5 führt gedanklich ins Jahr 2030, in dem das Internet der Dinge mit dem „Smart Home", mit Wearables aber auch mit virtueller und erweiterter Realität sich über viele Jahre inkrementell immer weiterentwickelt und sehr weite Verbreitung und Akzeptanz im Alltag gefunden hat, gerade auch weil in der EU stark auf Datenschutz und Verbraucherschutz geachtet wurde. Szenario 6 entwirft die Vision einer EU, die sich auf den digitalen, grünen Deal verständigt hat. Darin wird das gesamte Potenzial aller Formen der Digitalisierung in die Waagschale geworfen, um die europäische Wirtschaft klimaneutral werden zu lassen.

Mit einer Quersicht über alle Szenarien und alle identifizierten Szenario-Wirkungen vor dem Hintergrund der Prinzipien und Ziele der Sozialen Marktwirtschaft wurden Querschnittsaspekten ermittelt und zugehörige Handlungsoptionen entwickelt. Die drei wichtigsten Aspekte bilden den weiteren Inhalt dieses Fazits bzw. dieser „Executive Summary" und zwar erstens das Innovations- und Industriemodell der digitalen Wirtschaft, zweitens der Schutz des Wettbewerbs und drittens die Idee der Adaption von Konzepten der betrieblichen Mitbestimmung auf digitale Plattformen und Ökosysteme.

Innovations- und Industriemodell der digitalen Wirtschaft

Der fokussierte Blick auf die Zukunft der Schlüsseltechnologien der Digitalisierung (vgl. Kapitel 3) und die Zukunftsbilder der Szenarien (vgl. Kapitel 5 bis 10) zeigt hohe Erwartungen an die technische Entwicklungsdynamik und vielfältige, teils revolutionäre Anwendungsmöglichkeiten. Die kursorische Betrachtung der Wechselbeziehungen zwischen den Schlüsseltechnologien (vgl. Anhang III) belegt zusätzlich eine enge Kopplung: Zu letztlich jedem Paar von Schlüsseltechnologien lassen sich Verbindungen nennen, worin die eine Schlüsseltechnologie Entwicklung und Anwendung der anderen fördern und vorantreiben kann. Dies kann als ein Beispiel gelten für die allgemeinere Funktion und Bedeutung digitaler Daten. Alle technischen Systeme, die digitale Daten aufnehmen, verarbeiten und ausgeben, können durch den Austausch von Daten prinzipiell miteinander verbunden werden. Dabei sind Daten nicht per se interessant, sondern indem sie auf Menschen und ihre Lebenswelt bezogen sind.[241] Während Daten als Begriff und Konzept recht abstrakt erscheinen können, sind Menschen als das, was Daten ihren Wert verleiht, sehr konkret.[242] In der Verbindung von digital-technischen Teilsystemen, Daten und menschlichen Lebensbereichen entstehen extrem viele sinnvolle Kombinationen. Bedenkt man, dass mit diesen Kombinationen jeweils Markchancen verbunden sind und dass die Digitalisierung die Kommunikations- und Kooperationsmöglichkeiten von Menschen massiv ausweitet, wird wiederum deutlich, warum die Digitalisierung der Wirtschaft von einer solch ausgeprägten Bedeutung ist. In technologischer Sicht aber bleiben die Konturen des Zukunftsbildes der digitalen Schlüsseltechnologien im Ganzen recht undeutlich.

Diese Beobachtung lässt sich unmittelbar aus der aufgeführten engen Kopplung der digitalen Technologien untereinander und der erforderlichen menschlichen Rückkopplung verstehen. Denn durch diese doppelte Verknüpfung hat sich ein eigenes, weit verbreitetes Innovations- bzw. Industrie-

---

241 Durch schnelle Zufallszahlengeneratoren lassen sich Daten in beliebiger Menge erzeugen. Das Ergebnis wäre aber denkbar uninteressant und vergleichbar mit einer beliebigen Anzahl von Filmen, Bildern und Tönen, die alle nur aus Rauschen bestehen.

242 Dabei ist zu betonen, dass Daten immer nur einzelne Facetten von Menschen und ihrer Lebenswelt widerspiegeln können und selbst diese Facetten nicht vollständig sind. Der durch Digitalisierung angestrebte Nutzen und etwaige Effizienzgewinne stehen also immer unter dem Vorbehalt, dass zunächst nur ein aus Daten gewonnener Indikator optimiert wird, dem nicht unbedingt auch die tatsächliche Verbesserung der Lebenswelt der Menschen entsprechen muss.

Modell der digitalen Wirtschaft herausgebildet, das nicht auf langfristigen Produktentwicklungsplänen, sondern einem agilen Experimentieren beruht. Demnach werden Apps und Plattformen nicht zu Ende entwickelt und danach auf den Markt gebracht, sondern aufgrund von Kundenfeedback, Experimenten und Daten über Nutzerverhalten fortlaufend weiterentwickelt. Die Zyklen können dabei sehr kurz sein auf der Zeitskala von Tagen und Wochen. Geschwindigkeit wird gerade in der Anfangsphase höher bewertet als Effizienz. Vorrangiges Ziel ist es, Nutzerzahlen zu steigern und dadurch Feedback sowie Nutzerdaten zu erhalten. Exponentielles Wachstum wird angestrebt, indem die App bzw. Plattform weiterempfohlen wird und so eine virale Verbreitung erreicht. Die dabei anfangs ausbleibenden finanziellen Erträge aus dem Plattformbetrieb müssen aus anderen Quellen – zumeist von Investoren – ausgeglichen werden. In diesem Modell spielen demnach VC-Märkte[243] eine maßgebliche Rolle. Sie übernehmen die Funktion, aus der angeführten, schier unabsehbaren Fülle an Kombinationen von Digitaltechnologien und menschlichen Lebensbereichen, die kommerziell besonders erfolgversprechenden Kombinationen herauszufiltern und durch Finanzierung zur unmittelbaren Erprobung auf den Markt zu bringen. Die Refinanzierung der Investoren erfolgt teilweise über den Verkauf einer Plattform an einen größeren (potenziellen) Konkurrenten.

Die Eigenheit dieses Industrie-Modells der digitalen Wirtschaft besteht darin, dass es auf dominante Plattformen und digitale Ökosysteme abzielt und sie auch hervorbringt. Dieser Befund tritt in der Gesamtschau aller Einflussfaktoren (vgl. Kapitel 4) und Szenarien (vgl. Kapitel 5 bis 10) mit großer Klarheit hervor. Der Befund ist zudem unabhängig von der betrachteten Schlüsseltechnologie oder etwaigen Schlüsseltechnologie-Kombinationen. Daraus folgt aber auch, dass die Beherrschung des Wirtschaftsmodells Plattformen/Ökosysteme der wirtschaftlichen Bedeutung nach Vorrang hat vor der Technologiebeherrschung. Denn selbst bei den Schlüsseltechnologien mit den längsten erwarteten Zeithorizonten bis zur breiten Anwendung – den autonomen Systemen und den Quantencomputern – ist schon absehbar, dass Plattformen/Ökosysteme der eigentliche Schlüssel sind bzw. sein werden: Bei echten autonomen Systemen liegen die Vorteile von Plattformen unmittelbar auf der Hand, die Daten aus dem Betrieb autonomer Systeme zusammenführen und zu deren Optimierung analysieren. Selbst im Feld der Quantencomputer sind Plattformanbieter heute schon dabei, durch „frei" zur Verfügung gestellte Entwicklungsumgebungen, Entwickler an sich zu binden. die Soziale Marktwirtschaft hat ihrer Ge-

243 VC – „Venture Capital" oder auch Wagniskapital.

schichte immer wieder neue wirtschaftspolitischen Auslegungen und Umsetzungen erfahren. Die heutige Herausforderung besteht daher nicht darin, wie die Soziale Marktwirtschaft mit der einen oder anderen einzelnen Schlüsseltechnologie umgeht, sondern ganz vorrangig darin, wie die Soziale Marktwirtschaft auf dominante Plattformen und digitale Ökosysteme reagiert. Dabei wird davon ausgegangen, dass sich die produktivitäts- und wohlfahrtsfördernden Potenziale von Plattformen und digitalen Ökosystemen in Deutschland und Europa nur dann realisieren lassen, wenn zukunftsträchtige Schlüsseltechnologien der Digitalisierung in Deutschland und Europa auch beherrscht werden und eine angemessene Innovationsförderung dazu konsequent fortgesetzt und weiterentwickelt wird.

Schutz des Wettbewerbs

Es liegt damit insgesamt auf der Hand, dass der Schutz des Wettbewerbs besonders herausfordernd ist und als dauernde Zukunftsaufgabe über alle betrachteten Zukunftsszenarien bestehen bleiben wird. Dabei ist zu berücksichtigen, dass eine Monopolisierung von Plattformmärkten aufgrund der indirekten Netzwerkeffekte oft nur schwer wieder umkehrbar ist. Um der Vermachtung von Märkten entgegenzuwirken, kann der Staat die ex post Verhaltenskontrolle in Form kartellrechtlicher Missbrauchsaufsicht schärfen und z. B. die Verfahren der Missbrauchsaufsicht beschleunigen oder die Beweislast umkehren, wie dies im Rahmen der 10. GWB-Novelle geschehen ist. Abhilfe kann auch die Implementierung einer ex ante Verhaltensregulierung schaffen, die unerwünschte Verhaltensweisen von vornherein untersagt. Ein Beispiel hierfür ist der Digital Markets Act der Europäischen Kommission, wobei auch die 10. GWB-Novelle in Teilen auf Elemente einer ex ante Verhaltensregulierung abstellt. Die hohe Dynamik digitaler Märkte als auch der große Aufwand, der mit dem Nachweis einer tatsächlichen Verdrängungs-/Behinderungswirkung einhergeht, lassen die Untersagung verschiedener Verhaltensweisen für bestimmte marktmächtige Plattformen sowie deren kontinuierliche Beobachtung gerechtfertigt erscheinen. Ferner kann der Staat die Fusionskontrolle anpassen, um zu verhindern, dass marktmächtige Plattformunternehmen (potenzielle) Wettbewerber akquirieren, um den (potenziellen) Wettbewerb auszuschalten und ihre Marktposition weiter auszubauen.[244] Dabei gilt es wettbewerbsschädliche Fusionen zu unterbinden – ohne das Problem der „Kill Zone" zu verschärfen, um Innovationsanreize nicht zu behindern. Neben Verhaltensregulierung kann der Staat auf Strukturregulierung zurückgreifen. Diese umfasst die Entflechtung von Plattform-Unternehmen, z. B. in Form von Ownership Unbundling und das Verbot der Reintegration. Ziel der Strukturregulierung ist die Beseitigung von Interessenskonflikten, die aus der Doppelrolle von Plattform-Unternehmen als Vermittler und Regelsetzer einerseits und als Teilnehmer auf der eigenen Plattform andererseits, resultieren und in Missbrauchsanreizen gegenüber anderen Plattformnutzern münden. Die Strukturregulierung sollte nur ergänzend zur Verhaltensregulierung implementiert werden, denn es gibt aufgrund von Lock-in-Effekten Zweifel, ob sie die Konzentration auf den Plattformmärkten tatsächlich zu reduzieren vermag.

Der Zugang zu Daten wird in Zukunft ein entscheidender Faktor für die Wettbewerbs- und Innovationsfähigkeit vieler Unternehmen sein. Gleichzeitig kann er jedoch auch die Entstehung und Aufrechterhaltung von Marktmacht begünstigen. Um Wettbewerb zu gewährleisten, ist zu prüfen, in welchen Bereichen der Zugang zu Daten für Unternehmen, bspw. durch spezialgesetzliche Regelungen, weiter vereinfacht werden kann. Dies bietet sich insbesondere dort an, wo Daten als Nebenprodukt anfallen und daher ohne zusätzliche Investitionen des Produzenten entstehen, sodass Innovationsanreize durch eine Zugangsgewährungspflicht sehr wahrscheinlich nicht sonderlich beeinträchtigt werden.

Die skizzierten Handlungsoptionen zur Wettbewerbsordnung gelten im Wesentlichen für alle betrachteten Szenarien und Alternativszenarien, denn auch in den Szenarien, in denen ein funktionierender Wettbewerb angenommen wird, bedarf es ständiger Aufmerksamkeit und der diskutierten Instrumente, um Gefahren des „Umkippens" der Märkte zu begegnen.

Konkret empfiehlt es sich, zunächst die Wirkungen der im Rahmen der 10. GWB-Novelle implementierten Maßnahmen abzuwarten und nach einer angemessenen Zeit zu evaluieren. Gelangt man im Rahmen dieser Evaluation zu dem Ergebnis, dass die bisherigen Maßnahmen nicht ausreichend waren, sollte auf Ansätze der ex ante Verhaltensregulierung zurückgegriffen werden, die bis dahin etwa durch die Umsetzung des DMA in nationales

244 Die Fusionskontrolle ist neben der Missbrauchsaufsicht (sowie dem Kartellverbot) ein zentrales Gebiet des Kartellrechts. Während die Missbrauchsaufsicht den Missbrauch von Marktmacht zumeist ex post unterbindet, dient die Fusionskontrolle dazu, die Entstehung von Gefahrenlagen ex ante zu erkennen und zu verhindern.

Recht zur Verfügung stehen sollten. Auch den Maßnahmen der ex ante Verhaltensregulierung sollte ein angemessener Zeitraum gegeben werden, um ihre Wirkungen entfalten zu können. Anschließend sollten diese Maßnahmen wieder evaluiert werden. Für den Fall, dass die Ergebnisse unbefriedigend sind, gilt es zunächst die Ursachen hierfür zu eruieren. Dabei ist zu prüfen, inwieweit durch die Anpassung des Detailgrads der Regulierung bzw. der Vorgaben Wettbewerb sichergestellt werden kann. Reicht dies nicht aus, schließt sich eine mögliche Implementierung struktureller Maßnahmen als Ultima Ratio an.

Strukturelle Maßnahmen als schärfste Eingriffe stehen am Ende der Maßnahmenkette, weil sie auch unerwünschte Nebeneffekte wie z. B. den Verlust von Verbundvorteilen haben können. Die vorgeschlagene, stufenweise Vorgehensweise bietet den Vorteil, dass eine klare Zeitstruktur vorgegeben werden kann (von der jedoch jederzeit abgewichen werden kann, wenn die Umstände es verlangen) und nur die Maßnahmen in Kraft treten, die wirklich benötigt werden. Dadurch wird die Gefahr einer potenziellen Überregulierung gemildert, die selbst mit Wohlfahrtsverlusten verbunden sein kann.

Adaption von Konzepten der betrieblichen Mitbestimmung auf digitale Plattformen und Ökosysteme

Die Wettbewerbsordnung adressiert damit etwaige Folgen des teils immensen Machtgefälles beim Wettbewerb zwischen mehreren digitalen Plattformen und Ökosystemen. Gleichzeitig ist festzustellen, dass ebenfalls teils ausgeprägte, interne Machtgefälle zwischen den Betreibern von digitalen Plattformen und Ökosystemen und den jeweils vernetzten Akteuren bestehen, vgl. Abschnitt 11.1.5. Hier kommt das angesprochene Innovations- und Industriemodell zum Tragen. Personen, die üblicherweise als Konsument bezeichnet werden, sind zusätzlich zumindest in einem Teil ihres Produktgebrauches auch Produkttester und insofern Mitarbeitende in einem fortwährenden Produktentwicklungsprozess, der prinzipiell auf Dauer und Unabgeschlossenheit angelegt ist. Gleiches gilt analog für solche Parteien, die man sonst als Lieferanten bezeichnen würde. Es wird empfohlen, in einem breiten gesellschaftlichen Diskurs mit fundierter wissenschaftlicher Vorbereitung zu erarbeiten, wie die betriebliche Mitbestimmung als eines der Kernelemente der Sozialen Marktwirtschaft zur Anwendung auf digitale Plattformen und Ökosysteme adaptiert werden kann. In einer Plattformrahmengesetzgebung könnte bspw. geregelt werden, welche Mitbestimmungsrechte für unterschiedliche Arten von Plattformen und Plattform-Ökosystemen zwischen den einzelnen Beteiligten bestehen sollen. Nach dem Vorbild des Betriebsverfassungsgesetzes könnten dabei Regelungen getroffen werden über die Ausgestaltung von Informationsrechten, Beratungsrechten, Mitbestimmungsrechten, Widerspruchsrechten (bei Ausschluss von der Plattform) sowie von Zustimmungsverweigerungsrechten. Bei Informationsrechten käme konkret die Offenlegung der Kenngrößen „customer acquisition cost" und „long term customer value" als Näherungsgrößen für den Preis der Plattformnutzung in Betracht. Eine Verweigerung der Zustimmung könnte etwa bei bestimmten Änderungen der Nutzungsbedingungen relevant sein sowie im Zusammenhang mit Software-Updates um Mitbestimmung bei Fragen der Abwärtskompatibilität und bestimmter Downgrade-Rechte. Je nach Größe der jeweiligen Plattformen und Ökosysteme wäre sicher auch die Bestellung von hauptberuflichen Interessenvertretern eine pragmatische Option.

So wie Arbeitgeberverbände und Gewerkschaften in vielen Betriebsräten eine Rolle spielen, wäre es in diesem Zuge denkbar, dass sich auf Basis der Koalitionsfreiheit nach Artikel 9 GG neuartige Organisationen „zur Wahrung und Förderung der Arbeits- und Wirtschaftsbedingungen" in Plattformen und digitalen Ökosystemen bilden. Dabei müsste sichergestellt werden, dass die gemeinsame Interessenvertretung der Plattformnutzer so ausgestaltet wird, dass sie mit den Vorgaben des Kartellrechts vereinbar ist.

Diese Herausforderung des Machtgefälles innerhalb von digitalen Plattformen und Ökosystemen wird für die nächsten Jahre umso dringlicher, als digitale Plattformen und Ökosysteme sich zunehmend auch für Bereiche der staatlichen Daseinsvorsorge und Infrastrukturen anbieten werden. Die staatliche Infrastrukturverantwortung erfordert es dabei, einseitige Abhängigkeiten von privatwirtschaftlich organisierten Betreibern von Plattformen und Ökosystemen – auch im Sinne der Technologiesouveränität – zu vermeiden. Auch hier könnte die Umsetzung gesetzlich verankerter Mitbestimmungsrechte einen wichtigen Beitrag leisten. Neben einer Regulierung digitaler Plattformen als Infrastrukturen der Daseinsvorsorge, die von außen auf die Plattform einwirkt, könnte eine „Plattform-Mitbestimmung" eine demokratisch legitimierte Mitsprache im Inneren der jeweiligen digitalen Plattformen und Ökosysteme gewährleisten.

Abschließend ist festzustellen, dass digitale Ökosysteme sich zu einem Referenzrahmen und zu einer Bezugsgröße für die zukünftige Innovations- und Industriepolitik entwickeln werden und dies auch sollten. Dies wurde im Zusammenhang mit Industrie 4.0 schon vorgedacht und sollte auch auf andere Wirtschaftsbereiche ausgeweitet werden.

Anhang I: Forschungstrends der VWL – Weitere Abbildungen

Abbildung 2.10 Absolute Häufigkeit von 3-Grammen pro Jahr, gesamte Stichprobe

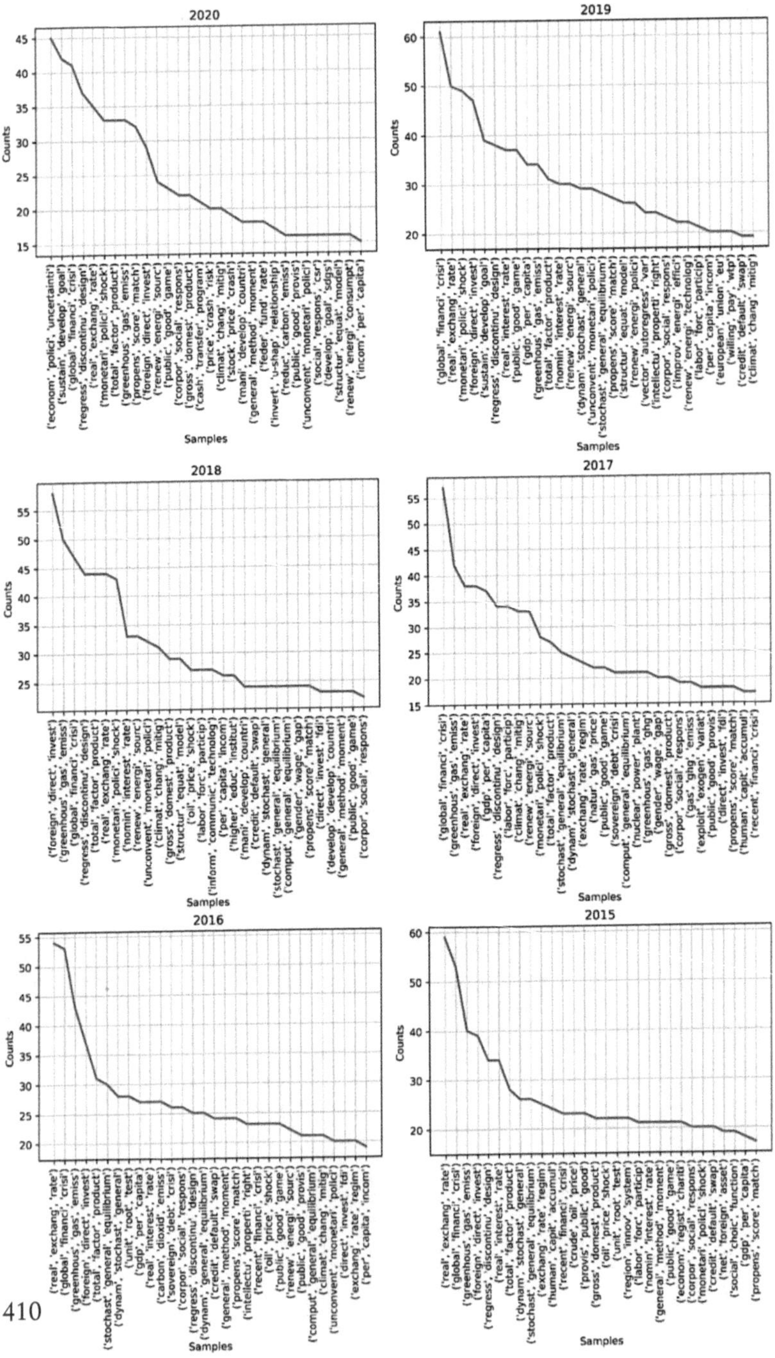

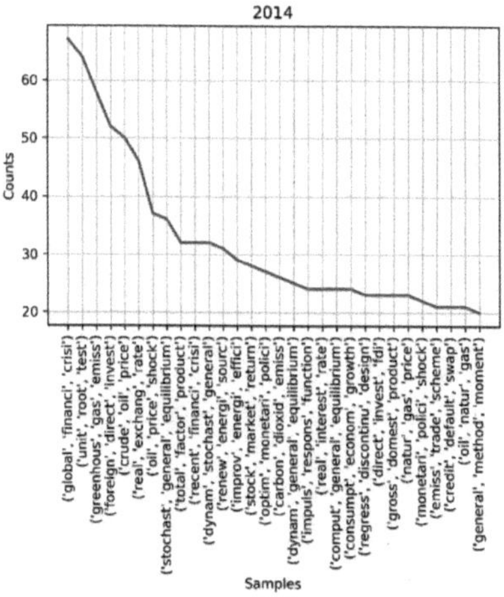
2014
Counts
Samples

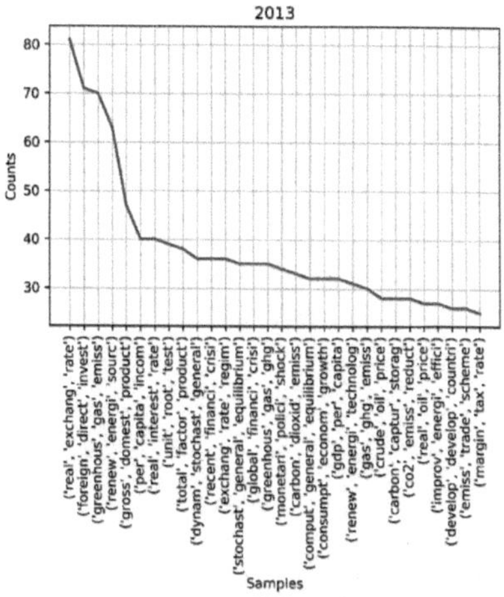
2013
Counts
Samples

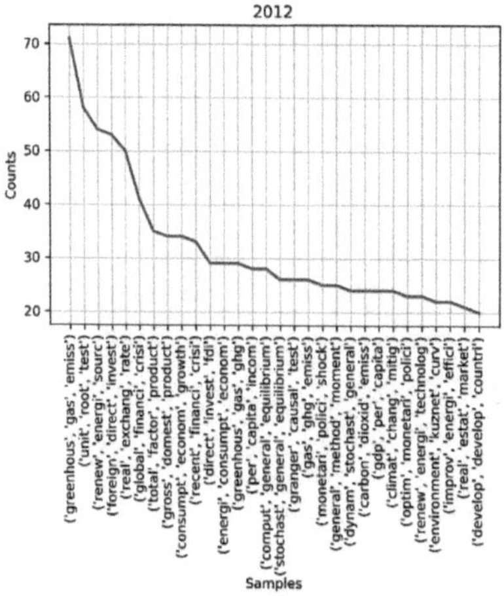
2012
Counts
Samples

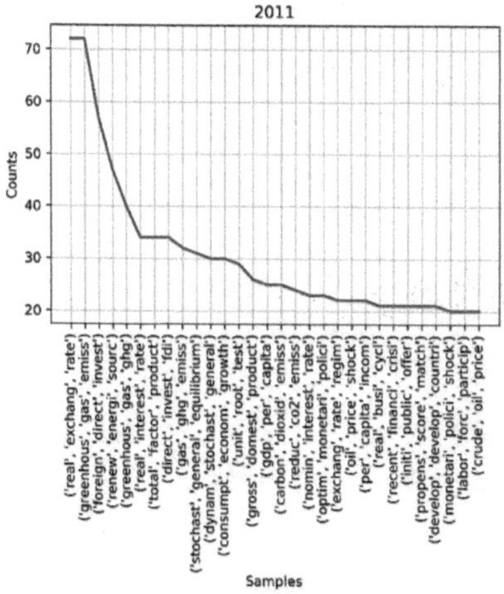
2011
Counts
Samples

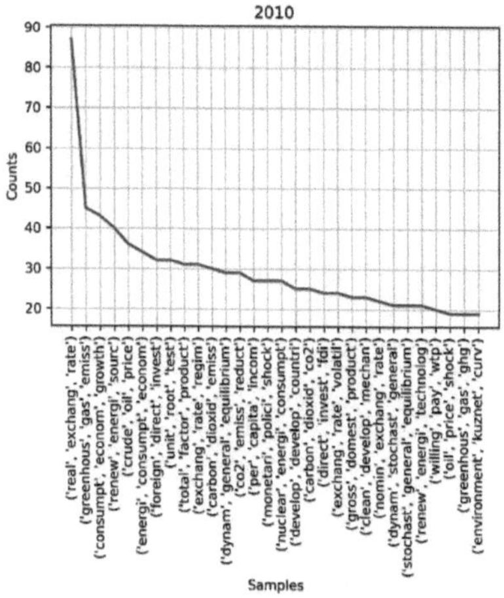
2010
Counts
Samples

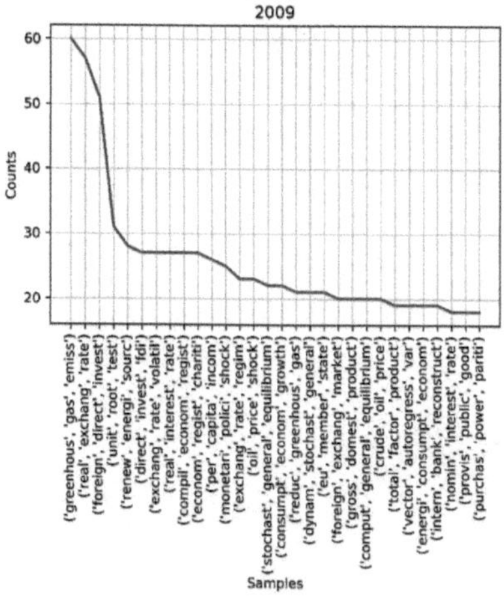
2009
Counts
Samples

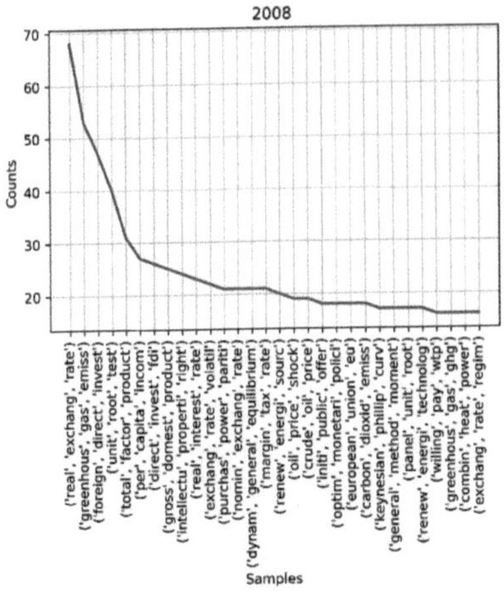
2008
Counts
Samples

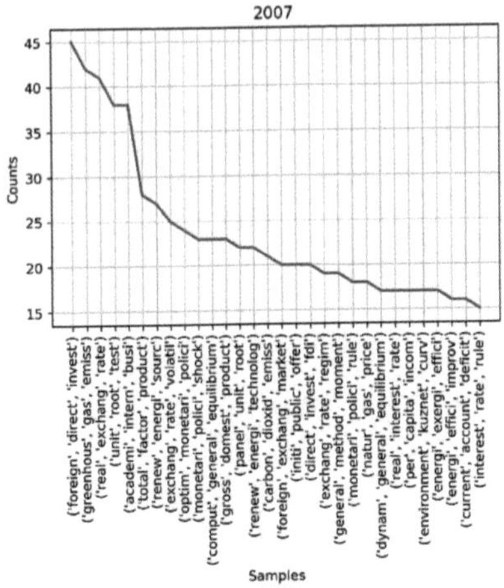
2007
Counts
Samples

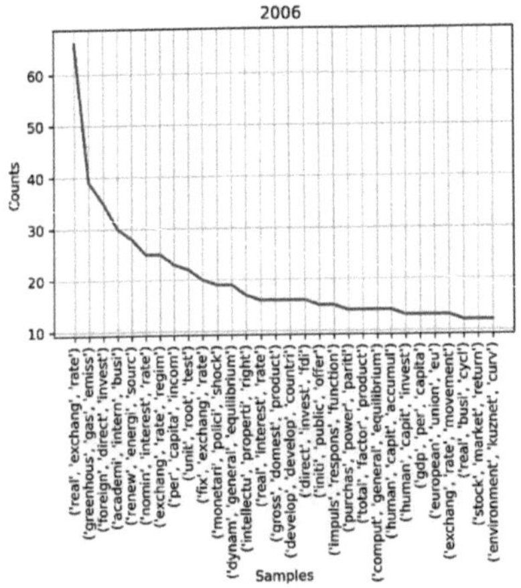
2006
Counts
Samples

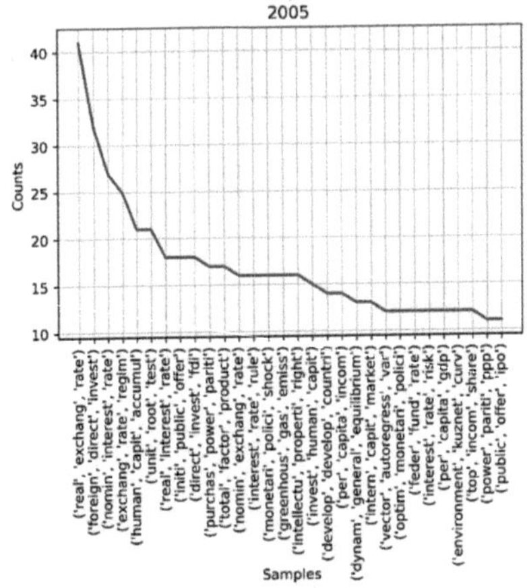
2005
Counts
Samples

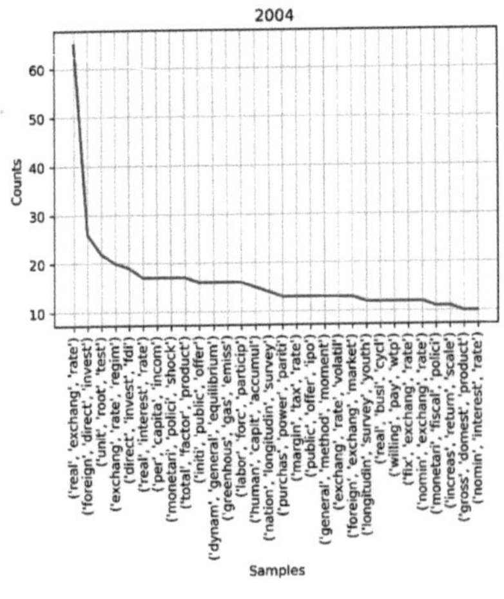
2004
Counts
Samples

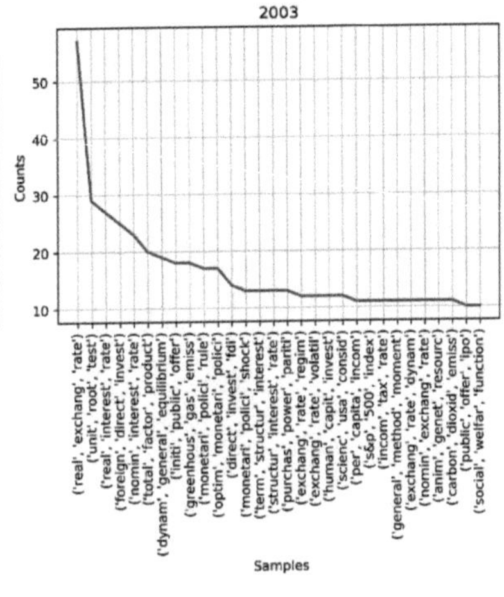
2003
Counts
Samples

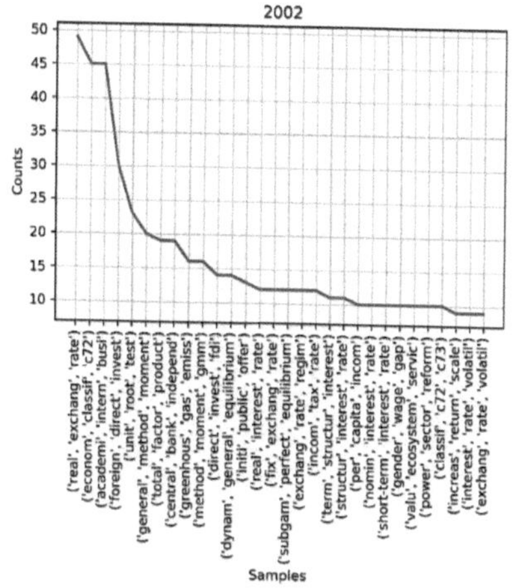
2002
Counts
50
45
40
35
30
25
20
15
10
('real', 'exchang', 'rate')
('econom', 'classif', 'c72')
('academi', 'intern', 'busi')
('foreign', 'direct', 'invest')
('unit', 'root', 'test')
('general', 'method', 'moment')
('total', 'factor', 'product')
('central', 'bank', 'independ')
('greenhous', 'gas', 'emiss')
('method', 'moment', 'gmm')
('direct', 'invest', 'fdi')
('dynam', 'general', 'equilibrium')
('initi', 'public', 'offer')
('real', 'interest', 'rate')
('fix', 'exchang', 'rate')
('subgam', 'perfect', 'equilibrium')
('exchang', 'rate', 'regim')
('incom', 'tax', 'rate')
('term', 'structur', 'interest')
('structur', 'interest', 'rate')
('per', 'capita', 'incom')
('nomin', 'interest', 'rate')
('short-term', 'interest', 'rate')
('gender', 'wage', 'gap')
('valu', 'ecosystem', 'servic')
('power', 'sector', 'reform')
('classif', 'c72', 'c73')
('increas', 'return', 'scale')
('interest', 'rate', 'volatil')
('exchang', 'rate', 'volatil')
Samples

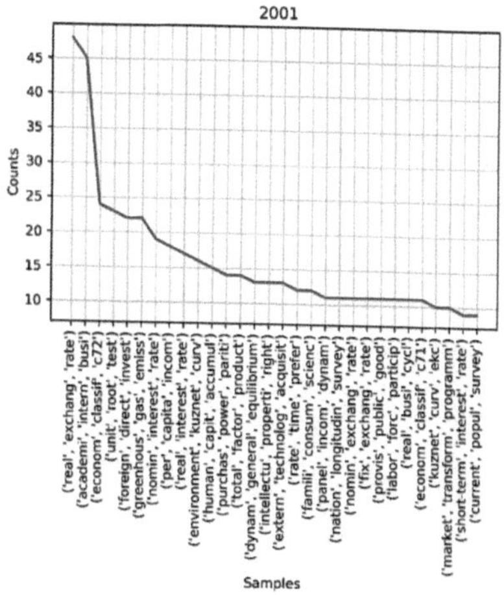
2001
Counts
45
40
35
30
25
20
15
10
('real', 'exchang', 'rate')
('academi', 'intern', 'busi')
('econom', 'classif', 'c72')
('unit', 'root', 'test')
('foreign', 'direct', 'invest')
('greenhous', 'gas', 'emiss')
('nomin', 'interest', 'rate')
('per', 'capita', 'incom')
('real', 'interest', 'rate')
('environment', 'kuznet', 'curv')
('human', 'capit', 'accumul')
('purchas', 'power', 'pariti')
('total', 'factor', 'product')
('dynam', 'general', 'equilibrium')
('intellectu', 'properti', 'right')
('extern', 'technolog', 'acquisit')
('rate', 'time', 'prefer')
('famili', 'consum', 'scienc')
('panel', 'incom', 'dynam')
('nation', 'longitudin', 'survey')
('nomin', 'exchang', 'rate')
('fix', 'exchang', 'rate')
('provis', 'public', 'good')
('labor', 'forc', 'particip')
('real', 'busi', 'cycl')
('econom', 'classif', 'c71')
('kuznet', 'curv', 'ekc')
('market', 'transform', 'programm')
('short-term', 'interest', 'rate')
('current', 'popul', 'survey')
Samples

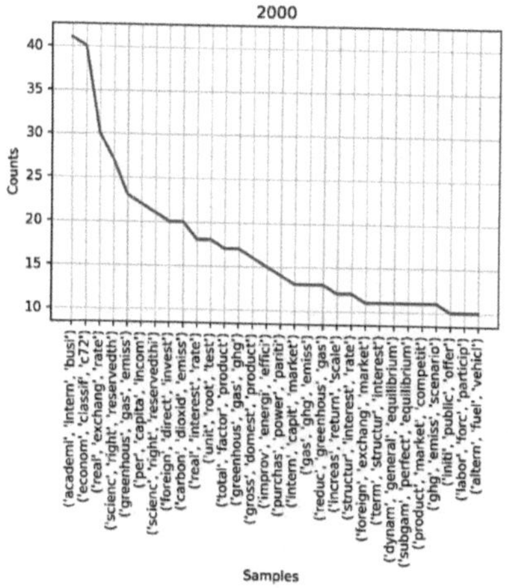
2000
Counts
40
35
30
25
20
15
10
('academi', 'intern', 'busi')
('econom', 'classif', 'c72')
('real', 'exchang', 'rate')
('scienc', 'right', 'reservedth')
('greenhous', 'gas', 'emiss')
('per', 'capita', 'incom')
('scienc', 'right', 'reservedthi')
('foreign', 'direct', 'invest')
('carbon', 'dioxid', 'emiss')
('real', 'interest', 'rate')
('unit', 'root', 'test')
('total', 'factor', 'product')
('greenhous', 'gas', 'ghg')
('gross', 'domest', 'product')
('improv', 'energi', 'effici')
('purchas', 'power', 'pariti')
('intern', 'capit', 'market')
('gas', 'ghg', 'emiss')
('reduc', 'greenhous', 'gas')
('increas', 'return', 'scale')
('structur', 'interest', 'rate')
('foreign', 'exchang', 'market')
('term', 'structur', 'interest')
('dynam', 'general', 'equilibrium')
('subgam', 'perfect', 'equilibrium')
('product', 'market', 'competit')
('ghg', 'emiss', 'scenario')
('initi', 'public', 'offer')
('labor', 'forc', 'particip')
('altern', 'fuel', 'vehicl')
Samples

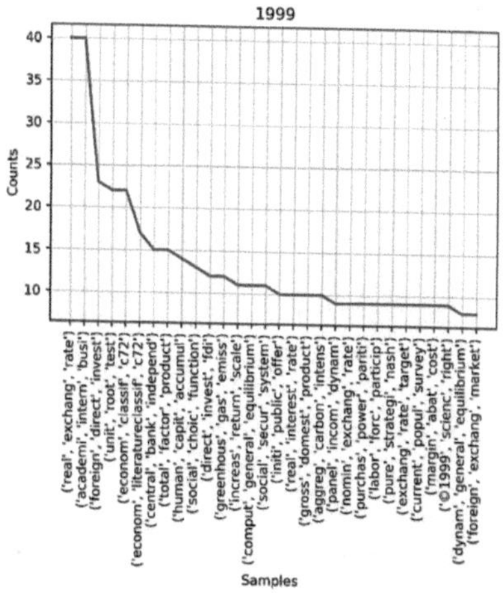
1999
Counts
40
35
30
25
20
15
10
('real', 'exchang', 'rate')
('academi', 'intern', 'busi')
('foreign', 'direct', 'invest')
('unit', 'root', 'test')
('econom', 'classif', 'c72')
('econom', 'literatureclassif', 'c72')
('central', 'bank', 'independ')
('total', 'factor', 'product')
('human', 'capit', 'accumul')
('social', 'choic', 'function')
('direct', 'invest', 'fdi')
('greenhous', 'gas', 'emiss')
('increas', 'return', 'scale')
('comput', 'general', 'equilibrium')
('social', 'secur', 'system')
('initi', 'public', 'offer')
('real', 'interest', 'rate')
('gross', 'domest', 'product')
('aggreg', 'carbon', 'intens')
('panel', 'incom', 'dynam')
('nomin', 'exchang', 'rate')
('purchas', 'power', 'pariti')
('labor', 'forc', 'particip')
('pure', 'strategi', 'nash')
('exchang', 'rate', 'target')
('current', 'popul', 'survey')
('margin', 'abat', 'cost')
('©1999', 'scienc', 'right')
('dynam', 'general', 'equilibrium')
('foreign', 'exchang', 'market')
Samples

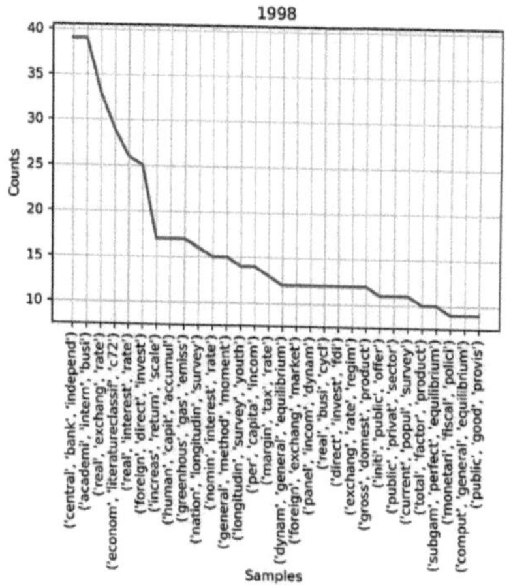
1998
Counts
40
35
30
25
20
15
10
('central', 'bank', 'independ')
('academi', 'intern', 'busi')
('real', 'exchang', 'rate')
('econom', 'literatureclassif', 'c72')
('real', 'interest', 'rate')
('foreign', 'direct', 'invest')
('increas', 'return', 'scale')
('human', 'capit', 'accumul')
('greenhous', 'gas', 'emiss')
('nation', 'longitudin', 'survey')
('nomin', 'interest', 'rate')
('general', 'method', 'moment')
('longitudin', 'survey', 'youth')
('per', 'capita', 'incom')
('margin', 'tax', 'rate')
('dynam', 'general', 'equilibrium')
('foreign', 'exchang', 'market')
('panel', 'incom', 'dynam')
('real', 'busi', 'cycl')
('direct', 'invest', 'fdi')
('exchang', 'rate', 'regim')
('gross', 'domest', 'product')
('initi', 'public', 'offer')
('public', 'privat', 'sector')
('current', 'popul', 'survey')
('total', 'factor', 'product')
('subgam', 'perfect', 'equilibrium')
('monetari', 'fiscal', 'polici')
('comput', 'general', 'equilibrium')
('public', 'good', 'provis')
Samples

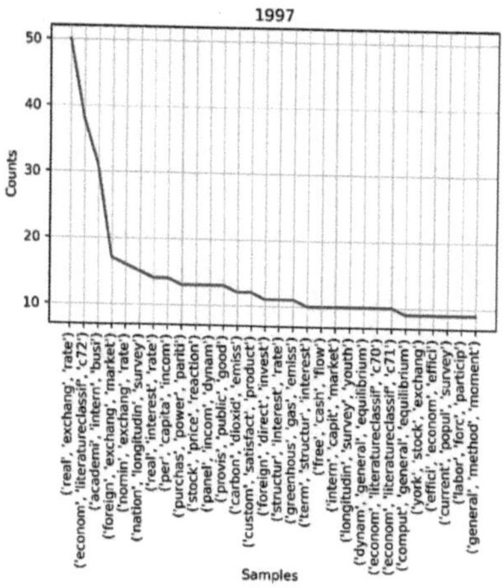
1997
Counts
50
40
30
20
10
('real', 'exchang', 'rate')
('econom', 'literatureclassif', 'c72')
('academi', 'intern', 'busi')
('foreign', 'exchang', 'market')
('nomin', 'exchang', 'rate')
('nation', 'longitudin', 'survey')
('real', 'interest', 'rate')
('per', 'capita', 'incom')
('purchas', 'power', 'pariti')
('stock', 'price', 'reaction')
('panel', 'incom', 'dynam')
('provis', 'public', 'good')
('carbon', 'dioxid', 'emiss')
('custom', 'satisfact', 'product')
('foreign', 'direct', 'invest')
('structur', 'interest', 'rate')
('greenhous', 'gas', 'emiss')
('term', 'structur', 'interest')
('free', 'cash', 'flow')
('intern', 'capit', 'market')
('longitudin', 'survey', 'youth')
('dynam', 'general', 'equilibrium')
('econom', 'literatureclassif', 'c70')
('econom', 'literatureclassif', 'c71')
('comput', 'general', 'equilibrium')
('york', 'stock', 'exchang')
('effici', 'econom', 'effici')
('current', 'popul', 'survey')
('labor', 'forc', 'particip')
('general', 'method', 'moment')
Samples

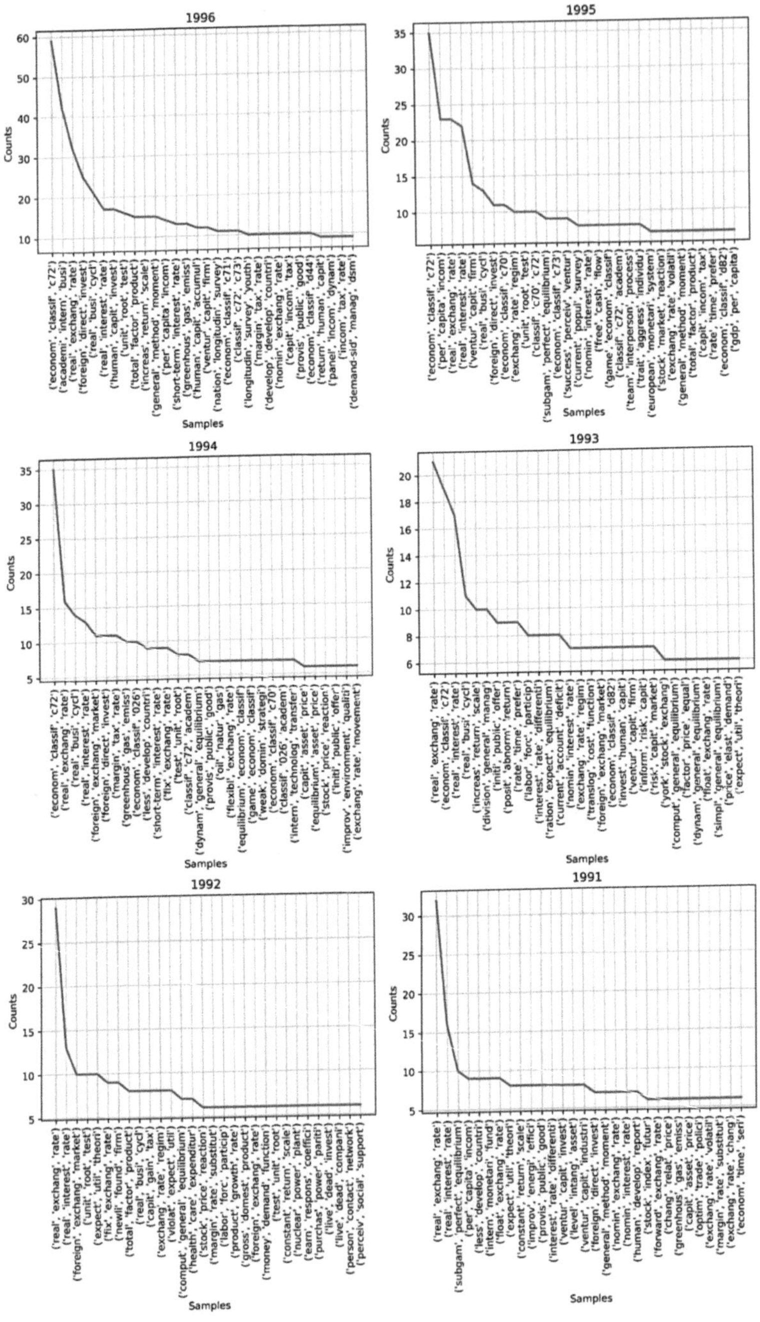

Quelle: Scopus und eigene Berechnungen. Gesamte Stichprobe.

Abbildung 2.11 Absolute Häufigkeit von 3-Grammen pro Jahr, Stichprobe Deutschland

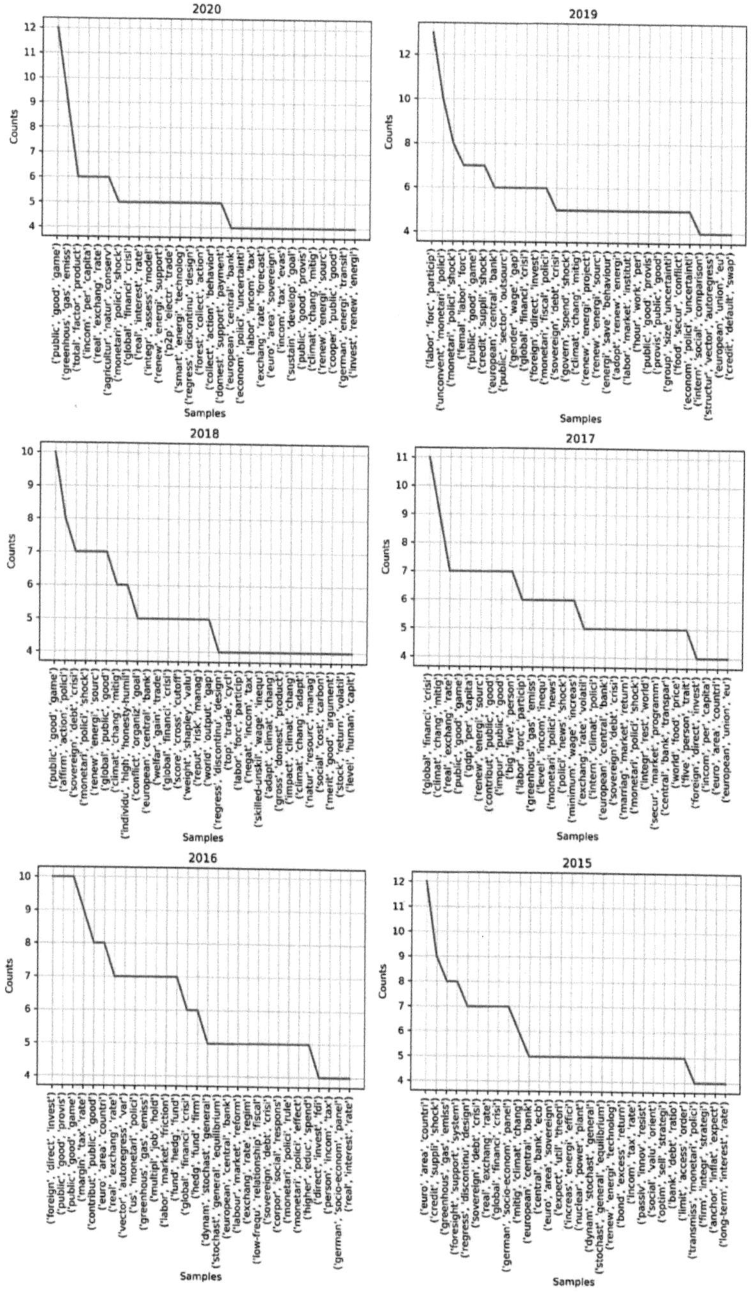

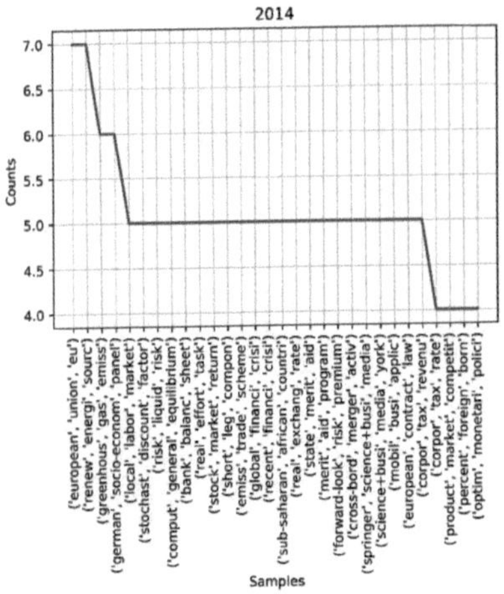
2014
Counts
Samples

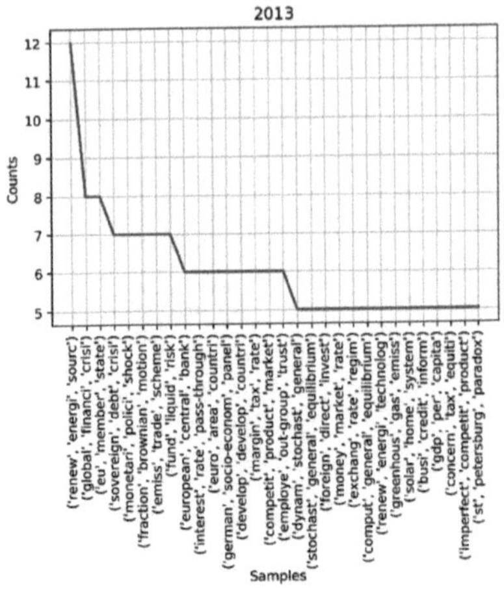
2013
Counts
Samples

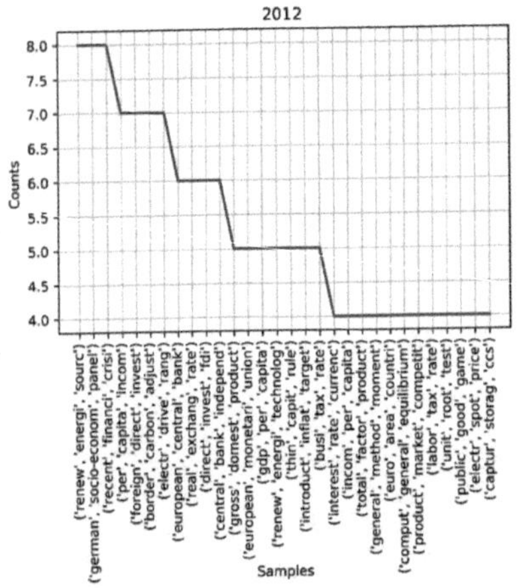
2012
Counts
Samples

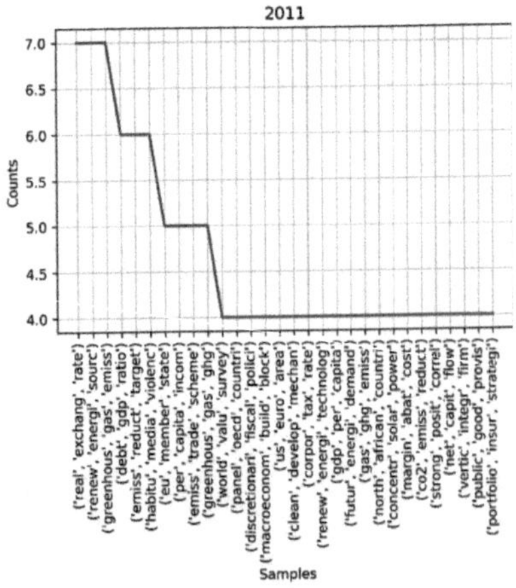
2011
Counts
Samples

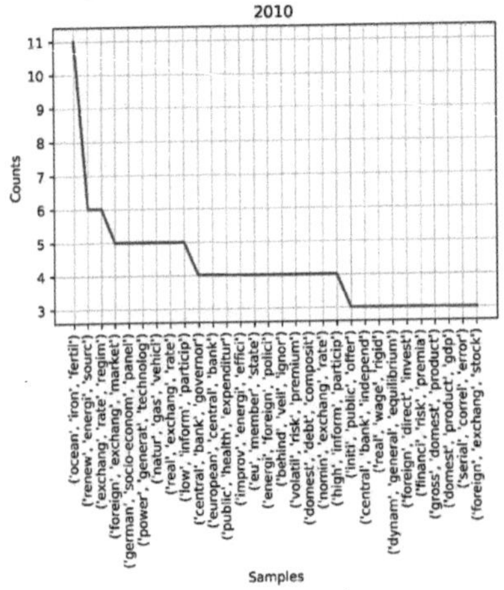
2010
Counts
Samples

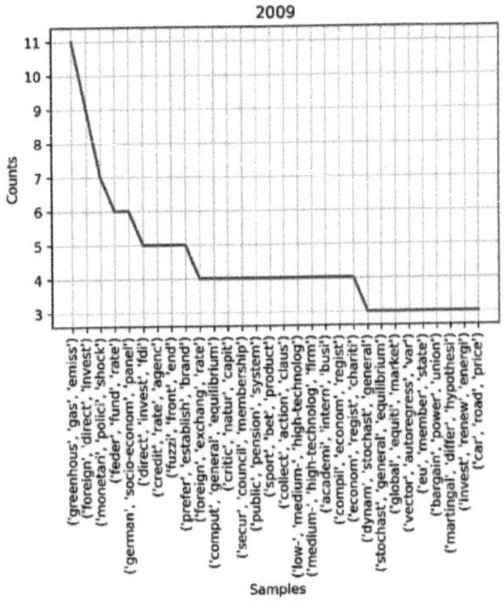
2009
Counts
Samples

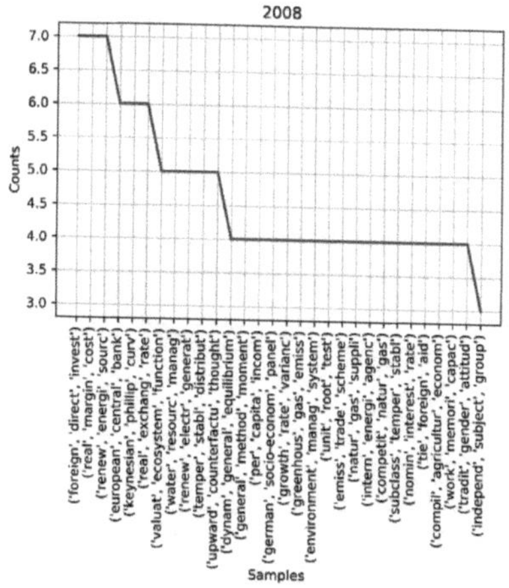
2008
Counts
Samples
7.0
6.5
6.0
5.5
5.0
4.5
4.0
3.5
3.0

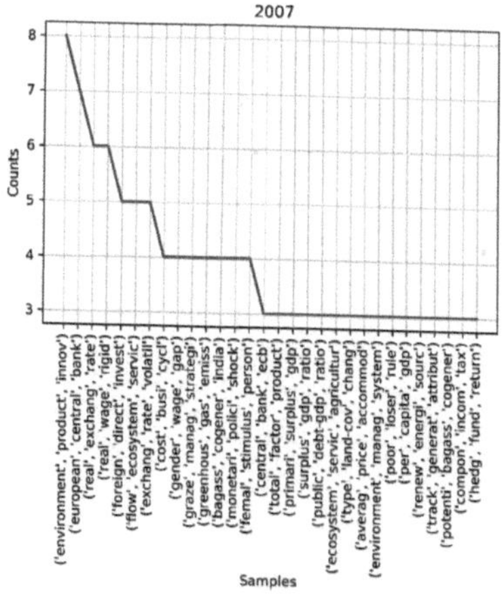
2007
Counts
Samples
8
7
6
5
4
3

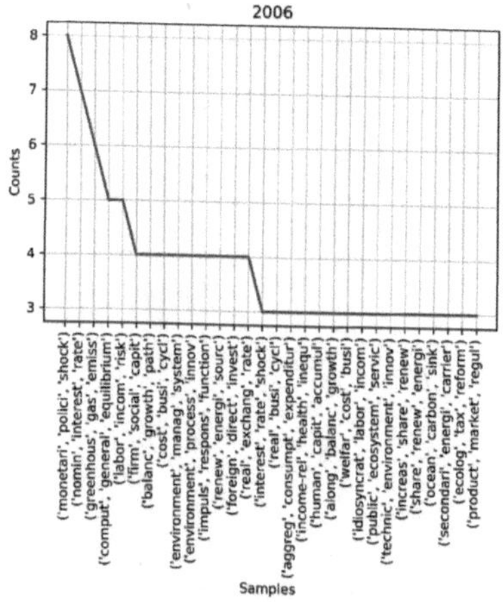
2006
Counts
Samples
8
7
6
5
4
3

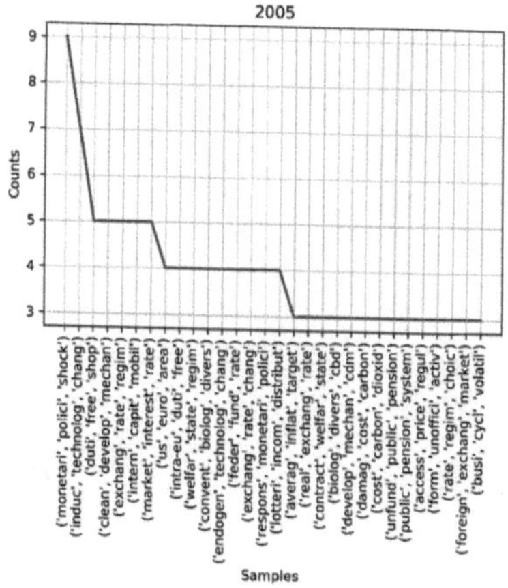
2005
Counts
Samples
9
8
7
6
5
4
3

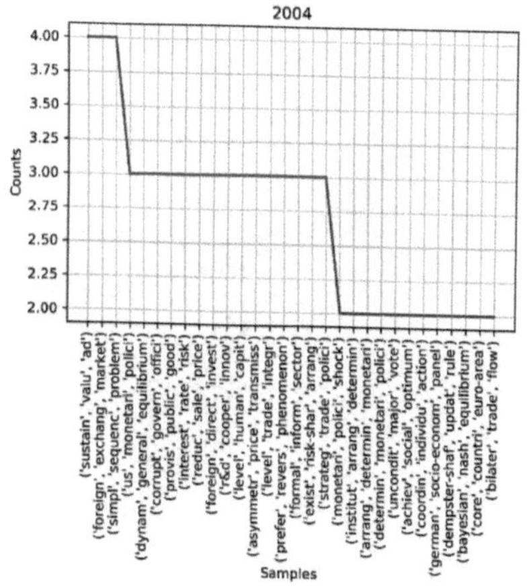
2004
Counts
Samples
4.00
3.75
3.50
3.25
3.00
2.75
2.50
2.25
2.00

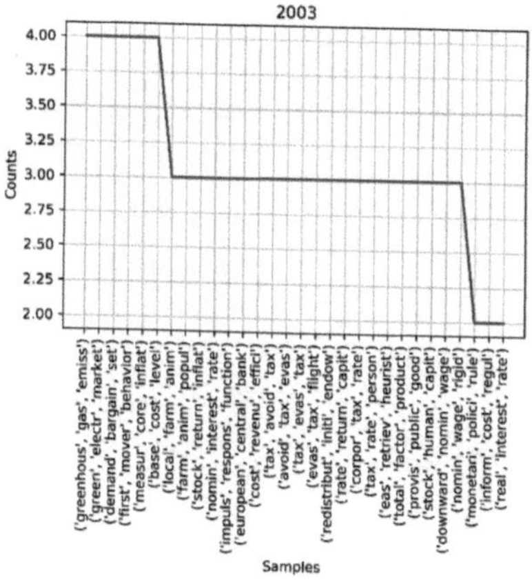
2003
Counts
Samples
4.00
3.75
3.50
3.25
3.00
2.75
2.50
2.25
2.00

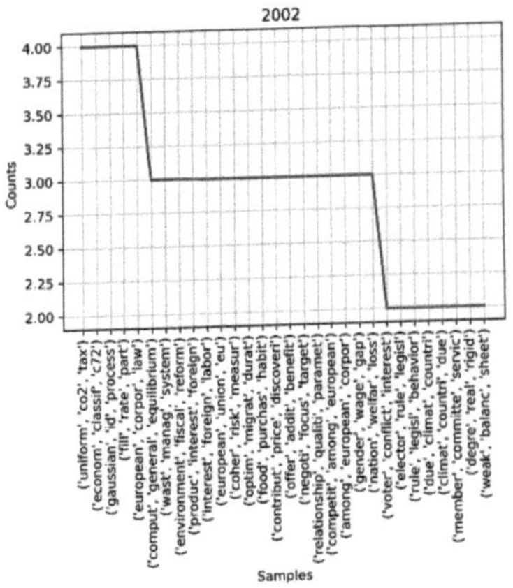
2002
Counts
Samples

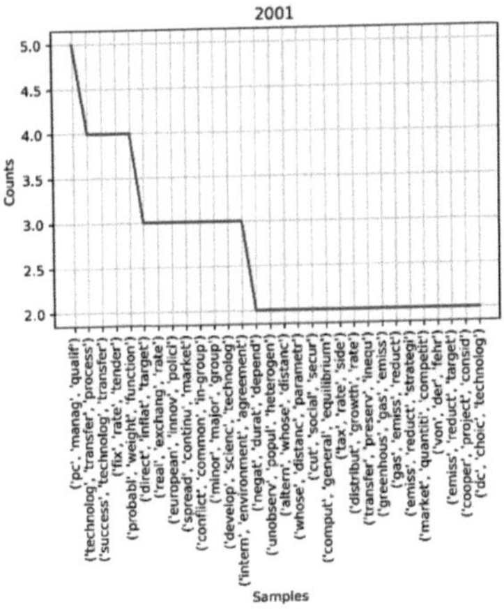
2001
Counts
Samples

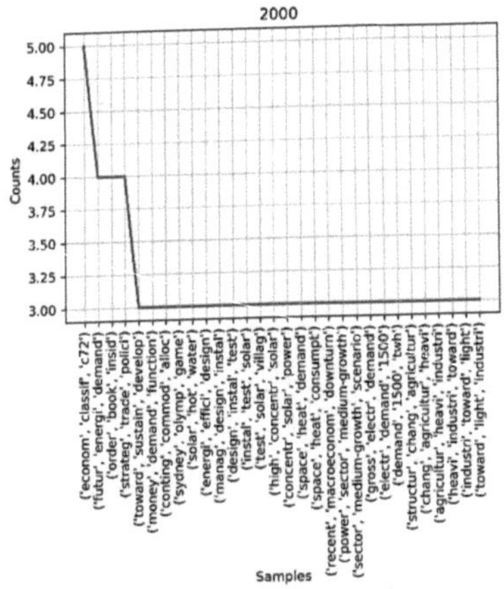
2000
Counts
Samples

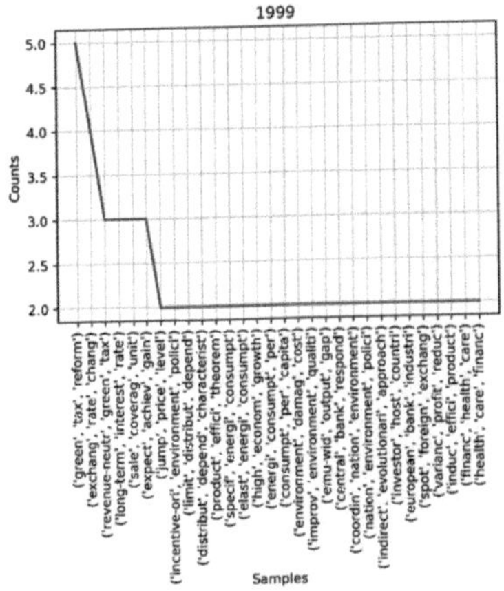
1999
Counts
Samples

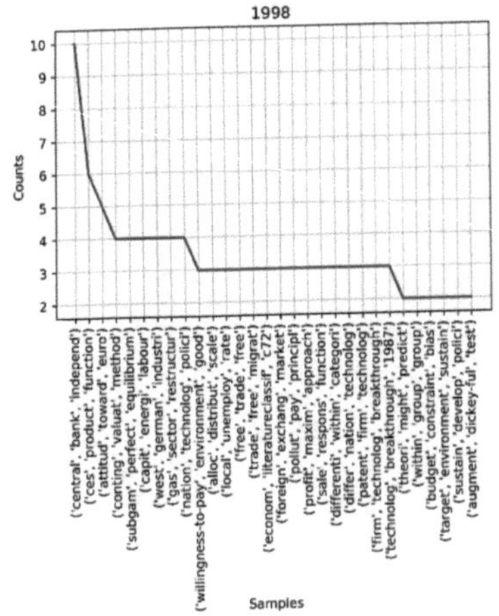
1998
Counts
Samples

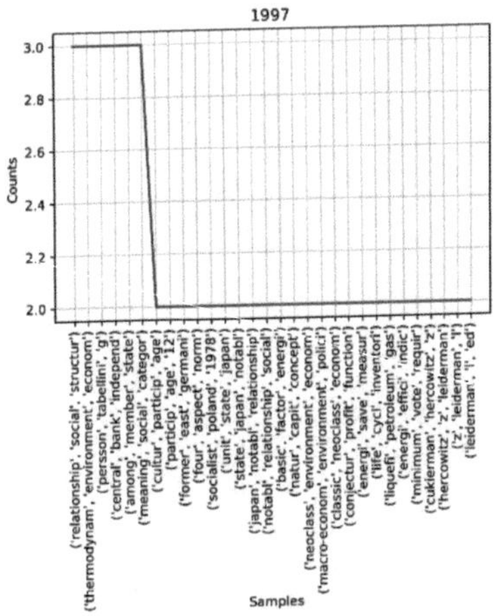
1997
Counts
Samples

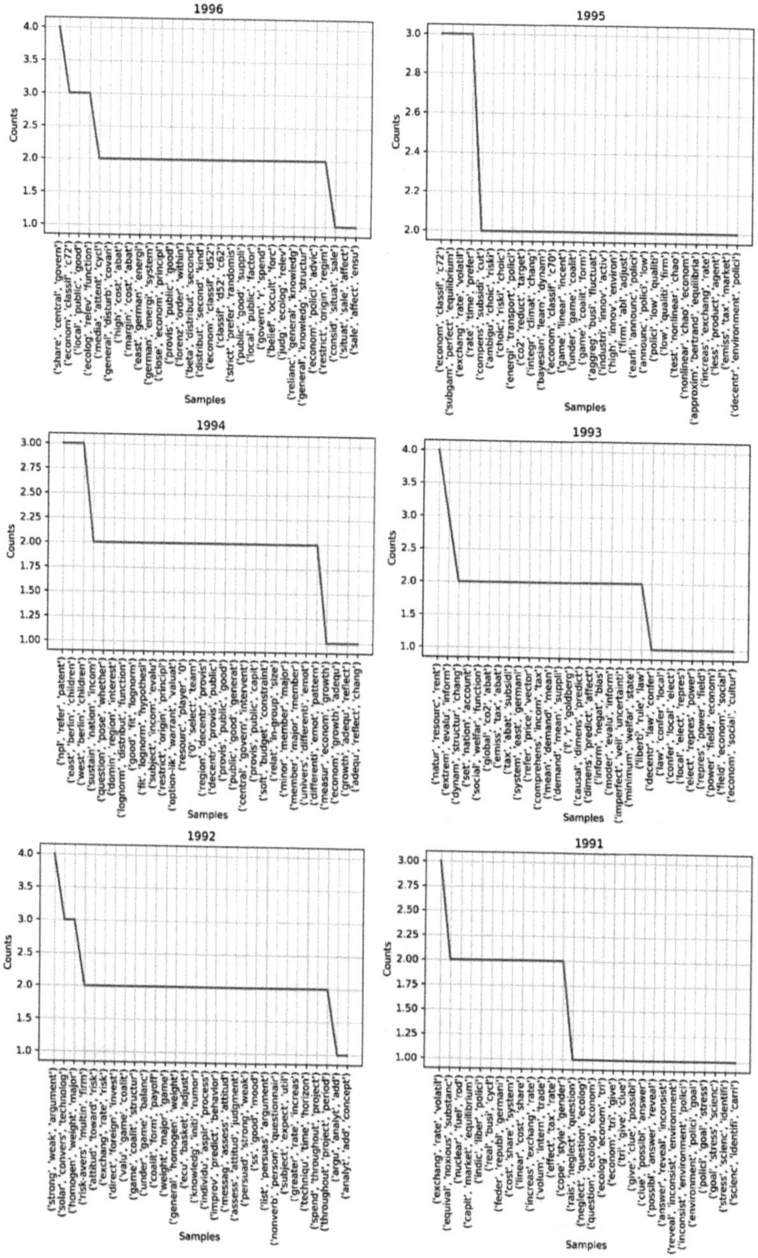

Quelle: Scopus und eigene Berechnungen. Mindestens ein Autor an deutscher Institution.

Liste verwendeter Fachzeitschriften

1) Administrative Science Quarterly
2) Administrative science quarterly
3) American Economic Journal: Economic Policy
4) American Economic Journal: Macroeconomics
5) American Economic Review
6) American Economic Review, Papers and Proceedings
7) American Journal of Political Science
8) American Political Science Review
9) American Sociological Review
10) American journal of political science
11) American sociological review
12) Annual Review of Economics
13) Annual Review of Political Science
14) Australasian Journal of Regional Studies
15) Brookings Papers on Economic Activity
16) Brookings papers on economic activity
17) CESifo Economic Studies
18) Canadian Journal of Economics
19) Challenging the Orthodoxy: Reflections on Frank Stilwell's Contribution to Political Economy
20) Citation Classics from The Journal of Business Ethics: Celebrating the First Thirty Years of Publication
21) Constitutional Political Economy
22) Contributions to Political Economy
23) ENERGY POLICY
24) Ecological Economics
25) Econometrica
26) Econometrica: journal of the Econometric Society
27) Economic Development and Cultural Change
28) Economic Effects of Post-Socialist Constitutions 25 Years from the Outset of Transition: The Constitutional Political Economy Approach
29) Economic Inquiry
30) Economic Journal
31) Economic Modelling
32) Economics Bulletin
33) Economics Letters
34) Economics and Philosophy
35) Energy Economics

36) Energy Policy
37) European Economic Review
38) European Journal of Law and Economics
39) European Journal of Political Economy
40) Experimental Economics
41) Experimental Economics: Economic Decisions
42) Experimental Economics: Rethinking the Rules
43) Experimental Economics: Volume I: Economic Decisions
44) Family and Consumer Sciences Research Journal
45) Games and Economic Behavior
46) German Economic Review
47) Handbook of Experimental Economics Results
48) Handbook on Experimental Economics and the Environment
49) IZA Journal of Labor Economics
50) Indian Journal of Labour Economics
51) International Economic Review
52) International Journal of Industrial Organization
53) International Organization
54) International organization
55) Journal of Accounting Research
56) Journal of Accounting and Economics
57) Journal of Agricultural Economics
58) Journal of Applied Econometrics
59) Journal of Banking and Finance
60) Journal of Behavioral and Experimental Economics
61) Journal of Business Venturing
62) Journal of Business and Economic Statistics
63) Journal of Competition Law and Economics
64) Journal of Consumer Research
65) Journal of Corporate Finance
66) Journal of Development Economics
67) Journal of Econometric Methods
68) Journal of Econometrics
69) Journal of Economic Behavior and Organization
70) Journal of Economic Dynamics and Control
71) Journal of Economic Growth
72) Journal of Economic Literature
73) Journal of Economic Perspectives
74) Journal of Economic Psychology
75) Journal of Economic Surveys

76) Journal of Economic Theory
77) Journal of Economics and Management Strategy
78) Journal of Empirical Finance
79) Journal of Environmental Economics and Management
80) Journal of Finance
81) Journal of Financial Economics
82) Journal of Financial Intermediation
83) Journal of Financial and Quantitative Analysis
84) Journal of Health Economics
85) Journal of Human Resources
86) Journal of Industrial Economics
87) Journal of International Business Studies
88) Journal of International Economics
89) Journal of International Money and Finance
90) Journal of Labor Economics
91) Journal of Law and Economics
92) Journal of Law, Economics, and Organization
93) Journal of Monetary Economics
94) Journal of Money, Credit and Banking
95) Journal of Personality and Social Psychology
96) Journal of Political Economy
97) Journal of Public Economics
98) Journal of Risk and Uncertainty
99) Journal of Social Sciences Research
100) Journal of Urban Economics
101) Journal of economic literature
102) Journal of health economics
103) Journal of labor economics
104) Journal of personality and social psychology
105) Journal of the European Economic Association
106) Knowledge, Networks and Policy: Regional Studies in Postwar Britain and Beyond
107) Leadership Quarterly
108) Management Science
109) Management science
110) Marketing Science
111) Oxford Bulletin of Economics and Statistics
112) Oxford Economic Papers
113) Oxford bulletin of economics and statistics
114) Political Analysis

115) Quarterly Journal of Economics
116) Quarterly Journal of Political Science
117) RAND Journal of Economics
118) Rand Journal of Economics
119) Readings in Public Choice and Constitutional Political Economy
120) Region: Regional Studies of Russia, Eastern Europe, and Central Asia
121) Regional Studies, Regional Science
122) Research Policy
123) Research in Experimental Economics
124) Review of Economic Dynamics
125) Review of Economic Studies
126) Review of Financial Studies
127) Scandinavian Journal of Economics
128) Technological Forecasting and Social Change
129) The American economic review
130) The Journal of Finance
131) The Journal of business strategy
132) The Journal of consumer research
133) The Journal of human resources
134) The Journal of industrial economics
135) The Leadership Quarterly
136) The Rand journal of economics
137) The Review of economic studies
138) The Scandinavian journal of economics
139) The Social Epistemology of Experimental Economics
140) The World Economy
141) The journal of economic perspectives: a journal of the American Economic Association
142) The journal of political economy
143) The review of economics and statistics
144) World Bank Research Observer
145) World Development
146) Zeitschrift fur Wirtschafts- und Sozialwissenschaften
147) international organization

Anhang II: Schlüsseltechnologien – Start-ups und Stellenanzeigen

Abbildung AII.1 Anzahl finanzierter Startups in den betrachteten Schlüsseltechnologien aufgeschlüsselt nach Ländern (Quelle: Crunchbase, Stand 16.09.2019, eigene Berechnung, eigene Darstellung).

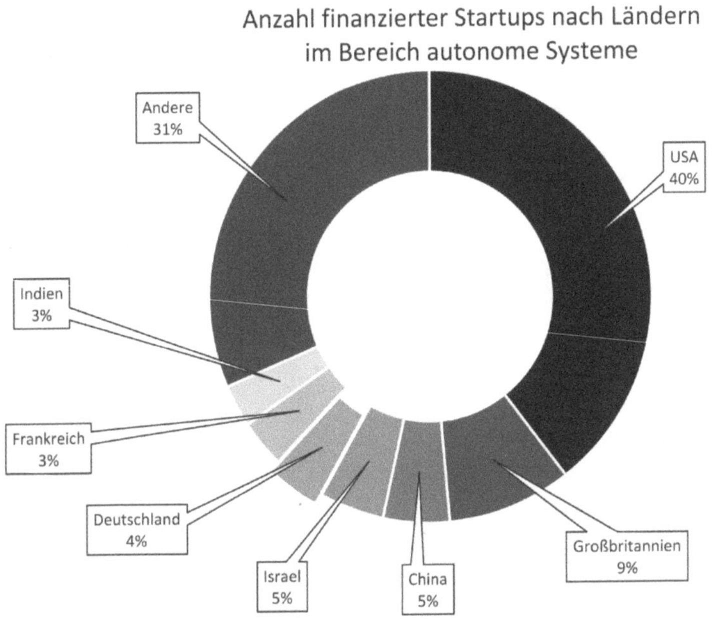

Anzahl finanzierter Startups nach Ländern im Bereich Big Data

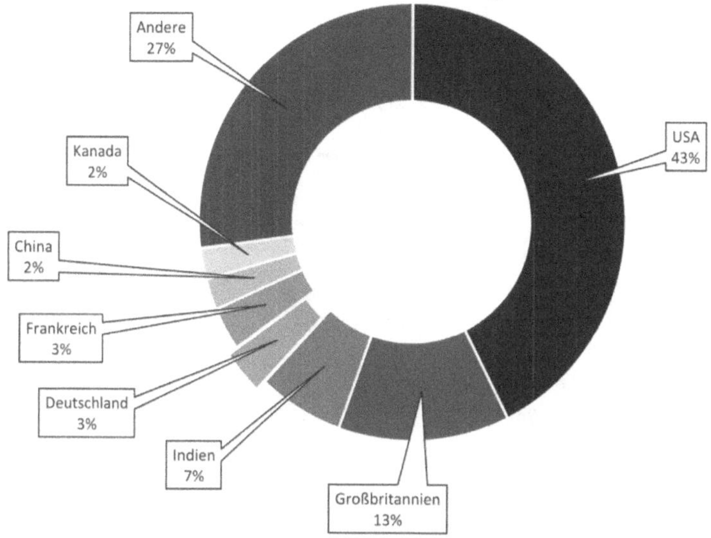

Anzahl finanzierter Startups nach Ländern im Bereich Blockchain

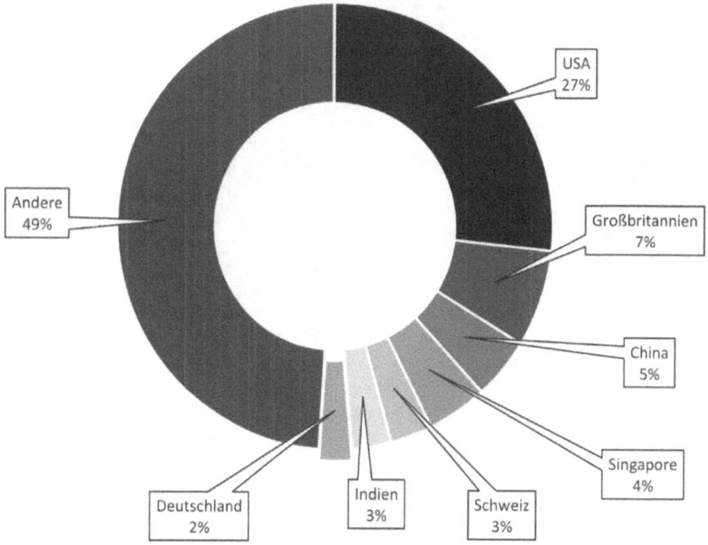

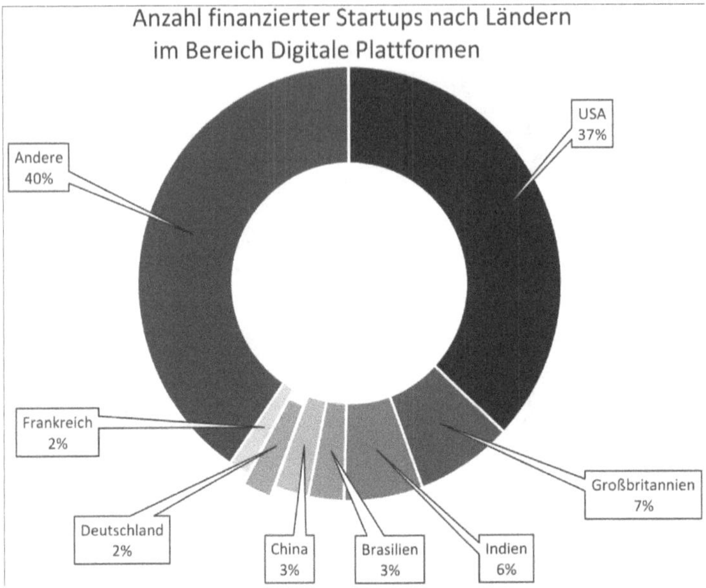
Anzahl finanzierter Startups nach Ländern
im Bereich Digitale Plattformen
USA
37%
Andere
40%
Frankreich
2%
Deutschland
2%
China
3%
Brasilien
3%
Indien
6%
Großbritannien
7%

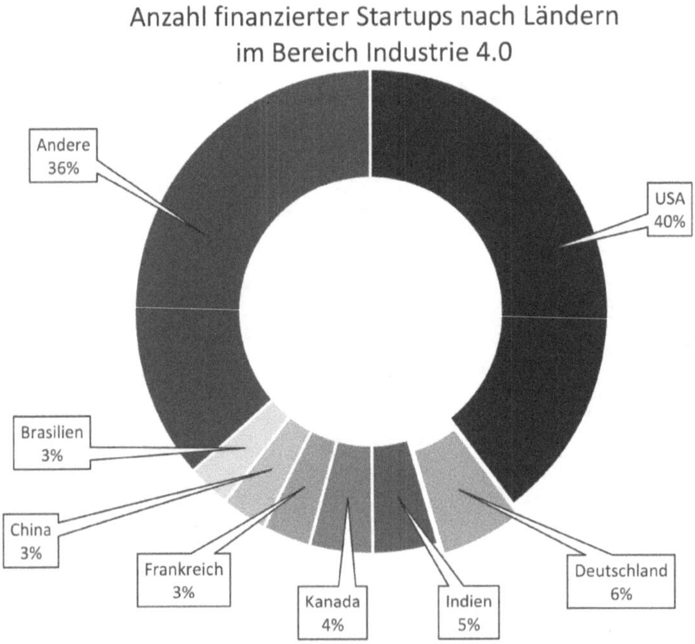
Anzahl finanzierter Startups nach Ländern
im Bereich Industrie 4.0
Andere
36%
USA
40%
Brasilien
3%
China
3%
Frankreich
3%
Kanada
4%
Indien
5%
Deutschland
6%

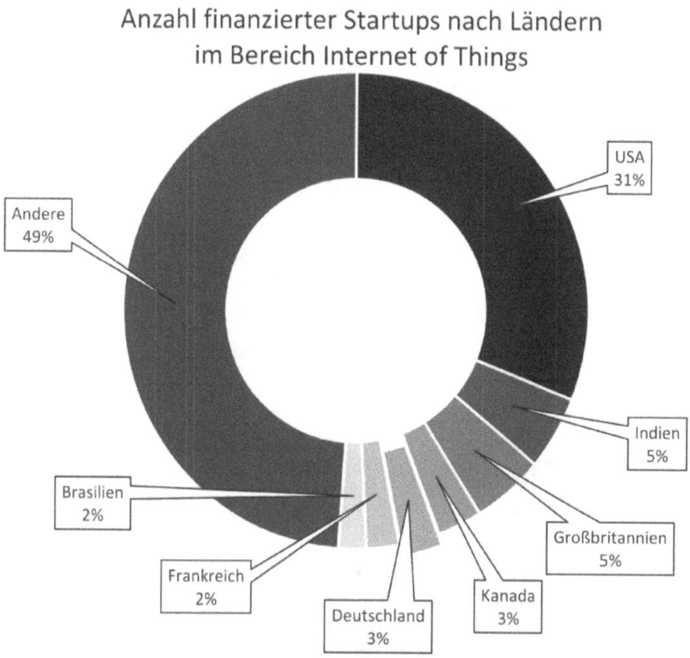
Anzahl finanzierter Startups nach Ländern
im Bereich Internet of Things
USA
31%
Andere
49%
Indien
5%
Brasilien
2%
Großbritannien
5%
Frankreich
2%
Kanada
3%
Deutschland
3%

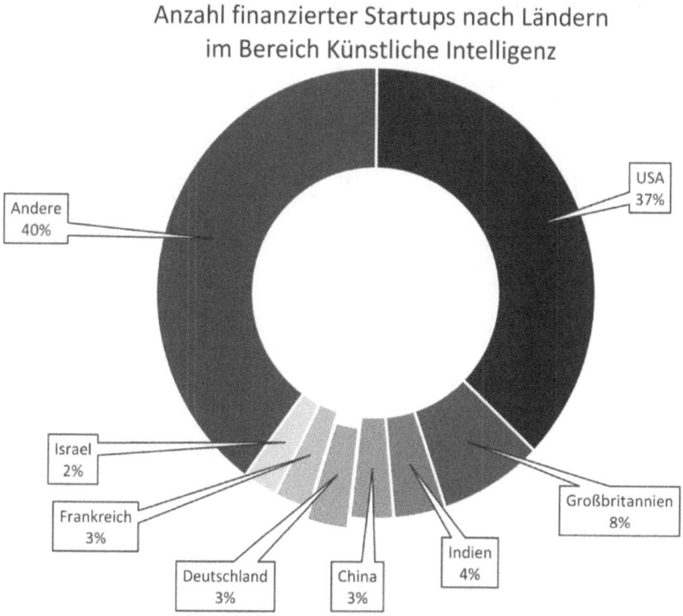
Anzahl finanzierter Startups nach Ländern
im Bereich Künstliche Intelligenz
USA
37%
Andere
40%
Israel
2%
Großbritannien
8%
Frankreich
3%
Indien
4%
Deutschland
3%
China
3%

Anzahl finanzierter Startups nach Ländern im Bereich Quantencomputer

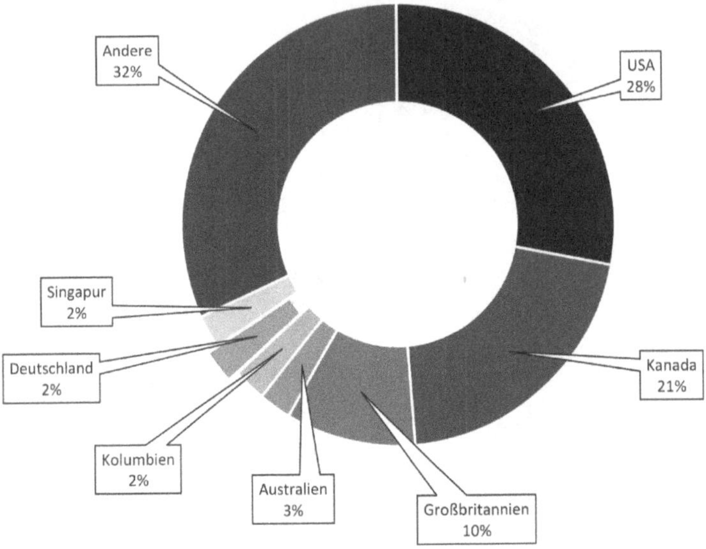

Die folgende Tabelle AII.1 zeigt die Zahl an Stellenanzeigen mit Kompetenzen, die zu den Schlüsseltechnologien gehören, auf der Datenbasis StepStone, Stand 17. September 2019.

Tabelle AII.1 Stellenanzeigen mit Schlüsseltechnologie-Kompetenzen nach Branchen. (Quelle: StepStone, 17. September 2019, eigene Berechnung, eigene Darstellung)

Branche	KI	I 4.0	AS	Pf	IoT	BD	BLC	QC	Summe
IT & Internet	1.300	563	272	746	360	336	70	0	3.647
Fahrzeugbau/-zulieferer	685	259	475	103	41	64	9	1	1.637
Unternehmensberat., Wirtsch.-Prüfung & Recht	522	157	246	92	139	206	55	0	1.417
Transport & Logistik	803	72	421	44	10	29	2	0	1.381
Elektrotechnik, Feinmechanik & Optik	326	362	143	57	105	14	2	3	1.012
Groß- & Einzelhandel	684	76	106	90	0	49	0	0	1.005
Hotel, Gastronomie & Catering	658	0	54	0	0	0	0	0	712
Maschinen- und Anlagenbau	290	197	66	32	37	16	0	0	638
Finanzdienstleister	252	36	26	47	0	37	3	0	401
Banken	287	0	30	31	0	20	7	0	375
Gesundheit & soziale Dienste	295	0	27	0	0	0	0	0	322
Versicherungen	236	0	0	44	0	25	3	0	308
Energie, Wasserversorgung & Entsorgung	143	63	37	30	18	13	1	0	305
Baugewerbe/-industrie	189	69	0	0	13	0	1	0	272
Öffentlicher Dienst & Verbände	209	0	29	0	0	6	4	0	248
Medizintechnik	138	52	0	18	5	0	0	0	213
Chemie und erdölverarbeitende Industrie	0	66	30	21	0	0	1	0	118
Agentur, Werbung, Marketing & PR	0	0	54	34	6	17	3	0	114
Konsumgüter & Gebrauchsgüter	0	38	23	31	8	10	0	0	110
Pharmaindustrie	0	73	0	22	0	0	0	0	95
Nahrungs- & Genussmittel	0	44	25	0	5	5	1	0	80
Telekommunikation	0	0	0	22	16	23	0	0	61
Metallindustrie	0	38	0	0	0	0	1	0	39
Wissenschaft & Forschung	0	0	0	0	7	13	2	1	23
Summe	7.017	2.165	2.064	1.464	770	883	165	5	14.533

Anhang III: Schlüsseltechnologien – Wechselwirkungen

Die folgende Auflistung enthält eine kursorische, stichwortartige Betrachtung der Wechselwirkungen zwischen den Schlüsseltechnologien (vgl. Kapitel 3) und belegt, dass bei allen Paaren von Schlüsseltechnologien mögliche Wechselwirkungen genannt werden können.

1 Autonome Systeme (AS)

- Autonome Systeme: AS können in der Fertigung von AS eingesetzt werden.
- Big Data: Die Beherrschung von BD ist eine Voraussetzung für die Steuerung von AS. Die Nutzung von AS kann eine Quelle für BD sein.
- Blockchain: BLC in der Kommunikation zwischen AS.
- Digitale Plattformen: Im Zusammenhang mit der Nutzung von AS können Pf eine Rolle spielen, z. B. Vermittlung von Robotertaxis. Nutzung von Lieferdrohnen im E-Commerce.
- Industrie 4.0: AS können in der Produktion eine große Rolle spielen und in I 4.0 eingebunden werden.
- Internet der Dinge: AS können als Teil des IoT betrachtet werden. AS können Informationen mit einem umgebenden IoT austauschen
- Künstliche Intelligenz: Zwingende Voraussetzung für die Realisierung von AS. Verschiedenste Formen von KI nötig.
- Quantencomputer: Können langfristig für AS eine Rolle spielen, wenn QC als Cloudanwendung zur Verfügung stehen, können AS auf QC als Ressource zurückgreifen.
- VR/AR/UI: UI werden zu Interaktion mit AS nötig sein. AS (z. B. Drohnen) können Daten für AR bereitstellen.
- 5G: Für Datenaustausch der AS wichtig, speziell falls AS eine Cloudanbindung benötigen.

2 Big Data (BD)

- Autonome Systeme: s.o.; Big Data: -
- Blockchain: BLC zum Austausch von Daten in BD-Anwendungen.

- Digitale Plattformen: Eine der Quellen für BD. Nutzung von BD in der Operation von Pf, z. B. BD zum Nutzerverhalten wird eingesetzt, um die Navigation und Empfehlungen auf Pf zu verbessern.
- Industrie 4.0: Eine der Quellen für BD. Auswertung von BD zur Verbesserung und Optimierung von I 4.0.
- Internet der Dinge: Eine der Quellen für BD. Analyse von BD nötig, um die Vorteile aus dem IoT tatsächlich zu ziehen.
- Künstliche Intelligenz: Benötigt BD als Lerninput. KI wird benötigt, um aus BD Schlüsse zu ziehen.
- Quantencomputer: QC zur BD-Analyse.
- VR/AR/UI: UI als Quelle für BD.
- 5G: Zur Übermittlung von BD aus mobilen Anwendungen.

3 Blockchain (BLC)
- Autonome Systeme, Big Data: s.o.; Blockchain: -
- Digitale Plattformen: BLC kann auf Pf eingesetzt werden.
- Industrie 4.0: BLC zum Austausch von Maschinendaten in I4.0
- Internet der Dinge: BLC zum Austausch von Daten zwischen IoT-Devices.
- Künstliche Intelligenz: BLC sorgt dafür, dass KI vertrauenswürdige Daten erhält. BLC für vertrauensvolle Kooperation zwischen verschiedenen KIs.
- Quantencomputer: QC könnte Kryptographie in der BLC brechen. QC-Nutzung im Bitcoin-Mining.
- VR/AR/UI: BLC für sicheren Datenaustausch mit AR-Systemen.
- 5G: BLC für sicheren Datenaustausch per 5G.

4 Digitale Plattformen (Pf)
- Autonome Systeme, Big Data, Blockchain: s.o.
- Digitale Plattformen: Plattform der Plattformen (verschiedene Varianten)
- Industrie 4.0: Plattformen für I4.0
- Internet der Dinge: Plattformen für IoT
- Künstliche Intelligenz: KI-Nutzung für Pf. Pf als Datenquelle für KI-Training
- Quantencomputer: Zugang zu QC per Plattform; Programmier-Pf für QC-Software-Entwicklung (open-source)

- VR/AR/UI: UI als Schnittstelle zu Pf. VR-Communities auf Pf.
- 5G: Für schnellen Zugriff auf Pf.

5 Industrie 4.0 (I4.0)
- Autonome Systeme, Big Data, Blockchain, Digitale Plattformen: s.o.
- Industrie 4.0: Herstellung von Komponenten von I4.0 in I4.0-Umgebungen
- Internet der Dinge: Sehr eng verknüpft. IoT-Devices teils auch für I4.0 geeignet.
- Künstliche Intelligenz: Nutzung von KI in I4.0
- Quantencomputer: Nutzung von QC für Simulation und Logistik in I4.0
- VR/AR/UI: Nutzung in I4.0
- 5G: Nutzung in I4.0

6 Internet der Dinge (IoT)
- Autonome Systeme, Big Data, Blockchain, Digitale Plattformen, Industrie 4.0: s.o.
- Internet der Dinge: -
- Künstliche Intelligenz: KI in IoT-Devices; IoT liefert Daten für KI
- Quantencomputer: QC könnten Krypto im IoT brechen.
- VR/AR/UI: Interaktion mit IoT.
- 5G: Zum Datenaustausch im IoT

7 Künstliche Intelligenz (KI)
- Autonome Systeme, Big Data, Blockchain, Digitale Plattformen, Industrie 4.0, Internet der Dinge: s.o.
- Künstliche Intelligenz: KI zur Weiterentwicklung von KI. Z. B. AGNs.
- Quantencomputer: Nutzung von QC für bestimmet KI-Probleme.
- VR/AR/UI: KI in UIs. KI um VR und AR zu verbessern.
- 5G: Für Cloud-KI-Anwendungen

8 Quantencomputer (QC)
- Autonome Systeme, Big Data, Blockchain, Digitale Plattformen, Industrie 4.0, Internet der Dinge, Künstliche Intelligenz: s.o.

- Quantencomputer: QC zur Weiterentwicklung von QC (z. B. Entwicklung von supraleitenden Materialien für Qubits usw.)
- VR/AR/UI: Nutzung von QC für Computergraphik in VR/AR
- 5G: QC um Krypto in 5G-Netzen zu brechen

9 Virtuelle Realittät, Erweiterte Realität, User Interfaces (VR/AR/UI)
- Autonome Systeme, Big Data, Blockchain, Digitale Plattformen, Industrie 4.0, Internet der Dinge, Künstliche Intelligenz, Quantencomputer: s.o.
- VR/AR/UI: UI in VR/AR
- 5G: 5G für mobile VR/AR-Anwendungen; alles weitere zu 5G: s.o.

Anhang IV: Schlüsselfaktoren und Ausprägungen der Rohszenarien

Die Ziffernfolgen in den nachfolgenden Charakterisierungen der Rohszenarien kennzeichnen Schlüsselfaktoren, die in den jeweiligen Abschnitten in Kapitel 4 beschrieben werden: 3.3.6 verweist auf Abschnitt 4.3.3 im Kapitel 4 und in diesem Abschnitt bzw. Schlüsselfaktor auf die sechste Ausprägung. Auf- und absteigenden Pfeile zeigen die ausgewählte Teil-Ausprägung an soweit erforderlich, jeweils in dem zur Ausprägung passenden Kontext als „Steigen“ oder „Fallen“.

1 Einzelne der Plattformen werden zu echten Monopolen

2; 3.3.6; 3.3.7; 3.4.2; 3.6.2; 4.3.1.2; 4.3.2 ↘; 4.3.3; 4.3.4↘; 4.3.5 ↘; 4.4; 4.5; 4.6 ↘; 4.7 ↘; 5.1; 5.2.2; 5.5; 5.8 ↘; 6.1 ↘; 6.3 (privat).

2 Marktmacht der Plattformen wird eingegrenzt / Systemwettbewerb

2; 3.2 ↗; 3.3.8; 3.4.1 ↗; 3.5.2; 3.7; 4.1 ↗ ↗; 4.2.1; 4.2.4; 4.3.2; 4.3.3; 4.3.4; 4.3.5 ↗ ↘ (je nach System); 4.4; 4.6; 4.7 ↗ ↘; 5.2.2; (5.3); 5.5; 5.7; 5.9; 5.10; 6.3 (öffentlich).

3 Der EU-Weg setzt sich durch / Industrie 4.0 (KI/AS)

3.2; 3.3.1-5 ↗; 3.4.1 ↗; 3.5.1 ↗; 3.6.1; 3.7; 4.1 ↗↗; 4.2.3; 4.3.1.1 mit 4.3.2; 4.3.3; 4.3.5.2/3; 4.6; 4.7 ↗; 4.8 (f. Interoperabilität); 5.3; 5.5 ↗; 5.7; 5.9; 5.10; 6.2 ↗; 6.3 (öffentlich).

4 China wird KI-Technologieführer

3.2.1 ↘; 3.2.2 ↘; 3.3.6; 3.4.1 ↘; 3.6.2; 3.7 (Nutzung von KI in der – systemkonformen – Bildung in China); 4.2.2; 4.4; 5.1.2; 5.1.3; 5.2; 5.4; 5.7.

5 Die durchdigitalisierte Welt: Internet der Dinge / AR/VR/UI / 5G

3.2.3 ↗; 3.2.4 ↗; 3.3.1-5 ↗; 3.4.1; 3.6.1; 3.7; 4.1 ↗ ↗; 4.3.3 (Flexibilität, Freizeit, Datenhoheit; Hoheit über Arbeitswert); 4.5; 4.8 (Verbraucher fragt es nach); 5.1.1; 5.3; 5.4; 5.6; 5.8; 5.10; 6.1.

6 Nachhaltigkeit (Umwelt, Soziales, Wirtschaft)

3.1; 3.3.1-5; 3.6.1; 4.1 ↗; 4.2.3; 4.3.3; 4.3.4 (sozial ausgewogen); 4.3.5; 4.5; 4.6; 4.7; 4.8; (5.1.1); 5.3; 5.4; 5.6; 5.8; 5.9; 5.10; 6.1 ↗; 6.2 ↗; 6.3 (öffentlich).

Anhang V: Vereinfachter Szenario-Rahmen und Alternativszenarien

Während die sechs betrachteten Szenarien (vgl. Kapitel 5 bis 10) aus dem vollen Satz an Schlüsselfaktoren abgeleitet wurden (vgl. Kapitel 4), ergibt sich aus der Zusammenschau aller sechs Szenarien ein reduzierter Satz an wesentlichen Unterscheidungsmerkmalen. Diese zentralen Merkmale der Szenarien sind im nachfolgenden Entscheidungsbaum zusammenfassend dargestellt.

Daraus ergeben sich einerseits Kurzcharakterisierungen der betrachteten sechs Szenarien (vgl. Tabelle AV.1) aber auch eine Liste möglicher Alternativszenarien (vgl. Tabelle AV.2). Diese Alternativszenarien sind zum Teil sehr naheliegend und dienen dazu, das gesamte betrachtete Zukunftsbild abzurunden und vollständiger zu machen.

Entscheidungsbaum

1. Technologien[245]

1A – Digitale Plattformen (größte technische Reife – k)
1B – Internet der Dinge (mittlere technische Reife – m)
1C – Autonomie / Künstliche Intelligenz (speziell autonome Systeme weisen eine im Vergleich niedrige technische Reife auf – l)

2. Segment[246]

2A – B2C
2B – B2B

245 Zugleich grob im Sinne einer zeitlichen Abfolge: k – kurzfristig (bis 2025), m – mittelfristig (bis 2030), l – langfristig (bis 2035).

246 Als dritte Option wäre noch „2C – P2P“ prinzipiell möglich. Diese Option stellt im Zusammenhang mit dem Schlüsselfaktor „Open-X“ aber eine klare Randerscheinung im Verhältnis zu B2C und B2B dar. Begründung: P2P ist ursprünglich oft mit idealistischen Vorstellungen verbunden, in der Breitenwir-

3. Nachhaltigkeit

3A – Nachhaltigkeit ist die erste Priorität.
3B – Nachhaltigkeit ist wichtig, aber nachgeordnet.

4. Wettbewerb

4A – Wettbewerb funktioniert.
4B – Monopole dominieren.
  4B Weltregion der dominierenden Monopole
    4B1 – USA
    4B2 – China
    4B3 – EU
    4B4 – Mischformen[247]
    4B5 – Rest der Welt[248]

---

kung aber letztlich doch vergleichsweise zu B2C und B2B unbedeutend. Es erscheint unwahrscheinlich, dass sich dies grundlegend ändern wird. Eher ist die gegenteilige Entwicklung zu beobachten, dass sich in Teilen der „sharing economy" eine Professionalisierung vollzieht und so eher ein Wandel von P2P zu B2C zu verzeichnen ist: Aus dem gelegentlichen Überlassen ungenutzten Wohnraums wird die professionelle Vermietung von Ferienwohnungen, aus gelegentlich angebotenen Mitfahrgelegenheiten werden Taxi-Dienstleistungen.

247 Allianzen: eine besonders faszinierende Kombination wären US-CN-Allianzen; plausibel wären aber auch US-EU-Kooperationen mit US-B2C-Monopolen und starken EU-B2B-Playern.

248 Wird nicht systematisch mit allen möglichen Ausprägungen betrachtet. Besonders interessant erscheint die Rolle von Anbietern aus Südkorea (insbesondere Samsung), die als Gewinner aus einer zunehmenden Rivalität zwischen USA und China bei gleichzeitigen EU-Bestrebungen nach Technologiesouveränität hervorgehen könnten.

Tabelle AV.1 – Kurzcharakterisierung der sechs Szenarien (vgl. Kapitel 5 bis 10).

Szenario	Zweig im Entscheidungsbaum
S1	1A – 2A – 3B – 4B – 4B1 Digitale Plattformen; B2C; US-Monopole dominieren.
S2	1A – 2A – 3B – 4A Digitale Plattformen; B2C; Wettbewerb funktioniert.
S3 Industrie 4.0	1B – 2B – 3B – 4A IoT (einschl. AS&KI); B2B; Wettbewerb funktioniert.
S4 AI-CN	1C – 2A – 3B – 4B – 4B2 KI; B2C; CN-Monopole dominieren.
S5 IoT-EU	1B – 2A – 3B – 4A IoT (einschl. AS&KI); B2C; Wettbewerb funktioniert.
S6 Der digitale, grüne Deal	3A – 1A/1B/1C – 2A/2B – 3A – 4A Nachhaltigkeit ist Prio1; Nutzung aller Technologien für Nachhaltigkeitsziele; B2C&B2B; Wettbewerb funktioniert.

Tabelle AV.2 – Kurzcharakterisierung von Alternativszenarien laut Entscheidungsbaum.

Szenario	Zweig im Entscheidungsbaum
S1	1A – 2A – 3B – 4B – 4B1 Digitale Plattformen; B2C; US-Monopole dominieren Zeitliche Abfolge: in welcher Abfolge können weitere Branchen und Technologien (auch B2B) durch US-Monopole ebenfalls dominiert werden.
S1-A1	4B2 entspricht weitgehend S4 – zeitliche Abfolge: CN überholt US durch technische Fortschritte bei KI (und/oder QC)
S1-A2	4B3 – EU-B2C-Monopole erscheinen wenig wahrscheinlich (l)
S1-A3	4B4 – US-CN-Allianzen der Monopole (m)
S1-A4	4B5 – Wild-Card „Der lachende Dritte“ – Außenseiter (aus Asien – außer CN – oder Afrika) (l)
S2	1A – 2A – 3B – 4A Digitale Plattformen; B2C; Wettbewerb bleibt gewährleistet – Systemwettbewerb mit China
	Ergibt keine weiteren Alternativszenarien denn alle 4B-Varianten sind bereits als Alternativszenarien zu S1 enthalten.
3 I4.0	1B/1C – 2B – 3B – 4A IoT (einschl. AS&KI); B2B; Wettbewerb funktioniert
S3-A1	4B1 – recht wahrscheinliches Szenario: US-B2C-Monopole schaffen die Ausweitung ihrer Marktmacht auf den B2B-Sektor bzw. einzelne Teile davon. Ein naheliegender Ausgangspunkt besteht in den bereits gut etablierten Cloud-Computing-Angeboten, auf deren Basis B2B-Mehrwertdienste angeboten werden können. (m)

Szenario	Zweig im Entscheidungsbaum
S3-A2	4B2 auch als Teil/Alternative von S4 denkbar bzw. analog zu S3-A1: CN-B2C-Monopole schaffen die Ausweitung ihrer Marktmacht auf den B2B-Sektor bzw. einzelne Teile davon. (m) oder CN gelingt es, bestehende Stärken in der Fertigung auszuweiten und die digitale Transformation in der chinesischen Fertigung. (m) oder SOE in der Schwerindustrie durchlaufen einen Modernisierungsschub – Staat forciert Engagement und Zusammenarbeit mit den existierenden B2C-Monopolen – SOE erlangen so selbst B2B-Monopolstellung. (l)
S3-A3	4B3 – EU-B2B-Monopole: Wahrscheinlicher als im B2C-Fall. (m) / (l)
S3-A4	4B4 – US-CN-Allianzen der Monopole möglicherweise gerade mit dem Ziel stärker im B2B-Sektor auftreten zu können. (m)
S3-A5	4B5 – B2B-Monopol – z. B. aus JP (m)
4 AI-CN	1C – 2A – 3B – 4B – 4B2 KI; B2C; CN-Monopole dominieren weltweit basierend auf KI-Fortschritten
S4-A1	4A – Wettbewerb funktioniert im KI-Bereich. Argument: Aufgrund der Vielfalt von KI-Teiltechnologien ist es unwahrscheinlich, dass ein einzelnes oder wenige Monopole alle KI-Teiltechnologie gleichermaßen beherrschen werden. (heute) bzw. (k)
S4-A2	4B1 – sehr wahrscheinliches Szenario: US-B2C-Monopole haben/behalten/erweitern KI-Technologieführerschaft. (k)
S4-A3	4B3 – EU-KI-Monopole: unwahrscheinlich aufgrund der relativ (zu US/CN) geringeren Verfügbarkeit von Daten. (l) oder EU-KI-Monopol(e) entsteht(en) im Bereich AS – z. B. speziell beim autonomen Fahren oder in der Industrie-Robotik – die dabei gewonnenen Erkenntnisse und Erfahrungen lassen sich auf andere AS übertragen und überwinden so auch das Problem der Datenknappheit. (m)
S4-A4	4B4 – US-CN-Allianzen der Monopole möglicherweise gerade mit dem strategischen Ziel, Komplementaritäten im Bereich der KI-Kompetenzen zu nutzen. (m)
S4-A5	4B5 – Wild-Card – Außenseiter (KOR/JP) (l)
5 IoT	1B – 2A – 3B – 4A IoT (einschl. AS&KI), B2C; Wettbewerb funktioniert
S5-A1	4B1 – ebenfalls ein sehr wahrscheinliches Szenario: US-B2C-Monopole schaffen die Ausweitung ihrer Marktmacht auf IoT-Anwendungen. Mit Wearables und intelligenten Lautsprechern zeichnet sich diese Entwicklung bereits ab. (k)
S5-A2	4B2 – auch als Teil/Alternative von S4 denkbar bzw. analog zu S5-A1: CN-B2C-Monopole schaffen die Ausweitung ihrer Marktmacht auf IoT-Anwendungen mit „billiger, internetfähiger Elektronik“ (m)
S5-A3	4B3 – EU-Monopole: wahrscheinlicher als im Fall der digitalen Plattformen – möglicher Pfad per „connected car“ oder Haustechnik (m) / (l)
S5-A4	4B4 – US-CN-Allianzen der Monopole möglicherweise gerade mit dem Ziel mehr Teilaspekte im heterogenen IoT abdecken zu können. (m) oder EU-US-Allianzen wahrscheinlich. (m)
S5-A5	4B5 – B2C-Monopol – z. B. aus KOR – erarbeitet sich eine starke Position – analog zu S5-A1(m)

Szenario	Zweig im Entscheidungsbaum
6 Der digitale, grüne Deal	3A – 1A/1B/1C – 2A/2B – 4A Nachhaltigkeit ist Prio 1; Nutzung aller Technologien für Nachhaltigkeitsziele; B2C&B2B; Wettbewerb funktioniert
S6-A1	4B1 – plausibles Szenario: US-B2C-Monopole schaffen die Ausweitung ihrer Marktmacht auf den Nachhaltigkeits-Sektor bzw. einzelne Teile davon. Ein naheliegender Ansatz besteht im Bereich Smart-City-Lösungen oder über Mobilitätsplattformen. (m)
S6-A2	4B2 – auch als Teil/Alternative von S4 denkbar: KI-Lösungen werden in S4 auch für Nachhaltigkeitsziele in CN eingesetzt: Daten-Vorteil von CN gilt auch im Bereich von Smart-City-Lösungen schon allein aufgrund der hohen Zahl chinesischer Megastädte und der Dringlichkeit der dort zu lösenden Nachhaltigkeitsprobleme. (m)
S6-A3	4B3 – EU-Monopole: möglich, wenn es der EU gelingt, zum globalen Nachhaltigkeitsvorreiter zu werden – z. B. im Bereich der dezentralen, intelligenten Energieversorgung. (m) / (l)
S6-A4	4B4 – US-CN-Allianzen im Bereich der Nachhaltigkeit vielleicht realistischer als in den anderen angedachten Bereichen. Nachhaltigkeit könnte als „neutrales" Feld betrachtet werden, auf dem eine Wiederannäherung – mit politischer Förderung – erprobt werden könnte. (m)
S6-A5	4B5 – Monopol entsteht in Afrika z. B. im Bereich der erneuerbaren Energieversorgung. (l)

Anhang VI: Dimensionen der Multi-Kriterien-Analyse

In der Multi-Kriterien-Analyse wurden die folgenden Kriterien bzw. Wirkungsdimensionen zugrunde gelegt.

Wirtschaftsstruktur: Sektorale Wirtschaftsstruktur: Anteile einzelner Sektoren z. B. am Bruttoinlandsprodukt, an Erwerbstätigen oder Investitionen (auch FuE); Regionale Wirtschaftsstruktur: Verteilung im geografischen Raum; Strukturwandel: Ausscheiden bestehender bzw. Entstehung neuer Wirtschaftsbereiche. Auswirkungen auf BIP-Wachstum; Veränderungen der Produktionsprozesse und Wertschöpfungsketten bzw. -netzwerke (einschließlich Aspekten der Sicherheit/Resilienz).

Unternehmen und Wettbewerb: Anzahl der Unternehmen differenziert nach Unternehmensgröße nach Anzahl der Beschäftigten (auch atypisch) oder nach Umsatz; Umsatzkonzentration in Wirtschaftsbereichen; Risiken steigender Marktmacht/-konzentration (Oligopole, Monopole).

Produktivität: Qualitative Aussagen zu Produktivitätseffekten; ggf. differenziert nach totaler bzw. partieller Produktivität, d. h. vor allem Arbeits- bzw. Kapitalproduktivität.

Wachstum: Bruttoinlandsprodukt (BIP) bzw. BIP pro Kopf; Wertschöpfung und Mehrwert ohne Niederschlag im BIP.

Beschäftigung: Beschäftigungsniveau – Zahl der in Deutschland Beschäftigten (oder Erwerbstätigen) – ggf. in Prozent des Erwerbspersonenpotenzials; Vereinbarkeit von Familie und Beruf; flexible Arbeitszeiten; Qualifizierung und Weiterbildung; altersgerechte Arbeit; Chancen für Frauen; Beteiligung und Mitbestimmung; Wahl der Arbeits- bzw. Beschäftigungsform etc.

Einkommen: Einkommensniveau; Einkommens- und Vermögensverteilung, einschließlich Besteuerung von Digitalunternehmen.

Nachhaltigkeit: Qualitative Einordnung entlang der Nachhaltigkeitsziele - Ökonomisch: Armut; Wachstum und Arbeit; Infrastruktur und Industrialisierung; Konsum und Produktion - Ökologisch: Wasser; Energie; Klima; Ozeane; Landökosysteme - Sozial: Ernährung; gesundes Leben; Bildung; Gleichstellung der Geschlechter; Ungleichheit; Städte; Frieden, Gerechtigkeit und starke Institutionen; globale Partnerschaft.

Weiteres: Sonstige maßgebliche Wirkungen eines Szenarios, die durch die obigen Kriterien nicht klar abgebildet werden.

Kolibri 360 GmbH
Ferdinand-Jühlke-Straße 7
99095 Erfurt, Deutschland
produktsicherheit@kolibri360.de